China's outstanding entrepreneur

中国
优秀企业家
2019—2020
（上）

朱宏任 ◎ 主编

企业管理出版社
ENTERPRISE MANAGEMENT PUBLISHING HOUSE

图书在版编目（CIP）数据

中国优秀企业家 2019—2020 / 朱宏任主编 .—北京：企业管理出版社，2020.11

ISBN 978 - 7 - 5164 - 2256 - 4

Ⅰ.①中… Ⅱ.①朱… Ⅲ.①企业家—生平事迹—中国—现代 Ⅳ.① K825.38

中国版本图书馆 CIP 数据核字（2020）第 194307 号

书　　　名	中国优秀企业家 2019—2020（上）
主　　　编	朱宏任
出 品 人	官永久
责任编辑	尹　青　郑　亮　崔立凯
书　　　号	ISBN 978 - 7 - 5164 - 2256 - 4
出版发行	企业管理出版社
地　　　址	北京市海淀区紫竹院南路 17 号　　　邮　编：100048
网　　　址	http://www.emph.cn
电　　　话	编辑部（010）68701322　发行部（010）68414644
电子信箱	80147@sina.com　　zbs@emph.cn
印　　　刷	河北宝昌佳彩印刷有限公司
经　　　销	新华书店
规　　　格	710 毫米 ×1000 毫米　16 开本　22 印张　317 千字
版　　　次	2020 年 11 月第 1 版　　2020 年 11 月第 1 次印刷
定　　　价	188.00 元（上、下册）

版权所有　翻印必究·印装有误　负责调换

弘扬企业家精神
担当政革创新重任

王忠禹

二〇二四年五月

创业兴国，
回报人民。

陈锦华
二〇〇三年四月

创辉煌事业
做时代英雄

袁宝华
二〇〇三年

《中国优秀企业家》编委会
(2019—2020)

顾　问　王忠禹　张彦宁　李德成

主　编　朱宏任

副主编　尹援平

前　言

党的十八大以来，党中央高度重视企业家群体在国家发展中的重要作用，习近平总书记多次强调要弘扬企业家精神。在2020年7月召开的企业家座谈会上的重要讲话中，习近平总书记勉励企业家为国担当、为国分忧，弘扬企业家精神，强调企业家要带领企业战胜当前的困难，走向更辉煌的未来，要在爱国、创新、诚信、社会责任和国际视野等方面不断提升自己，努力成为新时代构建新发展格局、建设现代化经济体系、推动高质量发展的生力军。

为进一步弘扬、激发和保护企业家精神，宣传企业家典型，营造尊重和激励企业家干事创业的社会氛围，2019年，中国企业联合会、中国企业家协会和中国企业管理科学基金会组织开展了第十一届"袁宝华企业管理金奖"和2019—2020年度全国优秀企业家评选活动。该项活动是经国务院清理整顿评比、达标、表彰后批准保留的评选表彰项目，每两年举办一次。评选活动自2019年8月开始以来，受到全国各地企业家的广泛关注，推荐报名踊跃。评选过程中，坚持公开、公平、公正原则，严格执行有关评选程序和标准，经过推荐和评选，吴燕生、徐留平、陈玉民、潘刚为第十一届"袁宝华企业管理金奖"获得者，158名企业家被评为2019—2020年度全国优秀企业家。

广大企业家以习近平新时代中国特色社会主义思想为指导，坚持新发展理念，怀着对国家、对民族的崇高使命感和强烈责任感，勇做创新发展的探索者、组织者、引领者，坚持诚信守法经营，切实履行社会责任，积

极主动投身防控新冠肺炎疫情斗争，带动企业在更高水平的对外开放中实现更好发展，发挥了优秀企业家的示范带动作用，体现了新时代优秀企业家的精神风貌。

《中国优秀企业家》一书汇集了本次获奖企业家创新创业的先进事迹、成功经验及其突出贡献。编辑出版该书主要是大力宣传优秀企业家事迹，树立优秀企业家典型，激励广大企业家在新发展阶段更加奋发有为，为全面建设社会主义现代化国家做出新的更大贡献。

编　者

2020年10月

目　录

第十一届"袁宝华企业管理金奖"

"袁宝华企业管理金奖"简介 ················· 3
关于表彰和奖励第十一届
　"袁宝华企业管理金奖"获奖企业家的决定 ········· 5
吴燕生　中国航天科技集团有限公司党组书记、董事长 ····· 7
　——承载使命　再创辉煌
徐留平　中国第一汽车集团有限公司党委书记、董事长 ···· 15
　——创新发展　开创一汽新局面
陈玉民　山东黄金集团有限公司党委书记、董事长 ······ 23
　——肩负金色使命　开拓万里征程
潘　刚　内蒙古伊利实业集团股份有限公司党委书记、董事长 ··· 31
　——高目标引领　全方位推进

2019—2020 全国优秀企业家

关于表彰 2019—2020 年度全国优秀企业家的决定 ······ 41
于　全　北京江南投资集团有限公司董事长 ········· 49
　——创新谋发展　江南好风光

于大卫　祥泰控股有限公司董事长 ···································· 53
　　——品质筑就美好生活　匠心彰显品牌责任

马亦龙　天津现代集团有限公司执行总裁 ······························ 57
　　——誉引众峰之巅　远见广阔未来

马海民　中铁一局集团有限公司党委书记、董事长 ···················· 61
　　——奋斗砥砺初心　担当践行使命　为建设现代一流企业擎旗领航

王　平　重庆化医控股（集团）公司党委书记、董事长 ·················· 65
　　——深化改革探索者　转型升级带路人

王　安　中国国际工程咨询有限公司党委书记、董事长、总经理 ········ 69
　　——全面促进发展　彰显央企风范

王万喜　山东匡山集团有限责任公司董事长 ···························· 73
　　——优化体制改革　聚焦高质量发展

王世强　吉林德翔牧业有限公司董事长 ································ 77
　　——不忘初心抓管理　锐意进取创佳绩

王西超　中石化天津液化石油天然气有限责任公司总经理 ·············· 81
　　——改革打造精品　超越铸就辉煌

王树华　武安市裕华钢铁有限公司董事长 ······························ 85
　　——创裕华精优品牌　兴华夏民族工业

王须国　中国进出口银行福建省分行党委书记、行长 ·················· 89
　　——创新发展　普惠民生

王勇健　深圳市投资控股有限公司党委书记、董事长 ·················· 93
　　——搏击市场洪流　做改革创新的领航人

王常申　日照三奇医疗卫生用品有限公司董事长、总经理 ·············· 97
　　——诚心做人　用心做事

戈亚琴　新誉集团有限公司党委书记、总裁 ···························· 101
　　——扎根"红色"沃土　迈向"智造"征程

方联民　湖南省交通水利建设集团有限公司党委书记、董事长 ·········· 105
　　——投身交通水利事业　实现企业跨越式发展

尹国平　湖北省宏源药业科技股份有限公司董事长 …………… 109
　　——勇立潮头御风行

石克荣　三河汇福粮油集团有限公司董事长 …………………… 113
　　——不断发展的汇福粮油集团

叶天健　浙江永宁药业股份有限公司总经理 …………………… 117
　　——融合科技创新　引领永宁药业实现双转型

史思军　新疆阿拉尔南口建筑有限责任公司董事长、总经理 …… 121
　　——低调做人　高调做事

代良云　宁夏金昱元化工集团有限公司董事长 ………………… 125
　　——山水昱心　助力"中国梦"

代贵雪　中国三冶集团有限公司党委书记、董事长 …………… 129
　　——三冶集团的成功之路

白小虎　上海宝冶集团有限公司党委书记、董事长 …………… 133
　　——转型发展　虎虎生风

白宝鲲　广东坚朗五金制品股份有限公司董事长兼总裁 ……… 137
　　——"坚"定前行　"朗"月清风

邢诒川　海南现代科技集团有限公司党委书记、董事长 ……… 141
　　——科技主导　奉献国家

曲风采　吉林吉春制药股份有限公司党委书记、董事长 ……… 145
　　——开拓创新　展现风采

曲继广　石家庄四药有限公司董事长 …………………………… 149
　　——登高望远　继往开来

吕天宝　山东鲁北企业集团总公司党委书记、董事长 ………… 153
　　——艰难中创实业　铸造循环经济典范企业

朱喜成　太原天然气有限公司党委书记、董事长 ……………… 157
　　——为社会奉献光和热

乔少波　陕煤集团神南产业发展有限公司董事长、总经理 …… 161
　　——战略引领　创新开拓　促进发展

华若中　兴达投资集团有限公司董事长 ································· 165
　　——踏着时代的节拍前行

刘付成　上海航天控制技术研究所所长兼党委副书记 ··············· 169
　　——转型发展创辉煌

刘庆峰　科大讯飞股份有限公司董事长、总裁 ························ 173
　　——中文语音　响彻天地

刘红旗　陕西金融控股集团有限公司党委书记、董事长 ············ 177
　　——金融系统一面旗

刘荣富　成都彩虹电器（集团）股份有限公司董事长 ··············· 181
　　——科学管理　创新发展

刘保起　山东罗欣药业集团股份有限公司党委书记、董事长 ······ 185
　　——深研科技创新　引领行业发展

刘晋冀　国家能源集团新疆能源有限责任公司（国电新疆电力有限公司）
　　党委书记、董事长 ·· 189
　　——全力推动发展　建设美丽新疆

刘桂凤　长春新大石油集团有限公司党委书记、董事长 ············ 193
　　——追求卓越　科学发展

刘浩兴　延安能源化工（集团）有限责任公司党委书记、董事长 ·· 197
　　——浩然大志　兴企为国

刘润生　安阳钢铁集团有限责任公司党委副书记、副董事长、总经理 ·· 201
　　——精益求精　创新发展铸辉煌

江端预　株洲千金药业股份有限公司党委书记、董事长 ············ 205
　　——打造"贴心"的"千金"

许晓曦　厦门国贸控股集团有限公司党委书记、董事长 ············ 209
　　——能力卓越实现跨越发展　心系社会践行国企责任

孙东伟　山东鲁花集团有限公司党委书记、董事长、总裁 ········· 213
　　——中国味　鲁花香

牟　欣　中国航发贵州黎阳航空发动机有限公司党委书记、董事长 ·· 217
　　——企业腾飞的发动机

4

纪志坚　大连冰山集团有限公司董事长、总裁 …… 221
　　——中国冷热产业的耕路人

严鉴铂　陕西法士特汽车传动集团有限责任公司党委书记、董事长 …… 225
　　——不忘初心　做有家国情怀的企业家

苏富强　中国化学工程第七建设有限公司党委书记、董事长 …… 229
　　——做强企业　富裕员工　奉献社会

杜应流　安徽应流机电股份有限公司董事长 …… 233
　　——应流集团　傲立潮头

杜琢玉　中国兵器工业集团武汉重型机床集团有限公司党委书记、董事长 …… 237
　　——深化改革逆势突围　自主创新书写答卷

李　毛　中国平煤神马集团党委书记、董事长 …… 241
　　——新思路　新举措　新成就

李　军　中地君豪建筑工程有限公司董事长 …… 245
　　——打牢基础促腾飞

李　明　青岛海湾集团有限公司党委副书记、董事长、总经理 …… 249
　　——腾笼换鸟促转型　凤凰涅槃谋升级

李天书　中国石油天然气股份有限公司抚顺石化分公司党委书记、总经理 …… 253
　　——党建引领　做好企业大文章

李水荣　浙江荣盛控股集团有限公司董事长 …… 257
　　——做事惟实　做人惟德

李双雄　陕西上河实业集团有限责任公司执行董事长 …… 261
　　——引领企业卓越发展

李世江　多氟多化工股份有限公司董事长 …… 265
　　——肩负责任　心怀担当　氟化工的创新变革者

李东流　森赫电梯股份有限公司董事长 …… 269
　　——精于制造　重视民生

李守江　国投新疆罗布泊钾盐有限责任公司党委书记、总经理 …… 273
　　——扎根罗布泊的"时代楷模"

李更尔　广东省地质测绘院党委副书记、院长 ································· 277
　　——献身测绘　指点江山

李希勇　山东能源集团有限公司党委书记、董事长 ······················· 281
　　——引领企业全面发展

李宏安　陕西鼓风机（集团）有限公司党委书记、董事长 ··············· 285
　　——创新转型促发展　固本挖潜建新功

李英姬　延边大学草仙药业有限公司董事长 ································ 289
　　——立志边疆　做老少边穷地区戮力耕耘的企业领航者

李悦明　青岛琅琊台集团股份有限公司党委书记、董事长 ············· 293
　　——精研细琢重实效　砺能强技勇担当

李银会　青海华实科技投资管理集团董事长 ································ 297
　　——改革发展　春华秋实

李慧明　敬业集团有限公司总经理 ·· 301
　　——潜心发展实业　逐梦产业报国

李曙光　四川省宜宾五粮液集团有限公司党委书记、董事长 ·········· 305
　　——追求卓越　奉献社会

杨　杰　中国移动通信集团有限公司党组书记、董事长 ················· 309
　　——企业杰出的当家人

杨　将　巨力集团有限公司执行总裁 ·· 313
　　——真材实料　一心为民

杨金波　黑龙江鸡西农村商业银行股份有限公司董事长 ················· 317
　　——引领发展　做大做强

杨晓明　中国生物技术股份有限公司党委副书记、董事长 ············· 321
　　——公共卫生安全的守护者

杨悦民　北京电力设备总厂有限公司党委书记、董事长 ················· 325
　　——坚持创新提质　促进持续发展

杨福安　山东福牌阿胶股份有限公司党委书记、董事长 ················· 329
　　——为百姓做出好阿胶

第十一届
"袁宝华企业管理金奖"

"袁宝华企业管理金奖"简介

"袁宝华企业管理金奖"是由中国企业管理科学基金会于2005年设立的以"袁宝华"名字命名的中国企业管理领域的最高奖项。

袁宝华同志自中华人民共和国成立以来长期担任国家工业主管部门和国民经济综合部门的主要领导,是中国企业联合会、中国企业家协会、中国企业管理科学基金会的创始人,是我国经济界和企业界德高望重的老领导,他大力倡导和推动企业管理现代化,在企业管理理论方面有很深的造诣。他在1983年1月提出的"以我为主,博采众长,融合提炼,自成一家"十六字方针,已成为我国企业界学习借鉴发达国家先进企业管理经验,建立中国特色企业管理科学体系的指导方针。

设立"袁宝华企业管理金奖",目的是通过表彰和奖励为中国企业管理实践做出杰出贡献的中国企业家,推动中国企业家队伍建设,进一步促进中国企业管理思想、管理方法和管理模式的创新,不断提升企业管理水平,激发广大企业和企业家积极投身于中国特色的企业管理现代化事业。

"袁宝华企业管理金奖"评选表彰活动是经党中央、国务院清理整顿评比、达标、表彰后批准保留的评选表彰项目,从2010年起,由原来每年开展一次改为每两年开展一次。这项活动坚持高标准和公开、公正、公平的原则,由专门设立的专家委员会和评审委员会按照严格的标准和程序,每届评选出3~5名在企业管理实践和理论方面做出突出贡献的企业家,授予他们"袁宝华企业管理金奖",并于翌年召开的全国企业家活动日暨中国企业家年会上给予表彰和奖励。

这项活动开展以来,受到了广大企业及社会各界的热切关注,得到了党和国家领导人及国务院有关部委的关心和支持,取得了良好的社会反响,对我国企业家不断探索创新管理模式,加强学习与自身修炼起到了极大鼓励和鞭策作用,对企业管理工作者和管理学界深入研究中国企业管理的科学发展规律,促进企业管理领域的交流与合作,产生了积极的影响和推动作用。

中国企业管理科学基金会

中企基〔2020〕3 号

关于表彰和奖励第十一届"袁宝华企业管理金奖"获奖企业家的决定

各有关企业：

为深入贯彻党的十九大和十九届五中全会精神，认真落实"十四五"规划纲要和中央关于大力弘扬企业家精神、激发市场主体活力的一系列指导意见，进一步推动中国企业管理现代化和中国企业家队伍建设，通过表彰和奖励在企业管理实践中做出突出成绩的企业家，激励广大企业和企业家积极投身于新时代创业创新之中。中国企业管理科学基金会本着公开、公正、公平的原则，按照严格的标准和程序，评选出以下4位企业家为第十一届"袁宝华企业管理金奖"获得者，现予以公布，并给予表彰奖励。他们是：

吴燕生　中国航天科技集团有限公司党组书记、董事长
徐留平　中国第一汽车集团有限公司党委书记、董事长
陈玉民　山东黄金集团有限公司党委书记、董事长
潘　刚　内蒙古伊利实业集团股份有限公司党委书记、董事长

以上获奖的4位企业家具有坚定的理想信念，以对党的忠诚和廉

洁自律的言行，将党和国家的各项方针政策全面融入企业发展。在长期的企业管理实践中，他们始终秉承袁宝华同志倡导的"以我为主，博采众长，融合提炼，自成一家"的方针，持续推进企业管理变革，探索形成了独具特色的管理模式。他们坚持创新驱动发展，立足于自主可控技术研发与创新，通过构建多层次创新体系和创新平台，极大激发了企业的创新活力，形成了以自主核心技术和自主品牌为支撑的产业竞争优势，为振兴我国民族产业做出了重要贡献；他们在推动企业领跑行业赛道的同时，坚持深化改革，主动优化供给结构，不断完善产业链供应链，加快适应双循环发展要求的产业布局，并通过深入推进数字化、智能化、网络化转型，有效赋能产业升级与高质量发展；他们尊重人才、激励人才，培养造就了优秀的人才队伍，通过加强党建工作和倡导积极进取的核心价值观，为企业发展注入了持久的精神动力；他们具有强烈的使命感与责任感，勇于担当奉献，在促进生态文明建设、扶贫帮困、支持社会公益事业等方面主动作为，积极承担社会责任，赢得了社会各界的赞誉与褒奖。

　　希望我国广大企业家以他们为榜样，秉持"创新、协调、绿色、开放、共享"的发展理念，顺应新时代的发展趋势，加快自主创新与动能转换，不断提升管理水平，在高质量的发展轨道上不断开创中国特色企业管理现代化新局面！

2020 年 10 月 28 日

中国航天科技集团有限公司党组书记、董事长

吴燕生

吴燕生：男，1963年7月生人，湖北汉阳人，中共党员，工学博士，研究员。历任航天工业部一院一部11室副主任、主任；中国航天工业总公司一院一部主任助理兼11室主任；一院一部副主任、主任；中国航天科技集团公司一院院长兼党委副书记，集团公司副总经理、党组成员、党组副书记、董事、总经理等职。现任中国航天科技集团有限公司（下称"航天科技集团"）党组书记、董事长；国际宇航科学院院士，俄罗斯宇航科学院荣誉院士；载人航天工程副总指挥，探月工程副总指挥，首次火星探测任务工程副总指挥；中国宇航学会理事长，中国企业联合会副会长，国际宇航联合会副主席。获得中国载人航天工程、绕月探测工程、水下发射固体运载火箭研制等国家科技进步特等奖，荣获全国五一劳动奖章和全国优秀科技工作者称号。

承载使命　再创辉煌

航天报国，是吴燕生秉承钱学森等老一辈航天人的"两弹一星"精神，推动我国航天事业再创辉煌的初心与使命追求。他凭借着对祖国航天事业的无限热爱，勤奋工作、顽强拼搏，持之以恒地创新创造和开拓进取，一步一个脚印从普通航天科技工作者逐步成长为国有大型航天企业集团掌舵人。期间他参与、主持了战略战术武器研制、载人航天、月球探测、火星探测等一系列国家重大工程，为实现我国航天跨越发展做出了突出贡献。

面对新形势新使命新要求，吴燕生坚持以国为重，在推动航天强国建设和支撑世界一流军队建设征程中，以发展战略引领者、科技创新奋进者、深化改革推动者、航天报国初心践行者为己任，不断向管理创新要质量、要效益，积极探索系统工程管理新理论新方法新实践，以舍我其谁的担当，带领广大干部职工走出了一条独立自主和独具特色的航天管理创新之路。

铸就"国之利器"　助推我国航天事业腾飞

国防安全，强国强军，需要尖端的武器装备；探索空间，利用太空，需要先进的宇航系统，航天事业正是擎举这一神圣使命的国之重器，航天科技集团则是我国航天事业的中流砥柱。

近年来，在吴燕生带领下，航天科技集团创造了举世瞩目的成就，在推动航天强国建设、支撑世界一流军队建设征程上迈出了坚实步伐，为保障国家安全、推动科学技术进步、服务经济社会发展做出了突出贡献。2014年以来，神舟十一号载人飞船与天宫二号空间实验室成功交会对接，载人航天工程全面进入空间站工程建设阶段；嫦娥四号实现世界首次月球背面着陆巡视探测；火星探测任务成功实施，按计划飞往火星；自主可控的北斗三号卫星导航系统全面建成，为全球提供导航定位服务；高分辨率对地观测系统建设圆满收官，实现了我国对地观测领域从跟跑到并跑的转变；我国最大推力新一代运载火箭长征五号成功首飞。2018年，航天科技集团以37次宇航发射任务100%成功的骄人业绩，使我国首次独占世界年度宇航发射次数的榜首。2019年，发射次数再次居世界首位。企业连续16年4个任期获得中央企业经营业绩考核A级，连续获得"业绩优秀企业"和"科技创新优秀企业"称号，是唯一一家连续7年进入中央企业排名前十的军工集团。

在国庆70周年阅兵中，航天科技集团抓总研制的多型武器装备震撼亮相，全方位展示了新时代中国战略威慑力量。航天科技集团取得的成就，得到了习近平总书记等党和国家领导人的充分肯定。习近平总书记在重要批示中指出："航天科技集团认真贯彻中央决策部署，圆满完成各项重大任务，有力推动了我国航天事业发展。"

战略引领发展　创建世界一流企业

为抢占世界航天发展的战略制高点，吴燕生按照党的十九大提出的建设航天强国、建设世界一流军队、培育具有全球竞争力的世界一流企业的新使命新要求，结合军工企业发展实际，运用系统工程思想，进一步明确了未来发展的战略目标和任务，构建形成了对标世界一流企业的航天科技集团战略体系框架。

吴燕生科学把握企业发展战略的本质内涵，深刻分析航天事业发展与国防军队建设的内在关联，提出从层次维、时间维、要素维三个维度全方位谋划企业战略，形成了极具军工特色的企业战略三维模型。在层次维上，延伸提炼出涵盖发展战略、综合规划、职能规划的战略规划体系；在时间维上，总结凝练出覆盖顶层战略、五年规划、三年滚动计划、年度综合计划的战略分解、评估、调整、在线监测与考核的战略闭环管理体系；在要素维上，运用钱学森系统工程学从定性到定量的方法工具，建立了覆盖技术、产品、经营、管理等方面的战略目标体系。三个维度有机衔接，为推动企业健康长远发展打下了坚实的理论基础。与此同时，吴燕生按照系统工程的理论方法，融合企业战略地图、平衡计分卡、波士顿矩阵等战略工具与方法，带领航天科技集团建立了战略规划体系、量化目标体系和战略闭环管理体系等。以三维模型顶层设计企业战略，以三大体系确保战略实施，有效解决了战略规划持续性不强、分解不到位、执行力不够等问题，并在这些年的实践应用中取得了显著成效。

以上述理论积累和实践探索为基础，吴燕生全面系统地勾画出航天科技集团面向未来的发展蓝图，即以建设航天强国为发展目标，以支撑世界一流军队、建设世界一流企业为建设标准，以高质量发展为发展方式，以创新驱动发展和军民融合发展为方略，以全面深化改革为动力，以坚持以国为重为价值理念，分2030年、2045年"两步走"推动航天强国建设。习近平总书记对这一战略部署高度肯定，并对未来发展做出了重要批示，为航天科技集团指明了前进方向。

2018年年底，航天科技集团被国务院国资委确定为创建世界一流示范企业。吴燕生立足企业发展实际，对照国务院国资委"三个领军、三个领先、三个典范"的世界一流企业创建标准，提出了以加快培育核心竞争力为主线，优先在技术、产品和品质上达到世界一流，着力在经营效率、效益与国际化发展上追赶世界一流，力争到2021年大多数核心技术与产品达到或接近世界一流水平，发射成功率达到世界一流；打造一批世界一流的专业公司，公司治理能力和水平显著增强，经济运行质量效益大幅提升；进入世界500强前300强、世界军工100强前8强。

坚持自主创新　锻造航天硬核科技

航天是当今世界最具挑战性的高新技术领域之一，人类航天活动的每一步进展都预示着人类创新能力的一次巨大飞跃。可以说，创新始终是航天人永不停歇的强大动力和力量源泉。基于航天在国家整体战略中的重要地位，航天高技术是买不来的，必须始终坚持走自主创新的发展道路。

从一线科研工作者到高科技企业掌舵人的30年成长经历，让吴燕生切身且深刻地体会到自主创新对我国航天事业发展的重大意义。他多次强调:"自主创新是我国航天事业发展的'撒手锏',是我们的'看家本领',是我们拥有今天这样的成就、处在今天这样重要地位的根本力量源泉。"

正是基于这种深刻认识,吴燕生始终坚持把自主创新摆在发展全局的核心位置,以推动航天强国建设和支撑世界一流军队建设为根本出发点和落脚点,着力全面提升航天科技集团自主创新能力。在他的带领下,总结提炼出贯穿航天科技创新活动始终的"独立性、协同性、衔接性、转化性"等"四性"标准,并付诸实践探索,通过建设相对独立的科技创新组织队伍、健全大力协同的科技创新体系、打造顺畅衔接的科技创新链条、推动科技创新成果快速应用转化等重大举措,不断将我国航天与生俱来的自主创新禀赋发挥到更深层次、更高水平。

航天科技集团研制生产的新型新质航天武器装备,是全面提升我军战斗力、克敌制胜的"撒手锏"武器,更是自主创新能力的集中体现。6年来,航天科技集团共获得国家科学技术进步奖17项、国家技术发明奖8项。其中:国家科学技术进步特等奖2项,国家技术发明一等奖2项;国防科学技术特等奖2项,一等奖20项。申请专利3.2万余项,其中:发明专利2.7万余项,总数量和增长率均居军工集团前列。

深化改革 助质量提升

党的十九大以来,党和国家对持续推进经济体制改革、推动高质量发展和深化国有企业改革做出一系列重大部署。作为航天科技集团全面深化改革工作的总设计师,吴燕生不止一次强调,改革要顺应时代大势、符合企业实际、真正解决问题,改革工作要坚定决心、保持定力,既要抓好重点领域的改革工作,更要按照系统性、整体性、协同性的原则不断将改革推向深入。

在吴燕生的带领下,航天科技集团党组深入学习党中央、国务院以及国家各部委的改革指导性文件,研究梳理全面深化改革脉络;深入二、三级单位开展座谈与调研,广泛听取了各单位对于改革发展的意见建议,全面掌握了企业发展实际,统一了各级单位对深化改革的认识。在此基础上,吴燕生提出了以战略管控为核心的差异化管控模式调整、航天科研生产管理模式优化升级、航天技术应用与服务业市场化转型发展为核心，以适应现代治理能力的规章制度体系建设为支撑的"3+1"改革顶层架构，打造形成了航天科技集团全面深化改革的"四梁八柱"。

在深化改革的具体实践中，吴燕生善于抓住"牛鼻子"，着力解决首要核心问题。着眼世界一流企业目标，提出要对标世界一流企业，着力提升集团公司总部的管理水平，要按照"战略决策中心、资源配置中心、重大工程管理中心"的三大定位塑造新的总部管理模式。在他的组织带领下，航天科技集团对总部机构设置与职能定位进行重新梳理与顶层设计，在保持总部部门数量不变的基础上，处室数量减少了13个，人员编制减少了33人，各类领导小组（委员会）数量由99个减少至34个。总部调整后，各部门职责更加明确，部门间的职责界面更加清晰，办事流程进一步优化，办事效率进一步提高，综合管理效率进一步提升。

面对高强密度任务常态化的新形势，吴燕生深刻认识到，不惜一切代价保成功的传统科研生产管理模式已经难以为继，必须实现高质量高效率高效益发展。为此，他针对科研生产各环节力量不均衡、资源不匹配等突出问题，面向产品、面向流程、面向组织，提出了以"一全、两改变、两强化"为核心的、更加科学高效的科研生产管理模式，实施科研生产全流程管理，改变预研管理模式和售后服务管理模式，强化研制阶段抓总单位的综合统筹责任以及批产阶段承制单位的产品质量责任，使航天科技集团在型号任务成倍增加、员工数量稳中有降的情况下，实现了科研生产效率显著提升，圆满完成各项国家任务，进一步提升了我国进入空间、利用空间的能力，坚实巩固了国家安全战略基石。

真抓实干，注重实效，是吴燕生推动改革工作的又一特点。他多次强调，不要把"说了""写了"当成"做了"，也别把"做了"当成"做成"，更不要把"做成"当成"做好"。为落实第七次工作会决策部署，航天科技集团制定了改革发展任务三年实施计划，确定了148项改革任务和122项发展任务，每月召开全面深化改革工作领导小组专题会议，压茬推进各项改革发展任务。截至目前，已完成改革任务97项，完成发展任务71项。

强党建　扬精神　肩担社会责任

坚持党的领导、加强党的建设是国有企业的独特优势。身为航天科技集团党组书记，吴燕生带领党组班子始终以习近平新时代中国特色社会主义思想为指导，充分发挥各级党委"把方向、管大局、保落实"的领导作用、各级党支部的战斗堡垒作用、广大党员的先锋模范作用，全方位推动企业党建工作开展。他秉承系统工程思想，建立健全了以能力为核心，以组织、责任、制度、考评为基础的"1+4"党建工作体系，切实增强了党组织的政治引领力、发展推动力、文化影响力、和谐保障力。

航天精神、"两弹一星"精神和载人航天精神是我国航天事业的"传家宝"。吴燕生始终不忘"根"与"魂"，注重坚持民族精神、时代精神与航天特色兼顾，坚持守正和创新结合，与时俱进地挖掘航天"三大精神"的新时代内涵。他在治企过程中，将弘扬航天"三大精神"与中心任务紧密结合，适应市场化和国际化发展需要，培育形成了具有航天特色和影响力的企业文化，并注重增强航天"三大精神"和企业文化的吸引力、感召力，极大激发了广大干部职工的责任感和使命感，汇聚起建设航天强国的磅礴合力。

关于航天报国，吴燕生有许多深刻阐述，其核心思想就是：把企业的社会责任落到实处，通过提供航天技术服务、推动航天技术转化应用，让老百姓真真切切地感受到航天技术就在自己身边，更好地满足人民对美好生活的向往和追求，推动社会全面进步。在扶贫攻坚战上，他积极响应中央的重大战略部署，多次专程赴定点扶贫县进行检查，目前共实施帮扶项目140个，帮扶建档立卡贫困人口36691人，定点帮扶的太白县、洋县、涞源县均已成功脱贫摘帽；在教育扶贫上，他推动实施了"利用高通量宽带卫星实现学校（教学点）网络全覆盖试点项目"，为甘肃舟曲、云南彝良和四川雷波等试点县的学校和教学点提供了多媒体网络教学环境，开展了基于卫星网络的专递课堂和同步课堂、网络教研、学生自主学习等教学教研实践活动，据不完全统计，目前已有近30万学子受益；在卫星通信上，他强调要提高政治站位、牢记使命责任、确保完成任务，使广大人民

群众能够畅通无阻地收看收听到电视广播，特别是在国庆 70 周年庆典前夕，吴燕生亲自布置落实，全力支撑保障国庆 70 周年重大活动的传送监控保障任务，确保万无一失。

面对严峻的新冠肺炎疫情，吴燕生坚决贯彻落实习近平总书记指示和中央决策部署，带领航天科技集团把打赢疫情防控阻击战作为重大的政治任务，全面落实各级责任，在全力支援湖北省等重点地区的疫情防控和复工复产方面彰显了中央企业的使命担当，成功实现了疫情防控和科研生产任务两手抓、两不误、双胜利。

站在新的历史起点上，在吴燕生的带领下，航天科技集团将始终坚持以国为重，不忘航天报国初心，牢记航天强国使命，持续推动管理创新，切实提升企业核心竞争力，加快建设世界一流航天企业，有效支撑世界一流军队建设，为航天梦、强军梦、中国梦的早日实现，做出新的更大贡献。

中国第一汽车集团有限公司党委书记、董事长

徐留平

徐留平：男，1964年10月生人，江苏扬中人，中共党员，经济管理学博士，研究员级高工。历任中国兵器工业总公司质量技安局、科技与质量监督局质量管理处工程师，副处长；中国兵器工业总公司办公厅总经理办公室副处级秘书、正处级秘书；国防科工委办公厅委主任、党组办公室正处级秘书；中国兵器装备集团公司发展计划部副主任、主任，汽车部主任，党组成员、总经理助理兼汽车部主任，副总经理；中国长安汽车集团股份有限公司总裁、党委书记；中国长安汽车集团副董事长、董事长；中国兵器装备集团公司党组副书记；中国兵器装备集团公司总经理、董事，兼中国长安汽车集团股份有限公司董事长等职。现任中国第一汽车集团有限公司（下称"中国一汽"）党委书记、董事长，第十三届全国人大代表，党的十七大代表。曾获"2017中国汽车年度人物""改革开放四十年·致敬中国汽车人物"等荣誉称号。

创新发展　开创一汽新局面

中国一汽作为中国汽车工业的摇篮和中国民族品牌的代表，一直备受瞩目，"解放"牌、"红旗"牌汽车早已家喻户晓。改革开放后，中国一汽通过合资合作和引进消化吸收，率先建立了我国现代化汽车工业，并取得了长足发展。

徐留平是我国汽车行业的知名企业家，曾在汽车、军工等企业担任重要领导职务，自主持中国一汽工作以来，始终牢记中央和上级组织的重托、时刻提醒不负干部职工的期待，卓越践行国有企业好干部"20字"标准。他以敏锐前瞻的战略眼光和励精图治的勇毅担当，对标全球标杆汽车企业和汽车行业最佳实践，在遵循汽车产业发展规律，研究新时期汽车产业创新超越的路径和方法基础上，深刻分析一汽的特点和优劣势，直面问题、直击痛点，团结带领集团班子和全体员工，"扛红旗、抓自主、强合作、快布局、速转型、狠创新、优管理、勇改革、严党建、惠员工"，使一汽发展呈现出新气象、新局面，一汽这个"老字号"正在驶入转型发展的"快车道"。

科学谋划定战略　全力以赴扛"红旗"

徐留平提出，企业的规划必须"一把手"亲自抓。他到一汽后的第一件事就是定规划。他坚持以习近平新时代中国特色社会主义思想和党的十九大精神为指导，结合集团实际及发展环境，组织制定了一汽2025战略愿景规划，即经过8年奋斗，实现经济规模、价值创造、人均收入等三个方面翻一番，实现再创一个一汽，简称"831"战略。其中，自主品牌整体实现中国领先、世界先进，红旗品牌成为自主第一高端乘用车品牌；

解放品牌扩大领先优势，保持领跑地位，并进入全球先进行列；奔腾品牌进入自主主流乘用车第一阵营，并在全球展现竞争力；合资品牌整体达到中国市场数一数二；新兴业务能力、规模和价值实现中国领先，并在全球有影响力；海外业务整体规模和水平达到中国一流；生态业务能力、规模和盈利处于国内先进水平。他围绕实现这一战略愿景，提出了"实施事业领先战略，分步实施，强力推进"的发展思路，按照"战略调整转型期、战略增长期、战略成熟期"三个阶段实施，确定了集团"FT14717"战略构架，即"1个愿景、4大能力、7大板块、17个要素"，进一步清晰了中国一汽未来发展的路线图。

　　徐留平准确把握全球汽车产业深度调整和转型的重大历史机遇，加快变革、全力创新，着力振兴红旗品牌。一是塑造国际一流品牌形象，致力于把"红旗"打造成为"中国第一、世界著名"的"新高尚品牌"，满足消费者对新时代"美好生活、美妙出行"的追求；二是构建"一部四院"的研发体系和"三国五地"的研发布局，围绕体验化、电动化、智能网联化、共享化、生态化等五大发展方向，发布红旗"阩旗·计划"技术发展战略，为红旗品牌注入强大的技术生命力，夯实了品牌发展基础；三是以客户为中心，实施品牌、产品、销售、服务、生活、文化的"六位一体"体验式营销，通过遍布全国的红旗体验中心，梦幻舒心的红旗云店，高尚情怀的红旗旗仕团，一键即有的红旗共享出行，以及终身免费保修、免费救援等增值服务，为消费者提供全场景、全生命周期的贴心出行解决方案，红旗品牌销售满意度和服务满意度均处于行业一流水平。

　　经过全体一汽人的不懈努力，2018年全年销售整车341.8万辆，同比增长2.2%，高出行业5.0个百分点，市场份额达到12.2%，提高0.6个百分点。

　　2019年，全年实现整车销售345.9万辆，同比增长1.2%；实现营业收入6177亿元，同比增长4.6%；实现利润441亿元，同比增长3.3%。全员劳动生产率同比增长10.8%，员工平均工资同比增长4.8%。申请专利2927项，同比提高200%；研发投入比率达到2.2%，同比提高0.2个百分点；其中，自主品牌研发投入比率达到4.5%，同比提高0.2个百分点。

2020年上半年，中国一汽"一手抓防疫，一手抓复工复产"，实现中国汽车行业三个第一，即增长率第一、收入第一、利润第一，分别优于行业19.2个、19.4个和32.1个百分点；尤其是三大自主品牌加速成长，引领行业，增长率分别优于所在细分市场104.7个、13.7个和22.5个百分点。

坚定不移抓自主　解放思想狠创新

徐留平提出："无论从国家层面讲，还是从社会层面讲，一汽都必须承载起'汽车强国梦'的重大责任。"提升自主品牌核心竞争力是做强做优做大中国一汽的重中之重。一是制定解放品牌领先目标。解放致力于成为"中国第一、世界一流"的智慧交通运输解决方案提供者，努力实现"精益扩张增长"，实现中国商用车排名第一目标。二是加速推进奔腾品牌健康发展。以创领物联网汽车作为奔腾品牌的市场定位，努力实现"跨越增长"，进入自主品牌主流乘用车第一阵营。三是借鉴世界主流汽车企业的做法，完成一汽整体、总部和业务单元管理体制的改革调整，总部直接运营"红旗"业务，对"解放""奔腾"、合资合作、新兴业务、海外业务和生态业务等六大业务板块进行战略管控或财务管控，各业务单元充分授权进行全产业链经营，做到有责有权、责权利对等。

徐留平提出，要"努力到不能再努力、创新到不能再创新"。在产品创新方面，按照打造"精品、爆款"的思路，重新建立产品定义，靓化"魅点"、解决"痛点"、消除"暗点"，确定新的产品规划，梳理现有产品线，构建产品平台；在技术创新方面，坚持"全球先发、崭新首创"的理念，构建和完善了中国一汽"一部七院"研发体系和"四国十地"研发布局，建立了一支超过1万人的全球化优秀研发团队，形成世界领先的研发体系和开发试验流程。通过加强研发手段、研发数字化、仿真化建设和项目管理，大幅缩短研发周期，更加凸显用户体验、造型、智能互联和黑科技；在管理创新方面，积极开展业务重构和能力提升项目群工作，建立国际一流的管理体系，保证运营红旗和管控体系"两手抓两手都要硬"；在营销服务创新方面，广泛使用大数据、数据挖掘等手段，对客户进行全方位、全过程、全场景的数据采集和分析，深度洞察用户在不同场景下的关注点及用车需求，搭建营销数据和业务"双中台"，打通全生命周期客户数据，实现直达客户、服务客户，满足"千人千面"需求。

蹄疾步稳勇改革　统筹兼顾强合作

徐留平提出，改革势在必行，中国一汽要承担起"汽车强国梦"的重大责任，必须要直面问题，直击痛点，大胆改革，快速行动。一是全面激发组织和员工活力。按照"市场化"和"公平公开公正"原则，坚持"以价值创造者为本"理念，开展"干部能上能下、薪酬能高能低、人员能进能出、机构能增能减"的"四能"改革，初步达到"增强动力、传递压力、激发活力、提高能力"的"四力"目标。二是全力打造世界一流管理体系。加快业务重构和能力提升，以"聚焦用户、聚焦产品、聚焦员工"为原则，正在加速构建一套"逻辑清晰、内容创新、实时在线、管理先进"的业务运营体系和管控监督体系，全力支撑公司战略落地和客户价值创造。三是加快处僵治困。严格落实国务院国资委处僵治困相关部署，一企一策制定扭亏方案，专项推动处僵治困和亏损企业治理，近3年合计处理僵困企业8家，集团每年减少亏损约2.8亿元。四是扎实推进"瘦身健体、提质增效"。累计减少法人34户，超额完成国务院国资委"压减"指标。按期完成"三供一业"、国企办教育医疗分离移交以及141户厂办大集体改革等任务，加快推进退休人员社会化管理，累计安置职工2万余人。五是推进混合所有制改革，争取集团整体混合所有制改革试点，正在推进模具公司、物流公司等分子公司混改。

徐留平积极践行开放发展的理念，着力推动合资合作、政企合作、行业合作，以开放、共赢的姿态，展示了中国一汽的新形象。一是巩固和深化战略合资合作。密切高层沟通，增进合作共识，着力推进与大众（奥迪）、丰田的战略合作迈上新台阶。一汽-大众实现持续、稳健增长，产品结构调整和产能布局加快推进，已成为全国领先的200万辆级乘用车企业，奥迪品牌位列豪华车市场第一阵营，并与大众集团续签25年合作协议，与奥迪公司签订10年商业计划，将深化在新能源、智能网联、移动出行等新业务的合作广度和深度。一汽丰田完成组织结构调整，加快新产品投放和产能布局，总体保持稳健增长；与丰田公司就新产品和高端品牌导入、加强新能源与智能网联战略合作达成共识。二是推进T3战略合作，在前瞻共性技术创新、汽车全价值链运营、联合出海"走出去"和新商业模式探索等领域深入开展合作。三是建立中国一汽红旗创新生态圈联盟，与世界顶尖团队合作成立29个创新实验室。与100多个地方政府、企业等签署战略合作协议，开展多方位、深层次合作，努力实现协同创新和共同发展。四是强化与供应商、经销商的共赢合作，培育核心供应商、组建投资人联盟。五是积极参与"一带一路"建设，创新海外发展模式，设立中国一汽海外投资基金，有效发挥了国有资本带动力，加快开拓海外市场。

压实责任严党建　社会责任优践行

徐留平提出了党的建设与生产经营"双促进、双提升"的工作理念并着力推动。一是压紧压实主体责任。深入把握和运用国企党建工作的基本规律，主导实施了党建工作导图化、党建任务清单化、党建成果绩效化、党建评价常态化，推动主体责任层层传递、严格落实；二是持续强化作风攻坚。带头转改作风，组织制定《党委常委工作宣言》，公开承诺践诺，以上率下打造坚强领导团队；不避讳不遮掩，严肃指出干部队伍中存在"口号式的干部""办事拖拉""不学习、不钻研"等6种现象，层层召开专题民主生活会，剖析思想根源，狠抓整改提高；深刻认识作风建设的长期性和艰巨性，把打赢转变工作作风攻坚战纳入年度工作部署，查摆公示，飞行检查，监督作风转改，保障提效变革；坚决查处发生在职工群众身边的不正之风，用优良作风为改革发展保驾护航。三是坚持服务生产经营不偏离。一汽各级党组织紧紧围绕深化改革、创新驱动、结构调优、改善供给以及市场占有率、销售利润率"双率"增长等，广泛开展党支部和党员百分之百参加的"双百"工程，带动职工群众改进工作、岗位建功，党的旗帜在改革发展一线、转型升级前沿高高飘扬。

徐留平指出，中国一汽要坚决贯彻落实党中央脱贫攻坚决策部署，抓好定点扶贫等工作，切实履行好央企社会责任。一是坚持扶贫"双覆盖"（扶贫任务覆盖到每位班子成员，调研地点每年都覆盖到5个定点帮扶县）。2017年以来，领导班子成员20人次进行扶贫实地调研，挂职干部、村第一书记覆盖所有对口县做到"应派尽派"，累计投入扶贫资金超过16亿元。目前，中国一汽定点帮扶的吉林镇赉县、吉林和龙市、广西凤山县、西藏左贡县、西藏芒康县已经全部实现脱贫摘帽，圆满完成党中央交给一汽党委的决战决胜脱贫攻坚的重大政治任务。自国家开展脱贫攻坚考核以来，中国一汽在中央单位定点扶贫考评中，2017—2019年连续获得"好"的最高评级。二是在完成定点扶贫任务的同时，中国一汽主动而为，2017年设立"红旗扶贫梦想基金"，到2021年将累计投入1.5亿元，扎实做好"高举红旗、精准扶贫、走好新时代长征路"教育扶贫项目。目前，已经建成10所红旗梦想智慧学校，开设210个"红旗梦想自强班"，覆盖10500名建档立卡贫困家庭的高中生；开展"红旗梦想艺术课堂"项目，共培训1200余名基层教师，受益乡村中小学生数量达到16.5万余名。

深学笃行作表率　创造绩效迎未来

徐留平以身作则、真抓实干，充分发挥集团领导班子示范带动作用，在公司上下形成了敢试敢创、创新求变、拼搏进取的浓厚氛围。一是在理论学习上作表率。虽然工作压力大，时间紧，徐留平平时仍然不放松学习，注重自身政治理论和管理素养的提升，讲党性，顾大局，坚定不移地执行党的方针和路线，认真贯彻学习习近平新时代中国特色社会主义思想和党的十九大精神，做到入心入脑，将理论融入思想和灵魂，融入实际的工作中，以一流的业绩回报党和人民的信任。二是在求真务实上作表率。徐留平带头到营销、研发、生产一线进行调研，及时发现、解决实际问题。亲自设计并推广了《一汽精益工作手册》，大大提升了工作效率，提高了工作质量，激发了员工勤奋敬业的工作作风。三是在亲力亲为上作表率。徐留平坚持重要工作亲自部署、重要材料亲自起草，工作基本原则、企业文化手册、年度工作规划等都自己动手；建立"FAWL11040"领导力模型，实施领导干部"领导力提升写实计划"，组建一汽大学并亲自担任校长，向处级以上领导人员传播先进理念、教授领导方法、激发创业斗志。

中国一汽在以徐留平为班长的领导班子带领下,坚持"稳中求快、能快则快,降中求进、能省则省"总思路,在上级机关、地方政府的关心和支持下,在广大干部职工的努力拼搏下,企业经营发展取得新成果。

中国一汽是在肩负着毛主席、周总理等老一辈国家领导人的重托和期望中创建的,初衷就是要建立属于自己的民族工业体系。作为中华人民共和国成立以来第一批大型制造业企业,一汽人深知振兴民族汽车工业的责任之重。经过67年的努力和拼搏奋斗,一汽人不辱使命,正在把凝结着几代人的汽车强国梦一步步变成现实。未来,一汽人将始终牢记初心,不负重托,认真贯彻落实习近平新时代中国特色社会主义思想和党的十九大精神,把握新时代汽车产业发展规律,推动企业从传统制造型向制造服务型加速转变,向着打造世界一流汽车企业的目标阔步前进,为强大中国汽车产业,决胜全面建成小康社会,实现中华民族伟大复兴中国梦做出新的更大贡献。

山东黄金集团有限公司党委书记、董事长

陈玉民

陈玉民：男，1961年生人，安徽六安人，中共党员，工学博士，应用研究员。历任玲珑金矿施工员、技术员、生产作业计划员、综合计划员、计划科副科长、计划处副处长、生产技术处副处长、计划处长、副总工程师、副矿长、副矿长兼总工程师；山东黄金矿业股份有限公司总工程师兼生产计划部部长、副总经理兼总工程师、常务副总经理兼矿业公司安全生产部经理；山东黄金集团有限公司总经理助理兼山东黄金矿业股份有限公司总经理、董事长、党委书记；山东黄金集团有限公司副总经理、党委委员兼山东黄金矿业股份有限公司董事长、党委书记等职。现任山东黄金集团有限公司（下称"山东黄金集团"）党委书记、董事长，兼任中国企业家协会理事、中国矿业联合会副会长、中国黄金协会副会长、第十二届山东省政协委员等职务。曾获"全国优秀企业家""中国上市公司最受尊敬企业家"等荣誉50余项。享受国务院政府特殊津贴。

肩负金色使命　开拓万里征程

陈玉民是我国第一产金企业——山东黄金集团的领头人，更是我国黄金行业知名的优秀企业家。自参加工作以来，始终投身我国黄金行业，从基层矿山技术人员一步步走到今天的领导者岗位，为我国黄金工业的发展壮大做出了重要贡献。近年来，陈玉民抢抓黄金行业转型升级的战略机遇，凭借丰富的矿业企业管理经验和卓越的战略决策与资源整合能力，成功带领山东黄金集团从跟随到领跑，一跃成为全国最大的黄金生产企业和有色金属行业上市市值最大的企业。特别是近几年，他围绕"高质量发展"的管理理念，集中发力深化国企改革、新旧动能转换、国际化战略，以一系列扎实有效的战略举措，推动山东黄金集团生产经营业绩连年增长，综合发展实力持续提升，使企业跃居全球黄金公司第10位，改写了全球黄金公司十强没有中国企业的历史，在世界黄金产业舞台上扮演着举足轻重的角色。

超前战略谋划　打造国际一流矿业集团

陈玉民开始主持山东黄金集团工作之时，正值"十二五"与"十三五"承前启后、转型变革的关键时期，世界经济在深度调整中曲折复苏，企业发展的内外部环境发生了新的变化。陈玉民清醒地认识到，过去的发展成就不可能成为路径依赖，阶段性的断崖寒流也不会成为永远冲击。

针对山东黄金集团发展现状、产业基础、优势条件和瓶颈短板，他准确得出"三个没有变"的结论："山东黄金员工追求卓越、创新进取的精神气质没有变；积极推动可持续增长、做强做优做大的发展基石没有变；致力生态矿业、打造绿色矿山的品牌内涵没有变"。在此基础上，他提出以"创新、协调、绿色、开放、共享"的发展理念为指引,坚持高起点定位,立足国内、放眼全球,极具前瞻性地提出了"争做国际一流,勇闯世界前十"的"十三五"战略目标,即"到2020年,迈入全球黄金矿业综合实力前十强"。这一目标与党的十九大报告中提出的"培育具有全球竞争力的世界一流企业"的国企深化改革新要求不谋而合。同时,他积极倡导"心无旁骛攻主业"的发展理念,进一步明确集团主业范围为"黄金及其他有色金属地质勘查、采选冶炼、加工销售及辅助性产业,黄金产业金融及相关服务"等,在强调突出黄金主业的基础上,围绕黄金、有色、资源、金融四大业务板块量体裁衣、因企施策,提出"黄金做优做大、有色做优做强、资源做优做多、金融做优做稳"的产业发展定位,成为山东黄金集团实现跨越式、可持续发展的压舱石和助推器。

按照陈玉民在"十三五"规划中提出的"产业战略协同,效益多点开花"的战略,山东黄金集团在省内建成了世界级黄金生产与资源储备基地,在省外建成了覆盖"东南西北中"的后备资源开发基地,在国外搭建了海外业务平台。与此同时,充分发挥产融创新和低成本融资优势,在北京、上海、深圳、天津、香港等区域,建立起服务全集团产业链的金融战略平台,打造了灵活高效的产融结合新模式。

2019年初,他在通盘把握"十三五"战略规划执行情况的基础上,综合分析山东黄金集团面对的形势与挑战,进一步梳理了企业发展存在的问题和不足,提出了"十三五"以后较长一段时间"两步走"的战略定位:力争到2025年年底,年产黄金实现80~90吨,进入世界同行业前五强;力争到2035年年底,年产黄金实现155吨,进入世界同行业前三强。凭借"千磨万击还坚劲,任尔东西南北风"的强大战略定力,陈玉民带领山东黄金集团接续发力,迈向了更高质量、更有效率、更加公平、更可持续发展的新阶段。

突破管理瓶颈　做国企改革标杆

陈玉民认为,要解决黄金行业留下的诸多历史遗留问题,提高全要素管理效率,就必须改变行业的粗放式管理模式,做好国企改革这篇"大文

章"，尤其是要在以下四个方面取得突破。

一是加强党对国有企业的领导。陈玉民认为，深化国企改革与党的领导是不可分割的统一整体。他倡导将党的政治优势与现代企业治理制度优势紧密结合，把党的领导融入公司治理各环节，把党的组织内嵌到公司治理结构之中，把党委研究讨论作为董事会、经理层决策重大问题的前置程序，进一步厘清了党委会与董事会、总经理办公会的权责边界，确立了党委（常委）会在公司法人治理结构中的主体地位，使党组织在集团改革转型中真正把得了关、掌得了舵，为集团各项改革提供了坚强的组织保障。

二是大刀阔斧改革管理架构。陈玉民认为，要保证"十三五"规划有效落地，管理领域的深层次蜕变势在必行。为此，他剑指组织架构改革，全力支持上市公司做大做强，开创性地将上市公司平台及其相关职能提升至集团层面，有效解决了战略推进带来的巨大投融资需求。参照国务院对央企"瘦身健体"、压缩管理层级的总体要求，将过去的集团总部、子集团（公司）、三级企业这一传统的三级管理模式，创新性转变为集团总部和生产企业二级管理模式，形成了"总部管战略、事业部管协调、三级企业管落实"的运行新模式，大幅提升了决策效率，降低了运营成本。

三是全力以赴推进供给侧结构性改革。自上任以来，"强基础、降成本、增活力、防风险"始终是陈玉民推进改革的主线，他瞄准关键短板做加法，瞄准过剩产能、过多库存、较长杠杆和过高成本做减法，集团资产负债率由历史高点的80.16%，降到2019年年底的62.48%，创10年来最低水平。同时，妥善解决国企办社会职能和历史遗留问题，稳步推进"三供一业"改革，彻底分离权属企业职工家属区相关职能，受益居民13446户；全部完成企业办教育和医疗机构剥离工作任务，妥善安置员工137人。

四是以壮士断腕的勇气推进新旧动能转换。黄金行业属于传统的资源型行业，产业转型升级是实现高质量发展的必由之路。为此，陈玉民按照"绿色生态、本质安全、技术领先、效益最优、社区和谐"目标，投资5亿元全面推进矿山数字化、网络化、智能化、信息化建设，旨在将其打造成为国际一流"智慧矿山"和"生态矿业"的引领者，培育"数字化、智能化"金属矿山建设运营新模式。目前采选流程能够实现智能化的均已实现智能化，比如远程操控碎石机，用工减少60.0%，效率提高15.0%，节省成本4000多万元。同时，按照打造"山金重工"绿色环保矿业装备制造产业基地的构想，投资建设了莱州工业园，着力打造矿山装备供应商和服务商基地，不断加速行业转型升级步伐。

狠抓技术创新　引领行业发展

陈玉民认为，对黄金这样的传统资源型行业而言，创新尤为重要。习近平总书记在党的十九大报告中指出的"建立以企业为主体、市场为导向、产学研深度融合的技术创新体系，加强对中小企业创新的支持，促进科技成果转化。"

遵循这一理念和思路，陈玉民针对当前阻碍黄金矿业发展的深井建设、智能矿山、充填技术等关键领域和盲区，成立深井开采、充填工程和选冶三个实验室，并依托博士后科研工作站、院士工作站、国家认定企业技术中心、山东省海底深部生态采金工程技术研究中心等综合研发平台，每年投入近4亿元用于技术创新。同时，注重提高科技创新共享度，与国际矿业公司和科研院（所）横向联合，每年合作开展科研项目70余项，重点转化科技成果50余项，创造经济价值数亿元。在陈玉民的带领下，2016年以来，山东黄金集团承担和参与了"十三五"国家重点研发计划项目4项，其中，参与国家重点研发计划《华北克拉通成矿系统的深部过程与成矿机理》和《穿透性地球化学勘查技术》项目的课题研究，实现了焦家金矿带和招平断裂带中南段3000米深度成矿地质体透明化；地、采、选、冶等方面核心关键技术取得"井喷式"突破，自主研发的深部探矿、智能采矿、海下及深井采矿、智能采矿、数字矿山、含氰废水零排放、黄金精炼全套黄金采选核心技术等多项科技成果达到国际领先水平。"十三五"时期也被称为山东黄金集团科技创新工作史上承担国家级课题项目最多的时期，地、采、选、冶等方面核心关键技术取得集中突破的时期，基层企业创新活力迸发、多层次科研创新体系成熟进步的时期。

目前，山东黄金集团在胶东地区建立了我国唯一一个世界级黄金生产基地，单体矿山地下开采规模超过1万吨/日；低氰无氰选矿技术研究在全国率先实现氰化尾渣无害化处理，综合选冶回收率达到92%，远高于中国83%行业平均水平；建成亚洲最大的1200吨/日黄金精炼基地，冶炼回收率达到98%以上，达到国内全行业最高水平。尤其是由陈玉民牵头完成中国岩金勘查第一深钻4006.17米，刷新了我国小口径岩芯钻探最深记录，开创了我国金属矿产深部探矿工作的先河，成为我国矿业界标志性成果；其主导的海底采矿等科研项目，荣获国家科技进步二等奖、中国黄金科学技术特等奖和山东省科技进步一等奖。依托这些科研理论和创新理念，遵循陈玉民倡导的"从已知到未知，由浅到深"的原则，山东黄金集团2017年在胶东地区成功探获世界级巨型单体金矿床——西岭金矿床，目前已备案金金属量382.58吨，预计勘探结束后可提交金资源量550吨以上，潜在经济价值可达1500多亿元，有望成为国内有史以来最大的金矿，一举开创了我国岩金深部探矿的先河，推动了深部成矿理论研究和深部勘查技术的进步，对全国深部金矿地质勘探产生了重要的指导作用和借鉴意义。

坚持以人为本　强化文化支撑

在陈玉民的带领下，突出人本管理逐步成为集团人才管理明确坚持和倡导的基本导向。"十三五"以来，他准确把握习近平总书记关于新时期好干部特别是国有企业领导人员"20字标准"，对治企有方、兴企有为的"狮子型"干部及时重用，对少数难以打开工作局面的"守摊型"干部果断调整，有效激发了各级领导干部背着指标、带着责任、撸起袖子加油干的担当精神。一方面，坚持面向基层，对长期扎根基层企业、坚守边远艰苦地区、历经多岗位历练的干部委以重任，集团总部部门主要负责人有基层矿山工作经历的近60%、有三级企业工作经历的近70%。另一方面，着眼于长远接续发展和干部队伍梯次培养，通过年轻干部下基层接地气、去省外受锻炼、赴海外见世面、跨板块长才干等方式助力年轻干部成长，目前集团最年轻的正矿级干部仅36岁，最年轻的副矿级干部仅33岁。同时，坚持人才强企，通过建立全国黄金行业首家国有企业智库，聘任30余位海内外知名院士专家学者，并制定各类人才职位序列晋升途径，健全集团工程专业技术职务职级体系，使人才成长呈现出多点开花、竞相绽放的良好态势。

为了凝聚人心，增强新时代企业发展的精神动力。陈玉民在加强党的领导和党建工作的同时，提出了进一步强化文化引领作用，并建立一套健全完善的企业文化体系，将"追求卓越，创新进取"的企业精神，"开放、包容、忠诚、责任"的核心价值观，"惠泽员工、回报股东、造福社会、富强国家"的企业宗旨及"让更多的个人和更大的范围因山东黄金集团的存在而受益"的理想目标等注入人才强企的企业文化管理中。同时，上下联动加强文化宣贯力度，通过深入推进"矿工节"系列活动，建成山东黄金展厅、山东黄金玲珑红色教育基地，设计适用于随时进行学习的专题网页，开展山东黄金矿工节等一系列文化活动和文化仪式，大力宣传首位黄金企业家张旭秋、"山金拓荒牛"王成，推出企业宣传画册、企业文化手册等一系列富有黄金特色的文化产品与宣传资料，让每一个员工真正了解自己应承担的责任和使命，充分发挥企业文化的引领和支撑作用。

打造"生态矿业" 树立负责任的国企新形象

为打破传统观念中常把污染和事故作为资源型企业代名词的刻板印象，陈玉民提出了"山东黄金 生态矿业"的矿业绿色发展理念，要求山东黄金集团的发展必须做到"用心守护绿水青山，用爱造福地球家园"，在循环型矿业发展模式中实现做强做优做大。近年来，山东黄金集团每年投入资金逾3亿元用于开展安全环保工作，超出国家标准50%以上，科学改造提升矿井生产系统和安全设施，保持了安全生产形势稳定，实现了真正意义上的废石、含氰废水等的"零排放"，做到了让每一座矿山都花常开、树常绿、水常清，核心矿山的矿区绿化覆盖率达到可绿化面积的90%以上。目前集团所属矿山已有21家被评为"国家级绿色矿山"。其中，所辖归来庄矿业投资1.5亿元将废石山及露天采场成功打造成了美丽的矿山公园，被授予"国家级矿山公园"和国家级"工业旅游示范点"，取得了良好的环境效益和社会效益。

"让更多的个人和更大的范围因山东黄金集团的存在而受益"的理想

目标,是陈玉民倡导的一系列国企责任理念的集中体现。在他的带领下,山东黄金集团坚持把"开发一方、造福一方"的社会责任理念落到实处。从东部沿海到雪域高原,从崇山峻岭到茫茫草原,从繁华都市到边远山区,从前期采矿到专业冶炼,山东黄金集团以实际行动回馈驻地社区,为驻地和周边社区经济发展、人员就业谋福祉。目前,山东黄金集团已投入各种救助、公益类资金逾20亿元,主动认捐1亿元慈善专项基金,基金增值比例7.0%,每年捐赠善款700万元用于企业内部及社会慈善救助。特别是在这次抗击新冠肺炎疫情期间,山东黄金集团在做好自身疫情防控工作的同时,积极捐款捐物。所属上市公司山东黄金向山东省慈善总会捐赠600万元,集团21160名员工爱心捐款513多万元;所属企业纷纷向驻地政府捐赠口罩、酒精、消毒液、食品、棉衣等物资,总价值约30余万元,表现出危难时刻的责任与担当。

"理想因其远大而为理想,信念因其执着而为信念。"陈玉民曾在不同场合多次提到这句话,这也正是他作为一名优秀企业家志存高远、坚韧执著精神的生动写照。

内蒙古伊利实业集团股份有限公司
党委书记、董事长

潘　刚

　　潘刚：男，1970年7月生人，内蒙古锡林郭勒盟人，中共党员，现任内蒙古伊利实业集团股份有限公司（下称"伊利"）党委书记、董事长、总裁。中国共产党第十七次、十九次全国代表大会代表，第十二届全国政协委员，中国企业联合会、中国企业家协会副会长，中华全国青年联合会副主席，中国青年企业家协会会长，中国欧盟协会副会长。"全国五一劳动奖章""中国青年五四奖章"获得者。曾获"CCTV中国经济年度人物""影响中国管理的十大企业家""中国杰出贡献企业家"称号等荣誉。

中国优秀 企业家
China's outstanding entrepreneur

高目标引领　全方位推进

潘刚作为民营企业家的代表，多年来深入贯彻党和国家对民营企业发展的重大决策部署，积极弘扬企业家精神，通过在品质、创新、国际化等领域的宏大布局，助力国民健康事业，引领伊利向"成为全球最值得信赖的健康食品提供者"这一愿景的过程中不断向前迈进。

凭借卓越的企业管理能力，潘刚带领伊利实现高质量发展，从全球乳业20强、10强，再到全球乳业5强，一步步迈入世界乳业舞台的中央。目前，伊利稳居全球乳业第一阵营，蝉联亚洲乳业第一，也是中国规模最大、产品品类最全的乳制品企业。

2020年上半年，虽然受新冠肺炎疫情影响，但在潘刚带领下，伊利依然保持发展定力，实现业绩逆势双增：营业总收入达475.28亿元，同比增长5.45%，扣除非经常性损益后的净利润37.66亿元，同比增长7.02%，营业总收入、净利润、综合市场占有率、总资产周转率等核心指标继续蝉联亚洲乳业第一。

望远攀新高　变革出效益

在伊利的发展中，潘刚始终坚持"高目标引领"，树立高远的战略目标，并通过精确管理，引领伊利持续向目标靠近。正如他所说："我的左眼是'望远镜'，右眼是'显微镜'。作为管理者，既要着眼长远，明确战略方向，也要重视细节，做好精确管理。"

1999年，中国经济迈入了以消费为导向的市场经济转型期，传统的企业管理模式难以满足新时期的市场需求。然而，作为事关民生的中国乳业，还处在区域经济壁垒之中苦寻突破之路。潘刚定下决心"要让每一个中国人都能喝到牛奶"。他通过对行业环境的敏锐洞察及对市场发展趋势的精准判断，对伊利提出两项变革，一是通过技术创新，让牛奶保质期大大延长，从区域走向全国。二是提出了组织模式改革，创造了中国乳企独有的"事业部制"组织模式。通过这两项关键改革举措，伊利业绩实现跨越式发展，特别是液态奶业务出现历史性突破。1999年，伊利的液态奶收入仅6000万元，但到2000年年底就实现了5亿元的收入。伊利液态奶业务的快速发展，带动了整个中国乳业的发展，开启了中国的"液态奶时代"，改变了中国人的饮奶习惯。在液态奶发展的基础上，伊利不断扩大产业布局。如今，伊利拥有液态奶、酸奶、奶粉、冷饮、奶酪、健康饮品六大事业部，各项业务齐头并进，伊利连续多年稳居乳制品市场占有率第一。每年，伊利产品销量超过370亿份。

凭借卓越的管理，伊利不断刷新在全球乳业中的地位。2020年8月28日，荷兰合作银行公布了"2020年全球乳业20强"排行榜，伊利成功跻身全球乳业5强，这是迄今为止亚洲乳企在榜单上的最高排名。站在全新的起点，潘刚又为伊利定下2025年挺进"全球乳业三强"的中期目标及2030年实现"全球乳业第一"的长期战略目标。

打造卓越品质　创新驱动发展

乳业产业链环节众多，涉及面广，潘刚全面把控全球乳业发展形势，理顺产业链条，从品质、创新、国际化等方面稳抓企业经营，推动伊利全面可持续发展。

潘刚对伊利的要求是："先做伊利人，后做伊利事；欲出好产品，先塑好人品。"品质提升，在伊利内部被称作"一条没有终点的跑道"。伊利坚持以"伊利即品质"为企业信条，视品质如生命，致力于生产100%安全、100%健康的乳制品。2019年，伊利将质量管理工作战略从"质量领先3210战略"升级为"品质领先3310战略"，从聚焦食品安全风险管理到关注消费者品质体验，从卓越质量管理到引领消费者品质观，由质量管理向品质管理升级，聚焦"全球最优品质"，整合全球优质资源，持续升级全球质量管理体系，将严苛的质量管控标准贯穿于全球产业链，保证零食品

安全事件。

在质量管控方面，伊利制定了业内知名的"三条线"，即在国标线的基础上提升50%，设立企标线，在企标线的基础上再提升20%作为内控线。三条线层层把关，确保了值得信赖的产品品质。伊利还与SGS（瑞士通用公证行）、LRQA（英国劳氏质量认证有限公司）和Intertek（英国天祥集团）等全球权威机构达成战略合作，共同构建质量标准、提升全产业链质量管理水平。经过多年的标准化建设，目前伊利的标准不仅严于中国国家标准，也严于欧洲、美洲、大洋洲等很多国家的标准。很多海外顶级供应商觉得伊利标准太严苛，但正是这种对品质的严苛要求，让伊利所代表的中国品牌、中国品质赢得海外市场的认可和信赖。

乳业的产业链长、涉及环节多。在潘刚看来，唯有把创新嵌入到产业链的每一个环节，才能推动整个行业的创新和升级。"不创新，无未来"，这是潘刚向伊利人传达的创新理念，他提出："让创新成为伊利的态度。"为此，他在总结出"实验室经济""反式创新""创新三步法"等一系列创新方法论的基础上，创造性地提出并推动了"全链创新"战略。

在产业链上游大力建设智能化、现代化牧场，在产业链中游利用信息化技术建立智能工厂，在产业链下游通过大数据分析等技术来精准洞察消费需求。基于"全链创新"战略，伊利打造了一套贯穿整个产业链的追溯体系。比如，消费者在超市购买了一盒伊利奶粉，拿起手机扫描一下二维码，关于产地、出厂日期、营养等信息便一目了然。

在潘刚的带领下，近年来伊利在产品创新方面成果卓著。针对中国消费者普遍存在乳糖不耐受的问题，他率领伊利技术人员经过4年研发攻关，推出了国内第一款可以有效解决乳糖不耐症的乳品——舒化无乳糖牛奶。为了给中国宝宝提供更好的喂养，伊利从2003年开始自主研究中国母乳特点，建成了中国首个企业"母乳研究数据库"，深入研发婴幼儿奶粉配方。为了给国人提供更优质的植物蛋白营养，伊利向豆乳饮品发起挑战，推出兼顾口感和营养的植选浓香豆乳系列饮品。一系列创新产品的研发，让伊利的产品矩阵更加丰富、多元，也充分体现了潘刚在创新中谋发展，服务全球消费者的雄心。

建"全球健康生态圈" 塑造极具价值品牌

近年来,国内奶业振兴的步伐正不断加快。潘刚一方面探索国内奶产业集群模式,推动"四项联结"带动上游牧场发展;另一方面凝聚全球智慧和力量,构建全球智慧链。内外发力,双策并举,推动国内国际双循环的发展新格局。

潘刚一直强调:"厚度优于速度、行业繁荣胜于个体辉煌、社会价值大于商业财富。"在发展过程中,伊利创立"四个联结"机制,有效解决农牧民"技术弱、融资难、风险大、转型慢"等问题,带动合作伙伴共同成长,推动国内乳业发展。通过产业联结,与伊利合作的牧场奶牛平均日单产从2016年的25.89公斤提升到2018年的27.93公斤。2014年至今,伊利已累计为上游牧场提供融资扶持达167.87亿元,其中2020年1—9月发放融资款52亿元。同时,伊利通过自身发展经验,开办"三大发展学院——牧场合作伙伴发展学院、供应商发展学院和经销商发展学院",为牧场合作伙伴、供应商、经销商提供能力建设,全方位地帮助产业链合作伙伴成长。

随着全球一体化进程加速,潘刚认为,唯有汇聚全球能量,才能在全球乳业版图中发挥更大的影响。因此,他提出要"用全球的优质资源更好地服务消费者",并大力推动"全球织网"战略。2014年,伊利成立全球最大一体化乳业基地之一的大洋洲生产基地;同年,伊利在欧洲生命科学领域的顶尖学府——瓦赫宁根大学,打造一个研发实体——伊利欧洲研发中心,后又升级为伊利欧洲创新中心;2018年,伊利在印度尼西亚上市Joyday冰淇淋,开始布局东南亚市场。目前,伊利的合作伙伴分布在5大洲的33个国家,在亚洲、欧洲、美洲、大洋洲等乳业发达地区构建了一张覆盖全球资源体系、全球创新体系、全球市场体系的骨干大网,充分布局内外双循环。

早在2005年,伊利内部讨论是否要服务2008年北京奥运会,大多数人认为,以伊利当时的销售规模服务一项国际盛事,难度大、风险高。但是潘刚态度坚定:"我们不能让外国运动员背着牛奶来中国,作为民族企业我们有能力、更有责任服务好北京奥运会。"潘刚一边极力推动内部筹备工作，一边多次向奥组委介绍伊利的情况，靠着潘刚的执着，伊利的品质保证、可持续发展实力感动了北京奥组委，使伊利成为国内唯一一家符合奥运标准、为奥运会提供乳制品的企业。奥运会期间，伊利为1.8万名运动员、教练员等提供营养保障，为超过750万现场观众提供产品服务。从2008年北京奥运会，到2019武汉军运会；从2010年上海世博会，到2016年杭州G20峰会，伊利作为唯一一家提供服务的乳制品企业频频亮相。同时伊利也是世界经济论坛、博鳌亚洲论坛、世界互联网大会等顶级峰会的合作伙伴，彰显出强大的品牌影响力。

伊利品牌根据不同人群需求，设有专业的产品品牌，包括伊利母品牌及20余个子品牌，其中安慕希与伊利纯牛奶年销售收入位居200亿元级阵营，金典和优酸乳年销售收入突破100亿元。依靠卓越的品牌建设，伊利品牌渗透率、品牌价值持续提升。2020年6月，《2020亚洲品牌足迹报告》中，伊利凭借91.6%的品牌渗透率、近13亿人的消费者触及数和近8次/年的购买频次，连续5年位列中国市场消费者选择最多的品牌榜首。2020年9月，国际权威品牌价值评估机构Brand Finance发布系列榜单，伊利登顶"2020年全球最具价值乳品品牌10强"榜单，成为世界上最有价值的乳制品品牌，并在"2020年全球最具价值食品品牌50强"榜单中跃升至全球第二。

从构建"全球健康生态圈"的全球产业链格局，到"滋养生命活力"的品牌主张，再到"让世界共享健康"的梦想，在潘刚眼中，伊利不仅是健康食品的提供者，同时也是健康生活方式的倡导者。

"党建"引领　文化铸魂

潘刚强调："坚定正确的政治方向，是民营企业健康发展的前提与保证。"在潘刚的推动下，伊利不断坚持和创新党建工作，强化党的领导在企业发展中的统领作用。

伊利结合企业自身特点，并在丰富的实践基础上，深度践行"不忘初心跟党走、经济发展做先锋"的党建工作理念，探索出以"引领式、矩阵式、融合式"为特点的伊利"党建三式"。即充分发挥党建工作的政治引领、思想引领、工作引领、纪律引领作用；构建党建业务管理与党组织落实推进的双向矩阵，党建+互联网的创新沟通矩阵，推进党建工作与生产经营、企业文化、群团工作、社会责任的融合。

以潘刚为书记的伊利党委还把企业发展与党的宏伟目标深度结合，努力肩负起龙头企业的责任。党的十八大提出了"全面建成小康社会"的宏伟目标，而2020年是全面建成小康社会目标收官之年，也是全面打赢脱贫攻坚战的关键之年。虽然受到新冠肺炎疫情影响，但伊利党委坚持推动党建工作与企业生产经营深度融合，为奋力夺取疫情防控和经济社会发展双胜利做出不懈努力。

潘刚表示："伊利集团将持续发挥龙头企业的引领作用，带领全行业跑好全面建成小康社会的'最后一公里'。"为此，伊利党委以常态化开展"不忘初心、牢记使命"主题教育作为企业高质量发展的重要抓手，持续推进主题教育成果转化，坚持疫情防控和业务发展"两手抓"，结合实际情况主动融入"六稳""六保"工作，以企业高质量发展推动奶业振兴，持续奋战脱贫攻坚，助力高水平全面建成小康社会。

潘刚提出："一个企业的竞争，从形式上看，似乎是产品竞争、劳动竞争和科技竞争，实质上是企业家和企业文化的竞争。"为此，潘刚把企业文化建设放在伊利发展的重要位置。在企业文化建设方面，潘刚也推出有力举措。2014年，潘刚将企业愿景升级为"成为全球最值得信赖的健康食品提供者"，为企业描绘出更宏伟的发展蓝图。2016年，伊利全面升级企业文化，确立了"伊利即品质"的企业信条，将"卓越、担当、创新、共赢、尊重"作为企业核心价值观，激励、鼓舞、引导每一位员工不断提升自我、追求卓越。在潘刚看来，企业文化优势已经成为了伊利不可复制的核心竞争力。在公司全力开启新发展阶段的关键时期，在战略升级、品牌升级之后，企业文化升级将为伊利实现战略目标注入新的精神动力，也为伊利开启"后千亿时代"注入思想和精神储备。

造福社会　践行责任

在带领企业发展过程中，潘刚始终不忘造福社会，主动履行社会责任。他指出:"可持续发展的最终目的是实现人类更加美好的生活,作为龙头企业,伊利要充分激活长板优势,联动更多的社会力量打造可持续发展健康生态圈。"在潘刚的主导下,伊利于2017年11月对企业社会责任管理体系进行全新升级,将"健康中国社会责任(CSR)体系"构筑为面向未来的"共享健康可持续发展(CSD)体系",英文翻译为"World Integrally Sharing Health",简称"WISH"体系,意为"美好生活"。因为在可持续发展领域的成就,伊利成为行业内第一个加入联合国全球契约(UNGC)的中国食品企业。在发展中,伊利围绕"WISH"体系,从产业链共赢、质量与创新、社会公益、营养与健康等四个方面展开可持续发展的具体实践。如"伊利营养2020"是伊利联合中国红十字基金会等公益机构推出的精准扶贫项目,该项目探索出"立足产业、立体扶贫、精准担当"的独有模式,通过营养调研、健康教育与公益捐赠等多种形式,全面聚焦贫困地区人口的营养与健康改善。截至2019年年底,"伊利营养2020"已覆盖全国25个省(自治区、直辖市),累计投入近8000万元,60余万儿童从中受益。

伊利还是国内首家签署联合国生物多样性公约《企业与生物多样性承诺书》的企业,并按照《公约》承诺,通过绿色产业链的发展战略,带动产业链上下游实行绿色、可持续发展。凭借绿色产业链发展模式,伊利已经连续6届获得"国际碳金奖"。

2020年年初,面对新冠肺炎疫情突然袭来,伊利第一时间启动《新型冠状病毒性肺炎防控预案》,持续投入2.8亿元,捐赠营养物资、筹措防疫设备、支持科研攻关,助力打赢疫情防控阻击战。

未来,以潘刚为核心的伊利管理层,将认真贯彻落实习近平新时代中国特色社会主义思想和党的十九大精神,发挥民营企业的积极作用,全力投身国民健康事业,为助力"健康中国"战略,实现中华民族伟大复兴的中国梦做出新的更大贡献。在全球化趋势下,伊利还将深入构建"全球健康生态圈",为全球健康事业发展注入磅礴的中国力量。

2019—2020

全国优秀企业家

中国企业联合会
中国企业家协会 文件
中国企业管理科学基金会

中国企联〔2020〕22号

关于表彰2019—2020年度全国优秀企业家的决定

各副会长、常务理事、理事，各省、自治区、直辖市、副省级城市和中心城市企业联合会（企业管理协会）、企业家协会，各全国性企业团体，直属企业会员单位，获表彰的全国优秀企业家，各有关企业：

党的十八大以来，党中央高度重视企业家在经济社会发展中的重要作用。习近平总书记多次强调要弘扬企业家精神，企业家要带领企业战胜当前的困难，走向更辉煌的未来。党的十九届五中全会强调，要激发各类市场主体活力，提升企业技术创新能力。弘扬企业家精神，加快建设世界一流企业。我国广大企业家以习近平新时代中国特色社会主义思想为指导，坚持新发展理念，胸怀对国家、对民族的崇高使命感和强烈责任感，勇作创新发展的探索者、组织者、引领者，坚持诚信守法经营，切实履行社会责任，积极主动投身防控新冠肺炎疫情斗争，带动企业在更高水平的对外开放中实现更好发展，发挥了优秀企业家的示范带动作用，体现了新时代优秀企业家的精神风貌。为贯彻落实《中共中央国务院关于营造企业家健康成长环境弘扬优秀企业家精神更好发挥企业家作用的意见》精神，进一步弘扬、激发和保护企业家精神，宣传企业家典型，营造尊重和激励企业家干事创业的社会氛围，经过推荐和评选，158名企业家被评为2019—2020年度全国优秀企业家，特予表彰。

2019—2020年度全国优秀企业家名单如下（按姓氏笔画排序）：

于　全　北京江南投资集团有限公司董事长
于大卫　祥泰控股有限公司董事长
马亦龙　天津现代集团有限公司执行总裁
马海民　中铁一局集团有限公司党委书记、董事长
王　平　重庆化医控股（集团）公司党委书记、董事长
王　安　中国国际工程咨询有限公司党委书记、董事长、总经理
王万喜　山东匡山集团有限责任公司董事长
王世强　吉林德翔牧业有限公司董事长
王西超　中石化天津液化石油天然气有限责任公司总经理
王树华　武安市裕华钢铁有限公司董事长
王须国　中国进出口银行福建省分行党委书记、行长
王勇健　深圳市投资控股有限公司党委书记、董事长
王常申　日照三奇医疗卫生用品有限公司董事长、总经理
戈亚琴（女）　新誉集团有限公司党委书记、总裁
方联民　湖南省交通水利建设集团有限公司党委书记、董事长
尹国平　湖北省宏源药业科技股份有限公司董事长
石克荣　三河汇福粮油集团有限公司董事长
叶天健　浙江永宁药业股份有限公司总经理
史思军　新疆阿拉尔南口建筑有限责任公司董事长、总经理
代良云　宁夏金昱元化工集团有限公司董事长
代贵雪　中国三冶集团有限公司党委书记、董事长

白小虎	上海宝冶集团有限公司党委书记、董事长
白宝鲲	广东坚朗五金制品股份有限公司董事长兼总裁
邢诒川	海南现代科技集团有限公司党委书记、董事长
曲凤采	吉林吉春制药股份有限公司党委书记、董事长
曲继广	石家庄四药有限公司董事长
吕天宝	山东鲁北企业集团总公司党委书记、董事长
朱喜成	太原天然气有限公司党委书记、董事长
乔少波	陕煤集团神南产业发展有限公司董事长、总经理
华若中	兴达投资集团有限公司董事长
刘付成	上海航天控制技术研究所所长兼党委副书记
刘庆峰	科大讯飞股份有限公司董事长、总裁
刘红旗	陕西金融控股集团有限公司党委书记、董事长
刘荣富	成都彩虹电器（集团）股份有限公司董事长
刘保起	山东罗欣药业集团股份有限公司党委书记、董事长
刘晋冀	国家能源集团新疆能源有限责任公司（国电新疆电力有限公司）党委书记、董事长
刘桂凤（女）	长春新大石油集团有限公司党委书记、董事长
刘浩兴	延安能源化工（集团）有限责任公司党委书记、董事长
刘润生	安阳钢铁集团有限责任公司党委副书记、副董事长、总经理
江端预	株洲千金药业股份有限公司党委书记、董事长
许晓曦	厦门国贸控股集团有限公司党委书记、董事长
孙东伟	山东鲁花集团有限公司党委书记、董事长、总裁
牟　欣	中国航发贵州黎阳航空发动机有限公司党委书记、董事长
纪志坚	大连冰山集团有限公司董事长、总裁
严鉴铂	陕西法士特汽车传动集团有限责任公司党委书记、董事长
苏富强	中国化学工程第七建设有限公司党委书记、董事长
杜应流	安徽应流机电股份有限公司董事长

杜琢玉	中国兵器工业集团武汉重型机床集团有限公司党委书记、董事长
李　毛	中国平煤神马集团党委书记、董事长
李　军	中地君豪建筑工程有限公司董事长
李　明	青岛海湾集团有限公司党委副书记、董事长、总经理
李天书	中国石油天然气股份有限公司抚顺石化分公司党委书记、总经理
李水荣	浙江荣盛控股集团有限公司董事长
李双雄	陕西上河实业集团有限责任公司执行董事长
李世江	多氟多化工股份有限公司董事长
李东流	森赫电梯股份有限公司董事长
李守江	国投新疆罗布泊钾盐有限责任公司党委书记、总经理
李更尔	广东省地质测绘院党委副书记、院长
李希勇	山东能源集团有限公司党委书记、董事长
李宏安	陕西鼓风机（集团）有限公司党委书记、董事长
李英姬（女）	延边大学草仙药业有限公司董事长
李悦明	青岛琅琊台集团股份有限公司党委书记、董事长
李银会	青海华实科技投资管理集团董事长
李慧明	敬业集团有限公司总经理
李曙光	四川省宜宾五粮液集团有限公司党委书记、董事长
杨　杰	中国移动通信集团有限公司党组书记、董事长
杨　将	巨力集团有限公司执行总裁
杨金波	黑龙江鸡西农村商业银行股份有限公司董事长
杨晓明	中国生物技术股份有限公司党委副书记、董事长
杨悦民	北京电力设备总厂有限公司党委书记、董事长
杨福安	山东福牌阿胶股份有限公司党委书记、董事长
吴丰礼	广东拓斯达科技股份有限公司董事长兼总裁
吴文刚	武汉美联地产有限公司董事长

吴华新　福建永荣控股集团有限公司董事长、总裁

吴知情（女）　广州环亚化妆品科技有限公司总裁

吴梦秋　上海蔬菜（集团）有限公司党委书记、董事长、总裁

宋晓玲（女）　新疆天业（集团）有限公司党委书记、董事长

张　良　泸州老窖集团有限责任公司党委书记、董事长

张　明　北京卫星制造厂有限公司党委副书记、执行董事、总经理

张　超　金沂蒙集团有限公司董事长

张心达　山东金河实业集团有限公司董事长

张传卫　明阳智慧能源集团股份公司董事长兼首席执行官

张江平　太平鸟集团有限公司董事长

张兴明　重庆小康控股有限公司党委书记、董事长

张运军　湖北三环锻造有限公司董事长、总经理

张坤宇　天津卓朗科技发展有限公司党委书记、总经理

张宗言　中国铁路工程集团有限公司党委书记、董事长

张起翔　黑龙江省建设投资集团有限公司党委书记、董事长

张晓光　沈阳光大环保科技股份有限公司董事长

张海涛　中国铁路乌鲁木齐局集团有限公司党委书记、董事长

张景堂　天海汽车电子集团股份有限公司董事长

陈　文　天津市华恒包装材料有限公司董事长

陈　虹　上海汽车集团股份有限公司党委书记、董事长

陈　锵　浙江新邦控股集团有限公司董事长

陈利浩　远光软件股份有限公司董事长

陈建华　恒力集团有限公司董事长、总裁

陈思斌　济南轨道交通集团有限公司党委书记、董事长

陈景河　紫金矿业集团股份有限公司党委书记、董事长

陈锦石　中南控股集团有限公司董事局主席

茅忠群　方太集团董事长、总裁

林孝发　九牧集团有限公司党委书记、董事长

岳可江　山东新城建工股份有限公司董事长、总经理

金定粮　江西江龙物流集团有限公司总经理

周才柬　江西省建工集团有限责任公司党委书记、董事长

周南方　广西南丹南方金属有限公司董事长、总经理

周重旺　湖南省茶业集团股份有限公司党委书记、董事长

周晔珺（女）　无锡一棉纺织集团有限公司董事长

周鸿祎　360集团董事长兼CEO

周群飞（女）　蓝思科技股份有限公司董事长

郑　洪　福建金源纺织有限公司董事长

郑成渝　中国电信股份有限公司四川分公司党委书记、总经理

赵　谦　南京玻璃纤维研究设计院有限公司董事长

赵占国　中金黄金股份有限公司党委书记、总经理

赵景刚　山东河西黄金集团有限公司董事长

郝伟亚　北京市基础设施投资有限公司总经理

胡正森　贵州海宇建设工程发展有限公司董事长

胡仲明　巨化集团有限公司党委书记、董事长

侯云昌　天津市金桥焊材集团有限公司总经理

俞有飞　卫华集团有限公司总裁

俞敏亮　锦江国际（集团）有限公司党委书记、董事长

施洪祥　国家开发投资集团有限公司党组副书记、董事、总裁

班　建　西安西电开关电气有限公司党委书记、执行董事

聂吉利　中恒建设集团有限公司董事局主席

夏　进　中国电建地产集团有限公司党委书记、董事长

夏　禹　卓尔控股有限公司总经理

夏文勇　新余钢铁集团有限公司党委书记、董事长

柴玮岩　中国兵器北方信息控制研究院集团有限公司
　　　　党委书记、董事长

徐　进　安徽口子酒业股份有限公司董事长、总经理

徐怀义　广州嘉德乐生化科技有限公司总经理
栾　芳（女）　哈尔滨中央红集团股份有限公司董事长
高义琼　航天电工集团有限公司总经理
高金兴　中国电信股份有限公司福建分公司党委书记、总经理
郭义民　洛阳国宏投资集团有限公司党委副书记、总经理
郭经田　益海嘉里（兖州）粮油工业有限公司总经理
郭淑芹（女）　吉林敖东药业集团股份有限公司总经理
陶以平　兴业银行股份有限公司行长
黄一新　南京钢铁集团有限公司党委书记、董事长
黄湘黔　贵州南方石油（集团）股份有限公司董事长、总裁
曹志强　湖南华菱钢铁集团有限责任公司党委书记、董事长
梁耀铭　广州金域医学检验集团股份有限公司董事长兼首席执行官
谌赞雄　武汉金融控股（集团）有限公司党委书记、董事长
彭继远　内蒙古食全食美股份有限公司党委书记、董事长、总经理
彭德洲　烟台金桥集团有限公司董事长
蒋会成　海南第一投资控股集团有限公司董事长
傅成骏　中车株洲电力机车有限公司党委副书记、董事、总经理
焦开河　中国兵器工业集团有限公司党组书记、董事长
曾光安　广西柳工集团有限公司党委书记、董事长
曾毓群　宁德时代新能源科技股份有限公司董事长
谢　毅　通威太阳能有限公司董事长
谢小平　国家电投集团黄河上游水电开发有限责任公司
　　　　党委书记、董事长
褚　伟　宁夏电力投资集团有限公司党委书记、董事长
蔡速平　北京海纳川汽车部件股份有限公司党委书记、董事长
颜　语　昆明星耀集团实业有限公司董事长
颜建兴　中国航发西安航空发动机有限公司党委书记、总经理
潘世庆　广西柳州钢铁集团有限公司党委书记、董事长

潘银生　大亚湾核电运营管理有限责任公司党委书记、总经理
薛　荣（女）　郑州圆方集团党委书记、总裁
魏福生　重庆建工投资控股有限责任公司党委书记、董事长

希望受到表彰的企业家进一步弘扬优秀企业家精神，珍惜荣誉，在新发展阶段更加奋发有为，再创新佳绩。全国广大企业家要以优秀企业家为榜样，立足服务以国内大循环为主体、国内国际双循环相互促进发展新格局，弘扬企业家精神，全力担当市场主体责任，不断提高企业活力和市场竞争力，为实现"十四五"良好开局和二〇三五年社会主义现代化远景目标做出新的贡献！

2020 年 11 月 3 日

北京江南投资集团有限公司董事长

于 全

于全：男，1974年生人，北京人，曾任江西省外经贸厅驻京办干部、江西省外经贸厅驻京办副主任、主任。现任北京江南投资集团有限公司（下称"江南集团"）董事长。河北省委省政府决策咨询委员会委员、全国工商联房地产商会常务理事、北京江西商会常务副会长、中国企业联合会常务理事、北京吉安商会名誉会长、北京永新商会名誉会长。

北京市朝阳区第十五届、十六届人大代表，北京市朝阳区第十六届小红门乡人大代表、北京市朝阳区第十五届、十六届人民法院监督员，河北省第十一届政协委员、北京市平谷区第十一届政协委员、北京市平谷区第十二届政协常委。

创新谋发展　江南好风光

江南集团成立于2004年，注册资金9.9亿元，是一家集项目投资管理、房地产开发、旅游度假、养老产业、房屋销售、物业管理、建筑设计、商业贸易、文化传媒于一体的跨行业、跨地区的项目投资管理集团。项目遍布北京、环首都经济圈及粤港澳大湾区等地，紧跟城市发展脉络，积极参与产业项目投资建设，投资开发了多个旧城改造和旧村改造项目。

以拼搏进取的企业家精神　不断创新

于全秉持"一切从客户需求出发"核心价值观，带领江南集团立足北京、深圳等一线城市，为追求高品质生活的业主提供舒适居住空间。经过不懈的努力，先后于2015—2016年两度跻身中国房地产开发企业100强。2017—2019年连续3年跻身中国企业500强。

在新一轮的城市发展浪潮中，于全提出"产业+住宅，以产业项目为主"的发展战略，在传统房地产行业从市场紧缺到产能过剩、从政府扶持到政策限购的背景下，江南集团凭借其在提升土地的产业价值、推动产业结构转型升级和推进城镇化发展，受到政府的大力支持。

位于北京小红门的江南大厦华创生活广场，是集大型购物、休闲娱乐、餐饮服务为一体的大型商业中心，辐射周边高端居住区，是3公里主商圈范围内，数十万人生活消费主场。

位于北京朝阳区南四环的北京城环城国际电子商务中心、绿色动力汽车文化生活广场，布局空间与绿色的渗透，努力营造一个真实的自然生态环境。园区涵盖电子信息、现代服务业、智能制造、新材料+新能源四大产业联动，致力于打造朝阳区"双高型"产业的企业扶植基地。

位于北京朝阳区南四环的中科科技产业园，园区将着力培育具有创新能力的新兴产业，推动产业转型升级，带动周边就业。在规划上改变传统产业园区只有生产没有生活的钟摆式布局，不仅集合了研发、办公等产业功能，还配套餐饮、休闲娱乐、运动康体等多种业态，完善和打造新型产业园区的高端体验式商业。努力塑造"硅谷文化"和"硅谷精神"，打造集高科技产品研发、展示、企业孵化、专业人才培训、商务服务为一体的多功能复合型科技产业园区。

位于塘厦龙背岭地区的深圳江南企业总部基地项目，主要以三旧改造、企业总部基地、产业创新、创智云社区为主，以龙背岭为核心承接中心组团的辐射，通过旧厂、旧村改造释放用地存量，全力打造科技企业孵化器，重点吸引一批深圳外溢的科技创新企业和中小科技成长型企业落户江南企业总部基地，打造塘厦镇企业总部基地标杆。

江南集团以"1+1"即高新产业的导入与传统产业的升级为主，通过传统产业的制造整合与技术的提升，科学定位、合理定位，实现可持续化发展。区域内打造以多元配套产业上下游形成的产业网，形成相互联系沟通的产业集群，按照产城融合发展的理念，加快产业园区从单一的生产型园区经济向综合型城市经济转型，让该区域能够发展成为产业发展基础较好、城市服务功能完善、边界相对明晰的城市综合功能区。

江南集团从一开始做规划、设计的时候，就融入智慧城市理念，聘请世界知名设计师做统筹规划设计，为业主提供多样化智慧社区服务，安装智能安保系统，家中监控、安保系统直接连接保安，保证住户安全的同时，呵护生活的每一个细节，打造先进的智慧住区。

提升客户价值　　形成包容文化

企业间的竞争，决胜点在于对客户价值的认知，只有把基于客户价值的竞争壁垒做高、做厚，才能升级自身的竞争优势。成就客户，同样是江南集团发展战略以及共赢共生商业模式的落脚点。江南集团采用广泛合作的运作方式，吸纳中国乃至全球特大综合性建设集团为自身的建设提供保障，采用领先的BIM建筑数字化管理和工业化施工，不仅拥有超越时代的

建筑品质，同时提升了企业服务于当地社会的能力。

成功的企业都展现出一种合乎人性的文化氛围，江南集团的企业文化既有严格的底线，同时也张弛有度，给员工充分的成长空间。于全反复强调，并着力在江南集团内推进这一点。他理想中的江南集团是社会精英云集、施展才华、学习进步、空前和谐的大家庭；是诚实守信、合法合规经营，讲道理、勇于修正、公平公正、论功行赏，欣欣向荣、不断总结好经验并付诸实践的企业。

支持公益事业　承担社会责任

江南集团在于全带领下，热衷公益事业，积极承担社会责任，救助贫困。先后为双鸭山教育捐资100万元，电脑100台；为河北省承德市兴隆县的六道河中学、陡子峪乡两所联合小学分别捐资1200万元；为河北省张家口市怀来县东花园镇希望小学捐款100万元。于全还亲自带队走访陡子峪乡7个村，将善款送至200余户贫困家庭，并为7个村修路捐资3500万元；为兴隆县慈善救助会捐资100万元；为北京市朝阳区小红门红十字会、慈善协会捐资100万元；为朝阳区红十字会捐款40万元；为河南省淅川县西簧乡政府捐赠电脑50台，希望小学捐资100万元。

江南集团以科技为支撑，坚持企业的高质量发展，促进产业的转型升级；建设人性化的企业，为客户提供满意便捷的服务，为员工创造发展空间。江南集团充满自信，正以蓬勃的生机，行进在发展之路上。

祥泰控股有限公司董事长

于大卫

  于大卫：男，1968年5月生人，山东青岛人，毕业于西南财经大学，硕士研究生。2004年从大型国企领导岗位走出来，走上创业之路。从最初的国企干部到创业投资人，于大卫一步一个脚印地印证和实现着自己的梦想与人生价值。从青岛公路建设集团董事长到现任祥泰控股有限公司（下称"祥泰控股"）董事长，他率领管理团队创新发展，不断突破；同时，积极投身公益事业，勇担社会责任，取得了企业经济效益和社会效益的双丰收。

  先后获山东省优秀建设者、山东省优秀企业家、影响山东品牌年度人物、山东省积极履行社会责任企业经营者、山东省扶贫攻坚先进个人、影响济南十大经济人物、济南市劳动模范、济南市突出贡献优秀企业家等荣誉。

品质筑就美好生活　匠心彰显品牌责任

"最大化的利润让企业走得快，秉承品质之道让企业走得远，只有品质考究，才能赢得尊重。"于大卫认为，品牌建设得有一颗匠心，这不仅是技术和艺术的体现，更是一种对道义的坚守。

祥泰控股2009年进驻济南，十年来秉承"品质筑就美好生活"的使命深耕齐鲁大地，并不断发展壮大。历年开发项目包括祥泰广场、祥泰汇东国际、祥泰森林河湾、祥泰新河湾、祥泰麒麟阁、祥泰正阳东郡、祥泰和院、祥泰城、威海天泽府等共计20余个，累计为10万个家庭实现筑家梦想，成为本土房地产开发的龙头企业。

着眼于长远发展　品质方能筑就美好生活

品质不仅体现在工程质量和功能属性，更体现在交付后的服务质量上。于大卫始终坚持"以人为本"的指导方针，带领祥泰控股推广"亲情式服务"和"人性化管理"。无微不至的细节，贴心的服务，真诚的态度，让越来越多的业主成为祥泰控股的忠实粉。

在高度重视产品品质的同时，于大卫重视推进企业绿色、健康发展。坚决打赢"蓝天保卫战"，祥泰控股各工地现场高度重视扬尘治理工作，从思想上重视、行动上落实、理顺责任、责任到人，严格按照相关环保要求施工建设，加强扬尘源的巡视检查，确保防治措施落实到位，做到裸土覆盖，及时洒水降尘，路面硬化等，以确保扬尘治理达标。

在绿色建筑推行方面，于大卫带领祥泰控股积极探索绿色经济、绿色住宅，不断取经学习，将各地成熟的绿色建筑理念和住宅产品研发的先进理念方法，因地制宜地引入产品建筑设计和建设中，加快推进绿色产业融合。

凭借良好的信誉和品质，祥泰先后获得"全国市场质量信用等级AA级""山东省行业品牌奖""山东省民营企业杰出贡献奖""济南市文明单位""济南市优秀民营企业"，开发项目多次获得"泰山杯""泉城杯""山东省用户满意建筑工程""省文明工地"等荣誉，并在济南市建委公布的2016年度全市房地产开发企业信用等级评定中被评为AAA级信用企业，跻身济南房地产开发企业AAA级信用企业前三甲。

积极参与城市更新项目　致力于城市提升发展

棚改旧改既是事关群众切身利益的重大民生工程，又是关系城市发展空间优化的重大发展工程。于大卫带领祥泰控股重点参与了济南大辛庄、祥泰和院、铅笔厂等棚改旧改以及党家项目。

铅笔厂项目是山东省省级重点棚户区改造项目。祥泰控股自2009年操作铅笔厂项目以来，历时11年，共计投入资金15亿元，安置居民约600户。此项目情况复杂，前期问题较多，可谓棚改"啃硬骨头"的典型。通过完善棚改项目规划策划，着力完善棚改项目市政和公共服务配套，"细处落笔"服务保障民生。此项目于2019年3月开工建设为商务写字楼和高端住宅，大大提升了区域形象。

党家项目总占地约1200亩，是山东首个"5G产业基地"。还有中国信科5G产业应用研究院、视频融合产业园、物联网应用产业园、网联汽车产业园、智能制造产业园、5G体验馆和中国济南电子信息学院等七大产业板块。

融合式党建　引领企业高质量发展

作为山东本土民营企业带头人，于大卫深知党建对企业发展的促进作用。从党支部成立之初就不断促进党建工作与企业经营发展相融合，把党建活力转化为企业发展动力，把党建优势转化为企业发展优势，着力打造坚强过硬的党支部和奋发有为的党员队伍。祥泰控股"融合式党建"模式，为企业健康发展提供"加速度"。

坚持党建与企业发展相融合。在"品质筑就美好生活"的企业使命下，祥泰追求卓越、精益求精，以高品质高价值的建筑，为业主实现城市居住

理想。企业的稳步发展为国家累计上缴利税逾 10 亿元。

坚持党建与企业文化相融合。通过党的思想政治工作和企业文化相融合，增强了企业员工奉献、奋斗的团队凝聚力，也增强了企业的核心竞争力。成为激发和保持企业活力的不竭源泉，为祥泰的创新发展、转型跨越提供坚强组织保障。祥泰党支部被济南市委市政府命名为"济南市担当作为'出彩型'好团队"，被中共济南市委组织部、中共济南市委"两新"组织工委授予济南市"两新"组织党建工作示范点，被中共济南市委授予济南市先进基层党组织称号。

乡村振兴　以企业之力回馈社会

于大卫始终把承担社会责任作为企业使命，积极助力乡村振兴战略。通过促进农村特色旅游发展、参与农村社会公益和文化事业、改善农村养老环境等方式，因地制宜，力求方式的精准、长效。截至目前公司参与乡村振兴战略及脱贫攻坚行动总投入 1400 余万元，帮助 700 余名贫困群众脱贫致富。

投资 600 余万元打造服务中心、文化广场及民宿为一体化的旅游体系。丁泉村民俗文化旅游基地的投入运营为 100 余户贫困户提供了在家门口的就业机会。"旅游+扶贫+企业"的社会扶贫新模式，培植了产业链，使其具有长期的"造血"功能，带动了贫困村整体发展。

2016 年，投入 300 余万元，在历城区和平阴县投资建设了六座幸福院，总面积达 2260 平方米，为 200 余名孤寡老人提供了安享晚年之所，破解养老难题，确保助老扶贫工作具体落地。

相继帮助济阳县周家村农耕所用大型农机 3 台，帮助临沂市费县南张庄乡建设学校，打造国家级康旅示范基地，产业覆盖大爱康养基地、特色农业示范基地、红色教育基地、艺术家驻留基地、户外运动营地、古村民宿旅游度假区，建成将成为临沂市内最大的体验式文旅综合体，捐赠 120 万元帮扶菏泽市巨野县万丰镇顺河村进行村内基础设施改造等。通过对公共设施的建设，不断满足人民群众对物质文化的需求，带动乡村文化振兴发展，建设和谐、富足、美丽的新乡村。

天津现代集团有限公司执行总裁

马亦龙

  马亦龙：男，1989年生人，浙江温州人，澳大利亚莫纳什大学金融学专业，研究生学历，硕士学位。现任天津现代集团有限公司（下称"现代集团"）执行总裁。是天津和平区第17届人大代表，天津市工商业联合会第十四届执委，荣获天津市第一批企业家队伍建设"111"工程优秀企业家称号。

  2012年他进入了现代集团，凭借坚韧不拔的毅力、果敢睿智的市场洞察力，踏踏实实走出每一步、兢兢业业做好每件事。低调却不轻易满足地应对每一次挑战，他善于把握机遇，坚持用创新的思路破解难题，用创新的举措突破瓶颈。他以卓越的工作业绩，超凡的管理能力受到集团领导及员工赞赏。

中国优秀企业家

誉引众峰之巅　远见广阔未来

现代集团诞生于1995年，是一家有着20多年风雨历练的优秀企业。经过多年的努力，今天的现代集团已经发展成为一家集地产开发、商业运营、金融投资三大核心业务板块的综合型企业。集团旗下拥有40多家全资和控股公司。连续多年跻身中国民营企业500强、中国服务业500强和天津百强企业。

顺应大格局　推动大发展

在城市发展战略和城市总体规划大格局下，2012进入现代集团的马亦龙在宏观上把握集团的全局工作。他依托天津良好的投资环境和优惠的政策平台，在市区各级领导的关怀和支持下，率领集团全体员工奋力拼搏、开拓进取、创新经营，努力打造品牌精神与企业文化；在苦干、实干、巧干中积攒经验、收获业绩；使现代集团在不断求索与积累中，由单一化向多元化方向转变，由多元化向品质化方向递进，最终实现公司各项业务各个板块的全面发展。

在规划设计方面，他判断敏锐，善于沟通。多次与世界顶级设计公司接洽，吸收国际国内先进思维及技术。在设计上不惜重金，聘请国际知名的设计公司（SOM、PYR、Benoy、WATG、HBA等）参与项目规划设计，为打造高端、精品项目奠定基础。目前，现代集团所开发的"天津国际金融中心"86万平方米城市综合体项目，已被列为天津市重点工程之一。其中，四季酒店荣膺中国十大最佳新开业酒店，国金写字楼2019年荣膺五星级商务楼宇，四季汇项目拥立津门高端公寓龙头地位。

在工程管理方面，他思路清晰，精益求精。始终保持打造精品、追求卓越的气魄。坚持推行精益管理的思路，狠抓安全生产和工程质量，从材料采购、施工工艺、质量检验等各个环节都要求严格把关。多年来，项目始终保持零事故率。与各总包、分包单位保持着良好的合作关系。

在招商运营上，他秉承解放思想、放宽眼界、创享城市美学的理念。在拥有高品质产品的条件下，现代集团投资建设的天津国金中心项目，其写字楼正式对外开放，受到知名企业广泛认可，已交付使用的低区入住率近90.0%（占整栋楼的42.0%）；四季酒店圆满完成了多次全运会及国内外政要贵宾接待任务，荣膺中国十大最佳新开业酒店；四季汇正式对外发售以来，高端客户络绎不绝，一度成为津门品质、高端、奢华的代名词。和平翰林公馆7.5亿元的认购业绩，成为当时天津市房屋成交金额周冠军。海河假日酒店营业业绩一直在天津酒店业内名列前茅，无论是餐饮质量还是酒店环境的舒适度均获得了客人的好评。

马亦龙时刻关注日本著名的伊势丹百货、世界知名华资跨国财团印尼力宝集团乐宾百货的运营情况，适时调整业态发展，努力打造品牌建设。为天津市现代服务业的繁荣和发展做出了重要的贡献。他积极投身社会公益和慈善活动，多次在抗震救灾、扶贫济困、建桥铺路、捐资助学、美化环境等社会公益活动中慷慨解囊、捐款捐物，展现大爱之心和"报效祖国"的赤子之情。

企业发展成绩显著

截至2018年，现代集团企业注册资金5亿元，总资产达236.5亿元，营业收入总额达154.2亿元，实现利税总额8.6亿元。始终保持市区依法纳税龙头企业，多次荣获纳税功臣称号。

马亦龙领导现代集团在天津商业地产创造了声名显赫的品牌。拥有了位于海河之畔的"天津凤凰商贸广场"，（其中天津窗帘城、海河假日酒店业已运营）与"天津之眼"摩天轮交相辉映；打造了位于和平区南京路与滨江道交会处钻石地段的城市大型商业综合体"天津国际金融中心"。此外，还有坐落在著名的"五大道"上的"云南路会所"，在滨海新区响螺湾中心商务区的"锦希台大厦"。这些项目的开发与建设，为美丽津城增

加了多处亮点。

面向未来　固本强基

马亦龙不断运用先进的现代管理制度和方法管理企业。在建的国金中心二期项目，地段卓著，体量庞大。在黄金地段打造如此大体量的综合体项目对于企业的开发实力提出了超高的要求。为此，他不断完善公司技术创新体系，从建立健全"内脑"技术队伍和"外脑"支撑网络入手。一是组建公司专业规划设计团队、招商团队，以及信息管理团队，从事新项目产品研发等工作；二是邀请国际、国内知名的设计公司、顾问公司，随时为公司的发展提供技术支撑，力争达到设计完美、项目一流。

马亦龙把不断提升企业的人才储备、提高企业科技含量作为企业发展的重中之重。他坚持"管理出人才、管理出效益、管理促发展"，改变民营企业中传统的管理模式，通过实行以组织架构、权责手册和人事制度、分配制度为依托，建立起了精干的管理团队。通过竞争上岗、唯才是举的用人机制和岗位工资为主的薪酬激励制度，激发企业的活力，增强自身的造血功能。

马亦龙把创新列入企业文化之中，提出"文化为本，创新为魂"。他构建积极和谐的企业文化，支持党、团组织、工会开展各项活动，定期召开职工代表大会，并通过开办集团网站、举办迎春年会等一系列活动，为员工搭建沟通交流的平台，创造和谐的企业发展环境。他不断完善激励机制，提高员工福利待遇，落实社会保障政策，给员工提供宽松的发展环境。他努力改善员工工作条件，着力构建和谐的劳动关系，促进职工和企业的全面发展。集团多次获评天津AAA级劳动关系和谐企业，连续多年获得天津民营企业（健康成长工程）促进就业百强企业、销售收入百强企业等荣誉。

马亦龙在集团内部推行量化考核和预算管理两个体系，实现经营的全员、全过程、全方位精细化管理，为低成本高效率战略实施奠定了基础。现代集团实施的OA系统信息化管理手段，大大提高了运营效率。

中铁一局集团有限公司党委书记、董事长

马海民

马海民：男，1962年11月生人，陕西韩城人，中共党员，博士研究生学历，教授级高级工程师。2014年4月任中铁一局集团有限公司（下称"中铁一局"）总经理，现任中铁一局党委书记、董事长。先后荣获中华全国铁路总工会火车头奖章、中国施工企业管理协会全国优秀企业家、中国铁路工程总公司劳动模范、陕西省劳动模范、全国建筑业设备管理创新"领军人物"，陕西省优秀企业家等荣誉称号。

奋斗砥砺初心　担当践行使命
为建设现代一流企业擎旗领航

作为企业的掌舵者和领航人，马海民在历任岗位上积累了丰富的生产经营和企业管理经验。2019年完成新签合同额1616.19亿元，营业额801.16亿元，实现净利润10.98亿元。企业规模持续扩大，发展质量逐年提升，品牌实力不断增强，将企业综合发展水平推上了一个新的高度。

聚焦改革创新　加快现代一流企业建设进程

马海民始终把加强党的领导和党的建设摆在首要位置，为企业深化改革、快速发展提供了坚强的政治保证。他坚持以制度体系建设为统领巩固企业领导核心，以科学战略决策为先导引领正确发展方向，坚持以履行领导职责为核心带动工作质量提升，坚持"围绕项目抓党建，抓好党建促项目"的工作思路；着力推动群众工作优势转化为职工队伍的凝聚力，全面加强对工会、共青团工作的领导，全面加强民主管理和"三工建设"，深入开展"幸福家园"创建、"员工健康关爱"等活动；着力推动作风建设优势转化为干事创业的保障力，为企业改革发展营造了风清气正的环境。

马海民始终把改革创新作为建设国内领先、行业一流现代企业的必由之路，紧紧围绕转型升级、提质增效两大任务，大力整合各类资源，鼓励各种创新，不断推动企业管理升级、技术升级、体制机制升级、发展模式升级，进一步激发了新动力、释放了新活力。企业2018年历史性斩获两项特级资质和三项甲级资质，目前集团共拥有铁路、公路、市政、房建等6项特级资质。高度重视管理提升，着力加强现场安全质量管控，深入推进安全质量"管""监"分离、数字化监察系统建设，推动了项目创誉能力、盈利水平、安全质量自控水平不断提升。2019年集团公司获得国家级优质工程奖13项，其中鲁班奖1项、詹天佑奖4项、国家优质工程奖8项，省部级优质工程奖32项，地市级优质工程奖18项，获奖层次及数量创历年之最。马海民持续改进职称制度和薪酬体系，积极推进专业技术人员分级管理和宽带薪酬试点改革，进一步激发了人才队伍活力；着力打造专家团队，为解决企业管理痼疾和技术难题提供了充分的智力支持；坚持在强化成本管控和资金管理能力上下工夫，实现了对项目成本运行情况的动态监控；在制定年度"双清"方案，与各单位负责人签订目标责任书，召开"降杠杆、控两金"专题会议的基础上，采取多种举措，加快了企业资金回笼，推动企业抗经营风险能力得到了进一步强化提升。与此同时，马海民积极开展金融业务创新，企业资金保障能力更加稳定；持续推动技术创新，推动成立了全国首家气动列车研发中心，积极运用"鲁班平台"开展二次经营信息网络填报工作，"盾构集群远程监控与智能决策支持系统""BIM集成应用平台"等进入国内同行业前列；不断加强科研管理和技术研发工作，特别是在设备研发和管理方面成果显著，主持参与了我国自主设计制造同等类型最大直径盾构机——"拥江号"泥水平衡盾构机的研制工作，企业荣获全国建筑业设备管理创新示范单位称号，中国工程机械在线租赁平台获得全国设备管理与技术创新"金点子"发明特等奖，两项成果分别荣获全国建筑业设备管理创新成果一、二等奖。

聚焦市场经营　全面推动营销品质升级

马海民始终坚持经营开发的龙头地位不动摇，自觉把开拓市场作为第一要务。他持续深化区域经营体制机制建设，根据市场形势进一步优化调整经营部和所属单位主营区域，构建了权责分明、分进合击的经营格局；大力拓展城市建设和新兴市场，大力开展工程总承包业务，努力扩大企业在产业链上游的市场份额。坚持积极稳妥开展投资经营，主动适应国家政策环境变化，进一步加强与中国中车、中国西电、贵阳城投等企业的合作经营，依法合规、优质高效地开展投融资业务。深化"走出去"战略实施，紧盯"一带一路"沿线及重点国别，集中优势资源攻坚克难。在国内城轨市场投资额大幅下滑的不利形势下，坚持紧盯重点和优势区域，在全国44个正在修建地铁的城市中，中铁一局已中标进入42个。全面加强营销队伍建设，坚持"精英搞经营"的工作理念，指导制定了"营销系统人员培训管理办法"，完善了营销人员绩效考核制度体系，有效提升了营销人员的能力素质，进一步激发了营销队伍活力。

防范经营风险　聚焦员工成长

合规经营是企业获得可持续发展的可靠途径，马海民高度重视依法合规这根"准绳"，全面推进依法合规治企。一是做好营销策划，提高中标率和中标质量；二是提高对安全风险的辨识程度，确保方案的科学性和可操作性；三是高度重视投资项目经营，做好风险评估和防范工作；四是强化对劳务队伍的服务意识，加强对劳务队伍的培训教育，保证经济效益；五是落实经济活动分析制度，全面履行审计监督职能，有效规范了企业经营行为。同时，推动建立企业合规管理体系，积极探索企业在推进国际化战略中的合规管理新途径、新思路和新方法。

马海民以实现"企强人富、人和企盛"的"一局梦"为己任，按照企业经营规模和效益，同步增加员工收入；推进职工职业健康、劳动保护和"员工关爱计划"试点；关心海外职工家属、劳务工、离退休职工及遗属生活，加大对困难职工家庭的帮扶力度。充分发挥国企优势，全面完成中央和陕西省交给的多项脱贫攻坚任务。

在马海民带领下，中铁一局先后被国家相关部委、行业协会授予全国五一劳动奖状、全国用户满意施工企业、全国工程建设质量管理优秀企业、中国工程建设社会信用AAA企业、中国建筑业竞争力百强企业、全国公路建设百家诚信企业、中央企业先进集体、全国工程建设优秀施工企业、国家工商总局守合同重信用企业、全国企业文化优秀单位、全国和谐劳动关系优秀企业、全国抗震救灾英雄集体、中央企业抗震救灾先进集体等众多荣誉。

重庆化医控股（集团）公司党委书记、董事长

王　平

王平：男，1961年10月生人，江苏南京人，中共党员，研究生，正高级工程师，高级经济师。1978年12月参加工作，曾任重庆市政府驻上海办事处经协处处长、重庆市政府驻上海办事处副主任、重庆市发展和改革委员会副主任、党组副书记等职务。现任重庆市政协常委，重庆化医控股（集团）公司（下称"重庆化医集团"）党委书记、董事长，中国企业文化研究会副理事长。

深化改革探索者　转型升级带路人

王平坚持高质量发展新要求，努力克服历史遗留问题巨大、资产质量不高、主要产品市场下行的困难和问题，成功带领重庆化医集团全体干部员工，从2014年的亏损，到2015年的赢利，总资产达到736亿元，实现营业收入359亿元，依法上缴利税9.46亿元，分别比2012年增长51.82%、14.26%、11.43%；再到2016年实现利润总额3.8亿元、净利润1.6亿元、上缴利税11.95亿元，总资产达到765亿元；2019年，营业收入突破500亿元大关，连续10年始终保持在中国企业500强行列中。

改革创新　企业发展步坦途

王平到任重庆化医集团后，推动建设"战略管控型集团本部＋产业集团＋生产及成本中心"三级集团架构的管控模式调整。总部主要发挥战略与投资决策、资源配置、风险管控、监督保障等作用；二级企业执行战略，组织生产经营，创造利润；三级企业开展具体生产经营。调整集团总部的内部管理机构和职能，进一步明确总部各部门在以战略为核心的集团管控体系中的核心角色，共同构成了"小总部、大集团"的集团管控总部组织体系。总部对二级企业的管理实现了向"规范监管"的转变，被重庆市国资委确定为全市产业类国有资本投资公司改革的三个试点企业之一。

王平提出对各下属企业按照清单管理模式，制定并下发了《重庆化医控股（集团）公司对标管理指导意见》和《重庆化医控股（集团）公司全面风险管理体系建设总体方案》，在努力缩小与标杆企业管理差距的同时，对梳理出的重大风险点进行专题研究，全面完善风险防控措施，通过精细化管理，降本增效。

2017年3月，由重庆化医集团子公司打造的"重盐云商"平台正式上线，实现了产品供应商、实体零售商足不出户促成交易的高效商业服务模式。王平认为，以大数据、移动互联网、云计算、物联网等为科技驱动力，为传统企业带来了巨大商机。为此，重庆化医集团充分利用"互联网+"技术，全面推动企业研发、生产、管理和服务的智能化改造。

转型升级　混改企业方向明

王平大力推行研发项目清单式管理，围绕配套性基础化工、精细化工、特殊化学品、生物制药等重点，大力开发具有自主知识产权、高附加值、高效益的新产品。近年来，集团累计投入研发费用20多亿元，获得国家级科技奖3项，创造了中国驰名商标6个。蛋氨酸、丁二烯合成己二腈、糖降肾康颗粒、富马酸喹硫平缓释片等一批对产业结构调整具有重大影响的关键核心技术陆续取得突破，不仅打破了一些跨国公司的行业垄断，还对我国医药工业的健康发展起到了重要的促进作用。

王平还积极推动各企业建立研发准备金制度，同时加快引进研发合作伙伴，引入社会资金投入研发活动。同时，提出要按照"重点发展生命科学，有选择性发展精细化工，以少量投入盘活闲置资产"的思路，以质量、效率和动力"三大变革"，推动企业向工业4.0方向迈进。

王平坚持混合所有制改革方向，医药、盐业板块实现与央企混改重组，引进中盐集团完成对盐业板块的重组，重庆化医集团与中盐集团共同设立中盐西南盐业有限公司。完成旗下医药商业、医药工业以及医养健康整合，组建医药健康产业公司，通过出让49.0%股权成功引进中国通用、中国医药完成对医药板块重组。

紫光化工与中化集团下属蓝星公司签订合资合作框架协议，建峰集团与华峰集团PT重组合资方案基本达成共识，建峰浩康增资扩股混改完成公开挂牌，天原集团与尤维纳特的合资合作签订约束性协议，宇丰商贸物流涪通公司与华峰集团的混改重组完成公开挂牌交易，化设院整体挂牌退出以及中渝环保控股权挂牌，MDI配套企业移交工作经与长寿经开区多次交流已就转让协议内容初步达成原则共识。

压层减户和企业办社会职能移交持续实施，2019年，物业移交维修改造完成率85.0%；厂办大集体关闭"三户"完成率100%。

王平在企业文化传承的基础上，提炼了"砥砺前行、锲而不舍"的企业精神，以"引领和谐美好生活，守护健康美丽生命"为企业使命，凸显"诚信、至善、奉献、共赢"的企业核心价值观。2016年，化医集团荣获了中国石油和化工·企业公民楷模榜最具社会责任企业称号、中国企业文化研究会"十二五"企业文化全媒体建设30强；2018年，荣获中国企业文化研究会改革开放40年中国企业文化四十标杆单位称号。

积极履责　绿色企业献爱心

王平积极投身扶贫攻坚，在助推农村基础设施建设、推进"爱心医药"提升扶贫实效、捐赠物品帮助儿童就学、扎实推进产业扶贫工作等方面有针对性地制定了一对一帮扶措施，有效提升了贫困户脱贫致富的内生动力和"造血"功能。近3年来，累计捐献扶贫资金300余万元，捐赠化肥200余吨，累计吸纳就业13653人，为贫困家庭大学生提供就业岗位300余个，在岗职工年平均工资由4.02万元提高至5.29万元。

王平视安全环保为企业的生命线，持续保持较高水平的安全环保投入。近3年，重庆化医集团年均安全、环保投入均超过1亿元。全系统连续多年未发生各类较大及以上安全事故；未发生各类环保事故；全系统无新增职业病病例。企业顺利通过了危化企业安全"体检"国家应急管理部专项督察、中央环保督察及国家级检查6次。2017年，所属建峰集团化肥公司被中国石油和化工行业协会评选为"绿色工厂"；2018年，天原化工被工信部评选为"绿色工厂"。

王平始终坚持开展"责任关怀"和环境信用评价，营造企业与社区和谐友好氛围。2016年，重庆化医集团荣获中国石油和化学工业联合会颁发的最具社会责任感企业称号，三峡油漆被中国石油和化学工业联合会评选为全国石油和化学行业责任关怀最佳实践单位。2019年，在中国石化联合会组织的中国石油和化工行业责任关怀先进单位评选中，长风化学和三峡油漆荣获第二届责任关怀最佳实践单位。

中国国际工程咨询有限公司
党委书记、董事长、总经理

王 安

  王安：男，1958年8月生人，内蒙古人，中共党员，辽宁工程技术大学硕士毕业，教授级高级工程师，中国工程院院士。他长期从事煤炭开发领域的工程技术研究和企业经营管理工作，曾任乌达矿务局总工程师，中国神华神东煤炭公司总工程师、总经理，神华集团公司副总经理，中国中煤能源集团公司总经理、董事长等职。现任中国国际工程咨询有限公司（下称"中咨公司"）党委书记、董事长、总经理。

全面促进发展　彰显央企风范

王安认真贯彻落实党的路线方针政策以及上级决策部署，遵纪守法，有良好的道德品行和社会形象，有强烈的事业心和责任感，具有卓越的企业经营管理能力。多年来，王安以扎实的学术素养、丰富的实践经验和执著的奋斗精神，带领多个中央企业突破体制机制和技术资源的瓶颈，开拓了转型发展的战略空间，取得了跨越式的经营业绩。

经营管理方面的主要能力

中咨公司于1982年应运而生，是中国"先评估、后决策"制度建立的见证者和先行者。2013年以来，随着国家进一步深化投资体制改革，中咨公司传统的咨询评估业务急剧萎缩，工程监理业务也受到冲击。2015年王安到任，审时度势提出了"12445"发展战略，即："1"是要建设成为国内有权威、国际有影响的中国特色新型高端智库；"2"是依靠改革和创新两轮驱动推动公司转型升级；"4"是着力构建开放式智库平台、先进的咨询理论方法体系、高素质的综合性专家人才队伍和全新的公司文化；第二个"4"是走市场化、企业化、国际化、信息化的发展道路；"5"是由咨询评估、工程管理、规划咨询、投资策划、管理咨询五大领域构成新的业务格局。为了顺利推动这一战略的实施，王安进一步提出打开"四个空间"：一是打开战略思维空间；二是打开服务增值空间；三是打开创新创业空间；四是打开人才成长空间。在"12445"战略和"四个空间"发展思路的指引下，中咨公司经营活动实现平稳过渡，业绩指标呈现逆势增长，国内和国际影响力稳步提升。

王安坚持市场化导向，与24个省市地方政府和15家大型企业签署了战略合作协议，旨在将公司打造成为"国资系统智库"和重要技术支撑单位。为充分发挥中咨公司"专业门类齐全、咨询产业链条完整"的独特优势，王安大力推动公司内部开展横向联动、上下互动的矩阵合作，不断创新矩阵项目组织方式，加强统筹协调和督办督导。

王安高度重视加强企业经营管理，对考核体制机制进行了一系列的创新探索，不断推动公司实现高质量发展。每年年初与各经营单位现场签署经营业绩考核责任书，增强经营业绩考核的严肃性，注重考核目标的动态管理。将经营业绩考核与绩效工资分配紧密挂钩，强化正向激励和硬约束，对经营单位主要负责人薪酬加强监管。

王安把文化建设作为公司"软实力""巧实力"的重要组成部分，总结提出了"双五"的企业文化体系，五大要素即：企业使命（是服务国家、贡献社会）；行为规范（是公正、科学、可靠）；执业准则（是敢言、多谋、慎断）；企业精神（是求实、严谨、高效）；企业哲学（是共享、利他、简单）。五大意识即：品牌意识、前瞻意识、进取意识、合作意识、廉洁意识。通过推进文化建设，努力打造"团队文化""智库文化""实干文化"，更好地服务于企业转型发展和新兴业务拓展的需要。大力弘扬"服务国家、贡献社会"的企业核心价值理念，积极倡导"共享、利他、简单"的企业哲学，引导员工服务国家经济建设和国防建设，服务国有企业改革和创新发展。

经营管理绩效方面的主要成绩

随着全面深入实施"12445"的战略布局，中咨公司资产总额由2015年年底的22.2亿元增至2019年年底的27.31亿元，增长23.02%；营业总收入由13.4亿元增至16.44亿元，增长22.69%；利润总额由1.6亿元增至2.06亿元，增长27.5%。历年均超额完成了国务院国资委核定的经营业绩考核目标。传统咨询评估业务从重大项目的事前评估，拓展到事中、事后服务和监管。工程监理业务新签合同额逐步攀升。新培育的规划咨询、投资策划、管理咨询三大新兴业务逐步成为推动公司发展新引擎。

王安坚持将智库建设作为公司长期发展的核心竞争力，成立了中咨战略研究院,并担任院长兼首席专家,组建了新一届专家学术委员会,为智库建设提供有力保障。目前,中咨公司是为数不多的一家与中办、国办和中央财办都开通专网的智库单位。其咨询报告含金量高、可操作性强,对服务中央决策发挥了积极作用。"走出去"和"一带一路"实施以来,中咨公司承担了大量对外投资合作、周边互联互通、对外援助项目的相关咨询工作,涉及外交经济战略的专项规划与研究、双边经贸合作中长期规划、境外产业园区建设等,在工程咨询"走出去"方面走在了前列。

企业社会责任的主要工作

王安把加强"依法治企"作为中咨公司向现代企业制度转型的重要抓手,全面统筹推进法治工作建设的各项重点任务,保障了重大决策的规范性、合法性。中咨公司建立了环境管理体系并通过了ISO 14001体系认证,承担了首个国家生活垃圾分类制度实施方案和三江源国家公园总体规划等重大课题、规划的研究编制。

中咨公司积极吸纳应届毕业生、军转干部等就业,劳动合同签订率100%;工会会员覆盖率达95.0%。在积极引入各类高层次人才的同时,通过持续多样化的员工培训实现人才的保值增值。王安认真履行安全生产第一责任人职责,完善应急管理体系,制定若干专项应急预案,确保发生紧急情况时,救援人员和应急设备能够及时到位。

中咨公司始终致力于推进民生事业的发展,深度参与的易地扶贫搬迁工作是脱贫攻坚的"头号工程"和"标志性工程",也是脱贫攻坚战中最难啃的"硬骨头",受到党中央的高度重视。中咨公司长期坚持做好定点扶贫对象的帮扶工作,编制了《利辛县乡村振兴战略(2018—2022年)实施方案》和《利辛县煤电循环产业园产业发展规划》两个规划,指导帮助利辛县提前顺利完成脱贫攻坚任务。

山东匡山集团有限责任公司董事长

王万喜

　　王万喜：男，1959年12月生人，山东济南人，中共党员，大学文化，现任山东匡山集团有限责任公司（下称"匡山集团"）董事长，济南市第十五次、十六次、十七次人大代表、山东省第十三届人大代表。

　　先后荣获"济南市劳动模范""济南市五一劳动奖章""影响济南年度人物""山东省十佳诚信企业家""山东省劳动模范""温暖泉城优秀慈善人物""慈善之星奖"、济南市第十五届人民代表大会代表、"济南慈善奖慈善先进个人""山东省理论创新研究会特邀研究员""山东省诚信企业家""山东省第十三届人大代表""山东省积极履行社会责任企业经营者"、第二十四届山东省优秀企业家、山东省诚信企业经营者、槐荫区委区政府"出彩槐荫人""健康山东"健康大使、"贡献山东"杰出企业家等荣誉。

优化体制改革　聚焦高质量发展

2002年以前的匡山集团，是一个千疮百孔、亏损严重的企业，共有21个下属企业，其中占地面积大、附加值低、经营不景气的占了近一半，企业人心涣散、濒临破产。在上级政府的正确领导下，匡山村恢复基层组织选举，王万喜临危受命，挑起了匡山村集体经济复兴的重担。

临危受命　力挽狂澜

王万喜采取的措施是找准经济风口，培育重大新动能。他主动关停了一直亏损的企业，转产了个别有潜力企业；依靠对内强化管理、对外积极引进，实施人才战略；坚决淘汰落后动能，改造提升传统动能。企业改革成效非常显著，匡山集团重新迸发了活力。一是实行正确用人新标准，建立了层层选聘、竞争上岗、多劳多得的激励竞争制度，同时不断招聘优化人才梯队建设；二是改革了财务管理制度，实行财务精细化管理，从记账核算型向经营管理型转变。每两年度，匡山集团与各下属企业签订《匡山村及集团企业目标化管理协议书》，各下属企业独立核算、自负盈亏，扩大了下属企业的财务自主权，促进了生产经营的积极性。

王万喜引领匡山集团主动对接国家重大发展战略及济南市新旧动能转化重大工程建设。在提升传统优势产业的同时，加强技术改造和模式创新，推动了传统产业脱胎换骨。努力打造省内一流的农产品市场，一是以蔬菜、粮油、水产、副食调料等为主要经营品种，走"高端、高效、高辐射"之路；二是与全省主要农产品标准化生产基地进行紧密联系，继续加强与全国主要农产品基地的合作；三是在保障市民"菜篮子"供应的同时，提高极端天气和特殊时期下政府农产品的储备能力和应急保障能力，稳定农产品市场价格；四是提高交易产品的档次，向绿色、有机、安全农产品方向发展；五是继续做好济南市政府冬春蔬菜贮备工作。

王万喜及时调整匡山集团经济架构，适时投资建设符合国家经济发展趋势又与民生息息相关的新企业项目，企业架构不断优化，规模不断扩大。一系列大刀阔斧的新举措打破了旧局面，一连串锐意进取的新步伐改变了旧思想。在他的带领下，匡山集团已成为一个拥有12家企业，营业收入超过130亿元的大型产业集团，年度上交各种税收近2.76亿元。同时，安置了大量居民就业，并延伸带来2万多个就业创业岗位，为区域经济发展、和谐稳定做出了突出的贡献。

大刀阔斧　勇当改革

为谋求发展，统筹规划运营匡山集团未来产业，切实完成匡山村集体经济产业转型调整，从而真正实现匡山村"走出去"的发展战略部署，王万喜凭借睿智的眼光和敏捷的思维，逐步淘汰落后产能，大力发展第三产业，对产业结构不断进行优化升级。同时，充分利用现有的资金、资产及人才优势，紧紧抓住山东省、济南市产业新旧动能转换发展时机，主动寻机参与济南西城大发展，低成本介入社会上部分被低估值的资产，积极主动找寻技术含量高、附加值高或具有高成长型的合作项目，实现资本拓展、资产增值。经大量考察、论证，2017年9月，在高铁济南西站绿地集团"齐鲁之门"项目内购置约16282.04平方米的商业房及独栋办公楼等房产；2018年12月，在青岛路北侧，腊山河西路西北角，购置了总预测建筑面积为24839.11平方米的商业地产。2019年6月，随着匡山村生活保障用地项目的加快推进，地块一设计方案定为大跨度、商场式的综合体，一举吸纳家具城、陶瓷城、建材城等业态；地块二设计方案定为商务酒店、办公楼、公寓、商业楼等业态，总投资约计22亿元，届时将成为济南西部二环内新的地标性大型商业综合体。

注重民生　回报村民

王万喜始终坚持把"永怀感恩之心，回报村民重托"当作座右铭，坚持让人民群众在发展中得实惠。他不断加大基础设施投入力度，2016年10月，匡山集团投资近540万元建成益民文体中心，面积达3400平方米。2019年年初，又投资120余万元对馆室进行了提升改造，功能更加完善合理。2017年，升级改造匡山绿苑广场成为一个高档次、全新的现代化广场，为周边广大市民提供文化宣传、休闲娱乐、健身、集会的场所。特别是兴建的占地面积1700多平方米的广场舞台，是济南市槐荫区最大的露天舞台，每年度举办20余场大型文艺演出，不断丰富群众精神文化生活。

他不断提高村民福利待遇，先后7次大幅度提高村民月生活保障金、幼儿教育补助金、本科教育补贴等福利待遇，设立村集体年度专项救济基金，对困难家庭给予救济，每年组织老年人外出观光旅游，不断提高村民幸福感、获得感。并且创造性地开辟了"便民服务大厅"窗口，村民关于房屋维修、水电服务、村民待遇发放、医疗保险、就业咨询等问题都能过来办理。匡山集团先后出资投建了槐荫区实验幼儿园、匡山小学、槐荫区实验小学、济南第二十六中学，并拿出专项资金用于学校的升级改造和教师激励。

他不断改善村民居住条件和环境。投入大量人力、物力、财力，全面加大旧村改造力度，目前绝大多数村民已住进配有双气、干净明亮、宽敞舒适的楼房。面对工期短、任务重的局面，王万喜亲自包挂建设，在多次统筹协调和强力推进下，匡山村城中村改造村民安置房项目顺利开工建设，生活保障用房项目建设也在积极筹备中。

匡山集团在王万喜的带领下，锐意开拓进取，凝聚智慧力量，以更加昂扬的姿态，饱满的热情，坚守发展的初心，勇担改革的使命，披荆斩棘、砥砺前行，为经济社会的高质量发展贡献一份力量。

吉林德翔牧业有限公司董事长

王世强

王世强：男，1972年3月生人，吉林德惠人，清华大学心理学专业高级研修班结业，高级经济师，现任吉林德翔牧业有限公司（下称"德翔集团"）董事长。自2004年成立至今，德翔集团从单一的粮食购销企业，发展成为集粮食种植、粮食贸易、饲料生产、种鸡饲养、鸡雏孵化、肉鸡养殖、屠宰加工、鸡肉销售、冷链物流、畜禽粪污资源化利用等农工贸一体化，产加销一条龙的现代生态循环农业集团。

德翔集团的发展壮大，不仅取得了良好的经济效益，也得到了社会各界的普遍认可。王世强也获得了诸多荣誉，历任德惠市政协委员、德惠市人大代表、德惠市工商联副主席。现任德惠市食品商会会长、德惠市总商会名誉会长。曾被德惠市委、德惠市工商业联合会评为优秀中国特色社会主义事业建设者，被共青团长春市委、长春市青联评为长春市十大杰出青年企业家；曾荣获长春市创业先锋、吉林省再就业优秀个人、吉林省劳动模范等荣誉称号，并荣获吉林省五四青年奖章和五一劳动奖章。

不忘初心抓管理　锐意进取创佳绩

在王世强的带领下，德翔集团始终坚持"扎根农村、以工带农、服务为先、富民为本"的经营理念，以工业的经营理念谋划农业，围绕种养加一条龙、现代粮食仓储物流两大业务项目，投资建立或整合相关产业环节，通过"公司＋基地＋家庭农场＋农户"形式，把种养农户纳入产业链的种植和饲养环节，从而实现农业生产的标准化、规模化、集约化、商品化。带动了当地农业现代化和产业化的快速发展。

开拓进取　用科技带动集团发展

作为企业创始人和最高管理者，王世强一直在精心谋划企业发展的战略布局，不断完善企业内部的管理模式。按照改革和发展的总体思路，王世强带领德翔人锐意进取、开拓创新，实现了跨越式发展。德翔集团以发展肉鸡产业链项目作为核心业务，并将产业链条延伸到粮食种植、饲料生产、种鸡饲养、鸡雏孵化、肉鸡养殖、屠宰加工、鸡肉销售、畜禽粪污处理等每一个环节，形成一个完整的农业生态循环产业链条。德翔模式的核心是采取公司＋合作社＋家庭农场＋农户的协作模式，帮助小农户、家庭农场、合作社克服生产者在资金、技术、市场议价能力等方面的局限性，通过建立利益联结机制，实现农民致富与公司长远发展协同并进的发展目标。

王世强在努力做好企业规划和管理的同时，还积极推进企业的技术进步和人才引进培养工作。在肉鸡养殖领域，德翔集团与中国农业科学院哈尔滨兽医研究所合作，在畜禽疾病预防、诊断、治疗和人才培训等方面，得到了最前沿的技术支持，企业的养殖技术水平得到了有效提高；在食品加工领域，与中国农业科学院食品加工研究所开展技术合作，联合开发鸡肉深加工产品，广泛拓展市场，增加企业的盈利能力；在饲料和生物科技领域，与青岛海洋大学海洋生物医药研究院开展合作，利用微生物技术开发新型饲料添加剂，能有效改善肉鸡消化系统的微生态平衡，提高肉鸡生产的效率，降低肉鸡生产的成本，提高产品的竞争实力；同时将微生物技术用于畜禽粪污处理的发酵工艺，生产生物有机肥料，有效改善土壤结构，减少无机肥的使用量，实现绿色生态循环农业；还与中国工程院院士合作，建立院士工作站，使院士的科研成果在企业落地转化。此外，德翔集团还与北京农业大学、东北农业大学等高校达成战略合作，建立各高校实习基地，选拔优秀的毕业生充实到集团后备人才队伍中来，完善集团人才梯队建设，为打造百年企业提供源源不断的动力。

在企业内部管理上，王世强坚持用"家文化"来管理企业，让员工在和谐友好的氛围中工作，享受集团平台给予的优厚工资和分红待遇，工作成绩优异的员工，经考核还可晋升，各项福利待遇也随之提升。

反哺家乡　担当社会责任

在王世强的不懈努力下，德翔集团从最初的一个并不知名的粮食购销企业发展成为一个总资产达 9 亿元，年销售收入 17 亿元的集团公司。事业成功后，王世强积极承担各类社会责任和响应政府各项号召，多年来捐款捐物，用于修路铺桥、赈灾、培训农民工和下岗失业人员、扶持贫困学生和贫困户、慰问孤寡老人，完善农村水利、电力设施等各项公益事业，带领农户共同致富，在行业内起到了模范带头作用。通过产业带动，采取"保底收益 + 按股分红"模式，带动所在乡镇 7 个贫困村和其他困难户，实现贫困户增收和贫困村脱贫的目标。通过看望、走访辖区贫困户，吸纳有劳动能力的农民到企业就业，增加他们的收入，让老百姓感受到企业的温暖和政府的关怀。多次资助所在地贫困家庭的中、小学生和大学生，激励他们好好学习，将来报效国家，成为社会的栋梁之材。自 2012 年布海地税综合党委发起的"520"爱心活动到现在，德翔集团每年都通过不同形式开展献爱心活动，各公司为当地乡镇老百姓修路总投入 1000 多万元；积极响应政府号召，发生洪涝灾害时候，王世强个人捐款 50 万元，为灾区百姓恢复生产、重建家园提供有力支持；每年为德翔公司生产一线困难员工发放生活补助金30万元，每年传统佳节，各公司都组织为当地敬老院送去爱心粮油和慰问金。

王世强在履行社会责任的同时，坚持不忘初心，带动农民实现共同致富。通过管理水平的提升和管理模式的改变，扩大养殖利润空间，并将其让利给农户，确保农户获得稳定收益，也使德翔与农户之间建立了稳固的合作共赢关系。为充分调动员工的积极性，公司实施了一系列"和谐号"员工内部众筹激励机制，把员工的个人利益与企业的整体利益紧密地结合起来，使员工真正成为企业的主人，共同分享公司在成长和经营过程中收获的物质财富和精神财富，带领员工共同致富。

王世强主动承担起德惠市畜禽粪污资源化利用整县推进项目的任务，新建吉林德翔生物科技公司，年产10万吨生物有机肥，将肉鸡规模饲养场和肉鸡养殖户产生的畜禽粪污、公司周边的秸秆等有机废弃物收集起来，通过生产加工转化为生物有机肥再还田，生产有机农作物；新建一套日处理能力700吨的污水处理厂，使肉鸡屠宰加工厂产生的污水经处理后达标排放。通过以上措施，使肉鸡产业链条中产生的环境污染问题得到了根本解决，也为实现农业生产的绿色生态循环开辟了新路。

德翔集团定期举办安全应急演练和消防演练，还多次成功承办了全省安全应急演练活动，使全体员工切实增强安全意识，掌握了安全生产常识。集团与各公司签订安全责任状，层层落实安全责任，健全安全管理制度，确保生产安全。在产品质量安全方面，相继建立了饲料质量检测实验室和鸡肉产品检测实验室，开展常规项目、霉菌毒素、药物残留和微生物检验检测，对原料、中间过程和产品进行全面检测监控，并建立质量安全追溯体系，保证产品质量安全。

王世强就是这样一个注重实际、踏踏实实、从不浮夸、勇于创新、坚持不懈的人。在他的引领下，德翔集团将在九台区上河湾镇复制德惠市全套养殖产业链条，未来3~5年德翔集团的生产规模将在现有基础上再翻一番，并在食品深加工端上马中央厨房项目，实现从土地到餐桌的绿色产业链条。

中石化天津液化石油天然气有限责任公司总经理

王西超

王西超：男，蒙古族，1965年2月生人，河南南阳人，中共党员，1987年7月毕业于东北石油大学（原大庆石油学院）石油加工专业，同年参加工作，高级工程师。历任中石化中原油田石化总厂副厂长、厂长、中原油田安全监督处副处长（正处级）、四川普光气田安全处处长、中石化珠海澳门LNG项目经理部经理、珠海东化天然气有限公司总经理、中石化天津LNG项目部经理、党委书记等职。现任中石化天津液化石油天然气有限责任公司（下称"天津液化公司"）副董事长、总经理、法人代表、党委副书记。

改革打造精品　　超越铸就辉煌

1994年2月，因工作业绩突出，29岁的王西超被任命为中原油田炼化总公司副总经理，成为当时中石化系统内最年轻的处级干部。他理想信念坚定、政治素质过硬，始终保持石油石化优良传统；他自觉依法合规经营，坚持开放的姿态主动履行社会责任；他始终践行绿色发展，积极回报社会，企业劳动关系和谐。曾获中石化集团公司先进项目管理个人、天然气分公司HSE先进管理者、先进工作者、优秀职工之友等多项荣誉。

经营管理卓有实绩　　企业健康快速发展

自2012年天津液化天然气项目开始建设起，王西超就任项目部经理。天津液化公司成立后，他又同时担任总经理。天津液化公司是中国石化天然气有限责任公司与天津市南港开发公司合资注册的新能源公司，2018年3月投产，实现了"当年投产、当年达产、当年盈利"的目标，并创造了LNG（液化天然气）接收站首船靠岸开工调试在港时间最短、LNG槽车首车外运最快、BOG（蒸发气）再冷凝回收系统从投产到平稳运行最快等国内LNG接收站的多项纪录。

公司2019年全年接卸LNG651万吨，实现商品气外输72亿立方米，槽车外输LNG153万吨，实现利润13.3亿元。创造了国内LNG接收站投产第二年接转能力即超过650万吨新纪录，创造了接卸量增速全国第一新纪录、全年接船量全国第一新纪录、12月接船11艘中石化单月最大纪录，创造了严寒大风天气下，当天离泊、靠泊两艘船的新纪录，使得公司成功迈入国内"超级"LNG接收站行列。

天津LNG接收站国产化率达到90.7%，全国最高。天津液化公司开发出了首个具有自主知识产权的成套包核心工艺技术，实现了关键设备和主要材料国产化，实现了LNG接收站自主设计、自主建设、自主开车和自主运营，拥有了一批LNG接收站核心专有技术，打破了国外技术壁垒和技术垄断，增加了我国在LNG产业领域的国际话语权和竞争力，培养了一大批高水平LNG专业人才队伍，取得了多项国家专利和发明专利，工艺技术和主要指标达到国际领先水平。

天津液化公司成立以来，先后荣获中国石化集团公司优秀管理团队，中国石化集团公司优质工程奖。2019年12月26日，经过评审委员会的严格筛选和评定，天津液化公司申报的"以国产化为主导的LNG接收站国家重点项目建设运营管理"，荣获第二十六届全国企业管理现代化创新成果一等奖，开创了多年来最基层单位成功申报一等奖的先河。

自觉承担社会责任　关键时刻主动作为

天津液化公司秉承依法合规建设的理念，及时全面取得工程项目建设和投产运行所需的全部许可手续，真正做到了依法合规建设和依法合规投产，从未发生一起安全和环保事故。

天津LNG接收站项目是国家推进生态文明建设、打赢"蓝天保卫战"三年行动计划和天然气产供储销体系建设的重要组成部分。2017年冬季，华北地区出现了严重气荒，天津LNG接收站的顺利建成，充分发挥了快速灵活、周转速度快的强大应急调峰能力，从根本上缓解华北地区冬季供气紧张局面。2018年冬季，天津LNG接收站日均外输天然气1900万立方米，最高气量2300万立方米，创造了日装车最高纪录322车，在运行首年即满负荷甚至超负荷的工况下实现了冬季保供期间的安全平稳。通过全员综合技能普及培训，生产管理及操作人员应急处置能力得到了大幅提升。全场停电等极端情况下应急处置时间由原来的2.5小时缩短至0.5小时之内，圆满完成了2018年冬季保供任务。2019年冬季，天津LNG接收站仍是华北地区冬季保供主力，王西超将天津LNG接收站气化外输能力提升至原设计的2.25倍，令接收站具备4500万立方米/日的气化外输能力，为圆满完成2019年冬季保供任务提供了坚实的保障。

追求卓越不断创新　把舵定向能力突出

王西超始终坚持创新是企业发展的灵魂和动力。天津液化公司实施 LNG 核心技术国产化战略，实现了 LNG 关键设备和超低温材料国产化；通过优化细化生产操作、强化生产过程管理和应急管理，做到了"安稳长满优"运行；通过开展全员综合技能普及培训和分阶段提升培训，为国内 LNG 行业培养输送高素质高水平专业人才，打造 LNG 行业人才孵化器，并以此为主要内容成功申报了全国现代化管理成果一等奖。

天津液化公司信守人文关怀，尊重、理解、关心、支持员工多层次价值追求，使每一位员工不仅是实践主体，更是价值主体。公司大胆尝试各种有效的管理模式，大胆进行管理创新和方法创新，真正做到了精简高效，数次挑战完成了不可能完成的任务，受到了系统内外和社会各界的高度评价。王西超积极推进实施人才培养战略。自 2018 年 6 月起，在企业持续开展全员、全岗位、全专业培训，着力为企业发展培养复合型人才，提升企业的核心竞争力。公司入选天津市首批十家"海河工匠"培训基地。

王西超坚持绿色发展理念，详细制订了绿色企业创建的总体思路和总体方案，细化目标、任务和具体措施。一是实施绿色发展行动计划，以扩大清洁能源供给能力和可持续发展为目标，一期供气能力 70 亿立方米/年，气化扩能工程日新增 2000 万立方米以上供气能力；二是实施绿色生产行动计划，以节能、降耗、减排为核心，2019 年采用回流预冷减少 BOG 放空 10 万立方米/年，BOG 回收率 ≮ 95.0%；三是实施绿色科技行动计划，以技术进步和解决生产发展实际问题为导向，采用多项技术切实解决了生产难题；四是实施绿色服务行动计划，制订了公司绿色采购管理制度和供应商服务管理办法；五是实施绿色文化行动计划，推广绿色办公，倡导绿色生活，开展了各类主题和公益活动；六是实施绿色监管行动计划，制定了各类污染防治管理规定；七是实施绿色生态系统创建行动计划，构建生态系统示范区；八是实施循环经济行动计划，以"减量化、再利用、资源化"为原则，构建循环经济示范区。

武安市裕华钢铁有限公司董事长

王树华

王树华：男，1982年6月生人，河北武安人，中共党员。华北工学院（中北大学），大学学历，清华大学MBA工商管理专业（在职）。现任武安市裕华钢铁有限公司（下称"裕华"）董事长，河北省工商联副主席、河北省青年企业家协会副会长、邯郸市工商联副主席、武安市工商联副主席、全联冶金商会副会长，河北省青联常委。第十三届全国人大代表、邯郸市第十五届人大常委。

荣获全国钢铁行业劳动模范、邯郸市劳动模范。是全国工商联发起的中国民生投资股份有限公司原始发起人及核心股东之一。

创裕华精优品牌　兴华夏民族工业

王树华经常深入实际调查研究，牢固树立正确的世界观、价值观，强化了企业主体服务宗旨意识，提高了处理复杂局面、化解矛盾纠纷和带领群众增收致富、促进经济社会和谐发展的能力。他讲政治、讲正气、讲党性，政治立场坚定，旗帜鲜明地与党中央保持一致。作为人大代表，他坚持深入基层，了解民众疾苦，努力做人民群众的代言人，在履职期间提出议案和建议90多条。

践行科技兴企　实现人才强企

近年来，在王树华的带领下，裕华本着开放性思维、全行业视野和一流化定位，大力实施"精钢"战略，以科技含量高、经济效益好、资源消耗低、环境污染少为方向，探索冶金行业转型升级的新路径，主要产品有：中厚板、中宽带、热轧卷板、高速线材、盘螺、H型钢、螺纹钢、棒材、铸造生铁等产品，板材、型材、线材、棒材门类齐全，分9大系列200多个规格品种，并有国家质监总局颁发的高速线材生产许可证、螺纹钢生产许可证，压力容器板材出口许可证等，而且多个产品有CE国际认证，产品畅销50多个国家，取得"河北省名牌"称号，部分产品荣获国家冶金行业"金杯奖"。

重视企业科技专业人才、管理人才的教育培养，做到人尽其才。裕华先后同北京科技大学、辽宁科技大学、河北工程大学建立校企联合研发平台，与邯郸、邢台、武安等地高职技校结成校企联培实践基地，为高级技术管理人才建起多座功能配套齐全的专家公寓楼，成功搭建起高科人才用武平台。王树华注重从中高级职称技术管理人才中选拔聘任参与集团高层管理，截至 2019 年年底，已有 2665 名中高职人才到重点岗位就职，实现企业整体素质快速提升，从粗放规模管理向高效精细管理转变。

发展低碳经济　建设环保企业

裕华是河北省重点"百强企业"以及入选中国企业 500 强的民营钢铁企业。树立"打造精品基地，建设绿色钢企"的发展理念，坚持走资源节约型、环境友好型发展之路。裕华环保治理设施提标改造涉及大气、废水、噪声、固废综合利用、厂容厂貌等环保治理项目，自 2008 年以来新增加投入环保资金已达 57 亿元。主要环保提标改造项目有：对高架源、炼铁炉前、矿槽、炼钢二次除尘等部位安装在线监测设备，使污染源点与环保局进行联网；烧结机配套建设湿法脱硫和加装湿式电除尘及 SCR 脱硝系统；建全封闭原料场，并采用封闭或皮带输送，建设洗车平台、智能喷雾系统，为了治理无组织排放污染，安装鹰眼系统实时监控无组织排放点位；炼钢系统完成了转炉一、二、三次除尘提标改造项目；全厂噪音污染源，全部安装消音器和隔音装置；建设钢渣处理厂，将炼钢废渣进一步精选回用；投资 6000 万元，对污水处理系统升级改造，处理量为 7600 立方米／天，并建设 5000 米封闭式主排水管廊，将生活及生产废水通过管廊排至污水处理系统，处理完的废水通过管道回用到各生产工序，实现生产、生活废水零排放。目前裕华新水消耗、烟粉尘排放、二氧化硫排放等主要指标居行业先进水平，连续多年被省、市主管部门评为环保先进单位和环保标杆企业。

严格节能标准　发展循环经济

裕华在全面管理努力实现企业结构科学发展的同时，累计投入 20 亿元积极发展循环经济，建设环境友好型和资源节约型的绿色钢铁企业。一是超额完成地方政府部门下达的"十二五"节能任务量；二是通过烧结余热回收、高炉 TRT、煤气发电、能源管理中心等一批重大节能技术装备的运用，有效地提高了能源利用效率；三是淘汰了部分落后机电设备提升了能效；四是强化了管理节能，通过能源管理体系的认证和能源管理中心的建设，使企业的管理节能水平提升到一个新高度。

坚持以循环经济"减量化、再利用和资源化"为原则，裕华在钢铁生产及产品服务全生命周期努力践行清洁生产、绿色采购和废弃物资源化利用等循环经济发展理念。通过源头削减、工艺技术优化和过程控制等措施，大幅降低原材料消耗和提高资源产出率，从而实现企业的资源节约与环境友好。强化对供应商和采购过程的精细化管理，坚决开展绿色采购和持续推进绿色采购供应链建设。坚持运用先进技术推进节能、减排和资源综合利用，全面提高企业清洁生产和循环经济发展水平，努力实现企业的绿色、低碳、循环发展和与周边社会和谐共融发展。

强化家乡意识　投资公益事业

裕华立足本土发展，致富不忘桑梓。自成立以来，累计上缴税金超过40多亿元，向社会及周边村民无偿捐助3500多万元，用于建校、扶贫、救助失学儿童，帮扶贫困党员、职工等社会公益事业；并且2019年9月投资2亿元，利用企业炼铁、烧结工序余热资源，建设低品位工业余热供暖项目为城区及附近乡村提供供暖服务，供热面积达到200万平方米，解决了2万余户居民供暖问题，有效缓解了武安市冬季供暖压力；公司五华山旅游板块重点结合美丽乡村共同开发；钢铁板块投巨资努力营造花园式工厂，实现绿色工厂和美丽乡村建设有机统一。

汶川、玉树地震，王树华心系灾民，为灾区捐款共计820余万元，衣服被褥3000多套；2014年初，援建西藏阿里王树华亲自做志愿者，深入灾区奉献爱心，受到西藏地区及河北省省委领导的亲切接见。2016年7·19武安特大洪灾，企业受灾损失7000余万元，在企业自救期间不忘救助灾民，捐款捐物200余万元，出动人员1200人次，帮助灾民重建家园，邯郸工商业联合会授予精准扶贫爱心企业荣誉。

2018年教师节期间，裕华向武安市第一中学捐款100万元用于奖励特别优秀的师生；2018年捐款500万元冠名赞助"划骑跑"铁人三项赛；积极响应市委、市政府号召，结对帮扶3个乡镇（康二城镇、武安镇和活水乡），2019年捐款100多万元用于帮扶乡镇的公益性岗位补贴，并向困难家庭提供560余个就业机会。

中国进出口银行福建省分行党委书记、行长

王须国

王须国：男，1969年生人，江苏丹阳人，中共党员，北京大学EMBA，1989年8月参加工作，曾任中国建设银行丹阳支行副行长，句容支行副行长、行长；2003年加入中国进出口银行，参与中国进出口银行南京分行筹建工作，先后任中国进出口银行南京分行公司业务处处长、行长助理，中国进出口银行江苏省分行副行长等职。2016年3月起，担任中国进出口银行福建省分行（下称"分行"）党委书记、行长。

王须国在银行系统从业时间超过30年，具有过硬的政治理论素养和丰富的银行管理经验，特别是担任分行主要负责人以来，始终将分行改革发展工作与落实中央对进出口银行政策性金融作用的要求紧密结合，团结和带领全行干部员工聚焦主责主业，围绕进出口银行服务国家战略和支持实体经济发展的中心任务，勤于谋事创业、敢于开拓创新，在支持福建抗击疫情复工复产、稳外贸稳外资、"一带一路"建设和企业"走出去"、制造业转型升级、民营经济和小微企业发展等方面发挥了积极作用，分行经营管理、改革发展等取得了显著成效，得到了地方政府和总行党委的高度肯定。2019年，王须国在总行党委书记述职考核中获得"好"的评价。

创新发展　普惠民生

王须国具有较高的政治站位、较宽的经济视野和清晰的经营管理思路，始终强调分行改革发展要坚决贯彻习近平新时代中国特色社会主义思想，要求分行上下坚持稳中求进工作总基调，落实新发展理念和高质量发展要求，统筹好质量、规模、结构、效益、管理，将落实习近平总书记对福建的重要指示批示精神作为工作指引和展业方向，根据福建各区域和产业实际精准投放信贷资源，力争最大限度发挥政策性资金在支持稳增长、促改革、调结构、惠民生、防风险等方面的重要作用，努力为实体经济发展和供给侧结构性改革提供持续稳健的政策性金融"血液"。

聚焦主责主业　创新工作机制　大力支持特色产业发展

王须国积极发挥政策性金融优势，不断加大对福建集成电路、纺织化纤、金属加工、动力电池、电力工业、汽车造船、石油化工等千亿级产业集群重点企业、重点项目的支持力度，帮助相关产业育龙头、铸链条、建集群。他始终强调立足职能定位、主业优势，在推动外贸外资平稳发展中勇担主力行，不断加大支持外贸产业贷款投放力度，长期保持发放外贸产业贷款占全部贷款投放量的8成以上水平，远超省内金融同业。

福建是海上丝绸之路的重要起点，被中央赋予建设"21世纪海上丝绸之路"核心区的重要任务。王须国到任分行后，带领全行上下紧抓战略机遇，以银政合作为平台、以重点项目为依托，坚持聚资源、搭平台、建机制、促合作，为支持福建"海丝"核心区建设发挥了重要作用。王须国坚持一视同仁支持民营经济发展，从完善机制、扩大规模、降低成本、优化服务、纾困风险等方面入手，积极探索政策性金融支持民营经济发展的有效路径，在支持福建民营经济健康发展中彰显政策性银行责任担当，在风险可控的前提下实现与民营企业合作共赢、共同成长。

福建是全国首个省级生态文明示范区、全国试点的海峡蓝色经济试验区、全国著名的苏区，绿色生态、海洋经济和红色文化等特色资源丰富。王须国到任分行后，以超前眼光提前谋划布局，整合信贷资源支持培育"红绿蓝"产业，实现向"绿水青山"要"金山银山"，分行各项经营指标均呈现增长较快态势。截至2020年一季度，分行本外币贷款余额突破千亿元，是2016年年初贷款余额的2.7倍，是2010年分行成立之初的6倍，现已成为全行31家分支机构中第9家信贷规模突破千亿元大关的分行。

坚持严抓严管　坚持问题导向　提升精细化管理水平

王须国坚持把讲政治放在首位，团结和带领班子履职尽责，扎实开展"不忘初心、牢记使命"主题教育，推动巡视和内外部检查发现问题整改，坚持把党建工作与中心工作同谋划、同部署、同落实、同考核，积极探索党建与业务融合发展的新路，在抓党建、带队伍、防风险等提升内部管理效能方面均取得了积极成效。

王须国坚持突出政治标准选贤任能，到任以来共择优选拔提任处级干部12人，晋升48名优秀员工经理职级，分行副处级以上干部均为党员，干部队伍梯队化建设取得初步成效。根据业务发展实际积极向上争取新设处室、增加人员编制，2016年以来先后增设公司业务三处、客户服务管理处等处室，增加人员编制34名。在业务拓展方面创新工作机制，打破处室划分边界，通过派驻工作组、成立重点项目授信小组、项目评审小组以及组建评审委员会、定价委员会等方式提高展业和行政效率。他高度重视分行内控合规建设，认真督导有关处室完成各类内外部检查发现问题的整改工作，对问题责任人严肃问责追责，举一反三开展业务条线自查并推动制度重建，近年来新建或修订制度96项，改进各类流程机制96项。多形式开展合规培训、案件警示教育等活动，相关培训教育活动覆盖全部员工。同时，王须国积极推动风险防范化解工作，并要求评审条线提前介入、严把合规关口，采取随机检查、交叉检查及第三方检查等方式防范

风险。

王须国具有较强的经济资本管理理念，强调"先算再做"降低风险敞口、提高经济资本回报，推动实现一年内重审贷款签约率100%；牵头研究细化绩效考核方案，发挥绩效考核指挥棒作用，初步构建奖罚分明的绩效考核体系、营造创先争优的工作氛围；推动建立定价委员会，加强利率定价管理，连续多年实现本外币贷款收益同比提升，新发放本外币贷款平均执行利率高于其他分行均值。创新提出重点项目库储备和管理机制，截至2019年年底共储备重点项目拟融资金额278亿元，为2020年业务发展打下坚实基础。

提高政治站位　扎实做好疫情防控工作

新冠肺炎疫情发生以来，王须国第一时间在分行成立由其担任组长的应对疫情工作领导小组，紧急研究出台疫情期间特殊金融服务政策，开通绿色通道，对特殊、紧急项目最快实现当天受理、当天审批、当天放款。在疫情防控最吃劲的时刻，全力组织对接人行再贷款企业以及福建省疫情防控重点保障企业，共为13家人行重点企业发放再贷款11亿元，为37家省防疫重点企业发放贷款51.38亿元。与省商务厅建立合作机制，作为省内唯一金融机构为进口防疫物资企业提供融资支持，首批安排10亿元授信有效缓解了疫情初期省内防疫物资采购资金紧张的局面。加强与省国资委、海渔局、台港澳办等部门及福州、莆田、泉州、漳州、宁德、龙岩等地政府的银政合作，分别安排专项额度加大对龙头企业特别是制造类企业的支持力度，累计为上述单位推荐企业发放支持企业复工、复产信贷资金73.76亿元，同时通过调息、减息、延期支付利息和调整还款计划等方式帮助企业渡过难关。截至目前，分行共发放支持疫情防控和企业复工复产贷款已超过150亿元，贷款利率最高仅为3.33%，最低至2.05%，按已审批贷款计算累计为企业让利超过8000万元。

深圳市投资控股有限公司党委书记、董事长

王勇健

　　王勇健：男，1964年12月生人，湖北崇阳人，上海交通大学管理学院系统工程专业，全日制研究生学历，管理学硕士。曾任美国数字设备（中国）公司生产主管、财务部经理；深圳市政府经济体制改革办公室科员、副主任科员、主任科员；南方证券股份有限公司研究所综合管理部经理、信息管理部经理、行政管理总部副总经理；深圳市沙河实业（集团）有限公司董事会秘书；沙河实业股份有限公司副总经理兼沙河集团董事会秘书；深圳市国资委挂职主持企业二处工作；深圳市投资控股有限公司副总经理、党委委员兼任深圳市投控东海投资有限公司董事长；深圳市投资控股有限公司董事、总经理、党委副书记。现任深圳市投资控股有限公司（下称"深圳投控"）党委书记、董事长。

搏击市场洪流　做改革创新的领航人

"十三五"以来，深圳投控以"聚合创新要素资源、培育前瞻性战略性产业、服务中国特色社会主义先行示范区建设"为使命，以提升深圳城市核心竞争力为根本，构建"科技创新资源导入＋科技园区＋科技金融＋上市公司＋科技产业集群"五位一体商业模式。通过建设全方位的科技金融服务体系，掌控资金筹措端口，为科技园区、新兴产业提供资金支持并分享发展红利；通过建设高品质的科技园区，为深圳产业发展搭建广阔平台，汇聚国内外科技创新资源；通过培育新兴产业与高端服务业，为科技金融、科技园区提供资产内容，储备长远发展后劲；通过上市平台推动资产资本化、资本证券化，将优势资产向上市公司集中，形成以科技金融为"阳光雨露"，以科技园区为"土壤"，以科技产业为"种子、幼苗和树木"的全生命周期的产业生态体系。

三大板块　融合共生

根据深圳市委市政府的战略部署，深圳投控按照"科技园区＋科技金融＋科技投资"特色金控模式，逐步建成特色鲜明、协同高效的多功能科技金融服务体系。深圳投控支持所属企业国信证券扩大资本金规模，打造国内领先科技券商；不断巩固所属企业高新投和担保集团在国内担保行业的领先地位，解决中小微企业"最先一公里"的资金来源问题，累计向社会提供担保服务金额超 8000 亿元。

深圳投控为了健全金融服务体系，多方筹集资金，大力拓展金融牌照资源。收购信达财险并更名为国任保险，大力发展科技保险业务；出资参与设立中保车服和深圳金融研究院，筹建科技保险和不良资产管理公司。

探索构建覆盖天使、VC/PE、并购等企业发展全生命周期的基金服务体系，实现"科技创新资源导入＋科技园区＋科技金融＋上市公司＋科技产业集群"的联动商业模式。目前，深圳投控管理运营基金数量34支，总规模达820亿元，增强了国有资本放大功能和先导作用。为化解上市公司流动性困难，深圳投控积极承担深圳市政府"四个千亿"计划和上市公司纾困工作，发行国内首个10亿元纾困专项债券，承担市政府安排的100亿元债权纾困投资任务，发起150亿元纾困共赢股权投资基金。

近年来，深圳投控承担了深圳市多个标志性项目，深港科技创新合作区项目作为粤港澳大湾区建设中的特色合作平台，已上升为国家战略。深圳投控积极布局国际一线科技创新国家和区域，在美国硅谷、比利时布鲁塞尔设立科创中心并投入运营；积极参与"一带一路"建设，开发建设中越经贸合作区。通过海外孵化器、创投基金体系以及产业园区建设，把高端科技创新要素引流到深圳。

深圳投控积极推进在战略性新兴产业领域的投资布局，战略并购香港合和基建，提前布局广深港澳科技创新走廊建设；并购控股天音控股，获取电子终端产品优势渠道资源；并购控股怡亚通，助力深圳打造全球供应链管理中心；战略入股英飞拓，推动深圳打造智慧城市产业集群；战略入股铁汉生态，深化生态环境保护领域的布局。为进一步做强做优新兴产业和高端服务业，深圳投控支持所属企业会展中心、深投环保、深投教育、深投文化、人才集团等高端服务类企业向产业链、价值链高端攀升。深圳投控坚持实施创新驱动发展战略，提高企业自主创新和技术研发能力。

集成效果　激发活力

改革是企业发展的内生动力，王勇健坚持"党的领导、服务城市、分权制衡、权责利统一、因势利导"五大原则，聚焦"国资管资本授权体制改革"和"公司市场化经营机制改革"两条主线，围绕建设国际一流国有资本投资公司的目标，重点在党的建设、授权体制、公司治理、选人用人、激励约束、投资管理、风险管控等方面先行先试、系统推进，探索国资监管运营体制机制新模式。

推动党建进章程在系统各级企业全覆盖，形成深圳湾园区楼宇党建品牌，探索混合所有制、异地和境外企业等党建新路径。从深圳市国资委对公司、公司董事会对经理层、公司对下属企业"三个层面"，在投资、资本运作、产权变动、借款、担保等14个方面加大授权放权力度，持续激发企业活力、增强企业市场主体地位。设立董事会执行委员会，建立了内部董事、专职外部董事、兼职外部董事合理搭配、规模适中、专业互补的董事会。全面推动商业类企业经营班子整体市场化选聘和契约化管理，推动金融类企业对标行业先进建立增量分享机制；上市公司建立限制性股票等激励约束机制。构建"本部+产业集团+基金群"三层投资架构，实现对投资的动态、专业、高效管控。公司利用国内、国际"两个市场"拓展融资渠道，国际信用评级和融资成本均达到地方国企最优水平。创新风险管控机制，借鉴淡马锡"两把钥匙"制度，由市场团队和行业团队共同提交投资议案；构建风险管理的防线，全过程管控投资项目。

党建引领　筑根强魂

王勇健坚持"抓好党建是最大的政绩"的工作理念，进一步确立党委在企业的法定地位，建立企业党建"立责、述责、考责、问责"责任体系。以"跟党一起创业"为工作理念，大力打造"党建+N"项目，深圳湾创业广场以"党建+园区楼宇"，为入园企业打造党员教育管理"红色家园"；深福保集团探索"党建+产业"模式，成立全市首家生物医药产业党委；深投文化实施"党建+文化公益"，精心打造粤港澳文化交流平台；深越公司着力推动"党建+境外共建"，立足深越经贸合作区与入园中资企业党建共建、与中国驻越南大使馆联学联建。

构建融合纪检监察、监事会、财务总监、审计、风控、内控等监督资源"六位一体"的大监督体系。加大企业工程项目、改革引战、投融资及重大采购等监督力度，运用监督执纪"四种形态"，在法律底线和纪律红线之上筑起"廉洁堤坝"。

日照三奇医疗卫生用品有限公司董事长、总经理

王常申

　　王常申：男，1957年生人，山东日照人，中共党员，1975年参军服兵役，1983年任日照市玻璃厂经营厂长，1993年任日照科工贸总公司总经理等职。现任日照三奇医疗卫生用品有限公司（下称"日照三奇"）董事长、总经理。

　　先后荣获山东省新时期青年企业家、山东省轻工业厅优秀厂长、日照市直优秀共产党员、日照市五一劳动奖章、日照市最美退役军人和全国抗击新冠肺炎疫情先进个人等荣誉。

诚心做人　用心做事

王常申是奇人，遇到了奇事，创造了奇迹。

"危难面前，我们是一个命运共同体，也是一个责任共同体。"王常申说，"为社会做贡献，是一个品牌企业本身的精神内涵和生命力。"日照三奇从未放弃对理想的追求，做实企业，做大事业，致力于将"三奇"打造成为民族品牌、国货之光。他还说："我们做的是健康的事业，爱的事业。"

为下岗职工谋生路

从面对党旗宣誓的那天起，王常申从未忘记对组织的铮铮誓言，在改革开放的浪潮中，他看到一大批工人下岗失业，生活困难，经过多次北上南下市场调研，他敏锐地意识到医疗卫生产业有着广阔的市场前景。于是，毅然放弃了在原日照市玻璃厂担任的领导职务，创办了日照三奇医疗卫生用品有限公司。带领一批下岗工人从提高产品质量入手，利用多种方式对职工进行质量意识教育，使职工懂得了质量是企业生命的道理。从而形成了全厂上下自觉重视产品质量，提高产品质量的良好风气。还运用经济手段，在考核奖罚中对产品质量实行一票否决，使质量在薪酬分配中发挥了重大作用，产品质量一直保持较高水平。产品远销欧美等40多个国和地区。口罩在日本市场占有率达65%，在韩国连续3年超过美国3M公司稳居第一，防护服近6年供应欧美市场累计2100万套。

日照三奇拥有了省级企业技术中心和医用复合材料工程技术研究中心，并被认定为高新技术企业，企业年投入科研经费占销售收入的5%左右，从事新技术、新工艺、新材料应用及新产品研发和工厂智能化建设。投资1600余万元建立技术检测中心实验室，能独立开展177项检测项目，全方位管控原材料使用、制品加工和产品标准吻合度验证。

王常申高度重视企业信誉，牢固树立了"质量如天、信誉如山"的经营理念，在他的带领下，企业规模每年以15%~35%的速度持续发展，累计促进就业5200余人，出口创汇1.7亿美元，日产口罩百万只，为推进经济发展、疫情防护做出了积极贡献。

用担当扛起责任

多年来，作为军人出身的王常申，养成了勇于担当，甘于奉献的优秀品质。面对突袭而来的新冠肺炎疫情，作为国家应急物资重点储备生产企业的负责人，在疫情防控的关键节点，王常申明白，新冠肺炎疫情正在蔓延，口罩、防护服等成为当前紧缺和急需的抗疫医用物资。他把责任扛在肩上，积极响应国家、省、市防疫指挥部关于协助做好医药物资储备供应的指示精神，第一时间组织各部门主管及技术人员研究制定应急方案，放弃春节假期，提前复工复产，带领全体员工以28年专业专注的"工匠精神"，快速高效战时应急的"三奇速度"，开足马力，加大生产，为疫情防控筑起了一道生命防线。截至2020年5月21日，向国家、省、市及相关地点累计调拨口罩1.35亿只，防护服80.21万套。

为做好员工复工后疫情防范工作，王常申连夜组织制定了《复工疫情防控预案》，从日常检测体温、防护消毒措施、厂区封闭管理等8个方面进行严密细致的防控措施，确保每一位员工的防疫安全。截止到目前，公司实现了病毒零感染，安全无事故。

每次危难面前，王常申从未缺席：1998年长江洪水爆发，日照三奇50名员工捐款6500元支援抗洪抢险；汶川大地震，员工捐款1.41万元和价值20万元的口罩等医用防护产品；云南鲁甸地震，捐助20万只医用防护口罩和5000件防护服；非洲埃博拉病毒疫情，送去30万美元防疫物资。2014年，三奇医卫向敬老院孤寡患病老年人捐助护理失禁垫，用于改善生活质量；2017年，向市一线执勤交警赠送日常防护口罩，送健康、保温暖。此次新冠肺炎疫情，已向社会各界捐赠医用防护口罩和防护服等物资高达1350万元。

日照三奇有 22 年的劳保口罩生产经验，企业以前生产的纱布口罩没有防渗透的过滤层，需要在纱布口罩中间添加熔喷无纺布，才能作为应急防疫口罩使用。为尽快实现熔喷无纺布脱脂纱布口罩的产品质量，王常申带领技术人员和有关部门进行合力攻关，迅速攻克应急状态下口罩生产技术标准等难题，在较短时间内实现应急口罩、防护服证照齐全。产品达到标准化、合法化、批量化，为保质生产争取了主动、赢得了时间。

将生命置之度外

王常申为企业发展日夜操劳，四处奔波。9 年前，因为积劳成疾导致心脏突发疾病，因抢救及时，并安装了 6 个支架，才挽回了生命，至今一遇到劳累就会旧病复发，医生反复叮嘱一定要劳逸结合，注意休息。但他身在弦上，况且遇到这么大的疫情，传染之快令人无法想象。高度的使命感、责任感都让他无法停下来，更不可能躺下来休息静养。坚持、坚持、再坚持，党的召唤、国家的使命、人民的期待促使着他负重前行、战斗到底。

为抗击疫情，挽救更多的生命，王常申经常工作至深夜。在高强度的工作现场突然晕倒，"战时状态，我不能住院""我是一名共产党员，我不能倒下""疫情当前，只要多产一个口罩，就能让一线人员多一份保障"。这是王常申经紧急抢救苏醒后说的几句话，第二天他便又返回工作岗位。王常申表示："只要是抗击疫情需要，不管时间多么紧、任务多么重，我们都要全力以赴、齐心协力打赢这场疫情阻击战。"

"诚心做人，用心做事"是三奇人一直遵循的准则；"诚德志信，庄敬无为"是三奇人一直秉持的企业精神。从自强不息的精神到厚德如霖的胸怀，三奇人一直积极奉献着自己的力量。

新誉集团有限公司党委书记、总裁

戈亚琴

　　戈亚琴：女，1968年7月生人，江苏武进人，中共党员，扬州大学经济管理专业毕业，大专学历，经济师。1988年8月参加工作，历任江苏武进剑湖铁路客车配件厂销售部长，长春客车厂武进市铁路车辆电源电器开发中心副总经理，新誉集团有限公司党委书记、副总裁。现任新誉集团有限公司（下称"新誉集团"）党委书记、总裁，常州市妇联兼职副主席，常州市女企业家协会会长，武进国家高新区商会会长。

　　中国妇女十大、十一大、十二大代表，中共江苏省第十二大代表，江苏省妇联第十三届代表、江苏省妇联第十届执委，常州市第十三届政协委员，常州市妇联第十五届常委。

　　先后荣获全国劳动模范、全国三八红旗手、全国关爱员工优秀民营企业家、中国杰出创业女性、中国企业成功女性、江苏省优秀党务工作者、江苏省最美巾帼人物、江苏省优秀女企业家、江苏省创业创新优秀女企业家、江苏省巾帼智造之星、常州市道德模范等荣誉，获江苏省五一劳动奖章。

扎根"红色"沃土　迈向"智造"征程

戈亚琴有着与常人不同的坚毅和果敢，她把事业奋斗演绎成一个波澜壮阔的故事。她是时代的开拓者，也是事业的追梦者，更是初心的坚守者。

坚守创业初心　巾帼不让须眉

2002年，新誉集团（前身是常州轨道车辆牵引传动工程技术研究中心）刚起步时，面对来自同行、客户的质疑，戈亚琴毫不气馁，一个人联系了上千家企业。轨道交通配件需求虽多，但产品科技含量低，为了做出自己的品牌，戈亚琴果断改变企业定位，逐步转向拥有自主核心技术的创新型企业。从2003年起，开发轨道交通牵引传动系统，打破了该类产品完全依靠进口的格局，国产化率超过98.0%，先后承担了国内30余个城市和多个国家、地区的轨道交通项目，成为中国民族工业的一张"名片"。

新誉集团瞄准世界一流标准，与有100多年历史的全球最大的轨道交通运输装备制造商——加拿大庞巴迪运输公司（世界500强）组建两个合资公司，使之成为在华合资企业的管理样板。随后，戈亚琴又瞄准新能源、数控设备、办公设备、航空航天等领域；企业坚持科技创新主线不动摇，每年投入科技研发费超过1亿元。先后斥巨资建设了国际一流的研发试验平台，引进了"985"等一流院校的科技创新人才，创造了一流的成果转化效益，形成了科技研发和效益增长互促并进的良性循环。如今，新誉集团成长为国家级高新技术企业，员工人数增加了70倍，总资产从1亿元增至100多亿元，上缴税收从200万元增至8亿元，被授予国家知识产权示范企业、江苏省优秀企业，入选江苏省自主工业品牌50强、江苏省创新企业100强。轨道车辆车载机电产品市场综合占有率超过30.0%，成为地方经济发展的重要产业支柱。

创新集聚动能　智造助推转型

新誉集团依托完备的研发平台和技术实力，先后参与10余项行业技术标准制定，获批各项专利400余项。2018年获评中国知识产权示范企业，2019年荣获中国知识产权优秀奖，以轨道车辆车载机电产品获评2019年工信部制造业单项冠军示范企业；无人驾驶技术成功应用于上海轨道交通14号线，率先实现国内轨道交通无人驾驶技术的成功应用，填补了国内空白。

戈亚琴为充分调动员工的积极性，专门设立了总经理特别奖、每月之星奖、合理化建议奖、技术创新奖等一系列奖励，并制定实施细则，2018年累计发放奖金18万元。研究院创新平台先后承担了国家、省、市级项目30余项，制定行业标准10余项；颁布《新誉集团员工职业道德行为规范》，引导员工自觉遵守职业道德和企业制度，为企业创新管理再添新元素。

新誉集团还积极落实国务院、江苏省等各级政府关于企业"调结构、促转型"的战略部署，进军航空产业，成立新誉宇航股份有限公司。目前已取得中国民航局CCAR-135运行资质和CCAR-145部维修单位资质以及中国民航局CAAC、加拿大交通部TCCA、美国联邦航空局FAA、欧洲航空局EASA和阿联酋GCAA等多国民航机构认可的改装资质。新誉集团还坚持"引进来、走出去"相结合的发展模式，积极参与"一带一路"建设，先后为伊朗、沙特、白俄罗斯等出口项目配套，2015年被广东国际商会授予"一带一路"开拓创新奖。

红色引擎发展　匠心制造筑梦

戈亚琴高度重视党的建设，借鉴现代企业管理制度提升党建工作规范化水平，制定《新誉集团党建工作标准》：通过实施"三力工程"（牵引力工程、创新力工程、凝聚力工程），以高标准的党建管理增强企业核心竞争力，确保党建制度与企业制度"合拍"，党建管理与企业管理"同步"，以党建工作的"软实力"催生企业发展的"硬实力"。集团设立了党代表工作室、劳模工作室、全国三八红旗手办公室，全员有偿征集管理革新提案，引导员工积极参与企业管理，极大地激发了员工的主动性、积极性和创造性。

新誉集团党委根据三层五级制度体系，编制了决策管理、组织建设等15个程序文件，将组织建设、人才选聘、考核选拔等各项工作流程化、制度化，促进企业制度化管理优势不断彰显。2014年，新誉集团党委被中组部确定为全国非公企业党建工作先进典型。

真情关爱员工　发展回报社会

戈亚琴坚持以人为本的管理理念，创造性地开展技术人才培养教育四结合：与技能评定相结合，与技能大赛相结合，与广泛开展师带徒活动相结合，与鼓励推行一岗多能相结合。经常组织职工技能培训与劳动竞赛，每年花费的经费达10万元以上。

戈亚琴注重工会建设，坚持每年召开1~2次职代会，设立800平方米的党群服务中心、藏书2万余册的职工图书馆，建立2000平方米的健身中心、游泳馆等设施。每年3月8日，都会举办纪念三八国际劳动妇女节系列活动，每年5月，举办纪念五四青年节系列活动……丰富职工精神文化生活的同时，增强职工的团结战斗力。

近年来，由戈亚琴帮助解决的员工子女入学问题不计其数。她每年都走访慰问困难职工、离退休职工和伤残职工家庭。"新誉阳光爱心基金"已经帮助了137位新誉困难员工。

社会上的弱势群体也让戈亚琴牵挂，她在常州的特殊教育学校为智障儿童们捐建了一个"喜憨儿美食坊"，还带着自己的孩子，定向捐助了五户新疆尼勒克县牧民家庭。2019年戈亚琴参与江苏精准扶贫工作，为溧阳革命老区修路和铺设路灯，彻底解决贫困村的交通问题。多年来，戈亚琴累计捐助慈善公益资金2000余万元。

湖南省交通水利建设集团有限公司
党委书记、董事长

方联民

方联民：男，1961年11月生人，湖南岳阳人，中共党员，博士研究生学历，研究员级高级工程师，享受国务院政府特殊津贴专家。现任湖南省交通水利建设集团有限公司（下称"交水建集团"）党委书记、董事长。

投身交通水利事业　实现企业跨越式发展

方联民自1983年从湖南大学毕业后，37年来投身交通水利建设事业，先后参加或主持修建了湘潭二桥、铜陵长江大桥、湘潭三桥、醴潭高速公路、荆岳长江公路大桥、矮寨特大桥、大岳高速洞庭湖大桥、南洞庭湖大桥、长沙湘江东岸防洪综合工程项目等重大标志性工程，从施工技术员一步一个脚印成长为优秀的专家型企业家。曾获2015年湖南省劳动模范、第八届湖南省十大杰出经济人物、2013最受职业经理人推崇的首席执行官、全国建筑业优秀企业家、2016中国（湖南）自主品牌峰会领军人物、2016年全国交通运输行业诚信企业家、湖南省优秀组织工作者（省政府记二等功）、湖南省质量管理小组活动卓越领导者、杭州市重点（实事）工程建设功臣、省国资委系统优秀共产党员等荣誉，2018年当选为湖南省第十二届政协委员。

不断追求科技创新　打造领先核心技术

方联民力推科技创新，以科技硬实力赢得市场。他一方面注重自主创新，另一方面积极对标先进，引进新技术、新工艺、新材料、新设备，主要表现在：一是科技成果丰硕。交水建集团成立3年来，荣获"国家科技进步二等奖""国家优质工程奖""詹天佑土木工程奖""鲁班奖""全国市政金杯示范工程""李春奖"等省部级以上荣誉100多项；新增专利、工法100多项，获高新技术企业认定的企业由3家增至12家。二是建设一流科技创新平台。集团建立了省部级重点实验室2个、省部级技术中心3个、博士后科研工作站2家，联合建设了"公路养护技术国家工程实验室"等创新平台。三是打造领先核心技术。近年来承担了国家科技支撑计划，交通部、水利部与省重大科技专项在内的科技项目300余项，省重大专项"江河湖库水网连通环保清淤关键技术与装备研究"取得系列重要成果。编制国家、行业与地方标准60余项，"路桥湘军"建设品牌和"精心绘通天下"设计品牌享誉全国。

带领企业跨越发展　以人为本心系职工

近3年，方联民敏锐洞察新形势，突出新发展理念，驾驭全局，科学决策，知人善任，带领交水建集团肩负起"强交通畅行天下、兴水利润泽四方"的企业使命，弘扬"逢山开路、遇水架桥"的企业精神，坚持稳中求进，务实求成，在改革创新中实现跨越式发展，企业综合实力和市场竞争力显著提升。

方联民是一位真正从基层打拼出来的领导干部，关心基层职工的需求，贴近职工的心声办事是他一贯的作风，他的"六个注重"深入职工心中：一是注重民主管理。大力推行以职代会为基本形式的民主管理制度，突出"维权"和"维稳"两个重点。二是注重职工待遇。建立起员工收入与企业经济效益同增长的薪酬管理体系，职工年人均收入增长率超过10%；鼓励有条件的企业建立年金和补充医疗保险制度；有序开展离退休人员社会化管理。三是注重困难帮扶。建立帮扶长效化、常态化帮扶机制，搭建职工互助合作医疗基金会等平台，加强金秋助学、"夏日送清凉"、大病互助等帮扶慰问活动，积极消灭"零就业家庭"。四是注重群众信访。进一步完善信访接待制度，对职工关心、反映的问题在第一时间给予回复和处理。五是注重基层调研。他以身作则，深入基层和群众，常常风尘仆仆地出现在一线工地，倾听职工心声，将"公仆意识"融入实际工作中。六是注重文体生活。倡导健康有益的文艺活动，以丰富多彩的文化生活吸引人、凝聚人。

勇担责任奉献社会　素质过硬廉洁自律

方联民带领企业积极服务社会、奉献社会，履行社会责任，社会效益不断彰显。一是社会贡献不断增强。成立以来利税总额分别实现7.08

亿元、7.83 亿元、9.45 亿元、9.80 亿元，上缴税金总额 22.11 亿元。2017 年、2018 年、2019 年国有资本保值增值率分别为 112.46%、110.35%、113.78%，国有权益累计增加 22 亿元，推动国有资本做强做优做大。二是倡导绿色发展。践行新发展理念，推行环境保护目标管理责任制，在治理水污染、土地污染、大气扬尘、噪声污染等方面下重拳，开展"四不两直一问责"（即：不发通知、不打招呼、不听汇报、不用陪同接待，直奔基层、直插现场，"最后一公里"问责）环境保护督查。三是贯彻绿色施工理念。在衡永等高速项目设计中主动避绕生态红线；在湘江东岸防洪综合改造工程中科学运用无返浆高喷新工艺，有效避免了水污染问题，为打造"青山绿水、美丽长沙"践行国企责任。四是积极吸纳社会就业。把促进就业作为集团发展的重中之重，促进高校毕业生、农村和深度贫困地区劳务人员、退役军人等特殊群体就业，自集团组建以来，招聘录用社会就业人员 1734 人。同时，通过劳务派遣或劳动外包等方式，常态化促进社会就业年均人数达 10 万人。五是对接精准扶贫国家战略。2019 年完成产业项目和基层设施建设项目 6 个，采购爱心辣椒 12485 斤，成为湘西土家族苗族自治州扶贫工作的示范标杆。六是积极参与应急救援，彰显国企担当。在湖南省洪涝、冰雪灾害中，交水建集团主动担负了抗洪抢险、除冰保畅工作，此外还承担了湖南省水上应急救援中心、省工程与灾害应急救援中心等重要职责，承建了湘潭、娄底两地农村脱贫公路项目。

方联民政治上成熟可靠，树牢"四个意识"，坚定"四个自信"，做到"两个维护"；针对交水建集团由 10 家单位合并重组的情况，注重团结同志，主动沟通；在工作、生活中，始终紧绷廉洁自律这根弦，管好身边的工作人员及家属，自觉遵守廉洁自律有关规定，严格执行中央"八项规定"、省委"九条规定"等各项制度，保持清正廉洁。

春华秋实，耕耘不息。方联民立足岗位、开拓奋进，执著追求，用扎实的专业、科学的管理、勤奋的工作、无私的奉献，为湖南交通水利事业的发展做出了突出贡献，也充分展示了一名国有企业党员领导干部的良好形象。

湖北省宏源药业科技股份有限公司董事长

尹国平

  尹国平：男，1960年4月生人，湖北罗田人，中共党员，1989年毕业于武汉化工学院，本科，化工专业高级工程师。1978年进入罗田县化肥厂工作，1979—1990年间历任生产调度员、设备科科长；1990—1993年任罗田县化工总厂副厂长；1993—1997年任湖北恒日化工总厂厂长；1997—2001年任湖北恒日化工股份有限公司董事长、总经理；2002年，尹国平设立罗田县宏源化学原料药有限公司，任董事长、总经理；2008年，企业更名为湖北省宏源药业有限公司，任董事长、总经理；2014年，企业又更名为湖北省宏源药业科技股份有限公司（下称"宏源公司"），任董事长至今。

勇立潮头御风行

尹国平把政治工作放在企业发展首位，自觉承担社会责任；他在工作中遵纪守法，爱护员工，企业合法合规、诚实守信，从未发生失信和劳资冲突事件。宏源公司成为当地唯一一家年上缴税收过亿元的企业，还是国家高新技术企业、中国化学制药行业工业企业综合实力百强企业、产品畅销国内30多个省市和世界50多个国家和地区，并于2014年在全国中小企业股份转让系统挂牌上市。

坚持改革创新　壮大企业发展动力

宏源公司自成立以来，尹国平大力实施技术创新、管理创新、人才创新，不断加强企业文化建设，提升团队凝聚力和向心力，制定具体保障措施，确保战略决策目标实现。

尹国平致力于技术创新，每年优先安排至少4000万元用于产品研发和技术创新。宏源公司设立了湖北省唯一的氟化工工程技术研究中心，并在上海、武汉建立了研发中心，有5个产品列入国家高新技术产品目录，企业先后拥有多项多种专利；与清华大学、复旦大学、武汉大学、四川大学等高校共建实验室和产品研发中心。宏源公司拥有50多个国家药品批文，开发了抗病毒原料药阿昔洛韦、止血原料药卡络磺钠、治疗糖尿病药物西格列汀等；投资2600余万元建设了科技楼和大别山特色农产品检测中心，配备了具有省级技术研发水平的实验设备与设施。公司已通过GMP、ISO 9001、ISO 14001、ISO 22000、KOSHER、HALAL和欧洲COS认证及REACH注册，取得了自营进出口权；宏源公司不断创新营销策略，建立和健全适合行业发展趋势的营销模式，构建终端品牌市场营销网络体系，不断提高客户满意度和产品市场占有份额。产品畅销世界50多个国家和地区。

坚持党建引领　培育企业文化

作为一名民营企业的党委书记，尹国平把党建工作作为企业发展的"助推器"。他推动企业董事会与党委交叉任职，董事会党员人数不低于80.0%，让现代企业法人治理结构与党组织紧密融合，实现了党组织全覆盖；在当地民营企业中率先导入"党建质量管理体系"，实现党建管理标准化。从2009年起，宏源公司每年都要开展"党员示范岗"创建活动。尹国平亲自担任活动领导小组组长，企业各级党组织书记是活动第一责任人，坚决把工作责任落实到每个窗口、每个岗位。党的十八大以来，尹国平进一步加强了政治理论学习，带领组织企业全体员工深入开展党的群众路线教育实践活动、扎实推进"三严三实"专题教育和"不忘初心、牢记使命"主题教育，实现"两学一做"学习教育制度化、常态化。

尹国平认为，企业文化是企业发展的精神灵魂和永恒动力，宏源公司把"为客户创造价值、为股东创造回报、为员工提供平台、为社会分担责任、为人类健康服务"作为核心价值追求，坚持"社会诚信为本，客户满意为荣"的经营理念，把"百年宏源、绿色宏源、文明宏源、幸福宏源"作为企业愿景，持之以恒，久久为功，狠抓落实。

尹国平关爱企业员工，维护员工的合法权益；开展各种形式的文体活动，丰富员工文化生活；年终安排企业领导对困难员工和家庭上门慰问。宏源公司建设了高水准、设备一流的职工活动中心，改善了办公环境，美化了厂区面貌。

尹国平始终把人才作为第一资源，每年组织优秀员工、班组长等人员外出考察学习；开办"员工培训学校"，提升员工业务素质和技能。选送员工到大学脱产和函授学习，全力培育公司生产基层管理骨干；与聚成咨询管理公司、时代光华管理学院联合组建"宏源商学院"，对企业中层以上管理人员和技术骨干进行系统培训。企业通过创新人才工作机制，健全人才服务体系，为留住人才营造良好氛围，为各类人才提供了更为宽阔的创业舞台。

坚持服务社会　展现企业时代风采

宏源公司自成立以来，尹国平严格按照"经济发展、环保优先"的原则，大力推进技术进步和清洁生产工艺，不断加大环保投入，全力抓好环境治理工作，将环保"三同时"落到实处。企业成立以法人代表为主任的环境保护委员会，设置环保专职管理机构，加大环保宣传力度，将环保工作纳入公司议事议程；将环保考核纳入责任制考核范围，充分调动全员爱护环境、保护环境的积极性。

宏源公司在废水、废气治理方面投入巨资，采用先进技术和设备，充分回收利用，在达标排放的同时生产副产品，变废为宝；将一般固体废物作为建材原材料回收利用，将危险废物交有资质单位处理，同时投资建设了配套危废焚烧炉装置；重点对噪声源（鼓引风机、电机）全部安装节电变频器，采用新技术、新材料进行隔音降噪声治理，使厂界噪声降到国家标准规定的65分贝以下。

尹国平心系大众民生，热心社会公益和慈善事业。2016年7月，罗田遭受百年未遇的特大洪涝灾害，尹国平在第一时间捐款50万元，并派出了宏源公司的援建团队。企业设立的"扶贫济困基金"，先后为"精准扶贫""抗洪救灾""送温暖""助残日"等社会公益活动累计捐款1500余万元。尹国平设立"宏源助学基金"，先后捐款600余万元，资助1000多名品学兼优的贫困学生圆了"大学梦"。

2018年，罗田县总工会组织开展"微心愿"活动，尹国平一次性认领100个微心愿，并在短短3天时间号召集团员工将100个微心愿落实。

尹国平冲在脱贫攻坚一线，将精准扶贫工作和"万企帮万村"活动纳入年度重点工作，探索创新出全新的精准帮扶模式，设置公益性岗位，按需设岗、以岗定人，建立岗位救助、实名服务、动态监管的长效机制，实施项目资金由宏源公司全额资助，并设立专项奖金对岗位工作突出人员进行年终奖励。目前，项目已在罗田组织实施，总计捐款200万元。

三河汇福粮油集团有限公司董事长

石克荣

石克荣：男，1957年8月生人，北京人，中共党员，大学文化，高级经济师，第十二届全国人大代表，中国农业大学MBA客座教授、MBA导师。现任三河汇福粮油集团有限公司（下称"汇福粮油集团"）董事长。

先后获全国五一劳动奖章、全国劳动模范、中国优秀民营企业家、中国诚信企业家、中国农村新闻人物、中国好人·诚实守信好人等荣誉。

不断发展的汇福粮油集团

石克荣从1999年10月开始创建汇福粮油集团，是以大豆加工为主的综合性企业集团，下辖5个子公司，分别是食品制作有限公司、精炼植物油有限公司、国际贸易有限公司、饲料蛋白有限公司及物业公司。汇福粮油集团占地800多亩，拥有员工1500人，总资产18亿元，年利润1.5亿元，实缴税金近亿元，固定资产10亿元，年加工大豆300万吨，生产大豆油54万吨，豆粕242万吨，是亚洲最大的粮油加工企业之一，其中精炼植物油单线生产能力居世界第一。目前为国家大型企业、国家农业产业化重点龙头企业。主要产品为汇福食用油、汇福豆粕。业务涉及粮油加工、国际贸易、物流运输、商务酒店等板块。目前汇福粮油集团拥有河北燕郊、江苏泰州、辽宁盘锦三个加工基地，总加工能力达1000万吨。2019年汇福粮油集团工业总产值21.5亿元，主营业务收入15亿元，利润总额925万元，上缴税费238.5万元。自2005年以来，汇福粮油集团连年入围中国企业500强、中国制造业企业500强、中国食品工业十强企业；2008年以来，连续被评为河北省轻工业企业排头兵，先后获得全国文明单位、全国双爱双评先进企业、全国五一劳动奖状、全国工人先锋号、全国模范职工之家、全国厂务公开民主管理先进企业、全国轻工行业先进集体、中国诚信企业等荣誉称号。2017—2018年连续2年列入全国进出口贸易500强，2018年位列第218名，河北省第2名。

志存高远　科技强企

石克荣瞄准世界粮油强企目标，实行"全产业链战略"，使汇福粮油集团拥有了国际农业贸易、港口仓储、远洋运输、现代粮食物流、自动化灌装等的"全产业链",形成了以粮油加工为龙头,上下游企业跟进的发展新格局。

石克荣重视专业人员的继续教育工作,坚持企业发展与管理同步,建设高素质经营管理队伍;科技创新与战略同步,造就高水平的专业技术队伍;个人价值与企业价值同步,塑造高技能员工队伍。坚持现有人才资源和潜在人才资源、存量人才和增量人才、专业技术人才和技能人才,以及各类人才队伍的整体开发,积极营造有利于各类人才脱颖而出和发挥作用的良好环境,共获得国家专利17项。

汇福粮油集团通过科技研发,从大豆中提取卵磷脂、低聚糖、异黄酮、皂甙、维生素E等预防心脑血管疾病和对人类健康有益的大豆生物活性物质,企业在大豆生物活性物质的提取上先后获得国家多项发明专利,填补了国内空白。"食品级浓缩磷脂产品开发项目"被列入国家星火计划,并获得国家农业成果转化基金支持;"大豆磷脂深加工技术集成示范"被列入"十二五"国家科技计划农村领域首批预备项目;"食用油生物制造技术"被列入国家863计划。同时,"大豆磷脂研发生产技术"获河北省8部门颁发的《河北省企业新纪录》,"5000吨/年透明浓缩磷脂项目"获河北省科学进步奖,"12000吨/年水化磷脂综合利用"项目获中国食品工业科学进步奖。

2010年,汇福粮油集团新上了年60万吨食用油分装车间,在采用世界一流工艺设备的基础上进一步进行科技创新。工程技术人员经多次研究试验,最终将5升瓶坯重量由117克降到90克,20升瓶坯重量由250克降到235克,全年可节约包装材料1778吨,节约原材料费用1867万元。

不忘企业社会责任

石克荣始终坚持"绿色环保"理念不动摇。推进清洁生产,通过引进世界一流的设备实现对资源的综合利用。建企之初就投资1600多万元兴建了日处理1000吨的污水处理站,采用技术成熟、运行稳定、自动化控制的世界主流技术——厌氧—好氧微生物处理。

按照习近平总书记提出的"绿水青山就是金山银山"的指示精神,为适应当前要求越来越严格的生态环保的需要，2017年2月，汇福粮油集团投资600多万元，提标升级改造污水处理系统，引进美国原装进口反渗透膜、超滤膜系统，使污水处理标准得到极大的提升，远超目前全国最严格的北京市地方排放标准，并全部用于生产车间冷凝水循环使用。

2017年5月，汇福粮油集团投资4000余万元引进国内技术最先进、设施最齐全的锅炉烟气超净处理技术。即，向炉内喷射尿素水溶液，利用催化剂联合脱硝工艺，脱除烟气中的氮氧化物；利用布袋和湿法电除尘技术，脱除烟气中的颗粒物；在吸收塔内向烟气喷洒碳酸钙水溶液脱除二氧化硫。最后，利用换热系统提高排放烟气的温度，降低水分含量，消除了白烟的污染，彻底达到了尾气"消白"的目的。处理后的烟尘、二氧化硫、氮氧化物指标远远低于天燃气锅炉和北京市锅炉排放指标。在汇福粮油集团各厂区，绿树成荫，郁郁葱葱，无粉尘、无异味、低噪音，人们仿佛进入了公园，在旅游、在休闲。具有旅游功能的花园式工厂给每一个到访的客人留下了非常深刻的印象。

多年来，汇福粮油集团不仅将依法纳税、增加就业岗位、诚信经营作为履行社会责任的基础，更将关系民生的各个领域，作为履行社会责任的落脚点。在历次市场价格出现波动的情况下，都积极主动地出手平抑物价，在保障社会和谐中发挥重要作用。石克荣热心社会公益事业，每年都有新奉献，2013年，向三河市重特大疾病基金捐款1500万元；2015年，向河北省劳动模范爱心捐款20万元；2016年，向河北平山县古月镇捐助救灾物款12万元。10多年来，石克荣共为社会公益事业、教育事业、慈善事业捐款捐物达1.9亿多元，先后荣获河北省慈善家、河北省光彩之星、河北省社会捐赠先进个人等荣誉称号。

浙江永宁药业股份有限公司总经理

叶天健

  叶天健：男，1982年生人，浙江台州人，毕业于英国伦敦政治经济学院，硕士研究生。2009年进入浙江永宁药业股份有限公司，先后在生产、采购、营销等多部门任职。现任浙江永宁药业股份有限公司（下称"永宁药业"）总经理，省医药行业协会副会长；台州黄岩区第十六届人大代表，区工商联（总商会）副主席（副会长）、区安全生产协会会长。

  曾荣获"浙江新生代·浙江省杰出青年企业家"称号，第三届"十大风云台州商人"提名奖。

融合科技创新　引领永宁药业实现双转型

永宁药业初创于1974年,前身为黄岩城关化工厂。2007年,进行了现代产权制度改革,正式更名为浙江永宁药业股份有限公司。2009年28岁的叶天健学成归来,进入永宁药业,他带领1200人的团队,用不到10年的时间,完成永宁药业发展战略布局和经营理念、方式的转型。

抓好企业全面建设

叶天健主持、参与各项产品的开发,获得专利发明近10项、授权专利50项,国外专利9项(美国专利4项),其中一个产品为美国药典标准品。"康霸"牌商标被评为浙江省著名商标,胆乐胶囊、胆酸止咳片被列为国家中药保护品种;注射用红花黄色素被列入国家863计划,并获国家重点新产品证书。2019年,永宁药业全国首家通过"坎地沙坦酯片"仿制药质量和疗效一致性评价,标志着企业的药品研发工作从工艺技改到完成仿制药开发以及仿制药一致性评价的质的转变。

叶天健提出"市场为导向、项目为中心、实绩论英雄"的研发思路,提高了研发靶向度和效率;引入企业咨询,制定符合现代企业管理的组织架构,完善各项制度;成立采购中心,有效控制资金流向;推行现代物流管理方式,建立适应市场竞争要求的供应链。有效提高资金周转速度,降低财务风险,降低研发成本。

叶天健充分利用"政产学研"平台,加强人才团队资源库建设;出资300万元在中国药科大学、复旦大学、厦门大学设立奖励基金;设立省级博士后工作站,组建研发团队,永宁药业每年投入3000多万元用于科技研发。叶天健以"和谐、负责、创新、发展"的永宁文化软实力,创建政企文化共享新模式，凝聚员工力量，促企业健康发展；采取各项措施丰富职工多层次的文化生活追求，获全国总工会授予的"模范职工之家"。

经营发展创佳绩

叶天健依托产品优势，注重品牌营销，建立价格体系机制，协同、指导和帮助客户进行区域市场策划、合理配置资源，力求将永宁药业区域营销目标最大限度转化为与客户的共同目标。主打产品注射用红花黄色素年销售（市场份额）过10亿元，市场占有率约50.0%。获中国医药工业最具投资价值企业(非上市)、2015年度全国终端销售规模百强制药工业企业，"乐坦"获2016年中国制药品牌榜医院终端最信赖品牌。

永宁药业全面通过国家新版GMP认证，部分产品通过美国FDA、日本PMDA、韩国KFDA认证。投资近2亿元的省重点建设项目年增2亿瓶头孢抗生素和3000万瓶红花黄色素粉针剂技术改造项目，被评为省"机器换人"示范工程项目，公司被评为台州市"机器换人"示范企业。注射用红花黄色素冻干粉针剂2016年达到5亿元的销售额，占总销售额的50.0%以上，实现了永宁药业从低端产业链向高端制剂的转型。"红花"产品相关项目获第十一届中国药学会科技奖三等奖，"年产20吨头孢孟多酯钠产业化"等7个项目被列入国家火炬计划项目。荣获2016年浙江省技术创新能力百强企业，新型心血管和抗肿瘤药物技术研发中心建设列入省技术中心创新能力建设项目。

叶天健先后投入3亿元用于厂房、设备、公用系统和检验仪器等硬件的升级改造，将研发部门纳入质量管理体系，把风险管理贯穿于药品生命周期中。为确保主打产品红花黄色素安全有效，采用"公司＋基地＋科研院所＋农户"的运行机制，在新疆塔城地区的裕民县开辟了2万多亩红花种植基地，现已通过国家"优质道地药材示范基地"评审，同时带动当地农户增收（户均增收5000元/年以上）；2019年注射用红花黄色素获得"浙江制造"认证，全面助推企业质量管理再上新台阶。

叶天健提出规范化、专业化、数字化的发展方向，建立全覆盖的企业数据库，推进企业智能化生产进程。2015年，永宁药业被评为台州市"两

化"融合示范企业；2016年，设立了以叶天健为主任的"企业研发管理中心"，依托云数据，启动知识产权预警机制。

心系企业社会责任

叶天健带领永宁药业积极履行纳税人的社会责任，年入库税金近2亿元，多年获浙江省纳税大户、信用等级AAA级单位等称号。企业每年召开公司安全会议，强化责任，新员工经"三级安全教育"合格后上岗。企业成立由叶天健担任主任的EHS委员会，对公司所有项目、措施等进行安全风险预评估；创新智慧平安企业管理，投资百万元更新监控探头150多个。入选2014台州市安全文化建设示范企业、2015台州市三级安全生产标准化企业，获台州市第四届企业班组安全建设与管理成果展示二等奖。叶天健充分发挥党委、工会组织（女职委）、团委的职能作用，关心职工生活，保障员工各项权益，为员工技能提升、能力发挥提供空间与渠道。

多年来，企业为社会解决就业岗位近2000个；投资近3000万元处理"三废"；投资500多万元，完成雨水管网改造，实施雨污分流，参与"五水共治"；投资近400万元完成煤改气工程，淘汰高污染燃煤锅炉；安装节能装置，年节约成本近200万元，是浙江省先进制造业清洁生产基地。

永宁药业一直致力新农村建设，与贫困村建立"双百结对"关系。2016年，为黄岩西部宁溪镇蒋岙村建"永宁廊"，推动农村物质文明与精神文明建设双发展。先后与台州6个驻地部队结成"双拥共建"单位，近年来，向部队捐物捐款200余万元，无条件接收安置复退军人20余人。

近10年，永宁药业累计公益支出2000万元，设立黄岩区慈善总会1000万元冠名基金，向台州市慈善总会捐款100万元；捐资13万元举办"永宁药业杯"台州市第二十八届桥牌等级赛；先后6次为百名在京老领导、老将军、老革命出版《开国将军》等书画集；出资70多万元建成企业足球场，承办向祖国70华诞献礼·永宁药业杯篮球赛、乒乓球赛等；向英国伯明翰大学捐赠454万元，支持他们进行预防中国儿童肥胖问题的博士后研究。

新疆阿拉尔南口建筑有限责任公司
董事长、总经理

史思军

史思军：男，1966年6月生人，甘肃陇西人，中共党员，大学学历，高级工程师、高级经济师。1985年3月参加工作，现任新疆阿拉尔南口建筑有限责任公司（下称"公司"）董事长、总经理；全国工商联常委、兵团总商会副会长、第一师工商联副主席、阿拉尔市政协常委。

先后荣获全国关爱员工优秀民营企业家、中国光彩事业20周年突出贡献奖、全国民族团结进步模范个人、优秀中国特色社会主义事业建设者、兵团劳动模范、兵团优秀共产党员等荣誉。

低调做人　高调做事

1998年3月，在新疆生产建设兵团首家改制的建筑企业——新疆阿拉尔南口建筑有限责任公司第一次股东大会上，史思军当选为董事长兼总经理。

临危受命　锐意进取　彰显成果

临危受命的史思军对下辖的13个施工队实行项目经理负责制，权限下放，各施工队经营账目独立，自负盈亏。一年多，公司承建的5万多平方米的建筑工程第一次实现了一次交验合格率达100%，公司扭亏为盈。现发展为全资子公司5家，分公司4家，参股公司2家，已成为阿克苏地区、第一师阿拉尔市知名建筑企业。是一家集房建、市政、公路、水利、幕墙、装饰装修、钢结构、建材生产、商砼生产销售为一体的大中型综合性建筑企业。近5年来，公司承接施工合同额近56亿元，完成施工产值50.5亿元，完成固定资产投资1.7亿元，向各地缴纳各种税金2.1亿元。

多年来，史思军想尽各种办法促使公司树立塔河南岸的建筑品牌，并以品牌效应，赢得业内普遍赞誉和消费者长期信赖，确立了稳固的竞争优势，"塔河建筑"的品牌之光由此形成。今日公司承担的工程已由阿拉尔市辐射到和田、克州、叶城、巴楚、塔城等八县一市，改制至今，公司已连续15年实现盈利，市场份额也在不断扩大。公司被工商部门评为重合同守信用企业、农一师市建筑业诚信单位、兵团先进建筑企业、自治区质量管理优秀企业，自治区、兵团优秀房地产开发企业。公司已由一个改制前亏损288.1万元、固定资产不足百万元的企业发展到现在拥有净资产2亿多元、资质达到一级，经营范围涵盖由房屋建筑、路桥、水利、市政为主,附营建材、果业、仓储、房产等多业并举的综合开发格局。

科学发展　勇字当头　奋力开拓

多年来,史思军带领公司经营班子励精图治,积极寻求管理创新、工艺创新,稳步实施打造百年企业发展战略。以强化管理为手段,奋力扭转不利态势,在不利的大环境中保持公司稳定发展。公司从一个连年亏损的团场基建队发展成为一家建筑一级总承包企业。

史思军重视人才,培养人才,爱惜人才,目前公司拥有各类专业技术管理人员300余人,其中具有高级职称人员15人,中级职称人员90人,持证建造师70余人。公司从成立之初就重视团队建设,重视各类人才的培养。史思军常常强调,要做好企业的人才培养和储备,不仅要注重培养人还要做好拴心留人工作,公司为员工不仅建立了完善的薪酬激励体系,同时在住房、医疗、带薪休假、办公环境优化上很下工夫,为企业成为第一师阿拉尔市第一家升级为房屋建筑总承包壹级资质的民营企业创造了最为重要的人才环境。

史思军坚持做大做强建筑主业不动摇,择机选择项目,开发上下游产业,延伸产业链条为发展思路和战略目标,逐步通过整合现有资源,扩大资本存量,推进资本运作。依托兵团向南发展,延长建筑业产业链,推动企业向房地产、建材加工等跨越式发展。

加强党建　打造文化　树立旗帜

2015年7月在师市党委的关怀下,公司成立了兵团第一家非公经济企业党委,党委书记由董事长、总经理史思军担任。在他的带领下,南口建筑公司上下经过4年的探索奋斗和市场搏击,充实完善了极富时代特点的企业精神,这就是"用心塑造、铸就精品"。用企业精神、企业理念、企业发展战略、市场战略、职业道德、服务宗旨、质量方针和辉煌业绩鼓舞士气,凝聚人心,引领公司上下团结一心,为打造具有工匠精神的企业而奋发努力,不断超越。

关注民生　回馈社会

史思军始终坚持一个原则，那就是国家的税收和农民工兄弟的工资决不能拖欠。近5年来没有出现一例欠薪事件，被一师相关部门允许免交农民工工资保证金，被新疆兵团评为劳动关系和谐企业。

史思军是位有心人，他敏锐地发现，在工地上一次性使用的大量竹胶板、木方，既不环保，也不经济。于是投资建立了当地第一家木塑大板生产厂，用可回收重复利用的木塑大板替代了不环保的竹胶板；工艺上用盘扣方钢的支模工艺替代了原有的木方钢管支模，提高了支模的质量和安全性，减少了95.0%的木方使用量。两项措施已在公司的工地全面推广，每年节约施工费用近百万元，节约了资源，同时也为阿拉尔市创造了更多的就业岗位。

史思军了解到市场上出现了一种水泥罐除尘设备，经过实验，发现安装该设备后，施工现场的水泥罐不论日常使用还是在装卸水泥时都没有水泥灰溢出，改善了原来施工工地装卸时就漫天灰飞的状况。于是要求无论是公司的水泥罐还是在施工现场出现的水泥罐都必须安装这个设备，费用公司承担。通过这一举措，不仅让在公司施工的3000建筑工人健康受益，同时对保护项目所在地空气质量起到了环保作用。

史思军支持教育卫生事业，为学校、医院捐资捐物；他热心公益事业，在十二团捐建运动场、为十二团捐建老年活动中心；在汶川地震、玉树地震、一师十二团、四团洪灾等灾害发生时，史思军组织公司为受灾地捐款捐物；他心系民族团结事业，为托喀依乡捐建双语幼儿园，为托喀依乡少数民族特困户捐资建房。

史思军关心老弱人员，向三老人员、老干体协捐资捐物、关心资助贫困家庭子女完成学业等。近年来，公司向社会各界捐款及建设公益性项目累计金额超1200万元。

宁夏金昱元化工集团有限公司董事长

代良云

　　代良云：男，1969年3月生人，宁夏人，中共党员，兰州石油化工学校有机化工专业，清华英国威尔士大学MBA工商管理专业，硕士学位，工程师。1991年7月参加工作，历任宁夏青铜峡树脂厂班长、技术员、工段长、车间主任、厂长、公司副总经理、总经理等职。现任宁夏金昱元化工集团有限公司（下称"金昱元集团"）董事长。宁夏环保产业协会会长、自治区石化协会副会长职务。他热爱祖国，政治坚定，始终坚持以党的重要思想为指导，自觉锤炼、锐意进取、开拓创新，准确把握时代脉搏，带领公司全体干部员工创造了显著的经济效益和社会效益，为企业和地方经济社会发展做出了突出贡献。

　　先后荣获宁夏回族自治区、吴忠市、青铜峡市先进工作者，固原市劳动模范等荣誉，入选宁夏回族自治区企业协会评选的"自主创新十大领军人物"。

山水昱心　助力"中国梦"

通过代良云对时事政策的透彻理解，对区域经济发展态势的敏锐洞察，对行业技术革新的准确把控，以及强烈的事业心和社会责任感，把金昱元集团带到了新的历史发展高度。2017年合计实现主营业务收入31亿元、利税5.54亿元、净利润1.75亿元；2018年实现主营业务收入55亿元、利税7.72亿元、净利润4.69亿元；2019年实现主营业务收入68亿元、利税8.5亿元、净利润5.1亿元。

以昱心文化增强企业底蕴

"昱心文化"是代良云对金昱元集团企业文化建设高度概括，是企业无法复制的核心竞争力，包含了"山水昱心，共创好未来"的企业核心价值观和"团结、拼搏、求实、创新"的企业精神等丰富理念。他提倡将企业文化建设同企业的经营活动和管理创新紧密结合起来，实现企业与个人同呼吸、同成长、同发展、共命运。

金昱元集团强化企业文化精神引领作用，以企业文化建设为"抓手"，通过形式多样的推行工作，使各级员工（特别是管理人员）思想意识、工作作风、工作方法、领导艺术、学习风气有了明显改变。与此同时，"昱心文化"中的职业行为规范和职业素养理念，以无形的、非正式的、非强制性的方式，对全体员工思想和行为进行了约束，起到了良好的激励标尺作用，激发员工的工作积极性和劳动创造性，对企业的认同感和归属感得到空前提高。

代良云说："我们每个人努力一点，我们的家庭就幸福一点，我们的企业就壮大一点，我们伟大的'中国梦'就更近一点。"

多元化经营促发展

代良云积极推动集团化管控模式，强化"三会一层"经营管理机制，实施多元化的经营发展战略，最大限度实现资产增值和效益增长，提高企业的综合竞争实力。在市场营销上，主动适应市场走势，采用灵活机动的营销策略；发挥物流管控作用，规范了销售区域管理，提高了营销服务质量；优化比价办法，提高比价招标的科学性和合理性，实现了招标工作的管理升级和效率升级；多方位拓宽物资采购方法，对各类别物资采取不同的采购策略。通过一系列行之有效的工作措施，营销工作逐步向专业营销转变。

不驰于空想，不骛于虚声。这是代良云管理企业之道，既体现在生产经营上，也体现在社会责任担当上。"共创好未来"是企业的核心价值观，也是他作为企业家的理想之一。他说："企业做得越大，就越不可能只为哪个人服务，它必然要去承担更大的社会责任，创造更大的社会价值，它也必然要成为每个成员发挥才智、成就事业的舞台和共同追求幸福生活的平台。"

这些年他提出了"共创、共享、共富、共有"的发展理念，企业发展、员工发展、地方经济社会事业发展齐头并进。在金昱元二次创业的宏图中，干事创业、扶贫攻坚两个重担一肩挑，既要建设百亿级国内一流的化工企业集团，又肩负起产业扶贫助地方经济腾飞的责任。

引领循环经济新模式

代良云对生态环境治理和企业绿色发展的执著态度决定了金昱元集团的"四个快人一步"：①快人一步提出传统产业向绿色制造转型，并付诸实践；②快人一步淘汰落后产能和高能耗设备，实施设备、工艺、技术全方位升级；③快人一步不计成本实施环保设施更新完善和技术改造，实现超低达标排放和污水零排放；④快人一步坚持走循环经济、绿色发展的可持续之路。

从2003年开始，金昱元集团投资4亿元建成装机容量15万千瓦的热电联产装置；投资1.8亿元建成利用电石泥渣生产60万吨水泥生产装置，在国内氯碱行业率先形成了热电—烧碱—电石—PVC树脂—水泥联产的产业链，形成了独具特色的循环经济发展模式，实现了废弃物资源化利用，变废为宝。这一创新的循环经济发展模式被中国氯碱行业协会确立为氯碱行业的样板。

"十二五"期间，金昱元集团又投资近1.2亿元新建电石泥渣浆乙炔气回收装置和热电锅炉烟气脱硫脱硝技改项目，实现了烟尘超低排放，营造清新生态的目标；投资4000多万元实施污水处理和回用工程，新建日处理量7200立方米的污水综合处置项目，逐步实现了由末端治理向源头治理的转变。

2017年，又筹划建设固原多联产循环经济产业链项目投产运行，新项目工艺技术、装备设施先进，采用全自动化DCS控制，产品能耗低，实现了固废渣、污废水"两个"零排放和废气污染物的达标超低排放；在国内同行业首家率先实现了工业污废水零排放。

金昱元集团被授予全国千家节能示范企业、全国化工企业500强、中国合成材料制造业50强、自治区环境友好企业、自治区十大民营企业、自治区60家工业龙头企业之一。"青化"牌工业氢氧化钠、"金昱元"牌聚氯乙烯树脂被评为自治区名牌产品。

奉献爱心反哺社会

代良云作为青铜峡市人大代表，从实体经济的发展经验以及长远规划出发，积极发挥个人和企业优势，为地方经济建设建言献策；同时广泛联系非公有制经济代表人士，协调服务、大力支持地方政府各项决策和规划，助推地方发展；2018年企业资助300万元支持宁夏黄河金岸（吴忠）国际马拉松比赛的举办、2019年资助宁夏回族自治区第十五届运动会20万元，以实际行动宣传家乡；拥军，爱军，军民团结一家亲，每年建军节，他都会慰问军营官兵，给人民子弟送去节日问候和生活关怀，十几年如一日，始终不变；初秋时节，他组织人员到周边贫困村落走访慰问，积极安排家庭贫困人员到厂工作，从根本上解决贫困家庭的生计问题；青年是国家的未来，也是金昱元的未来，每年金秋时节，他都会特批专项助学款，奖励考上大学的职工子弟，为他们送去公司的关怀和鼓励。

中国三冶集团有限公司党委书记、董事长

代贵雪

  代贵雪：男，1964年生人，辽宁鞍山人，中共党员，1986年毕业于沈阳建筑大学，建筑机械专业，教授级工程师；现任中国三冶集团有限公司（下称"中国三冶"）党委书记、董事长；是辽宁省人大代表；2016年获全国安装之星工程企业领导人奖、2018年获辽宁省建筑业优秀经理、辽宁省优秀经理称号。

三冶集团的成功之路

中国三冶前身是成立于 1948 年 11 月的鞍钢基本建设系统,原名为冶金部鞍山冶金建设公司,1964 年 11 月 16 日更名为冶金部第三冶金建设公司,1993 年 1 月 29 日冠名为中国第三冶金建设公司,2009 年 12 月 17 日,经国家工商行政管理总局核准更名为中国三冶集团有限公司,被誉为"冶金建设的摇篮",有着 70 年的辉煌历程。是我国创建的第一批拥有专业配套、工种齐全、技术先进、具有综合施工生产能力的大型综合性施工企业。中国三冶是我国冶金建设行业的开拓者和奠基人,是冶金工业起源和发展的亲历者和见证者。代贵雪 2016 年就任中国三冶董事长,在他的带领下,中国三冶遵循创新提升、做强做大、持续发展、长富久安的发展总战略,外拓市场,内抓改革,强化管理,求真务实,为确保企业年度生产经营指标的实现和各项管理工作再上新台阶奠定了坚实基础。

抓好党建工作　强化企业管理

代贵雪全力做好新时代企业党建工作,认真推进"两学一做"学习教育常态化制度化;全面落实党建工作责任制,促进党建工作上水平;力求实效开展了形势任务教育;进一步规范了中心组理论学习。指导细化"个十百千"特色党建品牌创建活动;成功举办了庆祝改革开放 40 年,中国三冶诞生 70 年活动。建立机制开展"敬老、爱老"活动,帮扶本企业离退休干部职工,让离退休人员共享企业发展成果。走访了困难党员和困难员工,使广大困难党员和员工切实体会到党组织的关怀和温暖等,扎实地开展了一系列卓有成效、富有特色的工作,为推动企业科学稳健发展起到了积极作用。

代贵雪强化企业管理，拓展经营领域，深化内部改革，推进科技创新，防范经营风险，提升经济效益，全面引入现代企业管理模式，为维护企业稳定、促进企业发展起到了决定性的作用。在各工程项目建设中，代贵雪全面推行了视觉识别系统，展示了企业良好的品牌形象。建立价值考核制度，以经济财务指标为主，以党建稳定等其他指标为辅，来评价各级管理人员的绩效，以价值链建设为主线，建立公司稳定可靠的供应商和分包商，为公司项目履约奠定坚实基础。

强化员工队伍建设　提升企业经营能力

代贵雪积极倡导和营造"海纳百川、人才是企业第一资源"的理念，建设卓越团队的文化氛围，潜心打造企业与员工共同成长的平台。完善人才的培养有效地缓解了各单位的人才需求状况，改变了职工队伍结构，使之更趋向于年轻化、知识化，进一步增强了企业发展后劲。不断健全合理的用人机制，做到人尽其才、才尽其用。大胆创新通过考核、竞聘等方法选聘启用爱岗敬业、德才兼备的人才担任项目经理及其班子成员，提升项目管理团队的整体素质。

面临东北地区经济形势下行压力加大的大环境，中国三冶市场营销工作受到了前所未有的挑战。为此，代贵雪坚持战略引领，聚焦主业不放松，合理布局国内市场，迅速抢占市场高地，在市场开发上不搞轰轰烈烈的"花架子"，明确市场开发思路，冷静分析市场环境，积极与政府对接，多维度甄选项目。同时，重点关注城市基础设施、棚户区改造、城镇化建设、养老设施建设、节能环保、电力及石油化工、清洁能源建设等方面的市场开发；强化市场营销环境的风险管控，促进了市场开发工作的高效运行；加强与地方政府、国有（重点）企业联系，搭建业务平台。丰南项目以现场保市场，实现了滚动式开发。

为了提升中国三冶的市场竞争力，有序推进特级资质的申办工作，他带领中国三冶团队，全力以赴研究政策、沟通协调，攻克难点，组织相关部门召开申特专题、整改、通报、评审等会议十余次，确保了人力资源、技术进步、信息化、工程业绩等硬性指标上无瑕疵，把中国三冶的事业推

向了一个新的台阶。

根据中冶集团的整合要求，中国三冶高度重视，统一思想，制订方案，精心组织，顺利完成了平稳整合并实现管理对接，整合后实现双赢，达到了中冶集团 1+1>2 的整合目标。

提升社会美誉度　获得多项荣誉

项目施工质量、管理水平和产品质量极速上升，使中国三冶社会美誉度大幅提升。大连市体育中心项目体育场工程获得辽宁省建设工程世纪杯称号，鞍钢股份化工总厂焦炉四期改造 8 号焦炉等 3 项工程获冶金行业优质工程，包钢稀土板材 2030 毫米冷轧一部工程项目荣获鲁班奖 1 项、公司承建的 W 酒店项目在马来西亚绿色建筑评选中脱颖而出，一举成为马来西亚历史上首个获得绿色建筑金奖的酒店建筑。

企业诚信服务社会观念的增强，也得到了中冶集团、省、市政府和金融部门的高度认可和大力支持。社会美誉度得到了大幅提升，中国三冶先后获得了全国企业信用评价 AAA 级信用企业、全国企业文化建设先进单位、中国工程建设诚信典型企业、辽宁省思想政治工作先进单位、辽宁省先进党委、辽宁省信用评价 AAA 级信用企业，公司连续获得全国优秀施工企业等荣誉。

上海宝冶集团有限公司党委书记、董事长

白小虎

白小虎：男，1968年生人，陕西人，中共党员，1991年毕业于西安建筑科技大学自控系工业电气自动化专业，大学本科学历，工学学士学位，教授级高级工程师。历任上海宝冶建设有限公司工程总承包部副处长，上海宝冶建设有限公司广州分公司总经理、党总支书记，上海宝冶集团有限公司总经理助理兼工程总承包部部长，上海宝冶集团有限公司副总经理，中国冶金科工股份有限公司河南分公司总经理，中冶东方控股有限公司董事长（法定代表人）、总经理、党委副书记，上海宝冶集团有限公司董事、总经理、法定代表人、党委副书记，中冶东方工程技术有限公司董事长。现任上海宝冶集团有限公司（下称"公司"）党委书记、董事长。

转型发展　虎虎生风

白小虎从基层岗位上锻炼和成长，具备丰富的建筑企业管理经验，先后在中冶集团三家企业、多个岗位上历经锻炼，既了解市场和企业管理，又熟悉基层业务单位运营模式和改革难点，成绩斐然。荣获中国建筑金属结构协会所属行业改革开放四十周年功勋人物。

全面强化经营管理

2017年，白小虎确定企业战略目标，陆续推出各项管理机制，市场营销、项目管理、集团管控、创新发展"四个平台"成功搭建，确定了"总部—二级单位—项目部"的定位。他全力打响"上海品牌"建设工作，公司凭借在"品牌引领、品质卓越、管理精细、自主创新、社会责任"方面的出色绩效于2019年1月通过"上海品牌"认证。

白小虎自2017年起陆续推动公司国家高新技术企业、国家企业技术中心、国家知识产权示范企业等科技创新平台的建设工作，并持续加大科技研发投入，建立技术专家队伍，注重科技成果的转化、推广与应用工作，重视知识产权工作，公司2019年通过知识产权体系认证。公司在装配式建筑、BIM技术的应用等方面处于行业领先水平，BIM技术应用成果的奖项涵盖中国图学会等国内外一流BIM赛事的最高奖项；注重团队建设，公司有博士15人、教授级高工142人，拥有全国劳模2人、上海市技能大师工作室1个，53人获国务院政府特殊津贴。

他以战略为导向统领公司的管理工作，引入平衡计分卡为核心工具，从"财务、客户管理、内部运营、学习与成长"四个维度分解战略目标，促进企业全面均衡健康发展。他推动财务向战略支撑、管控分析、监督制衡、经营预测四大职能改变，推动财务核算与报告、成本管理、资金管理、税务管理、预算与绩效管理、经济运营管理的六大转型升级。白小虎注重公司资产运营质量，实施"全面管理、重点管理、分类管理"的"轻资产"管理思路。创新两金管理模式，推行PPP项目财务管理标准化，提高项目风险管控能力；加快推动对外并购，提升企业资质；建立贷后评审制度，强化资金风险管控；完善大客户信用体系，加强风险动态监控。

白小虎推行"合创之道"，践行"建精品工程，铸长青基业"的光荣使命，秉承"诚信、笃行、创新、共赢"的核心价值观，打造"宝冶·家"文化，带领公司从优秀走向卓越。他提出了"讲政治、讲学习、有格局、有定力、有激情"的总要求，牢固树立"时不我待的发展意识、如履薄冰的危机意识、继往开来的创新意识、慎思笃行的自省意识"四个意识。他从"强化六个意识，做六个表率"对机关党员提出新要求，打造"学习型、服务型、效能型、创新型"的机关形象。

企业建设结硕果

公司已发展为国内少数拥有冶金行业、建筑行业（建筑工程）两项甲级工程设计资质以及冶金工程、建筑工程两项施工总承包特级资质，还拥有制造、检测等多项资质的建筑企业。公司2016年起参与PPP项目建设，涉及市政工程、医疗卫生、交通运输等众多领域。2019年，公司是财政部PPP基金当年投资支持的最大客户。公司近4年获得鲁班奖13项、国家优质工程奖金奖3项，荣获创建鲁班奖工程突出贡献单位，被评为中国建筑金属协会所属行业改革开放四十周年突出贡献企业，获评中国工程建设诚信典型企业。公司是国内唯一同时施工奥运会、世博会、大运会、亚运会、全运会场馆"五朵金花"的企业。公司继续在以特大型高炉建设为主的冶金领域保持特有的品牌影响力，在中冶集团内始终名列前茅，2018年公司位列上海市建筑（集团）企业经营实力排名第4位，上海100强企业排名第40位。2019年利润总额94093.74万元．

公司坚持"以顾客为驱动，以市场为导向"的营销思路，"以人才、技术、产品、服务"换市场，为业主提供"一站式"增值服务。在国家经济热点京津冀（尤其是雄安地区）、粤港澳大湾区、长三角一体化及临港自贸区、海外"一带一路"区域等重点区域抢占先机。近4年新签合同额在中冶集团排名第一。公司在柬埔寨、菲律宾、马来西亚等地设立子公司，并积极推进属地化。海外工程项目遍布东南亚、中东区域，钢结构产品远销欧美等国家；公司凭借自身的技术优势，与诸多知名企业如碧桂园、富力地产、台塑集团等建立起友好合作和互相信赖的战略伙伴关系，从国内项目合作一直延伸至海外区域。

履行社会责任做表率

公司坚持完善以法律顾问制度为核心的企业法律制度体系，依法治企能力达到业内先进水平。近4年，获评中国工程建设企业社会信用评价AAA级，中国工程建设诚信典型企业，全国优秀施工企业等。公司持续完善管理制度，确保防范职业健康安全风险。近4年未发生较大及以上等级的安全事故，连续7年获全国"安康杯"竞赛优胜单位。

公司全面推广实施绿色施工，在建工程绿色施工推广率100%。公司始终贯彻"可持续发展、节能减排、环境保护"的理念，首创的烧结矿竖冷窑及余热回收系统，每吨烧结矿可回收余热生产蒸汽量约150~180千克/吨，处于国际领先水平。近4年，获得全国绿色施工示范工程15项，省级文明工地50个，上海迪士尼GC-5标段园区四主体工程项目荣获2016年AAA级安全文明标准化工地。

公司积极开发和使用节能产品，2019年节能环保的研发投入3100万元。自行投资建设的能源升级改造项目——办公大院七个屋顶采用分布式排布光伏方阵，形成0.219兆瓦光伏发电站。在上海迪士尼明日世界等项目上投入中水系统的循环利用、热能利用等设备和装置，实施水源循环利用。公司大力招聘大学生，安排军转干部、残疾人就业，完全按照国家法律规定合法用工，连续多年获得政府发放的"稳岗补贴"奖励；切实保障员工权益，重视员工能力和素质提高；积极推进职业健康安全体系建设，开展员工帮困、海外员工及家属春节慰问、员工集体生日等活动。

广东坚朗五金制品股份有限公司董事长兼总裁

白宝鲲

　　白宝鲲：男，1970年生人，河南省新乡人。北京大学EMBA、中国社科院在职博士。历任河南新铝建筑装饰公司工程师、深圳市南铝幕墙材料有限公司总经理、深圳市坚朗建材有限公司董事长兼总经理。现任广东坚朗五金制品股份有限公司（下称"坚朗"）董事长兼总裁。是东莞市政协委员，中国建筑金属结构协会名誉副会长、中国建筑装饰协会第八届理事会副会长。

　　先后荣获东莞市第五届荣誉市民、中国建筑装饰协会功勋人物、中国建筑金属结构协会第十届理事会功臣等荣誉。获国家科学技术进步奖二等奖。

"坚"定前行 "朗"月清风

白宝鲲出生于工人家庭，有良好的政治素养和人格魅力。青年时期在乡镇企业工作锻炼，培养了诚恳踏实的品质，树立了拼搏向上的意志。他在实践中边干边学，积累了丰富的人生阅历，开创了建筑五金产业新天地。

白宝鲲在工作中逐步形成了一套完整的核心价值观，提出："一定会有一天，有建筑的地方就有坚朗产品；使用了坚朗产品的建筑，将更加舒适、美观、节能"的坚朗愿景。"一切为了改善人类的居住环境，让坚朗成为高品质的代名词"的坚朗使命。"尊重科学、共存共赢、持续创新、至诚守信"的坚朗核心价值观。

领导企业全面发展

建筑五金属于多品种、小批量的离散型制造业，市场和客户分散、定制化程度高、供货期较短、季节波动大、大型工程项目复杂多变。一般情况下很难做大做强，坚朗从"隐形冠军"到龙头企业，走出了专业化到集成化的发展路径。白宝鲲在全玻璃幕墙构配件技术产业化和社会化过程中起到了引领作用，并将建筑五金传统产业实现转型升级。2009年坚朗首次被认定为国家高新技术企业，2018年成为国家知识产权示范企业。

截至2019年年底，坚朗拥有专利792多件，其中，发明专利85件。还在欧美等海外地区申请了近百件专利。主编、参编国家、行业及地方标准227项（其中，国家标准69项）。"坚朗""KIN LONG"分别于2010年、2014年被认定为中国驰名商标。

白宝鲲带领企业沿着"制造业＋服务业"产业模式不断进行管理创新。

以市场和顾客为统领，通过信息化和其他先进管理工具，产品和市场细分中集成化，通过流程管理、矩阵管理实现组织化运营，用机制将营销、制造、职能三大系统协同化。

白宝鲲高度重视固定资产、无形资产和存货管理。加强房屋建筑物、机器设备等各类固定资产的维护和更新改造，加强对品牌、商标、专利、专有技术、土地使用权等无形资产的管理。建立存货管理岗位责任制，采用先进的存货管理技术和方法，通过 WMS 和 TMS 加强仓储和物流的信息化管理。2015 年以来，白宝鲲引进欧洲多个建筑五金品牌，全资收购葡萄牙 CIFIAL 高端卫浴五金公司。2019 年坚朗总资产增至 49 亿元，是 2012 年的 5 倍。

坚朗通过培训使广大员工理解团队和团伙的区别，倡导集体主义和团队力量。在制度方面：对部门和岗位设置、临时性项目活动、跨部门合作的责权利进行明晰。在实施方面：成立大项目组、集成化小组、QCC 小组、员工兴趣小组，结成销售友好大区，举办新员工入职营、职工运动会、春节晚会、表彰大会等。

白宝鲲根据企业发展战略和实际情况，挖掘文化底蕴，为广大员工提出了做人、做事的基本原则，即："稳健、务实、高效"的坚朗作风；"全力以赴、同心协力"的坚朗精神；"唯有专业才能创造独特价值，投机没有未来"的坚朗哲学；"把简单的事情千万遍做好就是不简单，把容易的事情认真地做好就是不容易"的坚朗座右铭。

2005 年以来，通过制度、培训、宣传、社团、活动、5 首司歌、内部刊物《坚朗风》和《坚朗季忆》、多媒体等方式，每 5 年左右更新公司宣传片和企业形象规范手册。将企业文化深入广大员工心中。

经营管理成效显著

白宝鲲贯彻"协同、集成、提效、回款、规范"十字经营方针，把坚朗发展成国内建筑五金行业的大型企业，做国内规模最大的门窗幕墙五金生产企业。在品牌认知度、研发能力、技术水平、销售服务和生产规模等方面均处于行业先进水平。2016 年 3 月"坚朗五金"（股票代码：002791）

在深圳中小板挂牌上市。并实施"新产品、新市场、投入产出"的十字工作方针,降本增效,控制库存,提高存货周转率,使产品毛利率保持较高水平。

坚朗采取直营模式自建渠道,实现营销网点广阔覆盖,公司坚持用自主品牌"KIN LONG"开拓国际市场,产品畅销100多个国家和地区。抓住国家"一带一路"的机遇,拓展国际市场新空间。在我国香港地区和印度、越南、马来西亚、印度尼西亚、泰国、菲律宾等地设立了子公司,聘用外籍员工,提升营销服务效率和服务质量。

2019年企业营业收入52.6亿元,同比增长36.4%;净利润4.4亿元,同比增长155.2%;加权平均净资产收益率15.2%,同比增长8.8个百分点。

履行社会责任促发展

白宝鲲严格执行各项标准,保障产品质量和服务质量,诚实守信,连续多年纳税金额超过2亿元以上,成为东莞市税收贡献大户。连续被广东省市场监督部门评为"守合同、重信用"企业。

截至2019年,累计在国内外捐建坚朗希望学校近50所,在3所建筑院校设立坚朗奖助学金。2020年新冠疫情发生后,公司为滞留老家的湖北省籍员工全额发放工资,为地方政府捐款50万元购买救灾物资,为火神山医院新风机设备捐助100多万元。

白宝鲲高度重视生态保护和节能减排,加快高新技术开发和传统产业改造,切实转变发展方式,实现低投入、低消耗、低排放和高效率。不断优化工艺,提高原材料利用率,建立废料回收和循环利用制度。先后取得了ISO 14001质量体系、OHSAS 18000职业健康安全管理体系及排污许可认证。

认真遵守国家有关薪酬、保险、住房公积金制度。与10多所职业院校合作培养营销和机电安装人员,在企业内部设立关爱基金,为困难员工提供适度资金的资助和人文关怀。

海南现代科技集团有限公司党委书记、董事长

邢诒川

邢诒川：男，1953年生人，海南文昌人，中共党员、在职研究生学历。历任海南省工商联常务委员、海南省工商联（总商会）副主席、海南省文昌市工商联主席、文昌市政协常委、海南省人大代表等职务。现任海南现代科技集团党委书记、董事长，海南省人大环资工委委员、海南省企业联合会、企业家协会代会长、华南师范大学海南校友会会长、华南师范大学校理事会理事、海南省邢氏宗亲理事会理事长、海南省慈善总会永久理事、海南省国际商会执行会长。党的十八大代表。荣获全国劳动模范、海南省劳动模范、中华慈善总会个人突出奉献奖、全国第三届非公有制经济人士优秀中国特色社会主义建设者、海南省第二、三届非公有制经济人士优秀中国特色社会主义建设者，海南省脱贫攻坚奖奉献奖等荣誉称号。

科技主导　奉献国家

1988年，邢诒川创立海南现代科技集团有限公司，经过32年的稳健经营和高效发展，公司已成长为以科技工业、科技地产、餐饮服务、文化教育为主业，集金融投资、旅游文化等多个产业板块为一体的多元化经营的中外合资企业。

科技兴国　实干兴邦

1997年，邢诒川在中国与南非建交前期，率先在南非创立海南现代威森公司，年产电视机3万台，成为当时海南省对外经济贸易交流的窗口企业，是国内最早在国外创办企业的民营企业之一。同年，集团以8000万元收购当时海南最大的国有亏损企业——海南纺织印染厂。2001年，投资4亿元在纺织印染厂原址上建设海南省高档住宅小区——现代花园，2011年建设全面完成，被海口市确立为首家智能化技术示范住宅小区，入选首批"海南省绿色社区"，企业入选海南省房地产开发20强企业。

2008年2月，集团下属的赛诺国际有限公司在美国纳斯达克上市。2009年8月，总投资3.8亿元人民币的"现代包装工业园"也正式开工，目前二期工程也已建设完成。总投资2.5亿元的国家重点项目，中国第一条自己提供工艺与德国联合研发的环保、节能型高品质BOPP功能薄膜生产线于2011年12月正式投产，实现年产量12000吨，总产值3.6亿元，净利润2400万元，上缴税收600万元。

2010年，集团在文昌按五星级标准兴建了椰林阁旗下的餐饮品牌——海天花园酒家在中国的第一家连锁店。为海南企业走向世界树立了一个榜样，为世界更多地认识海南提供了一个窗口。2013年，投资20亿元，占地 328 亩的"航天·现代城"项目建成运营,是海南国际旅游岛现代化大型购物、休闲生活、旅游消费的商业旗舰,成为文昌标志性的航天新名片。2016 年 9 月,投资 50 亿元,占地 218 亩的海口喜盈门建材家居广场建成开业,建筑面积达 60 万平方米,现已成为海南体量最大的商业综合体、家居建材生活广场。

2018 年 4 月,集团与青岛万国云商互联网产业有限公司联合成立的海南聚能云商科技投资有限公司开发、建设、运营文昌航天超算大数据产业集群项目。总投资达 35 亿元,建设周期 5 年,其中文昌航天超算中心计算核心数量高达 256 万个,形成 2500 万亿次/秒(2.5PF)双精度浮点计算能力。建成后,其运算能力排名列全国第 5 位,全球约第 70 位。

文昌航天超算中心是中国目前唯一的航天超算中心,它以超级计算能力为依托,以航天卫星为核心,打造涵盖卫星设计、研发、制造、发射、出口的辐射东南亚的卫星生产制造基地,从而为卫星发射、商业航天、空间信息、遥感遥测、航天科创、生命科学、装备设计以及终端制造等航天新兴领域提供超级计算及大数据分析能力,并逐步形成航天大数据产业集群,为航天、国土、海洋、气象、智慧城市等相关产业提供实时、精准的计算机仿真、模拟及大数据服务,从而为打造高科技产业集群和航天领域重大科技创新基地,建设文昌国际航天城及中国特色自由贸易港保驾护航。

2019 年 1 月,集团联合长光卫星,发射海南首颗商业遥感卫星"文昌超算一号"。"文昌超算一号"商业遥感卫星总重 205.5 千克,充分继承了长光卫星的成熟单机及技术基础,携带了多光谱成像仪、短波红外相机、中波红外相机、长波红外相机、星上智能处理系统、"水运一号"AIS 载荷、北斗短报文通信终端等有效载荷,可获取 5 米分辨率、110 千米幅宽、26 谱段的遥感数据,谱段覆盖从可见光到长波红外的整个光谱范围,每天可获取 100 万~150 万平方千米的 26 谱段遥感数据,大幅提升对海南、南海及东南亚大区域的遥感监测能力;"水运一号"AIS 载荷作为"文昌一号卫星"的重要载荷,可对实现全球船舶信息每天 1~2 次更新,实现对全球航道及远洋物流动态的监测;星上智能处理系统、光学载荷与"水运一号"AIS 载荷的联合应用,使"文昌一号卫星"实现了 1 分钟内的超快速应急响应。

"文昌超算一号"卫星具备光学遥感、船舶AIS报文接收、在轨AI处理三大主要功能,可实现大区域快速覆盖、全球船舶AIS报文数据快速更新以及在轨智能信息处理功能,卫星入轨后,将与此前发射的10颗长光卫星组网,主要围绕海洋生态监测、海洋资源勘探、港口监测、船舶监测等工作提供全方位的遥感信息支持,为林业、草原、航运、海洋、资源、环境等行业用户提供遥感数据和产品服务。

"文昌超算一号"卫星在轨运行后,将进一步提高航天数据获取的空间分辨率和时间分辨率,实时采收全新视野的对地空间数据,借助文昌航天超算中心提供处理巨量空间数据必需的超级算法和算力,持续创新出世界级的数据产品。"文昌超算一号"卫星与文昌航天超算中心将成为海南文昌国际航天城的核心基础设施,使区域政府、园区企业、各行各业均享受到数据资源带来的便利和效率的提升。文昌市将依托"文昌超算一号"及长光卫星星座,在全省率先试点使用资源环境监测监管大数据服务平台,运用卫星遥感、大数据采集分析技术,为"两违"整治监管、河长制管理信息、非法采砂采矿监管、生态环境保护服务等城市治理系统提供服务。

家国情怀　回报社会

邢诒川积极回报社会,向汶川、玉树、雅安地震灾区和威马逊台风受灾地区、文昌江村捐款4000多万元,向省慈善总会、省总工会、关爱福利会、宋庆龄研究会、张云逸纪念馆、中国香港海口联谊会、香港文昌同乡会等捐助3000多万元,向文昌中学、宋庆龄学校、培龙小学、海南外国语职业学院等学校捐款500多万元,捐助马园村、后坡村、茂园村等文昌文明生态村建设500多万元,支持《感动海南》《宋耀如》《白毛女》《开心麻花》等公益演出电影2000多万元等,累计捐赠逾亿元。

2014年,邢诒川作为人大代表提出提案,详细记录一个项目从获得土地到办完手续,需经过30多项审批,盖上百个章,全程最少需历经272个审批日。邢诒川的提案被《人民日报》、新华社等众多权威媒体转载,国家有关领导做出重要批示。邢诒川的提案为政府简政放权提供了来自企业的宝贵意见,对推动各地政府精简行政审批起到了巨大的作用。

吉林吉春制药股份有限公司党委书记、董事长

曲风采

曲风采：男，满族，1962年3月生人，吉林人，中共党员，大学学历，高级经济师。现任吉林吉春制药股份有限公司党委书记、董事长，担任吉林师范大学特聘教授和四平市儿童福利院名誉院长，是吉林省人大代表、四平市人大常委、四平市党代表。

先后荣获全国民族团结进步先进个人、全国农业劳动模范、全国优秀青年企业家、全国创业之星、全国质量先进个人、吉林省优秀党务工作者、吉林省创业导师、吉林好人·先锋企业家、吉商突出贡献人物，吉林省委省政府授予的吉林省慈善第一人等荣誉。

开拓创新　展现风采

曲风采 2004 年创办吉林吉春制药股份有限公司，现已发展成为集制药、梅花鹿养殖、鹿系列产品研发营销于一体的现代化企业。销售范围涉及制药、梅花鹿养殖、保健食品等多个领域，拥有国家重点新产品 3 个、中药保护品种 4 个、国家级新药 11 个、独家品种 12 个、国家基本药物品种 25 个；注册商标 127 个和专利 18 项。

锐意进取　成果辉煌

曲风采善于创新，推进新产品开发和老产品升级换代，提高产品的技术含量和附加值，在临床用药、OTC 产品、保健食品等恢复健康和维持健康领域进行了产品研发；致力科技成果产业化，推出一批符合市场需求的产品，形成了多个治疗领域药物系列化、集群化规模。

曲风采强力推动吉林省梅花鹿特色资源发展，牵头创立吉林省梅花鹿产业联盟，提出"梅花鹿鹿茸药食同源"获得国家食药监局批复执行，实现我国养殖梅花鹿鹿茸可以作为保健食品原料的突破；企业自主培育的"四平梅花鹿"被认定为国家畜禽新品种，养殖技术荣获国家科学技术进步二等奖，鹿系列产品被认定为国家地理保护标志产品；荣获中国梅花鹿鹿王称号，组建了吉春制药鹿产业开发院士工作站，拥有 18 个以梅花鹿鹿茸等鹿产品为原料的中药品种，其中独家剂型 2 个；利用自有鹿养殖资源和优势，进行鹿系列产品的研发，拉长产业链增加产品附加值，创造国内领先优势。专利药品十味降糖颗粒荣获中国专利优秀奖。

曲风采自 2003 年以来先后进行 GMP 改造工程，十味降糖颗粒高技术产业化项目、生产工艺系统节能改造项目、中成药生产自动化控制项目、中药渣生物质固体成型燃料项目等 7 项固定资产投资项目，累计完成投资 86500 万元；主持研发的全国独家 OTC 药品鹿茸胶囊荣获吉林省长白山医药创新奖（创新产品奖）。先后承担国家、省级科研项目 20 余项，其转化的科研成果已成为了企业新的经济增长点。

曲风采充分发挥现代企业制度的优势，为公司的持续发展提供坚强的体制保障，在新产品开发的定位上实行中西并举、长短结合、整体推进；在产品销售方面逐步实行分品种、多形式的销售方式，使公司的产品在市场上立于不败之地。他带领团队改变原有传统单一的销售承包形式，整合为产品营销公司、专业队伍、事业部和代理商等多种营销模式并存的复合营销模式，通过信息化平台建立覆盖全国的营销网络。为进一步树立企业的品牌形象，提升品牌价值，为开拓国际市场，塑造国际品牌奠定基础，企业在马德里组织申请了瑞士、澳大利亚、日本、印度等共 12 个国家的商标注册，现已获得日本、韩国两个国家的商标。

曲风采定期选送技术骨干到国家食品药品监督管理局高级研修院、吉林省药品检验所、医药企业技术市场协会、国家知识产权局、中国营养保健食品协会、吉林大学管理学院等多部门及科研院所，参加各类业务及技能学习和培训。目前，科研团队已培养省级突出贡献的中青年专业技术人才 1 人，省级科技创业导师 1 人，国家级科技评审入库专家 4 人。培育吉春特色企业文化，以《工作日志》督导员工增强工作计划性，提高执行力，出版《吉春风采》报，报道国家企业动态和典型事迹，宣传正能量，激发员工爱岗敬业、奉献企业、热爱国家。

公司先后被评为农业产业化国家重点龙头企业、国家火炬计划重点高新技术企业、国家高新技术企业、国家知识产权优势企业、全国守合同重信用单位、高校毕业生就业见习全国级示范单位、中国营养保健品协会会长单位、吉林省鹿产业联盟理事长单位。

依法经营　奉献社会

企业坚持"为人民健康，高标准制药"的宗旨，自觉依法合规经营，坚持公平竞争、诚信经营，不购买劣质药材，不生产劣质药品，不偷税、

漏税，2018年纳税8698万元，蝉联四平市民营企业纳税"功臣"称号。

企业从技术环节入手开展节能环保技术改造：应用有机热载体油炉取代传统蒸汽炉，有效利用热能；发明余热循环装置回收供暖，发明药渣秸秆混燃代煤，发展循环经济；使用蒸馏法回收乙醇，吨药材节约乙醇130公斤；厂房错层多窗化设计，提高光照和室温，节约采暖用煤和照明用电。众多举措的实施，实现企业效益和社会效益双赢的良性发展。

公司积极搭建创新创业平台，引领大学毕业生创业兴业，全力营造大众创业、万众创新的大格局；积极安置大学生、下岗职工和农民工就业。近年来累计扶持近百名大学生创业，先后吸纳400余名大学生到企业就业。公司被评为2019年吉林省创业创新示范基地。

员工100%签订用工合同，坚持劳资协商，达到了企业和职工双方满意。公司尽力为职工创造良好的工作环境和生活环境，职工工资水平高于同行业水平，设立奖学金为考上本科的职工子女奖励10000元、专科子女奖励5000元。为员工缴纳养老保险、医疗保险、失业保险、工伤保险和生育保险、住房公积金，参保率达100%。

企业始终秉持"发展企业、奉献社会、报效国家"的理念，在着力发展自身的同时，积极投身社会公益事业。驻地周边村屯有百姓生活困难、子女无钱上学，企业即伸出援手，捐资助学；五保户缺医少药，即送医送药，送温暖上门；百姓饮用水菌落群数超标，即斥巨资依山傍水在水源地兴建水库，保障周边百姓饮用水安全；周边村屯乡间公路过往车辆偏多，道路颠簸泥泞，即开山铺路、布设路灯，全力协助驻地乡镇有关部门投身平安屯村建设；时逢佳节、假日，必将走访孤儿院、敬老院等相关社会福利单位，为孤寡献爱心、送祝福，与孤寡一道欢庆佳节，第一时间把诚信爱心企业的诚挚关怀与温馨祝福送至孤寡手掌上、心坎中，让他们尽享天伦之乐、节日氛围。自企业2004年4月成立以来，累计捐款1200万元。

石家庄四药有限公司董事长

曲继广

曲继广：男，1955年9月生人，河北人，中共党员，研究生学历，高级工程师。现任石家庄四药有限公司（下称"石家庄四药"）董事长，为河北省十一届、十二届人大代表，中国化学制药工业协会副会长、中华全国工商业联合会医药业商会第三届理事会常务理事、河北省医药行业协会轮值会长。

先后荣获河北省科学技术进步奖一等奖、中国医药年度经济人物、中国绿色环保楷模、河北省劳动模范、河北优秀民营企业家、河北省优秀中国特色社会主义事业建设者、纪念石家庄改革开放40周年十大经济人物等荣誉。

登高望远　继往开来

20年来，曲继广通过管理创新、技术创新、产品创新和市场创新等举措和手段，以超越自我，敢为人先的雄心和气魄，带领石家庄四药员工将一个濒临破产的小企业，发展成为在国内医药行业特别是输液生产领域具有较强竞争实力，市值逾200亿港元的香港上市公司，先后荣获全国五一劳动奖状，中国医药工业百强企业、中国化学制药行业制剂出口型优秀企业。

勇于改革　企业腾飞

20世纪90年代，石家庄四药还是一个陷入困境的企业。1999年12月，曲继广授命于企业危难之际，短短两年时间，由他点燃的换脑、分配和营销三把烈火，使石家庄四药重新显露出生机。2001年，曲继广大胆推行民营化改革；2002年，企业利润即实现2518万元，同比增长39.0%，是20世纪90年代的总和。

在曲继广领导下，石家庄四药立足国际化视野，高起点对标欧美先进的制药规范和理念，实现多个全国"第一"。2002年2月，石家庄四药投资3亿元的具有国际水准的输液高新技术产业园项目正式开工。世界首条集洗、灌、封为一体的PP塑料瓶输液生产线落户石家庄四药；具有国际一流水准的省内首条非PVC多层共挤膜输液生产线建成投产；华北仓储能力最大、智能化程度最高的物流中心在石家庄四药建成；采用先进的制水工艺，石家庄四药输液不溶性微粒控制水平达世界先进水平。

曲继广高度重视企业的创新工作。企业拥有国家企业技术中心、国家地方联合实验室及博士后科研工作站、院士科研工作站、诺奖工作站等高水平创新平台，获批国家高新技术企业，聚集了由多名"百人计划"等高端人才领衔的创新团队，承担多项国家、省重大科技创新和产业化项目，创新能力和成果转化能力居行业领先水平。石家庄四药每年有近20种新产品及专利药品问世，企业销售收入70.0%以上来自于新产品和高新技术产品。输液安全性控制技术研究全国领先，主要输液产品被行业看作"标准对照品"。石家庄四药累计申请专利数量116项，其中，发明专利73项，被国家知识产权局认定为国家知识产权优势企业。近年来，石家庄四药先后投资近30亿元实施了8项重大技改项目，主导产品大输液年产达到20亿瓶（袋），其生产规模、技术水平、品牌影响力、经济效益居国内同行前列。2017年，曲继广在沧州渤海新区生物医药产业园投资30亿元，建成了集原料药、中间体化合物及生物医药制剂为主的超大型制药企业，并于2019年取得GMP证书，产品国际市场前景广阔，年销售收入可达百亿元，将成为石家庄四药发展新引擎。2017年，企业荣获河北省科学技术进步奖一等奖；2019年，国家工信部认定的技术创新示范企业；连续多年跻身河北省医药工业排头兵、中国医药工业百强企业和中国化学制药出口品牌十强企业，"中国最具品牌竞争力药企20强"排名位列第20位，2009年，公司主打商标"石门SHIMEN"被国家工商总局认定为国内大输液生产领域首个驰名商标。

"石门"品牌产品赢得了广大客户和消费者的赞誉和称道，产品辐射国内除台湾外各省（自治区、直辖市），并远销海外80多个国家，出口业务涉及亚洲、美洲、欧洲、大洋洲、非洲等地，为国内输液产品主要出口企业之一。连续3年被中国医药保健品进出口商会评为制剂国际化领先企业。

2019年，在新华社等主办的"2019中国品牌价值评价信息发布名单"中，石家庄四药以856分的品牌强度和46.46亿元的品牌价值位列医药健康板块品牌榜单第16位。

奉献爱心　回馈社会

石家庄四药始终秉承"以质爱民、诚信为本"的经营理念，不断完善经营活动中的信用制度。先后获得中国企业信用AAA级信用企业、全国守合同重信用企业，被中国化学制药工业协会评为制药行业AAA信用等级企业。曲继广坚持"安全第一"的管理准则，奠定了安全稳定发展的坚实基础，企业被推举为石家庄市双控机制建设试点企业，在2017年被评为石家庄市安全文化示范企业，2019年12月，被授予河北省2019年度应急管理与安全生产先进单位。

石家庄四药为员工提供系统规范的培训和发展平台，为职工提供多样化福利待遇；企业关爱离退休职工健康，在养老金发放之外，由专门机构对离退休人员进行管理，定期体检，丰富其晚年生活。

在当前工业经济下行压力加大的背景下，石家庄四药不但没有一个员工因此下岗失业，而且还吸纳大批大专以上应届毕业生来公司工作，2019年石家庄四药为社会提供就业岗位近千个。曲继广认为："面对危机，才会更显企业本色。我们一方面要替社会和政府分忧，另一方面还要学会转危为机，抢抓人才，适时做好人才储备，伺机调整，这样才会实现企业做优、做强、做大。"企业已经形成了领导与职工相互信任、职工与职工相互关爱、相互帮助的和谐氛围。石家庄四药多次荣获石家庄市劳动关系和谐企业、河北省AAA级劳动关系和谐企业称号。

曲继广在同行业中率先提出"绿色"制药理念，积极推行节能减排举措，通过技术改造和采用新材料、新技术、新工艺，加大节能型设备及技术的推广力度，2017年，被工业和信息化部评为全国第一批绿色制造示范企业。石家庄四药高度重视土地集约利用，厂区投资强度已超千万，受到国土部的高度评价。近年来，曲继广先后荣获中国绿色环保英模，入选石家庄十大生态文明使者等。

曲继广领导石家庄四药积极参与抗震救灾、扶贫送温暖及支持新农村基础教育等公益活动，先后向河北革命老区、贵州毕节贫困地区及基层社区医疗机构捐款捐物价值1000余万元；在抗击"非典"、支援南方冰冻灾区和四川汶川地震灾区等行动中先后捐赠物资和资金总价值达1000多万元；2016年7月河北省多地先后遭受暴雨袭击，石家庄四药第一时间联系井陉、赞皇等西部山区卫生防疫部门，无偿捐赠价值10多万元的"新概念"消毒液帮助灾区群众开展消杀防疫工作。曲继广带头捐款，为灾区学校重建工作加油助力。

山东鲁北企业集团总公司党委书记、董事长

吕天宝

吕天宝：男，1962年12月生人，山东滨州人，中共党员，山东大学MBA，工程技术应用研究员。1984年大学毕业即在山东鲁北企业集团总公司（下称"鲁北集团"）工作，扎根盐碱荒滩，历任车间技术员、分厂厂长、总工程师、副总经理、总经理，现任党委书记、董事长兼技术中心主任。先后获山东省泰山产业领军人才、滨州市劳模、全国石油和化工优秀科技工作者、山东优秀发明人等荣誉。

艰难中创实业　铸造循环经济典范企业

吕天宝作为鲁北集团第一批入职的大学生员工，当时正处于鲁北艰难的创业时期，在一线工作的他深受前辈精神感染，将这种艰苦奋斗、一丝不苟、勇于拼搏、无私奉献的"黄席棚精神"不断深化、发扬，使之成为鲁北发展强大的精神动力，演化为鲁北企业文化的核心内涵，影响了一代又一代"鲁北人"。艰苦创业的历程，也成为吕天宝宝贵的精神财富，塑造了他作为一名企业家求进、务实、拼搏的精神特质。执著于企业发展初衷，执著于干事创业的激情，也为鲁北集团成为知名的循环经济典范企业打下了基础。

实施可持续发展战略　重视企业科技研发

吕天宝既是企业生产经营管理的主要负责人，也是企业科技研发的带头人。在他的带领下，鲁北集团逐步完善研发平台，整合技术力量，创建了全国石油和化工行业石膏化学分解综合利用工程研究中心、中国石油和化工环境保护废石膏—废硫酸协同处理工程中心、中国鲁北循环经济技术中心、钛产业研究所、化学品铝及阻燃剂研究所、锂电材料研究所及海洋产业研究所等研究机构，脱硫石膏、钛石膏制硫酸联产水泥、烷基化废酸和钛白废酸的高效高值利用、氧化铝赤泥废渣提铁制陶粒和制备新型建材等国际国内首创技术先后研发成功，并延伸获得160多项重大科技成果、60余项国家发明专利。吕天宝作为一名技术负责人，承担了1项国家科技支撑计划项目；作为第一完成人，完成了3项科技成果，分别通过了工信部、山东省科技厅及中国石油和化学工业联合会的成果鉴定，达到国际首创与领先水平，先后获得20余项专利授权，出版了两部专著，在行业重点刊物上发表论文20余篇。生态电厂设计，建成了国内首家生态"循环经济"发电示范工程；"含硫类固液废物协同处理新体系创建和清洁工业模式产业化"项目，入选2017年泰山产业领军人才产业创新类工程；开发的"工业副产石膏化学分解法综合利用工程技术"，通过了国家工业和信息化部组织的成果鉴定；承担的国家科技部2.5亿吨/年海水多级深度利用产业生态链接关键技术与示范项目，列入了国家科技支撑计划。在一项项技术研发成果实现产业化运行的进程中，鲁北集团逐步创建形成了磷铵—硫酸—水泥联产及含硫固液废弃物协同处理体系、"养殖—冷却—淡化—提溴—制盐"为主体的海水梯级综合利用、盐—碱—电—铝及高端化学品铝联产、钛硫磷钙锂联产及钛白粉清洁生产等多条循环经济产业链，助力打造了鲁北独特的生态工业模式，成就了鲁北集团循环经济典范的行业地位。鲁北集团走出了一条科技含量高、经济效益好、资源消耗低、环境污染少、人力资源优势得到充分发挥的新型工业化路子，对我国实施可持续发展战略，推广循环经济产生了重要的示范作用。

困境中求突破　助力企业完成逆境重生

近年来，面对严峻的市场环境和近年来国家削减落后产能、环保限产等大背景，鲁北集团原有的铝业、钛业、化肥、硫酸、水泥等传统产业面临巨大挑战，企业发展面临极大困境。吕天宝临危受命，以其企业家特有的市场嗅觉和顶层设计能力，先行先试转型升级、新旧动能转换，在产业提质升级、体制机制改革方面取得做了大量卓有成效的工作，企业顺利完成逆境重生，发展活力逐步显现。

一是强抓党建引领，力促企业发展健康有序。吕天宝作为鲁北集团党委书记，力促企业积极贯彻落实会议精神，以"两个一以贯之"准确把握企业党建工作新形势、新任务和新要求，将企业党建写入公司章程，强化企业党建和经济工作齐抓共管，全力抓好党的基层组织建设和党风廉政建设工作，全力打造国企党建和经济工作互相促进、协调推进的新格局。二是强抓转型升级攻坚，力促传统产业提质升级。在吕天宝的带领下，鲁北企业集团开始强力实施以"转、调、创"为主要内容的转型升级攻坚战。

根据产业特性知人善任，调整岗位；梳理流程制度，推行"精细化管理"；推进产业结构转型和产品升级，做好技改挖潜和项目配套等。三是强抓体制改革，进一步激发企业发展活力。2016年，吕天宝充分解读国家政策，结合鲁北集团的发展实际，创新采用增资扩股方式，深入推进企业混合所有制改革。同年7月，鲁北集团与中国500强大型民营企业杭州锦江集团成功完成增资扩股混合所有制改革，是山东省地方国企混改第一家。

近几年，鲁北集团效益连续突破历史最好水平，以鲁北集团提质升级、危局脱困为背景提炼撰写的《化工企业适应市场需求的全面变革管理》，分别荣获第二十五届全国企业管理现代化创新成果二等奖和第十一届全国石油和化工企业管理创新成果一等奖。

发展中绘蓝图　谱写企业未来篇章

现代的企业家不仅要有与时俱进的素质，更要有超前谋划的大局规划能力。在分析鲁北集团现有优缺点的基础上，吕天宝带领企业有关人员对企业的未来发展进行了科学规划，强力推进新旧动能转换工作。根据目前企业的实际情况，确立了"稳定化肥及磷化工，创新推广石膏制酸，做大做强钛产业，转型升级铝产业，匹配氯碱化工，拓展新型盐化工，做好海水深度利用，配套发展锂电池新材料和再生新能源，探索发展新兴产业"的发展方向，以现有产业提质升级和新项目建设为支撑，强力实施"6+1"的发展战略，即建成国内有广泛影响力的大型钛产业基地、高端化学品铝产业基地、锂电池新材料基地、海洋科技产业基地、风光渔虫藻互补新能源基地、高端氟化工基地和含硫废弃物协同处置示范与推广中心。

在带动企业发展的同时，吕天宝也不忘回报社会。30多年来，鲁北集团积极参与公益事业，在扶贫攻坚、城乡共建活动中做出积极贡献，至今帮扶资金和物资已达千万元。吕天宝忠诚企业，情系家乡，把青春年华都奉献给了自己心爱的化工事业和一直为之奋斗的生态工业。在他的带领下，鲁北集团一定会发展得越来越好，为经济社会的高质量发展做出新的更大的贡献。

太原天然气有限公司党委书记、董事长

朱喜成

朱喜成：男，1966年生人，山西平遥人，中共党员，毕业于天津大学建筑分校城市燃气输配工程专业，大学本科学历，教授级高级工程师，现任太原天然气有限公司党委书记、董事长。

为社会奉献光和热

朱喜成长期从事燃气生产、技术、运营管理工作，是山西省燃气行业资深专家，在燃气行业具有较高的知名度。朱喜成把握行业发展的要求，从全局性、前瞻性、战略性的高度思考问题，有应对复杂局面和解决复杂矛盾的能力。朱喜成始终牢记"服务人民、奉献社会"的初心和使命，坚持以建设和发展太原燃气事业为己任，带领公司构建了"一网多源、多气并存"供气格局，通过不懈努力，公司用户规模不断扩大，生产组织能力有效提升，主要经济指标连续创造历史最好水平。

截至目前，公司已发展居民用户130余万户，工业、营业、福利用户4000余户，担负着太原市热力公司东山、城南、晋源等供热站及众多区域供热站的供气任务；建成并运行高、中、低压管线4000公里，配套建设有两座门站、五座高中压站和七座中中压站以及其他各类调压站（柜）1800余座。经过多年发展，公司已形成集燃气工程建设安装、表灶具生产销售、燃气输配供应、客户服务维修等于一体的大型国有企业。

抓管理　保安全　创品牌

为确保太原市各类用户安全稳定使用燃气，朱喜成带领全体员工紧紧把握煤气与天然气供气格局的变化趋势，不断优化两气统筹调配方案，大力提升燃气管网输配能力，圆满完成了每年"两节""两会"等重要时段和重大活动期间的保气供气任务。特别是面对近两年的全国性气荒，朱喜成坚持稳定供应城市燃气的社会责任不放松，甚至不计成本高价购买液化天然气进行气源补充，确保了全市各类用户的稳定用气。

近年来，在朱喜成的主导下，公司完成了风险分级管控与隐患排查治理双重预防体系建设，成为太原市城乡管委系统首批优秀试点单位。2018年以来，公司积极开展用户自有设施升级改造，累计完成升级改造14万户，荣获太原市自有设施升级改造优秀单位。公司还加强了员工、城边村协管员以及特殊用户群体的安全教育和管理，全员全社会燃气安全意识不断增强；坚持开展应急演练，安全应急管理水平进一步提升。

朱喜成要求全公司把用户满意、政府认可作为检验企业工作成效的标准，始终致力于"大服务"保障体系建设，搭建了以"96577"客户服务热线为平台，各对外服务窗口为支撑的客户服务体系，推进对外服务窗口单位"一站式"建设，不断完善各类服务标准。多年来，公司"96577"客服热线收到的各类派单的处理及时率、办结率、满意率均达99%以上，在太原市组织的政府服务平台综合考核中连续多年名列第一。该客服中心还被评为全国青年文明号。朱喜成还注重企业的形象建设，强化承担对外业务的服务窗口单位建设。

朱喜成结合燃气行业特点，按照精细化管理和标准化建设的要求，不断夯实企业基础管理，推进企业管理升级、优化内部经济运营，提升管理对企业效益的贡献率，企业经营管理水平得到显著提升。

一是加强了供销差率管控。供销差率是检验燃气企业精细化管理水平的重要指标之一。为寻找降低供销差率的有效途径，他在公司推行了供销差率契约化管理，建立目标考核责任制，采用分管领导和部门负责人抵押、奖励兑现的激励方式，实现目标进行奖励，未完成目标，不发奖励兑现，同时扣除抵押金，打破以前"干好干坏一个样、任务完成与否收入不受影响"的大锅饭模式，确保供销差率管控目标的全面完成。同时，加大了供销差率的联合检查力度，建立了公司、站（所）、班组三级管控体系，从气源计量、抄收管理、生产系统、以及对偷盗气的查处等方面入手，进一步强化检查和考核，有效确保了天然气供销差率保持在合理区间，并创公司成立以来最好水平，推进经营效益明显提升。二是在薪酬考核方案中加大了向基层一线和偏远场站的倾斜力度，实施了民用管理站计件工资办法，调动了员工工作积极性，提高了工作效率。三是持续推进班组建设。修订完善了班组工作规章制度百余项，积极组织参加各类班组竞赛活动，

管线所城南管线组、西温庄门站外线组、大营盘管理站维修组荣获全国燃气行业安全先进班组。

朱喜成注重依靠科技进步和改革创新，积极引进先进技术、工艺和材料，持续推进科技创新，提升现代化管理手段，满足生产运行的实际需要。近年来，公司加大了物联网表推广和无线远传表应用型研究；优化升级了民用抄收、安检系统，增加了营福用户远传功能，开展了大用户用气分析；研发并上线了"太原天然气"APP综合服务平台。公司检测站、工营事团站QC小组活动成果被授予山西省优秀成果奖。公司科技创新创效能力进一步增强，为安全生产和经营管理提供了重要支持和保障。

肩负责任　回馈社会

朱喜成牢牢把握国家科技、能源及环保事业的发展趋势，先后组织实施并完成了太原市天然气置换工程和燃煤锅炉"煤改气"等工程，圆满完成了太原市燃气管网的建设和改造、燃煤小锅炉改造工程、管道液化气改造等民生工程。2019年举办中华人民共和国第二届青年运动会期间，朱喜成亲自挂帅，组织相关部门编制了供气保障应急预案、事故应急抢修方案，提前落实CNG应急气源槽车及应急气源，开展安全巡查和保会服务，圆满完成了比赛期间主会场火炬、青运村公寓、各比赛场馆、接待酒店宾馆等的安全稳定用气任务。

为改善太原市营商环境，公司对内全力打造"一站式"服务，不断优化营商环境；对外认真分析市场变化和用户需求，主动出击寻找用户，不断改进工作方法、提升服务水平，有力推动了新用户发展。近几年，公司新用户发展保持了每年8万户左右的发展速度，燃气年销售量达到近8亿立方米，利润总额、员工收入平均每年保持了近10.0%的增幅。

朱喜成全力推动企业精准扶贫工作，多次前往贫困联点村开展定点帮扶。在每年"七一"前夕，还组织党员干部前往帮扶村，参加村文化节和"不忘初心·牢记使命"主题党日活动，对该村老党员、低保户、特别贫困户进行慰问。经过三年攻坚，太原天然气公司帮扶的贫困村提前顺利实现了全村脱贫，天然气公司也连续三年荣获"脱贫攻坚帮扶优秀单位"称号。

陕煤集团神南产业发展有限公司
董事长、总经理

乔少波

乔少波：男，1969年3月生人，陕西米脂人，中共党员，本科学历，正高级工程师、高级职业经理人、注册安全工程师。1990年7月参加工作，历任陕西煤炭建设公司安装公司技术员、黄陵项目经理、酒钢项目经理，陕西煤炭建设公司建筑安装工程处副处长，陕西煤炭建设公司第五工程处处长，陕西煤炭建设公司机电安装管理工程部部长，陕煤集团神南产业发展有限公司副总经理。现任陕煤集团神南产业发展有限公司（下称"陕煤神南"）董事长、总经理，神南矿业煤炭科技孵化有限公司董事长。

战略引领　创新开拓　促进发展

自乔少波任陕煤神南最高管理者以来，以强烈的使命感和责任感，以全新的现代企业经营理念和发展思路，锐意改革，坚持把创新贯穿于管理活动的全过程，注重企业文化建设，走出了一条全面发展之路。

全面提升企业实力

乔少波确立了"外拓市场、内优业务"的指导思想；提出"以服务促营销、以创新求发展、以诚信树品牌"的工作思路；实施"一体两翼"战略布局；制定"35105"战略目标和"打造国内一流煤炭生产综合服务商"的目标愿景；构建了"生产运营服务、设备物资服务、专业技术服务、人力资源服务及金融服务"并列运行的"4＋1"商业模式；落实"煤炭生产综合服务＋互联网"，建成了"煤亮子"煤炭生产综合服务平台和煤炭科技孵化平台，带领陕煤神南走上了"打造国内一流煤炭生产综合服务商"的转型发展的快车道，陕煤神南升级为专业化服务范围跨越"三省三市"的行业典范企业，成为煤炭企业安全高效的重要支撑和保障。

乔少波坚持以提升服务品质、提升产品质量、提升工作效率，降低生产成本、保障安全生产为重心，将党建与企业生产经营紧密融入，在"内部对标"和"外部对标"上"精耕细作"，开阔了视野，增强了自信，看到了不足，找到了方法，提升了管理；坚持强化生产管理，优化资源配置，提升了生产管控能力；推行经营承包，划小经济单元，区分运营模式，严格指标考核，提高了经济效益；强化成本管控，"降本增效"深挖潜力，效能监察、盘活库存综合创效持续提升；强化经营风险管控，建立风险预警机制，严格"收支两条线"管理，确保了企业平稳运行；编制了《综采工作面设备安装与回撤技术规范》，填补了综采搬家倒面行业的空白；实施供给侧改革，积极构建新业态、新业务，增强了企业发展后劲。陕煤神南2016年实现收入14.23亿元；2017年实现收入16.93亿元；2018年实现收入18.8亿元，推动公司经济效益实现了稳增长。

乔少波成立"张文斌劳模创新工作室""冯敏技能大师（劳模创新）工作室""唐程理技能大师工作室"和"创客空间"，激发了新活力；新开发10余项应用软件，在管理输出、技术输出、人才输出方面实现新突破；优化"单项目管理"，推行"三位一体""五位一体"岗位作业标准；以全面预算模块化管理、二维点阵红绿灯考核、单项目管理、"五位一体"管理、全员提素工程等为主要载体的"V-OPE"管理体系，促进了企业提质发展；首编"人工定额""材料定额""机械台班定额"，提升经营管理质量；实施创新驱动，设立"众创节"，公司累计申报创新1900余项，其中450余项技术创新和176项管理创新获得公司创新奖；拥有国家授权实用型专利135项，申请发明专利8项，1项获得软件著作权。

乔少波领导编制了《企业文化建设三年规划》，明确了公司以"勤"为核心的文化体系；组织召开了企业文化建设现场推进会，形成了相关书籍和宣传片，企业之歌《追梦路上》被中国文化管理协会评为"最美企业之声企业文艺作品银奖"；开展了"勤"文化系列活动。

经营管理绩效显著

2014年，煤炭行业发展进入寒冬期，乔少波精准把握市场规律，紧抓"外拓市场"这条主线，市场经营收入呈逐年增长趋势。他坚持"拓市场"，建立"重营销"的长效机制，在稳定老客户的基础上，与20余家大型企业集团300多个企业及多家科研院校建立了业务联系；与新能矿业等17家企业签订了《战略合作框架协议》，全方位、深层次、宽领域的市场营销格局正在形成；健全质量管控体系，形成了"全方位专业服务"等六类精益服务模式，筑牢了品牌之根基；围绕"一体两翼"战略布局，拓展榆北矿区专业化服务业务，形成了以神府矿区为主体，辐射榆林煤炭基地和内蒙古煤炭基地的战略布局和规划。

乔少波积极探索品牌建设的有效途径，以集团公司"三品"建设为指导，在"提品质、增品种、创品牌"三个方面深度发力；以"六类服务"为路径，集"质量管控体系、精益服务体系、市场营销体系、企业管理体系、宣传展示体系"于一体的品牌管理体系架构基本形成；坚持把"干一项工程，成一项精品，树一面旗帜，交一方朋友"的工作理念贯穿于品牌建设之中，赢得了客户尊重与信赖，公司被20余家客户授予优质服务锦旗荣誉；公司先后获得全国劳动关系和谐企业、全国设备管理优秀单位、改革开放40周年·品牌发展成就奖等12项荣誉。

截至2018年年底，陕煤神南资产总额40.18亿元，累计实现收入142.37亿元，实现利润2.27亿元，上缴税费5.36亿元。先后获得全国煤炭工业文明单位、全国设备管理优秀单位、全国煤炭系统企业文化优秀单位、全国国企管理创新成果一等奖、全国模范劳动关系和谐企业、2019中国科技创新领军品牌、全国企业文化成果一等奖等荣誉。

践行企业社会责任

乔少波修订了企业安全环保类管理制度，建立了"党政同责，一岗双责，齐抓共管"的责任体系，形成了"制度严格，过程严管，失责严惩"的管理常态；采取多项措施，与法规制度和规范标准对标，提升了安全环保管理水平和绿色治理能力。

2008—2018年，陕煤神南缴税53672万元，对外捐赠99.58万元；重视企业民主管理工作，持续优化员工工作生活环境，不断提高员工工作生活质量。积极实施精准扶贫工作，开展夏送清凉、金秋助学等活动；建成屋顶分布式光伏项目，创造了很好的经济效益和社会效益；参与处置了"7·1"凉水井煤矿一氧化碳中毒事故、"7·31"赵家梁煤矿冒顶事故、"1·6"刘家峁煤矿及"4·19"板定梁塔煤矿水灾、"1·12"神木市李家沟煤矿冒顶等重大事故，受到陕西省人民政府通报表彰；帮助社会增加就业岗位，解决就业难题，展现了国企勇于承担的社会责任意识。

兴达投资集团有限公司董事长

华若中

华若中：男，1950年生人，江苏无锡人。是企业的创始人，现任兴达投资集团有限公司（下称"兴达"）董事长，无锡市工商联副主席。曾任亚洲EPS联盟会长、中国隔音绝热材料协会副会长、中国塑料加工工业协会副会长。是全国优秀乡镇企业家、中华慈善突出贡献人物、江苏省优秀民营企业家、中华人民共和国70年最受欢迎的苏商实业家、无锡改革开放30周年杰出企业家、、江苏省第十届人大代表、无锡市第12~16届人大代表。

踏着时代的节拍前行

华若中于1991年从熟悉了20余年的机械行业，带领数名职工毅然转型到新型的化工行业，由此开创了无锡兴达泡塑新材料股份有限公司创业之路。28年来，从一个当年名不见经传的小厂发展成了如今占地70多万平方米、总资产近50亿元的"中国EPS领军者"。他的故事，是中国乡镇企业发展史中的一个代表，展现了一代锡商的风采。

风雨兼程勇创业　实业报国敢担当

华若中1989年出任长期亏损的压力容器厂厂长，一年后扭亏为盈。他决定进一步转型升级生产前景广阔的EPS产品。

1991年10月，华若中带领7个人开始建厂。1992年1月8日，无锡县兴达泡塑材料厂正式挂牌，EPS产品开始试验性生产，3月2日正式投产，产品达到同类产品的质量要求，并顺利通过了省级鉴定。华若中及时派专人到各地推介产品，召开用户座谈会，引来各地源源不断的订单。5月，工厂把生产能力从3000吨扩大到5000吨；8月，又扩大到10000吨。当年销售收入3000万元，盈利220万元，做到当年办厂，当年投产，当年收益。但华若中又向新的目标攀登——争创一流，研发新品，提高品质，降本增效，扩大产能，重视科技人才的培育和引进。

匠心独具守始终　砥砺前行攀高峰

1993年，兴达自行研发阻燃型新产品，取得了国家专利，被评为江苏省高新技术产品。阻燃型EPS产品以适用于建筑材料必需的防火性能标准要求，应用在房屋墙体保温和非承重隔断的新型墙体方面，为开创节能新型建筑材料作了贡献，也拓宽了传统EPS的应用领域和市场。这一年，兴达EPS产量超万吨，产值超亿元，盈利超千万元。1994年兴达销售首次突破亿元大关，兴达泡塑材料厂被评为江苏省高新技术企业。1995年3月，年产能3万吨的新厂建成投产，年销售超2亿元，利税超双千万元，成为锡山市工业排头兵企业和明星企业。

1997年，兴达改革生产工艺，采用国际上最先进的"一步法"EPS生产工艺流程，产量、质量进一步提高；加快技术改造步伐，不断采用国内外先进的技术和装备，主要生产设备反应釜的容量达到80立方米；不断优化操作程序，提高自动化率，逐步向智能化迈进。

华若中深知科技才是企业发展的原动力，人才是企业之魂。28年来，兴达先后与科研单位、大专院校和国有大企业进行技术合作，重金引进、招聘和培养各层次科技人才60多名；创办了泡塑材料研究所和行业里唯一的省高分子聚合发泡材料工程技术研究中心、省企业院士工作站，在同行业中率先研发了行业领先、市场欢迎的难燃级、食品级和石墨级EPS产品。公司连续获得多项国家发明专利，"锡发"牌商标成为全国驰名商标。

2000年，兴达销售首次突破10亿元大关，在行业中确定了领先地位。华若中从2005年开始，在原料所在地、市场所在地布点建办生产基地。2005年在常州高新区投资建办年产能24万吨的江苏诚达石化有限公司，2007年收购了年产能15万吨的原外资同类产品企业常州明谛树脂有限公司，2007年在广东惠州大亚湾石化区建办年产36万吨的生产基地，2008年在新疆奎屯建办新疆兴达伟业泡塑新材料有限公司，2012年大庆锡达石油化工有限公司建成投产。2019年9月，投资10多亿元、年产能40万吨的生产基地又在河北沧州渤海新区正式落户。至此，兴达公司从太湖之畔逐步走向长三角、珠三角，走向东北、西北、华北、华南广大地区，在全国基本完成了生产基地的全方位布局。

2007年11月，兴达投资集团有限公司成立，华若中任董事长。集团公司注册资本3.16亿元，下辖11个子公司。2011年5月，总投资8亿元、占地24万平方米、年产能45万吨的新厂，在锡山区东港镇新材料产业园区建成投产。新厂全部采用国际先进生产设备，自动化程度高，安全性能

好。兴达总部搬迁到新址后，功能更加齐全，真正成为兴达集团公司的决策指挥中心、新品研发基地、产品出口基地、产能优化示范基地、技术人员培训基地和财务结算中心。

目前，华若中和他一手创办的兴达公司，已成为我国 EPS 行业的领军者。兴达产品不仅畅销国内的 4000 多家用户，而且远销美国、澳大利亚、俄罗斯等 60 多个国家和地区。中国也成为全球 EPS 最大规模的生产国和出口国。兴达已逐步发展成为现代化大型塑化企业集团、国家火炬计划重点高新技术企业，全年销售达 180 多亿元，位居国内国际前列，名列中国制造企业 500 强、中国民营企业 500 强、中国化工企业 100 强、中国建材企业 20 强。

崇德厚生书情怀　兼济天下报社会

华若中始终牢记自己的社会责任，作为省、市人大代表，他就水污染、土地利用、生态环境保护、计划生育等问题提出了多件议案。他善待员工，尊重员工，对员工提升学历层次和技能进行奖励，每年还专门出资，对残疾员工、家庭生活困难人员进行补助。他带领专家团队，专注研发生产当前国际上最高等级的节能低碳、绿色环保 EPS 功能型新材料；每建一次新厂装置设备就更新一次，安全、环保方面的投资不断加大。

2000 年以来，企业每年都会给锡山区中小学捐款捐物；设立华若中爱心助学基金、兴达教书育人奖等奖项；2007 年，他出资 200 万元设立了无锡首个特殊教育爱心基金——兴达特殊教育奖助基金，用来奖励从事特殊教育的老师和成绩优秀的智障学生。他还向无锡市慈善总会认捐 1000 万元设立"兴达爱心基金"，向锡山区慈善会认捐 2000 万元，并向子公司所在地慈善基金认捐 500 万元促进当地慈善事业等。在四川汶川、青海玉树等地发生地震灾害时，他及时伸出援手。2009 年被评为中华慈善突出贡献人物，2011 年被评为全国关爱员工优秀民营企业家。

上海航天控制技术研究所所长兼党委副书记

刘付成

  刘付成：男，1973年生人，山西朔州人，中共党员，博士，研究员，博士生导师，现任上海航天控制技术研究所（下称"控制所"）所长兼党委副书记，同时兼任中国惯性技术学会副理事长、中国指挥与控制学会常务理事、上海市惯性技术学会理事长、上海市红外与遥感学会理事长，并在中央军委装备发展部、国防科工局等多个全国性技术专业组中担任专家，是我国航天战线上"经营＋技术"复合型人才。先后荣获全国企业管理现代化创新成果二等奖4项，国防科技工业企业管理创新成果一等奖2项、二等奖4项，以国家技术发明奖为代表的国家级、省部级科学技术奖励10项。荣获全国优秀科技工作者、国防科技卓越青年，国家高技术研究发展计划先进个人、弘扬优秀企业家精神——诚信精神奖、上海质量管理优秀领导者、上海领军人才等称号。

转型发展创辉煌

1997年，刘付成从哈尔滨工业大学毕业后即投身我国航天事业。2009年7月，刘付成调任上海航天技术研究院，在此期间，他牵头完成上海航天"十大工程"之一的"技术创新工程"，建立起包含"技术体系＋组织体系＋管理体系"的具有航天特色的技术创新体系，深入推动了上海航天军民企业的技术创新工作。

系统实施改革　增强企业活力

任职控制所所长后，面对困境，刘付成自2014年起推动"自主经营制"改革，成立相关工作机构，运用SWOT战略决策分析框架，深入分析和对接国家军民融合发展战略和国企改革要求，筛选战略要素，做出了"产业化经营发展"的战略选择；结合研究所主营业务实际，明确了"型号产品研制中心、产业孵化中心、军民融合中心"的定位和建设"小产业集团"的战略目标；经深入研究论证，形成了"自主经营制"改革转型的实施方案。他重组调整组织机构，适度下放经营权，而将原有"职能制"组织体系转变为与产业化发展相匹配的"自主经营制"组织体系。

在此基础上，控制所从科研生产模式、经营模式、技术创新模式等三方面实施转型：扎实推动科研生产模式由围绕型号研制的产品定制向面向市场的产业化发展转型，逐步构建起适应产业发展的经营管理体系，推动经营模式由围绕任务完成向面向产业发展的市场化转型，推动技术创新模式由单纯面向技术发展向"用户需求＋技术发展"的双线并重转型。通过"自主经营制"改革，军民品产业化发展格局逐步成形，科研生产的效率和效益显著提升。

在经营单元层面，推行动态化、差异化授权机制，将授权幅度与各经营单元的经营能力挂钩，将授权范围与各经营单元的发展需求相结合；组织各经营单元全面优化研制、生产业务运行方式，形成"项目组主战、技术组主建、管理组支撑"的研制业务运行格局，同时将原有的制度体系裂变为"所级-部门级"两级制度体系，强化"自主管理能力"；在各经营单元内部组建"监控组"，对7个方面25项工作实施内部监控，提升"自控免疫能力"。

在所部层面，以项目研制流程为主线，建立起研发、生产、管理并举的三级流程体系，有效解决科研生产管理数据分散、信息资源共享难等问题；改变传统的行政指令性统筹调配模式，重构内部协调机制，将各经营单元的分散力量凝聚成合力，构建"服务式统筹协调能力"；准确识别自主经营模式下的业务关键点，实现各经营单元的业务在"前台"正常运转、所部在信息系统的"后台"监管，构建"穿透式监督管理能力"，更好地维护和发展内部自主经营的新生态。

通过实施面向自主经营单元的"赋能式"管控，所部与各业务单元之间从传统的"命令—执行"关系转变为"放权赋能—自主经营"关系，管控重点从"基于不信任的消极地去抓落实"转向"基于共情式理解的积极地去促成长"。

刘付成也十分注重各项管理机制的优化，组织完成国军标GJB 9001C体系换版、GJB 5000A三级审查认证等工作。同时，持续完善产品保证工作体系，扎实推动质量管理从"精细"到"精益"再到"卓越"的转型升级。围绕用户需求，优化所内能力建设总体布局，落实资源分步推动"智慧研究所"建设。针对军民品市场特点健全研究所的售后服务工作体系，显著提升售后服务质量，用户对售后服务工作的满意度达100%。在研究院内建立了任职资格体系，依托分层分级评定，完成全员资格认证并每年滚动评聘，现已建成一支以国家级、省部级专家和特级技师为首的高层次、多专业的航天人才队伍。

企业经营　成绩突出

控制所近年来改革转型成效明显，实现了快速发展：科研生产能力大

幅提升，经济规模5年翻一番，发展质量持续提升，扎实践行了"强军富国"使命，打开了蓬勃向上的发展新局面。

军民品产业化发展格局逐步成形。战术武器便携弹、飞控产品、导引头和制导舱的批生产能力大幅提升；宇航控制系统、惯性导航产品、执行机构等呈系列化研制、批量化生产的发展态势。2014—2019年，控制所的科研生产任务量大幅增长，均已圆满完成，并获"长征五号"等多个国家级重大航天工程表彰；控股的上海新跃联汇电子科技有限公司的汽车传感器年产量超1400万套，国内市场占有率达三成，并进入意大利、丹麦、美国等海外市场，企业入选"中国汽车传感器生产10强企业"。

2019年，控制所总资产达77.09亿元，较2014年的37.85亿元增长了103.68%；营业收入36.02亿元，较2014年的18.72亿元增长了92.43%；利润总额9.66亿元，较2014年的2.96亿元增长了226.27%。与此同时，近年来人员总量基本持平，表明人员效能不断攀升。

履行企业责任　　全心回馈社会

刘付成高度重视企业社会责任，坚持守法经营和诚信经营，单位及法人各项信用记录良好，无不良信贷记录。纳税信用等级达到A类，单位资信等级A+。控制所先后获得中央企业先进集体、全国优秀诚信企业案例、上海市五一劳动奖状等荣誉。制定了《安全生产和职业卫生管理规定》《生产安全事故应急预案》《职业健康安全管理手册》等文件，顺利通过了安全生产标准化一级达标、职业健康安全管理体系认证。

控制所坚持走低碳发展之路，成立节能减排环保工作机构，落实责任并大力开展宣传教育；年度节能减排目标均全面完成，荣获上海市节水型企业。制定《环境保护管理办法》，确保污染物达标排放；对工业废弃物委托具有相应资质的机构定期清运处置，确保处置过程依法合规。

控制所抓好抓实社会志愿服务。员工在上海市志愿者网注册率达44.7%，其中党员注册率为94.1%；已形成固定的社会捐助计划，长期开展岳西扶贫帮困、爱心义卖等公益活动。

科大讯飞股份有限公司董事长、总裁

刘庆峰

刘庆峰：男，1973年2月生人，安徽泾县人，博士学历，科大讯飞股份有限公司（下称"科大讯飞"）创始人，中国科学技术大学兼职教授、博导，十届、十一届、十二届、十三届全国人大代表，中国科学院人工智能产学研创新联盟联合理事长、语音及语言信息处理国家工程实验室主任，全国大学生创新创业联盟首任理事长，中国语音产业联盟理事长，全国青联常委。现任科大讯飞董事长、总裁，同时担任广东讯飞启明科技发展有限公司执行董事、上海讯飞瑞元信息技术有限公司董事长、北京外研讯飞教育科技有限公司董事长、安徽省科普产品工程研究中心有限责任公司董事长兼总经理、安徽卓越信息产业投资管理有限公司执行董事兼总经理、安徽信息工程学院董事长、苏州科大讯飞职业培训学校董事长兼总经理、苏州工业园区科大讯飞教育培训中心董事长兼总经理。

中文语音　响彻天地

在刘庆峰的带领下,科大讯飞的优秀产品和解决方案已推动语音技术走入社会生活的方方面面,占领了中文语音主流应用市场 80.0% 的市场份额,并被原信息产业部确定为中文语音交互技术标准工作组组长单位,牵头制定中文语音技术标准,民族语音产业终于在激烈的国际 IT 巨头竞争压力下重新占据了主导地位。

经营管理见真功

科大讯飞是我国以语音技术为产业化方向的国家 863 计划成果产业化基地,现已推出覆盖多个行业的智能产品及服务,占有中文语音技术市场 70.0% 以上的市场份额。

科大讯飞的使命是让机器能听会说,能理解会思考;用人工智能建设美好世界。经过多年发展和培育,积累了语音及人工智能产业最优秀的专业技术人才与复合型高端人才。对于高峰、高端和中级人才以内部培养、社会招聘和柔性引才相结合。同时,科大讯飞还为员工提供丰富的员工福利计划,引导优秀员工与科大讯飞长期共同成长,分享科大讯飞经营价值和成果。

科大讯飞在历次国内外语音合成评测中,各项关键指标多次排名第一。到 2008 年后,科大讯飞连续在国际说话人、语种识别评测大赛中名列前茅;两次荣获国家科技进步奖及中国信息产业自主创新荣誉信息产业重大技术发明奖,近 3 年主持和参与制定的国家标准 9 项,国际标准 1 项,行业标准 2 项,累计获得国内外有效专利 1000 余件。2019 年 2 月,在国际语义评测数学问答竞赛任务 MQA(Math Question Answering)中,科大讯飞团队夺得总分第一以及代数题、应用题、几何题三个子项目的全部冠军。2019年3月，哈工大讯飞联合实验室（HFL）与河北省讯飞人工智能研究院联合团队在斯坦福大学发起的国际权威机器阅读理解评测SQuAD（Stanford Question Answering Dataset）2.0挑战赛中登上榜单第一，在全部两项指标上均超过了人类平均水平，一举创下比赛纪录。2019年8月，在国际语音合成大赛Blizzard Challenge2019中，科大讯飞与中科大语音及语言信息处理国家工程实验室联合提交的系统再度摘下自然度、相似度两项关键指标第一，这也是科大讯飞在该比赛中的14连冠。

企业发展显成效

2010年，科大讯飞在业界发布以智能语音和人机交互为核心的人工智能开放平台——讯飞开放平台，为开发者提供一站式人工智能解决方案。讯飞翻译机、智能录音笔等取得六大品类销量冠军。讯飞输入法集语音、手写、拼音等多种输入方式于一体，多种语言翻译功能，独家支持23种方言语音输入。讯飞输入法荣获App Store应用总榜第一。

科大讯飞构建了覆盖"教学考评管"全场景的智慧教育产品体系，已在全国31个省级行政单位35000多所学校中应用；先后推出了智能汽车语音助理、智能车载系统、智能车机等产品，覆盖90.0%以上的中国主流自主品牌和合资品牌车厂；讯飞智慧城市依托公司先进的人工智能、大数据和信息安全技术，形成了新型智慧城市建设和城市空间治理的整体解决方案；讯飞智慧医疗院已覆盖全国210余家三级医院，智医助理覆盖55个区县，1224个乡镇卫生院/社区卫生服务中心，人工智能辅助诊疗平台：已完成安徽省、广州南沙人工智能辅助诊疗平台的建设。讯飞智慧服务截至2019年10月，共建设近千个智能客服项目，涵盖20余个行业。

在金融领域，科大讯飞与中国建设银行、中国农业银行、交通银行、民生银行等签署战略合作协议，与浦发银行共建联合创新实验室，与中国人保、太平洋保险等紧密合作，全方位助力智慧金融建设；持续强化与中国移动、中国电信、中国联通三大运营商的合作伙伴关系。

2018年实现营业总收入超过79亿元，较上年同期增长45.41%；2019

上半年实现营业收入 42.28 亿元，同比增长 31.72%；实现毛利 21.33 亿元，同比增长 33.11%。

科大讯飞依托在香港设立的全资子公司科大讯飞（国际）有限公司作为"走出去与引进来"的平台。通过在重点海外国别拓展合格硬件产品代理商、解决方案类集成商以及本地分子公司与合资公司形式利用全球资源开展国际竞争。以中国大市场需求与讯飞的核心能力为导向，引进海外优质的资本与互补的技术与解决方案，通过业务合作＋股权投资的形式开展国际合作。

社会责任勇担当

科大讯飞不断完善法人治理结构，努力建立现代企业制度；高度重视投资者收益，坚持权益分派与价值管理。科大讯飞以高度的责任感致力于与供应商、客户、消费者共同建立"长期、稳定、共赢"的产业链与合作关系，在自身为客户、消费者提供优质的技术产品与服务，为社会、客户创造更大价值的同时，与供应商、客户携手并肩，相互监督、促进、持续改进，推动产业链整体受益和提升。

2018 年科大讯飞与安徽省扶贫办启动的基于人工智能大数据精准扶贫的平台项目，建立统一高效的安徽省脱贫攻坚大数据管理平台，通过科技和数据让有限的扶贫资源用在关键之处。科大讯飞积极参加由安徽省工商联、省扶贫办、省光彩会、省农行共同组织开展的"千企帮千村"精准扶贫行动，积极参与、帮扶贫困村加快脱贫进程。

科大讯飞坚持践行和积极倡导发展阳光、健康、高附加值、绿色环保的高新技术产业。注重人工智能技术及以软件为主导的产品应用开发，同时，还在基础建设、日常生产生活、园区环境建设、资源节约等方面多管齐下，践行环境保护与可持续发展理念。

陕西金融控股集团有限公司党委书记、董事长

刘红旗

  刘红旗：男，1963年6月生人，山东菏泽人，中共党员，本科学历，高级经济师。1981年参加工作，历任中国建设银行陕西省分行筹资处、信贷管理处、信贷经营处副处长，西安市小寨支行副行长、西安高新技术开发区支行行长，建行陕西省分行行长助理、副行长、党委委员，长安银行党委副书记、行长。现任陕西金融控股集团有限公司（下称"金控集团"）党委书记、董事长。

  先后获全国金融五一劳动奖章、陕西省金融业杰出战略投资家、"中国区域投资营商环境榜"中国服务区域发展杰出贡献人物奖、第七届陕西省优秀企业家等荣誉。

金融系统一面旗

刘红旗任金控集团主要负责人以来，坚持把党的建设摆在首位，围绕服务社会经济发展大局，以价值创造为主线，全面提高企业治理能力，努力打造现代一流金融企业。2019年，金控集团各项经营指标完成情况均取得历史最好成绩。其中，新增投资额80.67亿元，超过前4年投资总和；担保总量92.34亿元，同比增长81.77%；实现营业收入5.65亿元，同比增长45.0%；实现利润2.60亿元，同比增长39.07%。

党建引领　改革创新　加快建设现代化金融企业

刘红旗以全面加强党的建设为引领，不断推动企业深化改革、提高经营管理水平。把党的领导写入集团与子公司企业章程中，将党建工作尤其是"三重一大"规定落实落地。坚持把党委会研究讨论作为董事会、经理层决策重大问题的前置程序，确保党委统领企业改革和高质量发展全过程。深入推进"两学一做"学习教育常态化、制度化，扎实开展"不忘初心、牢记使命"主题教育活动，认真组织开好民主生活会，把思想政治工作作为企业党组织一项经常性、基础性工作来抓。

认真贯彻《中国共产党廉洁自律准则》《中国共产党纪律处分条例》，将反腐倡廉作为中心组理论学习的重要内容，制定年度《集团党委及班子成员党风廉政建设主体责任清单》，集中开展"纪律教育宣传月"活动。以整治"四风"为抓手，将从严管党治党落到实处。保证党对干部人事工作的领导权和重要干部的管理权。一是高度重视人才培养，二是认真落实三项机制，三是深化人才机制改革。

刘红旗以市场为核心开展战略管理，先后两次调整优化总部架构设置，强化董事会在企业运营中的决策中心地位。定期召开职工代表大会，保障员工权益。拓宽人才引进渠道，近两年组织公开市场化招聘4次，为集团业务推进与人才梯队建设打好基础。对系统中层干部开展了大规模的轮岗交流，建设完成优秀年轻人才库并实施动态管理。与此同时，集团员工队伍结构通过多项措施得以优化，队伍专业素质明显提升。

调整优化各项业务流程，缩短决策链条，确保优质项目快速落地。持续推进集团总部"去行政化"。搭建资金归集系统，初步建立业务协同管理组织体系，组织集团与优质客户开展多次综合业务营销，有效推进多项重大合作业务实施。

建立与市场化选聘相匹配的薪酬体系，建立公平、公正、公开的薪级岗级机制；探索与所属企业所处产业板块特点、企业规模与经营管理情况相适应的分类考核、分类管理体系，多维度评价企业经营管理能力，积极推进职业经理人制度，全力激发所属企业管理层经营活力。

坚持价值创造　为服务地方经济做出积极贡献

金控集团充分发挥地方金融对资源配置的导向作用，近两年累计新增投资120亿元，充分展示了金控担当、力量和形象。

联合中国农业银行下属农银金融资产投资公司，设立10亿元的陕西农盈金控股权投资基金；推动设立陕西省高端装备制造及汽车产业发展基金，落实出资55亿元。搭建省内唯一的亚洲开发银行转贷平台，受托运营管理1.5亿美元国家主权信用贷款，累计为沣东、沣西等产业园区投放贷款5.96亿元人民币，该项目已成为国内国家主权信用贷款实施效果最好的项目之一；成功设立科技创新专板，引导科技型企业挂牌融资。

牵头发起设立并管理的民营经济高质量发展纾困基金，成功纾困上市公司通源石油1.7亿元；与榆林市和神木市发起设立总规模3.29亿元榆林民营经济发展基金，已实缴资金1.79亿元。同时，针对高新控股、西北医疗设备分厂等单体企业流动性困难或纠纷，累计直接投放纾困资金3笔共计11.2亿元，完成彩虹集团7亿元债转股，切实助力企业渡难关。

完成担保板块的整合，不断扩大小微企业融资担保覆盖面，近两年累计新增担保业务突破 140 亿元，创新业务贡献比例超过 78.0%。创新开发了"商户贷""应收账款定制贷款担保"等新产品，实现省内首例"投保联动"项目落地，商票质押担保和二手房阶段性担保两项业务继续位列全省第一，小微企业综合融资成本明显下降。此外还累计向 64 户三农、小微企业提供直接资金支持 7.7 亿元。集团旗下的中小担保公司已经成为陕西省规模最大、颇具影响力的担保企业。

着力扩大授信合作银行机构覆盖面，获得省内 23 家银行授信，覆盖率 62%，还通过内保外债方式引入低成本外资 3325 万欧元。加快拓展公开市场直接融资，连续两年获得主体信用等级 AAA 级评级，近两年先后发行企业债、公司债、超短期融资券，募集资金共计 47 亿元。

抓好定点扶贫，选派干部深入 3 个对口扶贫点开展驻村扶贫。与铜川市政府设立了产业扶贫合作发展基金，总规模 24 亿，预计带动近 3000 多户贫困户实现脱贫，提前完成脱贫任务，被评为扶贫优秀企业。依托陕西省扶贫产业投资基金，打好"产业扶贫+消费扶贫""基金投资+对口帮扶"的组合拳，带动投资 21.43 亿元和 9481 个贫困户实现脱贫。

始终坚持底线思维　防范化解风险取得新进展

刘红旗始终将防范化解金融风险特别是防范系统性金融风险作为根本性任务和底线要求。2018 年 4 月到任金控集团后，组织开展业务管理制度和流程专项检查，对集团存在的主要风险全面扫描。一手抓制度体系的完善与建设，印发全面风险管理指引、所属企业授权、重大信息报告等风险和法律管理制度，向各子公司派驻了风险总监，初步搭建了"三纵两横"的风控体系；另一手抓四大重大风险的化解，特别是在处理历史遗留问题方面，取得了较为明显的成效。与此同时，对金控租赁、联合商品、北斗金控的风险敞口压缩分别推进，对二级公司三级公司部署了压减"瘦身"计划，有关部门、公司共同发力，措施得当，已取得实质性进展。

在他的带领下，金控集团及所属企业先后被省级部门、行业协会授予 2019 年度国外贷款管理工作先进单位、企业信用评级 AAA 级信用企业、最佳风险投资机构奖、2018 年度创新管理示范单位等众多荣誉。

成都彩虹电器（集团）股份有限公司董事长

刘荣富

刘荣富：男，1949年10月生人，四川成都人，中共党员，高级经济师。1971—1983年在成都市钻床附件厂（成都彩虹集团前身）任检验员、厂质量总检、车间主任、生产副厂长、技术副厂长、经营副厂长等职；1983年工厂列为成都市首批经营承包责任制改革试点企业，职工民主选举，连选连任厂长职务至1993年；1993年以成都电热器厂为主体发起创立成都彩虹电器（集团）股份有限公司（下称"成都彩虹集团"），任董事长、总经理。现为成都市第十三次党代会代表、中国轻工业联合会特邀副会长、中国家用电器协会常务理事、中国日用杂品工业协会副理事长。

刘荣富热爱党，积极参加党的改革开放事业。在职工的支持下，他挺身而出，走上了工厂改革发展的舞台。37年来，他在企业管理体制、经营体制、经济体制等方面进行了一系列改革，将一个资产负值的集体企业发展壮大为总资产13.22亿元，净资产7.4亿元的我国轻工小家电龙头骨干企业，成都彩虹集团成为我国轻工集体企业通过坚持改革实现稳定发展的典范。

科学管理　创新发展

党的十一届三中全会开启了中国改革开放的新进程。1983 年，在市二轻局领导下，工厂试行经营承包责任制，民主选举厂长。时年 34 岁的刘荣富民主当选为厂长，被推到企业改革的风口浪尖，担当起企业起死回生的重任。

在工厂党支部的坚强支持下，刘荣富率领承包班子，打破大锅饭，分车间单独核算，除本计酬，利润分成。在生产上坚持多劳多得，按劳分配，在销售上联销计酬，下不保底，上不封顶。同时，面对市场审时度势，果断调整产品结构，停止了角梳、钻夹头等设备市场前景差和缺乏技术支撑的产品生产，集中有限的资源，全力开发和生产投资少、市场潜力大的电热毯、电熨斗等小家电产品。在全体员工的共同努力下，企业第二个月即停止了亏损。全年产值由 1982 年的 40 多万元增长到 1984 年的 140 万元，甩掉了亏损企业的帽子。到 1985 年，实现年产值 960 万元，利润 100 多万元，开创了企业发展的新局面。

广纳贤才　加快发展

刘荣富海纳百川，大力招聘引进人才。工厂实行一厂两制，广招包括全民所有制人才进入企业，增强企业管理和产品开发的能力，努力开发夏季产品。1986 年，在引进技术人员的帮助下，企业与日本住友合作，生产出新一代灭蚊产品——电热蚊香片，引起市场轰动，产品供不应求。从此，公司形成了冬夏两季产品互相支撑的合理组合，奠定了成都彩虹集团今天两大主导产品的发展基础。1989 年，在兼并锦江陶瓷厂，并进行厂房和技术改造后，公司搬迁至九眼桥新厂区，扩大了生产规模。1992 年，工厂产销上亿元，利润上千万元。1989年11月，四川日报头版头条刊登了"彩虹之路——成都电热器厂纪实"的大型通讯报道。

1990年企业探索进入刚刚开始的资本市场，努力加快企业的发展。1993年12月，在刘荣富的主持下，成都电热器厂联合成都百货站等九家商业企业，共同发起创立了成都彩虹电器（集团）股份有限公司，定向募集近2000万元的资金，开展实施现代化企业管理制度，并利用募集的资金引进松下技术、韩国设备生产电热毯双层螺旋线，在全国生产出第一条全线路安全保护电热毯，使"彩虹"牌电热毯率先达到国际标准，奠定了"彩虹"牌电热毯在全国技术领先的地位，促进了公司快速发展，同时和日本住友商事、日本阿氏公司合资成立中外合资泉源卫生杀虫用品公司，努力吸收日本企业的技术和管理。刘荣富还未雨绸缪，在湖北省武穴市兼并一家棉纺厂，就地生产电热毯，努力扩大成都彩虹集团产品在华东和中南地区的销售。

持续创新　再创佳绩

2004年，成都彩虹集团借助成都市"东调"政策支持，加大技改力度，狠抓质量管理和技术创新，大力实施名牌战略，扩大了生产经营规模。2006年10月，公司顺利实施"腾笼换鸟"，从城区九眼桥整体搬迁到三环路外的武侯新城，厂区面积从20亩（1亩≈666.67平方米）扩大到100亩，日产电热毯从1万床增长到5万床，实现了成都彩虹集团的全面升级和再次腾飞。

2013—2018年连续6年暖冬，在全国取暖器具行业销售额大幅度下滑的情况下，面对产能过剩的压力，刘荣富率领公司领导班子坚持转型升级和创新驱动的发展战略，大力实施质量升级和产品开发，持续推进卓越绩效管理，先后推出了户外灭蚊产品和负离子、除螨等保健型电热毯，保持了企业销售额的稳定增长，进一步提升了产品在全行业的市场占有率。2018年，在激烈的市场竞争中，刘荣富高瞻远瞩，既集思广益谋划公司的资本运作和发展大局，又精心组织推进生产经营中的重点工作和重点项目，全年实现产值11.2亿元，销售10.7亿元，利税2.68亿元，创造了历

史最好水平，为公司的高质量发展奠定了坚实的基础。

刘荣富坚持以质量求生存，以品种求发展的经营方针，坚定不移推行全国质量管理和卓越绩效管理模式。他坚持产品创新，先后开发了冬季以电热毯为主，夏季以电热蚊香片为主导的冬、夏两季产品，并不断丰富和延长产品线及产品附加值。他坚持加强质量管理，从设备、技术、原材料、工艺等方面推进质量品牌建设，实现了公司的高质量发展。

成都彩虹集团先后荣获全国五一劳动奖状、全国质量管理先进企业、全国模范劳动关系和谐企业等称号。刘荣富率领成都彩虹集团员工艰苦创业、拼搏奋斗，使企业起死回生的实践和经验，得到了党和政府的充分肯定。

关爱员工　回报社会

刘荣富坚持"以人为本""员工和企业共创和谐企业，共谋企业发展，共享发展成果"的办厂宗旨。长期关注职工的生活和发展，创造条件让职工参与企业的发展。成都彩虹集团先后购买和修建了600多套住房，解决了原成都钻床附件厂职工的住房问题，为新进厂的职工在住房、医疗、薪酬、发展等方面提供优惠条件。

刘荣富具有强烈的社会责任感，在企业发展过程中，长期坚持回报社会。他深知残疾人就业的困难，在龙泉驿西河工业园建立了福利企业——彩虹集团科技环保公司，解决了100多名残疾人的就业问题。2008年以来，刘荣富带领公司和员工向汶川地震灾区、芦山地震灾区和青海玉树灾区捐款捐物达340万元。先后通过青少年基金会向贫困学生捐资助学120余万元。设立四川音乐学院彩虹奖学金，10年每年10万元。设立员工金秋助学基金，资助考上大学的困难员工子女。还通过"慈善一日捐"向社会捐款500多万元。企业被评为全国助残先进集体，当选为成都市慈善总会副会长单位。

山东罗欣药业集团股份有限公司
党委书记、董事长

刘保起

  刘保起：男，1961年11月生人，山东临沂人，中共党员，大学学历，毕业于中共山东党校经济管理专业。现任山东罗欣药业集团股份有限公司（下称"罗欣药业"）党委书记、董事长。先后担任山东省十八届、十九届人大代表，临沂市第十五届政协常委委员，临沂市第十六届、十七届、十八届人大代表，罗庄区第十六届、十七届、十八届、十九届人大常委会委员。

  1995年，在"以商养工，以工促商，工商共进"的战略思路下，以实现科工商一体化为目标的山东罗欣制药厂正式成立。2001年，刘保起对罗欣制药厂完成股份制改革，正式成立了由沈阳药科大学、临沂市人民医院等11家发起人发起设立罗欣集团。2005年12月，罗欣集团在香港H股成功上市，使得其在科研水平、产品市场和营销渠道等方面进入良性循环。从2006年开始罗欣集团连续进入中国制药工业百强企业和中国十大最具成长力药企，并被列为国家重点高新技术企业，被工业和信息化部评为首届中国医药研发产品线最佳工业企业。先后被认定为国家综合性新药研发技术大平台（山东）产业化示范企业、中国企业教育先进单位百强企业、中国化学制药行业百强企业、中国专利山东明星企业。

深研科技创新　　引领行业发展

作为一名企业管理者，刘保起深知创新和人才在企业发展中起到的带动和推进作用。为加快科技创新的实施和人才的引进，刘保起积极推动了企业和全国各大院校、科研机构的合作，并在上海张江高科园内设立了科研中心，由国内外高端科技人才组建的科研团队，借助张江高科园内各项优势资源，承担集团高科技项目的研发和高科技人才的培养，和总部形成了三位一体的科研体系，更加强势地推动新药的开发。

战略指引方向　　创新促进发展

面对医药行业政策及产品开发方面的诸多困难，刘保起审时度势，及时提出了"26637132"的企业发展战略，同时逐年加大了科技投入，每年提取销售收入的7.0%以上作为科研经费。罗欣集团始终坚持"科技兴企"的战略方针，实施"展望长远、兼顾当前、创仿同步"的产品研发战略。在刘保起的带领下，多个产品市场占有率居全国第1位，累计实现销售收入100多亿元，为企业创造了巨大的经济效益。同时由于多个产品可以替代进口，大大降低了广大患者的医疗费用，具有极大的社会效益。

罗欣药业认真贯彻《卓越绩效评价准则》国家标准，在刘保起的带领下积极推广先进的质量管理方法，质量效益突出。公司所建立的"以六西格玛管理模式为核心的现代企业管理体系"获得山东省人民政府颁发的山东省企业管理奖，抽检合格率达到100%。在全面质量管理的基础上，认真分析国内外质量环境的情况，主动以国际最高标准要求自身药品质量，从管理流程（P）、生产环境（E）、技术（T）和人员素质（H）等方面对接国际最高标准，形成罗欣药业 PETH 国际质量对标管理模式，该管理模式经验获得全国"质量标杆"，获得山东省省长质量奖荣誉称号。

刘保起制订了各类资产管理制度，规范健全资产台账，做到资产变动使用部门有申请、管理部门有审核、分管领导有审批，从而有效地规范了资产的管理流程，保障公司财产的安全。他还完善了人才激励机制，保证不断增长的研发投入，加强产学研合作的同时，建立一支体系完善、体制健全、资源丰富的创新性药物研究团队，创建以企业技术中心为主体、良好整合国内外研究资源进行创新的研究体系。罗欣药业在实施"科技兴企"战略的过程中，坚持建平台、组队伍、求发展的方针，在刘保起的带领下，搭建了罗欣生物科技（上海）有限公司、罗欣药物研究院、恒欣技术中心三位一体的科技创新体系，组建了一支由院士、博士、专家学者为主体的科技队伍，并引进大量具有现代理念的留学归国科研人员加盟，初步形成了具有创新能力的研发系统。

传递健康　攻克难关

在刘保起的带领下，罗欣药业建设了罗欣、裕欣、恒欣、成都、乐康、若尧六大生产基地，自 2006 年开始连续进入中国制药工业百强企业，罗欣品牌正式走出国门。罗欣未来的发展规划，将以大健康产业为主线，培植壮大"化学制药、特医食品、医药物流、现代中药、康养基地"五大板块。以"传递健康"为使命，以科技创新为手段，努力打造千亿元目标企业。

刘保起带领团队攻克了规划、建设、认证、生产等一系列困难，凭借高质量的产品和高效率的销售队伍，原料和制剂品种销往国内外，使销售规模逐年增加。其中，原料在国内分华北、华东、华西、华南四大片区进行销售，在海外销往日本、韩国、俄罗斯、越南、巴基斯坦、印度、孟加拉国、印度尼西亚等国际市场。制剂销售分招商线、三端线、普药线、医院终端线、OTC 线及 5 个终端覆盖，并拥有强大的物流体系，市场份额逐年增加让罗欣药业得以在行业迅速崛起。

履行企业社会责任　带领罗欣再创辉煌

刘保起带领罗欣药业追求企业发展的同时，自觉承担社会责任，热心于慈善和社会公益事业，积极参与扶贫济困、安老救孤、赈灾助医、兴善助学等活动，并在公司内部积极创造互助扶弱的氛围，为弱势群体排忧解难。他用实际行动传播文明，弘扬中华民族崇慈向善、扶危济困的传统美德，积极向社会捐款捐物，践行"回报社会"的价值观。刘保起先后带领罗欣药业向中国红十字会、陕西红十字会、临沂市慈善总会、临沂市见义勇为基金会、爱尔启聪协会等慈善机构积极捐款捐物，同时向汶川地震灾区、江苏阜宁龙卷风灾区捐款捐物，累计金额已达4000余万元。另外罗欣集团还以科技创新成果回报社会，研发的高疗效、高科技产品，为广大患者提供了安全、高效、价低的治疗药品。

刘保起及罗欣药业的这些善举得到了各级党委政府的充分肯定，得到了社会各界和广大人民群众的认可和赞誉。2009年荣获支援四川抗震救灾突出贡献特等奖；2010年获得中国听力医学发展基金会爱心单位称号；多次荣获山东省公益助残贡献奖、山东省民营企业公益之星、爱心企业等称号；2017年荣获中国企业慈善公益500强，被授予临沂市慈善助老模范集体。刘保起被授予临沂市十大杰出慈善家。

刘保起始终将员工放在心中，积极为员工创造良好的学习平台和机会，创办了罗欣学院，与中国药科大学、沈阳药科大学、山东大学联合办学，员工在企业就有了接受大学教育培训的机会。同时对所有工作场所和生活环境多次进行升级改造，建立了罗欣之家（居住小区）、员工宿舍及各类娱乐场所、体育馆、休闲场所等。为员工提供了稳定、舒适、温馨的居住和娱乐环境。

刘保起作为一名退伍军人，凭借着在部队锻炼出来的不畏艰难，永不服输的精神，带领着罗欣药业健康快速地发展，为中国医药行业的发展做出突出贡献。同时作为罗欣药业的带头人，将时刻怀揣危机意识和远见卓识，凝心聚力，带领罗欣人再创新的辉煌。

国家能源集团新疆能源有限责任公司
（国电新疆电力有限公司）党委书记、董事长

刘晋冀

刘晋冀：男，1955年生人，山西阳泉人，中共党员，本科学历，高级工程师。1988年8月参加工作，先后在华能精煤公司东胜分公司扩建处、动力处、补连塔煤矿工作，任科员、副主任科员、主任科员；在神府东胜煤炭有限责任公司动力部、设备管理中心任副经理、主任；在中国神华神东煤炭分公司大柳塔煤矿任党委书记、矿长；在中国神华神东煤炭分公司任总经理助理兼任大柳塔煤矿党委书记、矿长；在神华宁夏煤业集团有限责任公司任董事、总经理；在神华新疆能源有限责任公司任党委委员、董事、总经理等。现任国家能源集团新疆能源有限责任公司（国电新疆电力有限公司）党委书记、董事长。

全力推动发展　建设美丽新疆

刘晋冀认真贯彻落实新发展理念，深入研究新疆封闭的区域化市场发展规律，坚持稳中求进工作总基调，以正确的战略引领企业发展方向，以灵活的策略有效应对市场变化，以质量和效益提升谋求高质量发展，企业在新疆煤炭市场占有率突破23.0%，成为新疆最大的煤炭经销商，公司经营利润由2017年的5212万元跃升至2019年的2.61亿元。

探索机构管理前沿模式　生产经营质量明显提升

刘晋冀创新性推出机关"部门+指数机构+专业化部门"的管理模式，瞄准以制度建设提升公司治理效能的战略目标，形成纲领性、原则性、操作性"三大门类"制度体系，现代企业管理制度初具雏形。实行机关部门互相打分、机关与基层双向打分，改变了以往机关对基层的单项考核模式，公司管理更加务实有效。

经过努力，井工煤矿、露天煤矿的产能配比由2017年的"三七开"优化为2019年的"一九开"，产业由传统的"煤炭"单一结构拓展为更加经济合理的"煤炭+铁路"两大板块，竞争由煤炭销售"以量补价"向产运销"一条龙"转型升级。布局稀缺性通道资源。以控股、参股、自建等形式，拥有铁路资源400.7公里，发展输煤廊道，以"点对点"的销售模式，强化区域竞争能力，铁路、廊道的绿色运输、清洁运输和稳定运输，对企业发展和自治区生态保护、"公转铁"政策、道路维护等做出了重要贡献。完善市场营销体系，建立煤炭销售订货、定量、定价和市场"四个"机制，市场应对更加精准有力，产品价值更加经济合理，发挥了央企维护市场经营秩序的作用。探索煤炭清洁利用途径，管控洗选环节提质增效。

大力推行动力煤重介质洗选工艺，在实现煤泥厂内回收，洗水闭路循环的同时，实现选煤厂运行技术指标达到清洁生产一级标准，煤炭智能化洗选引领了国家"第十四个"特大型煤炭基地、国家"三基地一通道"战略中煤炭提质增效的发展方向。

公司2016年开始实现盈亏持平，2017—2019年每年利润大幅增长。2017年盈利5212万元、2018年16025万元、2019年26185万元，较上年利润增加分别为4784万元、10813万元、10160万元。2017年上交国家税费8.05亿元，2018年10.5亿元，2019年10.8亿元。2017年销量3748万吨、2018年4171万吨、2019年4538万吨，较上年增加分别为887万吨、423万吨、367万吨。近3年市场占有率均在23.0%以上，居自治区首位。煤电运一体化产业链日益完善，2017年及2018年公司资产总额突破140亿元，2019年年底，和国电新疆电力有限公司整合后，资产总额达到436亿元，企业实力快速增强。

强化党的建设　积极转变作风

刘晋冀树立"四个意识"，坚定"四个自信"，践行"两个维护"，把党组织研究作为"三重一大"决策的前置程序，使党委"把方向、管大局、保落实"的领导核心作用进一步发挥；制定了《关于加强领导班子建设实施细则》，每年全覆盖督导基层单位专题民主生活会，建立1103名监察对象名单库，警示教育覆盖科级以上干部。推进党建工作与生产经营同部署、共发展，创新推行党建联合检查、综合性党建考核排名等多项制度，构建"大党建"工作格局，公司党建信息化综合考评近几年在国家能源集团排名中一直位居前列。1个党支部荣获自治区先进基层党组织称号，9家党委、党支部荣获国家能源集团先进基层党组织称号。

刘晋冀时刻保持忠诚干净担当的政治品格，严格贯彻落实集团警示教育大会精神，不折不扣地落实党规党纪的各项规定，坚持"四个必须"，落实"八条规范"，主动接受干部、员工的监督，不断提高本人在党的规定、要求框架内谋事干事的能力，为全公司当好表率、做出示范。公司未发生因自身违法违规引发的重大法律纠纷。

按照集团党组的决策部署,2019年11月28日原神华新疆能源公司和原国电新疆公司实施管理整合。在新公司党委的坚强领导下,公司成立了整合工作领导小组,明确了整合工作的思路、原则和方法步骤、时间节点,于2020年1月16日宣布了机关各职能部门负责人的任命,在较短的时间内,完成机关集中办公,为国家能源集团区域融合发展做出了示范,贡献了新疆方案。

坚持科学发展　增强责任担当

通过科学有效的管控,安全实现长周期发展。公司连续7年获得自治区安全生产目标管理先进单位。煤炭相关子分公司位列集团煤炭板块第3名。4家单位安全周期达12周年以上。2017—2019年,公司获得国家能源集团集体本安企业建设二级公司。成立了新疆首家冲击地压防治技术中心,承担国家重点研发课题、参与国家标准起草,制定《冲击地压防治技术管理标准》和《急倾斜特厚煤层冲击危险性评价标准》,填补了国内空白。公司所属井工煤矿未发生一起由冲击地压导致的人身伤害事故,杜绝了水害、自然发火、瓦斯超限、冲击地压等事故。

公司加大环境保护投入力度,较好地完成集团下达的各项节能环保考核指标,燃煤锅炉治理率达100%,生活污水和工业用水实现"零"排放,露天堆煤、粉尘无组织排放等环保隐患得到有效整改。加强全国性重大课题戈壁荒漠化矿区绿化协同攻关力度,乌东煤矿和准东、红沙泉、黑山露天煤矿等4个矿井被列入国家绿色矿山名录。2017—2019年未发现新增尘肺病病例。

"访惠聚"活动和脱贫攻坚不断取得新成效。以"扶智"为着力点,通过因地制宜打造产业亮点、发展特色种植、农产品加工等项目,带动村民脱贫致富。公司2017—2019年连续3年被评为自治区级"访惠聚"驻村工作优秀组织单位,5个工作队分别被评为自治区级、和田地区"访惠聚"驻村工作先进工作队,打造了国家能源集团在新疆的教育扶贫新亮点。对口帮扶的12个村、共计4203户、15400人中,已完成10个村脱贫攻坚任务。

长春新大石油集团有限公司党委书记、董事长

刘桂凤

  刘桂凤：女，1950年12月生人，吉林农安人，中共党员，1969年12月参加工作，现任长春新大石油集团有限公司（下称"新大石油集团"）党委书记、董事长。多年来，她起到了一个共产党员的先锋模范作用，带领"新大"人创业、拼搏，由初创时仅员工10人，总资产10万元规模，发展成长为员工1860人，总资产28亿元，连续9年平均每年上缴税额约6亿元，总计上缴税额55亿元的以石油天然气为主业的多元化集团企业，实现了持续快速健康发展。30年来，新大石油集团坚持"相信自我、攻克难关、追求卓越、科学发展"的企业精神，恪守"爱新大如家，做合格员工，建美好家园，享发展成果"的核心理念，实施"人品、油品、产品；品高、质优、价实"的诚信经营战略；打造"文明、和谐、富裕、幸福"企业，一次次创造了骄人的业绩。刘桂凤多次当选全国人大代表，曾获"吉商突出贡献人物""吉林省特等劳动模范""长春好人""全国五一劳动奖章""基层党组织'三帮扶'工作先进个人"等荣誉。

追求卓越　科学发展

新大石油集团成立于 1988 年，1998 年成功实现改制，组成股份制企业，使企业走上了高效发展的快车道。2006 年，在刘桂凤的正确领导下，新大石油集团成功收购并改制了原长春市农安石油化工厂，投资 7.8 亿元，在一年内创建了 150 万吨农安新大炼油厂（即新大集团的农安石油化工有限公司），创造出了"新大速度"的建设奇迹。

经过 10 年的创新提质升级，新大石油集团炼化装置整体水平不断提高，特别是 2011 年以来，为满足国家对成品油提质升级的全新要求，新大石油集团先后投资 6.6 亿元，建设了 7 万吨气分装置、每小时 8000 立方米制氢装置、30 万吨柴油加氢、40 万吨汽油加氢、8 万吨加氢装置和 2 万吨 MTBE 芳构化等装置。同时，采用了国内先进的中央控制技术、全面自动系统和自动化安保控制系统，催化裂化采用 MIP 提升管技术，可降低汽油烯烃含量和硫含量，全套生产装置安全运行性能、安全评估、环境评估与消防设施均达到国家颁布的最新标准，生产和经营的汽油、柴油、石脑油、灯油、液化气等产品质量全部达到国家标准，现炼油加工能力已达到年产 200 万吨。

攻克难关　创新发展

2012 年，刘桂凤带领公司在混合所有制经济发展中与中石化合资，以新大石油集团 51.0%、中石化 49.0% 的股比成立了东大天然气有限公司，已建成 126 公里的天然气输气管道，年输气能力达 9 亿立方米，创造出了喜人的社会效益与经济效益。2010—2011 年，刘桂凤带领新大石油集团顺应潮流、乘势而上，两个全资子公司——长春新大房地产开发有限公司和美城房地产开发有限公司相继在旧城改造和新型城镇化建设中成立。公司秉持"以德为本开拓经营、创新求实打造品牌、优质高效推出精品、真诚服务追求满意"的企业宗旨,为社会提供优质完善的服务。

教育强则国家强。新大石油集团在刘桂凤的带领下,在为国家创造财富价值的同时,肩负起民营企业的社会责任,转型投资教育事业,于2017年投资3.6亿余元与长春市十一高中合作创办长春市十一高中北湖学校。2017年4月,北湖学校正式开工建设,当年招收初中部200名学生、高中部680名学生,创造了当年建校、当年招生的建校奇迹,高中录取分数线达到604分,创民办学校录取分数线最高分。2019年5月,为满足长春市对优质教育资源的需求,经上级教育部门批准,北湖学校成立了小学部和艺术实验班,2019年共招收了近2000名学生。北湖学校自成立以来,坚持全面贯彻党的教育方针,努力与长春市十一高中共同办好中北湖学校,获得了社会和家长、学生们的一致好评。

同时,为发展农安县县域经济、满足百姓对医养结合新模式康养护理的需求、实现老年人老有所养、老有所医、老有所教、老有所学、老有作为、老有所乐,更好地为民生事业做出贡献,刘桂凤正着手建设一座集居家、养老、休闲、保健、度假、旅游、享乐于一体的智能康养项目,使新大石油集团在为吉林经济发展、社会进步方面继续做出新的更大的贡献。

真心为民　奉献发展

从2008年至今,刘桂凤捐赠因父亲离世、母亲患病无法工作、家境贫寒的长春市北大小学的一名学生,每季度送去1000元,逢年过节送米、面、油、水果等慰问品;她还拿出8万余元,为乡亲治病;并为青海玉树、四川汶川地震等捐款35万元;2010年7月,她出差在外得知洪水肆虐农安饮马河一带,当即电话指挥公司员工为灾区送去了6万余元的捐款和慰问品,同时捐赠100万元支持灾区重建;自2010年起,设立新大助学基金,每年出资10万元,资助农安县内家庭生活困难的100名中小学生上学;2011年年底,她将县里奖给她的优秀共产党员奖金7500元全部捐给公司困难员工;还拿出12万元连续3年春节到农村慰问贫困户;2013年10月,吉林省工商联组织开展资助受灾村民修建水毁房屋活动,刘桂凤立即捐赠万元款项和物品;2017年6月,助学长春市十一高中北湖学校、兴华小学贫困学生和"安全爱心包"11万元。据不完全统计,近些年来,刘桂凤个人及集团公司资助社会教育事业、扶贫帮困捐款超过350万元。

  2013年2月,刘桂凤当选第十二届全国人大代表。5年来,全国人大常委会的执法检查、集中视察、专题调研、学习讨论,她参加过多次。每次全国人代会上她都积极发言,领衔提出议案、独立提出建议近20件。针对随着我国农村社会变化加快,新情况、新问题不断涌现,现有村民自治的法制建设跟不上形势发展需要的情况,刘桂凤领衔提出《关于村民委员会换届由三年改为五年的议案》,引起了全国人大代表的共鸣和全国人大有关专门委员会的重视;针对我国自然资源禀赋较差,人均占有量少,重要矿产资源对外依存度高,全国100多个城市严重缺水,400多个城市供水不足的现状,刘桂凤领衔提出了《关于制定资源节约与保护综合利用法的议案》,并起草了四章五十七条的《中华人民共和国资源综合利用管理法》(草案)。

  刘桂凤还心系吉林经济社会发展,在党中央、国务院出台《关于全面振兴东北地区等老工业基地的若干意见》后,在全国人代会上,刘桂凤提出了《关于帮助企业在经济反复曲折下滑中渡难关、稳发展的建议》《关于进一步加快小微企业发展的建议》《关于支持吉林省特色城镇化发展建议》《关于国家对油页岩勘探开发给予扶持的建议》等建议,对吉林新一轮振兴发展发挥了积极作用。

延安能源化工（集团）有限责任公司
党委书记、董事长

刘浩兴

刘浩兴：男，1964年生人，陕西米脂人，中共党员，在职研究生学历，会计师。1981年12月参加工作。刘浩兴扎根企业，历任延安丝绸厂财务副科长、科长、总会计师、厂长，延安石油机械厂厂长、党委书记，延安车村煤业集团有限责任公司总经理、党委副书记，延安能源化工（集团）有限责任公司党委副书记、总经理等职务。现任延安能源化工（集团）有限责任公司（下称"延能集团"）党委书记、董事长。先后当选陕西省第十三届党代会代表，延安市第二、三、四、五届党代会代表，延安市第五届人代会代表、常委会委员。先后荣获陕西省劳动模范、优秀共产党员、全省优秀企业家，延安市劳动模范、优秀共产党员、首届十大经济新闻人物、突出贡献专家等荣誉称号。

浩然大志　兴企为国

刘浩兴政治立场坚定、思想素质过硬，为人低调正派、工作务实高效，具有强烈的事业心和社会责任感。在政治上、思想上、行动上始终与党中央保持高度一致，坚决拥护党的领导，始终胸怀产业报国宏伟理想和赤诚之心。多年来，把全部精力投入到煤炭等能源化工产业发展的具体实践中，团结带领全体员工坚持党建统领、加快转型升级、深化企业改革、推动开放合作、强化技术创新、引领行业发展，为推动延安工业经济转型升级和国有资产不断保值增值做出了突出贡献，赢得业界高度评价。

始终聚焦转型重任　在经营管理能力上求突破

刘浩兴有长达 20 多年的高层管理经验，对企业感情至深，战略决策前瞻，处理问题果断，具有极强的应对复杂局面和解决复杂矛盾的能力。特别是 2013 年，刘浩兴任延能集团主要领导以来，在战略引导上科学施策、在动能培育上精准发力，坚持做好"有中生新""无中生有"两篇大文章，为企业在关键时期的转型升级起到了把关定向的决定性作用。

面对行业发展新常态和国家供给侧结构性改革双重压力，刘浩兴以前瞻性思维和全球化视野科学决策、大胆创新，始终聚焦国家"五大"发展理念，紧紧抓住延安市委第五次党代会提出"高端能化强市"的战略契机，团结带领集团广大干部职工以战略定位高端化、结构调整多元化、市场细分精准化和管理改革高效化为目标，努力向管理要效益、向改革要动能、向创新要发展，果断提出了"一主两翼三拓展"产业发展战略，对企业未来发展方向、市场定位和产业布局进行了科学调整。

刘浩兴始终坚持"开放包容"理念，以大格局思维探索和实施对外合作模式，推动企业在逆境中突围。面对国资国企改革发展新趋势，刘浩兴敢闯敢试，从推动资本证券化改革、与央企合作上市、打造供热板块入手，重组延安圣地蓝热力（集团）有限公司，主动承担起延安新老城区供热工作及相关产业发展，从真正意义上实现了延安新老城区一体化，延安—安塞一体化目标。

近年来，刘浩兴坚持创新驱动战略，深化产、学、研一体化合作。与中科院院士何满潮共同设立能源与环境院士工作站，在全国薄煤层开采中率先引进"110工法"技术并获得成功，达到国际领先水平。在此基础上，大力推进充填式绿色智能开采，推动煤炭产业低碳、绿色、智慧化、高质量发展。刘浩兴始终认为，只有抓好党建创新，才能激发企业发展动力。他创新提出"红色领航·四心融合"党建模式，得到了陕西省委、延安市委组织部的认可，实现了党建与企业治理结构、生产经营、安全管理、发展建设的深度融合，党委把方向、管大局、保落实作用得到了充分发挥，使党建工作全面加强。

始终不忘发展初心　在经营管理绩效上重作为

2013年至今，刘浩兴始终如一、不忘初心、扎根企业、不辍耕耘、无怨无悔，把全部心血无私奉献给了企业。他亲历了延能集团创业发展、改革发展、创新发展的重要历史阶段，见证了企业从小到大、由弱到强、由单一到多元的发展历程，并一步一个脚印从基层一名普通职工成长为引领企业乘风破浪、扬帆远航的掌舵人。今天的延能集团已从一个始建于1983年年产仅21万吨的小煤矿发展成为以煤炭为主业，天然气、电力、化工、新能源、多能互补、金融、供热等多元产业协同发展的企业集团，功能定位为集能源生产销售、燃气热源供应、新能源发电等能源产业为一体的投资运营综合体。先后荣获陕西省先进集体、陕西省劳动关系和谐企业、陕西省国有企业"四好"领导班子等荣誉称号，成功入选陕西省2018年度百强企业榜，位列第66位，成为全国特大型企业。

"十三五"期间，刘浩兴带领延能集团聚焦国家"五大"发展理念和供给侧结构改革，全方位展开、深层次布局"一主两翼三拓展"产业发展

战略，经过两年多的加速推进，目前，延能集团在传统煤炭市场领域保持稳步增长，天然气产供销市场逐步扩大，多能互补格局正在完善，大战略规划、大产业支撑、大市场运营、大集团发展脉络初步形成。

始终牢记使命宗旨　在践行社会责任上显担当

刘浩兴具有极强的社会责任感和使命感，始终以振兴革命老区工业经济为己任，在不断发展壮大企业的同时，时刻不忘履行社会责任。2013年，延安遭遇百年不遇的特大洪涝灾害，刘浩兴积极筹措资金，率先向延安市县捐款捐物1200万余元，并带头以个人名义捐款，用实际行动支持延安灾后重建，履行了企业的社会责任。按照"企业效益与职工收入同步增长"的原则，连续14年为职工普调工资，年均增幅10%以上。出资1亿元，率先在全市国企中建立企业年金制度，为干部职工补充增加第二养老保险。成立清洁能源公司，加大清洁型煤生产销售，认真履行环保煤供应责任；成立圣地蓝热力公司，大力实施"煤改气"，进一步落实环保政策，为维护延安圣地蓝天发挥了重要作用。建设总容量142兆瓦光伏项目，目前已全部建成并网发电。该项目共覆盖延安10个县区12511户贫困户，每年为每户贫困户提供3000元扶贫资金，连续帮扶20年，累计贡献帮扶金超7亿元，打造了以项目建设促进精准脱贫的标杆。捐赠1000万余元，助推乡村振兴战略实施，推动当地乡村旅游和产业发展。组建扶贫工作队，对地方贫困户进行精准结对帮扶。出资3000余万元，对延安子长县2个采空区村庄实施整体搬迁，帮助176户543名村民圆了"安居梦"，为和谐社会的建设做出了积极的努力。

刘浩兴时刻不忘"发展企业、造福职工"的初心，时刻牢记"创造价值、贡献社会"的使命，下一步，他将持续做大做强煤炭主业，持续培育新经济增长极，进一步优化产业结构，完善产业体系，打造产业集群，释放产业红利，使集团早日实现"全省一流、全国知名"目标，持续向全国知名能源化工国有投资控股集团的目标迈进。

安阳钢铁集团有限责任公司党委副书记、
副董事长、总经理

刘润生

刘润生：男，1963年6月生人，河南辉县人，中共党员，硕士研究生学历，教授级高级工程师。现任安阳钢铁集团有限责任公司（下称"安钢"）党委副书记、副董事长、总经理，兼任河南省企业联合会、企业家协会副会长、安阳市企业联合会、企业家协会会长，被评为2018年度全国钢铁工业劳动模范、安阳市市管专家。

精益求精　创新发展铸辉煌

安钢建于 1958 年，经过 60 多年发展，现已发展成为年产钢能力 1000 万吨、资产总额超 500 亿元、河南省最大的精品板材和优质建材生产基地。刘润生从基层开干起，2016 年 11 月任安钢集团总经理以来，以强烈的政治担当和责任使命，谋划战略、深化改革、创新模式、精益管理、优化布局、转型升级，安钢绿色、高效、高质量发展"三大特色"愈加鲜明，走出安钢发展非钢、走出安阳发展安钢、走出国门发展安钢"三个走出"步伐坚实，各项工作均保持良好发展态势。

谋篇布局　推进企业经营管理上水平

刘润生把安钢放在供给侧结构性改革的大局中，制定并推进"创新驱动、品质领先、提质增效、转型发展"总体战略，描绘出创新、品质、精益、绿色、多元、开放"六个安钢"宏伟蓝图，着力打造绿色、高效、高质量发展"三大特色"，推进走出安钢发展非钢、走出安阳发展安钢、走出国门发展安钢"三个走出"，加速企业高质量转型，生产经营效果显著提升。2016 年安钢实现销售收入 370 亿元、利润 1.1 亿元，一举扭亏为盈；2017 年实现销售收入 403 亿元，利润 20.6 亿元，同比增长 19.5 亿元，创建厂以来最高水平；2018 年实现销售收入 512 亿元，利润 24 亿元，同比增长 3.35 亿元，销售收入、利税、利润及职工收入均创历史最高水平。

构建科学指标体系和先进适用绩效评价"两大体系"；坚持先进性、竞争性、市场性"三个原则"，做到年度预算、月度预算（经营计划）、考核评价"三个结合"，实现跑赢自己、跑赢对手、跑赢市场"三个跑赢"；推进购销两端（投入产出）"两头链接"，在先进的管控体系指引下，实现了由生产型向经营型转变、由数量型向质量型转变、由粗放型向精益型转变，经营能力显著提升，被评为冶金企业管理现代化创新成果二等奖。创新生产组织模式，铁前板块以高炉为核心，高炉实现长期稳定顺行，使占公司成本70.0%的生铁成本呈现快速稳定下降趋势。钢后板块以销售为龙头打造增效中心，发挥绩效考核的导向作用，坚持以资源效益最大化为导向，重点产品销量大幅提升。非钢板块坚持"保基本、拓市场、增效益"原则，打造创利中心。设备管理创新实施"周期加状态"管控，主要生产设备故障停机率连续3年刷新历史纪录。加强资金管理，拓宽融资渠道，降低融资成本，企业资产负债率进一步降低；国有资产保值增值率明显提高，3年来分别达115.76%、135.31%、133.58%。

3年来企业技术创新投入分别为6.8亿元、6.5亿元、6.6亿元，技术研发投资比例保持较高水平。加强技术合作，搭建技术创新平台，抢占技术制高点。构建创新体系，建设具有一流竞争能力的研发中心，实施前瞻性研究。推进人才强企，发挥绩效考核作用，提高企业自主创新能力。

刘润生注重加强党的建设，为企业改革发展提供坚强政治保证，2016年10月，安钢作为唯一一家地方国有企业，在全国国有企业党的建设工作会议上作交流发言。不同时期形成的艰苦奋斗的"安钢精神"，成为不断发展的企业文化。

提质增效　推动企业高质量发展创一流

刘润生带领安钢主动推进供给侧结构性改革，提出"减量发展、减量经营"指导思想，以减量倒逼提质，以减量促进转型，企业高质量发展水平不断提升。把减量提质与产业结构调整、转型升级、高质量发展结合起来，淘汰低端装备，生产规模减少30.0%；升级工艺结构，为产品全面迈向中高端奠定坚实基础；提升供给质量，安钢战略用户"产业圈"不断扩大，直供直销比例、高端产品比例提升至60.02%、50.42%，均刷新历史纪录。目前，安钢共荣获冶金产品实物质量"金杯奖"29项、"冶金行业品质卓越产品"25项、"特优质量奖"2项。

安钢坚定不移走绿色发展、生态转型发展道路。2014—2016年共投入近10亿元用于环保设施改造；2017年集中启动了总投资近30亿元的环保提升项目建设；2018年启动26亿元环保深度治理项目，打造"固、水、气"立体治理新格局。先后被评为钢铁行业绿色发展标杆企业、中国钢铁工业清洁生产环境友好企业、首批最具影响力绿色企业品牌。

走出安钢发展非钢，非钢板块创效能力显著增强；走出安阳发展安钢，高起点、高层次推进安钢周口项目建设，将安阳本部产能向南转移置换，提升全省钢铁产业集中度和竞争力；走出国门发展安钢，响应"一带一路"倡议，探索推动钢铁产业链的海外布局，争取更大的发展空间。

推进企业形象树标杆

刘润生奉行"创造财富，造福员工，回报社会"的宗旨，将法治建设纳入发展总体规划和年度工作计划，认真贯彻安全发展理念，连续34年无较大及以上事故，2010年、2016年实现全集团零工亡。创新安全标准化管理，开展安全标准化建设，强化全员培训，提升素养技能。安钢被评为全国"安康杯"竞赛优胜企业、河南省安全文化建设示范企业，多次荣获河南省安全生产先进单位。

大力节能减排，坚持集成创新。投资1亿元建成了国内首套拥有自主知识产权的烧结余热发电装置，吨矿发电达到15千瓦时行业先进水平；投资1.5亿元，建设了高炉汽拖鼓风发电机组，实现了鼓风和发电同轴快速切换的技术突破，解决了富余煤气的高效利用和煤气放散等环境污染问题，年发电量3.8亿千瓦时；投资1.68亿元，建设了65兆瓦高温超高压煤气发电机组，发电效率达到37.0%，居国内领先水平；投资3200万元，建设了焦炉上升管余热回收装置，克服了行业内公认的焦炉荒煤气余热回收技术难题，吨焦回收过热蒸汽80千克以上，杜绝了荒煤气放散产生的环保问题，实现了节能与减排"双赢"，达到国际领先水平。

刘润生坚持以人为本，大幅提高职工奖金和福利待遇，职工幸福感、获得感不断增强。忠诚履行社会责任，足额缴纳企业利税，积极参与社会公益事业，向"7·19"灾区捐款。推进精准扶贫，成立帮扶领导小组，对内黄县豆公乡李大晁村开展扶贫工作，加强基础设施建设。

株洲千金药业股份有限公司党委书记、董事长

江端预

江端预：男，1962年5月生人，湖南株洲人，中共党员，经济师，湖南省经信委首席专家，中南大学、湖南工业大学兼职研究生导师。先后任共青团株洲市委宣传部副部长；共青团中央组织部主任科员；株洲市委组织部副科长；株洲市商业银行筹备办副主任；株洲市商业银行党委副书记、党委书记、兼任监事长、纪委书记；千金药业股份有限公司党委书记等职务。现任株洲千金药业股份有限公司（下称"千金药业"）党委书记、董事长。

打造"贴心"的"千金"

江端预是全国医药行业知名的企业家,自担任千金药业党委书记、董事长以来,他高瞻远瞩,坚持贯彻落实科学发展观,励精图治,奋发有为。在他的带领下,千金铺开了"二次创业"的宏伟画卷,其骄人的工作业绩,获得了政府、社会各界和公司全体员工的广泛赞誉。

追求管理创新　创建"经营法式"

"千金经营法式"(下称"法式")是江端预国有企业经营智慧和实践的结晶,2018年荣获中国企业管理创新成果奖,是全国医药行业唯一入选的企业,获此殊荣的湖南本土企业仅有2家。法式首先在母公司施行,2018年在集团所有子公司全面推行,极大地激发了企业内部组织和个体的活力,实现了企业利润最大化,将企业带入了新的发展境界。

实践证明,法式呈现以下几个特点:一是具有广泛的适应性。无论是国企还是民企,绝大多数企业都适用;二是具有较大的创新性,它是一种思维上的颠覆,是一种制度上的变革;三是具有较好的操作性。通过《生产规则》《营销规则》的制定,形成了一套完整的实操的体系;四是具有明显的效益性。母公司2016年营业收入增长6.13%,净利润增长52.16%;2017年营业收入增长6.26%,净利润增长48.62%。2018年,全面推行法式后,集团实现营业收入33.29亿元,同比增长4.58%,实现净利润2.55亿元,同比增长22.91%。法式推行以来,逐渐得到学术界和企业界的关注和认同。江端预还应邀在全国人力资源高端论坛、国学论坛、香雪制药等场合传授经营法式,中南大学教授颜爱民、江端预等撰写的《员工—组织目标一致性提升的路径与绩效——"千金经营法式"案例解析》一文还获得了第7届中国人力资源管理论坛暨国际研讨会论文一等奖，相关研究内容获得国家自然科学基金立项支持。

在医药行业首提衍生概念

随着社会上健康养生理念的广泛传播并达成普遍共识，江端预敏锐地感觉到，中药衍生领域的春天来了。千金药业已经具备一定的科研实力和品牌优势，开发中药衍生产品应该前景广阔，大有可为。2010年江端预在国内率先提出了"中药衍生品"这一概念。在他的主导下，千金药业于2012年成立了国内首个中药衍生品研发部，继而又组建了国内首个中药衍生品工程技术中心，陆续和华南理工大学、西北农林科技大学、江南大学、湖南中医药大学、厦门大学等十多家国内著名大学建立合作研发基地。江端预以"养生"（养身、养心、养智、养颜、养老）为主线，以"两跳"（跳出妇科做女性健康，跳出药业做中药衍生）为抓手，以品牌为依托，从供给侧挖掘客户需求，抢占市场先机。

江端预有效整合千金药业内部研发资源，成立了千金研究院，科技创新实力大大增强。千金药业是国家技术创新示范企业，国家知识产权示范企业，国家企业技术中心，是湖南唯一拥有3家省级工程技术研究中心的企业；拥有享受国务院特殊津贴专家2名，湖南省"121"创新人才2名；现有专利342件，其中发明专利114件，处于业内先进水平，荣获中国专利优秀奖、湖南省专利一等奖。

近几年来，在江端预的亲自指导和推动下，千金药业积极致力于中药衍生产品的开发，已经形成了女性酒饮、女性卫生用品、洗护系列、专属香玩四大板块，成效明显。

培植特色文化　效果不同凡响

江端预始终秉持物质文明、精神文明并行并重的发展理念，积极探索企业文化建设。2017年，千金药业被评为湖南省创新企业文化建设十大品牌，江端预荣获湖南省创新企业文化建设十大功勋人物称号。2019年，千金药业荣获全国企业文化建设最佳实践企业。

1993年，千金药业开始进行股份制改造。1995年全面进行CI工程，旨在通过建立企业的理念识别、行为识别和视觉识别体系，进而催生企业文化建设。2000年，千金药业管理层提出上市发展战略，更加注重企业、产品的品牌以及企业文化建设，推出"贴心还是千金"的全新理念，企业实力和产品品牌有了一个大的提升，并于2004年成功实现上市。上市后，千金药业管理层又提出"二次创业"发展战略，进一步有续地继承传统、创新体系，并更加突出党建在企业文化建设中的引领作用。

　　在这一背景下，江端预确立了对于千金药业文化建设总的指导思想，即：以价值取向为基点，以理念培植为先导，以行为指引为重点，以服务员工为宗旨，构筑特色、形成品牌，使文化成为持续的支撑。在实践中，江端预突出了"教化"这个本质，紧紧围绕"价值取向"这个核心，把员工作为文化建设的主体。他每年将企业文化建设列为党委会的重要议事日程，建立全员参与的工作机制，形成了独特的千金企业文化，将"诚信负责、行善爱人"作为企业核心价值观。

　　企业建立完善了视听、理念、行为、心态、思维、情感、道义"七大指引系统"。通过千金LOGO、企业旗帜及公司司歌《千金是福》等系列视听元素，使员工感觉到千金的形象和存在，制定《员工行为规范》，编订《员工行为指引》，作为员工的行为指导；努力营造企业爱员工、员工爱企业"两大风尚"，企业敬重、关爱员工，使员工感受到自己是公司的第一客户，能够忠于企业、维护企业、投入企业，积极参与二次创业。

　　千金药业近几年累计投入3000多万元，不断改善员工的工作、生活条件。凡是涉及员工利益的事情，必须由职代会讨论通过；员工的薪酬增长，写入公司的年度计划；每年为员工提供身体检查……食堂的菜谱，由员工投票确定；员工生日，会送电影票和用微信祝福。千金药业坚持举办团拜会、秋季运动会；"三八"妇女节、"五四"青年节开展相关活动；编辑《千金人报》，设立大讲堂、培训班，建立微信群，促进沟通，交流学习。各种健身活动与娱心并重，从养性到益智，不仅充实了生活，增添了情趣，而且让员工受到感染，受到熏陶，受到教益。

厦门国贸控股集团有限公司党委书记、董事长

许晓曦

许晓曦：男，1969年生人，福建泉州人，厦门大学经济学院财政学专业，研究生学历，经济学博士学位。他长期从事经济管理工作，具有卓越的战略统筹能力、综合的业务素质和丰富的企业管理经验。历任厦门经济特区国际贸易信托（集团）股份有限公司进出口部业务员、业务主办、期货部副经理；厦门国贸集团股份有限公司期货部经理、总裁助理、副总裁、常务副总裁、代总裁、副董事长、总裁；厦门金圆投资集团有限公司党委书记、董事长，兼厦门金融控股有限公司董事长。现任厦门国贸控股集团有限公司（下称"国贸控股集团"）党委书记、董事长。

许晓曦自觉以"对党忠诚、勇于创新、治企有方、兴企有为、清正廉洁"的好干部标准严格要求自己，带领党委班子成员坚持把政治建设摆在首位，坚决维护党中央权威和集中统一领导，坚决贯彻落实上级决策部署及新一轮战略规划的工作要求，切实发挥党委的领导核心作用，带领企业凝心聚力，不断加强改革创新、推进主业转型、优化资源配置、提升服务水平，为国有资产保值增值做出贡献。

能力卓越实现跨越发展　心系社会践行国企责任

许晓曦到任以来，以"功成不必在我"的精神境界和"功成必定有我"的历史担当，带领国贸控股集团人致力于建设世界一流的投资运营集团而努力拼搏。

管理能力卓越　推进企业管理水平大幅提高

许晓曦高度重视国贸控股集团总部的顶层设计和战略规划的引领作用，自到任以来，牵头企业完成了集团总部"十三五"战略规划、二级投资企业子战略规划及人力资源与人才、教育、会展、大健康、文旅、品牌、CRM等产业战略规划的编制工作，实现了母子战略的有机契合，提高了集团的统筹驾驭能力。在战略规划的引领下，企业不断推动内部资源的整合重组和优化，陆续解决同业竞争和同质化经营问题，积极打造产业和金融两大发展平台。

根据战略规划的引领，他逐步落实国贸控股的改革转型创新。首先，推动体制机制改革。他立足已有的"国资国企投资运营授权试点"，在2018年，带领企业成功入选国务院国企改革"双百企业"，获批改组建为国有资本投资公司，借此契机，主动推进公司体制机制的改革创新，逐步压缩企业管理层级，并将国贸控股近360家下属投资企业的管理层级严格控制在3~4级以内。其次，推进投资企业整合优化。他充分调研下属投资企业实际情况，推动无效企业清理，严格控制国贸控股集团第四级及以下企业对外投资外，不断持续开展对下属投资企业无实质经营或资不抵债子公司的梳理和分类工作，逐步实施关停并转，减少监管成本；主导将国贸控股集团的六家国有独资子公司整合成立为一家公司——国贸资产，致力于将其打造成为优秀的城市综合开发运营商;通过进一步的整合优化、收购合并、委托管理等方式,将国贸控股下属二级企业由原来直接管理全资或控股的十几家减少为6家,搭建形成3家控股企业和3家全资企业为主的二级产业公司架构。再次,优化资源配置。2018年,他亲自落实国贸控股实施"四大整合"举措,深化资源优化配置:金融板块整合,由国贸股份主导收购系统内非上市板块金融业务——国贸金控的全部股权;汽车板块整合,推动系统内2家上市公司的汽车业务资源整合,成立信达国贸汽车集团;将系统内的基金资源划入国贸资产,将国贸资产的教育板块、教育产业基金部分股权划入国贸教育;实现住宅地产项目物业资源的合资合作。资源配置的深入优化解决了长期想解决而没解决的系统内同业竞争和同质化经营问题,有效凸显了资源的集约效应、规模效应和协同效应。最后,推动产业转型升级。他带领国贸控股通过对产业链的挖潜、归核与升级,采取变革创新等有效举措,不断探索新业态新模式,巩固存量、开拓增量,促进持续高质量发展。

经营业绩突出　实现企业综合竞争力大幅提升

许晓曦高度重视机制转换,积极推动变革创新,紧紧围绕服务战略规划实施、服务主业可持续发展、服务风险管理控制三大目标,坚定推动内部管理体制机制改革,全面打造支撑公司提升全球竞争力的管控体系,为企业健康持续发展保驾护航。近3年来,国贸控股集团的经营管理得到大幅提升。

任职近3年来,他亲自督办战略关键行动计划的落地实施,有效促进投资企业的经营行为与集团战略规划的相互衔接,不断提升国贸控股集团市场化、国际化、证券化水平,真正实现企业战略落地转换成为良好的经营成果。2019年,国贸控股集团三度蝉联《财富》世界500强",位列第291位,较2017年提高了203位,位列"2019亚洲品牌500强"第263位、"2019中国企业500强"第77位、"2019中国服务业企业500强"第43位、"2019中国对外贸易企业500强"第35位、"2019中国500最具价值品牌"第134位、"2019福建企业100强"和"2019福建服务业企业100强"第

3位、"2019厦门企业100强"和"2019厦门服务业企业10强"第2位，荣获"2018—2019年度全国企业文化优秀成果"一等奖、"2019年度校园非凡雇主及全国非凡雇主TOP100"、蝉联"2019中国年度最佳雇主及最具发展潜力奖"等荣誉。

履行国企担当　坚持社会责任与企业发展相结合

许晓曦带领公司积极履行国企责任与担当，常年开展社会公益活动，涉及赈灾救灾、助残济困、慈善扶贫等。一是助力精准扶贫。他积极贯彻落实上级部署，牵头组建临夏州厦临经济发展有限公司（下称"厦临公司"），全力以赴做好东、西部扶贫协助工作。截至2019年10月31日，厦临公司已投资并运行项目21个，累计投资额15112.42万元，2019年带动脱贫人数700人。二是补齐民生短板。他积极响应政府号召，成立厦门国贸教育集团有限公司协助补齐教育民生短板，助力厦门基础教育产业公平、优质、多样化发展；长期挂钩帮扶翔安区金柄村，捐资自来水入户改造工程，解决村民饮水难问题。三是开展公益活动。他积极响应市委市政府挂钩帮扶贫困村、县工作，把扶贫和扶志、扶智结合起来。挂钩帮扶福建省屏南县，设立"奖教助学基金"，提供就业岗位、协助销售农副产品。四是响应乡村振兴战略。分别与同安区、翔安区政府合作打造同安竹坝五显项目、翔安锄山片区项目，通过对区域内乡村生态资源的整合开发，打造国内一流的乡村振兴样本典范。在他的引领下，公司继续坚持社会责任理念与发展战略相结合，努力成为建设五大发展示范市的"排头兵"和履行社会责任的"生力军"，致力于满足人民对美好生活的新期待。

许晓曦坚信伟大的梦想是拼出来，干出来的。在他的带领下，国贸控股集团正基于战略高度契合、资源有效整合、产融深度结合的发展模式，构建产业和金融两大发展平台，明确了公司总部战略与投资、运营管控、资源配置三大功能定位，推动传统主业转型，孵化培育新兴产业，稳中求进，不断实现高质量发展，为实现"引领优质生活、具有全球竞争力的投资运营集团"的奋斗目标而蓬勃发展。

山东鲁花集团有限公司党委书记、董事长、总裁

孙东伟

　　孙东伟：男，1974年生人，山东莱阳人，中共党员，大专学历、高级工程师。现任山东鲁花集团有限公司（下称"鲁花"）党委书记、董事长、总裁。山东省人大代表，山东省劳动模范，享受国务院政府特殊津贴专家。多年来，孙东伟忠实履行省人大代表职责，以坚定笃诚的政治信念，清正廉洁的工作作风，得到了社会各界的广泛认可。先后荣获国家科学技术进步奖（二等奖）、全国农村青年创业致富带头人、山东省优秀共产党员、山东省劳动模范、山东省优秀企业家、山东省优秀中国特色社会主义事业建设者、齐鲁光彩奖章、山东省善行义举四德榜"诚德"先模人物，入选山东省十大杰出青年企业家、山东省推行全面质量管理40年功勋人物等荣誉，并荣任2008年北京奥运会火炬手。

中国味　鲁花香

孙东伟始终把农民和消费者利益放在第一位，带领鲁花人恪守食品生产企业的职业道德和社会规范，把食品安全和产品质量作为鲁花生存之本，以科技创新为发展动力，用诚信打造企业形象和产品品质，秉持并实践"绝不让消费者食用一滴不利于健康的油"的郑重承诺。

坚持技术创新　打造过硬品质

孙东伟把科技创新当成企业服务于消费者的原动力，带领鲁花致力于油脂加工技术的研究和推广，以解决我国食用油数量和质量等民生问题为己任，为我国油脂行业加工技术推广做出突出贡献。鲁花先后参与制修订国家标准达20项，2002年孙东伟荣获中国标准创新贡献奖，2016年鲁花被授予花生油国家标准制修订基地、葵花籽油国家标准制修订基地。

2006年，孙东伟组织研发去除黄曲霉素技术取得成功，获得国家发明专利；2009年1月，"鲁花5S物理压榨技术"荣获山东省科技进步奖；2009年11月23日，"中国花生产业技术创新战略联盟"在鲁花集团成立，孙东伟当选为联盟理事长；2013年1月，鲁花"5S纯物理压榨工艺"荣获国家科学技术进步奖。

孙东伟积极引进、培养专业技术人才，自主研发产业化科技成果6项，累计申请专利70余件。鲁花利用ＯＡ系统设立合理化建议管理平台，对创新"金点子"予以奖励，营造了良好的创新氛围。先后获得山东省管理创新十佳企业、第三届山东省企业管理奖。鲁花产品质量一直保持"零"投诉，先后获得中国名牌、中国驰名商标等。2012年，孙东伟将5S物理压榨技术应用于酱油生产，2017年，鲁花自然鲜酱香酱油在世界食品品质评鉴大会上荣膺国际金奖。

2010年，孙东伟带领鲁花导入卓越绩效管理模式，促进公司管理从"优秀"迈向"卓越"，鲁花荣获首届烟台市市长质量奖；2016年荣获山东省省长质量奖；并获得全国实施卓越绩效模式先进企业。

2018年1月20日，鲁花与正阳县共同建设的国内首个高油酸花生产业基地正式破土动工，年产10万吨花生油的生产基地于同年9月建成投产。鲁花的高油酸花生油的成功，深受消费者喜爱，推动了我国花生良种的第六次更新换代。"高油酸花生油国家标准"在莱阳制定出来。2019年，孙东伟荣获山东省推行全面质量管理40年功勋人物，鲁花也荣获山东省推行全面质量管理40年卓越组织。

坚持诚信经营　铸造品牌形象

孙东伟始终贯彻"质量、成本、安全"六字方针，做到：严把原料关、严把生产关、严把出厂关的"三关"严把。2015年，孙东伟主动向社会公布调和油的配方比。2017年，鲁花荣获中国粮油最受尊敬企业、中国十佳粮油集团、中国百佳粮油企业称号和国家2017年度农产品加工十大企业品牌；连续3年入选中央电视台国家品牌计划，连续2年入选新华社民族品牌工程，并成功入选"联合国全球契约组织"，成为"联合国全球契约组织成员企业"。2009年5月，鲁花被中国粮食行业协会授予AAA级信用企业、诚信粮油企业等多项荣誉。

坚持文化引领　形成四大优势

经过30多年创业实践经验的积累和沉淀，鲁花形成了以"爱心是鲁花的向心凝聚力　创新是鲁花的发展提升力"为核心的道德文化体系，将"产业报国　惠利民生"定位为企业宗旨，将"明道多德、利人为公、先爱他人、以德取得"定位为核心价值观。孙东伟是企业道德文化的积极推动者和实践者，创新了1312"学习培训模式：即每一年围绕《鲁花生生之道》《道德经》《易经的奥秘》三本书，对每一名干部进行两次集中封闭培训，并运用《鲁花人》报、鲁花网站，搭建文化与管理的桥梁。在文化的引领下,形成四大优势:即品牌质量优势、人才团队优势、绩效考核制度优势、企业道德文化优势。先后获得中国企业文化建设先进单位、山东省首届优秀企业文化品牌、山东省思想政治工作先进企业、山东省书香企业等荣誉。

坚持奉献爱心　积极回报社会

孙东伟带领企业积极履行社会责任,把"根植于农业,造福农民"当作自己的使命,提出了"市场创造企业,企业带动基地,基地连带农户"的运行机制,辐射和带动山东及周边省份农业结构的调整。鲁花先后在诸多花生产区建立生产基地,发展花生配套基地1000多万亩,带动1000多万农民增收致富。鲁花联合科研院所研发成功了10多个"高油酸、高产量、高含油量"的花生新品种,建立繁育基地3万多亩。这对维护中国食用油战略安全,具有重大而深远的意义。

孙东伟高度重视环保工作,将燃煤锅炉全部更换为天然气锅炉;先后投入2亿余元,完成污水处理改造项目;还对原有高能耗、环保运行效果差的老旧设备进行更新、改造。设立节能管理办公室,将分解的节能目标纳入生产工厂绩效管理大纲;锅炉产生的炉渣全部二次利用。鲁花2014年获得山东省企业管理奖,2015年获得山东省安全生产标准化二级企业证书,2011年和2016年,先后两次获得山东省轻工行业安全生产先进单位、设备管理先进单位。

多年来,孙东伟带领鲁花积极参与社会公益及慈善事业。2008年汶川大地震捐款378万元、2010年捐资1200万元建设鲁花中心小学,2018年捐资2500万元重建鲁花丰台中学。近5年来,向山东省各级慈善机构和个人累计捐款捐物金额达5000余万元。2012年被国家民政部授予最具爱心捐赠企业,鲁花荣获中华慈善奖。

2019年10月,中国北京品牌评级权威机构Chnbrand发布2019年中国顾客满意度指数(C-CSI)品牌排名和分析报告。该指数2015年首次推出即获得工业和信息化部品牌政策专项资金的扶持。鲁花摘得2019年中国顾客满意食用油品牌的桂冠,这是连续第3年夺冠。

中国航发贵州黎阳航空发动机有限公司
党委书记、董事长

牟 欣

　　牟欣：男，1970年生人，山东日照人，中共党员，西北工业大学机械设计与制造专业，哈尔滨工业大学硕士学位，一级高级经济师。1992进入中国航发东安工作，从普通设计员干起，历任设计室主任、团委书记、办公室主任、副总经理。现任中国航发贵州黎阳航空发动机有限公司（下称"中国航发黎阳"）党委书记、董事长。

　　牟欣在社会上具有良好的口碑和较高评价。经多岗位的历练，积累了丰富的经验，在每个岗位上都能干出一番成绩。在管理上有魄力，头脑清晰，思维敏捷，看问题精准，熟悉经济工作和党建工作，抓落实有方法，改革意识强。个人作风务实，业务能力突出，注重精细化管理，尊重同志，作风民主，以上率下，规范和提升了干部队伍作风形象。

企业腾飞的发动机

牟欣从事航空发动机事业近30年，始终把航空发动机的自主研发制造和科技创新作为中国航发黎阳做优做强的价值导向，使航空发动机批产交付创历史新高，新型航空发动机研制取得突破性进展。

2013年以来中国航发黎阳先后获得全国五一劳动奖状、全国职工职业道德建设先进单位、全国"文明单位"、改革开放40年中国企业文化四十标杆单位、全国军工文化示范单位、全国职工教育培训示范点单位、中国航发安全生产先进单位等荣誉。

全力推动企业发展

牟欣按照中国航发"聚焦主业、提质增效"战略部署，确定中国航发黎阳处在"产品换代、管理提升、降本增效、阵地前移、发展提速"的战略节点和关键时期，把产品升级换代作为科研生产经营管理的重点，作为中国航发黎阳的核心竞争力，制定了"小核心、大协作、专业化、开放型"的发展战略。

5年来，累计投入科研经费6.59亿元，获得省部级以上科技成果31项，申请发明专利403项。围绕新机研制开展技术攻关200余项，组织开展重大专项基础研究，先进制造技术和先进材料技术课题，数字化、智能化制造及制约新机研制的关键、核心技术领域各类科研课题百余项。开展产学研合作，校企合作，与多所高校合作建立联合实验室。

部署"十三五"期间科技创新具体规划和目标。数字化制造能力取得突破，航空发动机脉动装配线建成，将仿真技术各生产制造单元全面推广。信息化与工业化深度融合取得重大成效，ERP与PDM、MES、DNC/

MDC 和生产管控平台等系统实现集成。

在管理思想上注重精细化，提升精益管理水平。注重标准化，建立和完善中国航发黎阳的技术、管理、工作等标准体系。注重流程化，树立为组织绩效负责而不是为部门职责负责的流程管理思想和理念，提高组织绩效和工作效率。在管理实践上，开展了以各生产制造单元为核算单位的阿米巴管理模式，有效提升了黎阳公司管理效益和运行质量。贯彻落实集团"人才强企"战略部署，有重点、有计划、有战略性地对人才进行储备和使用，建立了"能者上、庸者下、劣者汰"干部考核制度。

加强资产管控，采取专项工作进行推进，逐步夯实了存货、应收款项和固定资产等财务状况。积极拓展融资渠道，控制融资规模，创新资金理财方式，降低了财务成本。压缩可控费用支出，做好财务风险防控，有效降低了资金风险。

分别确定"成本效益年""精细管理年""科研任务完成年"，做好宣传工作，提升企业软实力。开展以"我和我的祖国"为主题的庆祝中华人民共和国成立70周年系列活动；"铸心"新长征党员突击队的照片入选国家博物馆"庆祝改革开放40周年大型展览"。展现干部职工团结奋进、积极向上的精神风貌，中国航发黎阳荣获全国"文明单位"。持续开展传承"三线精神"活动，建设"三线"老厂区爱国主义示范教育基地，三线贵州航空发动机厂旧址入列第八批全国重点文物保护单位。

坚持选贤任能与优化领导班子结构相结合，大力选拔任用优秀年轻干部，在专业上形成适应本单位特点和发展的多专业搭配，在年龄上形成"老中青"相结合，促进领导班子年龄梯次合理、专业经历互补、能力特长匹配、性格气质相容，不断增强干部队伍的生机与活力。中国航发黎阳在搬迁过程中，既要做好搬迁工作，又不能耽误生产工作，在牟欣的带领之下，克服重重困难，顺利完成搬迁和科研生产任务，锤炼了敢于直面困难、不惧艰险的团队，促进了企业转型和发展。

企业发展硕果累累

牟欣制定了中国航发黎阳主研发动机型号发展规划，确定了中小推力涡喷涡扇发动机研发、制造、修理、服务基地和航空发动机关键零部件重要供应商的企业定位。5年来，4型发动机实现立项，4型发动机实现首飞。

5年来，中国航发黎阳经济指标保持平稳运行，累计实现营业总收入235.54亿元，利润总额3.08亿元，资产负债率降低至37.0%。2019年年底总资产127.81亿元；2015—2019年累计实现了工业总产值246.2亿元。

中国航发黎阳以"聚焦主业、开发民机、吸引民资、利用民智"为思路，充分利用航空发动机技术产业优势，努力拓展国际、国内合作新领域；重点发展军民用航空发动机、军民用燃气轮机及其零部件和衍生产品，推进现役潜艇电源改造项目、1.5兆瓦集装箱式储能系统及新一代电动汽车用智能充电桩等项目发展，签订海军消磁项目、军委科技委高温传感器项目等民参军合同3996万元。积极开展国际化经营，成立了贵州黎阳国际制造有限公司，自2015年4月独立运营以来，累计实现营业收入16.28亿元，利润总额3193.06万元，获得"LEAP全球供应商"大奖。

企业社会责任成绩显著

牟欣积极创建资源节约和环境友好型企业，在表面处理车间及总排放口建设污染物在线监测系统，确保污染物达标排放；污染物排放逐年降低，全面完成集团公司下达的减排指标。

中国航发黎阳5年来持续开展"跑、冒、滴、漏"检查和"关、停、并、转"，进一步降低能源消耗，水、电、天然气产生费用3.31亿元，同比下降10.8%。回收处置高温合金、钛合金、不锈钢、有色金属4690吨。

积极促进社会就业，5年来，中国航发黎阳累计为704名高校毕业生提供工作岗位。积极助力脱贫攻坚工作，累计投入620余万元，选派驻村员，助力帮扶对象脱贫。

5年来，每年投入1000余万元安全生产经费，每年开展1100余人次职业健康监护体检；设立"黎阳安全生产教育日"，建立安全生产责任清单；设立优秀青年人才住房基金，做好家属区危房清查处理和搬迁工作，累计解决152名职工子女转学等问题。

大连冰山集团有限公司董事长、总裁

纪志坚

纪志坚：男，1968年生人，辽宁人，中共党员，正高级工程师，现任大连冰山集团有限公司（下称"冰山集团"）董事长、总裁，是大连市人大代表。从业30年来，先后获得大连市特等劳动模范、辽宁省五一劳动奖章、辽宁省劳动模范、全国五一劳动奖章等荣誉，是大连市突出贡献企业家、辽宁省和全国机械工业优秀企业家。

中国冷热产业的耕路人

近年来，纪志坚带领冰山集团经营团队深入学习、创新实践"创新、协调、绿色、开放、共享"发展理念，贯彻落实"引领创新、创造价值"的经营理念，紧密结合冰山冷热事业的发展需要，深耕冷热，推动企业从传统制造向智慧型、创新型、服务型升级，向专业化、信息化、国际化发展；不断推进冷热技术、管理模式、营商逻辑、智慧服务等不同层面的协同创新、守正创新；持续推进传统冷热事业的战略转型升级，加速推进工业互联、智慧能源管理、融资租赁、生物科技等新事业，不断汇聚发展的新动能；以开放、包容、共享的姿态发展企业，深入推进合资合作，不断探索混合所有制改革，不断丰富发展的内涵、提升发展的质量，为冰山集团这个拥有近90年历史的企业书写了新的篇章，走出了一条有冰山特色、冰山模式的创新发展之路。

深耕冷热市场 趟出转型升级 引领创新之路

"让客户有价值，我们才有价值。"面对新常态、新挑战，纪志坚规划了传统冷热战略转型升级、发展新事业汇聚新动能的产业发展路径。改革开放以来，冰山集团率先打造了完整的冷热产业链。在向制冷制热温度带两端拓展的同时，纪志坚推进冷热产业链向冷热价值链提升。通过推进个性化设计、智能化制造、全程全生命周期的服务，整体提升微笑曲线，实现更高质量的发展。

纪志坚在保持冷热事业初心不变的同时，坚持跨界不越界、产融结合、跨界组合，用新的事业为冰山集团汇聚发展新动能。在2019年中国国际数字和软件服务交易会上，纪志坚发表了《数字赋能冷热实践》的主题演讲，介绍了冰山集团依托工业互联网，着力推进智能制造、服务化延伸、5G应用、新零售、智慧能源管理等应用场景。

在"互联网+"的交互时代，他推动工业化与信息化在更广范围、更深程度、更高水平上实现融合发展。在大健康时代，人们除了享受绿色环保的能源环境，更追求美好、健康的生活，生物科技是未来事业的蓝海。他把握这个时代机遇，设立生物科技公司，把超低温技术运用到医疗领域，以低温医疗冰箱和培养箱为支点，通过一站式综合解决方案，抢占生物科技创新发展的跑道。

为了帮助客户创新、创业，解决客户融资难、融资贵的问题，他通过合资合作设立了融资租赁公司，开拓了融资租赁服务；为了助力客户节能增效、安全生产，冰山集团创新衍生出了机房托管等服务。不断用新事业、新业态、新模式为冰山冷热事业赋能。他积极响应国家倡导的"一带一路"建设，依托冰山完整的冷热产业链、提升的冷热价值链和共生的冷热生态圈，用创新的产品和解决方案服务于全球五大洲70多个国家和地区。

顺应时代要求　　探索创新创业　　改革开放之路

"预测未来的最好办事是创造未来"。面对传统事业进入衰退期、面对东北老工业基地转型升级的挑战与机遇，纪志坚敢于担当，把握技术创新的前沿，拓展冷热产业的链条，激发体制机制创新的活力与动力，走出创新发展的大路。他开发了我国首台套结冰风洞制冷系统，完成了国家863计划的金枪鱼围网渔船项目，率先开发了人脸识别智能化无人零售设备，打造了从最初一公里到最后一百米的全程绿色智能冷链，打造了我国最大的室内冰雪工程和服务于冬奥会冰立方的制冷系统。

面对合资企业进入成熟期的发展挑战，纪志坚敏感地认识到，要继续推进与合资伙伴的事业合作，首先要让自己有价值，要通过深化改革开放，成为新一轮改革开放的领军者。他依托冰山完整的冷热产业链，协同各伙伴打造公司的冷热生态圈，通过事业互联、价值互通、品牌互助，依托冰山平台，共同分享冷热事业创新发展的机遇和成果。近年来，松下、富士电机、林德、BAC等合作伙伴持续在大连注入新产品、新技术、新市

场,成为"投资要过山海关"的样板。

2015年,他带领冰山推进第二次混改:国有控股比例降至26.6%;经营团队(包括研发、管理人员和业务骨干)以现金方式增持股份达到占比20.2%,持股范围由原46人增至163人;委派集团董事由1人增至2人,形成了企业内部激励与约束的长效机制。此次混改是冰山集团混合所有制改革的2.0版,为集团实现跨越式发展打下了基础。

践行企业责任　引领绿色发展　和谐共享之路

纪志坚坚持绿色可持续发展方式,把能源的梯级利用摆在优先位置。他以冰山自贸区工业园作为智能化能源管理示范基地,打造绿色制造工厂。同时,针对石油石化、煤矿、食品、煤改电等行业特性,通过各项冷热技术和综合解决方案,实现余热、余气、余压的循环再利用。"恪守安全生产的红线和现金流经营的底线",他把依法合规作为企业经营的高压线。他高度重视生态环境和安全生产,通过安全事务局,建立了相对完善的安全监察体系和监督机制,把责任落实到人;组织安全培训、演练等教育活动,运用各种宣传途径、培训安全管理人才等方式加强安全管理,为企业的安全生产保驾护航。他强调企业的经营核心是现金流,杜绝违规担保等行为,为企业的稳增长保驾护航。

他带领冰山人投身公益事业,积极实施"精准扶贫",不断健全志愿服务体系。他实施"选用育留"的人才战略,推进校企交流,与哈尔滨商业大学、大连理工大学、西安交通大学等高校形成稳定的校企战略合作关系,促进产、学、研相结合,为高校学子提供培训、实习、就业机会,助力学校每年向社会培养并输送大量人才。"发展是第一要务,人才是第一资源"。

深耕冷热之道,引领时代之潮。在纪志坚的带领下,拥有90年历史的冰山集团注入了新的增长动能,不断推进冷热事业的产业链向价值链转型升级,形成冷热生态圈的良好循环,为新时代提交一份满意的新答卷,为企业走向健康的百年夯实了根基。

陕西法士特汽车传动集团有限责任公司
党委书记、董事长

严鉴铂

严鉴铂：男，1962年10月生人，陕西蒲城人，中共党员，硕士研究生学历，正高级工程师。1984年7月参加工作，历任陕西汽车齿轮总厂（法士特集团前身）技术员、车间主任、厂长助理、生产副厂长；陕西法士特齿轮有限责任公司董事、副总经理、常务副总经理、总经理；陕西法士特汽车传动集团有限责任公司董事、副总经理、总经理。现任陕西法士特汽车传动集团有限责任公司（下称"法士特"）党委书记、董事长；2019年10月同时兼任秦川机床工具集团党委书记、董事长。西安市第十六届人大代表、西安市人大常委会委员、陕西省第十三届党代会代表。

不忘初心　做有家国情怀的企业家

严鉴铂工作30余年。不忘"振兴民族汽车工业"的初心，为推动中国汽车零部件产业转型升级和国有资产保值增值做出突出贡献，赢得业界高度评价。近年来，以严鉴铂为代表的法士特领导班子以前瞻性思维和全球化视野科学决策、大胆创新，推动法士特迈向高端、实现高质量发展。2018年，法士特各项经营指标连续16年排名中国齿轮行业第一，重型变速器年产销量连续13年位居世界第一。2019年，企业变速器年产销量突破100万台，销售收入将首次突破200亿元大关，创造企业历史发展最好成绩，为陕西地方经济发展做出积极贡献。

将个人价值同企业发展紧密相连

严鉴铂把为党工作的赤子情怀同企业改革发展紧密结合，把实现个人价值同党和国家的事业紧密结合，主动服务国家战略，落实国家宏观调控政策，在国企改革、脱贫攻坚、社会贡献等方面主动作为、勇于担当。

严鉴铂政治立场坚定，具有强烈的事业心和社会责任感。他带领公司领导班子坚持每月集中学习，不断提升领导班子的政治理论水平。特别是在2019年"不忘初心、牢记使命"的主题教育中，法士特领导班子成员共分成11个调研组先后开展21场基层调研，及时解决基层员工关注的难点热点。此外，严鉴铂常常利用休息时间，赶赴全国各地公司驻外销售服务站、企业"三高（高温、高寒、高原）"试验队工作现场等地看望常年驻外一线员工，及时了解他们的工作需求并给予支持与帮助。

严鉴铂不断强化科技研发平台和自主创新体系建设。法士特自主研发的AT、AMT、S系列变速器、DS系列客车变速器、轻卡变速器、液力缓速器、离合器、轮边减速机等八大系列新产品以及轮边减速机、纯电动汽车传动系统等新能源产品，部分产品关键核心技术已达到国际先进水平。目前法士特已拥有各类科技创新平台，形成了集产学研于一体、国内外市场优势互补的发展新格局。产品被国内外150多家主机厂上千种车型选为定点配套产品，出口美国、澳大利亚及东欧等几十个国家和地区。

我国高原地区时常会发生运输车辆由于连续下坡导致刹车失灵的惨痛交通事故，如果车辆加装液力缓速器则可有效避免。在中国市场这款产品一直被国外品牌垄断。在严鉴铂大力倡导下，法士特研发的液力缓速器凭借其优异性能受到广大用户的青睐，目前已成为国内重卡用户安全行车的首选产品，外国品牌同类产品由此价格大幅降低，让更多中国用户从中受益。

将企业发展同国家战略紧密相连

严鉴铂以前瞻性思维和全球化视野科学决策、大胆创新，紧紧抓住国家"一带一路"倡议和《中国制造2025》规划机遇，以战略定位高端化、产业布局全球化、品牌建设国际化、结构调整多元化、市场细分精准化和管理改革高效化为目标，果断提出法士特"5221"战略规划（"十三五"末，传统市场销售占比50.0%，智能化与新能源产品占比20.0%，国际市场占比20.0%，资本市场和新业态占比10.0%），为企业长远发展指明前进方向。

严鉴铂在2016—2017年"两化（信息化、智能化）推进年"，着力打造智慧工程、加速研发智能产品、全力构建智能制造企业；2018—2019年"创新驱动年"全力挖掘管理创新、产品创新、研发创新、制造创新潜力。坚持以绩效目标为导向，以绩效考核为抓手，形成企业高层、中层干部和单位部门多维一体考评体系。同时开展相关活动，大幅降低企业运营成本，推动企业迈向高端。

在国家提出"一带一路"倡议之前，法士特就已决定要做大海外市场，走国际化路线，"一带一路"给予了法士特更加强大的信心与更坚实的后盾。近几年，法士特国际产业布局快速拓展，企业已先后与卡特彼勒、伊顿、威伯科、戴姆勒、壳牌等全球数十个国际知名品牌建立长期战略合作关系，产品赢得国际用户广泛认可。

将文化建设同人才培养紧密相连

严鉴铂构建了"团结、务实、顽强、开拓"的企业精神、"我靠法士特生存，法士特靠我发展"的核心价值观、"为中国汽车工业的强盛而竭尽所能"的神圣使命、"企业综合实力不断提高、社会贡献不断提高、员工价值不断提高"的三大愿景目标等一系列核心文化理念。

在严鉴铂及班子的积极倡导下，法士特开展劳模宣传月、法士特工匠评选、法士特好人宣传、法士特道德讲堂等一系列思想道德精品活动，在全公司营造出让实干家有舞台，让付出者有回报，全面营造人尽其才、才尽其用良好氛围。近几年，法士特陆续涌现出全国劳动模范、全国五一劳动奖章、陕西省五一劳动奖章、中国好人、陕西好人等各类先进人物。

法士特坚定不移地深化国企"三项制度"改革，积极推进人事制度改革，建立干部能上能下、员工能进能出、收入能高能低的"三能"机制。2018年构建起法士特业绩导向考评体系"星级员工薪酬体系"和"三五人才规划"，为全体员工打通成长成才通道，为想干事、能干事、干成事的员工建台子、搭梯子、铺路子，为企业长久发展储备充足力量。

将企业责任同社会贡献紧密相连

严鉴铂积极倡导企业诚信意识，带领企业坚持诚信纳税，法士特连续多年被省市各级政府评为纳税信用A级企业。

严鉴铂带领法士特开展精准扶贫和产业扶贫，帮扶宝鸡陇县及安康平利县大贵镇半边街村，累计投入扶贫资金600万元，多次被陕西省评为脱贫攻坚优秀单位。集团成立法士特志愿服务队，每年不定期组织开展公益捐赠、扶贫救困、义务植树、慰问孤寡老人、看望福利院儿童等志愿服务活动。2008年汶川地震公司捐款高达近1000万元；2010年陕南洪涝灾害捐款500余万元；2013年四川雅安地震捐款11万元……支援灾区灾后重建，帮助灾民度过难关。"法士特齿轮奖学金"自2005年设立以来已持续了5期，累计支出总额超过2300余万元。

中国化学工程第七建设有限公司
党委书记、董事长

苏富强

苏富强：男，1963年生人，四川泸州人，中共党员，研究生学历，教授级高工，西南交通大学硕士研究生（校外）导师。他自1981年参加工作以来，历任七化建技工校教师、管道安装技术员、技术科科长、工程处副主任、项目经理、新疆公司经理、公司副总经理、总经理兼党委书记等。现任中国化学工程第七建设有限公司（下称"公司"）董事长兼党委书记。

先后荣获全国化工施工企业推行TQC先进个人、四川化工行业"九五"期间对四川化工建设做出突出成绩的先进个人及优秀共产党员、全国优秀施工企业家、全国化工施工企业优秀经理（董事长）、四川省劳动模范、四川省杰出企业家等荣誉称号。

做强企业　富裕员工　奉献社会

苏富强怀着对企业的一颗赤子之心，开拓进取，任劳任怨，带领全体员工苦干、实干、巧干，为公司的跨越式发展做出了卓越贡献。

引领公司"华丽"转身

2006年4月，苏富强任公司总经理。在国务院国资委及中国化学工程集团公司的大力支持下，提出了"建设国际型工程公司，走创新性发展的品牌之路"，制定了"立足西南、站稳新疆、进军东部市场，开拓国际市场"的新经营方针；围绕制度创新、技术创新、管理创新，通过改制、改组等重大举措，建立了高效的运营机制，提高了公司整体管理水平和核心竞争能力。上任当年，公司即实现了扭亏为盈，从原来只能干两三个大项目，到在国内外可同时实施几十个大、中型项目，成功树立了合成氨、尿素、聚甲醛、多晶硅品牌，同时还以煤化工、市政、环保、房屋建筑、1.4-丁二醇、甲醇、硫酸、磷铵、公路等工程领域作为品牌延伸建设的重点，形成了完善的品牌产业链，产生了良好的品牌效应。

争做"走出去"的排头兵

苏富强主动对接国家战略，始终做好实施"走出去"的先行者和主力军，企业多个项目被确定为"一带一路"沿线国家的重点项目。在出色完成工程项目的同时，积极履行项目所在地的社会责任。承建的孟加拉日产800公吨磷酸二铵化肥厂（DAP-1）工程、俄罗斯联邦鞑靼斯坦联合化肥装置项目荣获中国建设工程鲁班奖（境外工程），承建的俄罗斯TAF项目被当地媒体誉为"中企筑起的明星工程"。连续3年进入商务部中国对外承包"双百强"企业，商务部发布的2018年中国对外承包"双百强"企业中，公司新签合同额和收入分别排名第11位和第27位。

目前，公司在俄罗斯、乌兹别克斯坦、马来西亚、阿联酋、尼日利亚等9个国家有在建项目18个，累计合同金额1200多亿元。特别是2019年10月，公司签署的俄罗斯波罗的海化工综合体项目，该项目是全球最大的乙烯一体化项目，是目前全球石化领域单个合同额最大的项目，也是目前中国企业"走出去"签订合同额最大的项目，合同金额超百亿欧元。

转型升级技术创新

公司转变经济增长方式，在中国化学集团内第一家收购设计院走EPC发展道路；同时，推动企业转型升级，确立了"国内偏市政、国外偏化工"的差异化发展路径；积极开展以投融资带动工程总承包业务，重点在PPP模式、BLT模式、F+EPC+O模式、融资代建等模式进行探索与实践。

公司以投融资带动工程总承包，为业主提供投资、建设、运营维护等全产业链增值服务；成立了市政分公司，积极切入国内市政基础设施、环保等朝阳产业，持续在城市地下综合管廊、海绵城市、湿地公园、康养产业等领域发力；针对国外市场，在站稳传统的化工市场的基础上，从中东、非洲等"一带一路"沿线选择经济发达或资源丰富的国家和地区重点开发，签订迪拜世博会道路交通网升级改造项目和阿威尔道路以及国际城出入口升级改造项目合同，标志着公司在转型升级中实现了新突破。

苏富强注重企业技术创新，企业先后成功取得成都市企业技术中心、四川省高新技术企业和国家火炬计划重点高新技术企业认证。与四川大学共同研发的湿法磷酸生产高纯度工业级MAP的节能工艺获得专有技术证书；完成了国家高新技术企业资质的维护工作、国家高新技术企业重新认定工作；完成了《大跨度空间网架钢结构整体拼装与安装技术》《综合管廊整体式现浇施工技术》等创新项目。为加计扣除提供有力的技术资料支撑，获得了更多的免税优惠。他主动提出到俄罗斯DCC、DCU等项目检查高新工作情况，确保公司高新技术企业的正常运行。

公司加大创新投入，大力开展创新课题的研发工作，2018—2019年获

得了 21 项专利；中国化工施工企业协会年度工法奖 2 项，2 项科技成果分别获得化工工程建设科技创新成果一、二等奖；取得了国家级企业技术中心。

履行社会责任　提升职工获得感

公司积极参与抗震救灾，被评为全国先进；扶贫帮困，帮扶泸州市叙永县龙盘村；精准扶贫，向甘肃省外派挂职副县长。近年来，公司对华池县五蛟镇结对帮扶，开展党员干部与华池县贫困户"一对一"帮扶活动，精准扶贫 31 人。

在企业发展的过程中，苏富强积极融入人类命运共同体。公司加强跨文化交流，高度重视与项目所在国文化、习惯、风俗的融合，主动参与海外项目当地的社会公益活动。

近年来，以苏富强为首的领导班子提出打造百亿企业，他把企业价值观定为"企业以员工为本，员工与企业共荣"，在他看来，员工的切身利益同公司的命运是紧密联系在一起的。要通过建成国际型工程公司，不断满足员工物质文化需求，让员工分享公司的发展成果。苏富强提出在"十三五"期间，在打造百亿企业的过程中，让公司确定的"员工收入与公司效益同步增长"的目标踏实落地。自他任企业负责人以来，员工人均收入增长了 7.5 倍。2019 年，中国化学集团提出未来十年员工收入要达到央企一流水平，而苏富强提出员工收入要领跑中国化学，通过做强做优做大公司来提前实现这一目标。

在以苏富强为首的班子带领下，公司实现了高质量超常规跨越式发展，先后荣获全国五一劳动奖状、国家优质工程金质奖、中国建设工程鲁班奖、首批境外工程鲁班奖、中华人民共和国成立 60 周年 100 项经典暨精品工程奖、改革开放 35 年百项经典工程奖、全国建筑业 AAA 级信用企业、全国优秀施工企业、全国用户满意企业、对外开放工作取得突出成绩先进单位、全国质量服务诚信示范企业、全国建筑工程质量信得过企业、全国 AAA 级安全文明标准化工地、国务院国资委抗震救灾先进基层党组织、石油和化学工业品牌培育示范企业、中国石油和化学工业企业文化建设先进单位、中华人民共和国成立 70 周年功勋企业等众多殊荣。

安徽应流机电股份有限公司董事长

杜应流

杜应流：男，1952年1月生人，安徽霍山人，中共党员，1971—1976年在西藏军区服役，驻扎中印边境洞朗地区。1979年从个体运输开始创业，1984年创办农民联合车队，1988年创办工业企业，2014年1月集团核心企业应流股份（603308）在上海证券交易所主板上市。现任安徽应流机电股份有限公司（下称"公司"）董事长。是十二届、十三届全国人大代表，中国铸造协会第六届、第七届理事会副理事长，核能材料产业发展联盟第一届理事会副理事长，中国制造业创新联盟第一届理事会理事。

杜应流以卓越的工作成绩、良好的个人形象，深得员工拥戴、行业褒奖、客户认可、政府支持，荣获全国劳动模范、中国机械工业优秀企业家、装备中国功勋企业家等荣誉。

应流集团　傲立潮头

30年来，杜应流以身作则、勤勉尽责，带领企业从无到有、自小而大、由弱变强，始终坚持基础产业不动摇，审时度势，果断决策，进行了三次战略调整。

高质量抓好企业建设

1. 进军国际市场。20世纪90年代中期，杜应流就将目光瞄向海外，到如今，已与37个国家100多家全球行业领先的客户——包括13家世界500强企业——建立长期战略合作伙伴关系，形成了全球高端客户群。

2. 铸件零件化、零件部件化。进入21世纪，随着市场分工的细化，杜应流果断决定由铸件毛坯销售，延伸到加工成零件销售，并将部分零件进一步组合成部件，提高产品附加值。

3. 实施"两个延伸"战略。2002—2008年是企业快速发展的黄金时期。杜应流认为，随着形势的发展，中国产品低成本的优势将不复存在，他决定再次实施战略调整，逐步形成"价值链延伸、产业链延伸"两大战略，并落实到"两机两业"（航空发动机和燃气轮机、航空产业和核能产业）的战略方向，形成高端部件、航空科技和核能材料三大板块的产业格局。

近5年，杜应流先后投资13亿元，用于技术引进、新品开发，引进国内外多名高级专家。公司获批建设国家地方联合工程研究中心、安徽省首批技术创新中心等8个国家和省级创新平台；与中国科学院、清华大学、谢菲尔德大学等诸多国内外著名研究机构和高校，开展多领域、多形式合作。公司牵头承担国家重点研发计划"增材制造与激光制造"重大专项"增材制造陶瓷铸型在熔模精密铸造中的应用示范"项目，入选工信部"航空发动机和燃气轮机耐高温叶片'一条龙'应用计划",承担并完成核电、"两机"、油气装备领域多个国家科技重大专项产品研制任务,多个国产化首台套产品填补国内空白。公司主持或参与16项国家标准(其中杜应流7项)、10项行业标准制(其中杜应流6项)修订,授权专利200余件(其中杜应流30余件)。

随着企业的不断发展壮大,杜应流提出"高效应流、快乐应流、美丽应流"的企业愿景,"百亿应流、百年应流"的发展目标,"价值链延伸、产业链延伸"的发展战略,"瞄前沿、补短板、重创新、上高端"的发展理念,"一切以客户为中心、以客户满意为目标"的经营理念,"树精品思想、行精细操作、查精细过程、看精品结果"的工作理念。

杜应流将人才作为企业发展的最大资源,通过内培外引,形成一支领域广泛、梯次合理的创新、管理团队。2002年起开办应流职工大学,每年组织专题的培训,安排高级管理人员、技术人员外出深造和短期脱产培训。

企业经营硕果累累

30多年的发展,企业已经走在技术、行业的前端,成为国内行业领先并具有重要国际影响力的高端装备核心零部件制造企业,持续位列中国机械百强企业,高端阀门零件出口额全国第一、核级铸造零部件供货量全国第一。公司深入实施"两个延伸"战略,价值链延伸:就是在稳固发展油气资源、工程矿山零部件等中高端产品的同时,着力发展核电装备部件等高端产品,再至"两机"叶片等高尖端产品。产品吨价从几万元到几十万元,最高已达4000万元。产业链延伸:一是充分利用在核电零部件领域的市场优势,积极发展核能材料及其产品;二是充分发挥高温部件优势,引进德国技术,发展小型涡轴发动机以及直升机、旋翼机、无人机等航空科技产品。通过"两个延伸",实现三大板块协同发展。

公司上市后,2016年、2019年两次完成定向增发,截至2019年9月,公司总资产80.4亿元、净资产35.5亿元,分别比上市时增长113%、205%;2019年前三季度实现营业收入14.2亿元、净利润1.04亿元,同比分别增长 11.0%、51.0%。境外市场订单最高时占比达 80.0% 以上。近年来，杜应流把握重大装备国产化机遇，成为国内核电铸造零部件最大供货商、首家配套国内航空发动机重点型号的民营企业。杜应流创新战略管控机制，主动"化解"风险，中美贸易战中沉着应对，近两年美国市场订单保持平稳，欧洲、国内市场订单加速增长。

勇于承担企业社会责任

公司坚持诚信为上，尊重同行，恪守从业道德，反对不正当竞争。大力推行绿色制造，建设绿色工厂，发展循环经济，厂区内利用厂房屋顶兴建光伏发电系统。严格遵守环保法规，各类污染治理设施均与主体工程同时设计、同时施工、同时投用。公司坚持"安全第一、预防为主"方针，近年来，未发生安全、重大职业病及消防事件。

企业积极发展核电系列产品、"两机"高温部件和小型涡轴发动机，促进装备轻量化和提高燃油效率；推广加氢装置用阀门部件、油气回收装置等产品，帮助客户实现油气能源的高效、循环利用。

2005 年公司捐资兴建一家农村敬老院，坚持 15 年资助入院老人，逢年过节上门慰问；先后帮扶 12 个贫困村。2006 年，杜应流提议公司将每年 12 月 18 日定为"应流爱心捐助日"，连续 14 年带头并引领广大员工奉献爱心。公司多次被评为扶贫工作先进单位，获安徽省首届慈善奖。杜应流获中华孝亲敬老之星。

公司的发展安置了复员军人及贫困人员 4000 多名，杜应流严格遵守劳动合同法，维护员工合法权益，切实支持工会工作，着力构建和谐劳动关系。每年春节开展"送温暖"活动，资助特困员，还运用董事长信箱、微信群等渠道，倾听员工心声，引导员工关注企业发展、提出合理化建议。

中国兵器工业集团武汉重型机床集团有限公司党委书记、董事长

杜琢玉

　　杜琢玉：男，1963年10月生人，山西万荣人，中共党员，西北工业大学工商管理专业毕业，研究生学历，高级会计师、研究员级高级工程师。1984年2月参加工作，历任5401厂财务处会计、副处长、处长、副总会计师兼财务处处长；5401厂副厂长、总会计师；厂长；山西春雷铜材有限责任公司董事长、总经理，董事长、党委书记；晋西集团董事、总经理、党委副书记等。现任中国兵器工业集团武汉重型机床集团有限公司（下称"武重"）党委书记、董事长。

深化改革逆势突围　自主创新书写答卷

2013年6月，杜琢玉出任武重党委书记、董事长，当时的武重面临重型机床行业连续下行萎缩、需求结构加速升级、行业普遍亏损等困难。杜琢玉带领企业开展一系列大刀阔斧的改革和着眼未来的产业布局，突破技术短板，着力提升产品档次，在多个领域打破国外技术垄断与封锁，取得了一系列重大创新成果，一举打赢了扭亏盈利攻坚战。企业自主研发制造的一系列高档数控重型机床和专用装备，成功破解了高性能船舶、大型运载火箭等"大国重器"装备制造的众多"卡脖子"难题，不但填补了国内空白，还在多个领域实现了进口替代，2019年实现利润总额8500万元，武重集团步入有质量有效益可持续发展轨道。

攻克装备"卡脖子"　"大国重器"挺脊梁

重型机床被称为装备制造业智能制造的"工业母机"，尤其是国产航母、隐形战机、运载火箭等"大国重器"，其研发、制造都离不开重型机床的幕后支撑。机床加工精度、稳定性无法达到设计要求，"能设计出来，却加工不出来"长期是我国"大国重器"高端制造面临的"卡脖子"难题。杜琢玉选拔青年英才担任项目技术骨干，将研发团队搬到用户车间，一项项"大国重器""卡脖子"装备逐步被攻克。

大型舰船使用的燃气轮机机匣部件，加工设备长期依赖进口，杜琢玉带领研发团队根据燃气轮机机匣加工需求，自主研制的国内首台五轴立式铣车加工中心，不仅精度达标，而且通过多附件与刀具集成，实现车、铣、钻、镗等多工序负荷加工，效率比传统方式提高3倍，成功实现替代进口。企业自主研发的大型七轴五联动重型车铣复合机床、数字化龙门移动式制孔机床、超重型数控卧式镗车床等一批新产品，技术水平国际领先，零部件国产化率超过 95.0%，且广泛运用于首艘国产航母、大型运载火箭等"大国重器"。被称为"民族脊梁中最硬的骨头"。

业务拓展"吃螃蟹" 竞争市场"拼刺刀"

自 2013 年以来受全球经济下行影响，加之自身问题，武重出现了近 2 亿元的巨额亏损。杜琢玉迎难而上，从成长路径和市场拓展两个方面重点突破，引领武重突出重围。

在杜琢玉的带领下，武重坚持把"以用户为中心"的理念贯穿于"两做两懂"全过程——做平台、做精品，做最懂用户工艺的装备制造商、做最懂装备制造的技术服务商。产品结构从单一机床，逐步调整为重型机床、集成服务、专机装备并重的新型智能制造业务结构。商业模式创新始终走在行业前列，累计获得国家部委及集团公司管理创新成果奖 10 项。

武重是全国机床行业中，在盾构机领域"首个吃螃蟹"者。从 2015 年起，杜琢玉带领团队，创造性地开展盾构机经营租赁服务，形成集技术合作、加工制造、经营租赁、再制造等于一体的盾构机产业链条，累计创收超 5 亿元。

结合物联网应用，武重新推出的"武重云"平台实现了机床数据采集、故障预测、环境预警、智能维护等服务。目前已接入用户 200 余家，引领机床行业从"卖产品"向"卖服务"转型升级。通过在智能产线多个领域形成示范效应，武重还获评首批国家级智能制造试点示范、国家级服务型制造示范企业。"产品+""服务+""互联网+"的成功转型，让武重在短短 3 年时间内，从巨额亏损到盈利近亿元，并成为重型机床行业唯一一家连续 4 年保持盈利的企业。

自主研发补"短板" 技术攻关填"空白"

近年来，武重联合清华大学、华中科技大学等重点高校，建立国家级企业技术中心、数字化设计与制造国家创新中心，重点解决机床领域超重型零件铸造、焊接、多轴联动复合加工等行业共性问题。无论企业经营负担多重，武重每年研发投入增长率不低于10.0%。资金、团队等资源围绕用户急需、技术"短板"领域重点投入，通过技术创新帮用户挣钱、为用户省钱。

风电轮毂是风力发电设备中联接叶片与主轴的关键部件。加工难度大、风险高，国内5.5兆瓦以上大功率风电加工设备全面依赖进口。杜琢玉多次带领研发团队经过技术攻关，研制出高速度、高精度、高刚度、大扭矩全新数控落地铣镗床，性能指标达到国际先进水平，解决了大型海上风电轮毂加工难题，还能满足电力、船舶等行业大型特大型壳体、板金的各类加工工艺需求。

近年来，武重累计承担国家重大专项18项，获得授权专利147项，获授权发布国家和行业标准27项。在龙门移动式制孔机床、数控多主轴钻床、大型搅拌摩擦焊等核心装备、"短板"装备领域均填补国内"空白"。

党建引领促改革　书写武重新荣光

杜琢玉积极推动两个"一以贯之"在武重生根落地，在央企系列中，创新基层党组织考核，纳入绩效管理，以高质量党建引领武重高质量发展，形成了"现代企业制度+党的建设+社会责任"的"三位一体"中国特色现代企业制度。

结合机床领域对创新人才的独特需求，杜琢玉积极探索推进"长师分设制"系列改革。设立科技带头人、科技骨干等技术职务，让专业性强的人员从管理岗位退出，专心做技术工作。建立健全以项目为核心的科研人员激励机制，科研项目提成"上不封顶"。目前武重已建立起一支由300个科技骨干、300个武重工匠、5个核心技术创新团队组成的创新人才队伍。

6年来，武重累计实现营业收入60.1亿元，占国内重型机床市场份额由原来的13.0%增至70.0%，每年新产品年收入占比均超过60.0%……一系列强化党的建设和推动改革发展的举措，使武重自主创新能力大幅提升、品牌质量效益全面提升、职工幸福指数全面提升。

中国平煤神马集团党委书记、董事长

李 毛

李毛:男,1967年2月生人,河南驻马店人,中共党员,研究生学历,管理学博士,教授级高级工程师,先后在国有特大型企业工作20多年、地级市政府任副市长1年6个月,现任中国平煤神马集团(下称"集团")党委书记、董事长。

先后荣获全国石油与化工工业劳动模范、河南省劳动模范、河南省经营管理优秀专家等称号,多次获得省部级科技进步奖。

新思路　新举措　新成就

李毛针对传统企业转型发展的时代要求，紧紧扭住质量效益环节，筑牢安全环保措施，优化产业结构布局，增强改革创新动力，提升运营管理水平，加快建成具有全球竞争力的世界一流能源化工集团。李毛具有企业家忠诚事业、追求卓越的强烈责任感、使命感，赢得了企业全体员工的拥戴和社会各界的广泛赞誉与褒奖。

优化结构　高质量转型发展驶上快车道

面对我国经济由高速增长阶段转向高质量发展的新阶段，李毛提出了坚定"传承发展、守正创新"工作方针，创造性提出"六个坚持"基本原则，即坚持以安全环保为前提，坚持以质量效益为中心，坚持以改革创新为动力，坚持以结构调整为主线，坚持以全体职工为依靠，坚持以党的建设为保证，努力实现质量更高、效益更好、结构更优、底色更绿的发展。在李毛的领导下，2019年，集团实现营业收入1643亿元，利润16亿元，均创近年来新高，企业步入了高质量发展新阶段。

李毛把煤焦、尼龙化工、新能源新材料定位于三大核心产业，出台《中国平煤神马集团转型发展三年行动计划》，加快构建要素资源更集中、产业领域更高端、发展路径更清晰的现代产业新体系，加快煤炭由动力燃料向化工原料转变，着力打造全国前三位的焦煤生产和配煤基地。集团把尼龙产业作为转型发展的主攻方向，并入选国家发改委公布的第一批66个国家战略性新兴产业集群名单。与美国工程材料公司合作投资120亿元，筹建80万吨PC项目，全面提升盐化产业精细化、高端化水平。在新能源新材料产业主导产品中，大规格超高功率石墨电极填补国内空白，锂电池、石墨负极材料、高端银浆已形成一定的产业基础，高效单晶硅电池片质量达到国际先进水平，高纯度硅烷产品纯度达到11N级、打破了国外技术垄断，建设了全球规模最大、设备最先进的4吉瓦高效单晶硅电池片项目。

创新驱动　改革迸发创新活力

李毛始终把改革创新作为推动企业发展的第一动力，企业改革全面发力、多点突破、纵深推进；系统总结了集团近20年的混改经验，形成了核心产业整体上市、选择优秀民企合作、试点推行核心员工持股和规范现代企业制度建设"三路径、一规范"平煤神马特色混改模式。

集团坚持责权利相统一，积极规范构建权责清晰、管理科学、协调运转、有效制衡的国有企业法人治理结构，出台了进一步规范混合所有制企业管理的14条举措，明确了董事会、监事会的人员配置和工作职责；成立党委防范化解重大风险领导小组，确保不发生系统性风险。

2018年10月以来，在李毛的领导下，集团连续出台了一系列涵盖产权制度、薪酬管理、干部人事、考核评价、审计监督等重要改革政策，构建起了安全、经营绩效、党建"三位一体"的综合考评体系，充分激发了企业活力和动力，实现了改革与发展的双促进、双丰收。

李毛打破原有行政化的创新体制，组建了集团科技创新管理部、煤炭开采利用研究院、尼龙化工研究院、新能源新材料研究院，建立健全更加灵活高效的科研考核激励机制。重建了科研经费预算管理制度，一系列配套改革办法，设立了科技创新、卓越贡献、产品研发等一系列激励措施，充分调动集团研发人员的积极性和创造性。

按照"宜分则分、宜奖则奖、宜转则转"的原则，对于拥有自主知识产权且直接转化为新产品的成果，实行效益分成激励；对于拥有自主知识产权但侧重于在现场推广转化并取得显著效果的成果或工艺，实行一次性奖励；对于围绕集团重大战略需求，列入集团专项资金的项目，试行股权转让或出售等方式。2019年6月中旬建成了河南省首个智能化综采工作面，实现了矿井"一张图"管理。

履行责任　用行动扛起国企担当

李毛在全省省管企业中率先聘用专职总法律顾问，在基层单位建立法律事务机构、配备法律顾问队伍，建立起重大经营事项法律全过程参与和把关制度。

狠抓安全环保，筑牢高质量转型发展前提。坚持问题、目标、效果"三个导向"，全力打造本质安全型企业；创新监管方式，全面夯实责任。坚定走绿色发展之路，在行业内率先提出"近零排放"目标，实施5年行动方案，推动环保由被动防治向主动治理转变，让广大职工在更加整洁美丽舒适的环境工作生活。

助力扶贫攻坚，集团积极参与地方对口扶贫和"百企帮百村"活动，被河南省委组织部等部门评为全省第一书记选派工作先进单位；积极开展金秋助学，2019年发放助学金461.57万元，资助贫困学生2785人次，曾获河南省金秋助学先进单位。在中国矿业大学、河南理工大学等高校，分别设立200万元的"平煤神马奖学金"。

2019年，集团扎实开展"后勤转型深化年"活动，改善职工作业环境。投入各类帮扶资金3062万元，集团城市困难职工提前一年全部解困。

强基固本　党的建设质量得到持续提升

集团坚持以全面从严治党推动党建的高质量，以党建的高质量推动转型发展高质量。丰富完善"三四四一"党建工作机制，出台一系列体现时代性、激励性的制度。开通"智慧党建"网络平台，推进理论教育网络化、便捷化、多样化。总结推广首山化工"四带四促"党建工作法，带动混合所有制企业党建工作。

坚持以党的建设引领企业文化发展方向，形成了跟党走跟得紧、靠职工靠得住、信念坚能量正、合力强干劲足的优良传统和浓厚氛围。构建常态化重大典型培育机制，培养出"新时代技术工人创新和奉献的典范"王建勋、"煤矿区队安全的传奇"四矿掘进一队、"中国第一卷绕工"张国华等一大批闻名全省、享誉全国的英模人物和集体。

中地君豪建筑工程有限公司董事长

李 军

李军：男，1982年5月生人，黑龙江哈尔滨人，清华大学经济管理学院EMBA学历，法国北欧大学荣誉商管博士，长江商学院DBA六期在读博士。第二届世界杰出华人青年企业家、2018年度中国经济十大创新人物、哈尔滨市道里区第十六届人大代表。现任中基君豪集团有限公司、中地君豪建筑工程有限公司（下称"中地君豪"）、广州君豪创业投资有限公司董事长；出任广东省黑龙江商会会长、广东省哈尔滨商会会长、佛山市青年商会执行会长。

打牢基础促腾飞

李军作为行业科技创新引领者和创业优秀青年企业家，本着"专业铸就品质，诚信构筑未来"的精神，不断将企业做强做大，连续实现营业额、利税额持续翻番，使之成为地基与基础工程行业领军企业。

战略先行　恪守品质　热情服务

李军，视野开阔，从不局限于眼前，看问题也常常一针见血。当年出于对旋挖设备的兴趣看似"误打误撞"进入基础施工行业，在他看来，其实是通过开旋挖机的经历，切身感受中国建设事业蓬勃，基础施工行业市场潜力巨大，而且行业缺乏创新，因此他看准时机，把握机会，打开了创业之门。

李军坚持以战略为企业发展的指导，将企业的发展方向和发展战略与国家的发展规划相对应和结合，在实现企业扩张的同时，为国家富强、人民幸福做出有力的贡献。2019年，中地君豪在李军的带领下，一方面，进军地下空间建设领域，斥资3.5亿元购置德国宝峨、意大利土力、徐工机械等国内外桩工机械巨头的10台套双轮铣，并与业内优质企业形成"超级联盟"，以"地连墙施工一站式服务"的理念获得业界认可。另一方面，集中精力办好自己的事情，是中地君豪应对各种风险挑战的关键。在制定企业战略时，深耕企业优势领域和熟练领域，保证企业的"专"，专业、专心、专情能够最大程度上保证企业在对应领域的技术领先水平，进而保证企业所制定的发展战略合乎实际，合乎国情。

对此，李军要求企业整体氛围上要有责任意识和对质量的苛求态度，设立完备的巡查考核机制，最大程度上杜绝可能出现的质量问题；通过对新工法的应用和在实际工作过程中对工作流程和方法的优化，从工法层面和理论层面实现品质的提升。中地君豪还与平安集团全资子公司——平安城科达成战略合作，共建大数据赋能"智慧工地"管理，推动工程建造管理的数字化、在线化和智能化。中地君豪亦成为行业中首家全力拥抱智能化管理的地基基础施工企业。通过大数据的管控，能够精准查找各线条管控的漏洞所在，从而不断优化流程管控，不断提升管控的精细化，为项目的高效安全建设提供更实实在在的辅助。服务是行业竞争最大的加分项，李军要求除了本职工作外，在工作的细节上处处体现服务态度，服务精神不仅仅体现在为客户着想这一点，更体现在对整个环境的观察以及审时度势，顺势而为之上。

2019年，李军带领企业迎来事业新突破，中地君豪再次获得2019全球工程机械产业大会暨50强峰会——中国基础施工企业双十强第1名，也再次进入黑龙江省企业100强，凭借出色的业绩数据，中地君豪位列黑龙江省民企第7名，哈尔滨民企前三；并进入北京大学社会调查研究中心与智联招聘联合主办的佛山2019年度十佳雇主榜单。

合作共享成果　尽显社会价值

"共享、共荣、共赢"是李军一直推崇的经营理念，与客户、供应商以及公司的员工相处之道，正是合作共享，共同成长。

中地君豪的合作伙伴皆为世界500强的企业，包括碧桂园、恒大集团、万科集团、中国中铁、中国铁建、中国交建、中国建筑等，与中地君豪结盟的还有国内外顶尖的桩工机械巨头德国宝峨、意大利土力、徐工机械，中国最大的设备制造商三一重工以及中国最大的混凝土制品商建华建材等供应商伙伴。每个成功企业都有不同的管理理念，李军通过与这些知名企业合作，学习及积累管理经验，融会贯通，学以致用。

李军认为"一家优秀的企业，人才是关键所在"，在2014年就积极在全国各地推行人才招揽方案，以高待遇、高福利的策略，吸引高校和企业的精英加盟。在用人方面，也敢于起用新人，只要员工有能力、敢拼搏，即使资历尚浅，也能晋升至管理层。中地君豪现阶段员工的平均年龄仅为

28.7岁，90后员工担当重任，更启用一位年仅30岁的优秀年轻人担任公司执行总裁，并管理超过数十亿元的业务。

匠心品质载道　敬业精神授业

中地君豪在短短十余年发展成为一家优秀企业，李军对品质的追求可以用极致来形容，他要求施工的每一根桩都有数据可查，完工后都需要上传照片，甚至为了把每一根成桩的数据追溯到是哪台车灌注的混凝土，在施工现场引入了移动执法记录仪，并要求信息技术公司以此模型建立ERP系统。

李军以敬业精神授业，始终把产品的品质放在首位，并将蒲松龄的"有志者，事竟成，破釜沉舟，百二秦关终属楚；苦心人，天不负，卧薪尝胆，三千越甲可吞吴"作为做人处事的座右铭和公司的企业精神，要求企业员工遵从"安全是生命，质量是眼睛"的安全质量理念，践行"质量取胜，口碑传承"的企业信条，企业的技术实力和服务品质得到了广大业主的高度认可，在业内拥有极大的影响力，连续两次获得碧桂园集团年度十大工程质量标杆金凤凰奖及年度合作伙伴金凤凰奖两项至高殊荣，并成功引领企业成为2018中国（行业）十大竞争力品牌。

关注公益事业　履行社会责任

李军把依法经营，关注社会公益事业，履行社会责任，作为公司企业文化的重要组成部分，真正做到取之于社会，回馈于社会。

李军积极投身教育公益事业，累计捐资助学额超过3000万元。2017年更是捐资1000万元支持清华大学优秀的高材生赴外交流。2014年，被沿河土家族自治县人民政府授予沿河土家族自治县荣誉市民；2015年，被哈尔滨市道里区人民政府授予尊师重教爱心人士。

李军于2019年年底当选为广东省黑龙江商会会长，同时担任广东省哈尔滨商会会长，充分发挥商会平台桥梁作用，努力推进粤哈两地经济发展和文化交流，引入会员数百家（其中上市公司30余家），成功举办了哈尔滨市投资环境推介会并完成了哈尔滨市9区9县的战略投资签约。

青岛海湾集团有限公司
党委副书记、董事长、总经理

李 明

李明：男，1964年9月生人，山东青岛人，中共党员。1986年毕业于青岛化工学院（现青岛科技大学）化工机械专业，南开大学EMBA，工程技术应用研究员。历任青岛化工厂车间主任、机动能源处处长、厂长助理、常务副厂长，青岛海晶化工集团有限公司（下称"海晶化工"）总经理、党委书记，海湾集团总经理。现任青岛海湾集团有限公司（下称"海湾集团"）党委副书记、董事长、总经理。

李明专注化工生产技术及企业经营管理30余年，化工专业水平高、管理经验丰富、工作业绩突出。特别是近年来，李明带领海湾集团抢抓青岛市老城区企业环保搬迁的机遇，把企业搬迁与转型升级相结合，在西海岸董家口和平度新河打造了两个全新的现代化工产业园区，构筑起青岛化工产业发展的新高地。因成绩突出，李明曾获"全国石油和化工优秀科技工作者""全国石油和化工行业影响力人物""全国石油和化工行业'改革开放四十周年突出贡献人物'""山东省劳动模范""山东省富民兴鲁劳动奖章""山东省优秀企业家""青岛市优秀企业家""青岛市专业技术拔尖人才""第六届青岛十大杰出青年"等荣誉。

腾笼换鸟促转型　凤凰涅槃谋升级

1999年，李明临危受命，出任海晶化工总经理，成为当时青岛市大型国企中最年轻的总经理。从市场创新、管理创新、技术创新、机制创新四个方面实施了一系列改革，带领特困企业迅速走出低谷，彰显了卓越的经营管理能力。在此后连续10余年时间里，海晶化工始终保持着年销售收入25.0%的增长，被中国化工企业管理协会授予"化工500强常青树"称号。

2010年以来，抢抓青岛市老城区企业环保搬迁的机遇，李明带领企业开启"二次创业"新征程，聚焦聚力新旧动能转换，走在了全国化工行业供给侧结构性改革的前列。

高起点谋划产业布局　高标准推进项目建设

在搬迁发展过程中，李明站在全局战略高度，制订三个指导方针，一是遵循国际化工发展规律，借鉴发达国家集群集约、智能融合、绿色高效等先进典型经验；二是遵循国家产业发展政策，注重生态环保，推动转型升级，向产业链核心和高端领域迈进；三是遵循园区区位发展优势，依托港口码头等地域资源，向上下游产业链拓展延伸。

从企业长远发展的角度，李明提出了"四化"发展理念。一是技术国际化，采用国际先进技术，大幅提升企业核心竞争力；二是装备大型化，引进大型装置设备，降低单位成本，追求合理经济规模；三是环境生态化，坚持绿色、低碳、循环、可持续发展，谋求生产与生态平衡、发展与环境和谐；四是管理现代化，运用现代化管理手段，推动组织机构科学高效运转。

结合企业搬迁发展实际，李明坚持"资源共享、要素统筹、协调发展"原则，统筹推进实施了"五个一体化"发展战略。一是规划建设一体化；二是安全环保一体化；三是公用工程一体化；四是仓储物流一体化；五是智能管理一体化。

从三个指导方针、"四化"发展理念到"五个一体化"发展战略，李明提出的一系列科学谋划和布局，为集团打造两个"资源配置优化、产业链紧密衔接、区位优势突出"的现代化工产业园区指明了方向、明确了路径，成功的顶层设计成就了今天的企业发展。

在日常生产经营和搬迁发展"双线作战"的压力下，李明带领全体干部职工发扬"5+2、白加黑"精神，引进英、德、美、日等国际最先进工艺技术和装备，凭借"海湾速度"，在西海岸董家口和平度新河两个化工产业基地打造了多个精品工程，建设了一批上下游高度关联、产业链科学、带动性强的高端化工项目。

李明坚持把创新驱动作为引领高质量发展的第一动力，围绕创新要素聚集、创新平台拓展和创新体系构建，明确了"创建科技产业研究院、加深产学研融合、加大高层次人才引进"等具体举措。

经济运行持续向好　品牌影响力日益增强

在李明的带领下，海湾集团干部职工凝心聚力、攻坚克难、勇于担当，取得了高质量发展的优异成效。2018年，海湾集团搬迁项目规模化投产并发挥效益，当年实现销售收入109亿元、利润10.28亿元，较搬迁前最好年份的业绩翻了一番，创下了集团历史最优成绩。

以百亿元为新起点，李明对标国际一流化工企业，提出了"2019年实现销售收入130亿元，2022年达到200亿元，2025年突破300亿元"的"三步走"战略目标，并科学规划了一批新项目。李明十分重视品牌建设，在对重点客户和下游市场全面调研的基础上，正式提出了海湾集团品牌战略，落实了"以保证产品质量为基础，以客户需求去细分市场，以'标准+α'作为营销主体模式，不断拓展高端市场，提高市场覆盖率和占有率，树立良好的企业品牌口碑和形象"等举措。

安全、环保一手抓 以人为本显担当

作为集团领导班子的"班长",李明坚持以把方向、管大局、保落实为己任,认真履行"一岗双责",紧密团结班子成员,在干事创业、开拓进取等方面发挥了良好的率先垂范作用。

坚守红线意识和底线思维,安全环保持续稳定。化工生产属于高危行业,一直以来,李明把安全生产作为企业的生命线来抓,不断深化完善各项安全工作措施。严格按照"党政同责、一岗双责、齐抓共管、失职追责"的要求,与企业逐级签订安全环保工作目标责任书,层层传导压力,压紧压实责任。发起"强化双基管理年"活动,扎实推进风险分级管控和隐患排查治理双重预防体系建设,各企业均顺利通过首轮评审验收。创新"安全+"智能化平台,完成"二道门"改造、电子巡检系统推广应用及罐区泄漏远程控制改造等工作。加大安全检查力度,紧盯重点部位、重点环节、重点时段;强化安全培训教育,实现了安全培训教育的规范化和常态化;强化应急救援演练,全员安全意识和应急救援能力得到有效提升。

李明按照"减量化、再循环、再利用"的 3R 原则,坚持走绿色、低碳、循环、可持续发展道路,要求企业对标"无液体、无气味、无气体"的"三无"厂区标准。同时,积极响应国家创建"资源节约型、环境友好型"企业的要求,不断加大环保资金投入,不断优化生产工艺,大力实施技改技措,全力保障各类环保设施有效运转,节能减排和资源综合利用成效明显。

在关心关爱职工方面,李明结合企业效益增长情况,努力提高职工薪酬待遇,并适时启动了企业年金计划,与员工共享企业发展成果。在帮扶方面,发挥党组织、工会和爱心基金的平台作用,全力帮助员工解决实际困难和问题;同时积极响应精准扶贫号召,结对帮扶青岛市经济薄弱地区,累计资金帮扶上千万元。在信访稳定方面,坚持群众利益无小事,深入细致排查化解矛盾纠纷,努力维护了和谐稳定的发展局面。

中国石油天然气股份有限公司抚顺石化分公司
党委书记、总经理

李天书

李天书：男，1962年5月生人，黑龙江绥化人，中共党员，高级工程师。现任中国石油天然气股份有限公司抚顺石化分公司（下称"抚顺石化分公司"）党委书记、总经理。

李天书带领抚顺石化公司先后荣获中央企业先进集体、全国绿化工作先进单位，辽宁省公安厅安全保卫工作集体二等功；本人先后当选全国人大代表，获得全国五一劳动奖章、辽宁省优秀企业家、抚顺市特等劳动模范和功勋企业家等荣誉。

党建引领　做好企业大文章

李天书就职以来，认真贯彻落实集团公司总体要求部署，充分发挥抚顺石化整体优势，积极应对市场变化，及时调整经营策略，全力优化生产运行，始终坚持以经济效益为中心，全力确保国有资产保值增值。

6年来，抚顺石化分公司累计盈利108亿元，为国家贡献利税639亿元，为抚顺市地方原料供给增长145%，员工收入持续大幅增长，化工商品总量增加了170万吨，石蜡产量增加了20万吨，高效产品产率提高了24.65个百分点，开发生产了新产品93万吨，事故事件下降67.8%，主要污染物排放量逐年下降，由C级企业成为A级企业，成为拉动抚顺乃至全省经济增长的强力引擎，在地企深度融合发展过程中肩负了骨干国有企业支撑地方经济发展的历史重任，在辽宁老工业基地新一轮振兴中挺起了脊梁。

坚持党的领导　加强党的建设

公司党委牢固树立"四个意识""四个自信"，做好"两个维护"；开展深入学习宣传贯彻习近平新时代中国特色社会主义思想巡回宣讲活动，受众2万余人次。深入开展"不忘初心、牢记使命"主体教育，组织两级班子集中学习和专题研讨，开展基层调查研究309次。启动"营造良好政治生态鼓励党员干部忠诚干净担当"专项活动，严格执行民主集中制，履行"三重一大"事项集体决策程序，集体决策制度化、常态化。积极探索创新"互联网+国企党建"，移动端累计登陆近300万人次。多渠道创新"党员先锋岗""党员示范区"等基层党组织活动载体。公司共产党员工程列入国务院国资委国企改革40年党建工作案例。同时，将党建工作纳入单位业绩考核，实施共产党员工程543项，党建工作优势突出显现。突出政治巡视巡察，实现机关部门巡视巡察全覆盖；突出执纪问责震慑作用；突出专项检查，集中整治形式主义、官僚主义，严查隐形变异"四风"问题；突出构建大监督格局，落实全面从严治党"两个责任"压紧压实。抚顺石化分公司党的意识形态责任制落地落实取得进展，政治理论学习管理进一步强化。

聚焦生产经营　持续提升效益

李天书带领抚顺石化分公司研判国际、国内炼化市场形势，以市场价值最大化为目标，以计划优化为统领，以"用户满意的产品才是好产品"为宗旨，建立完善"日核算、周测算、月分析，适时优化、快速决策"的生产经营预警机制，把资源特色转化为产品特色和竞争优势，让有限的资源更多的变成高效产品，让每一吨原油尽可能创造最大的效益。2015年盈利3288万元，同比减亏44.12亿元，提前4年完成国务院国资委下达的重点亏损企业5年减亏目标。2016年盈利39.1亿元，同比增加38.8亿元。同年12月26日，辽宁省委号召在全省范围内学习推广抚顺石化向管理要效益、创新管理体制机制的先进经验。2017年，抚顺石化分公司在大检修情况下，持续盈利15.31亿元。2018年盈利30.07亿元，在中石油27家炼化企业排名第一。2019年，面对外部市场环境显著变化、风险挑战加剧上升的复杂局面，抚顺石化分公司全年实现盈亏平衡。积极贯彻"绿水青山就是金山银山"的绿色发展理念，成功实现汽、柴油质量升级，严格控制工业污水和气体排放，主要污染物全面实现达标排放，助力国家打赢污染防治攻坚战。抚顺石化分公司坚持走"特色化、差异化、高端化"新产品开发方向，"新型烷烃脱氧催化剂开发与工业应用"填补中石油多项技术空白，表面活性剂新型无碱体系配方研发列为国家重大科技专项，已取得新突破；柴油加氢精制—裂化组合催化剂实现成功工业应用，被列入中国石油十大科技进展，开发生产的聚乙烯FHP5050成为目前国内唯一得到认可并广泛使用的瓶盖料等。6年来，抚顺石化分公司不断突破自身瓶颈，实现质的跨越，向着创建国内一流炼化企业的目标，高质量发展。

推进改革创新　释放企业活力

当今企业管理，应与技术、质量上的转型升级相适应，抚顺石化分公司以"管理创新促进企业高质量发展"为主题，充分驱动改革与创新双轮，助力企业发展。在科技创新的同时，延续管理创新优良传统，积极参加行业协会管理创新研讨，借助企业协会平台交流取经，以管理创新成果有形化为抓手，带动管理创新。抚顺石化分公司以人事改革为突破口，带动"三项制度"、医疗业务、矿区服务、清理僵尸企业、集体企业改革有序推进，驱动企业紧密围绕主线业务轻装快进。借鉴国内外炼化企业经验，建立了一套符合企业实际、具备自身特色、保留优良传统的基础管理体系，将企业原有规章制度、QHSE、内控等六大体系有机融合，形成了一套以规章制度为轴心，兼容流程、标准的基础管理体系，对外满足各监管机构审核验证要求，对内规范企业日常管理，理顺管理流程，提高经营效率。加强基层建设，以"两级八星"竞赛活动为抓手，持续夯实基础管理根基。涌现出了一批有本领、想干事的员工，享受国务院政府特殊津贴专家1人，"青年科技立业英才"先进典型1人，在全国行业和中油集团公司技能竞赛中，取得了3块金牌、4块银牌、3块铜牌的傲人成绩。

深度关爱员工　履行社会责任

在大幅提升效益的同时，李天书带领抚顺石化分公司把"关爱员工就是关心企业"的理念具体化、人性化，千方百计为员工谋福利，得人心、暖人心、稳人心。员工人均年收入大幅度增长，住房公积金人均增加20.0%，企业年金的企业缴费比例由5.0%调整为8.0%，创历史最高水平。为员工发放健康疗养费，为员工定制专属保险，投保非公意外和团体寿险，累计赔付846万元。积极贯彻落实新个人所得税优惠政策，1.2万名员工享受到减税红利3300万元。关心关爱特殊群体，帮扶救助各类特困群体，为特困员工子女提供助学救助，员工就餐、洗浴、住宿、通勤等服务水平持续提升，大力实施员工及家属惠民体检、通讯服务等。同时，高质量推进"绿色工厂"建设，让员工时刻享有"家"的温暖。

浙江荣盛控股集团有限公司董事长

李水荣

李水荣：男，1956年7月生人，浙江萧山人，中共党员，高级经济师，现任浙江荣盛控股集团有限公司（下称"荣盛集团"）董事长，并担任中国纺织工业联合会第四届理事会副会长，杭州市商会副会长，浙江理工大学兼职教授，浙江工商大学客座教授等职。系2015年度风云浙商和2017全球浙商金奖获得者。2018年获评浙江省首届非公有制经济人士新时代优秀中国特色社会主义事业建设者。浙江省杭州市人大代表。

李水荣带领企业经过30年的不懈努力，使荣盛集团发展成为以石化、聚酯、纺丝、加弹一体化产业链为主业，并涉及房地产、金融、创投、物流等多个领域的大型控股集团。荣盛集团旗下上市公司——荣盛石化控股的位于浙江舟山的浙石化4000万吨/炼化一体化项目不仅是浙江省发展石化产业的重点项目，也是由民营控股、国企参股的混合所有制经济的示范性项目。目前集团拥有总资产2000多亿元，位列中国500强企业和中国民营企业百强企业，主业规模位居全国乃至全球同行业前列。

做事惟实　做人惟德

李水荣出身贫寒，当过木工，开过木材行，1989年，他看准纺织行业的远大发展前景，毅然改行，倾家投入20多万元资金、购置8台有梭织机，租用当时益农乡一家乡镇企业的6间闲置平房，开始了他的创业生涯。1997年，当中国化纤业走入低谷时，李水荣毅然决定放弃织造，全身心上马化纤项目；20世纪末，当周围许多企业盲目投资，最终走向衰败时，李水荣却连续几年投入巨资，引进设备扩大产能。李水荣每次都抓住了市场变革的绝好时机，为荣盛集团很好地完成了第一阶段的资本积累。

接下来李水荣的战略思路更为清晰，就是要向产业链的上游要效益，投资聚酯直接纺丝项目，向石化产业进军。李水荣为荣盛集团打造了一个石化、化纤帝国。荣盛集团在化纤领域率先引进了全流程自动化装备，实现了"机器换人"；在上游PTA板块的产能已经做到全球领先；2015年国内单系列规模最大的芳烃项目建成投产；4000万吨/年的炼化一体化项目一期已经实现全流程打通。

理念超前的实践家

在李水荣的脑中，有很多超前而务实的理念。"诚信立业，追求卓越"是李水荣从商的根本理念。短短8个字，却是李水荣几十年商海征战的经验总结。李水荣把这八个字归结为两层含义：对外严守信誉，真诚待人；对己严格要求，超越自我。他始终坚持着这8个字的原则，并切切实实地把它付诸了实践。

在商业来往中，不论是对大公司还是对小客户，李水荣一直坚持"诚信"原则。在创业过程中，他逐渐把个人的"守信"作风融入企业，荣盛集团由此着手打造起了自己的信用管理体系，并得到了各级政府和社会各界的肯定。李水荣对"卓越"的诠释是："要么不做，做了就要做好""荣盛集团就是要做行业的引领者"。在这些理念的指引下，荣盛集团开展了众多大刀阔斧的改革和创新，从投资项目的设计，到生产线设备的引进，再到现场施工管理，始终坚持高起点、高要求。

李水荣认为，在激烈的市场竞争中，企业要做到基业长青，有三个因素至关重要——规模实力、市场影响力、品质，而要做到这三点，源头是管理。因此，多年来荣盛集团大力推进企业管理创新，除了在同行业中较早地实现了股改上市以外，还积极引进了信息化管理系统、完善了绩效考核系统，这些举措，使荣盛集团的管理水平不断提升。

李水荣的成功还与他的乐观心态密不可分，无论面临什么样的困难，他心中始终保持着一份乐观，只要从容地去应对，努力地去争取，没有什么困难是解决不了的。在他看来，努力地去追求心中的目标和理想，并不断地实现它们，就是人生最快乐的事情。

情系桑梓的慈善家

李水荣有一句座右铭："做事惟实，做人惟德。"在创业过程中，他一刻没有忘记创业初期的宏愿：为一方百姓做实事、做好事。荣盛集团做大了，李水荣当初带动一方老百姓致富的理想也正在逐渐变为现实。目前，荣盛集团本部已拥有员工4000余人，并且还在不断扩大，这些员工很大一部分来自益农当地及周边地区，随着企业效益的逐年提高，员工的日子也一天天的富裕了起来。可是，李水荣觉得离他的梦想还很远，几年来，他主动出击，帮助政府搞城建、办教育。在他的带领下，荣盛集团至今已为社会公益事业捐资捐款超过2亿元，资助领域涉及文化教育、城镇建设、扶贫济困等各个方面。

对待社会公益事业，李水荣讲究的是要实际效果。当年在益农镇设立荣盛教育奖励基金之时，他就强调一定要把基金用好，使这个基金能够真正促进当地教育的发展。10多年后，益农镇的教育水平走在了全区镇街学校的前列。在慈善工作中，李水荣总是亲身参与。他亲自担任了当地慈善

分会的会长,近年来,荣盛集团与周边10个困难户结成了扶贫对子,他哪怕工作再忙,每年都要抽出时间亲自去走访。他还叮嘱企业的工作人员,在帮助困难户的过程中,不能走走形式就算了,而要从他们的实际需求出发,多为他们怎么样尽快摆脱贫困做些考虑。

心系群众的好代表

除了企业家,李水荣还有许多社会身份,其中之一便是杭州市人大代表。平日里,李水荣不讲排场,崇尚清廉,他每次理发都在镇上的小理发店;吃饭都在员工食堂;有机会就去邻居家串门,与村民们唠家常,平易可亲是他最打动人心的人格魅力。

作为一名人大代表,李水荣深深觉得,做好一家企业,办好一份慈善还远远不够,必须要为当地的经济社会发展做一些更加深入和长远的事情。为了深入了解群众的心声,拜访当地企业、走访村民是他在工作之余最上心的事。企业做大后,李水荣通常很忙,难得能够在家里吃一顿晚饭,但是只要他回家,晚饭后他都会到周边的群众家里转转,询问最近生活如何,希望政府解决什么问题?这些民情他掌握得非常透彻。在老百姓眼中,他是企业家,更是贴心人。在周边企业家眼中,他却是老大哥。不管工作有多忙,李水荣始终与周边的大小企业家保持着联系,分享大家在创业过程中的酸甜苦辣。

在近几年的人大会议上,他先后提出了"推进经济转型升级""快实施机场东路建设"等议案,这些问题大多已经被各级政府列入了工作重点。而这些议案的落实,对当地的经济发展、社会生活确实具有非常重要的意义。

企业发展迈上新台阶后,李水荣对未来又有了新的规划,他要通过纵横双向发展战略,一方面继续延伸和拓展上游产业链;另一方面注重创新研发,提升传统化纤的差别化率。"做事惟实,做人惟德。"对他来说,创新创业、回报社会是他始终不懈的追求。

陕西上河实业集团有限责任公司执行董事长

李双雄

李双雄：男，1982年6月生人，陕西榆林人，2003年参加工作，历任上河煤矿副矿长、总经理等职。现任陕西上河实业集团有限责任公司（下称"集团"）执行董事长。是陕西省煤炭工业安全生产先进个人，榆林市人民监督员，榆林市能源化工行业标兵，榆林市一中初中教育基金会副理事长，榆阳区优秀创业企业家。

引领企业卓越发展

任职上河集团执行董事长以来，李双雄以建设一流现代化企业为追求目标，随着企业的良好经营和产业的不断拓宽，2017年在政府和行业部门的支持帮助下，将10多个全资独资公司整合组建成立了陕西上河实业集团，完成了从单一的煤炭企业到集高端煤化工、文化艺术、酒店住宿、休闲餐饮、房地产开发、公路桥梁建设、五金交电销售、农牧渔业种养殖等诸多领域综合型集团公司的转变，实现了集团化经营管理。2018年上河集团又收购同达焦化二厂，入股亚朵酒店，创办煤海艺术培训中心……李双雄实现了人生事业和企业发展的双跨越。

科技创新　转型升级

上河煤矿是集团龙头企业，面对煤炭市场不景气，可采储量逐渐减少的严峻形势，李双雄审时度势，与集团领导班子深入调研，多次前往内蒙古自治区、河北、山东等地实地考察借鉴先进经验，同时结合自身实际，引进胶体充填开采技术，该项技术为全省首例，既提高了煤炭资源回收率，延长了矿井服务年限，又有效保护水源地不受破坏、使地表不产生塌陷。目前，上河煤矿已被榆阳区政府指定为充填开采试点煤矿，对本地的经济、就业、税收都起到良好的作用。

在企业转型升级的关键期，李双雄积极响应国家环保生产要求，对集团能源板块企业进行了全方位的技术升级改造，推出了一系列有创新性的技改举措：上河煤矿的填充开采、疏干水综合利用、土地复垦、环保煤棚、矿区绿化工程；同达焦化二厂引进了最新的干湿熄焦法生产技术；北源煤焦公司配备大型专业洗煤设备车间、煤棚改造等。技术改造有效地与环境保护完美契合，使企业的升级转型成为环境治理的有力抓手，经济发展的催化剂，真正达到提质扩能的效果。

李双雄带领技术团队在2019年1月21日，与榆林学院挂牌成立了陕西上河集团榆林学院产学研融合中心，2019年6月经榆林市科技局批准成立榆林学院上河集团产学研合作示范基地，该合作示范基地是产学院融合中心大框架下能源板块的具体落实。在二氧化碳综合利用的科研项目上，李双雄与榆林学院能源化工学院的专家、博士反复论证，该项技术填补全市煤化领域空白，对于打造绿色煤化企业具有重要意义。

多点发展　促进融合

李双雄带领集团农牧渔板块在种植和养殖方面采用边投入、边谋划，立足当下，着眼长远的发展思路，特别注重科研推动发展。集团旗下泊园农工贸公司目前承租国有鱼池及土地624亩，现有鱼池32个，水面298亩，种植基地152亩，种植富硒水稻，并开展了稻田养蟹。三农养殖场占地60亩，是一个以农促牧、以畜养农、服务餐饮、提供绿色产品的养殖企业。养殖场已与榆林学院建成高产型绒山羊试验研究基地，双方在圈棚改造、科学喂养、生育调整等方面进行深度合作，利用胚胎移植和杂交等多种方法进行品种改良。双方合作使品种得到优化，科学种植饲养水平进一步提高，产品知名度逐步提升，市场有力拓宽，为打造榆林特色种养殖示范基地奠定了基础。公司还在榆阳区牛家梁镇常乐堡村利用土地流转的方式在煤矿采空塌陷区上建设10万湖羊养殖基地。

亚朵酒店是全国高端品牌连锁酒店，2018年7月亚朵酒店榆林店开业，成为集团产业转型升级的又一个新亮点。酒店将榆林陕北文化融入其中，崇尚自然、静谧、温暖、朴实，成为上河集团的地理标志。常乐堡山寨是榆林市区周边最大的餐饮、住宿、娱乐、休闲度假村，多种服务项目融江南风情与陕北文化为一体。

2005年，李双雄投资2000万元创办陕北煤海艺术团，该艺术团参加过榆林文化交流、工矿企业、农村社区、救灾慈善等演出2000多场次，不仅在国内长期演出，而且代表国家多次赴韩国、西班牙、俄罗斯、巴基斯坦以及中国台湾等地进行交流演出。作为陕北最大的民间艺术团体，参与地方性社会公益性演出达200多场次；主动承办了榆阳区文广局主办的政府惠民演出"榆阳小剧场"，每周五都有免费的惠民演出；投资出品的大型原创音乐剧《余子俊》，获得第八届陕西省艺术节优秀剧目大奖、陕西省第十五届精神文明建设"五个一工程"优秀作品奖。

科学管理　回报社会

李双雄认识到党建工作是新时代非公企业发展大势，是向高质量发展迈进的新路径，要求各子公司积极向党组织靠拢，要深刻认识到发展党建的重要性，积极创造条件建立党支部。2019年3月成立了上河集团党支部，丰富党员活动，关心员工成长，将"以人为本"的经营哲学与党建工作有效融合，目前，集团聘请博士级专家5名，专业技术人才150名，技术工人193名，初步形成了一支视野广阔、业务能力强的创新人才队伍。

在李双雄的带领下，集团运用现代企业管理模式开展企业生产经营管理，根据工作需要优化调整公司部门设置，合理配置人员，明确岗位职责，制定工作流程。制定了《上河集团制度汇编》，从制度层面设计优化好管理。明确领导班子分工职责，赋予总经理办公会权力，进行经营生产管理，重大事项集体讨论研究决定，使集团的决策管理更加严谨、民主、科学，努力实现集团的专业化、规范化、精细化管理，逐步形成综合、财务、物资、营销、人力资源、档案资料、质量、安全等管理体系。集团特别注重选人用人，通过多种方式充实人才队伍，提升人才综合素质，改善企业的人才结构，为企业的未来发展增添新的活力，助推集团经济转型、产业升级。

李双雄热衷于慈善、支持于教育、关注于公益，情系民生、造福桑梓。近年来，企业捐资助学3000多万元，帮助当地多所学校改善了办学条件，设立了专项奖学金；救助贫困大学生26名，帮助他们完成了学业；帮助常乐堡村建设了老年幸福院，让农村老人老有所养、老有所乐；资助附近的村庄进行道路硬化，方便了村民出行，改善了生产生活条件。近年来，各种捐款和资助投入累计达4000多万元。

多氟多化工股份有限公司董事长

李世江

　　李世江：男，1950年12月生人，河南焦作人，中共党员，硕士研究生，高级经济师，历任河南温县化肥厂设备科副科长、技术科科长、焦作市石油化工二厂厂长，河南温县造纸厂副厂长，焦作市冰晶石厂厂长，中站区区长助理、政府党组成员，焦作市多氟多化工有限公司董事长。现任多氟多化工股份有限公司（下称"多氟多"）董事长，河南省第九届人大代表。是一位民族氟化工的草根企业家，一位50年党龄的全国模范退役军人，一位坚持技术创新管理创新的变革者。

肩负责任　心怀担当　氟化工的创新变革者

李世江一直致力于"氟锂硅"三个元素的研究，成为氟资源开发及综合利用方面行业领跑者，使锂电池关键原材料六氟磷酸锂、半导体关键材料电子级氢氟酸实现重大突破并国产化，走出了一条"技术专利化、专利标准化、标准国际化"技术创新道路，多氟多成为国家创新型试点企业、国家科技创新示范企业，也是我国无机氟化工行业第一家上市公司。

以科技创新　促转型发展

李世江带领多氟多科研团队探求氟元素在人类生活和工业应用中的无限可能，开启了世界无机氟化工发展史的"多氟多时代"，在12大中国新材料体系中的6个领域（新能源、电子信息、前沿性新材料、纳米材料、生物医药、新型功能性材料等）留下了闪光的足迹。

20世纪90年代，李世江对我国无机氟化工行业发展方向有了清晰的思路：即利用磷肥副产品生产氟化工产品，发展循环经济。他带领科研团队成功开发出国内首创的"氟硅酸钠法制冰晶石联产优质白炭黑生产技术"，并迅即实现产业化。解决了长期困扰和制约我国磷肥发展的三废污染问题，开辟了新的氟资源，节约了国家战略资源——萤石，成为我国氟资源循环利用的典范，被原国家计委列为国家高技术产业化示范工程。

李世江带领多氟多走出了技术专利化、专利标准化、标准国际化的发展道路。截至目前申报专利618项，授权专利397项。主持制（修）订了100余项国家、行业标准，拥有国家认定企业技术中心、国家认可实验室、河南省含氟精细化学品工程实验室、河南省无机氟化学工程技术研究中心等研发平台，是全国有色金属标准样品定点研制单位、全国化学标准化委员会无机分会氟化盐工作组召集单位、国际 ISO/TC226 氟化盐工作组召集单位。先后承担国家"863"计划、国家战略性新兴产业、国家强基工程等国家级项目 16 项，取得科技成果 20 项。

锂电池电解液的核心材料六氟磷酸锂，生产技术为日本企业垄断。多氟多研发团队展开了为时 8 年的"氟锂结合——生产六氟磷酸锂"的研发革命，现已形成年产 6000 吨高纯晶体六氟磷酸锂的生产能力，产销量居全球第一。这项研究成果被评为中国石油和化学工业联合会科技进步一等奖，六氟磷酸锂项目被科技部和国家发改委分别列入国家"863"计划和国家战略性新兴产业。2017 年多氟多"高纯晶体六氟磷酸锂关键制备技术及产业化"项目荣获国家科技进步二等奖。

以掌握六氟磷酸锂技术为契机，多氟多实现了从传统氟化工向精细氟化工转型。2010 年，多氟多研制出完全拥有自主知识产权的动力锂离子电池，三款电池经工信部备案入选国家高新技术与产品推荐目录，多氟多被列入工信部《汽车动力蓄电池行业规范条件》企业目录。多氟多新能源锂电池生产线被列为河南省智能化车间示范项目。荣获 2018 年度中国动力电池十大品牌、2018 年度中国动力电池技术创新奖。

多氟多经过长达近 10 年的开发研究，跨入了芯片行业门槛。一方面，通过发挥氟技术优势，专注研究芯片行业用原材料，开发出电子氢氟酸生产新工艺，被国家工信部列为国家产业振兴和技术改造专项。另一方面，在研究硅元素的基础上，以氟为媒介，氟硅巧分合，生产高纯度单晶硅、多晶硅，应用在芯片、光伏行业等。目前，多氟多电子级氢氟酸产品品质达到 UP—SSS 级，成为半导体行业合格供应商，批量出口韩国等地。硅烷产品在光伏市场占有率达 70.0% 以上，是第一家批量应用于显屏行业的国产硅烷企业。

让党建这把"火"在非公经济再放光芒

李世江坚信"党旗红、企业兴"，让企业建设成为党建文化传播的一片"试验田"。实施"红色"人才培养工程，截至目前，共有 200 余名优秀员工光荣加入中国共产党，其中 80.0% 的党员在技术、管理、生产、市

场等岗位承担重要责任，20.0%的党员业务骨干进入企业经营管理层。创建公司党建与管理相融合的新型管理模式，党委与公司管理层"交叉任职、优势互补"，使党的先进性与企业发展同频共振。

多年来多氟多党委先后荣获全国先进基层党组织、全省五好基层党组织、全省非公有制经济党建示范点等荣誉。

用爱书写——多氟多

李世江坚持将"感恩、求真、向善、唯美"作为企业文化，专注慈善公益事业，各类公益慈善捐赠累计1000多万元。

在李世江倡导下，多氟多捐赠500万元，与中华思源工程扶贫基金会合作成立"思源·新能源公益基金"，旨在帮助致力于新能源事业而家境贫困的寒门学子。近两年来，还举办了"公益书学堂"培训，带动和帮助中西部贫困群众脱贫致富。多氟多连续11年在社会上开展金秋助学，已累计资助近200万元。多氟多班子成员每人每年"一对一"资助一名贫困学生，至今已坚持10年。同时，还积极参加焦作"有爱"助学活动，为教育领域提供帮助。

2008年以来，多氟多与焦作红十字会联合举办了7次造血干细胞集体捐献活动，共计1024名多氟多员工加入中华骨髓库，是焦作市加入中华骨髓库人数最多的单位，其中配型捐献成功10人，挽救了10名白血病患者的生命，配型比例创全国最高纪录。

多氟多积极组织参与"百企帮百村"精准扶贫工作，累计捐赠130余万元。为了把精准扶贫做到实处，李世江带领企业"输血"的同时还帮助龙洞村民"造血"，对村民进行培训，帮助其中30余人找到工作，优先接收龙洞村多名应届大学生到企业工作。

森赫电梯股份有限公司董事长

李东流

李东流：男，1966年11月生人，浙江南浔人，本科学历，高级工程师、高级经济师、上海理工大学特聘教授、香港理工大学品质管理硕士、合肥工业大学先进制造专业在读博士。现任森赫电梯股份有限公司（下称"森赫电梯"）董事长、浙江省电梯行业协会理事长，曾获"中国孔子儒商奖""紫荆花杯杰出企业家""浙江省优秀企业家""浙江省民营企业家科技创新奖""爱心奉献企业家""优秀中国特色社会主义事业建设者""青川县荣誉市民"等荣誉。

精于制造　重视民生

2001年，李东流正式开始创业历程，陆续创办浙江联合电梯有限公司、森赫电梯股份有限公司等，2012年，全资收购SRH Aufzüge GmbH（德国森赫电梯有限公司），成为本土电梯行业首家跨国收购的成功案例，短短十几年间他带领企业从创立之初的家庭式作坊发展到如今拥有50家子、分公司，资产总额超20亿元的行业龙头。

作为中国电梯行业优秀代表，李东流多次受国家商务部、全国工商联邀请随同国家领导人出访，参加系列经济交流活动，代表中国电梯行业，向国际社会展示中国企业形象。

创新是企业发展的核心举措

作为现代企业领军人，李东流的市场敏锐度、决策远见性始终走在行业前端，2012年森赫成功并购SRH Aufzüge GmbH，通过将德国精工制造和先进的管理理念与中国电梯庞大市场及人力资源优势二者结合，资本与市场对接、技术创新成果共享、先进管理理念融合、产业链互通、人力资源互补，实现中国速度和德国质量，中国市场和德国技术的强强联手，为企业发展注入强大动力。

森赫电梯始终以科技创新为引领，不断加大科研投入，推进高素质人才队伍建设。公司拥有完善的技术研发组织机构，以企业技术中心为统领，实施内外技术资源整合，以产学研办公室支撑产学研合作，以"技术部—研发中心""中心实验室"支撑内部技术力量提升，形成内外技术资源服务企业发展的总体构架。正是通过不断的科技创新和技术创新，以技术创新驱动企业快速发展，森赫电梯才能不断开发出具有高附加值的新产品与解决方案，拥有强大的市场竞争力。

森赫电梯在李东流的带领下，坚持科学管理，建立了规范化的管理体制。公司引进先进的 ERP 管理系统，创造了有章法、有纪律的办公流程，使企业走上了持续健康发展的道路。同时，公司建立了现代企业制度，通过董事会制度建设，充分发挥董事会的决策作用，完善公司治理结构，转换经营机制，建立规范的股东大会、董事会和监事会，完善公司法人治理结构，从而保证决策、执行和监督机制的独立运作和有效制衡。

森赫电梯已先后通过 ISO 9001—2008 国际质量体系认证，ISO 14001—2004 环境管理体系认证，GB/T 28001—2001 职业健康安全管理体系认证。专门成立了"知识产权管理办公室"，对公司专利、注册商标等方面实行系统化管理，还聘请杭州、湖州专利事务所等知识产权律师，不定期地为公司技术人员、行政人员进行知识产权保护、开发和利用的业务培训，提升全员知识产权保护意识。

良性发展铸就行业领先

作为国家高新技术企业，针对电梯在安全智能新技术方面长期被欧美发达国家所垄断的局面，李东流为企业制订了智能化电梯产业发展规划，建立起企、校、院国际协同创新发展的森赫模式，搭建研发平台、拓宽合作渠道，建立了"省级院士专家工作站""省级博士后科研工作站""省级企业技术中心""省级企业研究院""省级高新技术企业研究开发中心""浙江省省级工业设计中心""CNAS 中心实验室""安全新技术研究平台"等综合性产、学、研一体化平台，涉及电梯技术、电器电子、软件开发、节能技术、新型材料研发等多个领域。通过一系列技术改造和新产品研发工作，森赫电梯已成功研发出 160 多项专利技术，确保了技术领先地位。

在《中国制造 2025》战略的号召下，李东流带领企业肩负起时代使命，积极布局智慧工厂建设。近几年，陆续投入 4.6 亿元进行智能化产线升级，着手引进智能物流仓储系统、智能制造运营管理系统，打造"互联网＋森赫电梯"智能制造指挥系统新格局。森赫电梯已初步打造出工业 4.0 智能化工厂的雏形，成为电梯行业"机器换人"示范企业。

森赫电梯已在全球建立了超过50家分公司，拥有200多个营销服务网络，形成了多层次、多渠道的立体营销网络，市场占有率不断提高，产品销往80多个国家和地区；主持参与20多项电梯国家标准、行业标准的制订，并荣获世界电梯工程奖和大世界基尼斯之最，连续4年蝉联全国政府采购电梯十佳供应商、上海市政府采购电梯服务的首选供应商。

绿色发展　关爱民生

李东流践行企业绿色发展，2013年10月公司委托浙江大学清洁生产中心作为咨询单位协助企业开展清洁生产工作，并按照国家环境保护部编制的《企业清洁生产审核手册》规定的程序在公司全面开展清洁生产审核，并于2014年1月完成清洁生产审核验收，被评为湖州市绿色企业、浙江省绿色企业。此后企业不断进行生态文明建设，在2018年被选为浙江省工业旅游示范基地，在2019年被评为湖州市绿色工厂。

李东流始终本着"发展依靠职工，发展为了职工"的宗旨，贯彻"以人为本、同心共进"的核心价值体系，形成了高执行力的企业文化氛围，职工始终保持着良好的精神面貌。

公司一直贯彻"安全第一、预防为主、综合治理"的方针，把安全生产作为重中之重来抓。在全面保障安全生产的前提下，森赫电梯将安全防范作为一项基础性工作抓紧抓牢。通过建设全方位覆盖的安全监控系统，实施陌生车辆、人员进出实名登记政策，制订各项突发事件应急预案，明确岗位职责，全方位加强风险防控，做好安全工作。2018年，森赫花费500余万元更新改造完成行业内首个以"安全"为主题的电梯体验馆，并增加安全元素互动项目，全天开放供社会群体、员工、合作伙伴、客户等参观学习，赢得了社会各界的高度赞誉和认可。

多年来，企业不断发展壮大，李东流不忘回馈社会，以"达则兼济天下"的儒家济世情怀回报家乡，造福桑梓，积极投身各类社会公益事业，先后与慈善组织建立了各种形式的资助活动。李东流，以他的专注与坚守，引领森赫电梯攀向国际电梯行业的高峰。

国投新疆罗布泊钾盐有限责任公司
党委书记、总经理

李守江

　　李守江：男，1966年5月生人，山东济南人，中共党员，博士学位，正高级工程师，享受国务院政府特殊津贴专家。历任新疆布伦口铜矿选矿车间技术负责人，中国有色金属工业总公司新疆地质勘查局经济开发处工程师、企业管理处高级工程师，新疆三维矿业股份有限公司投资部经理，新疆三维罗布泊钾盐有限责任公司董事、董事会秘书，新疆罗布泊钾盐科技开发有限责任公司副总经理、董事会秘书，国投新疆罗布泊钾盐有限责任公司副总经理、董事会秘书、党委副书记兼纪委书记等职。现任国投新疆罗布泊钾盐有限责任公司（下称"国投罗钾"）党委书记、总经理，兼任中国化学矿业协会第七届理事会理事长、中国无机盐工业协会钾盐钾肥行业分会境外钾资源开发专家咨询委员会副主任。他是罗钾人自创业之初，在"死亡之海"罗布泊以天然卤水资源制取硫酸钾的领头人；他是用20年时间，克服种种常人无法想象的困难，打造出世界上最大的"硫酸钾航母"的掌舵人；他是维护新疆民族团结、助力脱贫攻坚的实践者；他还是中宣部表彰的现代国有企业家中的"时代楷模"，他和管理团队用"罗钾精神"在"死亡之海"创造了人间奇迹。

扎根罗布泊的"时代楷模"

罗布泊是一个充满传奇而神秘的地方，被世人称为"死亡之海"。然而在这生命禁区里，国投罗钾却建成了世界最大的硫酸钾生产基地，改变了我国钾肥长期依赖进口、受制于人的格局，并以生产高品质、绿色、环保的硫酸钾产品享誉业界。

胸怀报国之志　打造世界硫酸钾航母

20年前，我国钾肥70.0%以上需要进口。罗布泊干盐湖属硫酸盐型含钾卤水矿床，是世界上罕见的五元水盐体系，国内外没有成熟技术及大型装备借鉴，外国专家断言不可能在这样的环境下生产出硫酸钾。

1999年，李守江决心自主研发适合罗布泊卤水特点的工艺技术，经过他不懈的执着与努力，艰难渡过了资源开发、项目融资、项目审批、吸引人才的"四大难关"，不到5年的时间，在罗布泊腹地完成了小试、中试及工业性等关键性试验，攻克罗布泊含钾硫酸镁亚型卤水制取硫酸钾的世界难题，研发出具有国际先进、国内领先、拥有自主知识产权的工艺技术和关键设备，带领罗钾人用生命与激情叩开了罗布泊的"宝藏"之门。2005年，"罗布泊资源开发利用研究"获得国家科技进步一等奖。

2004年，李守江争取到国投集团入主罗钾，国投罗钾从此由研发阶段进入大规模产业化阶段。他带领管理团队用了不到3年时间建成目前世界上单体生产规模最大、技术水平最先进、产品质量全球最好的硫酸钾生产装置，填补了国内相关技术领域空白，创造出"罗钾速度"和"罗钾质量"，形成"全球硫酸钾看中国，中国硫酸钾看罗钾"的局面，实现"中国创造"和"中国引领"，国内钾肥市场价格从每吨6000多元降至2000多元，保障了国家粮食安全和钾肥可靠供应。2013年,"罗布泊盐湖120万吨/年硫酸钾成套技术开发"获得国家科技进步一等奖。2016年,"新疆罗布泊钾肥基地年产120万吨硫酸钾项目"荣获第四届中国工业大奖。

李守江积极响应新发展理念,以"推动高质量发展加快建设具有全球竞争力的世界一流钾肥企业"为目标。他大力推行职业经理人制度,大胆变革传统班组管理方式,优化资产结构和组织生产,挖掘产能潜力,丰富产品结构。建立以定额为基础的全面预算管理体系,实施质量、安健环、设备、能源管理体系与内控管理体系,客户满意度持续提升,国投罗钾入选第二批制造业单项冠军示范企业。目前,累计生产硫酸钾1585万吨,累计销售硫酸钾1550万吨,实现利润总额超过120亿元,缴纳税费近98亿元,取得了良好的社会效益和经济效益。

为提升"罗布泊"品牌价值,李守江研究建立钾肥价格定价机制和定价模型,整合资源为供应链下游客户开展融资服务,多层次全维度宣传推广罗布泊品牌及产品,深入开展高压打假维权行动,积极引导农业用肥观念改变,创建具有罗钾特色的农化服务模式,打造出一批愿意紧跟公司步伐的稳定客户群助力农民增产增收增效。2019年中国品牌建设促进会评估公司品牌价值为72.21亿元,位于化肥行业前列,品牌强度位居新疆工业企业第1名,市场占有率及品牌知名度居全国首位。

践行罗钾使命　企业扬帆远航

李守江带领罗钾创业团队中的共产党员扎根荒漠戈壁,2000年在罗北基地成立了第一个党员科技攻关项目组,2001年成立了第一个党员安装突击队,2005年罗布泊生产基地成立第一个党支部。李守江大力推行"卓越党建管理模式创新性落地"工作体系,健全公司党委参与重大问题决策工作机制,充分发挥党委"把方向、管大局、保落实"的领导核心和政治核心作用,淬炼出一支敢打硬仗、无私奉献、勇于进取的党员先锋队。

在生态环保以及绿色发展对化肥行业提出了更高要求的大背景下,李守江以资本为纽带,与国内有关科研单位合作,先后承担自治区火炬计划、"十五"国家科技攻关计划、"十一五"国家科技支撑计划等科研项目十余项，建成年产 10 万吨钾镁肥生产装置，完成一批高技术含量的工艺、设备与发展研究试验项目。他加快特种肥、新型肥料的研发，积极探索经济上可行、技术上可靠的盐湖资源循环经济产业模式，推动科技成果产业化。2015 年，国投罗钾被工业和信息化部认定为国家技术创新示范企业。截至 2019 年年底，国投罗钾累计获得授权专利 53 项，制定和参编《农业用硫酸钾》《硫酸钾单位产品能源消耗限额》等国家和行业标准 11 项，推动国家和行业相关标准全面升级。

李守江以战略视野聚焦和定位全球市场，制定实施"让产品和品牌"走出去、依靠技术合作走出去、抓住"一带一路"倡议带来的机遇走出去的"三步走"战略，在国际市场树牢"罗布泊"高品质、纯天然的品牌形象，获得国际同行广泛认可和一致好评。

积极履行社会责任　用行动扛起责任担当

李守江注重人才培养和职业发展，健全多层次全方位的社会保障体系，建立多维度多通道职业发展体系和教育培训体系，员工获得感、幸福感、安全感持续增强。2019 年，公司荣获全国模范劳动关系和谐企业称号。

李守江始终把绿色发展作为企业的使命，制定绿色矿山建设规划，利用拥有完全自主知识产权的"罗布泊硫酸镁亚型卤水制取硫酸钾"先进工艺技术，最大程度提高资源利用率，各项污染物排放指标和单位产品能耗完全符合并低于国家标准要求，企业成立至今未发生重伤以上安全责任事故和环境污染事故。

作为在军事禁区开发钾资源的企业，李守江优先吸纳复转、退伍军人和军属就业；为驻守罗布泊的部队排忧解难，有效保障军事禁区安全，得到军方高度肯定和赞扬，成为军企共建的典范。

近年来，李守江带领企业积极投身助力脱贫攻坚战，成为央企典范。公司已累计捐款捐物 5200 多万元，向社会提供就业岗位 4000 多个，90.0% 以上为新疆籍员工，同时带动了各个相关行业发展。罗布泊钾盐开发已成为新疆地方经济发展的重要支柱之一，国投罗钾注册所在地若羌县一举从全国贫困县跃居为全国人均收入最高的县之一。

广东省地质测绘院党委副书记、院长

李更尔

  李更尔：男，1963年9月生人，湖南祁东人，中共党员，毕业于长春工程学院，教授级高级工程师。历任广东省有色金属地质勘查局九四〇队队长、党委书记、法定代表人等。现任广东省地质测绘院党委副书记、院长、法定代表人。2017—2018连续两年当选广东省优秀企业家，中共清远市直属机关工作委员会"五好党员"；是广东省测绘学会副理事长、广东省住建厅专家库专家评委，中国科技核心期刊《地理信息世界》编委，第二届广东测绘地理信息产业创新联盟副理事长，在上级省（厅）局对领导班子的考核中，个人连续8年考核为"优秀"，是2016—2017年度省（厅）局处级干部"先进工作者"。

献身测绘　指点江山

李更尔在地质测绘院任职以来，职工收入逐年显著提升，离退休老同志幸福感明显增强，企业和谐稳定、干事创业的工作氛围日益浓烈。

广地测绘领路人　广东省地质楷模

自从走上主要领导岗位以来，李更尔始终以党员领导干部的标准严格要求自己，积极贯彻落实习近平总书记"理直气壮做强做优做大国有企业"的重要指示，尽心尽力为职工谋幸福，为企业谋发展，为测绘行业及广东经济社会发展做贡献。他坚持把推动企业各项事业健康稳步发展作为自己的首要职责，根据单位实际，确立了"服务立院，质量成院、科技强院、人才兴院、管理富院、品牌塑院、打造'广测'品牌"的工作宗旨，开创性地提出了"一拆一建、一提一扩、一优一涨、一稳定"的"6+1"单位发展思路，团结带领领导班子，抢抓机遇，奋勇拼搏，积极推动了企业各项事业并取得建院60周年来最高的市场经营性收入，获2018年度国家科学技术进步二等奖。他以测绘技术创新为导向，通过不懈努力，参与发明的《坐标转换的方法、装置、计算机设备和存储介质》获国家知识产权局颁发发明专利证书，充分发挥先锋带头作用，带领全院干部职工做强做优做大"广地测绘"品牌，进一步扩大"广地测绘"品牌在广东省的影响力，成为广东省乃至全国测绘地理信息服务行业的领军企业，同时他也在业界被公认为领军人物。他在大力促进经济发展的同时，把加强企业文化建设作为一项民生工程，作为推动和谐队伍建设，提高职工幸福指数的重要抓手，以打造地质测绘学习型文化品牌为目标，以构建"七大载体"、建立"四大阵地"、开展"三项活动"的"七四三"工程为主要内容，不断加大文化建设投入力度，带领企业荣获2018年度广东省企业文化突出贡献单位称号。

立足院长工作职责　勇当新时代"弄潮儿"

李更尔坚持把推动企业各项事业健康稳步发展作为自己的首要职责，企业业务面进一步得到拓展，村镇规划业务等方面取得新突破，地理国情、数字县区业务卓有成效，完成广州全市12个区年度土地变更调查项目数据建库与汇总，以及10县市土地变更调查项目；普宁市南溪镇大陇村金窑村1:1000数字化地形测绘等、普宁市2000国家大地坐标系D级GPS控制网建设及地形图坐标转换项目；封开数字城市建设1:500数字地形测绘、惠东县1:500数字化地形测量项目；花都、南沙房产测绘200多万平方米的房产测绘；番禺区房产案件审核近2000件，入库及扫码10000多件；从化街口至花都北兴高速改扩建工程征地勘测定界项目；广州市集体土地历史数据整理、白云区标图建库及数据应用二次整理三期项目；数字信宜、罗定、封开地理空间框架项目。承担全国第三次国土调查项目共11个，持续推进多个县垦造水田、高标准基本农田建设项目，农村地籍调查项目均通过了市级检查和省的外业验收和内业验收，农村土地承包经营权项目均已经过县级自查和市级验收。2011年，自担任一把手以来，从未发生安全事故。2019年单位市场经营性收入在连续3年保持超亿元佳绩的基础上再创新突破，同比增长26.8%；各类税金合计733万元；职工工资人均16.6万元，取得建院60年以来历史上最好成绩。

以人为本促和谐　责任实干馈社会

李更尔管理企业坚持"以人为本"，牵头制定多种奖惩激励制度，鼓励职工不断提高工作、创新能力和业绩；重视人才培养，邀请省内外知名高校教授、行业专家举办"测绘讲坛"等专题讲座提升职工技术水平；组织全体职工对遇到重大疾病的困难职工家庭进行募捐，不定期看望慰问退休老同志及困难职工及其家属，走访省外退休职工；多次带领领导班子成员到信宜合水镇开展精准扶贫，亲切走访慰问结对帮扶贫困户并为全村 100 多户贫困户送上大米、花生油等慰问品；切实关心离退休职工生活，得到离退休老同志联名写信表扬，以实际行动践行"两学一做"，传承中华民族敬老爱老的优秀传统美德。为改善职工福利，对职工饭堂进行优化空间整合，彻底解决了"老大难"的职工"吃饭难"问题；为 222 名工会会员发放节日慰问品，在会员生日到来前送上生日蛋糕券，送上祝福；为职工发放电影票，丰富职工业余生活；积极配合广州北站枢纽建设指挥部花都区领导小组办公室做好基地征拆重建工作，成立了基地拆迁重建领导小组办公室并做好宣传工作，了解被征拆职工的安置意向，主动为大家解决实际困难，为职工办实事、办好事、解难事，不断稳定民心，积极化解职工矛盾；通过市场开拓，直接或间接为社会提供共计 700 余个就业机会，为社会稳定及发展做出贡献，扛起社会责任担当大旗。

忘我工作创佳绩　德才兼备显担当

李更尔多年来从未放下单位发展，凭借全身心投入及卓越的管理经验，创造出累累佳绩：分别与中国资源卫星中心、华南农业大学、重庆大学、长春工程学院、广东园梦生态环境工程规划设计有限公司、广东泊锐数创空间技术有限公司等有关高校、业内单位签订战略合作协议；组织技术精英参与广东省第二届测绘地理信息行业职业暨国土调查技能竞赛，并斩获地图制图项目团体一等奖、三等奖，工程测量和国土调查两个项目团体三等奖，两名职工分别荣获地图制图项目个人一等奖、三等奖；带头参与编写广东省地质灾害防治协会《岩溶塌陷防治工程勘查规范》《岩溶塌陷监测标准》；积极开展"智慧地质信息工程一期信息平台建设项目"建设，研究成果"InSAR 毫米级地表形变监测的关键技术及应用"项目获 2018 年度国家科学技术进步二等奖，还有多个项目分获广东省、广州市的奖励，为推动广东省测绘行业及社会经济发展做出了突出贡献。

山东能源集团有限公司党委书记、董事长

李希勇

李希勇：男，1963年12月生人，山东泰安人，中共党员，硕士研究生学历，工程技术应用研究员。历任新矿集团华丰煤矿副矿长、矿长，新矿集团副总经理，新矿集团党委书记、董事长，兖矿集团有限公司总经理、党委副书记，兖矿集团有限公司（下称"兖矿集团"）党委书记、董事长等职。2020年7月，原兖矿集团与原山东能源集团联合重组成立新的山东能源集团有限公司，李希勇出任党委书记、董事长，他认真贯彻省委省政府指示精神，积极稳妥、全速全力推进联合重组。是中国共产党山东省第十一届委员会候补委员，山东省十二届人大代表，第十三届全国人大代表；先后获得全国五一劳动奖章、全国煤炭工业双十佳矿长、中国杰出质量人、能源70年·功勋人物——领军国有企业家、山东省优秀企业家记一等功奖励等荣誉。

引领企业全面发展

李希勇牢记做强做优做大国有企业的使命担当，强力实施一系列超常规、颠覆式、突破性的工作举措，带领兖矿集团闯过了行业位次大幅下滑、化工产业持续亏损、外部基地支撑乏力、企业发展后劲不足"四大难关"，煤炭产量、营业收入、资产总额、利税总额实现"四个翻番"。2018年，煤炭产量由2013年的8000万吨增至1.61亿吨，营业收入由2013年的1013亿元增至2572亿元，资产总额由2013年的1845亿元增至3074亿元，利润总额101亿元、上缴税金124亿元，提前两年实现"十三五"规划目标。2019年，原煤产量1.7亿吨，营业收入2800亿元，利润总额120亿元，上缴税金129亿元。2020年7月，兖矿集团与原山东能源集团联合重组为山东能源集团有限公司，重组工作正在加速推进。

聚焦主业　扛起主责

李希勇推动企业向质量效益型、内涵发展型转变，实现轻资产、高效率、高效益。一是优化产业结构。煤炭产业拥有资源储量407亿吨，国内外矿井33对，年煤炭产能1.8亿吨，本部基地骨干矿井效益支撑作用充分发挥，智能化矿山建设全国领先。化工产业年化工产品生产能力达到1000万吨，甲醇协同产销量位居全国第一。建成国内首套百万吨级煤间接液化工业示范装置、10万吨级高温费托合成示范装置，成为国内唯一一家掌握高温、低温费托合成技术的企业。物流贸易产业搭建统一运营管理平台，实现规模提升、运作规范、风险可控、量效齐增。二是优化投资结构。一批重点项目建成投产，形成新的经济增长极和效益利润源。在煤炭行业和省属企业率先实施市场化债转股、国有划拨土地作价注资。三是优化人才结构。坚持引进一个人才、培养一个团队、带动一个产业。已引进中高级管理人才78人、国家"千人计划"等专业人才管理团队120人。一批国际先进、国内领先的煤炭转化产业项目落地实施。

变革体制机制　追求卓越的品质

李希勇坚持把改革作为破解传统体制束缚和固有模式制约的必由之路。一是国投公司改建率先完成。修订《公司章程》，科学界定三级职责权限，健全"两会一层"，形成党委会领导、董事会决策、经理层运营管理的"三位一体"运行机制。建成投用全国能源行业首家共享中心，上线运行人力资源等10大共享平台，其中财务共享平台工作效率提升50.0%。二是组织机构改革瘦身强体。实施组织机构"三轮改革"，实现机关机构、管理岗位、人员用工、管理层级"四个精简"。三是混改工作走在国企前列。累计完成89户企业混改，占权属企业的63.0%，占资产总额的87.0%，占营业收入的91.0%。四是资产资本实现证券化。拥有兖州煤业、兖煤澳洲、山东地矿股份3家主板上市公司，完成新风光、上海中期和国拓科技3家公司新三板上市，推进2家公司主板上市，形成"1+8"上市格局。五是关键核心技术保持领先。"十三五"以来，累计投入科研经费143亿元，建成居煤炭企业首位的国家级技术中心、国家工程中心、国家重点实验室和院士工作站，获得国家科技奖20项（其中一等奖3项）。

重点推进六大项目：①煤炭清洁高效利用项目。深入实施"蓝天工程"，加快建设全省清洁型煤取暖示范区，关键技术达到国际领先水平。②新型装备制造产业项目。实施液压支架优化升级改造项目，东华重工成为卡特彼勒全球供应商，轻合金公司成为复兴号高铁型材主力供应商。制造供应中车四方600公里磁悬浮列车试验样车80%车体型材。③新型能源突破项目。加快新能源产业技术研发，成立新能源事业部和新能源学院，"高性能氢燃料电池系统及整车开发与产业化"项目入选省动能转换重大课题攻关项目。④塌陷区生态项目。完成煤矿塌陷区生态建设示范项目整体概念性规划，实施煤矿塌陷区生态建设"双十工程"。⑤煤电一体发展项目。投资56亿元开工建设鲁西2×600兆瓦热电联产项目。总投资70亿元的盛鲁

2×100万千瓦电厂1号机组正式并网、长城2×100万千瓦电厂40%股权，"蒙电入鲁"电源点项目开工建设。⑥北斗产业发展项目。投资5亿元成立青岛北斗天地科技有限公司，高科技信息化产品"北斗+自组网"系统被国家科技部评为瞪羚企业。

开放共享　务实为民

兖矿集团率先"走出去"投资开发，拥有了一批规模大、品位优、效益好、回报率高、竞争力强的矿产资源。全球融资25亿美元，成功收购力拓公司优质煤炭资源，成为全球煤炭行业5年来最大的兼并重组案。整合全球资源"融合发展"，成为澳大利亚最大的专营煤炭生产商，运用技术换矿权模式，获取厄瓜多尔520平方公里金属矿采矿权。打造属地管控"兖矿模式"。

以市场化理念，持续推动流程优化、管理提升，努力提高全要素投入产出效率。一是强化僵尸亏损治理堵住"出血点"，化解重大经营风险。二是实施节支降本工程挖掘"潜力点"，累计降本节支400亿元以上。三是加强市场化建设培育"创效点"。以经济杠杆优化资源配置，以市场机制倒逼经营机制转换，推动内部经营要素与外部市场要素完全链接。其市场化建设经验在山东省国有企业推广。

李希勇不断树立国企良好形象。一是严守安全环保红线。突出抓好冲击地压、水、火、瓦斯等重大灾害防治，提前两年达到国家大气污染物超低排放治理要求。二是持续增进民生福祉。做好不让一户职工家庭吃不上饭，不让一名职工子女上不起学，不让一名职工看不起病，不让一名提供正常劳动的职工应发工资低于当地最低工资标准"四条底线"。提供帮扶资金2000余万元，助力打赢脱贫攻坚战。三是实施文化提升工程。发挥企业文化导向、约束、凝聚、激励、辐射、品牌"六大功能"，形成推动企业健康可持续发展的特色文化；秉持"创造智慧动能、引领能源变革"的使命，倡树"忠诚、担当、创新、开放、卓越"的核心价值观。

陕西鼓风机（集团）有限公司党委书记、董事长

李宏安

李宏安：男，1965年9月生人，陕西蓝田人，中共党员，西安交通大学透平压缩机及风机专业学士、陕西工商管理学院工商管理硕士、研究生学历，高级工程师。历任陕鼓产品试验研究室副主任、主任兼党支部书记、副总工程师、党委委员、产品试验研究室主任兼骊山风机厂厂长、副总经理；陕西鼓风机（集团）有限公司总经理、党委副书记。现任陕西鼓风机（集团）有限公司（下称"陕鼓"）党委书记、董事长，兼任中国标准工业集团有限公司党委书记、董事长，同时兼任陕西秦风气体股份有限公司党委书记、西安陕鼓动力股份有限公司董事长。

先后获得首批陕西省优秀科技企业家，全国机械工业杰出质量人，第六届陕西省优秀企业家，陕西企业文化建设突出贡献人物，行业领军人物、中国工业榜样人物、陕西企业文化建设优秀成果主创人，中国石油和化工行业影响力人物、全国机械工业企业经营管理大师、奋斗陕西——奋斗人物、全国企业文化优秀成果一等奖主创人、首届"诚信西商"企业家楷模、西安市五一劳动奖章、中国工业影响力人物突出贡献企业家、能源功勋70人·领军国有企业家等荣誉。西安市临潼区第十六届、第十七届人大代表，西安市专家咨询团特聘专家。

创新转型促发展　　固本挖潜建新功

　　李宏安担任陕鼓总经理以来，经历国内经济危机、服务客户产能过剩等市场危机，他准确把握市场趋势，坚持陕鼓战略发展目标，不断夯实管理、技术、市场创新能力。陕鼓被评为中国工业行业排头兵企业，"陕鼓"品牌多次入选中国品牌 500 强、中国机械 500 强，2017 年荣获服务型制造示范企业、国家知识产权优势企业、年度行业领军单位、制造业"双创"平台；2018 年荣获中国工业榜样企业，钢铁行业改革开放 40 周年功勋企业，石化行业合格供应商，陕西省企业文化建设优秀成果、案例奖，入选西安市改革开放 40 周年十佳高质量发展企业；2019 年荣获全国机械工业先进集体、全国模范劳动关系和谐企业、钢铁装备技术品牌供应商、省 A 级纳税人。近年来，"陕鼓模式"被两次写入陕西省政府工作报告，并在全国工业领域和陕西省内组织推广。

创新管理模式　　推动资源整合与技术进步

　　面对新时代的新要求，陕鼓持续深化转型，以分布式能源系统解决方案为核心，为用户提供设备、服务、EPC、运营、金融、供应链、智能化七大增值服务，全力打造世界一流智慧绿色能源强企。李宏安领导大家深入分析用户潜在需求，聚焦高端业务，创新开发了"专业化＋一体化"能源互联岛技术和系统解决方案。

　　李宏安在陕鼓内部推行"摘标＋对赌"机制、归零赛马、骨干员工持股等一系列管理新模式。创新性地提出并实践了"零四四"管控模式。"零"，即陕鼓特色的"归零赛马"；"四"，即四个统管——人的统一管理、财务的统一管理、采购的统一管理、销售的统一管理；"四"，即符合四个集合的交集——一要符合中国法律法规，二要符合国资监管管理，三要符合所在地法律法规的管理，四要符合党的要求。"零四四"管控模式是陕鼓结合新时代下企业发展的新要求和新命题，是中国企业对此轮经济发展新要求的响应，创新性的管理激发了企业内生动力，极大地调动了员工的积极性、主动性和创造性。

在李宏安的带领下，陕鼓人围绕分布式能源发展战略，向服务、工程、运营、系统解决方案四方面发力创新性开拓市场。在去产能和消费升级这一时代背景下，用户的需求不再是简单地实现生产功能，而是要从能源结构、综合能效、单位成本、运营成本等多维度实现产业的升级换代。李宏安深刻意识到这一点，以分布式能源领域的系统解决方案为抓手，以打造千亿市值的分布式能源绿色强企为目标，指导开展了一系列的资源配置与资本运作方面的创新：一是强化资源整合能力；二是深挖金融服务资源。

在科技创新方面，他以独具匠心的视角把握用户需求趋势的变化，持续探索分布式能源流程工业领域前沿技术，铸国之重器。通过与国外技术专家团队、机构深入合作，积极开展新产品开发及新材料、新工艺的研究，持续推进能量转换设备技术改进及升级换代。

经济指标持续增长　转型取得一定成效

近年来陕鼓在李宏安的带领下，实现了2019年总订货同比增长28.54%，营业收入同比增长48.0%，均创建厂以来最高；利润总额同比增长36.0%，为近年新高。2017—2019年连续3年主要经济指标均实现两位数以上的逆势增长。

在第一板块的设备领域，陕鼓主导的轴流压缩机国内市场占有率达92.03%，能量回收装备国内市场占有率达79.63%，硝酸四合一机组国内市场占有率近95.0%，产品出口美国、德国、俄罗斯、印度等40多个国家和地区。在第二、第三板块的服务、运营领域，陕鼓工程成本管控、质量强化等能力得到增强；陕鼓服务的智能化水平持续提升；陕鼓规范、高效、稳定的运营能力不断提升。陕鼓第二、第三板块收入占总收入的比重

连续多年超过 60.0%，形成了独具陕鼓特色的服务型制造新模式，企业转型已初见成效。

加强企业文化建设　履行企业社会责任

企业文化建设方面。在李宏安的带动和倡导下，秉承"为人类文明创造智慧绿色能源"的使命，制订以"战略文化引领、市场开拓为纲、能力建设为基、打造一机两翼、实现千亿市值"为宗旨的陕鼓新时代发展总路径。大力践行"员工第一"的企业文化，与员工共享企业发展成果。着力打造"五型团队"，形成有纪律性、用陕鼓文化武装、有自我批评方法、全心全意为用户服务、有团结协同作风的团队，大力推行公开竞聘制度，为想干事、能干事的人提供平台。李宏安还积极参与爱心志愿者与社区残疾人、困难家庭结成"一帮一"结对子等帮扶活动，做出良好的表率作用。在公司外部，设立了金秋助学金、陕鼓奖学金等，持续开展助学圆梦公益行动，帮助困难学生完成学业。大力拓展业务吸纳各类专业人员，拉动了就业需求。陕鼓利用企业文化引领，引导员工"向上向善"，做文明公民，承担社会责任。

节约资源、保护环境方面。李宏安积极推进"环境友好型、资源节约型"企业理念，每月对能耗指标进行监控和分析，认真执行能耗指标定额制度，企业能耗低于行业平均水平。规范废旧物资综合利用及固废物处置，保持企业及周边地区良好的生态环境。2017 年建成了全球首个能源互联岛运营中心，万元产值能耗从 2017 年的 14.99 千克标煤下降为 2018 年的 9.06 千克标煤，下降了 39.56%，产生了显著的经济价值和社会效益。

精准扶贫方面。李宏安积极参与到陕西省"两联一包"对口帮扶工作中，带着感情、带着责任、带着资金、带着真心，先后与陕西安康市的紫阳县焕古镇焕古村、腊竹村，汉中市城固县橘园镇深北村结成帮扶对子，投入扶贫帮困资金 350 余万元，并选派陕鼓优秀青年长期挂职村干部驻村帮扶。多年来，通过"人才支持+产业帮扶+精准扶贫"的模式，已使紫阳县焕古镇焕古村、腊竹村走上了全面脱贫致富的幸福路。

延边大学草仙药业有限公司董事长

李英姬

李英姬：女，朝鲜族，1957年3月生人，吉林延吉人，无党派人士，1982年7月毕业于延边医学院药学系，正高级工程师，现为延边大学草仙药业有限公司（下称"草仙药业"）董事长。是延边州政协委员、延边州人大代表、延边州第十五届人大常委。

先后获全国五一劳动奖章、吉林省劳动模范、延边州特等劳动模范、延边州发展税源经济优秀企业家等荣誉。

立志边疆 做老少边穷地区
戮力耕耘的企业领航者

李英姬扎根企业37载，带领企业改制、求变、创新、展翼，使草仙药业得到了长足的发展，成为龙井市的纳税大户，被授予省级高新技术企业、延边州30强企业、A级纳税人、重合同守信誉企业、延边州民族团结进步模范企业等称号。

保人保产保企业 求新求变求发展

龙井市是20世纪20年代延边第一个党支部成立所在地，是典型的"老少边穷"国家级革命老区，地区。1982年，李英姬进入龙井制药厂，在企业极其困难的情况下，接任了厂长一职。她依靠员工艰苦创业，"重质量、保销售、稳生产、快研发"，牢牢把握生产、质量、销售、研发四大主题，带领员工励精图治，真抓实干，5年内使企业走出了困境。

1999年，李英姬实施公司制改革，提出"员工一个不下岗，债务一分不逃避，国有资产一分不流失"的原则，得到了当地政府及员工的大力支持。草仙药业成立，开启了企业发展的新篇章。

重视人才搭平台 推动研发树品牌

多年来，李英姬不断招聘大学生充实企业的技术管理岗位，为应届毕业生提供初次就业机会。被团州委命名为青年就业创业基地。李英姬非常重视企业的文化建设，确立了"人本为先，止于至善，创新发展，亲如一家"的新核心价值观。每年划拨专款，用于员工的劳动保护、学习培训、社会保险等。不断提高员工的收入。

李英姬把新产品研发作为企业的重中之重，2010年以来累计投入技术改造资金3300多万元，累计研发上市的新产品14种，获得新药证书8个，获得产品生产批件60个。她带领团队经过6年的开发，成功研制出"草仙乙肝胶囊"，1997年6月11日获得了国家卫生部颁发的新药证书。2001年与韩国忠北大学动物医学研究所合试验证明"草仙乙肝胶囊"有明显的抗病毒作用，在制药领域，首次提出中药具有抗病毒作用的观点，不仅为中药抗病毒研究提供了理论依据，同时也为树立"'草仙乙肝胶囊'为中药抗肝炎病毒中国第一品牌"奠定了坚实的基础。

"草仙乙肝胶囊"投产当年就实现产值2127万元，销售收入1144万元，先后获得国家重点新产品、吉林省科技进步二等奖、吉林省医药行业名牌产品、吉林省医药工业骨干产品、国家火炬计划项目，2006年公司首次获得了吉林省高新技术企业的称号。在医药市场激烈的竞争中，草仙药业三个独家产品"草仙乙肝胶囊""肝胆双清颗粒"和"五维赖氨酸颗粒"成为了核心产品，使企业在医药市场上占有一席之地。"五维赖氨酸颗粒"于2014年、2018年先后两次被评为吉林省名牌产品，2019年"五维赖氨酸颗粒"申报了一项国家专利。

自2000年开始，李英姬带领团队开始对健康产品的研发，其中"一种纳豆粉及制备方法和含有这种纳豆粉的保健食品""一种降酯保健食品"分别获得国家专利。目前，企业生产的纳豆系列健康食品和保健食品项目生产能力不仅为带动农业产业化提供了载体和动力，同时也给本地区和吉林省内的其他相关行业的发展提供了新的市场机会。

强企联合谋新篇　地方发展再添翼

李英姬清醒地认识到，产品研发和技术升级改造对企业未来的生存和发展是一个生死攸关的大问题，不走改革创新合作的道路，企业就是死路一条。草仙药业地处祖国边疆少数民族地区，如何把企业做大做强，给地方留下一个税源大户，是李英姬的心愿。经过两年的努力，她终于找到了具有很强的资金能力、产品研发能力和市场拓展能力的合作伙伴，双方达成了股权转让和定向投资方增资扩股的投资合作协议。

2018年9月，在龙井市工业集中区实施了"扩产升级异地搬迁建设项目"，项目分两期建设，首期工程计划投资2亿元，占地4.25万平方米，目前项目一期工程已经正式开工建设。

企业党建不松懈　社会责任勇担当

李英姬积极支持企业党群工作，在内部设置完善了党的组织和工会、共青团组织、妇代会。每年"七一"，她都主动参加党支部组织党员和积极分子举办的各种教育活动，积极支持参加龙井市非公党组织篮球赛等活动。近年来，企业党支部、工会先后获得省、州、市党组织和工会组织的多次表彰。

重视支持工会组织工作，认真贯彻企业中工会的保护职能、教育职能和经济建设职能的方针，关心员工疾苦是她常挂在心上的事情，每逢重大节日，她都亲自安排给员工发放福利，开展给员工"送温暖"活动，对困难员工进行生活补助。

李英姬始终不忘承担社会责任，在30多年的企业工作中，她坚持讲诚信、重信誉，严格遵守国家相关法律法规；她坚持为人民群众的用药安全负责，严格保证产品质量。始终坚持依法经营，照章纳税，已累计缴纳税金1.1亿元。

每当遇到自然灾害发生，李英姬都积极参加扶贫济困、救助灾害等社会公益事业。企业积极参与脱贫攻坚战役，为龙井市顺利完成脱贫摘帽做出杰出贡献；李英姬还积极参与光彩事业和其他社会公益事业。企业自成立之初就一直设有"金秋助学"项目，每年都为企业困难员工子女上大学而解决部分入学学费。企业不仅立足当地，更积极参与全国范围的公益活动。2019年世界儿童日期间，企业在全国各地共开展了21场《世界儿童日，我们在行动》大型爱心捐助活动，捐助价值297.5万元的"五维赖氨酸片"，受益儿童多达3600名。

青岛琅琊台集团股份有限公司党委书记、董事长

李悦明

李悦明：男，1964 年生人，山东胶南人，中共党员，工程技术应用研究员，博士生导师。历任青岛第三铸造机械厂技术员、技术科长、研究所所长，青岛华青工业集团副总经理等职。现任青岛琅琊台集团股份有限公司（下称"琅琊台集团"）党委书记、董事长，享受国务院政府特殊津贴。

他怀揣兴企强国的梦想，不忘初心、牢记使命，以高屋建瓴的眼光和智慧，开辟了一条酒业新旧动能转换、供给侧结构性改革的发展新路，创造了涅槃重生的传奇。使琅琊台集团成功地实现了由传统产业向高新技术产业和战略性新兴产业的转型升级。是青岛市改革开放 30 年行业风云人物，先后荣获"山东省优秀省人大代表""山东省轻工业卓越贡献带头人""山东省劳动模范""山东省轻工业有突出贡献中青年专家""改革开放四十周年山东省食品行业功勋企业家""辉煌七十年，赋能新时代——山东省食品工业功勋企业家和全国生物发酵行业专项技术中心先进工作者"等荣誉。

精研细琢重实效　砺能强技勇担当

肩负着振兴琅琊台酒、振兴鲁酒的重任，李悦明在完成国家海洋战略、国家"863"计划、《中国制造2025》等国家重大战略技术难题、重大科技攻关和企业技术改造、引进消化高新技术等供给侧改革中，成为山东省白酒行业新旧动能转换的领军人物，是山东工匠鲁酒大师和山东省食品行业杰出贡献人物。他创造性地解决了衣康酸、海洋微藻DHA、海洋小球藻、异麦芽酮糖、叶酸等重大技术难题，使琅琊台集团成为世界最大的衣康酸研发生产基地和国内最大的海洋微藻DHA、异麦芽酮糖、海洋微藻小球藻、胶原蛋白肽、叶酸研发生产基地，打造出"中国新时代"多个新产业坐标。被评为国家"十三五"战略性新兴产业重点产品的企业、国家技术创新示范企业、国家知识产权示范企业、国家制造业单项冠军示范企业、国家循环化改造示范试点企业、国家节能环保领军企业、国家绿色工厂和中国行业突出贡献企业等。2018年荣获行业唯有茅台、琅琊台的中国工业大奖。

运用高新技术　加快公司转型

作为课题组核心成员，在微生物菌种研发、酶工程领域等研发方面，李悦明为琅琊台集团创造了巨大的经济和社会效益。在他的带领下，琅琊台集团积极上马生物产业项目，在衣康酸及其衍生物研发方面，一直走在世界的前沿，尤其是他带头完成的"衣康酸分离工程关键技术—连续热结晶工艺研究"达到国际领先水平，引领琅琊台集团迈入"世界行业领军企业"。

国家科技部鉴于李悦明在有机酸生物发酵领域的科技创新成绩和创新地位，2015年5月4日，下发了2015年国家第一批高技术研究发展计划课题经费的通知（国科发资〔2015〕135号），批准琅琊台集团承担"有机酸生物合成途径构建与优化技术（2015AA021003）"863计划项目。在李悦明的负责下，使其在工艺技术、产品质量、绿色生产、创新能力等方面一直处于世界领先水平，成为世界衣康酸生产第一企业、世界上最大的衣康酸系列产品研发基地及"世界行业领军企业"，连续16年保持了衣康酸世界销量第一。被评为国家首批、青岛市唯一国家制造业单项冠军示范企业，树立起《中国制造2025》新标杆，彻底改变长期依赖进口的被动局面。他还先后主持高山被孢霉菌株选育及清洁生产ARA示范项目，为琅琊台集团新增销售收入1.14亿元/年。该成果经过专家鉴定，整体技术达到国际领先水平。

自2013年起，李悦明带领课题组成员，通过技术创新，研究了生物发酵生产异麦芽酮糖高科技项目，为中国糖尿病患者送来了福音，被誉为"异麦芽酮糖清洁生产示范技术领路人"。此项目改变了传统生产工艺技术，获得了一株国际上具有自主知识产权的高活性异麦芽酮糖生产菌，菌株代谢不产生二氧化碳，发酵周期大大缩短，整个生产工艺过程不会对环境造成污染，为琅琊台集团带来巨大的经济效益和社会效益，在世界上具有典型的示范性。他紧跟时代发展步伐，积极进行产业结构调整和技术改造，引领琅琊台集团向海洋产业进军，在无数次试验的基础上，最终实现了工艺技术放大的产业化试验成功，被誉为"中国海洋微藻生产DHA产品领军人"。年产1000吨海洋微藻生产高附加值DHA产业化项目，成为琅琊台集团新的经济增长点。

李悦明的"利用胞内核磁共振法快速筛选高产DHA裂殖壶菌的研究"写入了《发酵科技通讯》核心期刊；"黑曲霉LYT13遗传操作平台的建立及应用"写入了中国科技核心期刊《山东工业技术》；"海洋小球藻粉膳食干预对糖尿病小鼠降血糖及抗氧化作用""高效液相色谱法测定壳寡糖的含量"写入了《发酵科技通讯》。李悦明还主持起草了《葡萄糖酸钠》《伊代欣糖》行业标准，完成起草了《工业用衣康酸》《生物发酵法有机酸分类》《异麦芽酮糖》《发酵法有机酸良好生产规范》《胶原蛋白肽》国家标准。

助力环境保护　抓好安全生产

面对经济发展和环境保护的矛盾，李悦明始终坚持企业发展与环境保护同等重要的理念。2013年，他带领课题组成员积极攻关，率先提出了传统白酒产业转型升级，新建琅琊台微生物循环经济产业园，先后研发出了"污水处理、沼气发电、废弃物综合利用生产肥料和饲料""酒糟废液及母液综合利用生产优质饲料"等项目，实现了微生物产业园"资源—产品—再生资源"反复流动过程，打造园区高值化循环经济产业链，为有机酸发酵行业走低碳、绿色开辟了一条新路。既实现了废弃物变废为宝，又达到了污染物达标排放。

近几年来，叶酸污水处理一直是摆在生产经营者面前的棘手问题。面对国内急需的产品需求，李悦明带领技术人员刻苦攻关，不断研究，反复试验，制订了详细周到的污水处理解决方案，填补了国内叶酸污水处理历史上的空白。

琅琊台集团在获得经济效益的同时，也不忘回馈社会，通过捐款、设立琅琊台爱心基金、琅琊台德育基金等形式，帮助鼓舞其他社会群体和个人共同成长，并逐年加大支持的力度。琅琊台集团建立了完善的安全生产管理体系，成立安全生产管理委员会，贯彻国家和上级颁发的安全生产法令、法规、标准，并对执行情况进行监督检查，配合人力资源部对新人员进行三级安全教育中的一级教育与考核，并监督检查；琅琊台集团贯彻预防为主的原则，针对防火防爆、污水外溢、防汛、锅炉、治安管理等突发事故制订了应急预案，每年定期组织消防演练、突发事件逃生演练，做到制度到位、人员到位、组织到位。在李悦明的带领下，琅琊台集团承担了国家级循环经济资源综合利用项目14项，处于国内同行业领先水平。

青海华实科技投资管理集团董事长

李银会

李银会：男，1966年9月生人，山西绛县人，1990年7月毕业于北京大学研究生院，理学硕士，高级工程师，于2003年加入中国民主建国会，担任民建青海省委第五、六、七届省委委员，现任青海华实科技投资管理集团（下称"华实集团"）董事长。

改革发展　春华秋实

1995年，李银会成立了西宁华能电子有限责任公司，用20多年的时间，把一腔热血和青春播撒在了青藏高原上。他带领华实集团诚信经营、回馈社会，赢得了良好的社会信誉。目前，华实集团资产总额约48亿元，在职员工近4000人，2018年实现销售收入17亿元，交纳税金3亿多元。

抓管理　强技术　注重企业文化

2019年，李银会确立了"持续深入建设企业文化、构建全面质量管理体系"的年度方针，全面落实"产品质量与生产工艺、人力资源、市场营销、品牌建设、企业文化、标准流程"的六大提升项目，持续践行"扎根青海、拓展西北、布点全国"的营销理念。在李银会的推动下，华实集团先后通过了ISO 9001质量管理体系、HACCP管理体系、有机产品认证体系、职业健康安全管理等几大体系的认证，使集团在行业领域内得到了长足发展。华实集团旗下互助青稞酒股份有限公司以在青稞酒新产品开发、青稞酒品类创新、酒体风格、香型、口感、酿造工艺改进与提升、大曲、微生物、安全、功能等研究方面取得了重大突破。

在李银会的带领下，华实集团各个板块专注于技术研发与升级。集团旗下纳曲青稞酒通过3年的研发和升级，推出了国内首款含有健康因子的健康白酒；青藏四宝在青海区域内受到大力追捧；华实研究院取得青海省省级工程技术中心的资格，成功申请了国内4项发明专利，在青稞麦茶等副产品研究上，取得了重大的突破。与此同时，李银会积极推动企业管理模式改革和创新，一是促进生产线技改转型，实现产量提高和产能提升；二是强化检测能力建设，促进集团检测中心取得中国CNAS国家实验室认可；三是狠抓技术攻关，积极推进稀缺青稞品种的育种试种，培育企业新优势；四是加强信息化建设，建设以终端数据为核心的"中酒云图"、以消费者数据为核心的"中酒云码"、以产品溯源为核心的"ERP 系统"、以库管物流为核心的"WMS 系统"等项目，打造企业全产业链的创新管理模式，深挖青稞酒内涵，全面提升企业核心竞争力。2018 年 9 月，华实集团旗下天佑德青稞酒品牌凭借 148.19 亿元的品牌价值荣获全球酒类产品百强品牌、中国青稞酒品牌价值第 1 名、2018 年度中国八大清香型白酒品牌、2018 年度"一带一路"酒业领军品牌奖等多个行业内奖项。

为稳妥推进企业文化建设，李银会从再造企业精神入手，宣贯"正确、到位、简单、快乐"的企业精神和"以人为本，以知为本，以能为本，以果为本"的企业核心价值观；从绩效考核入手，建立了公司战略目标与员工贡献和收入结合的考核奖励体系，既促进了员工个人的学习成长和能力发挥，也为公司实现战略目标奠定了坚实的基础，实现了双赢。

做强品牌　丰富青稞产品矩阵

李银会坚持"健康持续、全球品牌"的发展理念，致力于产品质量升级，进一步做大、做强集团旗下各品牌，不断扩大青稞产品知名度和市场占有率。同时，深入开展青稞资源研究和项目论证，不断丰富青稞系列产品种类。在传承古老酿造工艺的基础上，采用现代科学技术，提升青稞产品品质，扩大青稞酒生产规模，加速青稞酒走出青海，走出西北，进军全国及全球市场。目前集团旗下青稞产品种类多达数十种，产品上百款，其中包括青稞酒、青稞面、青稞曲奇、青稞枸杞茶、青稞米等，满足了青海人民对青稞食品的基本需求。2011—2018 年，集团旗下互助青稞酒股份有限公司累计纳税 34.64 亿元，年均 4.33 亿元，连续成为青海省财政支柱企业和青海企业 50 强，为促进区域经济发展做出了积极贡献。

在李银会精细谋划和战略定位推动下，集团旗下互助青稞酒股份有限公司于 2013 年 11 月以 1500 万美元收购美国 Sundown 公司马克斯威葡萄酒酒庄，聘任美国本土相关资深酿酒团队管理生产。酒庄位于加州纳帕绮丽斯波普谷内，因马克斯威湖而得名，占地 1024.93 英亩。2015 年 7

月，互助青稞酒股份有限公司董事会审议通过，以现金出资500万美元在美国设立全资子公司——Oranos Group并完成工商注册，互助青稞酒股份公司持有Oranos Group, Inc.100%股权，主营业务为生产、销售Maxville（马克斯威）品牌葡萄酒以及负责互助青稞酒股份公司的产品在美国的销售。截至目前，青稞酒股份有限公司对"OG"公司及其子公司累计投资达3975万美元，2015年9月，青稞酒股份有限公司通过了美国烈酒市场的TTB认证，准予进入美国市场销售，成为中国白酒行业第一家通过该认证的企业。

主动履责　回馈社会

近几年，华实集团在旗下互助青稞酒股份有限公司的环保投资就达2000余万元。从2010年开始推行ISO 14001：2004环境管理标准化体系，各领域涉及的环保问题都逐步按国家相关规范要求进行。

李银会多年来高度重视并积极参与贫困地区的教育事业。2012年，李银会发起设立了"天佑德教育基金会"，截至目前已累计注资1440万元用于公益教育事业。"天佑德青稞行动"公益活动多次为青海、甘肃两地贫困学校和贫困学生捐款捐物。华实集团与江南大学进行专项合作，每年在贫困家庭中招收一批应往届高中毕业而无力上大学的学生前往江南大学进行免费学习，并在毕业后与企业签订劳动合同。

李银会努力将企业打造成为员工的温暖家园，全方位营造模范劳动关系和谐企业氛围，吸引了大批优秀人才。在当地政府的大力支持下，旅游产业与青稞酒工业游相互配套、相互融合，促进了当地产业结构的调整和旅游业的快速发展。

2012—2018年，华实集团旗下互助青稞酒股份有限公司累计新增就业人员1000余人，被国务院评为全国就业先进企业。工资发放率、员工参保率等均为100%，荣获全国模范劳动关系和谐企业光荣称号。尤其是近年来，利用产业发展带动经销商、终端店发展，在册经销商468户、终端店5.9万家，给经销商年均让利6%，终端店年均差价利润高达10%~15%，这些举措间接带动社会就业及促进增收的成效十分显著。

敬业集团有限公司总经理

李慧明

李慧明：男，1979年9月生人，河北平山人，中共党员，在职研究生学历，工商管理硕士学位。2003年8月参加工作进入敬业集团，历任炼铁车间副主任、采购部科长、部长等职务，现任敬业集团有限公司（下称"敬业集团"）总经理。石家庄市第十四届人大代表，平山县第十六届人大代表。

曾连获2007—2009年度石家庄市职工劳动模范，2011年平山县创先争优优秀共产党员，2012—2014年度平山县优秀共产党员等荣誉，2019年获石家庄市纪念祖国70华诞杰出企业家称号。

潜心发展实业　逐梦产业报国

李慧明自进入敬业集团，从低层开始，到主管全面工作。在工作过程中积累了丰富的一线工作经验，磨炼了领导才能，提高了发现问题、解决问题的能力，为加快企业国际化进程，推动集团可持续发展奠定了坚实的基础。

高技术产业大发展　国际化进程显成效

敬业集团是一家以钢铁为主业，兼营钢材深加工、国际贸易、粉末冶金3D打印、旅游、酒店的大型集团公司。在李慧明的带领下，积极响应国家战略，瞄准尖端，布局转型升级四大版块。

增材制造作为集团转型升级的高科技项目，拥有粉末冶金、激光高速熔覆、3D打印、粉末工具钢等多条智能制造生产线，是全球唯一一家全流程增材制造公司，入选《中国制造2025》和"智能制造综合标准化与新模式应用项目"，与中国航天科工集团、中国电科54所等中央军工单位签署战略合作协议，进入航空航天领域。2019年4月，增材制造通过"国军标质量管理体系"认证，开创了军民融合发展的新局面。研发的"增材制造用金属粉末及其在工模具中的应用"项目荣获2019年度中国机械工业科学技术奖一等奖，气雾化系统及其成粉率等达到国际领先水平，定制了金属粉末国家、行业、团体及企业标准。金属粉末及3D打印产品出口德国、韩国、新加坡、日本等，树立了中国制造地位。

国内首套完全自主知识产权的高品质钢短流程薄带铸轧项目，是集团在钢铁行业转型升级的成功典范，与传统工艺相比，此技术将传统600米长的生产线缩短至70米，生产成本降低35.0%，产线燃料消耗降低95%，水耗降低80%，电耗降低90%，二氧化碳排放降低85.0%。可年产高品质电工钢40万吨、双相不锈钢20万吨，主要用于电机、变压器制造、船舶货箱、罐车罐体等。

利用集团热卷板规划建设260万吨冷轧和350万吨制管项目，主要做天然气、石油、水等流体输送的圆管、螺旋管，以及绿色建筑钢构使用的方矩管。以集团中板为依托生产钢结构项目，主要服务于高层建筑和桥梁钢结构。发挥大型螺纹钢生产基地的优势，展开钢筋的工厂化加工配送，既保证施工用的钢材质量，又能解决钢筋在工地现场加工散、乱、差的问题。此外，还有汽车改装、环境工程、法兰、报废汽车拆解等项目，在钢铁产能整体逐步压减的大背景下，敬业集团走出了一条适合自己的绿色、健康、持续发展之路。

李慧明与团队大力推行国际化进程，在全球22个国家设立了分公司和办事机构，产品出口到80多个国家和地区；全球布局设点，积极开展镍铌钒锰、木材、物流、金融等业务，最终要将国际化当做敬业绿色发展、持续增长的新引擎。2019年11月，与英国钢铁公司达成收购协议，标志着敬业集团在践行国家"一带一路"倡议和国际化布局方面迈出了坚实一步！

坚持创新驱动　全力打造敬业品牌

敬业集团全力打造"以贡献者为本"理念，所有文化、制度向贡献者倾斜。每年拿出4000万元对做出突出贡献的人给予奖励。企业新员工培训30天，上岗培训15天，雷打不动；建立师傅带徒弟制度；干部培训请进来、走出去，鼓励参加各类学习进修。明确相关制度，让员工选择适合自己提升的发展路线。实行升迁靠竞争、末位淘汰机制；开展大练兵、大比武活动。

2018年研发及技术改造投入24.35亿元，开展研发活动113项；2016年以来，申请专利431项，产品获中钢协冶金产品实物质量金杯奖1项。作为热轧带肋钢筋国家标准主要编撰单位，敬业集团坚持普材高质量发展思路。2016年1月正式推出加钒阻锈"敬业蓝"螺纹钢，面世4年来，凭借过硬的品质参与到北京大兴国际机场、雄安新区、文莱跨海大桥等国内外重点工程建设中。集团公司入选中国十大卓越建筑用钢生产企业品牌。

为打造敬业品牌，敬业集团坚持质量和服务两手抓、两手硬。大力弘扬工匠精神，坚持客户中心化理念，提供个性化定制服务。坚持用市场和客户的标准提升产品质量和服务，通过一系列举措，敬业品牌价值达312.95亿元，较2018年增加106.27亿元，涨幅51.42%。

发展不忘初心　积极承担社会责任

敬业集团坚决压减产能，做好转型升级；妥善做好相关人员安置，较好地维护了社会稳定。2017—2018年投入20亿元对各工序进行脱硫、除尘、SCR脱销等环保升级改造，对原料棚化，对物料、炉前进行全封闭；2019年又投资1.5亿元对煤气发电锅炉新增脱硫除尘装置，年可削减二氧化硫288.75吨、氮氧化物412.5吨；投资991万元对所有高炉加装煤气回收及降噪设施。按照《关于加强重污染天气应对夯实应急减排措施的指导意见》，集团被纳入石家庄市重污染天气应急减排清单B级工业企业。2019年对厂区搬倒车辆及大宗物料运输车辆提标改造，所有车辆加装尾气净化装置，全部达到国Ⅴ以上排放标准。多年来，集团环保累计投入达到50亿元，多项环保措施全国首创，被评为工业旅游示范企业。

敬业集团重视员工权益。员工人均工资年递增10%以上，全员每年免费进行高标准体检，享受带薪年假；达到工作年限，免费出国旅游；敬业的员工看病凡医保报销剩余部分，集团全部报销；子女凡考取本科，每人每年补助5000元。

2017年敬业集团出资5000万元成立敬业公益基金会，每年对平山县考取大学的优秀学生给予每人2万元的补助。此外，还积极参与修路、建学校、救灾、捐资贫困山区等公益事业，累计投入超8亿元。敬业利用自身平台为周边居民供水供电、冬季供暖，承揽周边城镇的污水和废弃物处理，积极承担社会责任。

四川省宜宾五粮液集团有限公司
党委书记、董事长

李曙光

李曙光：男，1962年1月生人，重庆市人，中共党员，西南财经大学工业经济管理专业，本科学历，1983年7月参加工作。现任四川省宜宾五粮液集团有限公司（下称"五粮液集团"）党委书记、董事长，宜宾五粮液股份有限公司党委书记、董事长。第十三届全国人大代表，四川省第十三届人民代表大会代表，先后在四川省政府国有企业监事会、四川省经济和信息化委员会工作并担任领导职务，拥有丰富的国有企业管理、工业经济发展等方面的经验，以及卓越的领导力；兼任中国国际商会副会长、中国食品工业协会副会长、中国轻工业联合会特邀副会长、四川省科学技术协会副主席等行业协会领导职务，在白酒产业、食品行业、轻工业发展等方面具备很强的管理、创新和领导能力。

追求卓越　奉献社会

李曙光任职 3 年以来，五粮液集团销售收入每年增长百亿元，2019 年历史性跨越千亿级台阶，先后获得了 2018 中国新经济领军品牌、中国主板上市公司价值百强前十强等多项殊荣，五粮液品牌价值连续 25 年保持白酒制造行业第一。李曙光获得"一带一路"十大贡献人物、2018 中国新经济年度领军人物、2018 年度全国优秀诚信企业家等 20 多项国家级和省部级荣誉。

创新驱动　健康发展

2017 年以来，五粮液集团在李曙光的带领下，确定并大力推进"做强主业、做优多元、做大平台"的发展战略，提出"千亿"发展目标，并提前一年圆满完成。进一步优化产业布局，聚焦主业，把"1+5"产业布局精简为"1+3"，充分发挥白酒产业的比较优势，着力做优大机械、大金融、大健康三大多元产业，提升核心竞争力。构筑产、学、研结合的技术创新体系，建立以高层—技术管理及研发部门—基层车间和子公司为主体的三级创新体系，建立院士工作站、博士后工作站。搭建行业一流的创新技术平台，公司目前已建有国家企业技术中心、国家白酒产品质量监督检验中心等 6 个国家级创新平台，以及固态发酵资源利用四川省重点实验室等 6 个省级创新平台。

李曙光将"质量是企业的生命，匠心酿好每一滴酒"的质量理念贯穿生产经营全过程，整合质量管理体系和 HACCP，全方位确保食品质量安全。他大力推进信息化建设，清晰资产权属关系，为快速响应市场提供数据支撑；加强对高原值闲置资产、子公司资产清理工作，保证国有资产安全、完整；盘活闲置实物资产，通过提升处置效率、落实闲置资产绩效考核等措施，达到减存量、提收益的目标。

他强化公司内部文化团队建设，建立专员队伍，覆盖公司各个部门、车间，文化骨干。推进五粮液文化遗产保护工作，修订《五粮液"长发升""利川永"老窖池群文物保护规划》，启动五粮液老窖池群附属建筑保护性修缮工作，推动五粮液物质及非物质文化遗产保护与传承工作。

全方位开拓市场　助力国际化经营

在酒业主业方面，李曙光全面推进营销数字化转型，将五粮液集团的渠道模式从最传统的批发模式，升级为数字化终端营销和消费者营销；建立与终端门店、消费者会员的数字化连接，有效推进"百城千县万店"工程；先后携手环球免税集团、施华洛世奇等国际知名企业，共同开拓海外市场。在大机械产业方面，旗下子公司普什集团加快汽车发动机、汽车零部件、机械加工等产业发展，推动宜宾汽车配套产业示范基地一期项目建设，积极布局新能源汽车、通用航空、智能制造等产业。在大物流产业方面，旗下子公司安吉集团已发展成为一家集水陆联运、仓储服务、国际货代等业务为一体的5A级综合性现代物流企业，建设长江上游成宜国际物流港项目、五粮液现代物流产业园，与中远海运开展战略合作，初步构建起"通江达海"的供应链物流综合服务能力。在大包装产业方面，旗下子公司丽彩集团与深圳劲嘉合作建设现代化的智能包装生产基地，共同拓展西南地区烟、酒等包装市场。在大金融产业方面，五粮液集团积极探索银行、证券、基金、财务公司等领域，发起设立了五粮液集团财务公司、五粮液乡村振兴发展基金，参股了宜宾市商业银行、华西证券等金融机构，着力打造五粮液金控平台。在大健康产业方面，推进与四川大学华西医院等单位合作，重点建设健康产业创新研究院和大健康中心两大重点项目，打造科研创新与成果转化平台，建设体检一流、诊断一流、康养一流的体检中心、康养中心和前沿国际医院。

目前，五粮液集团建成欧洲、北美、亚太三大国际营销中心和国际营销渠道，产品直接销往全球34个国家，间接销往28个国家，加快国际化步伐；成为 APEC 中国工商理事会理事单位，中国国际副会长单位；成功举办第一届至第三届中国国际名酒文化节，连续举办 3 年国际名酒联盟高层峰会；承办 2019"一带一路"四川国际友城合作与发展论坛；协办第 68 届世界杯国际调酒师大赛。积极参加中国国际酒业博览会、首届中国国际进口博览会、博鳌论坛首尔会议、捷克中国投资论坛等国际活动。

坚持社会担当　履行社会责任

在李曙光的带领下，五粮液集团积极推进宋公河综合治理等重点环保项目建设，实现"三废"100% 达标排放，全年一般及以上环境污染事故为零；探索精准扶贫创新模式，设立全国首支乡村振兴发展基金，以及五粮液慈善基金会、五粮液教育基金，通过资本撬动产业理念，捐资助学、改善道路等基础设施方式切实助力乡村振兴发展，构建五粮液特色扶贫的长效机制。李曙光认真贯彻落实国家省市关于安全生产的决策部署，制订了 30 多项与安全相关的管理制度，实现了连续 35 年无火灾事故的优良业绩；建立应急管理体系，五粮液专职消防队荣获全国工人先锋号、四川省危化救援专业队称号。

五粮液集团现有员工近 5 万人，近年来通过社会招聘、校园招聘、专项岗位招聘等渠道，吸纳社会人员和本、硕、博大学生上千名。依法依规为员工提供五险两金，实施员工持股计划、建立健全困难企业员工救助体系、建立企业年金制度、重症员工内部离岗休养管理办法；建立职业卫生监管责任体系、安全管理体系，识别危险源、职业危害因素及关键场所的测量指标，每年投入上亿元，用于个体劳动保护、劳动作业环境改善、劳动环境监测等。在李曙光带领下的五粮液集团还创立了"五粮液家园"数字工会平台，截至目前通过平台累计发放福利金 2.02 亿元，被全国总工会、中央网信办评为最具影响力平台；已建基层工会组织 47 个，工会会员近 4 万人，打造集教育学习、维权服务、强身健体、休闲娱乐等功能于一体的五粮液职工之家；不断健全困难救助体系，建立常态化慰问机制，设立困难救助基金、工会互助基金等，截至 2019 年，五粮液集团发放临时困难救助金 165 万元，救助患病职工 1100 余人次。

中国移动通信集团有限公司党组书记、董事长

杨 杰

杨杰：男，1962年7月生人，北京人，中共党员，北京邮电大学无线电工程专业，本科学历，在职获得工商管理专业，博士学位，教授级高级工程师。历任山西省邮电管理局副局长、山西省电信公司总经理、中国电信集团公司北京研究院副院长、中国电信北方电信事业部总经理；中国电信集团有限公司副总经理、总经理，董事，代行董事长以及首席执行官职权，党组书记、董事长等职。现任中国移动通信集团有限公司党组书记、董事长。中央网络安全和信息化委员会办公室专家咨询委员会委员。党的十九大代表，第十三届全国人大代表。

企业杰出的当家人

杨杰自 2019 年 3 月担任中国移动通信集团有限公司党组书记、董事长以来，认真贯彻党和国家决策部署，强化战略研究和顶层设计，积极把握发展机遇，与时俱进调整公司发展定位，提出创世界一流"力量大厦"战略思路，持续推动转型升级和改革创新，公司经营业绩稳健增长，行业影响力全面跃升，综合实力迈上新台阶。

提高政治站位　完善治理体系

杨杰牢牢把握国有企业作为中国特色社会主义的重要物质基础和政治基础的定位属性，把贯彻执行党的路线方针政策和中央重大决策部署作为最重要的政治任务，提出"创世界一流企业，做网络强国、数字中国、智慧社会建设主力军"的企业发展目标，将 5G 发展、疫情防控、扶贫攻坚、网络安全保障等系列重点工作，都放到党和国家发展的大局中去思考、定位、谋划。领导建成全球最大规模的 5G 网络（基站超 38 万座），服务 5G 用户超 1 亿户。中国移动牵头 5G 国际标准关键项目 95 个，为中国赢得 5G 发展的宝贵话语权。杨杰全力做好疫情防控"三个保障"（通信保障、服务保障、防控保障），中国移动仅 36 小时就率先开通"雷火双神山"首个 5G 基站，创新 5G 热成像体温筛查、"云视讯"远程办公等解决方案，为各行各业复工复产提供支持。杨杰指导形成独具特色的"网络+"扶贫模式，深入开展电信普遍服务工程，帮扶超过 100 万贫困人口脱贫。公司连续两年在中央单位定点扶贫考核中被评为最高等级。全面强化应急保障与信息安全，圆满完成祖国 70 华诞、珠峰高程测量等重大通信保障任务；2020 年汛期抢通基站 4 万余站次、抢修光缆超 2800 皮长公里；月均拦截高频骚扰电话2.8亿次。杨杰重视生态文明建设，仅2019年各项举措节电就达22亿度。

杨杰带领党组把方向、管大局、保落实，带领董事会发挥好"定战略、作决策、防风险"的关键作用，推动公司治理体系和治理能力现代化水平快速提升。在杨杰的带领下，仅一年时间企业即实现营运收入企稳回升（2018年营运收入下降0.5%，2019年增长1.2%）。

勇于创新　构筑创世界一流"力量大厦"

杨杰坚决破除与高质量发展不相适应的生产关系，创新体制机制，为创建世界一流企业激发内生动力。聚焦战略执行、组织运营、产品创新、销售服务和网络支撑5大能力，实现集团公司、区域公司、专业机构运营发展的"三个统一"（目标、行动、结果相统一，资源、考核、激励相统一，组织、机制、文化相统一）。深化市场经营体系与在线营销服务体系改革，提升用户需求响应效率、业务服务交付能力。助力各行各业数字化转型，组建云能力中心；建立智慧家庭运营中心，推进公司智慧家庭的融合发展。改革创新激励机制，下达面向5G建设、DICT业务等重点业务的特别激励和专项激励；实施"百舸争流计划"人才特殊激励、卓越员工年金激励、新一轮股票期权激励。探索网格化经营，将网格打造成客户驱动、敏捷高效、智慧精益的新型基层经营单元。

杨杰高度重视科技创新，构建形成内环（所属研究院和专业机构下设二级研发中心）、中环（所属21家科技型专业公司）、三环（所属31家省公司和2家境外公司）、四环（重点头部企业和科研机构）协同互动的"一体四环"科技研发体系。加快推进具有运营商特色、中国移动特点的智慧中台规划建设，构建"业务中台＋数据中台＋技术中台"协同互动的AaaS（能力即服务）体系。紧密围绕云计算、数字内容、网络安全、垂直行业信息服务等重点领域，拓展投资布局与战略合作，构建"中移系"朋友圈。深化国家级"双创"示范基地建设，搭建"万物互联创客马拉松"创新平台。

杨杰精准洞察经济社会"四个范式变迁"和数字社会"五纵三横"的

特征趋势，带领企业科学制定创世界一流"力量大厦"发展战略，明确了"四个三"的转型要求，一是"三个转变"，即加快推动从通信服务向信息服务拓展延伸，从聚焦移动市场向个人、家庭、政企、新兴市场全向发力，从资源要素驱动向创新驱动转型升级；二是"三化"，即大力拓展线上化、智能化、云化，明确信息服务的生产运营模式和产品服务形态；三是"三融"，即构建基于规模的融合、融通、融智的价值经营体系；四是"三力"，即打造高效协同的能力、合力、活力的组织运营体系。在"力量大厦"的战略指引下，截至2020年9月，实现移动云、DICT（大数据信息通信技术）业务收入分别同比增长6倍、58%。

强化党建　优化干部队伍

杨杰严格落实管党治党政治责任，不断增强"四个意识"、坚定"四个自信"、做到"两个维护"。坚持政治建设统领地位，确保中央决策部署在中国移动落地见效。推广"党员派驻""党建指导员"等创新模式，开展"党建和创"主题实践活动，启动"质量达标合格行动"。一体推进中央巡视和主题教育整治整改，聚焦全面加强党的建设、网络强国等六大任务，持续巩固整治整改成效。构建巡视与选人用人专项检查、纪检监察、内部审计等贯通融合的"巡视+"监督工作格局，落实嵌入式廉洁风险防控机制。

杨杰鼓励和引导党员干部争当"想干事、会干事、干成事、不出事、好共事"的"五事干部"。着力加快年轻化干部和数智化人才培养，推进转型期领导力建设和人才技能重塑。注重在疫情防控、5G发展等"大战大考"中考察和识别干部，鼓励和引导党员干部争当"想干事、会干事、干成事、不出事、好共事"的"五事干部"。匹配公司数字化、网络化、智能化转型要求，不断加快人才布局调整，全集团数字化人才占比达25.9%。创新人才发展机制，建立"十百千"技术专家体系。实施"新动能能力提升"一揽子计划，聚焦5G、人工智能、物联网、云计算、大数据、边缘计算等开展全员赋能，促进人才技能重塑。

巨力集团有限公司执行总裁

杨 将

杨将：男，1989年4月生人，河北保定人，中共党员，大学学历。现任巨力集团有限公司（下称"巨力集团"）执行总裁；巨力置业党支部书记、巨力置业集团有限公司董事长、总裁；刘伶醉酿酒股份有限公司总裁。曾荣获河北省企业诚信建设优秀工作者、保定青年五四奖章等。

他政治立场坚定，牢固树立"四个意识"，坚定"四个自信"，自觉在思想上、政治上、行动上同党中央保持高度一致。坚定不移听党话、跟党走。他勤奋敬业，斗志昂扬，保持艰苦奋斗精神风貌，具有高尚道德情操。他凭借自己的魄力和胆识，创新的思维，带领团队克服种种困难，努力前行。他以"干就完了"这句通俗朴实却又激情四射的歌名作为座右铭，把"说了就算、定了就干、干就干好、干必干成"作为企业的口号，以高昂的热情、敬业的精神、进取的品格，踏实工作、默默耕耘，在环保领域做出了突出贡献。

真材实料　一心为民

巨力集团从农村作坊起家，历经近40年的拼搏奋斗，创造了一个又一个奇迹。现已形成巨力索具、刘伶醉酒业、新能源、影视文化、地产商贸、文玩收藏6个产业，拥有员工近5000人、年产值50多亿元、年上缴利税3亿元的现代化大企业。

在杨将的带领下，巨力集团连续获得河北省文明单位、河北省诚信企业、河北省企业文化建设示范单位、巨人计划创新创业团队、河北省科技型企业、河北省百强民营企业、河北省爱国拥军先进单位、河北省国防教育基地等多项荣誉。

超前决策　敢于担当

杨将积极贯彻新发展理念，在推动企业高质量发展方面成效显著。一是舍得投资。为响应政府对环境治理的号召，先后投资建设了城区集中供热站及城西集中供热站项目，为徐水区环境治理及徐水区人民的取暖做出了突出贡献。二是学习创新。为了提升能力素质，他积极学习业务知识。自觉养成了挤时间读书学习的良好习惯，坚持每天抽出1~2个小时的业余时间，充分利用出差路途，利用火车上、飞机上等各种零散的碎片时间，攻读了50多本专业书籍，参加了十几场专业高端论坛，掌握了大量系统的环保行业前沿知识。为了学习典型、对标先进，他采取走出去、请进来的方式，先后带领技术人员到多家同行机构参观践学，邀请京津冀有关专家到集团进行现场指导。杨将凭着过硬的政治自觉和锲而不舍的学习韧劲，很快从环保领域的一名新战士，成长为素质过硬的行家能手。三是高质高效。作为一名青年企业家，杨将从不以条件优越自傲，从不沉沦于衣食无忧、平淡安逸的生活。能源供热站创建之初，从选址到征地、从锅炉招标采购到管网铺设规划，他都亲力亲为。为了攻克管道阻力难关，他夜以继日，白天进行实地勘察，晚上查阅资料，经过三个昼夜的不懈探索，终于自行设计出了《徐水城区外网道布局图》。按此布局，目前供热外网已发展扩大到30多千米，形成了符合大县城规划的科学合理的供热网络。截至2018年年底，供热面积已达到300万平方米，供热范围涵盖徐水城区33个小区、15000户业主，服务对象包括居民、商业、银行、学校、医院、工厂等。配合政府完成了徐水区所有具备供热条件的小区全部实现了集中供热，环保数据及排放全部达标。四是注重企业文化。始终坚持以人为本，不断加强和改进企业文化建设，逐步形成了"让世界轻松起来"的巨力文化体系。把塑造优秀的企业文化作为精神文明建设的一项重要内容，通过企业文化基本知识的培训教育，使职工统一了思想，逐步对企业文化的目的意义和作用有了正确的认识。他坚持继承与创新相结合，进一步丰富了"团结、拼搏、求实、创新"的企业精神的内涵，确立了"职工为本，科技兴企"的企业宗旨，明确了发展的远景目标。

杨将坚持防疫、复工两手抓，带领企业奋力夺取双胜利。新冠肺炎疫情暴发后，他积极响应党组织的号召，开展"疫情防控党旗红、巨力党员当先锋"活动，奋力答好"两张卷"，当好防控先锋队、生产排头兵，让党旗在生产一线高高飘扬、党徽在战疫前沿熠熠闪光。杨将作为巨力置业党支部书记，迅速启动应急预案，坚持"疫情不除，我们不退"，带领50多名党员骨干，在《战疫请战书》上盖了红手印。节日期间，集中供热人员放弃休假，24小时待命，坚持每日排查，了解业主最新状况，尤其是在时间紧、任务重的情况下，他们克服各种不利于施工的条件，雪中送炭，及时为机械厂小区开通了供热管道，为居民带来了温暖。

良心经营　层层管控

减排降耗，燃煤质量至关重要，是贪图便宜低价购进劣质煤，还是严格把关选购优质煤？作为公司领导，杨将的回答坚决而响亮：给蓝天抹黑的煤再便宜也不要，丧失良心的钱再多也不赚。为了从源头上把好关口，他多次多地考察燃煤供应商，最终选择煤质最好的陕西神木，直接采购低硫环保矿产原煤，从根源上减少了二手煤的成本高及煤质不稳定因素。在运输环节，他还派出两名监督员，到陕西煤产地跟踪记录原煤装车，贴好封条。在检验环节，每年有近4万吨、1200车原煤进厂，都坚持做到了每车必检，在通过公司的煤检验设备抽检基础上，还要经过国家环保、质检机构抽检化验。为坚决杜绝弄虚作假，他聘请第三方对排放进行环保实时监测，做到了不仅供热能力满足供热需求，而且环保数据及排放也要全部达标。此外，他还注重技术改造和创新，由"单纯烧炉"发展到"科学供热"。杨将坚持创新意识和科学发展的理念相结合，重视技术改造，并设立创新突破奖。各岗位提出的技改方案，无论大小，他都亲自审阅，有价值的方案随时安排实践，一经采用都给予荣誉和奖金。在他和供热公司干部职工的艰苦努力下，赢得了经济和社会效益的双丰收。解决了公司设在徐水区一大部分徐水人的就业问题，为当地富余劳动力的有效转移做出了积极贡献。

回报社会　支援防疫

杨将认为企业是社会的，只有真情回报社会，企业才能赢得社会的信任和支持而不断发展。他在工作中有一条硬性规定就是，对贫困户要减免暖气费用，只要是有困难，情况属实，哪怕是自己掏腰包，他一定会帮忙。他积极组织党员干部及志愿者，到困难老人家里帮忙，送去慰问品；他坚持为退伍老兵及区委认定的低保户减免取暖费，每年多达十几万元；他积极响应市委、市政府对贫困地区扶贫帮建的号召，帮扶了唐县、阜平县和徐水区三个贫困地区。据不完全统计，几年来巨力集团捐款捐物达2000多万元，树立了回报社会，奉献爱心的良好企业形象。

一方有难，八方支援。他代表巨力集团通过徐水区政府及慈善机构捐款320万元，支援湖北省战疫和河北省的疫情防控工作。除参加集团党委开展的捐助活动外，作为刘伶醉酒业总裁，他主动捐出7.5吨医用酒精，还向安肃镇捐献了13000元的防控慰问品。

黑龙江鸡西农村商业银行股份有限公司董事长

杨金波

  杨金波：男，1965年11月生人，黑龙江桦川人，中共党员，长春税务学院货币银行学专业，本科学历，高级政工师。1984年8月参加工作，先后从事过会计、综合员、副主任、省联社发展规划部副部长、省联社会计结算部部长、省联社鸡西办事处主任等职务。现任黑龙江鸡西农村商业银行股份有限公司（下称"鸡西农商行"）董事长。杨金波自上任以来，坚持用科学的发展观统领全局工作，以解放思想为先导，以业务拓展为动力，以改革发展为目标，尽责履职，率先垂范。并当选为鸡西市等十五届人大代表、常委；省企业家联合会副会长；荣获市优秀企业家、全市十大经济人物、全省农村信用社突出贡献奖等荣誉。

中国优秀 企业家
China's outstanding entrepreneur

引领发展　做大做强

杨金波始终以"加快全方位改革，深入推进转型发展"为统领，践行"稳健、规范、和谐、持续"的经营发展方略，以建立股份制为主导的产权制度改革、构建新型的农村现代金融体系为主线，逐步将加强顶层设计、优化股权结构、开放发展共赢、完善管理体制、赢得政府扶植、强化转型升级集约到一体化运营中来。全面完成了全市农村信用社的产权制度改革工作，实现了全市农商银行"全覆盖"的目标。

强化经营管理　创新发展思路

2014年4月2日，正式启动鸡西农商行筹建工作，杨金波任筹备组组长。他全力以赴投入工作，在多方的共同努力下，鸡西农商行筹建工作于2014年12月29日获得国家银监会的批准，产权制度改革从启动到批筹仅用了8个多月的时间，获得了"当年启动，当年批筹"的喜人成果。2015年5月29日，鸡西农商行正式挂牌开业，标志着鸡西市第一家，也是唯一一家独立法人金融机构正式成立。以此为标志，农村信用社产权制度改革步入快车道。

为适应市场经济飞速发展的新形势，杨金波董事长以身作则，带领干部员工坚持学习。一是致力于理论素养的提升，不断增强理想信念，进一步坚定了全员推动信用社转型发展的信心。二是致力于工作能力的提升，注重业务的更新和储备，提升了业务能力水平和拓展新兴业务的能力。

杨金波带领鸡西农商行持续加大经营管理和督导推进工作力度。一是抓管理，着力构建存款、电子银行、贷款、中间业务、风险达标升级、案件防控、安全保卫、党风行风、等级社考核、市县领导班子考核和产权制度改革"十位一体"的目标考核体系，着力夯实风险、案防和安全三大防控根基，全面强化人事监察、科技信息和舆论宣传三项保障措施，不断完善检查、培训和教育三个长效机制，促进了定量指标和定性指标的同步提升。在纠风评议活动中，鸡西农商银行荣获"关注民生　服务发展　群众满意单位"称号。二是抓经营，注重夯实存款、贷款等主营业务，同时着力深化电子银行业务和理财、代理和资金营运等中间业务的拓展。同时，在巩固服务"三农"的基础上，加大对种粮大户、家庭农场、专业合作社、微小企业等领域信贷政策支持力度，积极推动信贷结构转型发展。

企业发展　成果丰硕

杨金波面对严峻复杂的市场形势，确立了打造以市场为导向、以客户为中心的专业化市场营销机制，实行集中式管理、扁平化运作，创造了优良的工作业绩。截至2019年年底，累计实现收益3.77亿元，2015—2019年连续5年存款规模和增幅均在全市商业银行中排名第一，2015—2019年，贷款规模连续5年均在全市商业银行中排名第一。缴税连续5年超亿元，位居鸡西地区纳税大户前列。

在2017年度及2018年度中国银监会监管评级工作中，鸡西农商行连续两年被评为二级（全省农村合作金融机构仅有4家单位被评为二级），我市的鸡西农商行和虎林农商行就占了两家。这标志着鸡西地区农村商业银行已经跻身于全省一流银行之列。

杨金波确定"立足城区，兼顾三农，打造精品，突出特色"的市场定位，着力打造"服务城乡一体化"的经营模式，大力拓展社区服务领域，占领城区市场；加大支农力度，巩固和发展"三农"阵地。突破业务发展的旧格局，努力实现由粗放经营向精细化管理转变，由传统的存贷业务为主向，向拓展零售业务产品配置、投资、理财等新兴业务转变。

鸡西农商行大力拓展核心业务，深入发掘传统业务，努力转变盈利模式，提高中间业务收入比重，形成以存贷利差为主导，各种中间业务利润并存的多元化利润来源，进一步增强自身盈利能力。一是健全存款产品种类。积极推进机构网点优化布局和升级改造工作，全方位、多层次挖掘储源，多举措开拓存款市场。二是优化信贷投资方向。信贷支农重心向支持现代农业和农村经济发展以及城镇化建设倾斜，积极扶植小微企业及商户发展壮大。三是拓宽信贷品牌系列。结合经济发展的实际，创新研发初一系列信贷产品。致富圆梦—微型创业贷款，获全国最佳微型创业金融产品创新奖和黑龙江省银行业服务小微企业及三农"双十佳"特色产品；四是采取新型抵押方式。探索开办以农村房屋、宅基地、林权、土地承包经营权等抵押权为基础抵押的贷款业务，积极尝试以合作社固定资产抵押、土地经营权抵押等方式。2019年，鸡西农商行创新研发"金鸡商贷"网贷业务，实现传统信贷模式向互联网信贷模式的转变。

杨金波将防控风险作为稳健发展的主线贯穿各项工作始终。一是建立风险管理体系作为"第一道防线"，将全面风险管理理念贯穿到每一项经营工作中，建立多层次、相互衔接、有效制衡的运行机制。二是加强风险管理能力作为"第二道防线"。加强流动性风险管理，建立大额资金监测和预警，加强信用风险管理，加强到、逾期贷款和欠息贷款管理工作。三是完善各项制度规程作为"第三道防线"。消除制度层面的盲区，规范业务程序，把风险管理和内部控制落实到每一个操作环节。建立责权分明，平衡制约，规章健全，运行有序的内控制度体系。四是强化案件风险防控作为"第四道防线"。构建法人治理全方位案防责任体系，建立案件防控工作责任制，加强案防关键环节管理，加强员工廉政风险防控。

全力承担社会责任

杨金波注重发挥地方性金融机构在支持地方经济发展的积极作用。5年来共上缴各类税费6.8亿元，位居全市前列，得到了省、市两级政府和有关部门的认可和肯定。鸡西农商行先后荣获中国企业联合会企业信用评价ＡＡＡ级信用企业、中国诚信经营与服务示范单位、省级精神文明单位、黑龙江省诚信示范单位、支农先进单位、城市建设三年大变样及穆棱河公园建设贡献单位等荣誉称号。在黑龙江省农村信用社的年度经营考评中，被授予突出贡献奖。

中国生物技术股份有限公司党委副书记、董事长

杨晓明

杨晓明：男，藏族，1962年生人，甘肃甘南人，中共党员，兰州大学医学院临床医疗系医疗专业，研究员，博士生导师，生物制品学专家。历任兰州生物制品研究所研究人员、武汉生物制品研究所常务副所长，中国生物技术股份有限公司总经理、党委书记等职。现任中国医药集团有限公司所属中国生物技术股份有限公司（下称"国药中国生物"）党委副书记、董事长。国家联合疫苗工程技术研究中心主任、国家"863"计划疫苗项目首席科学家。

公共卫生安全的守护者

杨晓明参加工作后接到的第一个科研项目是参与研制第二代百白破疫苗，他和研发团队不分昼夜地泡在实验室里，筛选方案，经历无数次实验和失败，终于在关键技术上取得了重大的突破，拿到了新药证书。其研制的疫苗，不但比美国的产品质量好，一些技术指标甚至优于当时领先的日本产品，最重要的是不良反应率从过去的78%以上控制到10%以内。

以进取之心对待事业——他勇攀高峰 硕果累累

美国国立卫生研究院非常认可杨晓明在百白破疫苗上的的研究成果，世界上第一个克隆出百日咳毒素基因的顶尖科学家邀请他去做高级访问学者。在那里，他通过反复研究摸索，找到一种基因调控的办法，使百日咳疫苗的产量有了大幅提升，1999年获得美国国立医学研究院研究成就奖。但他放弃了美国的高收入和优越条件返回祖国，担任武汉生物制品研究所常务副所长，力主上马无细胞百白破联合疫苗、冻干狂犬病疫苗、乙型脑炎疫苗等项目，扩大市场需求潜力巨大的如血液制品等制品的产能，迅速形成了核心竞争力。

中国加入WHO后，世界疫苗巨头纷纷通过代理抢滩我国市场。杨晓明看在眼里，急在心里，疫苗是国家公共卫生安全的重要保障产品，他敏锐地意识到，创新平台的搭建非常重要。在国家重点专项"863"计划支持下，国家联合疫苗工程技术研究中心成立，杨晓明按照研究所所长工资待遇率先从世界范围引进知名科学家。他领导研究中心累计获得临床批件10项，获得新药证书和生产文号1项，一举成为中国新型疫苗的创新高地。

"十二五"期间，作为国家"863"疫苗项目首席科学家和总负责人，杨晓明积极推动国家重要急需新产品的研发工作，协调全国42家疫苗研发和生产单位开展科技攻关，先后研制上市脊髓灰质炎灭活疫苗、全球首个EV71型手足口病灭活疫苗等一类新药。他主持的全球首创六价轮状病毒疫苗研制进入三期临床，还主持国家重大新药创制课题四价流感疫苗1项和疫苗综合性技术研究开发大平台建设项目1项。在杨晓明的率领下，国药中国生物共获得新药证书及受理号9项、生产批件及受理号40项、临床批件及临床受理号154项、获各类国家和省部级奖项48项，成为全球为数不多能自主供应所有免疫规划疫苗并有部分出口的国家。

今天，国药中国生物正在全力以赴保障国家免疫规划产品的生产供应。其中一类疫苗覆盖了国家免疫规划针对的全部15种疾病，市场占有率达80%，2015年至今累计供应了18.96亿人份（剂次），还提供了1.53亿人份二类疫苗，为守护国人健康做出了重要贡献。

以大爱仁心对待危难——他冲锋陷阵　勇斗病毒

2003年SARS突如其来，杨晓明主动请缨，向看不见、摸不着却又致命的病毒发起突击，成功制备了静脉注射用人SARS免疫球蛋白，通过了国家药监局的应急审评。

2005年，世卫组织西太区确定了到2012年消除麻疹的区域目标。杨晓明率领国药中国生物紧急行动，承担了国家全部疫苗供应任务。短短10天时间共提供疫苗1.3亿人份，这是世界上规模最大的一次人群免疫活动。我国的麻疹发病率从2010年的2.8/10万降至2011年的0.76/10万，创历史新低。

我国的最后一例本土脊灰病例发生于1994年，2011年8月，新疆突然发现I型脊灰野病毒疫情，国药中国生物在5天时间里保质保量将强化免疫用2225万粒脊灰疫苗集中运送到新疆，疫情最终得到有效控制。2012年4月，世界卫生组织将中国从脊灰流行国家名单中撤除。

2020年初突然爆发新冠肺炎疫情，杨晓明领导组织了5个科研项目的联合攻关，取得了"八个率先"重大成果：22重呼吸道检测试剂盒率先排除了已知病毒；率先研发出的新冠病毒核酸分子检测试剂盒首批通过国家药监局认证和欧盟 CE 认证,列入世界卫生组织(WHO)应急使用清单;率先提出并推动康复者血浆治疗方法获得国务院联防联控机制推荐使用,并被纳入国家卫健委等发布的《诊疗方案》;率先研制出新冠感染特效药物——特异性免疫球蛋白,纳入了应急药品使用和国家储备,取得很好的临床治疗效果;率先获得全球首个新冠灭活疫苗临床试验批件;率先启动新冠灭活疫苗国际临床试验(Ⅲ期),在三大洲 10 个国家开展,覆盖人群国别超过 125 个;率先建成全球最大的高等级生物安全生产设施,填补了国内空白;率先获批新冠疫苗紧急使用。国药中国生物成为唯一在诊断、预防、治疗三个领域全面出击、全面决胜的科技抗疫主力军。

在与疫情交锋的其他战场上,杨晓明还指挥所属公司第一时间成立应急生产工作小组,全力保障抗击疫情应急产品干扰素和静丙,在防控疫情阻击战中发挥了重要作用。

以勤勉之心对待责任——他夙夜在躬 善作善成

近年来,国药中国生物在杨晓明的带领下走出了一条创新发展的新路子。企业体制机制创新、科技创新和管理创新都取得全新突破,逐步形成了吸引和聚集各类优质创新要素的"强磁场"。杨晓明在充分调研的基础上制订了"十三五"发展规划,确立了六大业务板块协同推进,全面融入生物医药大健康产业的战略布局,组建了疫苗、血液制品、动物保健、抗体板块研发中心,初步形成了联合实验室、科研孵化器等创新模式,构建了 10 大研发核心技术平台,在提升自身竞争力的同时推动了我国生物医药行业的技术升级。

杨晓明努力推动疫苗产品国际认证,积极融入全球公共卫生治理。2011 年,国药中国生物与盖茨基金会签署了全球健康合作谅解备忘录(MOU),重点推动脊髓灰质炎疫苗的扩产及世卫组织预认证。在"一带一路"建设中,国药中国生物乙脑减毒活疫苗作为中国第一家通过世界卫生组织预认证的产品,批量出口印度等东南亚国家超过 10 亿人份。几年来,国药中国生物的乙肝疫苗援助缅甸,成为全球卫生治理的"中国亮点"。

北京电力设备总厂有限公司党委书记、董事长

杨悦民

杨悦民：男，1966年10月生人，河北沧州人，中共党员，本科学历，硕士学位，高级工程师。历任北京电力设备总厂团委副书记，铸造厂党支部副书记，铸造厂党支部副书记兼生产准备车间主任，封闭母线厂党支部副书记、副厂长，封闭母线事业部高管，封闭母线事业部经理，北京电力设备总厂纪委书记、监事、纪委书记，执行董事（法定代表人）、总经理、党委副书记等职。现任北京电力设备总厂有限公司（下称"公司"）党委书记、董事长、法定代表人。

是北京市房山区第八届人大代表，曾荣获第九届中国机械工业优秀企业家、北京市优秀企业家、华北电力公司优秀党务工作者等荣誉。

坚持创新提质　　促进持续发展

近年来，在杨悦民的领导下，公司主动适应质量变革、效率变革、动力变革要求，突出质量第一、效益为先，坚持新发展理念，着力改革突破，坚定不移抓市场和产品，坚定不移抓技术和创新，补短板、强弱项，始终保持了稳中有升、稳中有进的良好态势，高质量发展水平不断提高。公司连续11年入围中国机械工业百强企业，连续16年入围中国机械500强企业，是国家高新技术企业、机械工业管理进步示范企业；参与研发制造的"特高压±800千伏直流输电工程"项目获得2017年度国家科技进步特等奖，"特高压干式空心平波电抗器"获得国家工业和信息化部、中国工业经济联合会授予的制造业单项冠军产品。

增强持续创新能力　　加速公司转型升级

通过对公司内外部综合形势的分析，杨悦民提出企业以战略目标为引领、战略规划为基础、战略实施为着力点，厘清发展思路，明晰发展重点和发展路径，并逐渐形成了一整套适合企业发展的战略体系。一个目标——于2020年基本建成设计、制造、服务一体化的国际能源装备公司。两个理念——"全员营销和全员支持营销"理念、"企业与职工命运共同体和利益共同体"理念。三大转型——五个业务转型（生产性服务业务、国际业务、EPC业务、技术咨询业务、大后勤与大物流业务转型）；产品转型（电力电子、电能治理、生物质发电、储能技术转型）；运营模式转型，通过战略合作、股权产权投资、混合所有制改革、资源盘活等方式，实现向一流产品制造商、制造服务商、资本运营商的转变。四个零容忍——安全问题零容忍、质量问题零容忍、腐败问题零容忍、不忠于企业零容忍。

五个中心——生产指挥中心、营销中心、绩效考核中心体、应急中心、产品成本核算中心。七大营销战役——传统常规产品攻坚战、集团内部协同战、国际市场突围战、生产性服务市场围剿战、EPC市场效益的保卫战、新兴市场制高点抢占战、货款回收歼灭战。

在当前经济呈现高质量变革的情况下，杨悦民提出必须实施创新驱动发展战略，坚持变中求新、变中求进、变中突破，以新动能引领企业持续发展的科技创新理念。截至目前，公司共拥有专利授权201项，其中发明专利28项。

瘦身健体提质增效　促进党建与生产经营深度融合

各项改革可以有效地为企业减轻历史负担，促进管理优化，提升发展活力，杨悦民始终依法依规执行各项改革，严格按照国家、上级单位要求，确保在时间节点内完成。一是集体企业改革，已完成5家单位的关闭注销；剩余6家单位正在积极推进债权债务清理、解决历史遗留问题等。二是"僵尸企业"改革，在2017年完成了所有人员的安置工作，目前在积极推进债权债务清理、土地资源盘活及解决各类历史遗留问题。三是"三供一业"分离移交，各项目具体改造工作有序推进，严格按上级单位时间节点完成清算工作。四是法人压减，已通过企业关闭、增资扩股、破产清算等方式完成了改革任务。五是混合所有制改革，公司一直在积极探索推进混合所有制改革，前期接洽了日新公司、银龙股份等单位。作为国有企业，杨悦民始终坚持强党建是保障公司高质量发展的根与魂，由公司党委统领企业发展中心工作，有力推动了各项工作和谐发展。

深入开展"不忘初心、牢记使命"主题教育工作。坚持"一个标准"——用企业发展成果检验主题教育开展成效。主题教育覆盖单位和个人"两个层面"，外请专家开展政治理论教育，做实学习教育和检视整改。通过构建实践化、可视化、专业化党建工作体系，推动党组织建设"提档升级、全面过硬"。发挥党组织战斗堡垒和党员先锋模范作用，做细党的先进性可视化，利用党员身份识别可视化、活动阵地建设可视化、工作目标流程可视化等手段，最大限度地发挥党支部战斗堡垒作用和党员先锋模范作用。突出全体干部职工素质提升,做强职工队伍专业化,增强企业竞争实力。杨悦民撰稿文章《以"三化三线"促进党建工作与生产经营融合共进》,被2019年全国电力行业优秀党建成果专辑(《当代电力文化》杂志专刊)收录发表。

深入夯实群团工作基础。提高职工之家建设水平,建设一线班组"暖心驿站"小家;高效开展建功立业"六赛"活动,围绕中心工作全面激发基层活力,广泛凝聚人心鼓舞干劲。组织青年职工积极参与集团公司"奋斗的青春"青年故事会演讲,讲述和传播京电设备人的奋斗故事;开展形式多样的载体活动,激发青年职工干事创业热情。

推动企业强化责任意识　积极践行责任实践

在杨悦民的带领下,公司已连续多年发布社会责任报告,按照理念、制度、措施、绩效、案例、图片的体例,从依法诚信经营、公司经营状况、产品质量与服务、环境保护、安全生产、参与社会公益活动等方面,全面描述和披露了公司履行经济责任、社会责任、环境责任的情况,充分展示了公司坚持把社会责任融入企业管理各个环节的负责任央企形象。公司服从大局,将高耗能、有污染的铸造生产环节关停,退出"三高"(高污染、高耗能、高耗水)领域,并实现了"三高"人员的全部安置(包括劳务派遣员工)。实现空置厂房转产,致力于节水型、节能型、节约型生产布局建设。

公司完善关爱帮扶体系,加强职工互助保障,做好职工体检、互助保险、住院保险、女职工保险等到期续保及日常核报服务;精准关爱在日常,开展"两节""中秋节"送温暖,"五必访",特殊群体、突发事件职工关爱等活动,并做好重要节日职工走访慰问等工作。公司积极开展"百元捐赠献爱心活动",向镇巴县、西林县等贫困地区捐款;连续多年进行定点消费扶贫,购买向巴县、西林县的农产品;承担房山区云居寺景区绿化责任区任务已20余年,投入近百万元;每年慰问房山区公安消防支队官兵,开展便民服务进社区等活动。

山东福牌阿胶股份有限公司党委书记、董事长

杨福安

杨福安：男，1963年9月生人，山东济南人，中共党员，澳大利亚伊迪斯·科文大学MBA，研究生学历。历任山东平阴阿胶厂科技质检科科长、生产计划科科长、厂长助理、副厂长。福胶集团副董事长副总经理，副董事长、总经理等职。现任山东福牌阿胶股份有限公司党委书记、董事长。他是国内知名阿胶专家，国务院政府特殊津贴获得者、国家级非遗文化传承人、全国五一劳动奖章获得者、阿胶行业唯一奥运火炬手、全国企业文化优秀成果一等奖主创人、泰山产业领军人才、终身"济南专业技术拔尖人才"。他是全国工商联医药商会、山东省四会、济南市企业家协会等多家协会副会长、山师大等多所院校客座教授，济南市市长质量奖获得者，济南市生物医药产业智库首批专家、天下儒商赢商会高级智库专家。国家执业药师、主任中药师、工程技术应用研究员。

为百姓做出好阿胶

杨福安是从基层成长起来的企业家，参加工作36年，拼搏奋进36年，致力于阿胶健康养生产业，坚持做老百姓身边的好阿胶，为人类健康努力每一天，为实现"让人类像喝咖啡一样吃阿胶"而矢志不渝。

创新求发展

集团建成国内最大的阿胶生产基地、国内品种最多的阿胶系列产品生产基地、国内唯一自然阿胶文化园等7大基地。集团先后投资12亿元对所有生产线进行技术提升，率先应用微波干燥、远红线干燥、蝶式离心分离、自动化控制等技术，引领国家标准和行业标准的制订和提升。

集团建立博士后科研工作站、中国阿胶研究院，引进高端专业人才，致力于阿胶及制剂质量标准研究；统领阿胶质量检测标准，统一系列产品质检标准，加强阿胶行业基础性研究；进行阿胶新技术研发与应用的基础性研究，开创阿胶新技术研发新时代。在行业内首次利用斑马鱼技术解读传统阿胶，用科学方法验证福牌阿胶具有抗氧化、抗衰老活性、改善心功能活性、提高免疫细胞数目等功效。

杨福安视质量为企业的生命线，建立健全了质量管理体系、建立质量检测体系，率先实施药品、保健食品GMP，食品QS、SC、ISO 22000认证，率先通过质量管理体系认证。他编写了全国通用首部《阿胶生产工艺规程》和《阿胶生产岗位操作法》，编写的阿胶生产、质量、检测标准载入《中国药典》；他提出"改进挥发性碱性物质检验方法""改变阿胶含水量检测方法"等建议，被药典委员会采纳。杨福安建立国内唯一的毛驴生物制剂产业链基地，以生物制剂促进养驴产业发展，反哺阿胶产业。制定狮耳山驴皮选用标准，严把驴皮采购质量关；设立全球驴皮收购基地，建立驴皮样本标准库，培训新老员工掌握验收标准；在国内率先建立驴皮冷链物流体系，在驴皮的挑拣、验收等八个环节严格把关；建立驴皮追溯体系，强化全过程质量安全管理与风险控制的有效措施；建DNA检测室，为驴皮原料的正宗性再添屏障。"福"牌阿胶产销量连续9年行业第一。

杨福安系统挖掘整理了东阿镇阿胶文化，编著了《中国阿胶》，被全国各大医药院校图书馆收藏，入选国家级非物质文化遗产再编系列丛书。投资1000万元建设中国阿胶博物馆，建设400多平方米可容纳300人的中国阿胶制作技艺传承讲习所，免费向社会开放，宣传博大精深的阿胶历史文化……经过近40年的沉淀和积累，建立了以"厚德载福"祖训为核心价值观的现代企业文化体系，形成引导和推动企业快速发展的软实力。他主创的文化成果，荣获全国优秀成果一等奖。

转变营销模式　企业走向国际化

福胶集团是国家知识产权体系认证企业、国家高新技术企业，形成"七大剂型""三大系列"50多个品种上百个规格的产品体系，拥有国药准字号产品19个，新产品品种及数量居全国第一。组建了OTC等八大事业部，在全国设立了9大片区，与全国96.0%的医药百强连锁达成战略合作，阿胶块产销量自2010年起连年居行业首位。"福"牌阿胶自1915年荣膺巴拿马万国博览会金奖，迄今享有中华老字号等八项国字号荣誉。连续5年为中国制药工业百强企业。全国补益养生类用药两强。

自1998年任总经理起，杨福安一直把市场工作当龙头来抓。他在行业内率先提出"把合作伙伴的风险降为零"合作理念，实施"一城一品一店"全新营销新模式。在互联网+时代，他决策实施"一体两翼多线发展"的渠道布局战略，产品走出国门走向世界。建立起了"品牌+培训推广+销售+商务"四位一体的立体式营销体系，与2000多家客户实现紧密协作，覆盖了10万家终端门店。2019年库存数量降至历史最低，纯销数据达到历史最高水平，连续9年胶块产销量居行业首位，销售收入也连年增长。杨福安的国家发明专利产品——阿胶补血口服液成为补血市场黑马。

在产业极速变革背景下，杨福安始终致力于营销战略创新，首创阿胶煎膏个性化定制养生服务，掀起阿胶煎膏养生热潮。通过实现对核心门店和主流连锁的全覆盖，因地因人制宜，拓展阿胶多种新吃法，满足更多人的消费需求。创造性引入慢病管理体系，与连锁携手通过慢病管理共同构筑全生命周期健康管理模式，为千千万万消费者带来健康福音。

杨福安抓住"一带一路"机遇迈向国际化。"十二五"末期，与北大纵横战略合作，从品牌、销售、研发等方面向国际化迈进。与国际一流策划公司签署品牌战略合作协议，策划打造福文化传播体系，2016年"福"牌亮相纽约时代广场——路透社大屏。杨福安率队参加中澳新健康品博览会，签署多个国际合作大单，获得了15个国家和地区的驴皮进口许可。

承担责任　服务社会

杨福安将企业社会责任融入公司发展，保护和提升所有员工的安全、健康、福利及个人发展。以对环境负责任的运作方式实行清洁工艺生产，做中国阿胶行业"转型升级"、新旧动能转换、生态、低碳、循环经济产业发展示范企业，为中国阿胶产业可持续发展发挥积极的示范作用。

他领导企业先后通过了GB/T 22000质量管理体系、GMP认证、GSP认证，对质量、环境、食品安全等方面做出了应对措施；在废气、能源消耗、安全生产、公共卫生等方面综合整理，建立了应急预案；在产品安全方面，从源头把关，建立溯源体系，确保产品质量安全。公司于2018年全省检验能力评估中获得阿胶行业唯一优秀的好成绩，确保了检测分析的准确性。

"非典"期间，公司率先研发和组织生产"非典"药液，向员工和社会发放，被政府授予特殊贡献奖。近年来，企业招工8批，200人就业脱贫；扩建OTC团队，建立中国阿胶研究院、专卖店、养生堂、福胶商学院等机构，为全国各地各种专业管培生数千人提供实习就业创业平台；投资2000万元设立慈善基金，捐助3000余万元慈善基金，帮贫救困。在山东中医药大学设立助学金，资助100余名贫困生学成。

China's
outstanding
entrepreneur

中国
优秀企业家
2019—2020
（下）

朱宏任◎主编

企业管理出版社
ENTERPRISE MANAGEMENT PUBLISHING HOUSE

图书在版编目（CIP）数据

中国优秀企业家 2019—2020 / 朱宏任主编 .—北京：企业管理出版社，2020.11

ISBN 978－7－5164－2256－4

Ⅰ.①中… Ⅱ.①朱… Ⅲ.①企业家—生平事迹—中国—现代 Ⅳ.① K825.38

中国版本图书馆 CIP 数据核字（2020）第 194307 号

书　　名：	中国优秀企业家 2019—2020（下）
主　　编：	朱宏任
出 品 人：	官永久
责任编辑：	尹　青　郑　亮　崔立凯
书　　号：	ISBN 978－7－5164－2256－4
出版发行：	企业管理出版社
地　　址：	北京市海淀区紫竹院南路 17 号　　邮　编：100048
网　　址：	http://www.emph.cn
电　　话：	编辑部（010）68701322　发行部（010）68414644
电子信箱：	80147@sina.com　zbs@emph.cn
印　　刷：	河北宝昌佳彩印刷有限公司
经　　销：	新华书店
规　　格：	710 毫米 ×1000 毫米　16 开本　22.5 印张　324 千字
版　　次：	2020 年 11 月第 1 版　2020 年 11 月第 1 次印刷
定　　价：	188.00 元（上、下册）

版权所有　翻印必究·印装有误　负责调换

目 录

吴丰礼　广东拓斯达科技股份有限公司董事长兼总裁 …………… 333
　　——风雨兼程路　永恒创业心

吴文刚　武汉美联地产有限公司董事长 …………………………… 337
　　——建设江城　服务民生

吴华新　福建永荣控股集团有限公司董事长、总裁 ……………… 341
　　——科学发展　石化行业创辉煌

吴知情　广州环亚化妆品科技有限公司总裁 ……………………… 345
　　——将东方魅力展示给全世界

吴梦秋　上海蔬菜（集团）有限公司党委书记、董事长、总裁 … 349
　　——助农兴企　保障民生

宋晓玲　新疆天业（集团）有限公司党委书记、董事长 ………… 353
　　——推动企业发展　建设美丽新疆

张　良　泸州老窖集团有限责任公司党委书记、董事长 ………… 357
　　——大智慧引领大发展

张　明　北京卫星制造厂有限公司党委副书记、执行董事、总经理 …… 361
　　——二十载逐梦航天制造事业　新时代谱写企业壮丽篇章

张　超　金沂蒙集团有限公司董事长 ……………………………… 365
　　——牢记使命　奋力追梦　奏响新时代发展之歌

张心达　山东金河实业集团有限公司董事长 ········· 369
　　——铸就坚定信念　企业创新发展

张传卫　明阳智慧能源集团股份公司董事长兼首席执行官 ····· 373
　　——创新铸造"大国重器"　让中国制造有尊严

张江平　太平鸟集团有限公司董事长 ············ 377
　　——展翅高飞的太平鸟

张兴明　重庆小康控股有限公司党委书记、董事长 ······ 381
　　——小康集团的战略宏图

张运军　湖北三环锻造有限公司董事长、总经理 ······· 385
　　——匠心锻造行业标杆

张坤宇　天津卓朗科技发展有限公司党委书记、总经理 ···· 389
　　——卓朗科技　走向卓越

张宗言　中国铁路工程集团有限公司党委书记、董事长 ···· 393
　　——坚持初心　开拓向前

张起翔　黑龙江省建设投资集团有限公司党委书记、董事长 ·· 397
　　——打造高质量的现代企业集团

张晓光　沈阳光大环保科技股份有限公司董事长 ······· 401
　　——诚信第一　质量为本

张海涛　中国铁路乌鲁木齐局集团有限公司党委书记、董事长 · 405
　　——推动新疆铁路高质量发展的践行者

张景堂　天海汽车电子集团股份有限公司董事长 ······· 409
　　——海阔天空　大有可为

陈　文　天津市华恒包装材料有限公司董事长 ········ 413
　　——有梦的人终会摘星

陈　虹　上海汽车集团股份有限公司党委书记、董事长 ··· 417
　　——产业报国　气势如虹

陈　锵　浙江新邦控股集团有限公司董事长 ········· 421
　　——开拓创新　锵锵前行

陈利浩　远光软件股份有限公司董事长······425
　　——社会责任伴随企业发展一路同行

陈建华　恒力集团有限公司董事长、总裁······429
　　——家国情怀　实业兴邦

陈思斌　济南轨道交通集团有限公司党委书记、董事长······433
　　——突破重重困难　持续深化内部管理创新

陈景河　紫金矿业集团股份有限公司党委书记、董事长······437
　　——创新引领发展　打造金质企业

陈锦石　中南控股集团有限公司董事局主席······441
　　——筚路蓝缕　成果辉煌

茅忠群　方太集团董事长、总裁······445
　　——三品合一　成就卓越

林孝发　九牧集团有限公司党委书记、董事长······449
　　——创业无止境　创新无极限

岳可江　山东新城建工股份有限公司董事长、总经理······453
　　——"新城模式"强企　"鲁商品牌"惠民

金定粮　江西江龙物流集团有限公司总经理······457
　　——江龙物流　浩荡前行

周才柬　江西省建工集团有限责任公司党委书记、董事长······461
　　——一片冰心在玉壶

周南方　广西南丹南方金属有限公司董事长、总经理······465
　　——咬定青山不放松

周重旺　湖南省茶业集团股份有限公司党委书记、董事长······469
　　——三湘大地　茶叶飘香

周晔珺　无锡一棉纺织集团有限公司董事长······473
　　——传承实业强国之志　创新企业转型之路

周鸿祎　360集团董事长兼CEO······477
　　——大象无形

周群飞　蓝思科技股份有限公司董事长 ·················· 481
　　——见微知著　引领行业发展

郑　洪　福建金源纺织有限公司董事长 ···················· 485
　　——纺出企业金色前程

郑成渝　中国电信股份有限公司四川分公司党委书记、总经理 ········ 489
　　——务实创新促发展

赵　谦　南京玻璃纤维研究设计院有限公司董事长 ·············· 493
　　——转型发展开拓者　科技创新领路人

赵占国　中金黄金股份有限公司党委书记、总经理 ·············· 497
　　——金色事业金色路

赵景刚　山东河西黄金集团有限公司董事长 ·················· 501
　　——黄金行业管理的领跑者

郝伟亚　北京市基础设施投资有限公司总经理 ················ 505
　　——坚定发展愿景　谱写企业辉煌

胡正森　贵州海宇建设工程发展有限公司董事长 ·············· 509
　　——凝心聚力　企业腾飞

胡仲明　巨化集团有限公司党委书记、董事长 ················ 513
　　——擘画蓝图谋发展　改革创新显担当

侯云昌　天津市金桥焊材集团有限公司总经理 ················ 517
　　——承前启后铸金桥

俞有飞　卫华集团有限公司总裁 ························ 521
　　——起重机行业的领军人

俞敏亮　锦江国际（集团）有限公司党委书记、董事长 ············ 525
　　——把"锦江"做成世界知名酒店品牌

施洪祥　国家开发投资集团有限公司党组副书记、董事、总经理 ······ 529
　　——国有资本投资公司管理创新的先行者

班　建　西安西电开关电气有限公司党委书记、执行董事 ·········· 533
　　——创新强企业　发展领路人

聂吉利　中恒建设集团有限公司董事局主席 ················· 537
　　——构建优质新型的企业

夏　进　中国电建地产集团有限公司党委书记、董事长 ········· 541
　　——强党建　严管理　促发展

夏　禹　卓尔控股有限公司总经理 ························· 545
　　——拼搏进取　卓尔不群

夏文勇　新余钢铁集团有限公司党委书记、董事长 ············· 549
　　——发挥党的政治优势　推动企业全面发展

柴玮岩　中国兵器北方信息控制研究院集团有限公司党委书记、董事长 ··· 553
　　——担当显精神　实干铸辉煌

徐　进　安徽口子酒业股份有限公司董事长、总经理 ··········· 557
　　——改革创新　求真务实

徐怀义　广州嘉德乐生化科技有限公司总经理 ················· 561
　　——征途无悔追梦人

栾　芳　哈尔滨中央红集团股份有限公司董事长 ··············· 565
　　——黑土地上的创业母亲

高义琼　航天电工集团有限公司总经理 ······················· 569
　　——奋发有为　勇攀高峰

高金兴　中国电信股份有限公司福建分公司党委书记、总经理 ····· 573
　　——电信行业的排头兵

郭义民　洛阳国宏投资集团有限公司党委副书记、总经理 ······· 577
　　——促进传统产业升级　引导战略新兴产业发展

郭经田　益海嘉里（兖州）粮油工业有限公司总经理 ··········· 581
　　——发展企业　服务社会

郭淑芹　吉林敖东药业集团股份有限公司总经理 ··············· 585
　　——专注于人　专精于药

陶以平　兴业银行股份有限公司行长 ························· 589
　　——创新发展兴大业

黄一新　南京钢铁集团有限公司党委书记、董事长 ············ 593
　　——安全发展科技先行　筑梦企业人文为本

黄湘黔　贵州南方石油（集团）股份有限公司董事长、总裁 ········ 597
　　——全力耕耘　造福社会

曹志强　湖南华菱钢铁集团有限责任公司党委书记、董事长 ········ 601
　　——以产业报国为己任

梁耀铭　广州金域医学检验集团股份有限公司董事长兼首席执行官 ····· 605
　　——创新商业模式　开创第三方医检行业先河

谌赞雄　武汉金融控股（集团）有限公司党委书记、董事长 ········ 609
　　——党建引领方向　管理夯实基础　创新激发动力

彭继远　内蒙古食全食美股份有限公司党委书记、董事长、总经理 ····· 613
　　——勇担责任　创新发展　全力推动传统商贸流通行业转型升级

彭德洲　烟台金桥集团有限公司董事长 ·················· 617
　　——坚定为民情怀　拼搏成就未来

蒋会成　海南第一投资控股集团有限公司董事长 ·············· 621
　　——勇立潮头　破浪前行创辉煌

傅成骏　中车株洲电力机车有限公司党委副书记、董事、总经理 ····· 625
　　——中车株机　驰骋四海

焦开河　中国兵器工业集团有限公司党组书记、董事长 ·········· 629
　　——履行好强军首责　推动高质量发展　加快建设
　　　具有全球竞争力的世界一流企业

曾光安　广西柳工集团有限公司党委书记、董事长 ············ 633
　　——力行全球　奋进创新

曾毓群　宁德时代新能源科技股份有限公司董事长 ············ 637
　　——走在时代前列的宁德时代新能源

谢　毅　通威太阳能有限公司董事长 ··················· 641
　　——聚焦光伏产业　树立行业榜样

谢小平　国家电投集团黄河上游水电开发有限责任公司
　　　　党委书记、董事长…………………………………………645
　　——建设黄河　开发能源

褚　伟　宁夏电力投资集团有限公司党委书记、董事长…………649
　　——创新发展　奉献光和热

蔡速平　北京海纳川汽车部件股份有限公司党委书记、董事长…653
　　——高瞻远瞩　扎实推进　引领发展

颜　语　昆明星耀集团实业有限公司董事长………………………657
　　——凝心聚力　打造多元化　国际化产业集团

颜建兴　中国航发西安航空发动机有限公司党委书记、总经理…661
　　——战略聚焦　真抓实干　开创转型升级新局面

潘世庆　广西柳州钢铁集团有限公司党委书记、董事长…………665
　　——做钢铁行业高质量发展的忠诚践行者

潘银生　大亚湾核电运营管理有限责任公司党委书记、总经理…669
　　——以六大"法"宝　创核电领域佳绩

薛　荣　郑州圆方集团党委书记、总裁……………………………673
　　——用大爱诠释初心使命

魏福生　重庆建工投资控股有限责任公司党委书记、董事长……677
　　——建工集团　勇往直前

后记………………………………………………………………………681

广东拓斯达科技股份有限公司董事长兼总裁

吴丰礼

　　吴丰礼：男，1980年10月生人，江西瑞昌人，在部队服役期间获8个嘉奖和两次"优秀士兵"荣誉；曾任职于东莞市台德机械制造有限公司、东莞市长安拓普塑胶机械经营部等。2007年6月创立广东拓斯达科技股份有限公司(下称"拓斯达")，现任公司董事长兼总裁。是东莞市成长型企业联合会会长、东莞市高新技术产业协会常务副会长、东莞市青年企业家协会监事长等。

　　2017年入选科技部科技创新创业人才，广东省"特支计划"科技创业领军人才；2018入选创新人才推进计划·科技创新创业人才，并入选第四批国家万人计划"科技创业领军人才"（东莞仅入选2人）。

风雨兼程路　永恒创业心

经过十数年的积极拼搏，拓斯达从2007年投入50万元开始创业，到现在已发展成为市值过百亿元的上市公司，创造了自动化行业的一个奇迹。

艰苦创业　众志成城

2001年退伍后的吴丰礼在外企从事自动化产品销售工作，他从小处做起，吃苦耐劳，以诚信和周到的服务，赢得客户认可，获得了丰厚的回报。但因为国籍的限制，也很容易遭遇晋升"天花板"。2004年7月，吴丰礼与朋友一起开始创业，主要做方案整合，即根据客户需求，哪里需要自动化，出方案，出流程图、装配图、3D图，谈完价格后，派发给各供应商，全部外包，之后再整合。当时就是轻资产运作，和互联网思维有些类似。为了将开支降到最低，除油费、电话费外，几乎再无其他开销。8个月后，公司开始盈利。但吴丰礼决定把目光放长远，将盈利分成了三部分：一部分用于研发，持续加大研发投入，保证产品的核心竞争力；一部分给核心员工，提升他们的生活质量，解决后方稳定问题；一部分作为流动资金运作。公司从此步入了快速发展阶段，以平均每年45.0%的净利润复合增长。

2007年，为进一步扩大规模，吴丰礼又引进新的合伙人，仍延续企业的核心思想始终是分享，坚持把股份让给团队核心成员，至今核心成员几乎无一流失，企业价值观也从改变现状变成了追求理想。面对成本提高和人力不足，吴丰礼的应对办法是——为客户做一年回本的自动化。公司追求的是一个庞大的机器人生态圈，给自己的定位是：自动化服务商。在这一设计理念指导下，拓斯达的研发工程师对每个任务都一丝不苟去推进。

他们握着秒表蹲守在客户车间现场卡每道工序的时间，仔细记录每一个数据，反复推敲改进原有的工艺方法，为客户量身定做"可升级、可复制、通用型、开放式"的自动化方案，保证客户高性价比的投资回报率。从核心零部件到本体研发生产，从工艺应用到跨行业应用，拓斯达在3C、医疗、食品、汽配、物流、家电等多个行业打造了成熟的自动化应用案例。

众人同心，其力断金。因此，尽管拓斯达与金融危机一路相随，但它每年的增长速度，依然超过了40.0%，甚至达到过80.0%！作为广东省级企业技术中心，一家高新技术企业，拓斯达曾获评广东省高成长性中小企业。

企业发展　成果丰硕

拓斯达专注于以工业机器人为代表的智能装备的研发、制造、销售，是集"系统集成＋本体制造＋软件开发＋工业互联网"四位一体的智能制造综合服务商。目前，拥有注册资金1.47亿元，工厂面积5.7万平方米，员工2500余人，其中研发人员约占公司总人数的40.0%，拥有宁波、江苏、昆山、武汉、河南、深圳、香港、东莞赛沃等13家子公司。是国内工业机器人和自动化领域的领军企业，公司于2017年成功上市（股票代码：300607），是广东第一家登陆创业板的机器人骨干企业。

2019年，拓斯达营业收入为16.6亿元，其中海外市场营业收入为1.75亿元，增长迅速，同比增长超过400%。2020年一季度营业收入5.49亿元，同比增长70.1%，净利润1.54亿元，同比增长298.5%。已成为国内机器人行业为数不多的可以实现全产业链的整体全自动化的输出企业。

截至2020年8月1日，已获得授权的专利共331项，其中发明专利90项，实用新型156项，外观设计5项。已授权的发明6项，实用新型145项，外观设计5项，软件著作53项。广东名牌产品2个，广东高新技术产品5项，多项产品通过欧洲CE认证。其中吴丰礼本人参与并已获得授权的专利100项，其中发明专利16项、实用新型专利82项、外观专利2项；软件著作权10项。在报专利20多项。

2016年，拓斯达入选广东省首批机器人骨干企业；2017年，入选恰佩克（机器人领域内最重要的奖项）年度中国十大系统集成商；荣获2014—2018年度高工金球奖等多项荣誉。2019年拓斯达纳税首次过亿元，荣获东莞市政府"2019年度东莞市效益贡献奖"和"2019年度东莞市规模效益成长性排名前20工业企业"两个奖项，并获得"广东省工程技术研究中心"和"广东省重点实验室"的资质。

拓斯达坚持"全心全意为客户服务"的核心价值观，成立营销中台，整合研发、技术、供应链、销售、售后及相关方资源，打通前端和后端，为客户提供全方位的优质服务；在全国设立5大区域，30多家办事处，贴身服务5000多家客户，承诺做到"四快服务"（快速响应、快速到达、快速处理、快速验收）；开通400售后服务热线、达云在线以及建设驼驮智能制造综合服务平台，为客户提供无缝的智能制造综合服务；开展"惠企行动"，整合优质资源及完善供应链，大幅降低产品价格和服务成本，面向广大中小企业推出质优价廉的自动化产品和服务。

心系公益　回馈社会

吴丰礼勇于承担社会责任，拓斯达设立有"爱心基金"，多年来持续帮助困难员工、家属，参与精准救助。2018年，公司向东莞高新扶贫帮困专项基金捐赠30万元；2019年，向龙永图蓝图基金会捐赠30万元。2020年疫情爆发，拓斯达在开工前向东莞市相关防疫组织捐款30多万元用于抗击疫情，其中捐给东莞工商联20万元，捐给大岭山大塘朗村和新塘村各5000个口罩。复工后，公司研发制造口罩机，在满足市场需求的同时，2月前后向省工信厅捐赠1台口罩机、市工信局捐赠7台口罩机，3月完成省工信厅紧急调拨1台口罩机任务。拓斯达还主动向市工信局请缨承担儿童口罩机研发任务，3月25日向东莞市捐赠了儿童口罩机2台，3月31日分别向苏州吴中区政府及常熟市政府各捐赠儿童口罩机1台。2020年8月向韶关民族地区贫困村结对帮扶5万元、向河源紫金县龙窝镇嶂下小学重建项目捐款2万元。

武汉美联地产有限公司董事长

吴文刚

  吴文刚：男，1969年12月生人，湖北大冶人，中共党员，华中理工大学社会学专业，本科学历，华中理工大学社会学专业，硕士学位，华中科技大学高等教育学专业，博士学位。现任武汉美联地产有限公司（下称"美联地产"）董事长。他先后创办了武汉中山金属有限公司、中鑫实业公司、武汉美联地产有限公司、武汉美联新纪元教育产业（集团）有限公司等。是武汉市第十二届人大代表、武汉市招商大使；兼任湖北省企业联合会、企业家协会副会长，武汉市企业联合会、企业家协会常务副会长，武汉市工商联常务副会长，武汉黄石商会会长等诸多社会职务。

  吴文刚自1996年创业以来，始终秉承"创新美好生活"的价值理念，带领集团坚持以"开拓创新，多元经营，全面发展"的总体思路，紧扣时代经济脉搏，借助广泛的专业资源，实现了企业发展的历史性跨越。自3700万元注册成立美联地产公司开始，至今全集团合计净资产规模达到400多亿元，全投资产业链累计缴纳税金近80亿元，在岗在编员工合计10000多人。多次荣获湖北省、武汉市优秀民营企业家称号。

建设江城　服务民生

美联地产在武汉已建成美联·怡美广场、美联·东方时空、美联·蓝色天际、美联·公园前、美联·西马名仕、美联·望湖、美联·首义尚景、美联·奥林匹克花园、美联·德玛假日、美联·御江一品（宜昌）、美联·时光里、美联·城仕、美联·城观、美联中心、美联·金古城（大冶）等多个在业内和市场上有较好影响的房地产开发项目，是武汉市安居工程的代表企业之一。目前净资产额达到150多亿元，平均年度纳税额近4亿元。

百年大计　教育为本

经过多年经营发展，吴文刚深刻认识到人才的重要性，于2002年开始先后创办了华中科技大学文华学院（现更名为"文华学院"）、武汉科技大学城市学院、武汉外语外事职业学院、湖北师范大学文理学院、武汉纺织大学经贸学院、武汉商贸职业学院、湖北民航学院等8所高校和3所国际学校，总建筑面积400余万平方米，学生规模近10万人。建立了科学的教学质量保障体系，围绕"立德树人"的根本任务，强化管理育人、服务育人，提升学生综合素质，培养社会主义建设者和接班人。

办学17年来，所属各高校科学、健康发展，取得了良好的社会反响。学校坚持科研与教学的紧密结合，主动服务地方经济和社会发展，建设了六大特色专业方向和湖北省转型发展试点项目中五个特色专业群，有一批省级精品课程和优质课程，有湖北省重点学科和战略性新兴（支柱）产业人才培养计划本科项目。设有湖北高校省级重点实验教学示范中心、湖北高校省级实习实训基地、湖北品牌发展研究中心、湖北省非物质文化遗产研究中心等省级机构。

吴文刚怀着一颗感恩的心，作为"华科"学子，积极回报母校，先后为华科大经管学院捐款 30 余万元建实验室、捐款 50 余万元建世界文化名人园、捐款 800 余万元建教科院大楼；向华中科技大学教育发展基金会捐赠 1 亿元；为华科大电子科学系捐资约 1500 万元建办公楼（捐建合同已签订）等。

绿水青山　就是金山银山

2004 年 11 月，吴文刚斥 4 亿元巨资收购丰华能源投资集团有限公司，是华中电网旗下的非输变电业务，为把湖北丰华能源投资集团打造成一家专注于清洁能源投资的集团企业，后续又投入近 20 亿元。其主营业务为电力生产，现有风力发电、水力发电、太阳能光伏发电、集中供热项目，发电权益装机 72 万千瓦，拥有开发权益装机 300 万千瓦；分布在湖北、河南、河北、四川、新疆、西藏等风能、太阳能丰富地区。通过专业管理和资源整合的方式，现已形成投资管理科学化、技术维护专业化、运营管理规范化的新能源投资集团，下属分子公司 30 余家，资产规模近 100 亿元。

吴文刚于 2005 年对新能源行业入股，投资北京绿旗科技集团有限公司，历经 14 年的发展，构建"产业＋资本"的创新发展模式，打造了节能环保、新能源和投资三大业务集群，形成了以股权为纽带、资本为支撑、专业化经营的综合性投资控股集团。绿旗科技集团旗下拥有全资或控股子公司超过 30 家，与"五大"国有电力集团就节能环保、循环利用全面开展战略合作，业务遍及全国 29 个城市，总资产超过 100 亿元，已成为实力强劲的大型投资控股集团，在供热循环利用行业全国排名第二，仅次于北京首都供热公司。清洁能源和新能源行业投资周期长，投资额度大，但是回报社会和后代的是绿水青山，这就是他最大的收获和心愿。

发挥开发经验　拓展养老扶贫新服务

2010 年位于武汉市解放大道的天安假日酒店——武汉市最早的涉外四星级酒店，濒临破产，430 多名老员工长达半年发不出工资，吴文刚收购并进行了全面升级调整，不仅老员工就业有保障，而且保留住了老武汉人对老天安的地标性记忆。2012年吴文刚积极响应民营资本可以补充养老服务行业的政策，与武汉市民政局、武汉市第二社会福利院合作建设位于江夏龙泉山的阳光城养老公寓项目，是现代化新型养老园区。2019年为了定点扶贫并支持湖北省恩施自治州巴东县野山关镇，吴文刚率领班子成员和专业人士多次深入实地考察，决定在不破坏青山绿水的前提条件下，依地势建设3200亩的野山关康养小镇，既满足对口扶贫需要，又满足湖北省和武汉市民对优质养老服务的需求，还能够带动当地的就业和税收；在建成后将成为华中地区养老服务领域的先行者。

不忘初心　牢记使命　疫情之下　积极履行社会责任

吴文刚在发展企业经济的同时，不忘履行企业社会责任，积极投身社会公益。他始终认为，企业是社会的企业，只有真情的回报社会，企业才能赢得社会的信赖和支持而不断发展壮大。自1998年武汉抗洪战役以来，他以个人和所创办的企业的名义向社会捐赠累计超1500万元用于赈灾救灾。2020年在武汉发生的疫情中，吴文刚率领美联地产坚定投身战"疫"。截至目前，捐款及捐赠各类医疗防护和生活物资共计1700万元。同时，无偿提供36万多平方米的房产作为抗疫用房，支援抗疫工作，2020年4月8日武汉复城，在美联地产首次会议上，吴文刚就宣布：集团旗下企业不裁员、不降薪，有困难一起扛。

吴文刚时常说，美联地产今天的业绩得益于社会各界鼎力扶助，也得益于优秀的职工队伍。美联地产始终把人才作为第一推动力，倾力打造一支专业化、年轻化的人才队伍，企业员工80.0%拥有本科以上学历，平均年龄32岁，集结了各领域各行业的杰出人才。人才的储备，成为美联地产最具赶超优势的实力后盾。同时，吴文刚把"创新、远见、努力"作为员工对事业孜孜以求的行为准则，将企业推上永续经营、快速发展的轨道。在更加激烈的市场环境中，继续秉承"创新美好生活"的价值理念，勇立潮头，不忘初心、砥砺前行，服务于人民群众对美好生活的向往。

福建永荣控股集团有限公司董事长、总裁

吴华新

吴华新：男，1972年3月生人，福建长乐人，中共党员，清华大学五道口金融学院EMBA，在职研究生学历。现任福建永荣控股集团有限公司（下称"永荣"）董事长、总裁。被誉为"新时代商海的璀璨新星"。

科学发展　石化行业创辉煌

投身石化化纤行业20余年，吴华新响应国家号召，秉承"终端化、一体化、智能化、科创化、全球化"的"五化"发展战略，将永荣打造成一个以石化尼龙新材料为主业，集供应链、金融服务为一体的大型产业集团。目前，永荣已经完成从"芳烯—己内酰胺—尼龙聚合—尼龙纺丝"一体化全产业链的建设。

深耕一体化全产业链

2001年，吴华新成立了创造者实业公司，这是福州第一家锦纶工厂；2006年，吴华新发起设立福建锦江科技有限公司，专业从事高端尼龙纤维研发、生产与销售；2014年，兼具民企活力、国企实力的混合体经济公司——永荣科技有限公司诞生。在吴华新的带领下，永荣已经完成从"芳烯—己内酰胺—尼龙聚合—尼龙纺丝"一体化全产业链的建设。

在战略方面：聚焦主业，在"终端化、一体化、智能化、科创化、全球化"的五化战略指导下，致力于新材料、新能源、新服务的研发，并不断向化工新材料上下游延伸发展，布局高端产品。

在管理方面：坚持与员工共创共担共享，以"引领力、影响力、自驱力"三力驱动组织能力提升，保障集团战略实现的人才支撑；推动以客户为中心的流程型组织变革；以数字化、智能化、工业互联网为特征的IT系统助力永荣战略落地，实现组织与业务流程的高度一致。

在科创方面：坚持多元化的自主创新之路，投入巨资建立国家级技术中心、科创中心，自主研发锦康纱、羽毛纱等多功能纤维产品，并成功量产高速纺尼龙切片和高品质原液着色纤维。同时，永荣实施工业"互联网+"

数字智造，拥有国内第一套工业4.0智能锦纶生产线，采用世界最先进的纺丝技术，逐步奠定产品技术和工艺水平的行业领先地位。

在创新商业模式方面：率先采用B2B2C电子商务模式，倾力打造化纤产品电子交易服务平台，开创了国内化纤行业的新营运模式。

在企业文化方面：通过文化品牌重塑、优化、创新等方式激发企业活力和动力，推动企业持续健康发展。在第14届亚洲品牌盛典上，永荣获颁亚洲品牌500强，品牌价值450.68亿元。永荣策划《榜样的力量》等品牌专栏，通过征集先进典型，报道榜样树立典范，打造数字化展厅，弘扬奋斗者文化。同时，举行马拉松赛、篮球赛、羽毛球赛、中秋晚宴等各类文娱赛事以增强企业文化认同。

在提升品牌价值方面：坚持"时尚、健康、探索"的产品理念，坚持绿色环保，通过技术创新提升品质赢得产品口碑，永荣下属企业还积极参加各类行业展会，学习借鉴他人经验，扩大自主品牌知名度和影响力。

在不断做大产业的同时，永荣积极响应国家"一带一路"倡议，大胆"走出去"。目前，已在12个国家设有分公司或办事处，产品销往全球45个国家和地区。2019年，永荣尼龙出口量占中国行业出口总量的比重为25.0%，位列行业第一。2018—2019年，连续两年保持中国民用尼龙行业出口量及出口额全国第1名。此外，永荣也充分发挥引领作用，号召更多的企业抱团"走出去"。吴华新多次带领福建企业前往印度尼西亚、越南、柬埔寨等国家考察，寻求发展机遇。

推动行业高质量发展

吴华新不断依据市场需求制定发展方略，2011年，永荣旗下景丰科技有限公司（下称"景丰科技"）成立，它是业内第一家跨入工业4.0时代的数字化、智能化企业。景丰科技拥有锦纶行业数字智能化水平工厂全国第一、单一工厂车间规模全国锦纶行业第一、国内首家锦纶行业智能化机器人代工行业第一、节能降耗，经营成本行业第一、设备先进行业最优的"五个一"优势，实现产品从接单、生产、检验、包装、入库到交付的全流程智能自动化管理，极大地提高了生产效率，每吨产品直接经济效益增

加800元，年直接经济效益增加1.6亿元。

2019年，景丰科技加弹项目建成投产。单一锦纶DTY车间6万吨产能领先行业。设备集成单锭同步传动、在线张力控制、导盘牵伸、分侧控制及全自动落筒等综合优势，确保产品的高端品质，并大大降低生产成本。

2008年吴华新重新梳理公司的产业，将此前的几十家公司进行重组。通过出售、取消、合并等方式重组成4家公司，同时在各公司之间设立防火墙，让它们彼此独立，不至于出现某家公司变成黑洞吸干全盘生意的状况。永荣不断引进高端人才，大力聚集专业人才，研发具有世界领先水平的生产设备，为永荣发展注入强劲的驱动力。目前，永荣拥有经理级及以上管理骨干200多人，并引进国际知名化工高端人才，作为科研、工艺技术管理的专业带头人。

弘扬企业担当精神

在推动生态文明建设、积极保护环境、促进绿色安全生产等方面，永荣始终走在行业前沿。生产用水循环使用，生活污水处理达标后统一纳入污水处理场。厂区配套事故缓冲池，收集处理事故性废气喷淋废水。

企业建立安全生产系列制度，持续加强安全教育培训力度，严格执行安全奖惩制度，不断夯实安全管理基础。各生产部门要按照安全生产标准化要求，建立各类基础台账，做到安全管理记录规范，各项工作具可追溯性，确保安全生产做到零伤亡事故、零环境污染事故、零职业病事故。

2010年，永荣出资1000万元，设立助学教育基金，资助福建教育事业发展。2016年以来，吴华新响应省委、省政府"精准扶贫"的号召，积极捐资帮助漳州平和县长乐乡、南平松溪县等多个贫困地区脱贫超过200万元。2017年，永荣通过"三位一体"精准"驻村"扶贫，帮助贫困村改善交通条件和基础设施。兴教助学，是永荣近几年公益慈善的重要内容。2018年，"永荣公益基金会"正式成立；2019年，永荣向甘肃定西扶贫、闽北赈灾等公益项目捐款数百万元，资助当地民生公益项目建设，并积极赞助东南卫视《你好110》、海丝电影节等文化教育事业，支持良好社会风尚的形成。截至目前，累计为公益事业捐款超亿元。

广州环亚化妆品科技有限公司总裁

吴知情

    吴知情：女，1969年生人，湖北宜城人，现任广州环亚化妆品科技有限公司（下称"环亚集团"）总裁，广州市黄埔区妇联兼职副主席、广州市黄埔区女性人才发展促进会会长、阳光计划公益基金发起人、广东省工信两化融合发展中心顾问。

    什么才是美？每个人都会给出不同的答案。从事关于"美丽"行业20余年的吴知情，对于"美"有着独特的定义。她认为真正的美不局限于外在的形象，还包含经过生活历练而来的内涵与智慧。"外在美是留给人的第一印象，可以通过美容、保养、化妆等方法提升，而内在美更多取决于生活态度和生活方式，这种拥有人生历练而沉淀、由内而外散发出的内涵最能体现不同女性的魅力特征。每一位女性都有不同的光彩，需要通过个人内涵与人生智慧的不断打磨才得以积累，也只有这样的美才是圆满的美。"她说："积累和沉淀，也是做企业的秘诀之一。"而对于"美"的解读，也正一点一滴体现于她的创业经历中。

将东方魅力展示给全世界

作为美妆行业最早的一批创业者，吴知情的事业从美容学校与化妆品代理商起步。1999年，在她的带领下，环亚集团与中国药用植物研究所（云南）开展技术合作，推出第一个自主护肤品牌"美肤宝"。随后的几年间，环亚集团相继推出法兰琳卡、滋源、幽雅等品牌，逐步形成了集研发、生产、销售、培训、服务等于一体的综合性美容化妆品产业链。

在从无到有建立品牌的过程中，拥有更多自主核心技术是吴知情一直以来所坚持的战略。每年8—10月，她都会亲自带领公司研发团队，前往韩国、日本、美国、澳大利亚等地考察，全方位对当地的优秀企业与终端销售卖场进行实地调研。通过了解市场及科技的前沿趋势，从原料、技术到市场三个方面，为品牌产品的品质升级与创新作储备，让真正的好原料、好配方、好技术落实到产品。

做中国人自己的品牌

环亚化妆品研究中心目前拥有超过100人的研发团队，囊括了皮肤素材研发、配方研发、配方研究、应用基础研究、中医中药研究、包装创意设计和开发、消费者研究等研究领域。截至2019年，共取得83项自主专利，累计在国家期刊发表学术论文67篇；19项科技成果获得外部认证，18项科技成果获得科技进步奖。同时，环亚集团建立起了中国第一家化妆品院士工作站；成功获批高新技术企业、广东省中药日化产品（环亚）工程技术研究中心、广东省创新型企业、广东省级企业技术中心、广州市级企业技术中心、广州市创新型企业、广州市创新标杆百家企业等项目；多项产品获广东省科学技术厅高新技术产品认证；多项技术获科学技术进步奖、科研创新奖。

"做原创品牌，我们希望能够给消费者提供品牌享受价值的同时，最大限度地保证品质。"谈起环亚集团在研发道路上持之以恒的付出与努力，吴知情表示正是本着工匠精神，才能在企业发展中不断塑造如美肤宝、滋源、法兰琳卡等广受市场好评的品牌，而这也在潜移默化中为环亚集团积聚了品牌气质与魅力。

对于化妆品行业，身为女性的吴知情希望能从人文与艺术角度，通过品牌来解读和表达心目中的"东方美"。她所创立的品牌，在品牌文化与定位上独具巧思，为东方化妆品渲染了独特的魅力。"中医中药是老祖宗留给我们的礼物，其博大精深的内涵，是一种文化、也是一种智慧。美肤宝与中医中药的精髓丝丝入扣，而且一直以来致力于传承中国文化，为了传递中国女人自古以来的灵动之美，甚至连瓶身设计都参照了旗袍的柔润线条。我们希望通过这种构想，将东方魅力寄托在品牌上，展示给全世界。"谈到自己一手创办的几个品牌，她言语间抑制不住的热爱与自豪。

创新变革为主旋律

综观环亚集团的发展历程会发现，每隔5年左右环亚集团便会出现方向性的变革。2008年，环亚集团由化妆品专业线渠道转战日化线渠道，成为中国化妆品行业为数不多成功实现渠道转型的企业；2014年，环亚集团由原有的护肤领域跨入洗护行业，推出了滋源，凭借着独特的品牌定位和高举高打的市场战略，滋源迅速扭转了国产洗护品多年被外资洗护品碾压的局面。而2019年开始的这个新5年周期，环亚集团再次跨品类布局，推出了彩妆品牌FACE IDEAS与口腔护理品牌冰泉。这种种转变，都源自吴知情对于中国化妆品行业发展趋势深刻洞察下的深思熟虑。对于化妆品事业的热爱以及将中国人自己的品牌推向世界的梦想，是支撑她20余年如一日在中国化妆品行业奋斗拼搏、不断创新的动力。

20多年来，环亚集团的创新不仅体现在营销上，更是贯穿于企业管理等各方面。为提升管理效率，以信息化推动公司发展进程，在吴知情的带领下，集团内部引进了卓越绩效管理体系、实施阿米巴运营体系、启动了 ERP-SAP 项目。这些举措提升了环亚集团在研发、供应链、生产、质量、营销、财务、人力资源等方面的管理水平。2016 年，环亚成为广东省首批国家级"两化融合试点企业"代表之一。作为国内首家成功实现"两化融合"转型的中国化妆品企业，目前环亚已建成自动化集成中央控制系统，全面实现了化妆品生产制造自动控制。

传承文化　热心公益

在业内，环亚集团成立的"美容化妆品博物馆"备受推崇。这家世界唯一一家展示中国美容化妆品文化的博物馆，不仅作为广州开发区政府接待外宾的重要参观地点，还被广东省教育厅，中共广东省委宣传部，中共广州市委、市政府授予"广东省文化遗产保护突出贡献团体""广东省青少年科普教育基地""广州市爱国主义教育基地"等称号。

2015 年，环亚集团投入 1000 万元成立关爱留守儿童的"美肤宝阳光计划公益基金"，为贫困地区留守儿童捐赠生活与学习物资。截至目前，该公益基金已经走访了 2200 多所学校，为超过 39 万名留守儿童送去助学物资，于 2017 年获得第七届中国公益节·2017 年度公益映像奖及 2017 年度责任品牌奖。作为广州市黄埔区女性人才发展促进会的首任会长，在黄埔区妇联的指导下，吴知情组织黄埔区的优秀女企业家们，共举办过数十次各种形式的会员活动，在贯彻党中央重要讲话精神、搭建区内企业学习交流平台、发挥优秀女性人才的表率作用、改善妇女儿童的切身利益等方面，做出了不懈的努力。

环亚集团发展 20 多年，离不开它的企业精神——"勤诚恒"（勤劳、诚信、有恒心）。正是凭借这简简单单的三个字，吴知情和她的团队踏踏实实将企业培育为如今的规模。如今的环亚已成为中国化妆品产业中不可或缺的一股力量，旗下品牌美肤宝的防晒系列产品，市场份额已位列中国第一、亚太第三。另一品牌滋源，则开创了中国无硅油健康洗护先河，成为中国市场份额第一的国货洗护品牌。当提到未来的中国化妆品行业发展时，吴知情充满期待："未来世界是属于中国的，通过一代又一代中国化妆品企业的努力，中国的化妆品一定会屹立于世界强国之林。"

上海蔬菜（集团）有限公司党委书记、
董事长、总裁

吴梦秋

    吴梦秋：男，1962年1月生人，福建南安人，中共党员。工商管理硕士，高级工程师。现任上海蔬菜（集团）有限公司（下称"上海蔬菜集团"）党委书记、董事长、总裁，兼任上海西郊国际农产品交易有限公司党委书记、董事长、总经理，上蔬永辉生鲜食品有限公司董事长。上海市蔬菜食用菌行业协会会长，上海市第十五届人大代表。

    在日趋激烈的国内外市场竞争中，吴梦秋迎难而上、敢闯敢试，使企业成为上海农副产品供应的主渠道、主力军，使自己成为"安全诚信为市民、高效流通为农民"宗旨的践行者和领路人。在近10年的农产品流通工作历程中，吴梦秋坚持做好"上海农副产品保供稳价排头兵和先行者"，先后获得第九届上海商业优秀企业家、上海商业十大杰出人物、上海市职工信赖的经营管理者、中国农产品批发市场行业发展年度人物、中国农产品批发市场行业发展30年先进人物、全国商业优秀企业家、首批中国蔬菜产业杰出人物、上海市五一劳动奖章等荣誉。

助农兴企　保障民生

上海蔬菜集团是拥有60多年历史的大型国有农产品经营流通的龙头企业，担负着上海市委、市政府赋予的"确保农产品市场供应，确保食品安全，保持蔬菜价格基本稳定"的民生使命。自2009年6月，吴梦秋出任上海蔬菜集团总经理，正式成为蔬菜产业的一员起，他始终秉持高度的使命感和责任感，坚持"大市场、大流通、大贸易"发展方向，积极组织国内外食用农产品进入上海市场，调节市场供应、稳定市场价格、保障食品安全，带领这家传统农产品流通企业走上了转型发展、智慧升级的道路，成为上海食用农产品流通的主渠道、主力军。10余年来，企业农产品批发交易量从2008年的324万吨，增长到2019年的561万吨，交易总额从2008年的101亿元增长到2019年的559亿元。

助力食品安全　架起绿色桥梁

吴梦秋高度关注食品安全问题，为各批发市场农残检测室建设投入了2000多万元添置先进检测仪器，对进场批发交易的蔬菜做到"先检测后交易、先检测后配送"，2019年累计检测农产品样本2290079个，日均6274个，其中各类蔬菜样本1988916个，合格率99.98%，销毁43362.6公斤，坚决杜绝不合格商品流出市场，保障了上海市民"舌尖上的安全"。公司不仅主营蔬菜、水果、粮油、肉类、冻品、水产、南北干货以及花卉等综合农产品批发市场经营管理业务，还培育出了生鲜配送、电子商务等新业态，兼营酒店、餐饮、物业管理等相关多元配套业态。在吴梦秋的带领下，上海蔬菜集团多次得到国家有关部门和上海市各界肯定，先后荣获全国菜篮子放心工程优秀企业、农业产业化国家重点龙头企业、中国品牌农产品指定生产供货单位、商务部首批全国公益性批发市场、双百市场工程农产品流通企业、上海市商务诚信建设试点组织工作先进集体、上海市著名商标等荣誉，成为上海民生安全运行的可靠基石。

吴梦秋多次带领有关人员深入全国各主要蔬菜产地，与产地政府研究协商蔬菜产销对接、物流配送、信息共享等事宜，积极探索"政府+基地+客商+市场"的产销协作模式，架起蔬菜从产地到大市场之间的绿色桥梁，先后在全国对接建立了各类蔬菜基地150多个，种植面积超200万亩。自2016年起，吴梦秋积极参与上海市商务委主导的城市外延蔬菜生产基地建设，先后在山东、江苏、海南等地建立起规模化、标准化、冷链化、品牌化、信息化的蔬菜生产基地，采用二维码技术、视频监控技术，构建起来源可追溯、去向可追查、责任可追究的农产品生产流通信息追溯系统。

应用高新技术　带来新发展

吴梦秋认为，蔬菜集团作为上海的企业，既要放眼国内、更要放眼国际。近两年来，抓住第一、第二届中国国际进口博览会在上海召开，蔬菜集团直接参与的契机，吴梦秋确定进口食品行业将迎来大发展这一战略判断，紧紧立足上海城市发展新需求，带领企业瞄准"一级批、全覆盖、现代化和国际化"建设目标，加快推进服务能级和业态改善。

吴梦秋以食品安全追溯体系建设为契机，带领工作团队积极研究将电子结算与追溯系统相结合的交易管控模式，不断改造传统农产品批发市场对手交易、跑单结算的业务流程，大力推广持卡交易，推进集团各批发市场的电子交易和结算的覆盖面，提高农产品交易效率和质量。吴梦秋提出，信息化建设要结合生产基地信息入网、批发市场信息化管理、食品安全追溯系统及冷链系统、网上批发市场等工作，前瞻性地应用云计算、物联网、绿色环保、二维码等高新技术，寻找企业流程优化、节支创收、减少损耗、提高效率的增长点。如今在西郊国际，蔬菜、果品、肉类等商品的价格、产地、进货量，以及经销商的资质、营业执照、进货等情况，全部可以通过商铺扫码获得，一个数字化、智能化的新型农产品批发市场呼之欲出。面对电商对传统农批市场的冲击，吴梦秋启动建设农产品供应链O2O服务平台，采用"农批市场+互联网"的模式，探索构建线上线下相融合的农产品供应链模式，重点联手相关农产品流通互联网企业，通过集约化、共享化的方式，在农产品采购商与供货商之间提供线上集单采购、线下集单配送服务，并向供应链金融、广告营销等服务领域延伸。他立足城市规划、食品安全、政策法规等多个维度，对提升优化农产品流通行业的宏观环境积极建言献策，撰写了多篇代表议案，为上海市制订《上海市食用农产品批发和零售市场发展规划 (2013—2020 年)》提供了许多专业性意见。

产销对接　精准扶贫

在上海市商务委和上海市合作交流办的指导下，吴梦秋按照"产销对接、精准扶贫"的思路，采取"签约基地、搭建平台、打造品牌、拓展渠道"的办法，与云南德宏、曲靖等地区的 13 家蔬菜生产基地和贵州遵义的 11 家蔬菜生产基地进行了签约对接，与大理白族自治州剑川县沙溪镇庆华村签订了扶贫合作帮扶协议，积极帮助 10000 多名建档立卡贫困户增产增收。在吴梦秋的倡导下，上海蔬菜集团多次组织电商、批发市场等经营户飞赴云南现地对接，累计引进扶贫基地 1.5 万多吨蔬菜入沪销售，销售额超 9000 万元。西郊国际成立"云品中心"后，吴梦秋始终致力于将"云品中心"打造成扶贫公益平台，为云南农特产品进入上海市场提供质量管控、物流仓储、结算融资、品牌塑造、市场推广、包装设计、渠道销售等孵化服务，直接服务云南、贵州的企业、基地、合作社。吴梦秋还带领所属企业，先后在沪为云南、贵州的 540 多名农产品经销人员、农村致富带头人举办了 9 批次专题培训，接待贫困地区专项考察 100 多批，安排 4 批次贫困地区业务骨干挂职培训。蔬菜集团的扶贫工作得到了云南、贵州和上海各界的高度肯定，"云品进社区"活动和"百县百品"工程分别入选了 2018 年、2019 年上海市精准扶贫十大典型案例，并受到表彰。

新疆天业（集团）有限公司党委书记、董事长

宋晓玲

宋晓玲：女，1970年3月生人，甘肃武山人，中共党员，兰州大学化学系应用化学专业，博士研究生，正高级工程师，享受国务院政府特殊津贴，1988年参加工作，先后任石河子塑料制品总厂技术科技术员，天业中发公司生产技术科科长、天业化工厂生产技术科科长，天业化工厂、中发公司厂长助理、天业化工厂厂长、中发公司经理；天业集团公司董事、副总经理；2009年任天业集团公司党委委员、董事、副总经理，天业股份常务副总经理；天业物流公司党委书记、总经理；天业集团党委委员、董事、总经理、天业股份总经理等职。现任新疆天业（集团）有限公司（下称"天业集团"）党委书记、董事长。是中国石油与化学工业联合会常务理事、中国氯碱工业协会副理事长、中国化工环保协会副理事长、中国科学技术协会第八届全国委员会委员、兵团科协副主席。

推动企业发展　建设美丽新疆

宋晓玲先后主持或承担国家863项目、重点科技攻关、国家火炬计划、兵团重大科技攻关等10余项重大课题，攻克了30余个制约行业发展的重大科技创新难题，获得国家科技进步奖1项、中国石油和化学工业协会科技进步奖8项，获得国家授权专利60余项；带领团队开发出25种PVC专用树脂，其中4个品种填补了国内空白，打破了国外产品的垄断，项目累计创造产值30多亿元。先后入选"国家百千万人才工程"，荣获"万人计划"科技创新领军人才、全国杰出工程师奖、全国创新争先奖、全国优秀科技工作者、中青年科技创新领军人才、全国质量管理小组活动卓越领导者、中国石油和化工行业责任关怀卓越领导者奖、全国三八红旗手、中国青年五四奖章等。

真抓实干促转型

宋晓玲深入推进企业变革，提出并实施"基薪＋绩效＋奖励"的激励管理体系；她常态化推行企业"创新论坛""天业工匠""操作标兵""擅做思想的好班长"等一系列注重创新、追求卓越的管理机制，同时，把各项能耗、物耗进行细化、量化，各项指标落实到岗、到人、到部门。天业集团连续多年荣获中国石油和化学工业联合会能效领跑标杆企业。

宋晓玲确立以氯碱化工为基础、煤化工多联产为延伸、与碳一化学相结合的新型发展模，围绕基础化工产业，不断延伸产业链，拓展新的发展空间。同时，宋晓玲力推企业管理向数字化、网络化、智能化迈进，自主研发建立兵团首家"企业私有云"；在北工业园区广泛推进智能化先进控制项目，实现了企业生产过程的动态优化；在电石产业全面应用"出炉机器人"和"捣炉机器人",有效降低了员工的劳动强度。承担国家863计划"面向氯碱化工的节能环保与安全管控MES开发与应用",率先在国内氯碱化工行业建立节能环保和安全管控的MES应用示范点,实现生产全过程高能耗单元及设备的实时优化控制。

宋晓玲全方位推进"围绕以科技创新的全面创新",使天业集团始终走在行业前列。宋晓玲带领研发团队,相继攻克了一系列专用PVC树脂生产与循环经济关键技术,申请专利10余项,技术创新性达到国内领先水平;开发出9种PVC专用树脂,被国家科技部授予国家级重点新产品称号。产品影响力和品牌竞争力显著增强,先后有4种"天业"牌聚氯乙烯树脂入选全国"以塑代木"最具影响力品牌供应商,改变了我国专用PVC树脂长期依赖进口的局面,由宋晓玲主持的"聚氯乙烯专用树脂系列产品的开发与产业化示范"课题获得国家科技进步二等奖。

宋晓玲提出用循环经济的发展理念变革传统聚氯乙烯生产工艺的设想,成功开发了干法乙炔配套电石渣干法水泥技术,将电石渣浆变废为宝;已申请专利8项,其中全废渣低温急剧煅烧高标号水泥熟料方法获中国专利优秀奖,对氯碱化工行业绿色发展具有重要战略意义。2017年,该技术获得国家环境保护科学技术奖二等奖。

宋晓玲高度重视人才培养,开展每年50名青年大学生轮岗培养,为企业发展储备了后备人才。天业集团有3人先后入选国家"万人计划"领军人才,20余人进入兵团"天山英才"第一、二、三层次。先后承担省级以上重点科研项目50余项,其中国家863计划项目4项、国家重点科研项目20余项;先后三次荣获国家科技进步二等奖、省部级科技进步奖30余项;多项专利荣获国家优秀专利奖。

经营管理成效显著

宋晓玲长期致力于我国氯碱化工和煤化工领域技术进步和发展,先后获得了中国工业大奖和国家科技进步奖等10余项国家级荣誉。2019年,企业营业收入突破380亿元,较2016年提升了56.0%,成功入选中国企业500强和中国石油和化工企业500强。

宋晓玲抓住"一带一路"和丝绸之路经济带核心区建设的契机，打造国际物流集散中心。天业集团聚氯乙烯、烧碱出口量连续多年位居中国第一。化工产品销售遍及全球108个国家和地区。连续10年承办国际节水滴灌技术培训班，节水滴灌技术已在17个国家成功推广应用。2019年全年共发送中欧西行班列111列，并充分运用"互联网+"和大数据平台，推进天业集团多式联运铁路物流港的建设工作，天业集团荣获全国先进物流企业和制造业信息化科技工程应用示范企业。

宋晓玲提出并启动了支撑企业可持续发展的"十大创新工程"，从市场论证、技术调研、技术攻克、成果推广转化等环节层层着力，解决了影响企业和行业可持续发展的多项技术瓶颈。2017年，天业集团被中国石化联合会评为唯一一家环境保护清洁生产及汞污染防治工程中心。

宋晓玲提出以工业排放氧化钙废渣和二氧化碳废气为原料，生产活性碳酸钙系列产品的新思路。自2013年起，开展工业废气减排与废渣综合利用技术的研发工作，建成国内首套3万吨/年活性炭酸钙绿色生产线，拥有国家专利2项，该技术处于国内领先水平，环境效益和社会效益突出。该项目获得中国循环经济2018年度最佳实践奖。

服务社会　承担责任

宋晓玲自觉履行社会责任，始终坚持把责任关怀理念融入到企业的战略发展和日常行为之中。积极响应国家深入实施精准扶贫、精准脱贫，全面巩固和拓展专项扶贫、行业扶贫、社会扶贫、援疆扶贫"四位一体"大扶贫格局的号召，从资金、项目、人才、物资等多方面支援南疆发展，先后多次赴南疆调研对接帮扶工作，已累计为地处南疆的14师47团援建投入792万元，为当地职工建立温室大棚，解决群众吃菜难问题；提供水肥一体化自动装备提高当地农业自动化水平；选派30名支教人员支援南疆双语教育，捐助10万元帮扶十四师皮山农场二连用于贫困群众购置化肥、农药、地膜等生产资料，2名扶贫第一书记落实精准扶贫；援建塔城裕民县水利工程投入4000万元为当地建设水库，确保把好事办实，把实事办好。

泸州老窖集团有限责任公司党委书记、董事长

张 良

张良：男，1965年11月生人，四川富顺人，中共党员，工程硕士、工商管理硕士、正高级工程师、博士生导师。1988年7月参加工作，历任四川轻化工学院（现四川轻化工大学）讲师、系办公室主任、总务处副处长；四川省江安县人民政府科技副县长；泸州老窖股份有限公司生产部部长、董事、副总经理、总经理、党委副书记、党委书记；泸州老窖集团有限责任公司董事局成员、副总裁，总裁、董事局成员等职。现任泸州老窖集团有限责任公司（下称"老窖集团"）党委书记、董事长。首届中国酿酒大师、享受国务院政府特殊津贴专家。

大智慧引领大发展

2006年担任老窖集团总裁以来，张良创立了"大集团、小配套"生产经营模式，实现了企业"轻资产、专业化、高质量"发展，被业内外广泛学习借鉴，荣获第22届国家级企业管理现代化创新成果二等奖。他坚持"双品牌塑造、多品牌运作"的品牌战略，将国窖1573培育成了与茅台、五粮液并驾齐驱的高端品牌。创新"专业化分工、产业链招商、市场化运作"的园区建设模式，打造了产业链最完整、规模最大、运营效果最好的中国第一个白酒产业园区——四川泸州白酒产业园区，引领中国白酒产业向规模化、集约化、循环经济方向发展。

2015年担任老窖集团党委书记、董事长以来，张良用超常规发展思维统揽全局。2015—2019年，营业收入从150亿元增至466亿元，增长了210.67%；利润总额从56亿元增至83亿元，增长了48.21%。

引领公司跨越式发展

张良带领班子制定了老窖集团中长期发展规划，引领老窖集团实现了高质量发展，连续多年入选"四川百强企业"。2019年，实现营业收入466亿元，同比增长81.32%；利润总额83亿元，同比增长12.16%。

张良加快金融产业转型升级、扩张发展。2019年前三季度，金融板块实现利润总额5.2亿元，成为老窖集团利润增长的"新势力"。快速做大贸易规模，积极拓展大宗建材、国际能源化工、跨境电商等贸易业务，2019年前三季度，贸易板块实现营业收入141.7亿元，同比增长432%，成为老窖集团规模增长的"领头羊"。推动实业板块多点发力。大健康板块组建首个子集团——四川康润投资集团有限公司，实现蓉、渝、泸三城联动运营，老窖集团旗下泸州联众物流有限公司建成泸州、石家庄、武汉三大物流基地，获批AAA级物流企业。加快布局高科技产业，2018年11月，老窖集团收购鸿利智汇集团股份有限公司并成为实际控制人，在资本市场的影响力快速提升。

张良利用老窖集团作为泸州市国有资本授权经营首家试点企业的契机，进一步完善法人治理结构。2018年，泸州老窖智同商贸股份有限公司、泸州海蛎子跨境电子商务股份有限公司营业收入比2016年分别增长19倍和7倍。以资本为纽带积极开展混合所有制改革，增强国有经济活力、控制力、影响力和抗风险能力。老窖集团旗下四川盛世元亨国际贸易有限公司、四川汇鑫融资租赁有限公司等超过20家子公司实行了混合所有制改革，初步形成优势互补、分工协作、互利共赢的良好局面；其中，成立仅一年半的盛世元亨公司2019年实现营业收入已超过50亿元。按照"小机关、大实体"的指导思想，实现扁平化管理，建立精简高效运转体系。推行法务、财务等职能部门内部市场化、去行政化改革，对内有偿服务，对外拓展业务，变费用主体为创效单位。

汇聚持续发展的强劲动力

张良作为牵头人或领办人创建了国家固态酿造工程技术研究中心、国家级张良酿酒技能大师工作室等多个科研平台。他带领团队累计承担国家、省、市级科研项目26项，获得省部级以上各类奖励33项，获得发明专利69件，实用新型专利99件。积极参与制定国家、行业标准，牵头完成的《GB/T 33404—2016白酒感官品评导则》《GB/T 33300—2016食品工业企业诚信管理体系》等4项国家标准成为酿酒行业重要技术标准，同时制、修订了《地理标志保护产品泸州酒（浓香型）工艺技术规范》等地方标准；组织专业人员编写的《小曲清香白酒生产技术》《泸型酒技艺大全》等专著成为企业技术人员、高校师生的学习教材。培养博士后、博士等高层次人才30余人，培养酿酒师、品酒师等高技能人才300余人。

张良严格贯彻新时代国企好干部标准，大力引进行业领军人才，大胆启用优秀年轻干部。大力实施企业家成长工程，打造高端人才培训品牌

"战狼训练营",对政府、企业、院校免费开放;引进国内顶级名校毕业生开展管培生项目,不仅为老窖集团改革发展培养了高素质专业化干部人才队伍,也为地区、行业培养了优秀的经营管理人才。

张良认真履行党建主体责任,把党的领导融入公司治理各环节,切实提高领导班子政治定力、经营管理能力、战略决策能力、开拓创新能力和风险防范能力。老窖集团先后被评为四川省企业党建与思想政治工作先进单位、泸州市五星级标准化党组织。张良始终保持清正廉洁、艰苦奋斗的品德,不断加强党风廉洁教育,筑牢"防腐治腐"思想防线。张良始创立了"一体两化三创"依法治企新模式,先后在国务院国资委专题座谈会、四川省国资委法治工作推进会上作经验交流。张良认真履行安全、环保"一岗双责",率先组织开展循环经济、绿色生产专项课题研究和示范推广,节能减排成效显著。老窖集团先后荣获2016—2017年度全国安康杯竞赛优胜单位、四川省"十二五"节能减排降碳工作先进集体等荣誉。

热心公益　回馈社会

汶川地震、青海玉树地震、雅安芦山地震,老窖集团捐款捐物合计超过6100万元,并捐助50万元援建广元宝轮小学,捐助350万元援建雅安飞仙关中心校。他倡议干部职工、合作伙伴捐款5654万元,成立"泸州老窖爱心基金",还推动老窖集团每年捐赠600万元与西南医科大学携手推进院士工作站建设。老窖集团先后3次荣获中华慈善奖。

张良带领老窖集团大力参与阿坝藏族羌族自治州、甘孜藏族自治州深度贫困地区脱贫攻坚,多措并举助力泸州市贫困地区特别是古蔺县、叙永县等乌蒙山片区脱贫。将产业扶贫嵌入企业发展战略,初步探索出一条扶贫多赢之路。创新"产业扶贫+教育扶贫"模式,在江阳区建设产业扶贫叙永创新示范园,实施"以商招商"扶贫模式,为叙永引进76家企业,注册资本共计70多亿元;联合社会资本在叙永县投资60亿元建设150万头生猪产业一体化扶贫项目。搭建"众爱班"教育扶贫平台,培养贫困地区建档立卡户贫困子女,助力其实现高质量就业创业。老窖集团先后荣获全国社会扶贫先进集体、2019年四川省脱贫攻坚奖先进集体等荣誉。

北京卫星制造厂有限公司
党委副书记、执行董事、总经理

张 明

张明：男，1971年生人，内蒙古包头人，中共党员，2001年中国空间技术研究院物理电子学专业，博士，研究员。2001年参加工作，历任北京卫星制造厂技术二室副主任、技术发展部副主任、主任、副总工程师、副厂长、厂长等职。现任北京卫星制造厂有限公司党委副书记、执行董事、总经理，兼任北京星达科技发展有限公司董事长、北京星通浩宇科技发展有限公司董事长、北京星驰恒动科技发展有限公司董事长。同时担任中国空间技术研究院神舟学院制造分院院长，中国空间技术研究院科技委专家组材料与先进制造专业组组长，中国航天科技集团公司科技委专家组材料与先进制造专业组副组长，北京市航天器焊接技术与装备工程技术研究中心理事长，装备发展部先进制造组专家，国防科工局国防基础科研项目"十三五"专家，工信部"高档数控机床与基础制造装备"科技重大专项总体专家组专家，海淀区第十六届人大代表，中国空间技术研究院航空宇航科学与技术学科博士研究生指导教师，哈尔滨工业大学机械工程领域硕士研究生导师，哈尔滨工业大学、北京工业大学、北华航天工业学校等高校兼职教授。

二十载逐梦航天制造事业
新时代谱写企业壮丽篇章

北京卫星制造厂有限公司（529厂）隶属于中国航天科技集团有限公司第五研究院，作为国有重点大型军工企业和国家高新技术企业，是我国航天器制造领域的翘楚。公司先后承担并完成了国家科学实验、返回式、通信、资源、导航、深空探测卫星、"神舟"系列飞船、"天宫"系列目标飞行器、"天舟一号"货运飞船等共330余颗（艘）星船研制任务，同时，公司将宇航制造技术积极转换应用于智能制造和绿色建筑等民用领域，为增强我国国防实力，发展国家航天事业和国民经济建设做出了重要贡献。

2017年，张明积极响应国务院国资委下达的全民所有制企业公司制改制号召，短时间内圆满完成了公司制改制工作。张明组织编制了《公司深化改革工作方案》，同时选取试点部门积极探索公司新型管控模式改革，使员工从打工者心态转变为经营者心态，不断激发企业发展内生活力。

做企业改革发展的领路人

张明在企业经营中坚持文化强企战略，形成并深化了创新、质量、安全保密、和谐发展、成本建设等特色文化。近年来，企业荣获集团公司文明单位、集团公司践行航天精神先进单位、北京市安全文化建设示范企业、"互联网+时代"企业文化传媒融合创新优秀单位等荣誉。

张明对企业科研生产和产品质量高度重视，切实推进"宇航智造工程"，不断创新科研生产管理模式，打造国际一流的航天器制造生产能力；积极推动智能制造的深化应用，初步实现了产品数字化制造的全流程贯通。深入推进"质量提升"工程，建立了17类典型产品的质量管理模型，构建了"设计、工艺、操作"三结合特性分析机制，科研生产任务完成率、产品质量合格率多次在上级科研生产评估中名列前茅。近年来，公司 4 个制造中心获得国家五星级现场评价，荣获国际 QC 小组金奖 1 项、全国质量创新大赛二等奖 1 项，张明荣获 2018 年度全国优秀诚信企业家称号。

"促进员工与企业共同成长"是张明管理理念的重要内涵之一。他重点加强技术及技能人才队伍结构调整，不断补充高学历和社会成熟人才进入科研生产队伍，同时加强对在职员工的教育培训，有效提升了员工整体素质水平。他还尽最大努力为员工提供畅通的个人发展通道和良好的薪酬福利体系，公司先后数十人被授予中央企业劳动模范、中国载人航天工程突出贡献者、全国技术能手、全国青年岗位能手等荣誉。

推动企业经营业绩迈上新台阶

张明高度重视企业技术创新，坚持创新引领发展，公司技术体系不断完备，企业"创新引领"工程取得显著成效。"十三五"以来，立项课题百余项，国拨经费达 5.3 亿元；公司大型复杂结构高精度、高可靠组合加工、三维数字化制造等多项核心技术处于国内领先水平；"自强工程"取得实效，为宇航型号任务能力提升和载人航天等国家重大专项的顺利研制提供了有力的技术支撑；空间 3D 打印设备、数字散斑检测仪、高精度超高压液相泵等一批新研产品打破国外技术封锁；可移动机器人原位加工系统、高精度双目测量系统等关键技术装备实现自主可控；大型舱体智能制造系统技术、星载微型高效片状电源技术等多项牵引未来发展的新技术取得突破性进展；一系列关键材料实现工程化应用，新型耐烧蚀材料、高效隔热气凝胶等多项关键材料应用获突破，实现了自主可控。在航天技术应用产业领域，成熟产品不断优化改进，集成冷热源系统成功入选《国家重点节能技术推广目录》；AGV 系列产品研制突破多项核心技术；不燃高效保温系统完成了产品型谱和示范应用，一批新的航天技术应用产品和技术也在逐步完成研制并走入市场。创新平台建设不断加强，获批集团公司工业工程、增材制造和微组装等工艺技术中心，获批科工局"529 厂空间大型可扩展结构微重力精密装调技术创新中心"研发平台建设项目，为缩短该领域技术与发达国家先进水平差距奠定了坚实基础。近年来，公司300余项专利获得受理授权，1项专利获得中国专利优秀奖；获国家科学技术进步奖二等奖1项，国防科技进步奖一等奖2项，省部级科学技术奖13项，多人被授予集团公司工艺技术带头人，企业核心竞争力显著增强。

为推动公司高质量高效率高效益发展，张明围绕"提质增效"，着力提升企业财经管控和资产管理水平，公司盈利能力连年稳步增长。构建了公司领导、总师、事业部、制造中心和子公司分层次、分方向的市场开拓模式；加强了宇航型号经济可行性论证和型号计划市场开拓，利用品牌效应成功拓展了军兵种和舰船等系统外领域市场业务；航天技术应用产业归核聚焦，形成了集成冷热源系统、全向智能移动装备、钢铝复合轨等拳头产品，实现了核心技术和产品的自主可控，市场影响力不断提升。

切实履行国有企业社会责任

张明高度重视员工福利待遇和生活水平的提升，以实现职工安居乐业为己任，充分落实职工的知情、参与、表达和监督权，依法维护好企业和职工两个合法权益。张明对安全生产、环境保护、保密及国家安全工作也高度重视，严格落实各级安全生产责任制和国家环境保护要求。近年来，企业高分通过集团公司安全生产标准化一级达标评估；作为集团公司首家单位通过了北京市清洁生产审核；公司"绿色工厂"主题团品实践活动获五院一等奖，荣获五院"七位一体"安全考核优秀单位、五院安全责任承包考核优秀单位、五院节能环保优秀单位等荣誉。

张明秉承强烈的社会责任感，严格遵守国家相关税收政策、法规，积极带领企业员工参与社会公益事业。几年来，他坚持采取多种措施，安排社会上的残疾人以及农村劳动力就业；公司还连续开展对广西百色市凌云县泗城镇官仓小学捐资助学献爱心活动，累计捐款近20万元，设立了"航天奖学金"。公司还开展了"学雷锋"进社区、太空课堂进打工子弟小学等公益活动。此外，公司积极支持精准扶贫，定点采购对口扶贫区域农副产品，回报社会。

金沂蒙集团有限公司董事长

张 超

张超：男，1979年9月生人，山东临沂人，中共党员，山东政法管理干部学院，本科学历，工程师。2003年2月参加工作，先后担任金沂蒙集团副总经理、副董事长，江苏金茂源化工公司董事长、总经理等职。2004年9月，创建临沂市盛元伟业经贸有限公司，任董事长兼总经理。现任金沂蒙集团有限公司（下称"金沂蒙集团"）董事长。临沂市青年企业家协会副会长、山东省企业联合会理事。临沭县第十一届人大代表、临沂市人大代表。

先后荣获"十一五"中国石油和化工优秀民营企业家、第二十届山东省优秀企业家、山东省富民兴鲁劳动奖章、山东省职工优秀技术创新成果奖、新世纪十年山东省富民强省优秀企业家、临沂市劳动模范、临沂市十大杰出青年、振兴临沭劳动奖章以及山东省优秀发明人、中国石油和化工协会科技进步三等奖、山东省第五届"发明创业奖"一等奖等荣誉。

牢记使命　奋力追梦　奏响新时代发展之歌

张超坚持以科学发展观为指导，以推动企业安全发展、科学发展、跨越式发展为目标，结合企业实际，创新管理模式，提出了"树立新思想、实施新战略、建设新企业"的总体工作思路。在他的组织领导下，金沂蒙集团现已步入科学发展的快车道。从 2009 年的总资产 19.3 亿元，发展成目前拥有总资产 68.1 亿元的大型民营企业集团，具备年产有机醛、醋酸酯等化工产品 100 多万吨，肥料 100 多万吨的生产能力。企业通过了质量、环境、职业健康、能源管理体系认证，通过了安全标准化企业、安全双体系建设、四评级一评价验收。

完善法人治理结构　全面提升企业管理水平

张超深知，若无科学的管理，企业将无法生存，更谈不上快速稳定发展，而人是所有管理工作和组织建设的源头，为企业打造一支"来之能战、战之必胜"的团队是企业发展的重要保障。因此，他结合企业的实际情况，发扬"自尊、自信、自立、自强"精神，勇于开拓，大胆实践，不断借鉴吸收先进管理经验，在质量管理和内部各项管理上求高、求严、求精、求细，建立健全了企业的各项管理制度和保障措施，夯实了企业发展的基础。

根据企业产业特点和工作流程，重构了组织机构，相继成立了 7 个独立法人单位，为企业适应市场发展打下坚实的基础。目前金沂蒙集团拥有高层管理团队 14 人，中层干部管理团队 137 人，高级工程师 4 人，享受国务院政府特殊津贴 1 人，中级工程师近 70 人，形成了一支专业扎实、团结进取、朝气蓬勃的具有现代管理意识的管理团队。管理团队实行扁平化集权式管理模式，对分公司采取"九统一、多监管、一保障"管理模式，从战略目标、法人治理、管理制度、企业文化、人力资源等方面实行统一管理。

张超始终力求站在文化的角度上，关照企业的各层面，以金沂蒙精神为主线，制定相应的规范，以打动人心的道德规劝，代替生硬乏味的条款规定，让员工被感性的人文精神所感召，发自内心地按照我们所提倡的纲领、规范去指导自己的行为，这是单靠一些制度、法规所无法达到的效果。通过改变员工日常工作中的不良习惯，逐步凝聚到能创造个人价值和企业价值的核心行为上，从全面行为聚焦到核心行为，再从核心行为延伸扩展到全部行为，如此反复，最终改变固有的落后观念、落后行为、落后习惯。把这些良好行为养成习惯时，员工受益终身，企业管理也达到了新的水平。

以科技创新为动力　　加快推进新旧动能转换

以"化工造福人类，科技引领未来"作为企业使命，大力实施"以人为本，人才兴企"的人才战略是适应新形势的必要治企策略。张超带领科技工作人员全面优化系统装置，大力促进产业链的延伸，一路攻坚克难，成功研发出以木薯生物炼制催化核心技术，开发低温发酵、酯化合成、单塔精制等核心专利技术，并形成淀粉质原料→发酵醇→有机醛酸→醋酸酯系列化工产品的生物化工产业链，引领行业产品质量提升。依据生物化工产业链条，横向拓展了以医药中间体绿色合成核心技术，形成乙二醛→乙醛酸→DLPA→DPA；苯甘氨酸→邓钠盐→邓钾盐的医药化工产业链条。产业链中涉及的醋酸酯装置生产能力50万吨/年，居全国首位，该装置采用的酯化合成工艺经省级科技成果鉴定达到国际先进水平，列入山东省经信委2017年重点新产品推广目录。乙醛及深加工生产丁烯醛装置综合产能17万吨。

目前，金沂蒙集团建有重质油国家重点实验室教学实践与成果转化基地，拥有2个省级企业技术中心。专注于研发非粮原料生物炼制技术的山东省生物炼制催化工程技术研究中心，建有专业化的市级醋酸酯循环经济工程研究中心和市级低碳有机醛清洁生产企业重点实验室，组建形成了市级功能性生物有机肥料工程技术研究中心。同时，依托于博士后科研工作站吸引行业高端人才，拥有进站博士 2 名，高中级职称 17 名，形成了集化工、生态肥业、循环经济于一体的研开体系；建立形成了生物化工、煤化工、生态肥料于一体的循环经济产业链条，配套建设了污水处理、热电联产等辅助性产业，实现对化工生产过程的吃干榨净。获得国家重点高新技术企业、国家级制造业单项冠军称号、国家级绿色工厂等。

以安全环保为己任　切实履行社会责任

张超带领公司进一步完善了安全环保管理网络，发挥各单位部门的监督管理责任和法人单位主体责任，发动全体员工深入开展查找身边安全风险活动，形成风险管控人人参与、人人负责、人人受益的氛围。

在具体工作中，既坚持认真学习、贯彻党的方针政策，从完善法人治理结构、行政业务双体系运行、三级管理、五位一体制度建设入手，加强企业管理；又坚持以党建推动企业文化建设，充分调动和发扬广大员工勤奋、敬业、奉献的精神。高标准的职工餐厅、职工公寓和集读书阅览、休闲健身、学习培训等为一体的职工之家，高标准、花园式的职工生活小区，让每个金沂蒙人都充满着幸福感与归属感。以人为本，与时俱进，集团始终传递着对员工最贴心的关怀，定期开展文化活动、扶贫助困活动、结对帮扶等，帮助困难员工解决实际问题，积极构建新型和谐劳动关系。

妙手绘蓝图，铁肩担重任。张超觉得办好企业获取利润、回报社会、奉献爱心是他的本分，是一个企业家的良知。多年来，他怀着感恩的心，坚持把"办好企业，回报社会"作为最高追求。他的爱心遍及学校、社区、困难职工。企业先后投资 5000 余万元，打造了集水电气暖、信息网络全覆盖于一体的高标准、现代化、花园式职工住宅小区，配套建设了娱乐、休闲、健身广场；投资 1000 余万元为当地建设了希望小学、休闲广场、消防大队办公楼、开发区派出所办公楼等基础设施。金沂蒙集团每年都会在企业开展"慈善一日捐"活动；自 2014 年开始，企业每年捐助 60 万元，用于全市慈善事业。

山东金河实业集团有限公司董事长

张心达

　　张心达：男，1945年10月生人，山东烟台人，中共党员，大学学历，高级经济师，现任山东金河实业集团有限公司（下称"金河集团"）董事长、烟台磁山集团有限公司董事长。先后荣获省优秀农民企业家、烟台市优秀共产党员、烟台市劳动模范、全国乡镇企业家、山东省劳动模范等称号。山东省工商联执委，山东省人大代表，烟台市民营科技促进会副会长。

　　1982年4月，时任村支部书记的张心达在改革开放的大潮中，乘势走上了创业之路。经过20年的艰苦创业，他使金河实业公司由一个乡镇小厂发展成为拥有固定资产1.8亿元、年实现销售收入2.5亿元、出口创汇700万美元的大型企业，产值利税均保持了20.0%的年增长率。

铸就坚定信念　企业创新发展

张心达带领集团领导班子从实际出发，实施企业战略规划，强化技术与管理创新革新，加强资本资产管理，强化企业文化建设和队伍建设，取得了良好的成效。通过产品战略、人才战略、资本积累三大战略转折，企业逐步壮大成为山东金河集团和烟台磁山集团，取得了令人瞩目的发展成就。

立足化工产业　创造世界优秀品牌

金河集团是以化工产品为主导产业的民营企业，是烟台民营企业中，率先通过 ISO 9001、ISO 14001、OHSAS 18001 体系认证，成为国家安全标准化一级企业。37年来，张心达秉承"以诚信立企、以科技强企、以创新兴企"的根本宗旨，以产品科技攻关为主导，立足化工产品，创造世界优秀品牌，取得了让世界同行业注目的科技成就。张心达把保险粉作为一种高端化工产品，并成为中国为数不多的在全球掌握绝对主导权的优秀产品，技术上领先国外同行一代以上。企业取得了12项国家发明专利，主导起草了保险粉3个国家和行业标准，参加了与保险粉相关15个国家和行业标准的制定，成为该行业全球第一，引领了世界"保险粉"产业的发展。特别是金河集团的食品添加剂级保险粉技术更是全球唯一，在国内用于食品级的保险粉产品唯有金河集团一家。"世界保险粉看中国，中国保险粉看金河"成为全球同行的共识，"古金"牌保险粉产品畅销欧、亚、美、澳等60多个国家和地区，年出口创汇6000多万美元，被评为中国驰名商标、国家级重点新产品等。金河集团先后获得全国守合同重信用单位、国家发明奖、中国石油和化工民营企业百强、国家制造业单项冠军示范企业、山东省制造业单项冠军、山东省环保先进企业等荣誉。

实施战略转型　　促进企业长足发展

随着金河集团的不断发展壮大，张心达开始进军文化服务产业，规划投资 30 亿元开发建设磁山温泉小镇，以"环境、文化、服务"三大战略为目标，形成了以温泉度假区、颐生疗养区、御水雅都区、伴山观海区、阴主文化区、风景名胜区为主题的六大产业板块，成为集"养生、养老、疗养、旅游、度假、商务、会务、文化服务"于一体的原生态、公园化的特色服务产业小镇，形成了以温泉度假、休闲养生、旅游观光、生态农业、商务会务、养生养老为特色的综合产业体系。磁山颐生疗养院和老年国际公寓，以"代子女行孝、替社会分忧、为老人造福"为宗旨，以品质养老为核心，打造并形成了"安养、住养、疗养、居家"养老运营体系。企业在北京钓鱼台国宾馆成功举办"中国·烟台磁山温泉小镇养老新模式发布会暨高峰论坛"，磁山国际老年公寓的养生养老新模式被业界誉为"中国式养老的破冰之举"，被称为"中国养生养老的领路者"。

磁山温泉小镇先后被授予中国宜居养老试验基地、中华老人文化交流促进会养生基地、好客山东不得不去的温泉品牌等荣誉，被评为国家 AAAA 级旅游景区、山东省省级服务业特色小镇等。

加强团队建设　　提升企业管理水平

张心达把打造一支来之能战、战之能胜、团结协作的团队作为企业经营和发展的重要保障，建立健全科学管理，培养高素质、高效率的管理队伍和管理体系，从战略目标、管理制度、企业文化、人力资源、考勤考核等方面实行统一管理。同时，他十分注重员工的思想教育和传统文化教育，每年组织干部员工外出参观学习，并多次举办青年员工培训班，进行延安精神和传统文化学习教育，增强干部员工的道德意识、理想信念和无私奉献的思想观念，逐步凝聚到树立正确的人生观和价值观上来，自觉遵守公司的章程和制度，构建起了一支懂经营、会管理、能力强、有素质的管理干部队伍和爱岗敬业、勤奋工作、无私奉献的员工队伍。

在企业经营管理上，张心达始终坚持"以人为本，重视人才、管理创新"的理念，重视加强团队建设，制定有效的管理机制和科学的管理办法。在管理机制上，坚定企业法人的主体地位，注重企业法人的责任和利益，对各法人企业实行"自主经营、独立核算、自负盈亏"的管理体制，把各实体企业经营利润的 20.0% 作为奖金，奖励给企业的法人和干部员工，让企业的经营管理者和干部员工多劳多得，各得其所，做到了利益共享，成果共享，极大地调动干部员工的积极性，使干部职工队伍高度稳定，向心力、凝聚力、责任心、工作热情极为高涨，在工作中涌现出一批批爱岗敬业、踏实肯干、勇于创新的优秀干部和员工，有效地推动了企业的快速健康发展。

强化文化引领　履行社会责任担当

文化是企业的灵魂，也是企业发展的动力。张心达十分重视企业文化建设，金河集团始终把文化作为引领的旗帜，既重视企业物质文化，关心职工生活，建设高标准的职工餐厅、职工公寓、文化广场等于一体的职工之家；又重视企业精神文化，定期开展文化娱乐、培训学习、休闲健身等活动，让每个员工都能感受到"企业是我家"的幸福感、归属感和自豪感，充分调动广大员工勤奋、敬业、奉献的精神。张心达作为一名老党员，有一颗热爱党、热爱祖国的赤诚之心，为了加强爱国主义思想教育，金河集团投资 2200 万元，建设了 4000 平方米的磁山爱国主义教育展览馆，免费对外开放，对推进红色文化建设和爱国主义教育，激发广大人民群众和员工的爱国热情、提高民族自豪感发展发挥了重要作用。

多年来，张心达积极支持社会公益事业，帮困捐资助学，安置失地农民就业。为失地农民提供就业岗位占集团公司新进员工总数的 80.0%；在安置村民就业的同时，无偿捐献 300 余万元支持周边村新农村建设。集团公司还与周边村结成帮扶对子，出资数十万元硬化村里街道，帮助农民销售农果产品。金河集团历年来累计向社会捐款捐物资计 600 余万元。连年荣获烟台开发区工委、管委授予履行社会责任二等奖，得到了社会的一致好评。

明阳智慧能源集团股份公司董事长兼首席执行官

张传卫

张传卫：男，1962年6月生人，河南固始人，中共党员，中山大学工商管理专业，在职研究生学历，工商硕士学位。1979年参加工作，1993年创立中山市明阳电器有限公司，2006年创立广东明阳风电技术有限公司（系广东明阳风电产业集团有限公司、明阳智慧能源集团股份公司前身）。现任明阳智慧能源集团股份公司（下称"明阳"）董事长兼首席执行官。第十二届、第十三届全国人大代表，广东省工商联副主席，广东省中山市人大常委会委员。

先后获得中国改革开放30年十大创新人物、全国优秀中国特色社会主义事业建设者、2010年度中国十大新能源人物、2010CCTV中国经济年度人物、2018年全国五一劳动奖章等荣誉。

创新铸造"大国重器" 让中国制造有尊严

张传卫1993年创立明阳以来,以自主创新推动4次转型升级,使明阳成为了新能源行业发展的引领者,目前正通过从生产型制造向服务型制造转型,加快向全球清洁能源智慧化、普惠制领导者的千亿明阳梦进军。

立志让民族品牌变成世界品牌

新能源是中国实现民族复兴、大国崛起的重要战略资源,张传卫选择了做"中国第一代风电人",当"中国新能源开拓者"。在明阳和风电行业同事们的创新奋斗下,我国用10年时间走过了欧美国家几十年的风电发展历程,已取代美国成为世界第一风力发电大国、世界第一风能产业大国,奠定了中国引领世界新能源以及全球绿色发展的实力和信心。

在明阳的创业、创新、发展过程中,萌芽、成长和积淀了"地蕴天成·能动无限"的企业文化基因,表现出高度的主观能动性和追求卓越的进取精神。明阳人坚持做"知行合一"的践行者,将"地蕴天成.能动无限"的明阳精神不断传承下去。明阳始终把国家利益、民族利益放在第一位,积极响应党中央提出的创新、协调、绿色、开放、共享发展理念,坚持创新驱动,不断加大新能源技术创新力度。

明阳是全省唯一一个产值超百亿的"工作母机"企业,走在世界新能源高端装备制造的前列。先后荣获全国劳动与社会保障先进民营企业、广东省十大和谐企业等荣誉。集团党委、团委、工会,先后被评为全国五四红旗团委、广东省创先争优"南粤先锋"先进基层党组织、广东省模范职工之家。

铸造大国重器 致力于产业报国

张传卫历经 10 年研发，打造全球领先的半直驱 MySE3.0 兆 ~7.0 兆瓦系列陆上及海上风机，成为全球顶级的风能开发整体解决方案提供商；采用世界领先的新一代纳米碲化镉薄膜技术，建设为风光互补以及风光储分布式智能微网项目提供整体解决方案和设备、工程实施的综合能力；紧密跟进世界先进技术，推进"中国芯"战略，开发用于"天宫"系列的深空探测特种电池芯片。"中国芯"产业打破空间电池芯片的国外垄断，并成功应用于"'一带一路'国际星项目"和火星探测工程；建筑能源已建成年产 100 兆瓦高效碲化镉薄膜电池生产线，填补国内空白，正规模化量产。

海上风电是全球趋势，但受制于抗台风重大技术这一世界性难题。张传卫历经 10 年，2018 年推出全球最大、技术最先进、拥有自主知识产权的抗台风型大型海上风电机组，一举占领世界海上风电制高点。其中 5.5 兆瓦和 7 兆瓦大风机已商业投放市场，交付装机，使海上风电禁区在中国人手里变成了极具规模开发价值的巨大富矿。美国著名咨询公司发布的《全球海上风电创新趋势报告》中，明阳位居全球海上风电创新排名第 1 位。2014 年，明阳完成了大数据平台的打造，将控制策略与互联网技术、大数据、云存储前沿技术融合，明阳智慧风电场运营管理大数据分析应用平台是目前国内领先的风电数据平台，能够实现从气象预测、到风机健康状态监测预警、到风电场优化运行，再到风电场群的协同调度。

明阳坚持以扎实的产业基础和科技创新积淀，积极担当和主导推进广东省委省政府对广东海上风电开发确立的重要使命和目标：一是推动广东经济高质量发展下的能源结构转型，二是打造世界级高端海上风电装备及海上工程装备万亿级、世界级产业集群，三是为粤港澳大湾区打造世界一流绿色湾区和城市群建设，四是推进广东三个"海上三峡"建设。

明阳提供风能开发、建设、全生命周期价值创造及整体解决方案，是风电行业唯一具备发电机、齿轮箱、叶片、三大电气控制系统自主研发与生产能力的企业，走在世界新能源高端装备制造的前列。

响应国家发展　践行社会公益责任

作为全国人大代表,张传卫在一系列关系国家发展重大战略等方面提出的有价值建议均被采纳,有的已成为国家法律法规,有的已被列入国家规划;作为发起人或联名累计提出超过32份建议和70多项议案,有3项建议被列为全国人大年度重点建议,专项督办。有10项议案得到国家发改委、能源局、财政部、环保部、工信部等重点办理。

明阳通过实施"风光储"分布式智能微网、多能互补离网型发电系统,已把新能源低成本供应到千家万户。在广东始兴县红梨村,明阳为当地建设的"光伏发电扶贫示范项目"并网发电,帮助近30个贫困农民家庭实现长久脱贫,这个项目也在西藏林芝、青海格尔木等少数民族聚集区进行了示范。

走出国门,输出中国创造,是明阳的既定目标和国际责任担当。张传卫在全国率先提出用新能源"点亮"丝绸之路,让清洁能源成为"一带一路"建设发展的主引擎;在印度、巴基斯坦、德国、罗马尼亚、希腊、丹麦、巴西等20多个国家,都有着新能源投资和项目合作,并着手向白俄罗斯、俄罗斯、澳洲和土耳其等地进军。

坚持党建引领　弘扬新时代企业家精神

作为一名民营企业家,张传卫深知自己的第一身份是共产党员,要以更高的政治标准严守自己的政治担当。10年前,他亲自申请成立了中山市首个民营企业党委组织,目前下设12个党支部,其中35岁以下的青年党员占78.0%,从事技术一线的党员占53.0%,本科学历以上党员占73.0%。

长期以来,明阳党委不断夯实非公经济基层党建的凝聚力和战斗力,持续推动基层党建与信息技术深度融合,融入了"南粤智慧党建"云平台,开通了"明阳党建"微信号,推送学习教育内容,深入开展"三会一课"、主题党日活动,畅谈入党初心和奋斗使命。同时,还推动在远离总部的基层一线建立党支部,在技术、制造、工程运营等重要岗位设置党员示范岗,激励广大党员"不忘初心"的奋斗精神与使命感。

太平鸟集团有限公司董事长

张江平

张江平：男，1967年生人，浙江宁波人，正高级经济师，复旦EMBA。现任太平鸟集团有限公司（下称"太平鸟集团"）董事长，是第十五届宁波市人大代表，担任中国服装协会副会长、浙江省服装行业协会副会长、宁波市工商联合会副主席、宁波市企业家协会副主席、海曙区工商业联合会（商会）主席（会长）等职务。

展翅高飞的太平鸟

从太平鸟集团创立伊始，张江平就大力倡导"错位竞争、时尚创新"。在正装盛行的20世纪90年代中期，太平鸟集团就在国内率先推出了时尚休闲的概念，引领了时尚休闲的潮流，也正是基于同样的理念，太平鸟集团又推出了自己的时尚品牌女装，并取得了较大的成功。此外，太平鸟集团是国内同行业中较早实施虚拟经营方式的企业之一，而且与一般实行虚拟经营的企业不同，太平鸟集团采取的是以品牌发展带动产业链上下游整体发展的策略，实现公司与各合作伙伴的共同进步。目前，在公司的品牌服装经营中，基本只保留了最核心的、具有较高附加值的产品设计开发以及营销管理两块功能，其余的比如生产制造、物流配送，甚至部分销售门店的搭建等，都采取了外包的形式，以集中力量于公司核心竞争力的锻造，并在有限投入的情况下，有效利用外部社会资本等各种外部资源，迅速将企业做大做强。

立足主业　多元发展

张江平，凭借自己的气度和眼光，智慧和汗水，以儒将风范和诚信胆略，运筹帷幄，着力打造"卓越的时尚品牌零售集团"，让每个人尽享时尚的乐趣。根据日益细分的消费群体的多元需求，公司以敏锐的市场嗅觉，不断复制和移植成功经验，推出了"太平鸟男装""太平鸟女装""乐町女装"等多个服装品牌和"太平鸟巢"家居品牌等，并开始走集服装、汽车、供应链、投资等为一体的多元化道路。

2019年的"双十一"，短短4分钟，企业"'双十一'作战室"的电子屏幕就从0跳到了9位数，宣告着"太平鸟"单日销售额突破亿元。最终，"太平鸟"全品牌当天突破9.17亿元销售额。旗下太平鸟男装、乐町女装、太平鸟女装三大品牌，全部进入天猫服饰"前10强俱乐部"。继2017年天猫与太平鸟集团开展战略合作，在品牌建设、大数据赋能、消费者运营和线上线下全渠道融合等领域开启全方位新零售战略合作后，2019年阿里巴巴再次与太平鸟集团达成"A100"战略合作计划，朝着线上线下双百亿的目标迈进。10年电商路，太平鸟集团线上的年销售额从2009年的700万元，一路猛增至36亿元。

近年来，张江平不断总结及提炼所积累的管理经验和优势，并输出到其他产业。集团旗下"途众"品牌以二手车商城的投资与运营为核心，打造集二手车交易及服务、质检认证评估、诚信体系、金融服务、售后维保、帮买帮卖等功能于一体的一站式二手车交易首选品牌；2014年，太平鸟集团斥资7亿元打造全国服装行业首家五星物流基地，2019年11月11日零时至当天下午16时，太平鸟慈东物流中心已将订单发送至全国367个城市；在大宗商品供应链领域，太平鸟集团不断创新合伙人模式，通过对商流、信息流、物流、资金流的控制，逐步形成进口与出口、内贸与外贸、实业与服务共同发展、相互促进的专业化供应链贸易综合服务平台。今天的太平鸟，已经从单一的服装企业发展成为以服饰品牌的创意研发、时尚设计和营销为产业核心，协同发展二手车交易及售后市场服务、供应链贸易、高端制造等投资业务的综合产业集团。

重视企业文化建设　加速人才培养和引进

张江平重视企业文化建设，他认为企业形象是一种无形资产，企业文化是一个企业成功和成熟的标志。他提炼的企业核心价值体系"创新了一个模式：快时尚虚拟联合模式；推行了一个体制：所有权与经营权分离；坚持了一个理念：共创事业，共享财富。"充分体现了品牌与生活共美好，企业与社会共进步，公司与客户共享受，人与企业共发展的原则。同时，他十分重视企业党建探索和思想政治工作，支持企业从党支部发展到成立党委，被列为省、市非公企业党建工作示范单位，并获浙江省强发展、强党建"双强"公司、宁波市和谐企业等诸多荣誉。

近年来，面临经济下行带来的困难和挑战，公司始终把社会责任担当在肩，不但坚持不裁员，反而增加就业机会。同时，把持续抓好人才培养和引进视为公司的重要工作，促使企业员工的数量不断上升。在通货膨胀和物价上涨的经济形势下，公司薪酬福利坚持企业发展与员工收入增长的双赢原则，通过采取完善薪酬体系、提高保障水平等多维度的有效措施，全面提升企业薪酬福利的竞争力，使企业员工整体薪酬福利水平稳中有升，企业凝聚力和向心力持续提高。张江平坚信时尚战略的达成，必须有时尚的企业文化作为依托。最能代表太平鸟文化的是被外界熟知的徒步拓展，仅2018年一年，太平鸟集团旗下各公司徒步距离达750多千米，而这个距离还在不断增加。

助力慈善事业　企业再创辉煌

张江平一直致力于推动太平鸟慈善公益事业的发展，积极履行抗震救灾、捐资助学、结对帮扶、慈善捐赠等社会责任。2008年捐赠安徽池州雪灾钱物100万元；四川汶川大地震捐赠钱物100多万元；2010年，在玉树地震发生之后，集团公司累计捐献资金达到150万元，并于年底携手世界自然基金会为玉树灾民送去了数千件冬衣；推出以"微笑行动"为主题，通过爱心义卖活动参与唇腭裂儿童的治疗救助行动……同时，设立了2000万元的太平鸟爱心基金用于扶贫救灾、助学济困，自觉承担社会责任，真正将太平鸟集团倡导的社会责任理念落到实处。截至目前，太平鸟集团用于捐赠公益事业的财物价值累计已超1.3亿元。

这几年太平鸟的快速连续转型，也令张江平更加切实感受到，没有人能置身时代之外，必须顺应时代发展潮流，不断颠覆及创新，才能保持这个行业的活力和动力。"今天的一切是'太平鸟人'曾经做梦都没想过的，但却又是'太平鸟人'用自己的努力一步一步走出来的。"张江平说："'太平鸟'的目标是做一个百年企业。对此我有信心，更有耐心和决心。"未来，张江平将继续秉承"让每个人尽享时尚的乐趣"的企业使命，紧紧把握时尚潮流发展主线，坚持多元化发展、专业化运营、规范化管理、和谐性发展的原则，立志将"太平鸟"打造成为"卓越的时尚品牌零售集团"，开创企业新的发展篇章，争创更大的辉煌！

重庆小康控股有限公司党委书记、董事长

张兴明

张兴明：男，1957年2月生人，重庆人，中共党员，在职大专。历任重庆市凤凰乡菜子沟村团支部书记、村委会主任；重庆市凤凰镇杨家庙村党支部书记；重庆长安减震器有限公司副总经理、党支部书记；重庆渝安创新科技（集团）有限公司常务副总裁；重庆小康汽车控股有限公司党委书记；重庆小康工业集团股份有限公司副董事长等职。现任重庆小康控股有限公司（下称"小康集团"）党委书记、董事长。三届重庆市人大代表、四届重庆市政协委员。

小康集团的战略宏图

张兴明作为联合创始人，自 1986 年创立小康集团，现已形成集汽车整车（含新能源汽车）、三电、发动机、汽车零部件的自主研发、制造、销售及服务于一体的完整产业链。张兴明始终自觉遵守国家法律法规和有关规章制度，维护各方合法权益，注重企业文化建设，企业劳资双方和谐稳定，为小康集团的发展做出了重大贡献。

坚守初心　促进发展

张兴明深刻践行"推动汽车能源变革、创享智慧移动生活"的使命，带领小康集团深入推进转型升级追求高质量发展，由传统汽车制造型转型为以高科技引领型的智能（电动）汽车新制造企业的目标努力前进。张兴明高度重视企业技术创新工作。2015 年 10 月，小康集团成立了以他的名字命名的兴明劳模创新工作室，形成了行政支持，劳模挂帅，党、工骨干及先进代表参与的创建格局。

张兴明在董事会的决策部署下，充分整合全球优势资源，在中美两地布局，致力于发展智能电动汽车，现已具备"中国领先，世界先进"的核心技术和核心能力、高端的智能电动汽车产品和工业 4.0 标准的智能制造能力。重庆金康赛力斯新能源汽车公司（下称"金康赛力斯"）是集团发展智能电动汽车的全资子公司，2017 年 1 月获得国家发改委新能源乘用车生产核准资质，2018 年 9 月获得国家工信部新能源乘用车产品资质，正式获得发改委、工信部"双认证"。金康赛力斯率先提出"先体验、后定制、再交付"的全新模式，积极探索中国汽车制造业的转型升级。

张兴明始终将依法合规、诚信经营作为企业经营的基本要求，遵守法律法规成为集团每个员工的基本义务。坚持"以用户为中心"和基于"业务投资聚焦、技术迭代引领、质量效益优先、品牌向上占位、超级人才资本"的1+5战略路径基础上的平台化运行管理。按照"有利于服务用户,有利于高效运营,有利于人才成长"的原则,不断完善"数据驱动、透明管理、平台支撑、责权下沉,高效运营,协同共创"的平台化组织建设。

小康集团构建以董事会为战略决策核心,经理层作为经营主体对经营决策、经营行为、经营结果负责的高效营运体制,强化股东会的否决权和监事会的监督权。实施全面风险管理,采取有效措施预防、控制各类风险,风险管理做到全面覆盖,全员参与,全程预防。对各业务单元实行以战略、文化、组织治理、经济责任、风险管控、经营管理、目标任务完成等内容为主的管理审计,提高运营水平和质量。

持之以恒　业绩显著

33年来,小康集团经历三次创业,收获了快速成长和长足发展。第一次创业实现了造汽车零部件(1986,弹簧、减震器),进入了行业前三;第二次创业开始造微型车(2003,微车、MPV、SUV),进入了行业前三;第三次创业聚焦智能电动汽车领域(2016,SERES SF5),汇聚全球优势资源,在高起点上起步。

基于30年发展,小康集团推出《小康发展基本法》,明确了"愿景":成为全球智能汽车品牌企业(明确了集团5~10年的中长期目标);"核心价值观":一切为了用户、超级奋斗、拥抱改变、诚信可靠、价值共享;"战略定位":智能生态战略;"1+5战略路径":"1"是以用户为中心,"5"为超级人才资本,技术迭代引领,业务投资聚焦,品牌向上站位,质量效益优先。

张兴明在稳固传统汽车基盘的同时,致力于技术领先的新电动、大数据智能化的新制造,为用户提供"车随心动"的新电动智能汽车,高质量推进"2025蓝天计划"。同时,继续整合全球领先人才及技术资源,继续加大科技创新力度,全面提升集团的核心竞争力。

小康集团旗下金康赛力斯新能源在全球技术高地美国硅谷建立研发

中心，按照美国标准，致力于新能源汽车核心技术硬件、软件开发和实验/验证工作，并在美国印第安纳米萨瓦卡设有制造工厂。此外集团还在日本、德国建立了新能源汽车电池、整车核心技术的研发中心和实验中心。小康集团积极响应国家"一带一路"倡议，在印度尼西亚打造汽车制造工厂，设计年产能3万辆。

小康集团是行业内首家产品通过欧盟技术标准认证的汽车企业。从2005年开始，产品远销南美、非洲、中东、东南亚，以及欧洲等全球60余个国家和地区，在海外逐步建立了600余家营销服务网络，实现行业市占率领先。2018年公司出口创汇1.41亿元，实现整车销量2万辆。

承担企业社会责任

作为政协委员，张兴明积极参加政协组织的各项参政议政活动，为人民群众关心的问题积极向市委、市政府建言献策。

小康集团广泛参与社会捐赠、光彩扶贫、抗震救灾等公益事业，累计纳税超过百亿元，捐款捐物近亿元。在全国多地布局产业基地，有力带动了众多地区的就业。集团于2016年设立"小康公益基金"，重点用于改善和保护环境，致力于新能源产业，参与扶贫、赈灾、支持教育等。

小康集团还广泛参与精准扶贫，先后向西藏昌都地区贫困乡、贵州毕节、甘肃、云南、重庆城口、双福等地区和单位捐赠款项和物资，2018年，集团包括沙坪坝生产基地在内的食堂，从贫困乡村采购了大量农副产品，帮助贫困地区打开农副产品销路，促进农民工返乡创业；2019年，集团进一步加大贫困乡村农副产品的采购力度，引导和支持有劳动能力的贫困村民，依靠自己的双手开创美好的未来。

历年来，小康集团入围中国企业500强、中国民营企业500强，荣获全国模范劳动关系和谐企业、全国就业先进企业、国家知识产权示范企业、全国五一劳动奖状、全国模范职工之家、全国守合同重信用企业等多项国家级荣誉和重庆市文明单位、重庆市优秀民营企业等省级荣誉；集团党委多次被中共重庆市委评为重庆市先进基层党组织、重庆市"两新"组织党建工作示范党组织。

湖北三环锻造有限公司董事长、总经理

张运军

张运军：男，1966年11月生人，湖北谷城人，中共党员，1987年毕业于华中工学院（现华中科技大学）锻压专业，正高级工程师。同年谷城县委、县政府将其作为高新技术紧缺人才引入谷城县铸锻厂（湖北三环锻造有限公司前身）。先后在谷城县铸锻厂任支部书记、车间主任，党委委员、副总经理，党委副书记、总经理，党委书记、董事长等职务。现任湖北三环锻造有限公司（下称"三环锻造"）董事长、总经理。

先后荣获湖北省科技创新领军人物、湖北省五一劳动奖章、湖北省优秀企业家等荣誉，入选湖北省汽车产业智库A类专家，受聘为湖北文理学院隆中学者产业教授、硕士研究生兼职指导教师，湖北第二师范学院客座教授，华中科技大学客座教授、兼职硕士生导师，湖北省授予其"湖北产业教授"称号。

匠心锻造行业标杆

30多年来，张运军专注汽车转向节研发制造，从项目攻关负责人起步，将企业打造成为全球最大的中重型商用车转向节生产厂家。企业呈现出经济效益、社会效益、生态效益和谐共赢的崭新局面，在国际汽车工业版图上绘就了浓墨重彩的一笔。

战略引领锻造全国单项冠军产品

1987年，张运军从华中工学院来到三环锻造，成为"八五计划"重点攻关项目负责人，成功使东风八平柴汽车（从日本引进车型）转向节实现国产化。1988年，张运军起草制定并主导实施"三转一发展"治企方略（由农机产品转向汽车零部件产品、由铸件产品转向锻件产品、由社会维修市场转向主机配套市场，发展系列汽车转向节产品），产品在国内市场供不应求。2000年，张运军规划"三个1/3"市场战略（汽车零部件市场1/3，工程机械、铁路、船舶市场1/3，国际市场1/3），企业产品由中低端向高精尖战略转移。2014年，张运军克服制造业低迷的影响，主导企业装备升级、质量升级和人才结构升级，实现企业弯道超车、逆势上扬。

"十三五"期间，张运军确立企业"精益＋信息技术＋先进制造"融合融通发展方向，公司发展成为全球最大的中重型商用车转向节生产厂家，国内市场占有率达到50.11%（国内第一），国际市场占有率达到23.78%（全球第一），工信部授予全国制造业单项冠军产品，"东银"牌商标被国家工商总局认定为"中国驰名商标"。

技术创新打造智能生产新模式

张运军投资 15 亿元兴建三环（谷城）精密锻造中心，开启汽车复杂锻件智能生产新模式；以德国进口 8000 吨压力机为主体，升级智能锻造生产线 17 条；以可控气氛式网带炉为主体，升级智能热处理生产线 15 条；以韩国进口多主轴加工中心为主体，升级智能机加生产线 26 条……通过产学研合作，实现国内模具加工智能装备新突破，模具加工效率提高 46.0%，使用寿命提升 32.0%，制造成本降低 25.0%。"多种材料电弧熔丝增材制造技术及在热锻模制造/再制造中的应用"荣获中国机械工业科技发明二等奖。建立 SAP、PLM、MES、SRM、CRM 为核心的五大信息系统，形成生产管理系统和智能装备互联互通的综合网络环境。应用总线控制技术（FCS）和在线检测技术，实时采集加热、锻造、热处理等关键数据。

2017 年 10 月，汽车复杂锻件智能化制造新模式项目投产，具备技术研发、生产制造、品牌客户、运营管理四大优势。2019 年，"汽车复杂锻件智能化锻造系统关键技术及应用"项目荣获湖北省科技进步一等奖。

"十三五"期间，三环锻造在张运军领航下，企业承担国家部委项目 2 个，湖北省技术创新重大专项 3 个，主持制定行业标准 3 项、国家标准 4 项和国际标准 1 项，授权核心发明专利 17 项、实用新型专利 23 项、软件著作权 12 项。工信部授予制造业与互联网融合发展试点示范企业，国家知识产权局授予知识产权优势示范企业。

管理创新探索卓越经营新格局

张运军将"创新"纳入企业核心价值观（诚信、务实、创新），在公司形成"理念引领—组织实施—专利保护—典型奖励—成果推广"的五环创新架构，将开发高端盘式转向节、材料轻量化转向节、结构轻量化转向节等前沿创新产品和扩张国际业务、开发国际战略客户作为关键战略机会。建立与智能制造管理相适应的关键指标数据库，组建创新工作室，聚焦新产品、新材料、新技术和新工艺。

通过创新管理活动，企业获得长足进步。在公司愿景、战略引领下，一大批学历高、素质强、年轻化人才走上关键岗位，持续打造新形势下的新动能。2018年，湖北省授予政府设立的最高企业管理质量荣誉——第七届长江质量奖；与诸多国内外知名汽车制造商实现"共进、共荣、共享"发展，产品结构实现专、精、特、优，客户结构从发展中国家转向欧美发达国家及"一带一路"沿线国家，海外销售占比提升50%以上；近3年，公司完成重大创新项目44个，部门自主创新项目473个，为企业降本增效2.4亿元，奖励员工5000多万元。2018年，"传统锻造企业实现工艺全流程整合的智能化生产方式构建"荣获国家级管理创新成果一等奖。

和谐共赢追求绿色发展新路径

张运军以服务员工为宗旨，把职代会、工会小组会职能落地生根，保障职工知情权、参与权，被湖北省总工会授予企业省级模范职工之家。企业设立了东银奖学金，每年定期慰问县一中、谷伯中学等县域中小学校，员工子弟录取给予助学奖励，毕业回企业发展，优先安排工作岗位。三环锻造每年给予大量人力、物力、财力（不低于100万元）用于精准扶贫和新农村建设，先后3次被县市评为精准扶贫先进单位。

公司每年与县市人社、民政、技师院校等合作，委托培训或招录退役军人、大中专学生和返乡就业300人以上。2019年襄阳市首个拥军车间在三环锻造挂牌表彰，湖北省总工会授予企业产业工人培训示范基地。公司与多所高等院校和科研所合作，建立创新平台，持续开展科技成果转化和校企人才培养。张运军被多所高校聘为客座教授或产业教授。

公司全面贯彻落实ISO 14001环境管理体系认证标准，投入2000多万元对生产系统进行技术改造，工业废水以低于国家标准20%~30%排放，危险废物全部委托资质企业进行无害化处理。公司利用先进生产工艺、智能化生产手段，锻件材料利用率高出行业平均水平6个百分点，能耗降低23%。

天津卓朗科技发展有限公司党委书记、总经理

张坤宇

张坤宇：男，1986年生人，天津宝坻人，中共党员，河北工业大学毕业，大学本科学历，现攻读长江商学院EMBA。天津卓朗科技发展有限公司创始人，现任党委书记、总经理。曾获"庆祝中华人民共和国成立70周年纪念章""全国就业创业优秀个人""全国推进两化融合先进人物""天津市劳动模范""天津市优秀共产党员""天津市第三届优秀中国特色社会主义事业建设者""天津市杰出企业家"和首届"天津青年创业能手"等荣誉。

卓朗科技　走向卓越

2009年，正值国家出台了鼓励大学生创业政策，张坤宇带领两名同学成立了天津卓朗科技发展有限公司。创业初期，他们怀揣"做强中国软件，服务全球企业"的梦想，以"改善人和机器的工作质量"为使命，将关注点放在了当时国内制造业急需的工业模拟仿真软件领域，在仅有26平方米的出租屋内搞起了研发。经过9个月的埋头苦干，年轻的创业者针对铸造行业开发了一款模拟仿真软件，帮助天津市一家传统的机床铸造企业节约了数以百万的资金，也为公司赢得了第一桶金。

经营管理见真功

张坤宇用创新竞进的"产品线"抓住了企业高质量发展的"牛鼻子"，推动公司立足京津、放眼全国。公司"卓朗昆仑云·云桌面"助力各领域客户升级"轻"量化办公场景，顺利通过国家"可信云桌面云解决方案"认证。"卓朗私有云"完美适配国产处理器芯片以及国产操作系统，打破了国外企业对云计算关键技术的垄断。他带领云计算服务团队自主研发的考勤办公软件"打卡助手"服务企业用户超30万家，使用者超300万人，推广至日本、韩国、美国、新加坡、东南亚、欧洲等国际市场。

张坤宇带领研发团队将代码开发管理工具从SVN迁移到了企业级的Gitlab平台，极大地提高了公司软件开发效率。公司采用了React Native技术，一站式生成iOS/Android双平台的客户端APP。同时，该技术还支持热更新，大幅度降低了产品更新时应用商店阻塞时间。应用软件开发方面，公司采用了前后端分离的开发模式，形成了独立的框架，大幅度降低了项目的人员成本。在基础软件研发上，张坤宇带领科研团队走访调研，充分摸清了国内主要竞争对手的优点长处以及短板不足，形成了具有卓朗特色的产品逻辑。在客户端方面，USB重定向方案的重新设计，提高了复合型设备的兼容性。优化了视频编解码方式和传输数据格式，减少了网络传输时的带宽占用，降低了裂屏及视频倒帧的现象。对ARM平台进行了可行性研究，形成了ARM量产化方案。在IDC发展战略布局上，张坤宇带领团队详细分析了国内主要IDC企业的业务模式及布局特点，并根据自身特点有选择地实施战略拓展。在新型业态培育上，一方面，与全球知名网络安全产品厂商Check Point达成了合作，针对中国安全市场需求和形势，共同开发安全类软硬件产品。另一方面，公司签约了国内安全产品天融信"京津冀"地区唯一总代经销商，全面发展信息安全业务。

张坤宇以人为本、人和效优，不断完善和优化人才队伍梯次结构。他每年年初，组织召开人才工作会议，抓好人才队伍建设。他建立了"张坤宇劳模创新工作室"，引导职工争做业务骨干；他先后开展"职工大讲堂"和"'最强工程师'技能比武大赛"，他与多所高校建设实习实训基地，累计提供见习岗位143个，见习人员329人；他以卓朗科技园申办"天津青年创业基地"，为创业青年提供高效、安全、稳定的创业就业环境。在资产内控管理方面，张坤宇积极主导公司持续加强内部控制建设，聘请第三方咨询机构，成立内控实施小组，从制度上保障了公司经营发展目标顺利实现，从整体上提高公司管理水平和风险防控能力。

张坤宇始终把工作重心放在组织好、维护好企业发展与为员工谋福利上。他注重人文关怀，感知职工冷暖，定期走访慰问困难职工及家属。他带领系统集成团队为客户提供全生命周期信息管理服务。

企业发展成效显著

张坤宇带领公司成长为国内领先的企业级信息技术服务提供商，拥有11家子公司，累计获得发明专利18项、软件著作权180项、科学技术成果登记129项，发表高水平学术论文75篇，出版技术类专著5部，获得各类奖项、荣誉共49项。截至2018年年底，共有300多个政府机构、1万多家企业、2600多个组织机构选择卓朗科技作为数字化转型的合作伙伴。

张坤宇主导公司建立了高级别的资质体系，涵盖软件、集成、涉密、安全和IT服务等领域，覆盖业务全生命周期。他带领公司一直保持良性快速发展，特别是近3年来，各项经营数据持续保持高增长的发展势头。2016年、2017年和2018年，公司收入分别为6.63亿元、7.51亿元和9.56亿元，净利润分别为0.72亿元、0.99亿元和1.64亿元。3年公司累计纳税1.38亿元。

张坤宇带领公司抢抓市场机遇，深耕细作行业市场。围绕京津冀协同发展国家战略，公司积极拓展京津冀地区各项业务，公司主动对接雄安新区信息化建设项目，建设了雄安新区政企互通平台，助力雄安新区经济和社会发展。公司在立足天津业务发展的基础上，支持系统集成、IDC等业务在全国有条件的地区开拓市场，发展业务。工业互联网取得突破。他带领团队积极开拓工业互联网相关业务，依托"海河英才"行动计划，招募精英，组建团队，投入工业互联网技术研发和应用实践。他主导在北京和天津建立了工业物联网实验室，搭建了卓朗工业互联网研发平台和软件开发平台。产品化发展路径基本清晰。他带领团队继华为之后，相继与新华三、浪潮等知名国内计算机硬件产品厂商达成战略合作，以公司自主研发的应用软件为核心，和各厂商共同研发行业解决方案。

真诚奉献　回报社会

张坤宇把企业责任与社会责任融为一体，争做一名有温度、有情怀、有担当的企业家。他向河北工业大学教育发展基金会捐款200万元，用于支持青年教师研发及科技创新，资助30万元用于培养人才、打造人才库，捐助50万元用于资助贫困学生。他与湘潭道社区百余名残疾人、低保户结成帮扶对子，做好政策宣传，资助困难家庭儿童。他组织志愿者开展常态化的新一代信息技术科学普及工作，把大数据、云计算等城市发展的基本元素，直观地展示在市民眼前，为"智慧城市"建设贡献力量，接待全国科普类参观人员超6000人次。他始终重视安全生产，历年来没有发生一起安全生产事故。在他的领导下，公司节能减排继续保持领先水平，全年节约用电340万千瓦时，全年节约用水1230吨，数据中心PUE值控制在1.37以内，各项排放全部达标。

中国铁路工程集团有限公司党委书记、董事长

张宗言

张宗言：男，1964年4月生人，山东人，中共党员，先后毕业于中国人民解放军铁道兵学院和北京大学光华管理学院，获工商管理硕士学位，教授级高级工程师。1981年参加工作，先后任中铁十二局集团董事长、党委副书记、党委书记；中铁建党委常委，中国铁建股份有限公司副总裁、党委常委；中铁建党委书记、董事，中国铁建股份有限公司总裁、执行董事、党委副书记；中铁工党委书记、董事，中国中铁总裁、党委副书记；中铁工党委书记、董事，中国中铁总裁、执行董事、党委副书记；中铁工总经理、董事、党委副书记，中国中铁总裁、执行董事、党委副书记。现任中国铁路工程集团有限公司（下称"中铁工"）及中国中铁股份有限公司（下称"中国中铁"）党委书记、董事长。

坚持初心　开拓向前

张宗言旗帜鲜明讲政治，不断增强"四个意识"，坚定"四个自信"，坚决做到"两个维护"，在政治立场、政治方向、政治原则、政治道路上同以习近平同志为核心的党中央保持高度一致。他树立崇高理想信念，坚决把中央和国资委党委的重要部署落实到位；强化遵纪守法意识，大力推进"法治中铁"建设；展示干事担当勇气，积极投身国家重大战略的实施。张宗言能够正确处理国家利益、企业利益、员工利益和个人利益的关系，把个人理想融入民族复兴的伟大实践。牢记国有企业家服务党、服务国家、服务人民的使命担当，自觉肩负起经营管理国有资产、实现保值增值的重要责任，推动中国中铁不断做强做优做大。同时，他能够带领中国中铁积极投身"一带一路"建设、京津冀协同发展、长江经济带发展、交通强国等国家重大战略实施，参与引进来和走出去战略，参与军民融合发展，参与中西部和东北地区投资兴业，参与生态环保新兴领域建设，在服务国家战略的同时，不断为企业拓展新的市场空间。

软硬实力兼备　科技创新发展

张宗言始终强调要固守企业既定发展战略的初心。他要求在股份公司层面，必须固守"建筑为本、相关多元"的发展战略，坚决抵制盲目多元化经营的冲动；要求在各二级单位层面，坚持固守自己的主业不动摇，靠做精主业与专业发展壮大自己；在"相关多元"方面，他强调围绕与主业相关的业务持续给力。此外，张宗言推进经营体制机制改革，进一步理顺了投资公司和工程公司之间的关系，明确界定职责定位，解决"干什么""在哪干""怎么干"等问题，建立起统筹协作、分工合作、有序运作的工作机制，有效激发了经营活力、提升了经营水平。

张宗言在2015年提出以蒙华铁路为试点，全面开展了项目管理实验室活动。借用技术实验室的概念，依托具体项目，有组织有计划地对项目管理的各类制度办法进行总结提炼和实践检验，实现制度办法的从无到有和去伪存真，打造出项目管理的先进样板和标准模块。他还提出宏观成本与微观成本并重的理念，扎实抓好微观成本控制，大力推动收入支出两条线管理，努力提高项目成本管理的精细化程度。他提出"五给五有"的三级公司建设思路。要求各二级企业努力做到"五给"，即给任务、给要素、给压力、给服务、给奖惩，全力支持三级工程公司发展。三级工程公司要主动作为，实现"五有"，即有能力、有规模、有效益、有文化、有信誉。

张宗言坚定不移实施人才强企战略，实施人才工作"四个优先"，还提出要前瞻产业发展，面向生产经营，持续推进科研技术创新。重点是利用国家支持中央企业牵头承担重大战略科研任务的政策，紧紧围绕建筑业关键核心技术、工装设备制造前沿技术和产业关键共性技术开展科技攻关。建立多渠道、多层次的科技创新投入机制，为科技创新创造良好条件。

经济指标屡创新高　科技创新成果丰硕

5年来，中国中铁在世界企业500强排名从71位上升到55位，2019年在中国企业500强排名第12位。企业新签合同额、营业收入、利润、总资产等主要经济指标屡创新高。企业总资产超过10000亿元，比5年前增长了45.91%。连续6年在国资委业绩考核为A级。国有资产保值增值率排在中央企业前列。

中国中铁牢固树立"精心设计、科学施工、构筑精品"的理念，全面开展管理实验室活动，从基础管理创新入手，严把质量关，逐步形成了覆盖各层级和各业务板块的质量管理体系，不断提升建筑品质。作为国家首批创新型企业，中国中铁拥有"高铁建造技术""盾构掘进技术""桥梁结构健康与安全"3个国家实验室和16个国家认定的企业技术中心，并取得了一大批具有自主知识产权的核心技术。目前，公司累计荣获国家质量领域最高奖——中国质量奖及提名奖3项，中国建设工程鲁班奖184项，国家科技进步奖和发明奖 115 项，包括 5 项特等奖和 16 项一等奖；荣获詹天佑奖 114 项。中国中铁高度重视先进典型选树宣传工作，先后涌现出了"共和国双百人物、最美奋斗者"窦铁成，"全国总工会副主席、最美奋斗者"巨晓林，"全国最美职工、央企楷模"白芝勇，"国际隧协主席、全国三八红旗手"严金秀，"全国最美科技工作者、央企楷模"王杜娟等一大批全国重大先进典型。

勇担社会责任　真情回报社会

在张宗言的带领下，中国中铁坚持节约资源和保护环境并重，努力建设"环境友好型、资源节约型"工程。为更好地开展扶贫工作，公司制订了《2016—2020 年定点扶贫工作实施方案》，坚持从当地老百姓的实际需要出发，以教育扶贫、产业扶贫为先导，以重点援建项目为抓手，通过实施贫困户劳动力培训输出、捐资助学及实施产业帮扶等措施，5 年来为湖南汝城、桂东、山西保德三县及相关扶贫地区投入超过两亿元。

中国中铁在长期的施工生产和项目管理过程中，形成了一整套完善的安全管理体系。公司定期召开安全生产专题会议，保持警钟长鸣。不断加大在改善作业环境、关爱员工身心健康方面的工作力度，从源头控制职业危害的发生，保证员工健康。此外，中国中铁始终把促进就业作为公司社会责任的一项关键内容。每年签订《集体合同》，对员工上岗就业做出承诺。公司每年通过接收大、中专毕业生，接收转业军人，通过人才市场引进人才等形式，为社会提供上万个就业岗位，并为近 200 万农民工提供就业岗位。同时高度重视员工权益保护，坚持男女平等，依法签订劳动合同，规范员工工资正常增长和收入保障机制，员工收入水平稳步提高。公司在切实保障职工合法社保权益的基础上，积极推进企业年金规范管理，年金覆盖员工总数达到 24 万人。坚决打赢困难职工脱贫解困攻坚战，积极为困难员工排忧解难，让全体员工感受企业大家庭的温暖。

黑龙江省建设投资集团有限公司
党委书记、董事长

张起翔

张起翔：男，1970年4月生人，山东汶上人，中共党员，研究生学历、博士学位，高级工程师。1991年7月参加工作，历任省建工集团总经理、副董事长、党委书记、董事长等职。现任黑龙江省建设投资集团党委书记、董事长。曾获全国五一劳动奖章、全国优秀企业家、黑龙江省十大杰出青年、黑龙江省劳动模范等荣誉。

打造高质量的现代企业集团

多年来，张起翔积极投身经济建设主战场，在全面深化国企改革的大潮中，团结带领干部职工致力打造最有使命感、最有打赢能力的基础设施建设大型现代企业集团。5年来，集团累计新签合同订单2089亿元，实现主营业务收入1401.8亿元，实现利税总额74.3亿元。2019年，集团位列中国承包商80强企业第28位、省百强企业第8位。集团市场经营地域遍及国内29个省份和国外24个国家和地区。

担当企业振兴重任　引领发展的头雁效应凸显

多年来，张起翔以对企业高度负责的事业心责任感，积极带领干部职工主动应对复杂考验，积极破解市场难题，全力推进企业发展。2014年他临危受命，在企业问题难题集中爆发的困境下，以开阔的战略视野和良好的战略素养，指导制定企业改革发展"十三五"规划，加快企业高质量发展的步伐。2019年1月，黑龙江省建设投资集团组建挂牌成立，他领导制定实施集团近中期（2019—2022年）改革发展规划纲要，围绕全省安居民生工程、重大市政工程、防洪水利工程、生态环保工程、重大公共服务项目等"五大工程"投融资平台建设，形成了以房屋建筑、道路桥梁、建筑安装、水利水电四大传统板块为根基，以投资开发、设计咨询、科技创新、资本运营四大新兴企业板块为引擎，以国宾馆管理板块为新空间的"1+4+1"产业新格局和市场竞争集群，引领企业走出了一条质量更高、效益更好、结构更优、优势充分释放的全面振兴发展新路子。与"十二五"末相比，2018年集团营业收入、利税总额、利润总额，分别增长27.1%、64.2%和100%。

全力抓改革促发展　打造新时代新国企

张起翔积极推进转方式调结构，努力用新体制、新机制、新模式打造新国企，主动进军新产业、新领域、新业态，全面深化和加快推进企业改革，进一步完善法人治理结构，积极推进混合所有制改革和职业经理人试点等重大改革探索，取得了企业改革发展的新跨越，企业成为国家创鲁班奖工程特别荣誉企业、全国建筑业技术创新先进企业、中国建筑业行业标杆企业。企业发展的新动能明显增强，百万平方米三亚"一山湖"项目从无到有，到形成有重要影响力的项目品牌。"一山湖"商标注册申请已获得国家工商总局商标局批准；以投资36亿元建设的黑龙江省建筑产业现代化示范园区为代表的一批新兴产业陆续建设落地；与拉萨城投合作组建的拉萨建设公司，成为西藏最大的建筑企业。加快"走出去"战略步伐，坚持立足省内、面向省外、拓展国外，市场经营地域分布国内29个省市，涉足24个国家和地区。

坚持以人为本　实施人才强企战略

张起翔坚持把人才作为企业改革发展的第一战略资源，创新人才选用机制，把好干部标准树立起来、把风清气正的好风气树立起来，形成了"老实忠诚、实干担当、简单简洁、包容团结、开拓创新"的人才建设理念，一批批有精神、在状态、善作为、敢担当的优秀人才脱颖而出。在2018年11月份中组部对黑龙江省年轻干部的推荐调研中，集团有6位干部进入中组部调研名单，占全省推荐总人数的6.38%，在全省地市、厅局推荐干部中占比最高。创新人才进出机制，坚持五湖四海选贤任能，3年来通过内部竞聘和市场化选聘，引进精英人才和调整中层干部120余人、公开招聘大学生近2000人，集团总部干部平均年龄下降到35.6岁，研究生以上学历占比增至近1/3。创新人才激励机制，制定企业领导班子及成员任期职工民主评议实施办法和职务职级相分离的干部制度，完成了干部能上能下、收入能增能减的制度安排。坚持以员工为中心的发展思想，共建共享发展成果，建立员工薪酬可持续增长机制，千方百计补民生短板还

历史欠账，累计为职工补交五险一金和补发工资近3亿元，在岗员工年均收入与"十二五"末相比增长近20%，员工获得感、幸福感明显提升。

履行从严治党的主体责任　加强企业党的建设

作为集团党委书记和董事长，张起翔自觉履行在经济领域为党工作的使命担当，积极主动担当对泰来、海伦的精准扶贫任务，集团在全省事转企改革、重大基础设施建设、抢险救灾等方面，承担起了大型国有企业应有的政治责任、经济责任和社会责任。张起翔紧紧抓住坚持党的领导、加强党的建设这一国有企业的"根"和"魂"，注重从思想、战略、制度、组织、管理上，探索建立加强党建工作与生产经营中心工作深度融合的制度办法；以"作风建设永远在路上"和"钉钉子"精神，带头认真落实中央八项规定，持之以恒反腐倡廉和反对"四风"，带头深化作风整顿优化营商环境，为党员干部做出表率示范，实现了用作风的持续改进促进企业健康发展。带头把纪律和规矩挺在前面，坚持依法依规从严治企，严格落实"三重一大"等民主决策制度，主导出台严禁领导干部违规插手工程项目等系列法规，打造形成了风清气正的良好环境。

打造文化立根工程　想引领企业核心文化

张起翔着力领导构建符合行业特点、集团特色、内涵丰富的企业文化理念体系，努力用一流的文化塑造品牌、提升管理、凝心聚力、铸魂育人。深入推动实施文化立根工程，围绕企业美好愿景，坚持以"抱一至永、远者无疆"的企业核心文化、"正心诚意、刚健自强"的守正坚韧奋斗精神、"敢闯敢试、敢为人先"的创优争先文化为根本为核心，提炼了"有信仰、有信念、有信心、有使命、有责任、有担当"的"六有集团"内涵，从更深层次、更多维度构建企业文化体系，并倡导企业核心文化在"1+4+1"业务板块进行文化内涵细分和丰富，构建了集团主流文化统领、权属企业各呈特色的企业文化体系，为打造最有使命感、最具打赢能力的基础设施建设大型现代企业集团注入了灵魂和脉络。

沈阳光大环保科技股份有限公司董事长

张晓光

张晓光：男，1968年4月生人，辽宁北票人，中共党员；南昌航空大学环境工程学士学位，中国人民大学商学院MBA；高级工程师、注册环保工程师。现任沈阳光大环保科技股份有限公司（下称"光大环保"）董事长，沈阳市政协委员，沈阳市工商联执委会委员，辽宁省市容环卫城管执法协会会长，辽宁省环境保护产业协会副会长。

张晓光于1999年正式接触环保产业，2004年创办了沈阳光大环保科技股份有限公司。在他的带领下，光大环保积极探索适合东北环保企业发展的新途径，不断运用现代企业的运营模式进行组织变革、品牌建设重塑等措施，使公司实现了从粗放型管理到精细化管理的转变。业务范围由工业污水处理拓展至环保产品设备的开发生产、环保工程设计施工、安装调试、运营管理、环境第三方检测、环境职业培训等领域；成为一家可提供工业污水处理，农村分散式污水处理，生活餐厨垃圾处理和土壤污染及地下水修复解决方案的设计、环保装备生产供应、工程承包建设、委托运营和项目投资等的环境全产业链综合服务商。2016年12月成功登陆新三板，进一步提升了企业的综合竞争能力。

诚信第一　质量为本

张晓光多年来凭借"诚信第一"的发展理念，带领公司在激烈的市场竞争中立稳脚跟，赢得了口碑，使企业获得了高新技术企业、中国环境保护产业协会会员单位、辽宁省环境保护产业协会副会长单位、沈阳环境保护产业协会副会长单位、辽宁省市容环卫城管执法协会会长单位、沈阳市企业技术中心、辽宁省企业技术中心、辽宁省高浓度有机污水处理工程研究中心、辽宁省骨干环保企业等荣誉。

坚持创新　以质制胜

张晓光自 1999 年正式接触环保产业开始，一直注重科技研发，公司在创立之初即成立了研发部进行技术、产品的研发工作，2013 年组建研发中心，增加研发工作力度，加大研发资金的投入，以科技成果作为企业不断前进的推动力，也因此在行业内取得了很好的成绩，得到了省市的高度评价。他带领公司承揽的数百个环保项目的建设及运营、服务，全部达到优质标准。以使公司成为伊利乳业、蒙牛乳业、中国石油、中粮集团、万科地产、双汇集团等中国 500 强企业长期合作伙伴。伴随着公司的不断发展和日益壮大，对工程管理、售后管理提出了更高的管理要求。他在公司的发展过程中不断进行管理的改革，以应对外部市场环境的变化。为此公司经过一系列的考察和学习，正式引入了"积分制管理"的企业管理系统，实施以来，不仅员工的工作效率显著提高，各部门之间的配合也变得更加的顺畅和高效，公司团队整体的运营效果和绩效考核都有了显著的提升。同时，张晓光参与了辽宁省工业和信息化厅组织的关于《辽宁省民营企业建立现代企业制度示范企业和管理创新经验》调研，所提出的"积分制管理"被收录到《建立现代企业制度创新成果汇编》中。

张晓光在市场开发工作上始终亲力亲为，精心构筑公司的发展特色，以使公司在外部竞争中脱颖而出。针对辽宁农村能源综合试点建设项目研发的秸秆直燃锅炉也成功实现民用供暖功能，共同助力当地改善生态环境，建设宜居的美丽乡村。同时，他非常重视员工的精神生活，通过各种文化活动，不断增强员工的凝聚力。十几年来，企业文化建设凝聚了公司员工的共识，激发了员工的斗志，推动了企业经营管理全面发展，成果不断显现。公司的知名度和美誉度也不断提高。

重视人才培养　不断提高自身竞争力

张晓光一直认为人才是企业的生存之本，通过10余年的研发攻关，开发出具有自主知识产权的高浓度有机废水处理的关键设备及核心的工程化技术，打破了国内外对工业废水处理核心关键技术的垄断，有效解决生物质能回收和超低排放等技术难题，并在国内外数十家多家企业得到成功应用，并获得了复合型好氧反应器、组合气浮集水装置等40余项国家级发明专利。2005年公司承揽的大庆"含油重污染废水"及"分散式生活污水"两项处理工程被国家科技部评为"国家863示范工程"，填补业界众多的技术空白。2017年公司针对北方地区农村季节特点和特殊水质情况，成功研发出农村耐寒型分散式智能一体化污水处理设备，弥补了环保设备在北方发展的技术空白，同时针对辽宁农村能源综合试点建设项目研发的秸秆直燃锅炉也成功实现民用供暖功能。另外公司在开展污泥处置、生活垃圾处理、畜禽粪便处理、垃圾填埋场等工业和市政有机废物的资源化利用与无害化处理方面也取得了巨大的突破，其中具有重大环境保护价值的"干式厌氧发酵"技术部分课题工作，已被列入"十三五"国家科技计划。同时公司在张晓光的指导下积极实施"走出去引进来"的策略，先后与多家世界知名环保企业建立密切的联系与合作，共同开展水务、固废、土壤修复等领域的环保产品开发及技术合作。

随着全球化的推进，企业不断提高自身企业竞争力水平成为应对激烈市场竞争的必然选择。2004年公司从最初的6名员工，年产值不足百万的小型企业发展到现在拥有 300 余名员工、拥有独立办公、研发和生产基地的年产值过亿元的上市公司。2014 年开始公司进入高速发展阶段，全资子公司沈阳大辽环境机械装备有限公司成立；2015 年，全资子公司沈阳恒光环境检测技术有限公司成立；2016 年，公司搬迁进入新的办公环境；同年，公司成功登陆新三板，提高了企业的综合竞争能力；2017 年，实现销售收入历史上首次突破 1.25 亿元大关，销售收入不断迈上新台阶。

大力回馈社会　履行企业社会责任

张晓光作为一名老共产党员，始终不忘企业责任与社会责任。在他参与和指导下，光大环保在积极为国纳税、安置就业人员的同时，大力投入社会公益事业，以各种形式回馈社会、造福人民。多年来，他带领公司员工坚持走访慰问低保户、残疾人、环卫工人对于生活困难的家庭进行各种援助资助，并对贫困学生开展一对一帮扶。光大环保赢得了社会的广泛赞誉，党支部也被连续评为先进基层党组织、优秀党支部的荣誉称号。作为一名政协委员，张晓光积极参与社会建设，积极正面宣传党的主张和路线方针政策，凝聚社会的"正能量"。同时，他勇于担当社会责任，积极参与"推进高品质城市建设""加强水环境治理　改善生态环境质量"专题调研；参与视察"我市工业园区、农村污水治理"的工作；参与"城市建设"研讨会、"双岗双责双作为"活动；加入沈阳市民营企业家爱心慈善会等。

在安全管理方面，张晓光注重教育培训，加强企业的安全文化建设，并且建立规范、统一的制度，不断提升公司安全管理水平和员工的安全素质，加大安全管理投入，巩固公司安全管理的基础。首先，严格管理，控制人的不安全行为；其次，落实责任，实施目标管理；再次，夯实基础，推行安全质量标准化；最后，继承创新，提高安全管理现代化水平。多年来，公司投入了大量的人力物力构建安全管理体系来实现企业安全、高效运行，并获得了职业健康安全体系、环境管理体系、质量管理体系认证。

中国铁路乌鲁木齐局集团有限公司
党委书记、董事长

张海涛

张海涛：男，1963年5月生人，辽宁彰武人，中共党员，北京交通大学交通运输专业，大学本科学历，高级工程师。1981年在中国人民解放军81140部队服役。1985年1月起在哈尔滨铁路局参加工作，他从基层干起，先后担任值班员、站长、段长、运输处处长；沈阳铁路局副局长；哈尔滨铁路局局长；沈阳铁路局党委书记、局长；中国铁路沈阳局集团有限公司党委书记、董事长等职。现任中国铁路乌鲁木齐局集团有限公司党委书记、董事长。2018年度中国国家铁路集团公司专业带头人。新疆维吾尔自治区第十三届人大代表。荣获全国五一劳动奖章。

推动新疆铁路高质量发展的践行者

张海涛为铁路发展尽心尽力、无怨无悔，把个人理想融入中国铁路改革发展实践，特别是到乌鲁木齐局任职以来，深入贯彻落实新时代党的治疆方略，把自治区党委"疆内铁路环起来、出疆客车快起来、旅游列车开起来、货运占比多起来"的工作要求变为现实。如今的新疆铁路，运营里程长达6839公里，以首府乌鲁木齐为中心的1、2、3小时城市经济圈已经形成，12小时通达疆内其他主要城市；2019年新疆铁路货运量增幅名列中国铁路第一。

坚定信心　奋发图强　引领企业快速发展

张海涛紧紧抓住国家"一带一路"建设和新疆社会稳定红利持续释放的机遇，推动新疆铁路高质量发展。他实施工作日与周末的"4+3"图、高峰时期的"一日一图"，在哈密、吐鲁番、库尔勒、伊宁、克拉玛依方向灵活开行"一站直达""多站多达"城际列车，以及"民族团结一家亲号"列车、和田至喀什"慢火车"，提升铁路服务功能，给各族群众带去了真正的方便。

在张海涛的努力下，2019年8月8日，乌鲁木齐—库尔勒间率先开行"复兴号"，实现奎屯、伊宁、克拉玛依等15个城市公交化开行，新疆铁路主要营业线基本实现160公里/小时贯通。2019年，新疆铁路通达全国除西藏和台湾的所有省区和全疆各地州54个县市，发送旅客达4500万人次，同比增长18.1%。

张海涛主导推进18项"散堆装改集装箱"项目，广泛深入开展"公转铁"货运营销增量会战；开行跨局煤炭"点到点"循环列车、煤炭直达整列货物列车；深化路企合作，2019年与28家企业签订战略协议、签约运量1.13亿吨，2020年与34家企业签订战略协议、签约运量1.27亿吨。张海涛积极推进铁路物流园配套建设，先后配合当地政府、企业建设了哈密、乌东、石河子等14个物流基地、实施26个车站、53条专用线整列直通，仅路企合作直通列车占比就达24.0%，大大提升了铁路货运服务能力和水平。

张海涛提出"向精准调度指挥要效率、向卸车组织要效益、向车流调整要潜力"的思路，确保以最快的速度装得上、运得走、卸得下，使行车指挥系统调度精准、指挥精细、协同高效，日均装车9500车以上，最高达到10000车，突破历史记录。2019年11月1日，新疆铁路货运发送量提前60天超越2018年的1.25亿吨，12月底，货运发送量创造了1.5亿吨的历史最好成绩，连续两年增幅都在20.0%以上。

张海涛为首的领导班子从落实中央关于加大基础设施补短板力度的要求出发，大力推进新疆铁路建设工作，加快形成新疆南北疆环形铁路网和第三条出疆铁路大通道。北疆地区，克塔铁路2019年5月30日开通，结束了新疆最后一个地州所在城市不通火车的历史。2020年6月30日富蕴至阿勒泰段开通后，北疆地区将形成沿准噶尔盆地的铁路环线；南疆地区，加紧推进格尔木至库尔勒铁路、和田至若羌铁路建设，将形成环塔里木盆地铁路环线。格库铁路2020年9月30日建成后，将打通进出疆的"南通道"，形成三条通道、两个口岸站的新疆铁路对内对外通道新格局。

新疆是"一带一路"建设中丝绸之路经济带的核心区域，张海涛充分发挥"一中心、两口岸站"关键作用，2019年，中欧班列乌鲁木齐集结中心经过扩建，具备每日20列以上的发运能力；郑州、西安、成都等地途经阿拉山口、霍尔果斯两个铁路口岸站的线路出境班列已达29条，通达中亚和欧洲19个国家的26个城市，也吸引国外产品向中国出口，中欧班列回程货物满载率由2014年的9.1%提高到现在的73.0%。

改革创新　激发活力　推进企业成长进步

面对新疆铁路装备技术水平不高的问题，张海涛提出要大力推进集约化、规模化和标准化信息化建设，将运输组织引向现代化，新疆铁路10条线、180个站全部实现调度智能指挥；打造标准化线路设备和现代化机车车辆检修库，首次引进智能机器手机器人，截至2019年12月31日，实现安全生产2837天。

张海涛主导对货运系统、车务系统站段实施扁平化两级管理改革，调整部分站段管界，试点工务、电务、供电专业融合；针对北疆铁路网状结构，成立阿勒泰基础设施段，首次实现设备检养修和运营管理一体化。实施内部挖潜，节约资金近20亿元，全部用于改善基础设施。实施站段集中办公，打破了专业壁垒，还节省了大量成本。2019年劳动生产率每公里8.6人，名列全国铁路第二。他提出统筹推进"两个基地"资源整合，建成多元经营基地和新疆铁路教育基地。

服务社会　关爱职工　担当国铁企业责任

张海涛全力降低企业客户运输成本，帮助疆内企业的154条专用线减少代运代维支出4400余万元；他加强反恐设施信息化建设，55个客运站完成客票网络、实名对比系统升级改造，与49个公安派出所共享视频数据；全力打造"坐着火车游新疆"品牌，精心设计"缘满南疆""游塔城看山花""人民红号·时光列车"等精品旅游线路，2019年开行旅游专列91列。

张海涛要求铁路各单位主动融入地方文明城市建设，招商引资打造多业态一体化的城北商旅综合体"丝路天街"项目；实施"三线百站"资源整合，兰新线、南疆线、精霍线沿线面貌焕然一新，在库尔勒等10个地区开展铁路小区环境整治，提升了城市铁路的整体形象。

集团公司助力和田县实现了脱贫"摘帽"。先后启动"乡村振兴战略示范村"创建，开展乡村文明建设，按照"一户一案"深化治理；实施产业帮扶，帮助贫困村产业脱贫，惠及贫困人口2万余人；启动就业脱贫，2019年2月起实施"千人南疆生源招录"工作，来自喀什的艾尔开牙·多力开成为中国第一个塔吉克族女列车员。

天海汽车电子集团股份有限公司董事长

张景堂

　　张景堂：男，1957年11月生人，河南鹤壁人，中共党员，大学本科学历，高级经济师、教授级高级工程师、高级职业经理人。1982年7月参加工作，历任鹤壁市机械制造厂工程师，鹤壁市工业局企业科科长，河南天海电器（集团）公司常务副总经理、总经理、执行董事、董事长等职。现任天海汽车电子集团股份有限公司（下称"天海集团"）董事长、党委委员。鹤壁市企业联合会、企业家协会会长，河南省创新方法研究会副理事长，中国汽车工业协会电机电器电子委员会副理事长，中国新能源电机电控产业联盟副理事长。鹤壁市第十届人大代表。享受河南省政府特殊津贴、国务院政府特殊津贴。

　　曾被河南省总工会授予五一劳动奖章、鹤壁年度经济人物；中国汽车电子电器电机行业优秀企业家、杰出企业家；第四届河南省优秀中国特色社会主义事业建设者。是中国汽车工业杰出企业家、全国五一劳动奖章获得者、中国汽车工业协会纪念改革开放四十周年功勋人物。

海阔天空　大有可为

天海集团目前是中国汽车零部件（连接器）龙头企业、国家高新技术企业，拥有国家认定企业技术中心、国家认可实验室，主持制定10个行业标准，在全球设有23家分子公司和36个销售办事处。

2008年以来，在张景堂的带领下，天海集团在生产经营、产品研发、智能制造、平台建设等方面取得了显著的成绩。先后建成国家CNAS认可实验室、河南省工程技术研究中心、河南省工程实验室、博士后科研工作站、院士工作站，获得高新技术企业、国家认定企业技术中心、中国驰名商标等，获中国汽车工业协会纪念改革开放40周年电子电器十强企业。

破旧立新　引领企业发展

张景堂推动企业改制、战略重组，天海集团于2007年在新加坡成功上市，是鹤壁市首家上市公司；2008年收购了美国KENSA公司，开创了河南企业海外并购的"先河"，使天海集团的产品直接进入北美市场。

为摆脱传统管理模式的束缚，张景堂建立了"以客户为中心"的组织结构体系，成立了国际业务系统、智能化业务系统、汽车电子系统、连接器系统、电线束系统五个业务系统和财务、行政人事、采购信息、市场项目等职能部门，实施了系统与职能部门交叉矩形的、接近客户的管理模式，强化了分公司开拓市场的职能。

在国内市场，不断提高在一汽、上汽、吉利、长安、长城等主流品牌的市场份额，继续加大对合资品牌领域的市场开发力度。在国际市场上，加强同福特、克莱斯特、通用等世界一流品牌的合作关系，开拓欧洲市场，减少关税成本带来的经营压力。

紧跟新能源汽车发展方向，利用与蔚来汽车、北汽新能源、吉利汽车、宁德时代等国内知名品牌的渠道优势，谋划从传统业务向新能源业务的转型升级。新能源业务，中标了特斯拉项目、上汽新能源、北汽新能源、东南 DX9、宁德时代电池包高压线束、海马高压连接器等项目。

在张景堂的带领下，天海集团事业蒸蒸日上。2018 年尽管受到中美贸易摩擦和我国汽车行业产销下滑等因素的影响，天海集团全年依然销售实现 44.06 亿元，实现了新常态下的新增长；已打造成现代化的科技型企业，截至目前拥有专利 500 多项，先后起草国家汽车行业标准 10 项。已在鹤壁总部、上海建设了两大实验室，在鹤壁总部、郑州、上海和北美建立了研发中心，并持续推动重庆、欧洲研发中心的建设工作，逐渐形成辐射全球的研发网络体系。天海集团的"THB"商标是中国驰名商标，并在美国完成商标注册。

2016 年至今，累计投入近 8 亿元进行新产品开发，提升了 THB 产品的核心竞争力，推动天海集团由规模速度型转向质量效益型，由要素、投资驱动转向创新驱动，提升了 THB 品牌的知名度和美誉度。

按照"投产一个、在建一个、谋划一个"的发展规划，谋划建设天海千亩产业园。2015 年 11 月，一期国际高端线束出口工业园（10 万平方米）建成投产；2018 年 4 月，二期汽车零部件智能电子产品工业园（20 万平方米）建成投产。张景堂立足于智能化布局，以产业园建设为契机，引进先进生产设备和工艺。2017 年以来，持续投入智能化改造专项资金 1.2 亿元推动研发、制造、物流等全产业链条的智能化建设。

在研发领域，通过 UG 等三维设计软件，CAE 等产品仿真软件、3D 打印以及 PLM 产品生命周期管理系统的应用，缩短产品研发周期 20.0%，新产品销售率提升了 30.0% 以上。在制造领域，通过引进瑞士阿基夏米尔、德国罗德思精密铣加工等高端设备 160 台，实施 MES 信息化系统，通过与自主研发的 AGV 双向驱动自动化物料车的对接，实现了物料配送的准时化，使生产效率提升 20.0%，产品合格率达到 100%。在仓储物流领域，引进智能立体仓库，通过无线射频和条码系统，实时跟踪管理物流信息；通过出入库无人化的操作，实现了仓储物流效率的大幅提升，产品

准时交付率 100%。

天海集团在智能制造方面取得的成绩得到了广泛的认可，2018 年 11 月 22 日，全省智能制造和工业互联网发展观摩活动举行，上级领导对天海集团在智能制造方面取得的成绩给予肯定，并鼓励企业将智能制造推向更高层次。2019 年 7 月 24 日全省对外开放大会，省领导多次提到并肯定天海智能制造取得的成绩；2019 年 9 月 3 日河南省 20 家智能制造标杆企业公布，天海集团名列其中。

张景堂组织董事会多次论证筹划汽车新能源产业布局，推进产业园三期建设，总投资为 12 亿元，占地 326 亩，新建厂房、办公楼、研究院及配套设施 15 万平方米，用于实施年产 5 万套新能源汽车电能与信号分配系统项目，并与世界 500 强企业合作，发展汽车低压、高压线束和汽车智能产品项目。

践行企业社会责任

张景堂把职工的幸福感摆在重要的位置，维护员工的合法权益，为员工提供各种福利。2017 年投入 349 万元进行两期职工食堂改造，每年为职工就餐补贴 579 万元；投入 98 万元购置职工宿舍硬件设施，住宿补贴每年 228 万元；年年举办春节文艺晚会，丰富员工业余文化生活。

张景堂也时时刻刻关注着安全生产。新入职的职工都要经过安全生产的培训并测试合格后才允许上岗，并且每年组织 8 次以上消防安全演练；每年 6 月积极响应"安全生产月"，以多种形式向员工普及安全生产知识，强化安全生产意识；每月由专职人员进行安全检查。

张景堂积极对照企业内部精准脱贫困难党员和困难职工，并与濮阳台前县对接产业精准帮扶对子；企业优先安排退伍军人、残疾人、下岗工人、大学生等群体就业；多次组织公司员工义务献血、带头向灾区捐款、捐物；提供技术指导，实现节能减排降耗，保护环境，积极承建鹤壁汽车工程职业学院，发展职业教育事业。

天津市华恒包装材料有限公司董事长

陈 文

    陈文：男，1982年生人，福建长乐人，大专学历，现任天津市华恒包装材料有限公司（下称"华恒包装"）董事长，天津市企业联合会、企业家协会副会长，天津市包装技术协会副会长，入选2015年度外出创业闽商十大杰出人物。

    机会永远都是留给有准备的人，在一次天津投资考察机会中，新产业的商机召唤，让他投身天津，创办了华恒包装，由此开启了他进军塑料薄膜包装材料行业的步伐。

中国优秀 企业家
China's outstanding entrepreneur

有梦的人终会摘星

是什么使这位优秀的企业家在如此年纪便取得累累战果？是中国特色社会主义事业蓬勃发展、国内经济全面向好的大时代，也是陈文具有的锐意进取、永不服输的闯劲韧劲，造就了今天的一派大好风光。

艰苦创业　勇于创新

2011年2月，陈文创业伊始，便携初创团队确定了自2011年5月奠基至12月投产的规划，经过了5个多月夜以继日的苦干，CPP厂房及仓库拔地而起。厂房建成，陈文马上又与生产部的团队讨论设备图纸及说明书，并跟建设团队的人员沟通设备基础、与设备安装团队的外协单位进行跟进沟通……公司于当年12月实现了顺利投产，见证了当年立项、当年建设、当年投产的"滨海速度"，陈文团队获得中华全国总工会授予的"工人先锋号"荣誉称号。

华恒包装是天津市2011年二十大重点工业项目之一，公司投产后，陈文立即着手组建了研发部、筹办了实验室，配备了多种仪器设备为相关企业提供服务。经过"华恒人"的不懈努力，公司获得天津市包装技术协会"明星企业""领军企业"，多次获得中国石油华北化工销售公司"优秀用户"的表彰，2012年获得天津市科技型中小企业的称号，2015年荣获了国家高新技术企业、省级技术研究中心、滨海新区科技型中小企业等殊荣。公司拥有强大的技术研发团队，获得专利19项，其中发明专利1项，产品覆盖全国，成为当前华北区域最大的塑膜生产企业。

信息时代　优化管理

"互联网+薄膜"是华恒包装运用信息化来完成管理创新。把销售工作通过信息化管理后，避免了各自为战和数据流失，为数据的二次加工打下基础，创造优质服务的条件，也给客户选择品种提供了方便。企业根据储存的客户需求，通过网络平台向生产车间下达生产品种和数量，销售处根据大数据中客户需求，远程开单，联系营运单位，实现一条龙的信息化管理。

新常态下的原料市场瞬息万变，通过网络大数据随时了解市场信息，根据生产需要及时做出采购决策，择优、择廉，通过物联网发货，提高采购工作效率。信息化把上下游的企业联在一起，形成互利共赢的产业链和相互支持的好伙伴；节省了人力，方便了管理，不仅减少原料配件的库存积压，提高资金使用率，也避免"等米下锅"，影响生产的现象。

人才纳入信息化的组织管理模式，有利于发现人才、培养人才和使用人才。通过内培为主、外聘为辅的人才管理方式，使全体员工感到只要不断地提高自己的本领与技能，总有机会实现自身的价值。同时，信息化融入人才管理，在一条流水线上可以根据需要制造出灵活多变的个性化人才，真正做到物尽其用、人尽其才。并按职别设置工资等级，按时提级增薪，达到公平、公正、公开的目的。

企业采用大数据云管理，能够从节能降耗、提高管理水平等多个方面为企业带来提升，因此设置了"基于工业互联网的薄膜企业无线监控MES系统"，将设备数据上传到云端，通过CLOUDIIP平台计算、储存、发布，使用电脑、平板、手机，即可及时掌握车间生产状况，调取车间生产数据表格，下发车间工艺参数。通过工业大数据分析，对车间生产提供优化工单，能够提前预判车台故障，预计生产进度、提高车间生产效率。

为深入推进生态文明建设，国家要求对重点用能单位实行能耗在线监测系统，加强能源消费总量和强度"双控"形势分析和预测预警，提升重点用能单位节能管理信息化和精细化水平。目前公司正在积极推进该项目的建设，通过在线监测端设备对用电计量表进行监测，将数据传至企业

办公网络和上级监控平台。企业可根据产量和电耗数据，随时进行查询分析，及时采取节能降耗措施来降低成本，提高企业经济效益。

以往的上下级、部门车间之间的协调联系均采用"联络单"形式，不仅费纸、费时，也难以收集保管。通过信息化的管理，各级建立微信群，有什么指令或要求以及需要协调的地方，都通过微信群来联系。通过手机的操作，一目了然。信息化逐步实现无纸化办公，既节约开支又利于及时执行，更加完善和方便了企业管理，促进了运营管理与生产、生产与车间之间的协调沟通，取得更好的效果。

从以上的管理创新过程中可以看出，信息化的运用非常重要。不仅整个过程有序便捷，多线程信息化应用为产品创新管理提供了技术保障。基于信息化技术，多个信息系统得到共享于传输，打破企业边界，使上下游企业紧密联系，实现整个产业链的协同合作，也可以达到以销定产的目的。

陈文认为，目前还只是初步实践，企业并没有真正达到大数据、云计算的水平。通过不懈努力、树立不断探索的信心、推动企业信息化建设向纵深发展，"华恒"就一定能尽快适应新时代的发展、迎来薄膜产业智能化的明天！

感恩社会　回馈社会

公司始终积极响应打赢蓝天保卫战的政策，结合企业发展战略实施节能环保策略。陈文站在社会责任的角度、站在未来环保发展的方向上，对已通过环保验收的水煤浆锅炉提出改造建议，在园区内率先进行 BOPP 锅炉实施"煤改燃"改造项目。

在企业发展的同时，陈文也一直热心慈善事业，为赈灾救灾、读书活动、校园修缮、孤寡老人等救助奉献爱心。在教育事业、公共卫生、修路建桥、扶贫解困、慰问福利院等方面也不吝捐款、出人出力。企业先后向天津泰达国际心血管医院捐赠160万元，用于救助贫困地区儿童先天性心脏病手术治疗，有89名幼儿得到及时救助治疗，获得了第二次生命。

上海汽车集团股份有限公司党委书记、董事长

陈 虹

　　陈虹：男，1961年3月生人，浙江嘉善人，中共党员，同济大学电气工程系工业自动化专业，大学学历，工学学士，教授级高级工程师、高级经济师，享受国务院政府特殊津贴专家。1984年7月参加工作，历任上海汽车拖拉机工业联营公司轿车项目组联络员，上海大众汽车有限公司人事执行经理助理、政策研究室主任、发动机厂副厂长、厂长，上海汽车工业集团总公司浦东轿车项目组副总经理，上海通用汽车有限公司副总经理、总经理，上海汽车工业（集团）总公司副总裁兼上海通用汽车有限公司总经理，上海汽车集团股份有限公司总裁、党委副书记，上海汽车工业（集团）总公司副董事长、党委副书记，上海汽车集团股份有限公司总裁、副董事长、党委副书记，上海汽车集团股份有限公司党委书记、总裁、副董事长等职。现任上海汽车集团股份有限公司（下称"上汽"）党委书记、董事长。

　　是党的十八大代表，第十、十一、十三届全国人大代表，第十届中共上海市委候补委员、委员，第十一届中共上海市委委员。曾荣获全国五一劳动奖章、上海市劳动模范，入选上海市领军人才。

产业报国　气势如虹

陈虹在上汽工作已超过35年，亲身经历了中国汽车工业自改革开放以来所发生的历史巨变，见证并参与了上汽从一家地方企业发展成为中国最大汽车集团的壮阔历程。自担任上汽党委书记、董事长以来，他敏锐把握全球汽车行业发展趋势，带领党政班子通过实施创新转型、升级发展战略，引领上汽不断提升核心竞争力与国际影响力。

拼搏进取　推动上汽经济发展行稳致远

陈虹带领上汽领导班子攻坚克难，保持上汽在国内汽车行业的领先地位。整车销量从2014年的562万辆增长到2019年的623.8万辆，2018年国内市场占有率达到24.1%。2019年7月，第15次入围《财富》杂志世界500强企业，位列第39位，是排名最靠前的地方国企。陈虹在国内率先提出汽车行业面向未来的"新四化"（电动化、智能网联化、共享化、国际化）发展趋势，明确上汽"要加快从主要依赖制造业的传统企业，转向为消费者提供全方位产品和服务的综合供应商"的转型方向。

在自主创新方面，上汽累计投入超过500亿元，在上海、南京和英国伦敦设立了技术中心，在美国加州硅谷、以色列特拉维夫设立了创新中心。与阿里跨界合作，在全球率先推出互联网汽车新品类。加快推进自动驾驶整车平台开发测试，以及在重点应用场景的商业化落地，全球首款量产智能汽车荣威Marvel X于2018年年底上市，可实现"最后一公里"自主泊车等智能驾驶功能。

上汽大众、上汽通用、上汽通用五菱等合资企业，在全球整车平台开发、智能制造、新能源技术及新商业模式探索等方面，已全面参与到外方股东的全球业务分工，本土核心研发能力持续提升，并在国内整车企业销量四强中始终占据三席。荣威、名爵、大通、宝骏等中国品牌，2019年的整车销量累计达260万辆，占上汽总销量40.0%。零部件板块在全力确保配套供应的同时，不断开拓新市场、新业务，营业收入百亿元级的"小巨人"企业从2014年的4家增至2019年的9家。移动出行服务板块为整车业务拓展市场提供坚实保障，2019年营业收入较2014年翻一番。金融板块推出消费贷款、融资租赁等多种金融服务，资产管理规模已近4000亿元，5年累计增长近1.5倍。

上汽在新能源汽车领域投入超过100亿元，陈虹亲自主持了"上海牌插电式混合动力轿车新型整车技术研发"项目，其中"低能耗插电式混合动力乘用车关键技术及其产业化"荣获2018年国家科学技术进步二等奖，是该次评选中唯一获奖的汽车企业。上汽自主研发的燃料电池300型长堆的试验功率逼近丰田同类产品技术性能。目前，上汽已推出近30款新能源产品，基本覆盖各个细分市场，2019年新能源汽车销量达18.5万辆，5年的年复合增长率超过115%。

上汽先后布局汽车生活服务、共享出行、快运物流等新兴出行服务领域。"环球车享"成为全球最大新能源汽车分时租赁运营商，推出面向个人网约车业务的"享道出行"和"车享家"汽车生活服务；2019年年底，推出了"申程出行"一站式出行平台。

上汽积极响应"一带一路"倡议，已初步建成面向全球市场的汽车产业链。新能源汽车、互联网汽车在海外持续热销，并培育发展了泰国、英国、印度尼西亚、智利、印度及澳新、中东GCC（海湾7国）等7个"万辆级"海外区域市场。同时，上汽秉持开放合作理念，与Mobileye、TTTech、英伟达、中移动、华为等企业开展跨界合作，努力提升在智驾控制、车联通讯等领域的关键核心技术能力。

敢闯敢试　深化国企改革增添活力

陈虹始终把坚持党的领导、加强党的建设，作为国有企业的"根"和"魂"，充分发挥市场在资源配置中的决定性作用。在他推动下，将党建工作的总体要求写入公司章程，把党委会研究讨论作为董事会、管理层决策重大问题的前置程序，把党的领导融入上汽治理各环节。分别于2015年和2018年，选举产生了第六届、第七届董事会，当选的董事中，独立董事和外部董事的比例均超过50.0%，董事的专业背景结构更为多元与合理。按照监管要求，建立了符合现代企业制度的法人治理结构。

陈虹对创新业务的核心团队，实施了股权、期权等多种激励方案；对技术开发和商业模式创新人才，设立总额10亿元的专项奖励资金；对关键骨干员工，开展核心员工持股计划。探索干部人事制度改革，实施以绩效为导向的考核与薪酬制度，拓宽干部员工的职业发展通道，并完善退出机制、淘汰机制。2015年上汽在国内上市公司中，率先将容错机制写入章程。

2015年，上汽以"创新"为主线，提出了新的愿景、使命、价值观，重塑了富有创新精神的企业文化，并将诚信、责任、进取等符合企业家精神的要素融入核心价值观。首期投入1亿元设立"种子基金"，征集创意项目超过900项，已有50余项完成验收；成立工程师创新之家、技师创新之家等交流平台，面向海内外举办汽车设计、软件开发等创新大赛，持续激发广大员工创新创业的热情与活力。

真诚奉献　切实履行国企的社会责任

上汽持续完善信用体系相关流程。在2018中国企业信用500强榜单中，上汽以综合信用指数98.376名列总榜第6位，也是国内汽车企业的最高名次。上汽持续推进ISO 14001环境管理体系贯标工作，大力推进智能工厂建设和数字化改造，开发高效清洁内燃机；投建太阳能光伏电站167兆瓦，新能源汽车分时租赁运营里程13.5亿公里。

上汽坚持以职代会为基本形式的厂务公开民主管理制度，维护员工合法权益；设立总额10亿元的帮困互助专项资金。2014年以来，用于安全生产的资金合计近43亿元。2019年年底，上汽所属上汽乘用车、上汽安吉物流等8家企业荣获中国杰出雇主称号。响应"精准扶贫"号召，开展对口支援扶贫，捐赠现金、车辆、物资等。2014年以来，累计捐赠钱款及物品约1.8亿元。

浙江新邦控股集团有限公司董事长

陈 锵

  陈锵：男，1971年生人，浙江温州人，现任浙江新邦控股集团有限公司（下称"新邦集团"）董事长。兼任鹿城在杭人才联谊会会长，杭州市温州商会常务副会长，温州市民营企业促进会常务副会长，温州市企业联合会、企业家协会、工业经济联合会副会长等职。获聘担任浙江师范大学行知学院兼职教授、温州大学瓯江学院创业指导师。

  先后荣获2009年度温州创业青年楷模，2013年度浙江省建筑业企业优秀经理，2014年度浙江新生代·浙江省杰出青年企业家，第十四届浙江省优秀企业家，2009年度、2012年度、2014年度、2018年度温州市建筑业优秀企业家，2009年度十佳优秀企业家、2014温州经济十大年度人物、2016年度功勋企业家、2016世界温商百名风云人物·十大开放性经济人物等荣誉。

开拓创新　锵锵前行

从 1999 年，创立川洋建筑工程有限公司，开始涉足房建领域，到 2006 年成立浙江新邦建设股份有限公司，再到 2009 年成立浙江新邦控股集团有限公司，在同一年成立温州华邦混凝土有限公司，直到 2017 年，成立浙江新邦远大绿色建筑产业有限公司，并控股浙江求新建筑设计有限公司和浙江华卫智能科技有限公司，将新邦打造成"全产业链"模式的城市综合服务商，2019 年成立浙江智慧绿谷科技开发有限公司，宣布进军被动式住宅新领域。陈锵奋发有为，带领企业走向创新发展的广阔天地，也书写了人生的华彩篇章。

锐意进取　多点开花

经过陈锵多年的稳健布局，如今浙江新邦建设股份有限公司已经壮大成为集"设计+生产+施工总承包+投融资+管理运营"为一体的城市综合服务商，形成了全面的产业链布局。新邦现拥有中国工程院院士 1 名（兼职）、博导 1 名、博士 3 名、硕士 30 名，高、中级职称人员 500 余名，形成一支敢打敢拼的人才队伍。

温州市创源水务有限公司作为温州市政府 BOT 特许经营权项目，一期投资 2.7 亿元，二期总投资 6 亿元，设计处理能力为 25 万立方米/天，出水水质达到国家一级 A 类标准，单位面积污水处理能力居全国首列。2010 年，陈锵投资 8000 万元，引进法国注册建筑师设计团队，将米房（原为面粉厂）改造成兼具美感和艺术感的文创基地，成为温州家喻户晓的文创地标建筑。2019 年，陈锵通过联合国内集中式长租公寓第一品牌——魔方公寓，运用互联网智能平台整合各类生活服务资源，开辟独立众创空间，打造集办公、居住、生活为一体的3.0浙南科技城公寓样板。

在建筑工业化方面，陈锵2017年创办了浙南地区首家装配式建筑企业——浙江新邦远大绿色建筑产业有限公司。新邦远大应用PC-MAKE信息化系统，采用铝模、空气源养护窑等先进技术，真正使传统建筑工人变为产业工人。目前企业集研发设计、工业生产、技术咨询、运营服务为一体，年产装配式PC构件超过10万立方米，年产值约5亿元，先后为20多个项目提供服务。

在数字化方面，2017年，陈锵收购了原国有企业——浙江华卫智能科技有限公司，开发了智慧工地管理系统和薪乐达工薪保障系统，成为住建部的示范项目。仅在温州地区，这两个系统已实现覆盖项目7895个，涉及公司1304家，实名信息人数409682人，登记特种工10672人，建筑工人合同比例达到100%。

在生态化方面，陈锵和永德信合作组建了浙江智慧绿谷科技开发有限公司，智慧绿谷是浙江省智慧建筑产业技术联盟的运营主体。浙江省智慧建筑产业技术联盟是浙江省经信厅认定的省级重点产业技术联盟。

企业经营成效显著

新邦集团作为一家实业投资型企业，下辖求新设计院、新邦远大、新邦建设、华卫智能、创源水务、智慧绿谷等17家子公司。

1. 浙江求新建筑设计有限公司（甲级设计院），是浙江省勘察设计行业首家规范化股份制的科技型企业，持有国家建设部颁发的建筑工程设计甲级资质证书。先后荣获浙江省勘察设计行业诚信单位、浙江省勘察设计行业企业文化建设优秀单位"三星"称号，设计的"龙湾便民服务中心"获得了鲁班奖。

2. 浙江新邦远大绿色建筑产业有限公司，是集研发设计、工业生产、技术咨询、运营服务为一体的新型建筑工业企业，为浙南地区最大的装配式建筑生产企业。

3. 浙江新邦建设股份有限公司，拥有国家房屋建筑工程总承包壹级资质的多专业施工总承包企业，目前年竣工面积超200多万平方米，年产值近 60 亿元，并与国内众多知名企业实施战略合作。公司先后获得浙江省建筑业先进企业、浙江省建筑业诚信企业等众多荣誉，创出了"钱江杯""瓯江杯"等优质工程 40 多项，全国 AAA 级、省级、市级等各级文明标化 90 多项，被誉为"创优创标化大户"。公司注重科技研发，共获得省级工法 4 项，发明专利 3 项，实用新型专利 9 项，新邦建设已经成为温州地区首屈一指的建筑业强企。

4. 浙江华卫智能科技有限公司，是专业从事智能化系统工程咨询、设计、施工、运维、研发为一体的综合性国家高新技术企业，历年来获得"鲁班奖""安装之星""钱江杯""瓯江杯"等众多优秀质量奖，拥有实用新型专利 15 项。

5. 浙江智慧绿谷科技开发有限公司，专注于智慧建筑产业培育和未来社区建设。合作单位包括德国汉堡市驻中国代表处、汉堡市建筑业协会、中国建筑科学研究院等。首个投资建设的玉环新城商住楼项目，是浙江省首个被动式建筑示范项目，已入选为科技产业类省市长工程、浙江省"五个千亿"工程和浙江省服务业重大项目。

勇担企业社会责任

陈锵坚持守法经营的原则，专注于传统建筑行业的转型和绿色建筑产业的培育，以打造高品质生活样板和高质量发展标杆为己任。公司党总支每年 7 月 1 日组织党员外出学习，增进了公司的内部凝聚力和执行力。陈锵始终将安全和质量放在工作的第 1 位，连续 22 年实现无安全质量事故。

陈锵热心支持慈善事业。2008 年向四川汶川地震灾区捐款 10 万元，2011 年向温州市鹿城区慈善总会捐款 118 万元，2016 年向温州市鹿城区慈善总会捐款 100 万元。2014 年，投入资金 500 万元创办了"新邦慈善基金"，并每年向基金捐款 50 万元。截至目前，新邦已累计捐款 1000 余万元，连续 3 年荣获慈善奉献奖，连续 4 年荣获慈善特别奉献奖，以及 2017 年第三届"温州慈善奖"机构捐献奖。

远光软件股份有限公司董事长

陈利浩

陈利浩：男，1955年生人，浙江诸暨人。他专注管理信息化研究，创立的远光软件股份有限公司（下称"远光软件"）是国内主流的企业管理和社会服务信息系统供应商，公司控股股东为国家电网全资子公司国网电商公司，国务院国资委是实际控制人。

陈利浩现担任九三学社中央人口环境资源专门委员会副主任、九三学社中央促进技术创新工作委员会副主任；广东省政协研究咨询委员会委员、广东省政协提案工作研究会副会长；广东省新的社会阶层人士联合会监事长；中国会计信息化委员会委员；广东省依依关爱儿童基金会创始人；珠海市浙江商会会长等职务，并积极探索信息技术推动社会进步之道，同时创立民间慈善组织广东省依依关爱儿童基金会。

陈利浩是国内最早的通用财务软件的研制者之一，长期从事管理软件的研究和开发，他在业界率先提出了"业务模式数据库""管理逻辑组件""程序独立性"等创新技术构想，从根本上解决了管理软件的适应性问题。在国际性学术会议和全国性专业杂志上发表多篇论文，获得多项省部级科技奖项、珠海市科技重奖特等奖等众多荣誉。2019年度，入选中国电子信息产业发展研究院评选的中国软件和信息服务业十大领军人物。

社会责任伴随企业发展一路同行

陈利浩带领的远光软件，凭借持续的创新技术和行业深耕的积累，已成长为民族软件品牌标杆。公司被国家科技部认定为国家火炬计划重点高新技术企业、国家规划布局内重点软件企业。

陈利浩确定"一纵一横"的战略引领，持续推动企业高质量发展。纵向上，以电力、能源为核心，30余年专注为国家电网、南方电网、国家能源集团、国家电投等电力央企提供信息化产品和服务。公司整体布局、全面深化，已形成了在发电、输电、配电、售电全链条业务部署，为能源产业链企业提供数字化、智能化的产品和解决方案，以能源大数据服务助力能源企业持续创新业务价值。横向上，远光软件将在电力行业累积的先进管理思想和丰富管理实践，形成完善的解决方案，为航天航空、高端装备、金融产业、医疗卫生、冶金冶炼、轨道交通等行业客户提供产品和服务。

倡导一定程度的非商业化

陈利浩确定远光软件以服务集团客户为主的业务方向，深入研究自上而下的价值链管理和控制、信息集成和系统整合、软件的实施和后续服务三个方向。自此开始，远光软件的总资产和净资产增长率稳步提高，均呈现平稳增长的趋势。陈利浩积极推动公司商业模式转型，突出"服务"而淡化商业色彩。他强调远光软件是电力行业信息化的"工作队"，以用户利益实现公司利益，用社会效益提升经济效益，是远光软件的内部指引。

陈利浩主张将信息技术与社会治理相融合，提出"政民互动""技术反腐""数据治国"等创新研究理念。这些理念得到社会各界的高度关注和认可，深入挖掘信息技术在推动社会进步方面的价值，在中国计算机行业发展成就奖评选活动中荣获"推动社会管理进步人物奖"。

增强持续创新能力　加速科技成果转化

远光软件是国家科技部认定的国家火炬计划重点高新技术企业，始终坚持自主创新，生产经营的软硬件产品均拥有完全自主知识产权。公司曾先后承担国家和省市科技计划、产业示范、火炬计划等科技项目，并荣获多项行业及省部级科技成果奖励。

远光软件是国内区块链技术应用的先行者，自2015年起，开始全面推进区块链在技术、应用、合作、资本等方面的布局，促进区块链技术在集团管理、智慧能源、智能物联、社会互联等领域的应用发展，实现多项应用落地。

远光软件在区块链技术研究已有多项成果，在"区块链电子证照""区块链电力交易方法""区块链购售电合同""可信智能电表""企业红包私有链"等方面累计获受理专利超30项，并在"2019上半年全球区块链企业发明专利排行榜（TOP100）"中位列第53名。

在陈利浩的带领下，远光软件纵深发展，发挥14家子公司、三大研发中心的集团化规模效应，迅速提升产品技术、扩张业务版图，2018年实现营业收入12.78亿元，实现归属于上市公司股东的净利润19469.57万元，同比增长13.02%。

真情回报社会　建设绿色中国

远光软件始终坚持"真情回报社会"的理念，倡导"社会责任伴随企业发展一路同行"，致力于各利益相关方建立互信伙伴、发展伙伴关系。让股东因企业明确的核心价值而长期投资，让客户因企业的诚信、守法及良好的公司治理而更加信赖企业；让全体员工因认同企业核心价值观而产生更强的凝聚力和向心力，实现社会、环境与企业的和谐、可持续发展。

"真情回报社会"是远光软件文化价值观的核心内容。企业以此价值观推动企业与社会各界建立信任、友好的社会关系，进一步加强对社会价

值观的引领、对正能量的传播，推动着公司实现社会公益责任最大化。

扶贫开发是经济社会发展的重要内容。坚持精准方略，才能提高脱贫实效。长期以来，远光软件坚持"扶贫先扶智"的理念，大处着眼，实际出发，因地制宜，资助弱势群体，支持贫困地区建设。

远光软件严格依法经营，逐步健全规范内部运营体系；结合行业发展趋势，制定清晰战略；坚持透明经营，注重股东权益，做好投资者关系管理，充分保障公司股东及债权人权益，为股东带来丰厚回报，持续提升投资价值。

远光软件高度重视职工身体健康，每年组织一次全员体检，并全额承担所有检查费用。整合内外部资源，投资数万元运营"爱心妈妈小屋"，满足女职工特殊需求，为女职工在孕期、哺乳期和月经期提供一个私密空间，保障女职工有尊严、有温暖、安全卫生地度过特殊时期。此项工作已获得广东省总工会肯定，被授予广东省爱心妈妈小屋优秀示范点。

客户是企业成长的伙伴，与企业相互促进，互惠互赢。远光软件致力于为大型集团企业客户提供全面的、具有自主知识产权的信息化解决方案和服务，用软硬件一体化技术和咨询服务推动企业集团朝集约化管理方向发展，帮助客户提升现代化管理水平，实现阳光化经营。

节能环保、绿色转型已经成为经济社会发展的大趋势之一。远光软件作为高新技术企业，扎根能源行业，坚持倡导绿色经济，力推节能环保，积极护航经济社会发展与环境协调统一的可持续发展观，为绿色中国建设添砖加瓦。

远光软件将努力适应不断变化的市场商业环境，继续以技术和服务创新驱动成长，承担社会责任，履行对利益相关方及整个社会的承诺，成为受股东、客户、员工及社会尊敬的优秀企业，为和谐社会贡献一己之力。

恒力集团有限公司董事长、总裁

陈建华

陈建华：男，1971年3月生人，江苏苏州人，研究生学历，高级经济师。曾任吴江化纤织造厂厂长，江苏恒力化纤有限公司董事长等职。现任恒力集团有限公司（下称"恒力集团"）董事长兼总裁、江苏省政协委员，中国纺织工业联合会常务理事，中国企业联合会、中国企业家协会副会长，江苏省商会副会长。曾荣获国家科技进步奖、全国纺织工业劳动模范等荣誉。

家国情怀　实业兴邦

恒力集团有限公司从20多人的地方小厂吴江化纤织造厂起家，到拥有8万多名员工的世界500强企业，它改变的是企业的规模和水平，不变的是企业的初心和担当。浓烈的家国情怀赋予了恒力集团实业兴邦的担当，赋予了陈建华产业报国的使命。

坚守实体经济基石

1994年，陈建华收购了濒临破产的乡镇企业吴江化纤织造厂，成为改革开放后苏州第一批民营企业家。从那时起，恒力集团迈出了沿着实体经济产业链一步步向世界石化化纤纺织行业顶峰攀登的步伐。

2002年11月，江苏恒力化纤有限公司正式挂牌成立。2004年2月，恒力化纤40万吨熔体直纺A线工程按计划顺利投产。2004年5月，恒力化纤40万吨熔体直纺B线工程顺利投产。2007年8月，恒力（宿迁）工业园隆重奠基，成为全省南北产业转移最大项目。2008年10月，恒力化纤年产20万吨工业丝项目奠基，采用世界最先进的生产工艺，引进国际领先的生产设备，全力打造全球最大的涤纶工业丝生产基地。

自2010年，恒力石化（大连长兴岛）产业园奠基，迈出了进军石化产业的步伐；2019年5月，2000万吨/年炼化一体化项目全面投产，恒力集团已经拥有"原油—芳烃、乙烯—精对苯二甲酸（PTA）、乙二醇—聚酯（PET）—民用丝及工业丝、工程塑料、薄膜—纺织"的完整产业链，成为世界上第一家全面打通完整产业链的石化纺织企业。

为行业争夺话语权

2002年，在成为亚洲织造领域领军企业后，恒力集团对上游化纤原料的需求也日益迫切。而当时，纺织化纤行业仍然由外资企业所掌控，陈建华开始将目光投向了纺织产业链上游的化纤行业。

2002年11月，恒力集团在吴江开启向上游化纤行业发展的征程。历经两年，恒力集团的生产能力即跃居全国化纤行业前列，成为我国大型化纤生产基地之一。聚酯纤维的上游产品是PTA，即精对苯二甲酸，恒力化纤所用的巨量PTA都由上游厂家提供，主要掌握在外国企业手中。恒力集团再次实施转型升级战略，进军上游石化行业。

2010年，恒力集团将石化项目定位在辽宁大连长兴岛。截至目前，恒力石化3条PTA生产线已投入生产，年产能达660万吨，第4条、第5条年总产能达500万吨的PTA生产线也即将投产，将成为全球产能最大的PTA生产基地。

面对国际新形势和行业新趋势，恒力集团继续向产业链上游迈进，先后启动了2000万吨/年炼化一体化项目和150万吨/年乙烯项目。2014年8月8日，恒力2000万吨/年炼化一体化项目被写入国务院文件并明确支持。2018年4月20日，国家发改委原则同意恒力石化炼化一体化项目使用进口原油2000万吨/年。这不仅是国家炼油行业对民营企业放开的第一个重大炼化项目，也是国家有史以来核准规模最大的炼化项目。

2018年12月26日，2000万吨/年炼化一体化项目投料开车，2019年5月17日全面投产，成为国家七大石化产业基地中最早建成投产的世界级石化产业项目，也创造了世界石油化工行业工程建设速度、全流程开车投产速度和全面达产速度最快的奇迹，成为行业高质量发展的典范。我国75.0%的芳烃都依赖进口，恒力集团2000万吨/年炼化一体化项目投产后，将提升35.0%的国产自主比例，打破过度依赖进口的不利局面，为国家争取行业话语权。恒力集团不断向产业链上游攀登、打通全产业链的过程，也是打破乙烯、对二甲苯等重要大宗有机原料的国外垄断的过程，是推动我国化工能力不断提高、屹立于世界化工行业之巅的过程。

当创新转型引领者

恒力纺织每年有8000多个新品种投放市场，其中35.0%以上属于自主研发。自主研发的多种实用新型面料获得国家专利，多项产品荣获国家免检产品、国家纺织流行面料入围奖、江苏省高新技术产品证书。

在推进国际化发展方面，恒力集团在新加坡以及法兰克福、大阪、迪拜等地设有海外公司及研发中心12家，在北京、上海、香港、深圳等地设有区域公司21家，积极参与"一带一路"建设。

恒力集团通过科技创新体系的建设和创新能力的培育，逐渐成为国内化纤行业的领军企业，代表了中国化纤行业的最高水平。

近年来，恒力集团又持续推进智能制造，先后投入近10亿元进行工厂智能化改造。在恒力的化纤生产车间，从清板、落筒，到丝饼的外检、运输、取放、上线、裹膜……整套操作工序已全部实现自动化。

做社会责任践行者

恒力集团多年来持续注重节能环保，通过了ISO环境管理体系认证和欧洲绿色环保认证，并率先在全国同行业中实施中水回用工程，在行业内率先建成国家级绿色工厂。恒力集团先后实施了大型电力设备变频化节能改造、电力空压站气动化节能改造等多个重大节能减排技术改造项目，取得了良好的经济效益和社会效益。

在恒力集团2000万吨/年炼化一体化项目最初制订的方案中，共有36根烟囱，经过反复优化设计，最终仅安装了7根烟囱，且烟气排放高于国家标准。恒力石化（大连）炼化有限公司与苏伊士集团合作的污水处理场获中法团队合作创新奖"气候特别奖"。

2018年9月，国际水协世界水大会在日本东京举行，恒力石化（大连）炼化有限公司与苏伊士集团合作的"嵌入式污水处理场"项目，夺得2018国际水协项目创新奖，该奖项被誉为"水处理领域的诺贝尔奖"。这是继获中法团队合作创新奖气候特别奖后，恒力集团又斩获的另一国际大奖。

创立至今，恒力集团在扶贫、助学、救灾以及其他各公益项目方面捐款累计已超6亿元，并成立了江苏恒力慈善基金会，将慈善工作常态化、组织化、项目化，更好地回馈社会，支持慈善事业发展。

济南轨道交通集团有限公司党委书记、董事长

陈思斌

陈思斌：男，1962年10月生人，山东济阳人，中共党员，大学学历。1981年7月参加工作，曾任济南财金投资控股集团党委书记、董事长，济南市财政局党委委员，市农业综合开发办公室主任等职。现任济南轨道交通集团有限公司（下称"济南轨道交通集团"）党委书记、董事长。

先后获得全省减轻农民负担先进个人、全省农业综合开发工作先进个人、全省财政系统先进工作者、全市招商引资先进个人、济南市突出贡献优秀企业家、济南市五一劳动奖章、"影响济南"年度领军人物和榜样人物、山东省富民兴鲁劳动奖章等荣誉。

突破重重困难　持续深化内部管理创新

作为济南轨道交通集团的带头人，陈思斌积极落实省、市重要任务部署，勇于担当，攻坚克难，积极作为，严抓工程建设进度，一年内实现两条地铁线路通车。济南轨道交通集团是全国唯一承担高铁建设的地铁集团，多次刷新轨道交通建设的工期纪录，实现泉水与地铁建设的共荣共生。陈思斌以其对资本市场的高度敏锐性和多年国有资产投融资工作经验，借助轨道交通建设有利时机和市场的能动性，以资本运作、投融资管理等方式，吸引和集聚了大量金融资本、社会资本服务实体企业，努力打造千亿级轨道交通产业。济南轨道交通集团先后获得创建全国文明城市工作先进集体、山东省五一劳动奖状、山东省职工职业道德建设标兵单位、经济社会发展综合考核泉城创新奖等荣誉。

破解施工难题　千年古城迈入"地铁时代"

济南因泉闻名，泉水是城市的灵魂。为确保泉水"万无一失"，在地铁规划建设中，始终坚持保泉优先。自开展轨道交通规划建设以来，集团开展了大量的保泉专题研究，先后邀请几十名国内外专家开展了8次保泉专项评审。工程施工采取了封闭降水、原位回灌及导水通道等主动保泉措施，有效消除轨道交通在建设和运营期间对水环境的不利影响。

自2015年7月轨道交通1号线开工以来，济南轨道交通集团成功解决了盾构机穿越富水高强灰岩岩溶区等世界性难题，攻克了下穿京沪高铁、上跨济菏高速桥等重大风险源和技术难关，提前一年完成了通车任务，实现了济南市民的地铁梦，为西部新城融入主城区发挥了重要作用。

轨道交通3号线自2016年6月开工建设以来，先后克服了深埋暗挖、穿越富水地层、地势高差大等施工难点，提前15个月建成通车，创造了"盾构施工单月推进450环"等新纪录，实现了全线一次性验收合格率100%，再次刷新了地铁建设的"济南速度"。

破解融资和盈利难题　精心谋划轨道交通产业

为全力保障工程建设等资金需求，济南轨道交通集团充分利用开发性金融政策支持，依托轨道交通工程、棚户区改造等项目，深化与国开行合作空间，通过公司债、中票、基金等渠道推进市场化直接融资。广泛开拓融资渠道，形成直接融资和间接融资"双轮驱动"的良好局面，实现了政府债务与轨道交通建设融资的有效隔离。目前，已初步构建多层次、多渠道、立体化融资模式，集团信用评级由AA+上升为AAA，为后续低成本融资奠定了良好基础。

秉承"建地铁就是建城市"的理念，济南轨道交通集团在建设好和运营好地铁的同时，精心布局上下游产业，初步形成地铁设计、建材、盾构机生产、管片制造、电缆生产等轨道交通产业。2019年集团经营板块实现利润过亿元。

济南轨道交通集团创造性地提出"以土地收益反哺轨道交通建设、物业开发和股权投资收益弥补运营亏损"的思路，综合利用城市土地资源，平衡轨道交通建设投资，积极开发轨道交通沿线物业，提高轨道交通自主造血和可持续发展能力。围绕轨道交通沿线资源、运营资源、交通装备产业以及交通衍生产业，通过股权投资、上下游产业整合、招商引资，全力打造产业发展平台，以产城融合思路打造轨道交通产业园，引导轨道交通产业不断向价值链高端延伸，打造千亿级本地化轨道交通产业。

筑牢安全生产防线　积极履行社会责任

济南轨道交通集团始终坚持"安全第一、预防为主、综合治理"的工作方针，秉承"安全是底线、红线"的理念，深化举措促安全，持续提升安全管理能力。先后制定突发事件应急处置、事故隐患排查治理、安全风险管理、安全生产值班值守等20多项安全管理制度，实现安全监督由事后监督向事前监督、过程监督转变，真正做到靠制度管理安全，用制度约束行为。强化隐患排查治理，坚持日常考评、月度考评相结合，强化重点专项检查，认真做好节假日、防汛、冬季施工等特殊时期工作，通过开展系列专项整治行动，确保集团安全形势平稳。

济南轨道交通集团建立了安全质量信息管理系统，集成隐患排查治理、盾构远程监控、风险管控、建设期地铁保护、质量管理、人员及设备管理六大功能，实现与各参建单位信息的互联互通，为施工安全监督管理提供技术支撑。与参建施工企业协商沟通，在王府庄片区和济南东站片区成立应急救援中心，组建固定应急救援队伍，储备充足应急设备物资，开展应急演练，有效提高济南轨道交通集团及参建单位应急处置能力。

为适应济南轨道交通集团发展需求，陈思斌按照"做精总部、做实一级公司、做强产业链"的总体思路，推动形成精简高效、权责相宜的扁平化组织架构体系，保障企业战略目标实现。加速推进子公司舜达设计院改革改制，基本完成混合所有制改革，建立现代企业管理制度，做好市场化运作各种准备。认真做好战略发展规划，初步形成企业战略发展规划和三年发展规划。注重企业文化建设，打造温暖企业。组建企业文化建设团队，引入专业咨询公司协助开展企业文化建设，集团企业文化理念基本形成。创办济南轨道交通集团《济南地铁》内刊，搭建了展示集团动态，交流行业资讯的平台。充分发挥群团组织作用，深入开展"弘扬工匠精神、筑梦济南地铁"劳动竞赛，大力弘扬劳模、工匠精神。积极营造"书香地铁"浓厚氛围，建立济南市图书馆集团运营公司分馆，市图书馆流动图书车开进集团本部及工程建设一线。

积极履行社会责任，妥善做好济钢转岗安置，集团已累计入职779人。积极开展扶危济困，通过慈心一日捐募集善款23.74万元，捐赠50万元参与东、西部扶贫协作和对口支援工作。积极参与社会公益，多次开展助残、孝老、植树、文明创城等志愿服务活动。

为建设安全、优质、便捷、高效的一体化轨道交通运输体系目标，在陈思斌的带领下，济南轨道交通集团正抢抓发展机遇，雷厉风行，苦干实干，不断谱写着新时代轨道交通建设发展新篇章。

紫金矿业集团股份有限公司党委书记、董事长

陈景河

陈景河：男，1957年10月生人，福建龙岩人，中共党员，福州大学地质专业，大学学历，教授级高级工程师，享受国务院政府特殊津贴专家。现任紫金矿业集团股份有限公司（下称"紫金矿业"）党委书记、董事长。中国矿业联合会主席团主席、中国黄金协会副会长，福建省总商会副会长，福建省第十届人大代表。

陈景河长期从事矿产地质勘查与开发的技术和工程管理工作，是紫金山铜（金）矿的主要发现者、研究者和开发组织者。于1993年创办紫金矿业，一直担任公司主要负责人，在矿床勘查评价和开发规划，矿山采选冶和企业经营管理等方面有很高的造诣，实现了低品位难选冶资源绿色高效益规模开发，紫金矿业成为一家以金、铜、锌等金属矿产资源勘查和开发为主的大型国际矿业集团。

创新引领发展　打造金质企业

陈景河带领紫金矿业发展成为资产规模、营业收入、其市值和累计实现利税均超过 1000 亿元，盈利和现金流能力强劲，在上海 A 股、香港 H 股上市的大企业。现紫金矿业项目遍及国内 18 个省（自治区）和境外 11 个国家，成为中国矿业"一带一路"的先行者。

坚持技术创新　企业核心竞争力显著提升

陈景河坚持以黄金和铜、锌等金属为主的发展战略，使紫金矿业成为了中国最大的上市黄金企业、第二大矿产铜生产商、第一大矿产锌生产商，是中国矿业行业效益最好、控制金属矿产资源最多、最具竞争力的矿业公司之一。紫金矿业位列《福布斯》2019 全球上市企业 2000 强第 889 位，居上榜的中国有色金属企业第 1 位、全球黄金企业第 1 位、全球有色金属企业第 10 位；在 2019 年《财富》中国 500 强排行榜中排名第 87 位，在中国企联发布的 2019 中国企业 500 强排名中位列有色（黄金）矿业企业利润第 1 位。

2019 年 1—9 月，紫金矿业实现营业收入 1016.27 亿元，实现利润总额 48.62 亿元，生产矿产金 29.41 吨，矿产铜 26.42 万吨，矿产锌 27.88 万吨。

陈景河是专家型企业家，他将科技创新作为企业的核心竞争力，紫金矿业在地质勘查、湿法冶金、低品位难选冶资源综合利用和大规模工程化开发等方面具有丰富的行业经验和领先的技术优势，成为全球为数不多具有系统自主技术能力的大型金属矿业公司，国家高新技术企业。紫金矿业联合福州大学创办的紫金矿业学院，成为培养实用型地矿人才的"211"工程学院。先后荣获国家科技进步一等奖 1 项，省部级特等奖、一等奖 15

项，发明专利 25 项。

陈景河创新成矿地质理论和经济地质理论，成功发现我国东南沿海首例大型铜金矿床紫金山铜（金）矿。他主持紫金山金矿开发，成为中国可利用资源最大、产金量最大、采选规模最大、入选品位最低、单位矿石成本最低、经济效益最好的世界级大型金矿，被授予"中国第一大金矿"称号。同时，在紫金山铜矿建成中国第一个千万吨级生物冶金工厂，贵州水银洞建成我国黄金行业第一座金矿加压预氧化工厂，塔吉克斯坦塔罗含铜金矿建成世界首条含铜难选冶金矿氨氰处理生产线。在他的带领下团队大力开展地质勘查工作，先后探明了 4 个超大型矿床、6 个大型矿床，累计新增铜 2150 万吨、金 679 吨、锌（铅）826 万吨、钴 9 万吨，价值超万亿元，为紫金矿业跨越式增长提供了雄厚的资源基础。

在经济和社会效益最大化总目标下，他创立"矿石流五环归一"工程管理模式，以矿石流为走向，将地勘、采矿、选矿、冶金、环保五个环节统筹研究和全流程控制，解决了低品位难选冶资源规模经济开发的难题。

推动体制机制和管理改革　发展国际化产业

紫金矿业 1998 年完成有限责任制改造；2000 年成立股份公司；成为中国矿业企业混合所有制改革最早、法人治理机制改革最好的企业之一。

2003 年 12 月，紫金矿业在香港 H 股上市，成为内地黄金香港第一股；2008 年 4 月，又成功回归 A 股，开创 A 股 0.1 元面值发行先河。在中国矿业企业中首次获穆迪、标普、惠誉等国际评级机构授予的投资级信用评级。紫金矿业通过资本与矿业的良好结合，实现从单一生产经营向资本经营战略的重要转变，积极参与国际市场竞争，获取一批具有世界影响力超大型矿产资源。

紫金矿业注重党的领导和党的建设，建立健全党委、董事会、监事会及经营层的良性互动机制，形成政治领导、决策、监督、经营等职责明确、相互融合协同的管理体系。

陈景河积极响应国家"一带一路"倡议，坚持"国际化、项目大型化、资产证券化"的发展战略，紫金矿业海外金、铜资源储量及产量已经或即

将全面超越国内,已成为中国在海外矿产品产量和资源储量最多的企业之一,也是中资矿业企业在海外投资最成功的企业之一。

陈景河以敏锐的市场视角和专业的决策判断力,坚持逆周期投资并购,特别是抓住全球经济矿业形势低迷及矿产资源价值被严重低估的机遇,积极并购大型、超大型矿产资源项目。紫金矿业海外项目分布在塞尔维亚、澳大利亚、巴布亚新几内亚、俄罗斯、塔吉克斯坦、吉尔吉斯斯坦、南非、刚果(金)、厄立特里亚、加拿大、秘鲁等11个国家,多个海外项目资源储量巨大,具备开发成为世界级金、铜矿的资源条件。刚果(金)卡莫阿铜矿资源量从2400万吨增加到4249万吨,平均品位高达2.56%,成为全球第四大铜矿和全球最大的未开发铜矿,相当于中国全部铜资源的40.0%,对保障我国铜资源供应有着重要战略意义;巴布亚新内亚波格拉金矿年产黄金15吨,可开发资源总量超过500吨;塞尔维亚Timok铜金矿、哥伦比亚武里蒂卡金矿拥有世界级超大型高品位矿产资源。

坚持依法合规共赢发展　积极承担社会责任

紫金矿业所在的上杭县从国家级贫困县成长为福建经济发展十强县。企业还积极支持地方新农村建设和教育、老年人扶助等公益事业,主动参加抢险赈灾。自2000年来累计捐助各类慈善公益事业超26亿元,又出资2亿元设立紫金矿业慈善基金会,是我国矿业行业履行慈善公益的重要力量。陈景河还以个人名义成立了"陈景河慈善基金会",资助贫困的品德良好、学习优秀学生。企业先后三次荣获中国慈善的最高奖项——中华慈善奖,被授予全国文明单位等称号。

陈景河牢固树立安全环保的底线思维和红线意识,以"零工亡、零职业病、零环保事故"为目标,持续打造本质安全;提升废水综合利用、环境治理和生态文明建设水平,持续加强能源管理推进节能减排。

陈景河坚持依法合规,严格遵守项目所在国家法律法规,利用自身影响激发上下游价值链中的供应商、客户提供对公司、对矿业行业、对社会负责任的产品和服务。坚持紫金创新理念与当地文化相融合,赢得了项目所在国及社区的尊重和支持,维护了中国企业的形象和紫金矿业的荣誉。

中南控股集团有限公司董事局主席

陈锦石

陈锦石：男，1962年10月生人。江苏南通人，中共党员，高级工程师，现任中南控股集团有限公司（下称"中南控股集团"）董事局主席。中南控股集团创始人。上海财经大学客座教授，香港城市大学DBA（工商管理博士），江苏省慈善总会名誉会长，江苏省苏商发展促进会联席会长，第七届中房协产业协作会副会长。

先后获得全国五一劳动奖章、中国十大责任地产人物、中国最具社会责任企业家、中国十大慈善企业家、江苏省优秀企业家、改革开放40年·最受尊敬的苏商功勋人物、CIHAF2018中国房地产年度十大风云人物、改革开放40年时代人物等殊荣。连续当选第十二届、十三届全国人大代表。

筚路蓝缕　成果辉煌

1988年2月，陈锦石在无市场、无资金、无关系、无技术的情况下，带领当地28个人，怀揣七拼八凑借来的5000元钱，踏上了山东东营胜利油田的工地，开始了他的创业之路。靠一把泥刀、一只灰桶和不怕苦的精神，以包清工的形式承接业务。在工地上，盛夏酷暑，炎炎烈日，数九严冬，刺骨寒风，硬是坚持了下来。当经营几百号员工的小企业时，陈锦石已经在认真规划企业集团了，机会是为有准备的人而留的，正因为他不断树立了更高的奋斗目标，才成就了现在的中南控股集团。

创新发展　加强党建

1992年，山东东营农工商办公楼项目成为陈锦石团队首个以南通三建名义承建的总包项目，同年，公司承建了19层的东营计算机办公大楼，并获得了政府授予的"第八工程队"称号，开启了中南建筑发展之路。其后，海门中南集团、南通中南建筑安装工程有限公司相继注册成立。

如今，中南控股集团已形成"4+1"业务布局，包含：房地产集团（中南置地）；建筑集团（三大主业务单元、两大专业公司、五大特色公司）；中南高科：以新兴产业园区发展为基础，以产业资源导入与产业发展服务为核心竞争力，全力赋能优秀企业与企业家，致力于打造超级产融平台；中南实业投资集团：整合金融、资本、工业，精准定位，发挥优势；教育集团：中南教育集团，坚持"传道、授业、启未来"的理念，促进当代教育的健康发展。其中，中南土木参与了北京鸟巢体育馆、天安门广场改建、国家大剧院、北京地铁等多项国家重大工程建设，目前还承建了南通地铁1号线02标幸余路站工程。

陈锦石重视对党员的教育管理和培训工作。中南的党建工作受到上级党委的肯定，多家媒体作了宣传报道，并在创先争优活动中取得的丰硕成果。陈锦石树立正确的世界观、人生观、价值观，坚持诚信经营，严格执行党和国家的政策法令，多次被上级党委评为优秀党员，中南控股集团党委也多次被上级党委评为先进基层党组织。

锐意突破　追求卓越

企业不断发展壮大，但工程回款出现了问题，给中南控股集团的发展带来巨大的压力。为让企业获得更好地发展，1998年，陈锦石决定自行开发房产项目。2005年成功获取南通中央商务区项目，在中南发展历史上具有里程碑意义。以南通中央商务区为基础，中南房地产开发步入大盘时代，"中南世纪城"品牌效应凸显，"软投资"、联动开发模式连战连捷。在市场的浪潮中，中南控股集团走出了一条民营企业的创新求变之路，还积极投身"一带一路"建设，并成为南通首个超千亿的民营企业。

陈锦石领导中南控股集团，始终强化发展、经营、治理、管理等战略落地，不断改革转型、抢占市场。通过敏锐而前瞻的发展眼光，抓住了四大发展机遇，从并购南通总承包，创立中南建筑；到开发南通CBD，开启了房地产黄金十年；再到收购北京城建市政，创立中南土木，直至主板借壳上市，成功进入资本经营快车道。

陈锦石深知，人才是企业最大的财富，要让中南成为优秀人才的聚集地。他高薪养能，并坚持高薪养廉，能招好人才，留好人才，激励员工在实践中锻炼成才，努力成为高级人才。目前，中南控股集团拥有博士近100人，硕士500余人，MBA15人，EMBA100余人，为中南的发展壮大储备了强劲的力量，也为优秀人才充分体现自己的人生价值。

陈锦石具有高度的事业心与责任心，具有追求卓越、勇攀高峰的奋斗精神。在他的带领下，中南控股集团2019年总投资额超1500亿元，纳税超百亿元，各产业发展再次取得突破。其中，中南置地全国行业排名第16位，中南建筑荣获2019ENR中国承包商80强第11位，江苏省建筑业百强企业综合实力第3名。实业经营成果显著，以房地产、建筑为主业，不断整合上下游产业，培育高科、工业等做大做强；资本经营初显成效，员工持股获得稳定收益、期权激励按期兑现、兼并收购不断尝试；资产经营能力不断提升，逐步彰显中南无形资产和有形资产互动优势。

中南控股集团通过32年的发展，构建了"4+1"板块的新格局、新动能，逐步孵化出35家初具规模的小企业，并总结出了初创企业、初具规模小企业、百亿级企业、千亿及以上企业的管理要求，形成差异化发展、滚动式发展、集约化发展、规模化发展、多元化发展、集团化发展等多种商业模式，为全集团及各产业进一步发展奠定了基础。

中南控股集团，从一个最初只有28名员工，成长为员工8万人、2019年产值达2821.4亿元的大型上市集团公司，荣获"鲁班奖"25项、"特别鲁班奖"1项、"詹天佑奖"15项。

陈锦石自当选为全国人大代表，先后提交的《关于打通沪崇海大通道，进一步推进上海周边区域经济大发展的建议》《关于深化国资国企改革，鼓励优质民营企业参与国有企业改制，在混合所有制企业允许民营企业控股的建议》《关于发展建筑预制装配技术，治理工地灰霾的建议》《建筑工业化，共建美丽中国》等议案，得到了国家有关部门的重视，为我国经济、社会发展贡献了自己的聪明才智。

回馈社会　造福桑梓

陈锦石带领中南控股集团发展壮大的同时，始终不忘造福桑梓、反哺社会。1998年，陈锦石把中南控股集团总部从青岛迁回海门常乐镇，并于2000年开始兼任中南村党支部书记。他每年拿出50多万元，为全体村民交纳新型农村合作医疗基金，向村里70岁以上老人发放尊老金；相继投入1亿多元，用于中南村的新农村建设。

2011年，中南控股集团专项规划2亿元资金设立的江苏中南慈善基金会揭幕。32年来，累计利税总额超300亿元，先后累计捐资8亿多元，用于新农村建设、援建学校和养老机构、兴修道路与水利、抗震救灾、扶贫济困等。陈锦石入选中国十大慈善企业家，中南控股集团多次入选中国十大慈善企业。

方太集团董事长、总裁

茅忠群

茅忠群：男，1969年8月生人，浙江慈溪人，中共党员。上海交通大学电力系统自动化专业、无线电技术专业，学士学位；上海交通大学电子电力技术专业，硕士学位；中欧国际工商管理学院工商管理，硕士学位；1996年1月创建宁波方太厨具有限公司，现任方太集团（下称"方太"）董事长兼总裁。中华全国青年联合会第十届委员，中国五金制品协会吸油烟机分会会长，浙江省青年企业家协会副会长，宁波市工商业联合会副主席，宁波市青年联合会副主席，宁波杭州湾新区商会会长。浙江省第十三次、十四次党代会党代表，宁波市人大代表。

入选宁波市十大发明之星，先后荣获国家质检总局2009—2010年度全国质量工作先进个人、浙江省优秀中国特色社会主义事业建设者、2010—2012年度宁波市劳动模范、中共浙江省委浙江省优秀共产党员等荣誉。

三品合一　成就卓越

作为一位优秀的民营企业家，茅忠群以强烈的使命感将方太打造成了家电行业第一个中国人的高端品牌，并带动中国厨电行业全面超越西门子等洋品牌。23年来，方太在茅忠群的带领下，始终专注于高端嵌入式厨房电器的研发和制造，致力于打造健康环保有品位有文化的生活方式，让千万家庭享受更加幸福安心的生活。

成绩显著　引人注目

茅忠群始终坚持"专业、高端、负责"的战略性定位，在品牌提及率、品牌认知度等关键指标上，居厨电行业翘楚地位。23年来，方太以中国高端厨房电器第一品牌、世界厨房电器著名品牌为总体目标，发展成为厨房电器、集成厨房、海外事业三架马车并肩齐驱的战略格局。

人民日报洞察我们的专注——方太"20年从未离开厨房"；新华社看到我们的目标愿景，认为方太是"在小厨房里书写大故事"；新闻联播肯定了我们在创新与绿色发展方面做出的贡献，认为方太是在"以绿色标准引领行业发展"；经济半小时捕捉到我们"如切如磋、如琢如磨"打造厨电精品的精神，称方太是"品牌中的工匠"；经济日报"高端厨电精品是这样打磨出来的"的报道，则让大家看到了方太对品质精益求精的追求……"专注、创新、绿色、高端"，这些赞誉，成为打在方太品牌上的烙印。

2016年，《第一财经周刊》"中国公司人品牌调查"，方太品牌提及率在厨电行业连续8年稳居翘楚。与此同时，方太以独特的创新模式、优越的品牌价值获得由CCTV颁发的2011CCTV中国年度品牌。此外，方太还以厨电行业独家身份成功入选 2018 年 CCTV "国家品牌计划"。截至 2018 年年底，方太累计上缴税费 74 亿元，被授予 2018 年度浙江省企业社会责任优秀报告。2016 年岁末，由人民日报、CCTV 等 20 余家央级媒体组成的"新理念，名品牌"调研组走进方太，深挖企业精神、企业内涵，为树立中国企业品牌标杆，打造中国品牌形象发声。

创新推动发展　服务引领潮流

茅忠群坚持每年将不少于销售收入 5.0% 的经费投入研发。方太拥有国家级电气实验室、燃气实验室和世界上规模最大、设施最先进的厨电实验室。方太目前除雄厚的本土设计实力，还拥有来自韩、日等地的设计力量以及高端厨房生产设备及国际工业制造先进技术，拥有包含厨房电器领域专家在内的 500 余人的研发人才团队，并于 2013 年被国家知识产权局评为第一批国家级知识产权示范企业。方太拥有近 3000 项国家专利，其中发明专利超 400 项，居行业翘楚。作为全国吸油烟机标准化工作组组长单位，茅忠群带领方太积极参与国际、国家、行业标准化工作，主持完成了"十一五"国家科技支撑计划课题"厨房卫生间污染控制与环境功能改善技术研究"，并顺利通过验收；于 2017 年成为"十三五"国家重点研发计划项目"油烟高效分离与烟气净化关键技术与设备"的承担单位。方太还主导完成 IEC（国际电工委员会）国际标准的修订，让中国吸油烟机行业在国际舞台上拥有了更多话语权。

2008 年，方太被评为业内唯一一家国家认定企业技术中心；2011 年，方太的油烟机技术，在获得不跑烟效果的同时，达到了 48 分贝静音标准，荣获由中国轻工业联合会颁发的中国轻工业联合会科技进步一等奖。同年，方太还荣膺质量管理领域的最高奖项——全国质量奖。

方太专注于打造及时、专业、用心的至诚服务。提供吸油烟机预埋烟管及厨电全线产品 5 年保修服务、提供 7×24 小时中英文双语服务热线。方太致力于打造符合用户购买体验的高端电子商务模式，天猫平台 DSR 评分连续 3 年（2015—2017 年）居行业翘楚地位。截至目前，方太已经在全国 200 多个城市，配合近千家房地产企业伙伴完美交付了数千个精装项

目,为高端人居提供厨房生活范本。

党务建设与企业发展双促双强

方太党委连续多年保持宁波市、浙江省先进基层党组织称号,并于2011年入选首批浙江省级非公有制企业"双强百佳"双重管理企业。方太集团先后获得了全国非公有制企业"双强百佳"党组织和全国"创先争优"先进基层党组织两项国家级大奖,是宁波地区获奖的唯一一家民营企业,逐步树立起方太的"红色品牌"。

方太的社会公益慈善活动呈现长期性、主动性、群众性三个特色。方太关心教育事业,资助248位贫困大学生。2005年,向贵州贫困地区捐赠衣物棉被1193件,款项30万元;2008年,向四川汶川地震灾区捐献150万元;2013年,向四川雅安地震灾区捐款100万元。方太情系桑梓,关心地方发展。开展村企结对,出资95万元与黄湖村、太屺村、马潭路村结对,共建共荣;出资50万元,建立长河镇宁丰村尊老基金和长河镇尿毒症基金;出资50万元支持宁波公安慈善关爱基金。近年来,每逢八一建军节为慈溪驻军送去慰问金,加深军民鱼水情;为省青年创业就业基金会捐赠基金,为青年就业创业给力;为故乡绿色基金会、和谐促金会、老年体协分别捐赠资金,为营造绿色和谐慈溪出力;向社会推出"方太青竹简"计划,旨在传承弘扬优秀的中华传统文化,为社会文明道德建设添砖加瓦。

在努力为社会慈善公益活动作贡献的同时,茅忠群也为营造方太大家庭的温馨和谐而努力。方太职工互助帮困执委会为困难职工发放补助金,公司提供给暂时困难职工借款,捐助特困职工。物质上,方太建立了完善的薪酬福利体系、涵盖五险一金以及所有法定劳动保障。从精神上,作为一名富有远见与责任心的企业家,茅忠群关注每一位员工的成长与发展,为此方太建立了全面完整的培训体系,并制定了相应的培训反馈措施,不断提高培训满意度与有效性。方太拥有室内与室外篮球馆、羽毛球场、乒乓球场、瑜伽室、健身房等等高级的娱乐健身设施。2007年方太被评为宁波市创建劳动关系和谐企业先进单位。

九牧集团有限公司党委书记、董事长

林孝发

林孝发：男，1973年3月生人，福建人，中共党员，本科学历。九牧厨卫创始人，现任九牧集团有限公司（下称"九牧"）党委书记、董事长。海丝泛家居产业联合会首届会长、第二届名誉会长，中国建材市场协会副会长兼卫浴分会和国际建材家居产业合作委员会会长、中国五金制品协会副会长、全国五金制品标准化技术委员会厨卫五金分技术委员会主任和秘书长。

先后获国家"万人计划"领军人才、科技创新创业人才、中国家居产业最具影响力人物、福建省劳动模范、年度社会责任人物、中国社会进步贡献奖、第六届中国最佳EMBA人物奖——年度CEO等荣誉，入选中国设计业十大杰出青年、改革开放40年卫浴行业40杰出人物、中国卫浴30年脊梁人物、央视大国品牌70年70人等。

创业无止境　创新无极限

经过20多年的精耕细作和励精图治，林孝发带领九牧从福建走向世界，从家庭作坊发展为亚洲最大厨卫生产基地之一，国内第一家实现卫生陶瓷、智能厨卫、整体卫浴、厨卫家具、厨卫五金、晾衣架等所有产品线自主研发生产的厨卫企业。

不忘初心　成就中国高端卫浴领导者地位

创业29年来，林孝发始终以用户价值创造者为本，顺应经济转型升级趋势，推行全球泛家居定制战略全面革新布局，从卫浴、厨柜、衣柜、阳台、陶瓷、石材、全屋水系统，整合设计、物流等跨界产业资源，引进世界顶尖品牌，为用户提供"一站式VR体验、一站式管家定制、一站式管家服务"的新型泛家居定制解决方案，带领九牧获得中国质量奖提名奖、国家认定企业技术中心、国家级工业设计中心、国家电子商务示范企业、国家级知识产权示范企业、博士后科研工作站、行业科技创新一等奖、中国智能厨卫领导者，并在中国轻工业联合会2016年度中国行业十强企业中分别进入陶瓷行业、五金行业十强，成为唯一在两个行业中均榜上有名的福建企业；2019年再次入选亚洲品牌500强，并以382.98亿元跻身中国品牌价值500强，连续8年蝉联行业榜首。林孝发主导制定《水嘴用水效率限值及用水效率等级》《地漏》等一系列卫浴洁具行业国家标准及行业标准，规范行业产品生产和销售，推动行业发展与国际接轨，有效提升了行业的整体发展水平，引领着中国厨卫行业的变迁。

站在全球做产业，站在产业做企业。林孝发以其敏锐的嗅觉和敢为人先的魄力，引领打造产业核心技术生态链，推动成立海丝泛家居产业联合会，并联合发起成立国际建材家居产业合作委员会，充分发挥产业集聚效应，引领"泛家居"企业广泛交流，形成竞争合力。泛家居产业年产值超千亿，泛家居企业超亿元的近150家，带领产业从中国走向世界。

自主创业务实开拓　精耕细作引领行业

九牧从创业初期的170平方米厂房，到成为拥有5大生产基地、10000多名员工的综合性整体厨卫制造商，在企业规模、市场销售额、品牌影响力、产品领先性等综合指标上，均处于行业引领者的地位。九牧聚焦"一带一路"沿线国家，并购与海外本地化运作，开拓国际化市场。目前已与越南、阿联酋、卡塔尔、约旦、印度、澳大利亚、肯尼亚等32个"一带一路"沿线国家建立了合作关系，并在卡塔尔开设了第一家海外五星定制旗舰店。

秉承"专注高端卫浴"品牌理念，以高端、智能、定制为品牌传播的关键词，主推高端产品和高端传播，占领高端品牌位置。从与中央电视台《同一首歌》合作，举办"走进南安，相约九牧"的娱乐营销开始，九牧就持续不断地进行"创新营销"，率先开始规划全国渠道，实施区域代理制，以专卖店、专营店直面消费者，并通过"拓疆行动"，成功地从单一的五金产品转型升级成为整体厨卫解决方案专家。此外，还是业内首家启动一站式24小时管家服务的企业。如今，九牧在全球拥有5000多家高端卫浴店、20万个销售网点，产品销售遍及欧洲、南美、中东、非洲、东南亚等120多个国家和地区，累计销量15亿件。2010年，九牧陆续入驻淘宝、天猫、京东等平台，并自建B2C网站九牧卫浴官方商城。2016年"双十一"，以全网突破3.6亿元的单日销售业绩，连续7年蝉联建材卫浴全网销售冠军；2017年"6·18"，全网销量突破1.21亿元，再次实现"大满贯"，创造了业内电商发展的奇迹。2018年"双十一"，九牧的销售数据一路飙涨，最终以全网8亿元的成绩再次蝉联家装卫浴行业冠军宝座，并在智能马桶、浴室柜、五金等核心品类上，斩获多个第一。2019年"双十一"，蝉联家装卫浴行业十连冠，刷新品类销售记录。

系统创新转型升级　理念变革逆势发展

面对严峻的市场竞争，林孝发带领九牧通过不断的变革突破，调整战略方向，转变经营理念，在管理、文化、研发、制造等各核心领域进行全价值链、全过程的系统性创新，取得逆势快速发展。以每年两位数增长，连续10年销量行业第一。

"以人为本、共担责任、利益共享"是九牧创新的灵魂。秉持"企业做平台、员工做经营"的理念，九牧实行职业经理人制度，多年来引进了一系列高级人才，同时通过大量招聘应届高校毕业生，优化人才结构；建立全员培养发展体系及合伙人制，打造一群敢想、敢为、敢超；尊重、开放、包容、自由、诚信、志同道合，以成功为荣的九牧创业者；通过颁布实施《九牧创新基本法》，为全体员工指明了创新发展的方向和目标，形成了创新行动的指导纲领；通过举办"创新发展大会"等方式，鼓励和表彰员工创新；在业内率先引进 ERP、SAP 等现代化信息管理系统，导入卓越绩效管理模式，企业管理成本大幅降低，极大提升了管理效率。九牧开始由传统的家族式、粗放式管理变革成为规范化的现代企业。

凭借工匠精神，在深入研究客户需求的基础上进行人性化"微创新"，每年按不低于销售总额的 5.0% 投入技术研发和产品创新。与国内知名高校、科技研究院建立战略合作关系，开展研发合作；与国外意大利乔治亚罗、德国凤凰、韬睿惠悦等设计研发机构合作开展研发设计。九牧拥有超过2000名专注卫浴的研发设计人员，全球布局30个研究院、60多个实验室，目前，九牧已斩获21项 iF、21项红点设计大奖（包括斩获红点至尊大奖），拥有5000多项先进专利，主导参与标准制定100多项。

林孝发始终以"让生活空间更健康舒适"为企业使命，一如既往地践行社会责任担当，从2011年至今，首家发起：关爱孩子健康用水，改善百万中小学师生的用水环境；助力人居环境改善，提升国民生活幸福指数。多年来累计捐赠超千万元。林孝发在公益、环保、爱心、慈善、社会责任方面的理念及行动努力，铸就了九牧中国环境标志产品、中国最具社会责任感大奖等荣誉。

山东新城建工股份有限公司董事长、总经理

岳可江

　　岳可江：男，1969年生人，山东桓台人，中共党员，山东理工大学，研究生学历。先后担任精英装饰公司经理、山东新城建工总经理助理、常务副总经理，山东新城建工股份有限公司总经理等职。现任山东新城建工股份有限公司（下称"新城建工"）董事长、总经理。

　　岳可江勤奋工作，有较强的开拓创新能力，为企业的发展做出了突出的贡献，创造了令人瞩目的业绩。先后荣获"全国建筑业优秀职业经理人""全国建筑业优秀企业家""全国优秀施工企业家""全国诚信施工模范""山东省优秀企业家""淄博市劳动模范""第七届山东省非公有制经济人士优秀中国特色社会主义事业建设者"等荣誉称号，获得了"富民兴鲁劳动奖章""振兴淄博劳动奖章"，先后当选为桓台县优秀人大代表、淄博市第十五届人大代表、淄博市工商联副会长。

"新城模式"强企 "鲁商品牌"惠民

秉承鲁商的至诚至信、至臻至善精神，岳可江带领新城建工深耕齐鲁、辐射全国，走出了一条务实创新、敢为人先、富有特色、锐意进取的高质量发展之路。公司上下确保树立一盘棋的思想意识，合力助推各项工作细节到位，并形成舒畅的工作环境，保证了企业长期健康发展，成为"用户满意""政府放心"企业。新城建工先后获得"全国优秀施工企业""全国守合同重信用企业""全国施工企业 AAA 级信用企业""全国建筑业竞争力百强企业""全国诚信守法乡镇企业""全国建筑企业全面质量管理'金屋奖'""全国质量安全管理先进单位""全国诚信建设优秀施工企业""全国安全生产优秀施工企业""山东省首批诚信企业""山东省建工系统综合实力 20 强企业""抗震救灾先进集体""抗震救灾英雄集体"等荣誉。率先实现 ISO 9001、ISO 14001、OHSAS 18001 三项国际认证，被中国建筑业协会授予"全国建筑业 AAA 级诚信企业"，被中国建筑业协会审定为"全国建筑业绿色施工示范工程"企业。

创新谋发展 品质求生存

岳可江通过认真学习领会、刻苦钻研市场，带领他的精英团队谋划出符合实际的战略思路：立足建安产业，市场开发、品牌建设并重，整合优势资源，培植壮大重点工业企业和专业化公司；稳定施工总承包产业，充分发挥杠杆作用，助推建安产业、工业产业、专业化施工、贸易、房地产等，实现集团产业的全面发展。在岳可江的带领下，新城建工实施品牌战略，做强做大房屋建筑工程、基础设施建设与投资等公司核心业务，使新城建工在全国各地市场成为行业翘楚；实施区域化战略，以优惠的省外市场政策，全面开拓国内市场，积极探索国际市场；实施专业化战略，推进产业结构调整，改善经营结构，创新发展模式；实施科技化战略，进一步发挥科技对生产经营的推动作用，加大对科技的资源投入，培养壮大科技人才队伍，增强自主创新能力；实施多元化战略，创新运营机制，扩大企业经营范围，提高产品附加值和科技含量，加强市场运作，提高企业综合收益水平；实施人才战略，重点培养懂经营、会管理，素质高、能力强的项目经理团队，提高企业的技术创新能力、项目经营能力、建筑产品开发能力、管理信息系统能力，在工程质量上精益求精，在施工管理上独树一帜。

基于以上战略的实施落地，岳可江带领企业坚持在树形象、建内功上下功夫，转方式、调结构，节支降耗提高竞争力。为进一步达到国际化新型建筑强企的目标，岳可江顺应形势，积极整合资源，不断促进企业科技进步水平，技术中心建设能力、国家标准、国家工法、国家专利不断推新，公司国家级工法数达到5项，成为淄博市建筑业企业中国家级工法持有量最高的企业之一；主持编制了2项国家标准，有21项发明及实用新型专利获得证书，其中3项被确认为国家发明专利。岳可江严格遵循"发挥高层优势、创建名牌工程、强化质量管理、保证用户满意"的企业质量方针，以自己独特的经营理念和管理模式，不断加强施工管理和质量管理、安全文明管理的力度，不断引进新技术、新工艺、新材料、新设备，创出了自己的高层建筑企业特色，塑造了崭新的企业形象。

走绿色建设之路　以文化振兴企业

在岳可江的带领下，新城建工率先提出并践行着绿色施工理念。新城建工全方位落实以质量及绿色施工为主体的安全施工管理和工程质量管理，提高绿色施工水平，推进建筑节能与绿色建筑发展，努力将承接的政府投资办公建筑、学校、医院、文化等公益性公共建筑、保障性住房率先执行绿色建筑标准。施工管理中，强化品牌建设，突破绿色关，从"粗放发展"转向"绿色发展"。坚持生态优先、绿色发展理念，加强建筑工地扬尘、噪声等污染控制。积极推进建筑节能与绿色建筑发展，提倡绿色低碳建造工艺、技术和材料的运用。被中国建筑业协会审定为全国建筑业绿

色施工示范工程企业。

岳可江始终重视企业文化建设，对员工的思想观念、道德准则、价值取向和行为方式有着强大的的多元影响。对员工负责、对股东负责、对社会负责的企业使命和一系列的企业文化，融汇于企业的方方面面，内化为新城建工企业管理的重要组成部分，并落实于企业体制和机制中，创新企业文化理念的生命力，从而彰显出"文化力"的巨大能量。

反哺乡土　回报社会

岳可江深信诚以兴商、信以致远，坚持履约守信；他视质量为生命，凡重大项目，必定亲力亲为。对内，岳可江坚持推进人才兴业，实现人本和谐管理，严格按照现代企业管理制度运作。大力开展"创建学习型组织、争做知识型职工"活动，健全完善优秀职工使用和选拔机制，为职工搭建成长舞台，为企业转方式调结构、科学发展提供人才支撑。注重职工人文关怀，帮助困难职工解决住房、医疗、子女就业等问题，用实实在在的举措为职工思想解惑、发展解困、生活解难，维护职工合法权益。视务工人员为亲人，举公司全力兑现农民工工资，从不拖欠农民工一分钱。诚信之举让岳可江的队伍更加纪律严明、作风过硬，成就了响当当的新城建工品牌。对外，岳可江积极参与社会公益救助活动，2008年汶川发生大地震，岳可江率队最早一批进入北川参加援建。多年来，岳可江牢记"做强企业，致富员工，奉献社会"的企业目标，为社会提供了优质产品的同时，勇于承担社会责任，向社会传递更多的正能量，通过各方面公益活动增强企业员工奉献社会的意识，帮助社会扶贫济困、共同成长。公司成立了"爱心四助"基金会，每年固定拨付200万元，在支持新城中学搬迁、镇敬老院捐款捐物、落后村村容村貌改善等项目中做出很大的贡献；先后捐款数百万元，支持了淄博市见义勇为和山东省残疾人福利基金会各项事业的开展，每年为慈善总会捐款捐物，被桓台县人民政府评为最具爱心慈善捐赠企业。

以质量大写责任，以诚信创新发展，以真诚回报社会，岳可江带领下的新城建工正以孔武有力的步伐，稳健迈步走向新时代。

江西江龙物流集团有限公司总经理

金定粮

金定粮：男，1966年6月生人，江西高安人，中共党员，大学学历。1985年参军入伍，2000年退伍并参加工作，2007年6月创办江西江龙物流集团有限公司，2007年8月成立江西江龙物流集团鸿海物流有限公司，并任江西江龙物流集团公司总经理兼鸿海物流有限公司董事长、党总支书记。江西省第十二届政协委员、江西省工商联常委、江西省企业联合会、企业家协会副会长，高安市人大常委，高安市工商联副主席、高安市总工会副主席、高安市汽运协会副会长等。

先后荣获江西省道德建设标兵、江西省优秀企业家、宜春市优秀共产党员、宜春市优秀企业家、宜春市劳动模范、宜春市先进党务工作者、高安市十佳最美创业先锋、品牌高安建设十大标兵、高安市好人等荣誉。

江龙物流　浩荡前行

金定粮具有较强的思想政治觉悟、较高的政策理论水平和深厚的文化积累；具有卓越的经营管理才能，经营业绩突出。他坚持公平竞争、诚信经营，自觉履行社会责任，积极回报社会，对经济社会发展做出了卓越贡献；他坚持以人为本，加强企业文化建设与和谐企业建设，推动企业与员工共同发展，劳动关系和谐稳定，企业的凝聚力和战斗力不断增强。

目前集团拥有2家省级服务业龙头企业、11家国家4A级物流企业，700多个物流信息网点，近8万从业人员的产业基础。集团旗下的江西江龙集团鸿海物流有限公司先后荣获交通部第三批甩挂示范企业、国家4A级企业、全国企业文化优秀成果二等奖、全国优秀诚信企业等。

弘扬正能量　凝心聚力谋发展

金定粮以新时代企业标准为发展目标，努力塑造有担当、有作为、有效益、有贡献的新时代物流企业。一是倡导新价值理念。按照分工负责，又团结协作的原则，全力打造共担企业责，共谋企业事的发展氛围，公司上下爱岗敬业，乐于奉献的企业精神得到弘扬。为了使所定目标如期实现，公司每年将企业各项指标下达分解，广大职工自觉把责任变动力化行动，狠抓工作落实，努力提升岗位的执行力，确保了企业健康发展。二是推行新企业文化。通过走出去学习，请进来培训等手段，更新企业发展理念，拓展企业发展新内涵，如在物流配送、车辆管理等方面，主动吸取先进物流企业管理经验，最大限度地降低物流成本，提高企业经济效益。通过科学管理，人文管理和企业文化创新，实现企业内部结构进一步优化，经营规模扩大，资本实力不断增强，企业信誉不断攀升。集团名下的江西江龙集团鸿海物流有限公司2018、2019两年连续跻身江西省服务业百强企业第9位，连年荣获省、市物流企业上缴税贡献特别奖、银行系统5A级信用企业。三是激发团队新动能。集团坚持正确的企业文化导向，着力用正确的企业文化凝聚人心，用高尚的企业文化鼓励人心；组织公司全体人员学习、掌握国家的大政策方针和发展方向，学习行业方面的政策法规，及时了解产业发展走势；同时，积极争取各级政府支持，创建优良的企业发展环境。大力弘扬正能量。以"爱党、爱国、爱社会、爱家庭、爱公司、爱岗位、爱他人"为主要内容，进一步把全体员工的思想行动统一到企业发展上来。强化职工权益保障。在维护企业权益的前提下，确保薪资年年增长，福利逐年提高；社会保障分批到位，岗位条件不断改善，企业功臣加薪加级提拔重用，困难职工得到救助帮扶。

创新企业魂　综合发展添实力

要进一步发展企业，就必须创新理念。一是三稳固三开拓，稳固老产业、开拓新产业；稳固老客户、开拓新客户；稳固老线路、开拓新线路；二是用新理念取代老经验。在市场发展中，不断优化客户、优化线路、优化地区、优化司乘人员，集中精力、集中力量配置优质资源，服务优质市场和优质客户；三是广泛运用先进的信息手段为市场服务，集团先后投资1000余万元，为各分公司、各网点配备先进的信息设备，及时发现货源，组织运力，服务市场。优化服务。

江西江龙物流集团坚持以客户为核心，以追求完美的服务为宗旨，最大限度地满足客户需求。近几年来，公司不断增加服务项目，更新服务内容，优化服务手段。一是物流咨询，即用科学的理念、经济的方式为客户提供物流方案策划，并配送物流到位。二是跨省快运，即建立全国物流网络，承接各类物资的整车、零担运输业务，精准地完成客户所需的物流运作。三是仓储服务。建立了大型高标准全封闭智能化管理装卸的仓储基地，为客户提供物资存储、保管、中转配送服务。同时，还可为客户提供物品整理、仓装升级等配套服务。四是为客户提供个性化服务和增值服务，在江西乃至全国设立了一个庞大的物流服务市场。

几年来，江龙物流集团始终把"安全"二字作为常念的话题、永恒的话题。企业始终坚持"安全第一"的办企方针，强化安全手段，杜绝安全隐患，消灭安全事故。一是加强司乘人员安全文化学习，经常组织管理人员、司乘人员学习安全知识，了解安全政策法律法规，做到警钟常鸣。二是完善安全规章。公司按照安全法律法规政策要求，结合公司实际，对各条线段、各个岗位制定了安全岗位职责，安全保障规定，做到有章可循、有规可依。实行安全事故责任追究制度，安全事故赔偿制度，安全事故奖惩考核制度。三是加强了仓储配送货物安全保障工作。凡是在本公司存储、整理仓装、配送和运输中的货物绝对保障安全，如有损失照价赔偿，追究责任等。这些安全措施，极大地强化了集团上下安全保障意识，安全事故基本杜绝，企业效益提升。

做事勇担当　扶贫济困显大爱

经过十余年奋斗，企业由小到大，目前年产值达 200 余亿元，为社会提供了近 10000 个就业岗位。公司优先招收退伍军人，金定粮经常帮助复员退伍军人自主创业，传授创业经验。2013 年，龙潭镇兴建幸福院，金定粮带头捐款 6 万元，带动龙潭在外人士的慷慨解囊，捐款总数达 100 余万。幸福院建成后，金定粮几乎每月都会带领公司员工前去探望，带上一些衣物等生活必需品并发慰问金。2014 年，上港村开展新农村建设，为缓解村里修桥修路的资金压力，金定粮带头捐款 30 余万元……

2017 年，金定粮为龙潭中心小学"六一汇演"捐款 6 万元，为希望小学捐资 15 万元，并先后为农村留守儿童捐款达 15 万元。2018 年，他又为社会公益捐资 30 余万元。他还帮助职工家庭解决实际困难，深受公司员工爱戴。2019 年，他为龙潭中心幼儿园建设捐款 30 万元，为农村留守儿童、孤寡老人捐款 20 万元。

据不完全统计，近 10 年间他先后用于公益事业和帮扶困难户各种资金达 600 余万元，接收帮扶的困难户达 1000 余户。

江西省建工集团有限责任公司党委书记、董事长

周才东

周才东：男，1965年12月生人，江西吉安人，中共党员，中央党校大学学历。曾任江西省建工集团有限责任公司党委副书记、副总经理，党委副书记、总经理，党委副书记、总经理，董事、副董事长。现任江西省建工集团有限责任公司（下称"江西建工集团"）党委书记、董事长。

荣获江西省五一劳动奖章、2018年度江西省杰出企业家等荣誉。

一片冰心在玉壶

周才柬见证了江西建工集团由计划经济走向市场经济、从濒临破产走向中国企业 500 强的全过程。尤其在 2017 年担任江西建工集团总经理，2018 年主持江西建工集团全面工作以来，他直面改制以来累积的各种矛盾和问题，在经济发展下行压力巨大的宏观环境下，取得了企业发展逆势上扬、主要经济指标创历史新高、高质量发展开局良好的不平凡业绩。

勇往直前的改革者

江西建工集团依托改革改制形成发展新体制、新机制的优势步入发展快车道，新签合同额、营业收入、利润总额等主要经济指标分别由改制前的 66 亿元、46 亿元、损亏 0.12 亿元，迅速增至 2019 年的 715 亿元、450 亿元、10.5 亿元，自 2014 年起连续 6 年跻身中国企业 500 强、全国建筑 50 强……成为了省内外成功改革改制，尤其是探索混合所有制改革的样板和争相学习考察的典型。

改革改制前的江西建工集团，连续 13 年亏损，资不抵债……在此情况下，周才柬临危受命，具体负责集团母子公司两级层面的改革改制工作，在短短 3 年内顺利完成了集团企业改革改制方案的制订、报审、实施和企业资产的清评审以及战略投资者的引进、职工入股等混改工作。周才柬并不满足于此，而是进一步将目光投向建设企业公众平台的更高层次上，大力推进江西建工集团 IPO 整体上市培育工作，并以此为抓手，聚焦企业员工持股平台"僵化"等短板问题，不断深化完善企业混合所有制发展模式。

由于改制时剥离了大量没有现金流的资产，致使企业资产负债率较高，随着企业规模的持续壮大，一度高达近93.0%。周才柬紧紧抓住债转股这一政策机遇，成功引入债转股资金16.1亿元；同时，降低分红比例，清理债权债务，发行企业永续债，企业资产负债率降至88.4%。

勇于担当的传承者

从总经理，到主持全面工作，再到出任董事长，在周才柬一路提任的过程中，国家对房地产市场实施持续从严调控政策，对地方政府和国有企业大力实施"去杠杆、降负债"的紧缩政策，加上经济发展下行压力加大等客观情况的影响，江西建工集团以往高速发展过程中累积的诸多风险和问题逐步显现。

面对企业存在的风险和问题，周才柬将风险管控工作纳入与企业生产经营同等重要的高度摆上议事日程，由集团层面高位推动。他全力化解处置企业存量PPP项目风险和重点重大诉讼项目，有效带动其他风险问题的逐一解决。同时，他借势借力于当时正在开展的省委巡视整改和"不忘初心、牢记使命"主题教育整改，全面进行内部管理制度和管控流程的梳理再造工作，扎牢风险防范的制度笼子。

守正创新的开拓者

周才柬牢牢把握"发展"这个关键所在，在高质量发展和做大做强做优上集思广益，为集团经济发展提供具有指向性和引领作用的战略规划。一方面，多措并举加快推动集团经济由规模增长型，向规模与质量效益并重增长型转变；由以房屋建筑一元为主向多元创效的全方位、复合型经济转变。另一方面，针对集团经济发展站上新台阶、面临人力资源严重缺乏问题，制定出台《2019—2023年集团五年人才发展规划》。

主持江西建工集团全面工作以来，周才柬及时调整企业"十三五"发展思路和目标，提出"稳增长和高质量发展"两条工作主线。对内加大管控力度，建立健全股权多元化机制，全面预防化解处置企业风险，狠抓项目规范化管理和企业科学技术创新；对外积极参与"一带一路"倡议和国家区域协同发展战略，2017年海外市场新签合同额首次超过100亿元。同

时,将企业党建工作纳入业绩考核范畴,不断提升企业党建水平,努力把党的组织优势和政治优势转化为企业的市场竞争优势以及高质量发展优势。

2018年集团经济发展创历史新高,新签合同额706.8亿元,同比增长7.2%;实现营业收入440亿元,同比增长8.6%;实现利税总额25.5亿元,同比增长12.2%,企业经济不但继续保持较快增长速度,而且高质量发展开局良好。2019年集团经济发展总体稳定,一些主要经济指标再创历史新高,并且呈现出以创效益为中心的省内项目明显增多、以EPC模式为主体的大体量项目明显增多、以产业结构调整为特征的非房建项目和政府投资项目明显增多等高质量发展特征。

社会责任的践行者

周才柬推行多种制度、措施,不断增强企业员工尤其是项目一线员工的归属感、获得感和幸福感。同时,实施差异化薪酬制度,增强企业对优秀人才的吸引力。2018年,江西建工集团被评为全国模范职工之家。

周才柬积极参与国家和行业倡导的政策行为以及社会公益事业,并将其融入企业文化中。一方面,他立足绿色、节能、环保要求,积极参与国家和行业主导的装配式建筑生产模式,斥巨资建设企业装配式建筑PC基地,引导企业参与建筑信息化、现代化建设。累计创建中国建筑最高荣誉鲁班奖工程14项;另一方面,主动做好定点扶贫、省领导联系点扶贫和平安创建帮扶工作。自2013年起,每年投入扶贫资金均超600万元;逢年过节都要亲自到各扶贫点走访慰问贫困户。充分利用企业建设优势,对贫困村交通及农田基础设施进行了兴修改建,为贫困村如期脱贫摘帽做出了积极贡献。集团公司被省扶贫开发领导小组评为2015—2017年度省派单位定点帮扶贫困村工作先进单位。公司积极参与社会公益事业,2018年冠名赞助全省网球邀请赛29.8万元,出资27.9万元承办江西省振兴杯职业技能大赛启动仪式及全省砌筑工职业技能大赛,为省第十五届运动会赞助10万元,捐赠省见义勇为基金会200万元。江西建工集团入选江西省十大功勋企业,荣获江西省五一劳动奖状,位居江西省慈善事业捐赠排行榜第三。

广西南丹南方金属有限公司董事长、总经理

周南方

    周南方：男，1965年生人，湖南人，厦门大学EMBA学历，国家二级经济师，现任广西南丹南方金属有限公司董事长、总经理。

    他是一位拥有30多年从业经历、在有色金属生产一线成长起来的广西本土优秀企业家。他始终坚持党的领导，牢记企业家肩负的社会责任和历史使命，带领团队敢于拼搏，敢于创新，敢于实践，敢于竞争，一路披荆斩棘，攻坚克难，开拓创新，勇创佳绩。

咬定青山不放松

周南方具有"创新求变"的务实精神和"做百年企业"的笃定执著，他带领团队在激烈的有色金属产业市场竞争中勇立潮头。2019年公司实现营业收入185亿元，上缴税金3.9亿元，成为广西乃至全国有色金属行业的龙头企业，在国内外具有较强的核心竞争力。2019年公司有两项技术获得中国有色金属工业科学技术一等奖，企业综合实力排在全国有色行业前三名、广西民营企业100强第三位，被评为广西最具竞争力民营企业。

抢抓机遇　审时度势　做大做强企业

1995年，周南方创建以铅锑生产为主的广西南丹南方金属有限公司，提出了"敢于拼搏、敢于创新、敢于实践、敢于竞争"企业发展观。经过不懈努力，公司发展成拥有员工5100人，具备年产锌锭37万吨，铅锭15万吨、锑锭1.45万吨、电铜30万吨、硫酸122万吨的生产能力及综合回收银、镉、铟等多种有价小金属，年销售收入超200亿元的综合性大型生产企业，是广西铅锌生产重点加工企业。

2005年，周南方在河池·南丹创建南丹县南方有色金属有限责任公司。2012年，在国内首次采用世界先进的富氧侧吹炉一步炼铅技术和设备，成功研发生产锑、铅金属，综合回收银、金、铜、锌等有价金属及硫酸的铅生产系统，与锌生产系统实现资源互补，建成全国最大铅锌生产基地，锌产量连续4年位居全国第一。

2009年，周南方在广西扶绥县中国·东盟青年创业园区筹建广西南国铜业有限责任公司。该项目是广西壮族自治区统筹建设重大项目，规划设计建设年产100万吨电解铜。周南方提出把南国铜业打造成为集工业示范、生态旅游、特色小镇和铜工艺文化开发于一体的现代化企业的目标，一期30万吨电解铜项目已于2019年4月份成功投产，成功实现当年投产当年收益的良好开局。

南方有色金属集团生产所需原料大部分来自国外，产品销往全球各地，同样受到近两年来国际国内经济环境变化的影响。周南方从内部挖掘潜力，逆势而上，取得了规模与效益同步快速增长的良好势头。数据显示，公司由创建到实现销售收入过百亿用了22年时间，但仅用2年时间就实现了从100亿元到200亿元的跨越。

安全第一　生态先行　独创企业文化

周南方在注重企业安全生产的基础上，坚持"环境保护、绿色发展"理念，打造以"管理科学化、装备现代化、经营国际化、环境优美化"为发展方向的新时代民营企业。自创办企业以来，未发生过重大环境污染、质量、安全事故。

2012年，周南方与多所科研院校合作，先后实施5000吨/日污水处理工艺创新与运用工程、20万吨/年锌挥发窑渣处理工程、硫酸系统净化稀酸回收砷镉铅锌铜项目、铜渣无害化处理生产硫酸铜项目、余热综合利用项目和电气节能改造工程；淘汰落后产能引进先进的生产工艺及装备，企业安全生产、环境治理得到持续改善。2018年企业荣获国家工信部颁发的国家级"绿色工厂"，连续3年荣获中国铅锌行业绿色发展杰出贡献奖。公司投入1.75亿元，建设园林化工厂、景区化工厂，配套建设室内球馆、足球场、游泳池、排球场、羽毛球场、篮球场、健身房和超市等，打造出具备现代与古典相结合的园林式员工生活区。

集团公司经过25年形成了一系列独特的南方企业特色文化。周南方始终坚持以人为本，倡导不伤害自己、不伤害他人、不被他人伤害、监督他人不受伤害的"四不伤害"安全文化。他带头践行以权带人、以能管人、以德服人、以情感人"四人"管理干部行为准则，躬身打造"人文南方、文化南方、和谐南方、家的南方"。他弘扬"诚招天下客，誉从信中来"的中华优秀传统文化，2008年，亚洲遭受金融风暴，周南方在公司资金极

为困难的情况下，不仅按期支付原料货款，而且提前付款。因此，多年来南方有色金属公司结识了诸如嘉能可、托克等国际大供应商，实现了共赢。

扶危助困　担当责任　彰显赤子情怀

周南方积极投身社会公益事业。他长期以公司名义资助农村贫困学生、支持贫困地区教育事业，多次为冰冻、地震、洪灾、干旱等自然灾害慷慨解囊，到敬老院慰问孤寡老人，积极出资参与政府新农村建设。特别是党中央、国务院提出"精准扶贫、精准脱贫"战略任务后，他带头践行"万企帮万村"行动，专心就业扶贫，优先安排广西南丹、扶绥等县份2000多名贫困户劳动力到公司就业。周南方关心教育扶贫，早在2003年，公司就在南丹县边远贫困山区投入50万元建设八圩瑶族乡利乐小学，并对口扶持该学校至今；近两年，公司又投资8000余万元在南丹城区建设南方中学，优先招收家庭困难学生。他倾心实业扶贫，通过捐赠或捐款等形式累计超过1200万元，支持贫困农村基础设施建设；他积极扶持贫困地区企业发展，以实际行动支持地方扶贫事业。公司已累计投入扶贫及公益事业捐助资金达1.37亿元，2019年荣获全国"万企帮万村"精准扶贫行动先进民营企业。

党建引领　凝聚企业发展动力

把企业文化融入党建工作，让党建工作更好服务企业发展，是周南方对企业加强党建工作的认识。2006年公司成立了党支部，2012年成立了公司党总支，2014年成立了集团党委，选举产生了专职党委书记。在党委领导下，公司成立了工、青、妇等群众组织。公司党建经费纳入公司每年的经费预算，有效保障了党建活动的正常开展。公司党委注重发挥党员在企业改革发展和生产一线的先锋模范作用，用实际行动影响和带动广大职工聚力企业发展。企业创建党员先锋岗、党员技术攻关小组、党员生产标兵等党员模范岗位，充分发挥党员职工在生产经营中的先锋模范作用，形成了党的建设与公司发展同步推进的工作格局。2014年5月，入选自治区党委组织部评选的全区百家非公党建强优企业。

湖南省茶业集团股份有限公司党委书记、董事长

周重旺

周重旺：男，1963年生人，湖南新化人，中共党员，湖南农业大学茶学系，研究生学历，1986年7月被分配到湖南省茶叶总公司工作至今，历任收购站站长、科长、部门经理、副总经理，总经理，现任湖南省茶业集团股份有限公司（下称"公司"）党委书记、董事长，高级农艺师、高级评茶师，享受国务院政府特殊津贴。

周重旺树牢"四个意识"，坚定"四个自信"，做到"两个维护"，在思想上、政治上、行动上同党中央保持高度一致，信念坚定，政治过硬，廉洁奉公；具有较强的组织管理和企业经营能力，获得了业界的认可，目前兼任中国茶叶流通协会监事长、全国边销茶委员会主任委员、中国茶产业联盟副理事长、湖南省食品行业联合会会长、湖南省茶业协会会长、湖南省大湘西茶产业发展促进会常务副会长。先后入选中国茶叶行业十大经济人物、湖南省十大杰出经济人物、中国十大国际杰出茶企业家，当选为湖南省劳动模范、湖南省优秀共产党员、湖南省第十届党代表、长沙市第十五届人大代表，获得了庆祝中华人民共和国成立70周年纪念章。

三湘大地　茶叶飘香

周重旺善于发挥主观能动性，以科学的理论和丰富的专业经验为指导，积极探索企业发展模式，极富创新精神和实干精神。带领公司牵头组建了国家茶叶加工技术研发分中心、湖南省茶叶种植与加工工程技术研究中心、省认定企业技术中心三大省部级科研中心，在集团益阳茶厂搭建了院士工作站，与清华大学生命科学学院、中南大学湘雅医学院、湖南农大茶学重点实验室、湖南茶叶研究所等科研院所开展紧密的产学研合作，取得了26项重大科研成果，其中国家科技进步二等奖1项，省科技进步一等奖、二等奖、三等奖各1项，省科技创新奖1项，以上重大科研成果的推广和应用，为湖南茶产业新增产值过100亿元，联结带动了茶农增收20亿元。

多次获奖　缔造发展奇迹

周重旺领衔的"出口优质高效低农残茶与有机茶产业化关键技术的研究与示范"项目获湖南省科技进步三等奖，该项目的应用推广，一举打破了欧盟的技术壁垒，使湖南茶叶出口量跃居国内第二位，其中有机茶出口规模、总额居全国第一。公司联合湖南农大等单位研究的"黑茶提质增效关键技术创新与产业化应用"项目荣获国家科技进步二等奖，这是黑茶科研攻关项目中的最高奖项，全面提升了湖南黑茶产业的技术、品质和效益水平。实现了湖南黑茶入驻2010上海世博会，并将其打造成了上海世博十大名茶，联合国馆招待用茶。整合潇湘花茶、金毛猴红茶、君山银针等特色茶叶资源，多茶类并举的效益明显，为湖南省"五彩湘茶"发展战略提供了有力支撑。在湘茶高科技产业园建成了国内先进的茶叶精深加工车间，在益阳茶厂研发了国内先进的茯茶自动化生产线，在白沙溪茶厂建设了国内领先、年产能1.5万吨的自动化黑茶生产线等，全面提升了加工技术水平，推动了湖南茶产业的转型升级。

周重旺积极开拓新疆、青海、甘肃等地茶叶市场，与当地政府和企业合作，共同组建公司，继续扩大茶叶在"一带一路"上的影响力；在君山岛、武陵源天子山等5A级景区建设高标准茶园，推动茶旅观光旅游，在古丈、会同、开慧、韶山等地，结合当地茶俗，推动特色民俗旅游及红色旅游，建设了湖南茶叶博物馆、白沙溪黑茶文化产业园、益阳茯茶产业园，推动"工业+文化"旅游。他坚持"以人为本"理念，不忘初心，艰苦奋斗，建立健全了公司的人力资源制度，带出了一支懂感恩、能战斗、肯吃苦、开拓创新、团结务实的班子和员工队伍。在业内率先提出"公司增效、茶农增收，视三湘茶农为父母"的理念，树立了感动客户，造福茶农，成就员工，奉献社会的经营宗旨，秉持诚信，务实，勤奋，创新，高效，共赢的核心价值观，不畏艰险，勇往直前，带领公司围绕"百年茶企，世界品牌"的愿景而不懈努力，奋力拼搏。

完善产业链　可持续健康发展

周重旺积极带领公司"走出去"，内外贸并举，品牌化经营，推动公司的跨越式发展。目前公司已经成为了拥有参控股企业63家，员工3000多名，年销售收入67亿元，出口8000万美元的农业产业化国家重点龙头企业。公司形成了"基地—加工—科研—市场"的完整产业链，拥有4个中国驰名商标，在全国大中城市建有品牌专卖店2020家、营销网点19300余个，与全球100多个国家和地区建立了稳定的贸易联系。目前，公司在全省乃至全国创造了六个第一，即茶叶出口创汇全省第一；年经营绿茶总量全省第一；经营边销茶全国第一；出口欧盟市场茶叶全国第一；有机茶出口全国第一；综合实力排名全国同行第一，公司相继被评为全国百家优秀龙头企业、全国农产品加工业出口示范企业、全国农产品加工业百强企业、全国供销合作社系统百强企业、湖南省农业产业化十大标志性企业，湖南省100强企业。公司的发展既为公司的持续健康发展打下了坚实的基础，同时也为湖南省茶产业发展争取了有利条件，为湖南省在全国同行业争取到了地位和话语权。例如，公司作为全国茶标委的主任单位，在中华全国供销合作总社、中国茶叶流通协会的领导下，协调各方关系，致力于边销茶标准的修制订、边销茶质量品质改善改良、边销茶市场的维护等，确保了边销茶市场的稳定，2014年，委员会被国务院评为全国民族团结进步模范集体。又如，公司作为湖南省茶业协会会长单位，深入参与了湖南省"千亿茶产业"和"五彩湘茶"战略目标的制订和推进进程，助推了湖南省茶产业繁荣兴旺，受到了上级领导的高度重视和充分肯定。公司兼全国茶叶标准化技术委员会黑茶工作组副组长单位，先后参与和主持多项国家标准和地方标准的制订工作，推动了茶产业的标准化、规范化发展。

茶叶产业扶贫　履行社会责任

周重旺带领公司走产业化发展之路，公司采用"公司+基地（合作社）+农户"的模式，在湖南宜茶区建设了98个优质生态茶园基地，总面积61万亩。茶园是天然生态产业，也是推动农民脱贫致富产业。公司通过控参股、包销、返利等方式，与湖南省50万户茶农结成了紧密的利益共同体，连年采取定期或下派技术人员的形式，对茶农组织免费培训，为茶农发放资料，并每年召开全省茶叶基地工作会议，对基地茶叶实行"保护价"收购，把利润空间留给茶农。公司大力推广有机茶基地建设，目前已有31个基地通过了各类国际资质认证，提高了茶叶的竞争力。同时，公司深入参与贫困山区的茶叶产业扶贫，带动了贫困山区65个茶园基地、35万户茶农持续增收。此外，公司积极履行龙头企业社会责任，联系湖南大湘西贫困地区精准扶贫，连续多年在湖南农大、湖南商务职院等院校设立奖学金，帮助贫困学生。

无锡一棉纺织集团有限公司董事长

周晔珺

周晔珺：女，1965年生人，江苏无锡人，中共党员，研究员级高级工程师。1984年大学毕业参加工作，从基层做起，一步一个脚印。现任无锡一棉纺织集团有限公司（下称"无锡一棉"）董事长，中国棉纺织协会副会长、中国棉花协会副会长、中国纺织联合会企业家协会副会长，中国纺织工程学会理事会常务理事，江苏纺织工业协会副会长，国际纺联纺纱委员会委员。荣获全国纺织优秀企业家、江苏省优秀企业家；全国三八红旗手、全国巾帼建功标兵，全国纺织行业劳动模范、全国棉纺织科技先进工作者；全国首届纺织行业木兰奖、中国纺织工业联合会科学技术进步个人一等奖。入选江苏省十大女杰；当选江苏省十二届人大代表、江苏省十二届政协委员、无锡市第十二次党代会代表、无锡市政协十三届政协委员；江苏省妇联执委、无锡市妇联执委。

传承实业强国之志　创新企业转型之路

周晔珺 2008 年任厂长和党委书记后，整合无锡一、二、三棉，成立一棉纺织集团，逐步确立"传承 + 创新，打造经典"的核心理念，走可持续发展之路，努力创建"生产智能化、管理精细化、产品特色化、贸易全球化"的世界一流纺织企业。无锡一棉的劳动生产率在全行业领先，工效达到国际一流水平。

颠覆传统　创立劳动高效体系

在 20 世纪八九十年代，周晔珺即意识到能否由劳动密集型纺织向劳动高效型纺织转化，关系到传统国有纺织的生死存亡。她学习日本、欧洲先进的管理理念，在无锡一棉开展了两项颠覆性的劳动工作法创新，在全国棉纺织行业产生了重大影响。

一是率先打破了纺织行业几十年沿用的周期性平、揩车模式，创新实施"包机到人，动态维修"为特征的小包机设备维修方式，以设备动态检查和维修为重点，实行设备 24 小时动态维修。同时通过优选器材和机物料、重组作业流程、调整维修工作重心等，使设备维修更科学，更高效。二是率先打破纺织行业传统的运转管理和作业方式，通过全流程革新操作法，使巡回路线和作业顺序更合理；通过革新清洁工作，使清洁周期更合理、清洁方式和使用工具更科学；通过改良运输工具，使产品运输更便利、无损；特别是实施以"集换"为核心的无疵化作业，更成为了纺织运转创新的一大亮点。

运转作业方面的全面改革，使值车工的看台由 4 台扩大到 30 多台，工效提高了 7~8 倍，创出了中国棉纺织行业最好的用工水平。无锡一棉荣获全国质量效益型先进企业。

引领纺织技术进步　　打造一流产品品牌

2000年周晔珺任副厂长，同年，出现了一种新型纺纱技术——紧密纺技术。无锡一棉在全国棉纺织企业中率先引进，第一个在国产细纱机上嫁接成功。通过消化移植、自主创新改进，无锡一棉发展成为全球最大的50万纱锭的紧密纺生产基地，也是为数不多的能够批量生产300支棉纱的棉纺企业。无锡一棉成为引领行业技术进步的典范，获得了江苏省政府颁发的技术进步重大贡献者和中国纺织协会科学技术贡献奖。

2008年周晔珺接任厂长，打造以"特高支"为标志的技术优势，取得了一批技术创新发明成果。2011—2013年共申报"细纱机上的超大牵伸装置""一种用于环锭纺技术直接润滑结构""纺纱段增强装置"等纺织技术专利7项，其中一项获国家发明专利，三项获国家实用新型专利，工厂也成为了江苏省高新技术企业。"特高支精梳纯棉单纺紧密纺纱线研发及产业化关键技术"项目，更使企业和周晔珺，双双获得了中国纺织工业联合会颁发的2014年度科技进步一等奖。

无锡一棉开拓性地创建企业大学与纺织研究院，企业自主编制设备操作片、维修片，邀专家授课；对有能力、有学历的人才进行政策倾斜，鼓励员工不断提升综合素质，实施"卓越工程师计划"，被教育部授予国家级工程实践中心，在研发平台建设、纺织科技创新、纺织人才培养等方面取得了许多创新成果。

2005年，无锡一棉在国内最早开发生产出300S棉纱。在此基础上，周晔珺主导研发的特高支精梳纯棉紧密纱填补了国内空白，工艺技术达到国际领先水平；紧密赛络纺粘胶针织纱为生产针织高端产品提供了新的纱线品种。色织纱、针织纱历年获中国棉纺织协会、针织协会用户满意色织用纱精品奖、用户信得过优等产品和最佳针织纱供应商等荣誉；"TALAK"本色纱布，获2013—2016年度中国棉纺织行业最具影响力产品品牌、江苏省重点和发展的国际知名品牌。无锡一棉的高支纱线还成为"神舟五号"及之后中国宇航员的指定用纱。

周晔珺努力打造高端精品优质生产线，从原料、设备、管理等各方面，进行定位和规范。同时，她组织实施品牌标准化战略，使无锡一棉在同行业中率先形成标准产品和（客户）定制产品专业化生产格局，"TALAK"纱线品牌成为紧密纺纱线的行业标杆，其品质标准成为许多同类企业的交易标准。2007年，无锡一棉自主TALAK·品牌获"中国名牌"称号。在国际市场，无锡一棉的TALAK·品牌商标在欧美等55个国家注册；在2005年无锡一棉精梳棉纱向欧盟出口位居全国第一后，纱布产品配套国际高档服装面料和家纺产品，成为世界顶级的色织、针织面料用户的配套供应商，被欧洲客商誉为"全球最优秀的棉纺织工厂之一"。

2017年，无锡一棉响应"一带一路"倡议，在埃塞俄比亚德达瓦国家工业园投资2.2亿美元，建设30万锭纺纱工厂项目，2019年10月16日首期10万纱锭项目正式投产，成为企业转型发展的新支点。

两化融合　创建现代管理平台

周晔珺高度重视两化融合，每年下达探索课题，使"两化融合"逐步上升到全行业示范层面。2011年无锡一棉被中国纺织工业协会、中国工业和信息化部评选为全国纺织工业两化融合突出贡献企业、全国纺织工业两化融合示范企业和信息化与工业化融合促进节能减排试点示范企业。从2000年起步，无锡一棉通过10多年的建设，创建了由传感网、ERP和电子商务组成的完整的信息化体系，创建了"感知生产"的实时管控体系；运用ERP创新管控模式，创建了"感知管理"的有序高效体系；通过互联网、网站、电子商务平台等与客户增进互动，创建了"感知客户"的经营管理新模式。企业实现了信息化与生产、管理、经营的良好融合，为构建支撑高效棉纺织企业的建设奠定了现代化的基础平台。

2018年，无锡一棉在全面完成6万锭智能化改造的同时，结合"一带一路"埃塞俄比亚项目规划的产能转移，实施了全流程的智能化技术改造；2019年，投入1.3亿元完成了生产流程改造，达到了万锭用工13人以内的先进水平，产量同比提升20.0%以上。创建"ERP+MES+物联网+大数据"管控一体的新型管理模式，成为我国纺织业智能制造标杆基地推进质量强企示范。

360集团董事长兼 CEO

周鸿祎

    周鸿祎：男，1970年10月生人，湖北蕲春人。西安交通大学电信学院计算机系，学士学位；西安交通大学管理学院系统工程系研究生，硕士学位。九三学社中央委员、九三学社中央科技专门委员会副主任、中国计算机学会安全专委会副主任，知名天使投资人。360公司创始人，现任360集团董事长兼 CEO、奇酷 CEO、北京六间房科技有限公司董事长。

大象无形

周鸿祎是中国互联网行业的代表人物之一,于 2005 年创办了 360 公司。他首创的"免费安全"模式,颠覆了传统互联网安全行业,提升了中国互联网安全的整体水平。2011 年 3 月,360 集团在美国纽交所成功上市,成为中国最大、全球领先的互联网安全企业。为了更好地为国家服务,周鸿祎毅然率领 360 集团回归国内,2018 年 2 月在上海证券交易所成功上市,成为一家纯内资的网络安全企业。回归后,周鸿祎把 360 集团定位为有家国情怀、有责任担当、有"杀手锏"核心技术的国家企业,带领 360 集团在保障国家、行业和个人网络安全方面做出了重大贡献。

保障国家重大政治活动安全

周鸿祎将实网攻防演练引入国内,形成一种新的网络安全方法论,推动网络安全由静态合规驱动转变为动态对抗驱动。360 集团连续 3 年配合公安部开展"护网"系列实网演习,取得了非常好的反响和效果。每年的"两会"、党的十九大,以及"一带一路"峰会、G20 峰会、"9·3"大阅兵等重大活动,360 都发挥了核心支撑作用。特别是党的十九大之前,360 协助全国 9 座城市的公安机关进行了实网攻防演习;会议期间,周鸿祎带领 360 安全技术人员,配合公安部门捣毁了一个规模巨大的物联网僵尸网络,仅用一天时间就将犯罪分子抓获,保障了党的十九大的顺利召开。

近年来,国外针对我国的国家级高级网络攻击(APT)呈现多发态势。周鸿祎带领 360 集团对这种 APT 攻击进行了监测和溯源,保障了国家安全。2017 年洞朗对峙期间,360 监测到印度对我国的 APT 攻击,并溯源到具体组织与个人,为我国外交赢得主动。截至目前 360 监测到 APT 组织

40多个，配合相关部门对多起重大案件进行了侦破。

此外，在网络反恐、反"疆独"、反"港独"等涉及国家安全利益的重大事件中，在周鸿祎的领导下，360与国家安全部门、公安部门密切配合，提供了有力的技术保障，多次得到了中央领导的表扬。

积极参政议政　推动国家网络安全发展

周鸿祎提出了"大安全"和"安全大脑"理念，得到许多领导和同行的认可与重视。2017年5月"永恒之蓝"勒索病毒席卷全球。360集团在事件应急处置中发挥了重要作用。事后，周鸿祎带领团队撰写了对事件的反思和建议报告，习近平总书记当天就做出了重要批示。

周鸿祎向国务院领导建议在工业、能源、水利等关键基础设施领域组织网络攻击演习，加强工业互联网安全网络建设。这一意见得到采纳，推动网络安全列入《国务院关于深化"互联网+先进制造业"发展工业互联网的指导意见》，成为《中国制造2025》发展重要支柱。

当前，网络战已经成为国际冲突的常见形式。周鸿祎对网络战的特点、作战样式与应对策略等进行了深入研究，多次向军委联参、战支部队、国防大学等领导进行汇报，引起强烈反响。周鸿祎带领360集团积极投身与网络安全军民融合工作，与中央军委、各战区、各兵种、战支部队以及军工企业建立了广泛合作。为此，中央军委领导多次专门到360调研。

周鸿祎带领360集团牵头负责数字雄安网络安全规划设计，提出的建设雄安"安全大脑"等建议，得到了国家发改委、京津冀专咨委的认可。2018年6月，360集团与雄安新区正式签署战略合作，为建设安全可靠的"数字雄安"提供全面的网络安全服务。

为应对网络战提供技术和手段支持

周鸿祎带领360集团积极发展网络安全核心技术，加强"撒手锏"和不对称技术攻关，为国家应对网络战提供技术和手段储备，为网络安全积累了强大的核心技术竞争力。为此，周鸿祎带领360集团从实践出发，基于"大数据+人工智能+安全专家"的技术路线,研发了网络空间的全网雷达反导系统——网络安全大脑,能够清楚地看到网络里发生了什么事,并进行预警、溯源、止损和反制。累计申请国内专利3666项、国际专利337项,网络安全专利数量和质量在国内处于绝对领先地位。在周鸿祎主导下,360集团建成了全球规模最大的安全大数据和安全云体系,牵头负责大数据协同安全技术国家工程实验室,构建了面向万物互联的网络防御体系;云安全、白名单、人工智能杀毒引擎等前沿安全技术,彻底颠覆了传统安全技术体系,使我国的网络安全技术逐步实现全球领跑;组建了国内最早的国家级工业控制系统安全国家地方联合工程实验室,为《中国制造2025》保驾护航。漏洞是网络安全的"命门",也是网络战的重要战略资源。周鸿祎带领360集团,经过多年的积累,建立了亚太地区最大的白帽子安全团队,连续多年获得的微软、谷歌、苹果各类漏洞致谢均居全球第一。漏洞挖掘覆盖操作系统、云和虚拟化、工业互联网、人工智能和IoT等领域。

针对现有的IPv4域名(DNS)根服务器基本都被美国控制,可能导致我国从国际互联网"隔离断网"重大问题,周鸿祎带领360集团,自主研发了安全域名解析系统,能够每天为用户提供600亿次域名递归解析,为200多万域名提供授权解析,并经受了多次国家互联网域名解析安全事件的考验。该系统填补了国内空白,能够为国家DNS安全应急体系建设提供支撑,对我国网络安全具有重要意义。

积极参与社会公益事业

周鸿祎积极参与各种创新创业指导活动。近年来筹集50亿元人民币,启动360"起飞计划""蒲公英"计划,扶持和投资了一大批创新创业型企业。自2016年起,360集团发起成立"安全创客汇"这一国内首个聚焦安全的创投平台,选拔最具潜力的安全初创公司,鼓励更多资金和人才进入安全行业。2008年以来,周鸿祎和360集团先后向重大自然灾害灾区、失学儿童、贫困地区,以及抗战老兵等群体,捐款捐物达1.45亿元人民币。

蓝思科技股份有限公司董事长

周群飞

    周群飞：女，1970年出生于湖南湘乡，1993年3月18日开始创业，2003年，成立蓝思科技股份有限公司（下称"蓝思科技"）。由于在特种玻璃加工等专业技术方面的突出成就和贡献，周群飞被美国伯克利大学特聘为咨询委员。

    在周群飞的带领下，蓝思科技发展成为一家创业板的"旗舰"和全球视窗防护盖板行业的"航母"，先后获得"全国五一劳动奖状""全国电子信息行业领军企业""湖南省省长质量奖""国家知识产权优势企业"等荣誉称号。周群飞也先后获得"全国电子信息行业杰出企业家""全国五一劳动奖章""湖南百名最美扶贫人物"等荣誉，先后入选湖南省"创新创业"先进典型以及中国湘商力量总评榜十大风云人物之首，被评为"新时代中国劳动者和湖南籍企业家的代表"。2017年，周群飞登陆福布斯全球变革者榜单。2018年3月，当选政协第十三届全国委员会社会和法制委员会委员。

见微知著　引领行业发展

蓝思科技是一家以科技创新为先导、以先进制造为基础的高科技上市企业。公司是全球消费电子产品功能视窗及外观防护零部件行业的领先企业，专注于触控、视窗及后盖防护屏、装饰部件等的设计、研发、制造，以及陶瓷、蓝宝石、合金等特种新材料在消费电子产品上的推广与应用。蓝思科技发展至今，公司总资产456亿元，2018年实现营业收入277亿元，在湖南长沙（浏阳、星沙、榔梨）、湘潭、株洲（醴陵）、广东东莞、江苏昆山及越南等地拥有研发生产基地超过6000亩，拥有海内外员工超过10万人。公司在2019中国民营企业500强排名第96位；2019中国民营企业制造业500强排名47位。

多元创新引领行业潮流

近两年，蓝思科技面对诸多不利和市场竞争的不断加剧，仍然保持了坚定发展的顽强意志与迎难而上的拼搏精神，坚决实施企业升级改造与转型。在周群飞的带领下，公司制订了聚焦主业、收缩战线、降本增效的经营策略，以提良率、降成本、促交付、增效益为重心进行全面考核；围绕工业互联网、大数据、工业视觉、人工智能等核心技术，大力发展"蓝思+"AI工业智联战略，全面推进自动化升级改造，以工业智能赋予高端制造新价值。蓝思科技通过进一步推进技术研发、生产自动化、管理模式创新等方式实现了高质量发展。

蓝思科技始终围绕"创新发展"做文章，秉持"技术创新引领行业潮流，打造受国际尊敬的企业"的发展思路，通过创新实现企业向"智慧型"的转型。蓝思科技瞄准电子信息显示屏领域对触控面板及面板材料的迫切需求，构建具有蓝思特色的自主创新平台，设立触控面板、触控模组、面板保护玻璃装饰、新型面板材料等多个技术研发平台，成功突破 EFG 人造蓝宝石面板、电容式触控屏、玻璃贴合 FILM 工艺、玻璃拉丝及电镀装饰等多个关键共性技术，涵盖研发、检测试验、知识产权等多个领域。同时自主研发生产工业机器人和智能制造装备，对传统生产线进行智能化改造，开启机器换人模式。公司每年的研发投入占营收比重均超过 6.0%，2015 年上市以来累计研发投入 67.92 亿元。截至 2019 年 6 月，公司累计获得授权专利近 1404 件，其中发明专利 100 件，实用新型专利 1223 件，外观设计专利 81 件。在 3D 玻璃、蓝宝石面板、陶瓷面板等新兴领域专利数居于行业前列。

蓝思科技按照现代企业制度要求，遵循科学化、制度化的管理理念，构建规范高效的企业组织和管理模式。公司主营产品从过去单一的视窗防护玻璃延伸到触控模组、指纹模组、精密陶瓷等 10 多个领域，并投资引入芯片、激光制造、电声产品等战略合作伙伴。其中，自主研发的曲面玻璃已处于行业领先水平，2018 年 2.5D 前后盖玻璃的产量达到 6.5 亿片左右，3D 面板产能超过 7000 万片。自主开发的蓝宝石长晶设备多项性能指标达到或超过国际领先水平，完全颠覆了蓝宝石行业的传统工艺，已打通从蓝宝石长晶设备开发、规模生产、深加工到各规格应用产品批量制造的全产业链。在陶瓷面板领域已研发拥有耐高温、超耐磨、生物识别亲和特性的陶瓷片，可大量用于智能终端和电动汽车。

蓝思科技凭借持续领先的研发投入、工艺、技术、规模一直稳居国际领先水平，赢得了包括苹果、三星、亚马逊、微软、特斯拉、华为、OPPO、VIVO、小米、联想等诸多国内外知名品牌的青睐，达成了长期稳定的战略合作关系。公司通过吸收国际知名品牌企业文化，创建了以质量为核心要素的品牌文化，主动纳入国际品牌客户的供应链管理体系，积极参与先进制造业的国际化竞争，实现质量与品牌的相互促进、共同提升。

文化建设助推企业发展

周群飞非常重视企业文化建设，蓝思科技始终秉承"以人为本"的企业理念，把员工视为企业发展壮大的根基，建立健全了一系列科学人性化的人事管理制度，为员工的衣食住行提供更加便利和优越的条件，并聘有心理咨询师进行培训和心理辅导。公司通过绩效考核、薪酬体系、员工学习发展、员工满意度等方面致力构建"以人为本"的人力资源管理体系。公司每月投入近1500万元考核奖金用于员工的绩效考评工作，通过严格、科学、公平的绩效考核，每月有35.0%的员工成为岗位的优秀员工，近10.0%的员工通过考核和培训成长为基层技术或管理人员，提升了员工对公司的归属感。

蓝思科技2011年开始筹建职工组织，于2012年4月10日正式成立了蓝思科技股份有限公司工会委员会，共有委员29人，工会会员31000多人。工会制订了工资集体协商制度，成立了劳动争议协调委员会和专业EAP帮扶中心，切实帮助、关爱员工，解决并缓解其情感及心理上的压力。

坚持诚信经营　履行社会责任

在周群飞的带领下，蓝思科技坚持诚信经营，积极履行社会责任。在依法纳税方面，蓝思科技自2006年落户湖南以来，累计依法纳税超百亿元，多次获得各级政府颁发的税收贡献奖。在环境保护方面，蓝思科技通过了ISO 14001环境管理体系认证，积极开展清洁生产和节能减排。在社会公益方面，蓝思科技积极开展精准扶贫、关爱弱势群体、捐资助学等促进社会和谐发展。2018年，公司共计为1024位贫困残疾人士提供工作岗位，并改善其生活；为204646人次贫困地区人口进行了免费职业技能培训，帮助其就业脱贫；为9657名建档立卡贫困户实现就业。为改善贫困地区教育资源，助力贫困学子放飞梦想，蓝思科技每年为教育事业捐赠约200万元；2018年5月，蓝思科技向湘潭大学捐赠1000万元，设立"蓝思科技教育基金"，用于支持学校人才培养及实验室建设。2014年，蓝思科技向湖南省残疾人福利基金会捐赠78万元，用于脑瘫儿童的康复救助。2013年，四川雅安发生7.0级地震，蓝思科技捐赠100万元支援抗震救灾；2017年湖南省遭遇洪灾，蓝思科技通过湖南省湘商等公益基金会向受灾地区共计捐赠公益基金1520万元，帮助灾区人民重建家园。2016—2018年蓝思科技两次帮扶双峰县狮院村修路，共计捐赠311.6万元。

福建金源纺织有限公司董事长

郑 洪

郑洪：男，1976年1月生人，福建长乐人，中共党员，硕士研究生学历，高级经济师。现任福建金源纺织有限公司董事长、福建省金纶高纤股份有限公司总经理。郑洪拥有19年棉纺织和化纤企业管理经历，其纺织大集群家族下的纺织、化纤企业共计15家，拥有450万锭棉纱生产能力。福建省十三届人大代表、福建省工商联常委、福建省民营企业商会常务副会长、福建省纺织行业协会副会长、第十四届福州市工商联副主席、中国纺织工业联合会理事、中国棉纺织行业协会副会长。

先后荣获福建省非公有制经济优秀建设者、福建省第十三届优秀企业家、福建省闽商建设海西突出贡献奖（两届）、福建省五四青年奖章、中国棉纺织产业十大杰出青年企业家、中国纺织行业人才建设突出贡献人物、全国纺织系统劳动模范、全国优秀纺织青年企业家等荣誉。

纺出企业金色前程

郑洪始终认为，只有心无旁骛干一个行业，才能干强，才能实现最终的价值。2004年郑洪开始担任福建金源纺织有限公司董事长，他紧跟国家形势和市场行情，将金源纺织不断做专、做强。2004—2018年的14年间，福建金源纺织销售收入从2004年的2亿元增加到2018的49亿元，增长了23.5倍，并且带动家族其他13家纺织企业全面开花结果，成为中国棉纺织行业20强企业。

做强实业　锐意创新

2012年起，在郑洪的带领下，两家企业一方面集中整合资源优势，从企业规模效应、转型升级、品牌塑造等角度上推广，逐步加强品牌影响力，另一方面在巩固原有内销品牌渠道的基础上，不断拓展新的内销品牌。同时在国内首家尝试服装纱线原料品牌标识建设，与知名品牌服装企业建立联动合作机制，并要求合作企业在服装上添加原料标识，取得良好的品牌效应。金纶高纤的"宝纶"牌涤纶系列产品被世界品牌实验室及其独立的评测委员会评测为2018年（第十五届）中国500最具价值品牌，品牌价值评估为72.65亿元人民币。2017年福建金源纺织纱线品牌"正源"被中国棉纺织行业协会评为最具影响力产品品牌。

产品销售直接决定着企业未来的发展。郑洪对企业的每一个客户、每一个订单都非常重视，根据不同客户的情况，针对性地与其达成共识与合作，使公司销售业绩快速提升。2015年起他每年都带领集团营销团队，积极拓展国内和国际市场，开发了东南亚和南美等地区众多新客户，出口值同比增长显著。近几年，在广东、福建、江浙市场份额继续保持稳定增长，在河南、山东市场，销售量和销售额同比增加2倍多，为更多的下游企业提供更优质的产品服务。

郑洪充分认识到只有加强新产品研发和技术创新，才能在纺织新时代立于不败之地。自2005年起，郑洪致力于棉纤维针织纱的开发与应用，推动企业产品向差别化、高端化发展，在福建金源纺织培养了一支精通非棉纤维针织纱开发与产业化技术的研发团队，使公司具备强大的产品研发生产能力。

每当遇到技术创新、专利开发的"硬骨头"，郑洪都勇挑重担，攻坚克难。在他的带领之下，福建金源纺织棉纺核心技术开发团队认真研究"非棉纤维针织纱线差别化"的高端化和细分化，力争建立全国非棉纤维纱线创新基地。在重视研发提升的同时，他不断加大技改投入，大幅提升设备自动化与信息化水平，并采用信息化管理系统对企业进行全方位管理。借力"一带一路"倡议，2015年，郑洪在金纶高纤投入8.6亿元开发"纺织新材料原液着色纤维产业化技术"项目，此举提高了涤纶产品的附加值，进而加大了色丝研发力度，并且迅速打开国际销售市场。近几年福建金源纺织继续以产品研发创新为突破口，开发并规模生产纯棉竹节纱、涤棉竹节纱、仿兔毛纱等新产品，赢得国内外客户青睐，订单不断。目前两家企业已拥有116项纺织科技成果，其中63项获得专利授权。近年来企业参与起草行业及国家标准5项，牵头制订了《仿兔毛针织用包芯纱》行业标准，仅2018年就参与了《棉本色纱线GB/T 398—2018》《涤纶本色纱线FZ/T 12019—2018》《棉及化纤纯纺、混纺本色纱线检测规则FZ/T 10007—2018》的修订。

卓越管理　以人为本

郑洪在坚持党的领导，高举党的旗帜，创造性的开展党建工作。2018年，他在福建金源纺织投入近200万建立了集团党群活动中心，配备有专业健身器材的员工健身活动室也于同期扩建完工，加强了党群一体化建设，帮助员工培养多元兴趣爱好，营造良好的工作、学习氛围，增强员工间交流，促进相互提升。

郑洪在企业先后设立党工团委等组织，在改善员工生产和生活条件、保护员工权益等方面发挥了重要的作用。在员工思想教育方面，积极开展"不忘初心、牢记使命"等主题教育活动，定期开展"法律课堂"，推进企业法治文明建设；2017年，在企业员工宿舍区投入资金100余万元建设了以"法治、和谐、平安"为主题的法治文化公园。企业先后荣获福州市级先进基层党组织、福州青年五四奖章集体、首批党员诚信企业等各项荣誉。

现代企业管理是企业生存的基石和发展的动力。郑洪始终秉持"以人为本"的管理理念，坚持"能者上、庸者下、任人唯贤"的用人机制，通过全面推行多劳多得、绩效挂钩的薪资制度等方式，建立了一套适合企业文化的现代企业管理制度。郑洪倡导"高标准、严要求，力求完美品质"的质量理念，推行5S企业管理体系，增进全体员工的质量意识、问题意识、改进意识和参与意识。定期请专家向职工讲授专业知识课程、举办技能大赛等，使公司的各方面管理一直保持着优秀稳定的水平。

企业每年给生活困难或突遇意外的员工补助补贴达200万元以上。2016年企业建立了员工保障办公室，随时了解病、孕和困难员工的具体情况，除了严格按照劳动法等法律规定保护这些员工的合法权益外，还给予慰问，截止到目前已有112户员工家庭因灾、病、学等情况获得补助。节假日、酷暑高温日，党委、支部、工会领导深入车间看望在一线工作的员工，并送上慰问品、慰问金，企业呈现出上下团结、融洽和谐的氛围。

投身公益　承担责任

近年以来，郑洪充分履行作为企业家的社会责任，两家企业每年向国家缴纳税收累计金额均超过亿元，并为5000多个家庭提供了就业岗位，帮助1000多个家庭摆脱贫困。郑洪与企业周边的多所学校达成合作共识，出资赞助学校基础设施建设、教师队伍培养，并在省内外多家学校投捐建图书室。截止到目前郑洪及企业通过灾区捐款、捐资助学、精准扶贫等多项活动，共向社会捐赠款项达3000多万元。两家企业先后获得热公益事业贡献奖、精准扶贫示范企业等荣誉。

中国电信股份有限公司四川分公司
党委书记、总经理

郑成渝

  郑成渝：男，1968年生人，重庆人，中共党员，高级工程师。1990年毕业于华中科技大学计算机软件设计专业，后于西南财经大学攻读EMBA学位，曾被中国电信集团公司选派至美国斯坦福大学留学交流。先后在四川省邮电科研所、四川省邮电管理局工作，期间下派四川省安岳县锻炼，历任四川省邮电管理局办公室副主任、主任，四川省电信公司市场部经理、广元分公司经理，贵州省电信公司副总经理、党组成员等职。现任中国电信股份有限公司四川分公司（下称"四川分公司"）党委书记、总经理。

  郑成渝是四川省电子商务协会会长，四川省大数据产业联合会会长，自贡市、遂宁市、天府新区智慧城市建设专家组组长。他深度参与指导省内智慧城市规划建设，积极投身"互联网+"产业升级发展，致力于提升政务、产业、民生领域信息化水平，并获得多项殊荣，2013年荣获四川省信息化建设突出贡献奖，2015年荣获四川省科学技术进步三等奖。

务实创新促发展

中国电信四川分公司全力发挥我省信息化建设主力军作用，积极履行企业的政治、经济和社会责任，为治蜀兴川各项事业不断推进提供坚强保障，各项工作成效显著。郑成渝主管中国电信四川分公司党政全面工作以来，带领公司1.9万名干部员工，树立"成为受人尊敬的企业"的志向目标。

推动创新促发展

郑成渝推动四川省信息化基础设施建设跨越式发展，2015年年底在全国率先建成首个"全光网省"，2016年在全国率先启动"网络强省"行动计划，2017年建成全国首张智能生活精品网，2018年发布"数字四川"行动计划。使四川省在"提速降费""三网融合""互联网+""数字中国"等重点工作上领跑全国。充分发挥电信公司渠道和管道的优势，搭建了"魔方""魔镜"聚合平台，同时提供开放应用平台，整合了包括BAT在内的业界主要的互联网企业，巩固了电信在宽带的优势地位。搭建了聚合支付"好码齐"金融平台，整合了支付宝、微信支付、翼支付等主流第三方支付平台，打通了厂家、商家、用户和支付公司的全流程，成为全国最大的聚合支付平台。

全面优化创新管理体系，进一步加大集约化创新推进力度；大力倡导万众创新活动，推动岗位创新和员工创意活动。完善了创新组织体系，建立了各项创新机制，重点体现员工创新行为与创新成果同员工的职业发展机制挂钩。加强创新文化建设，大力倡导创新失败比不创新更光荣，营造自信、平等、包容、开放的文化氛围。

推进智慧资产运营，健全以资产资源为核心的公司运营管理新体系。

资产全面清查扩围，表外资产向 IDC 合作资源拓展；提升基础管理水平，资产二维码粘贴率达到 99.0%，资产账实一致率达到 94.0%；数据质量上台阶，制定《四川电信企业级指标体系管理规范》，建立闭环处理流程。

郑成渝对企业的可持续发展进行深入思考，围绕四川分公司中长期的发展目标：成为受人尊敬的企业，发展理念：以员工的成长推动企业发展，企业精神：自信、平等、包容、开放，聚焦"五力"发展模式，从"创新引领、市场领先、运营智慧、员工成长、文化先进"五个方面明确发展思路、评估指标、具体举措等，致力于创造五个价值：社会价值、客户价值、员工价值、股东价值、产业价值，让客户信赖、与伙伴共赢、助员工成长、显央企担当，成为以价值创造为核心的企业公民。

带领企业创佳绩

在 IPTV 发展中大量使用本土终端设备，促使家庭电视更新换代，有效推动省内产业转型升级，产值突破 100 亿元；全力打造"天虎云商"综合电商服务平台，助力"四川造"走向全国；大力发展互联网金融，全年全省翼支付消费金额达 305 亿元。

推动信息化与城镇化良性互动，智慧城市建设成效显著，初步形成省市一体的大数据网络。同时在智慧政务、智慧民生和智慧产业三个领域积极配合省级各相关部门，成功培育出电子政务、智慧天网、居家养老等多个应用。

在担任中国电信四川分公司主要领导以来，郑成渝始终坚持"党建统领、五力统战"发展模式，公司经营发展名列中国电信集团前茅，多次荣获中国电信集团表彰。

2019 年四川分公司完成营业收入 223.77 亿元，较 2016 年增加 58.71 亿元，增幅达到 35.58%；2019 年净利润 22.60 亿元，较 2016 年增幅 57.49%。2019 年国有资产保值增值率 106.16%，较 2016 年增幅 17.35%。

截至 2019 年年底，手机用户规模达 3233 万户，较 2016 年增长 73.0%；手机过网份额达 34.16%，较 2016 年提升 13.44 个百分点。宽带用户规模达 1400 万户，较 2016 年增长 47.0%。天翼高清用户达 1466 万户，

成为全球最大的单体视频运营商。

积极响应国家"一带一路"倡议,不断输出"四川经验"。2019年接待亚洲、非洲国家来访官员、代表110人次,包括喀麦隆通信部长、加蓬通信部长、突尼斯通信部长、泰国巡视员代表团、泰国警察总署代表团、日本自民党代表团、非洲和平组织代表团等。选拔培训海外拓展队伍141人,为了满足亚非国家通信运营商希望四川电信输出管理、运营、服务经验的需求,四川公司从市场、建设、维护、内容、装维等专业选拔了141名优秀人才,建立首批海外业务拓展专家队伍。

积极响应海外业务需求,经过实地勘察和深度交流,目前已经进入商务阶段的海外项目包括泰国项目、埃及项目、卢旺达项目,项目涉及金额超千万美元。此外,四川分公司派遣专家团队,为阿尔及利亚电信提供装维技术顾问国际咨询合作,帮助阿尔及利亚电信的宽带安装时长从原来40天有望缩短到3~5天,获得阿尔及利亚电信高度赞誉。

服务社会献爱心

郑成渝依法维护员工合法权益、持续完善企业民主管理制度、务实创新关爱员工的具体举措,不断提升职工获得感和幸福感。近年来四川电信荣获全国厂务公开民主管理示范单位、全国五一劳动奖状、全国模范职工之家等荣誉,2019年入选四川省十佳模范职工之家。

公司持续将"宽带乡村"惠民工程向贫困农村地区纵深推进,承接农业部重点项目——全国信息进村入户总平台(益农社)在全国范围内的运营工作基本形成城乡对接、农超对接的局面。在全国率先开通"精准扶贫"电视专区、打通悬崖村信息天路、"互联网+精准扶贫"工作在央视等媒体亮相。四川公司被省国资委评为扶贫工作优秀单位。

坚持以人为本,安全发展。实现了完善的组织架构与人员配置,健全完善了安全生产责任制,全面推行标准化管理。完成"智慧安防"平台建设,基本实现消防管理的IT化,并积极探索消防NB技术、探火管技术、吸气式极早期火灾探测技术在公司的应用,显著提升了企业的消防安全管理水平。

南京玻璃纤维研究设计院有限公司董事长

赵 谦

  赵谦：男，1962年5月生人，安徽当涂人，中共党员，研究生学历，工学博士学位，教授级高级工程师，现任南京玻璃纤维研究设计院有限公司（下称"南京玻纤院"）董事长，中材科技股份有限公司副总裁、董事；国家新材料标准融合专家工作组副组长，国家碳纤维复合材料标准融合专家工作组组长；是美国乔治亚理工学院高级访问学者，诺丁汉大学名誉教授，南京航空航天大学兼职教授，南京大学商学院MBA兼职导师，享受国务院政府特殊津贴专家。同时兼任中国复合材料学会理事会理事，中国航空学会功能复合材料专业委员会副主任，功能性碳纤维复合材料国家工程实验室理事会理事，中国建筑材料联合会理事会常务理事，中国玻璃纤维工业协会理事会副理事长，中国硅酸盐学会理事会理事，江苏省建材工业协会理事会副理事长，江苏省复合材料学会理事会副理事长，江苏省颗粒学会副理事长，南京先进复合材料产业化促进协会副会长。他先后荣获"全国五一劳动奖章""全国优秀科技工作者""中国建材行业改革开放四十年风云人物""江苏省优秀企业家""全国建材行业优秀企业家""建设新南京有功个人"等多项荣誉，2019年喜获"庆祝中华人民共和国成立70周年纪念章"等荣誉。

转型发展开拓者　科技创新领路人

赵谦是南京玻纤院的掌舵人，长期以来，努力探索转制院所创新发展之路。他结合国家宏观形势、战略性新兴产业发展趋势和南京玻纤院56年的发展历程，系统提出了新时期南京玻纤院"12345"发展思路和"六化"实施路径。其中，"1"是一条主线，即在传统玻璃纤维专业技术优势的基础上全力打造以膜材料为主的核心技术发展主线。"2"是两个能力，即着力强化市场运作能力和资源整合能力建设。"3"是三个不干，即不符合国家战略性新兴产业发展方向的产业不干，不是团队研发并具有自主知识产权和核心技术竞争力的产业不干，投资低于亿元的产业不干。"4"是四个方向，即做大膜材料产业，做强宇航材料产业，做优创新孵化平台，持续探索行业服务做大做强商业模式。"5"是五个创新，即持续开展技术创新、产品创新、商业模式创新、组织架构创新和品牌创新的产业全面创新战略。在推动"12345"发展思路落地过程中，致力实现创新价值最大化和科技成果产业化，创立科学技术化、技术工程化、工程产业化、产业规模化、规模价值化、价值资本化的"六化"实施路径和闭环递进体系。

谋划发展战略　引领企业前行

在国家高质量发展主旋律下，赵谦紧跟新材料发展的国际趋势，围绕国家战略及行业发展重点任务，创新性系统搭建创新孵化、产业发展、行业服务三大平台，深入探讨支撑三大平台发展的四梁八柱。创新孵化平台着力于面向市场、面向技术前沿、面向国家重大需求，成立建材行业高性能纤维及复合材料产业创新中心——江苏省高性能碳纤维及复合材料制造业创新中心，创新体制机制，大力引进高端项目团队，促进科技创新和成果产业化；产业发展平台"瞄准全球前三"的定位，遵循"有所为、有所不为"原则，实施"增品种、提品质、创品牌""三品"战略，精耕传统市场、抢占新兴市场、开拓国际市场，开启国际化布局新篇章；行业服务平台秉持"行业利益与企业利益并重"，坚持绿色发展理念，发挥标准核心引领作用，持续推动行业技术进步。在此基础上，围绕南京玻纤院拥有自主知识产权的6大核心技术完善产业链、价值链布局，确定打造高性能纤维及预制体"一流专业""一流产业"的"双一流"目标。目前，南京玻纤院膜材料AGM隔板产能世界第一；特种玻璃纤维品种数量世界第一、生产规模世界第二；膜材料、特纤产业具备打造隐形冠军的基础。通过战略实施，南京玻纤院整体经济实力和行业影响力不断增强。2008年以来，南京玻纤院资产总额、营业收入和净利润均实现3倍以上增长，经济规模和效益跃上了新台阶。

坚持创新驱动　　提升核心竞争力

赵谦是创新体系的设计师。他针对既有创新机制存在的创新资源配置不够、与外界资源结合不够、创新价值难以体现、内部运行机制不健全等诸多问题，以"六化"为导向，提出创新孵化平台顶层设计思路和路线，确保创新效率和技术价值。

赵谦是科技创新的领航人。他注重在前沿技术领域以先进的研发手段推动原始创新、提升竞争能力。成立"数值模拟中心"，由"经验指导实验"的传统试错模式向"理论预测、实验验证"的新模式转变，提升在关键制造环节和核心研究领域技术创新水平，抢占科技制高点。在关键共性技术、前沿引领技术、现代工程技术、颠覆性技术持续创新，为全院技术进步和产业发展提供强有力的支撑作用。

赵谦是重大科技平台的奠基人。他牵头组织碳纤维军民两用标准融合及体系建设工作，推动"复合材料和高性能纤维军民融合标准体系研究""碳纤维及其复合材料军民通用标准体系研究"等国家标准项目立项。通过长期努力，带领团队先后制定18项碳纤维国家标准，组织3次全国碳纤维循环比对试验，组织军用T-300级碳纤维国产化验证工作，2017

年12月，南京玻纤院获批全国碳纤维标委会，代表了我国碳纤维行业发展里程碑。赵谦坚持"以国际标准化为突破口，打破碳纤维技术垄断"的战略，支持南京玻纤院质检中心代表中国参加碳纤维及复合材料国际标准化组织（ISO/TC 61/SC 13 "增强纤维及复合材料"），修订国际标准11项，其中"惰性气体置换法测定碳纤维密度"被ISO组织正式立项，使中国首次成为碳纤维国际标准的牵头起草国家，提升了中国在国际标准化组织的话语权与影响力。

赵谦紧抓航空航天、国防军工发展机遇，立足"举旗帜、占山头、保型号"目标定位，强化军工能力保障建设，为型号的研制和批产做出了突出贡献。他是我国歼击机雷达罩仿形编织预制体的开创人，并以军工能力保障建设为抓手，积极打造宇航材料基地，为我国国防军工现代化的建设做出了突出贡献。

注重企业治理　推动迈向一流

赵谦瞄准建设一流创新能力、一流盈利能力、一流管控能力、一流市场竞争力的目标，发挥创新特色，推动南京玻纤院科学健康可持续发展。他坚持推动集全球、全国、全院智慧，协同创新、共谋发展。大力推进南京玻纤院内部科技资源共享，建立"一个目标、一个团队、一个计划"协同创新模式。积极构建企业为主体、市场为导向、产学研结合的开放式创新体系，加强国内外科技深度合作，与国内外众多行业企业、高等院校及研究机构等建立合作伙伴关系。依托江苏省复合材料协会，主导成立高性能纤维及预制体专委会，围绕"一流专业、一流产业"，集聚创新资源，推动协同创新，联合北理工及天工大等5家单位成功申报预制体项目，是建材行业协同创新单位最多、获批国拨经费最多的军工配套项目。南京玻纤院荣获中国产学研合作创新成果奖优秀奖。他积极探索可持续可复制的企业发展模式，以完善和落实全面风险管理和内部控制体系建设为抓手，规范公司治理，推动南京玻纤院实现科学健康快速发展。

中金黄金股份有限公司党委书记、总经理

赵占国

赵占国：男，1968年2月生人，辽宁义县人，中共党员，正高级工程师。1992年7月参加工作，先后任辽宁五龙金矿副矿长、中国黄金集团公司内蒙古金予公司董事长、中国黄金集团内蒙古矿业有限公司董事长、中国黄金集团内蒙古铜业有限公司董事长、中国黄金集团公司总经理助理等职。现任中金黄金股份有限公司党委书记、总经理，中国黄金集团有限公司党委委员、副总经理；中国有色金属学会创新发展工作委员会副主任委员、中国企业改革与发展研究会副会长、中国黄金协会副会长、中国矿业联合会绿色矿山促进工作委员会副会长、中国矿产资源与材料应用创新联盟副理事长。

曾荣获"十一五"全国黄金行业科技突出贡献奖、全国黄金行业劳动模范、"十二五"全国黄金行业科技突出贡献奖、中国有色金属工业优秀科技管理工作者、内蒙古自治区五一劳动奖章、中国黄金集团特殊贡献奖等；入选中国黄金集团十大功勋人物、呼伦贝尔市十大领军人物、呼伦贝尔英才等。

金色事业金色路

2017年7月，赵占国担任中金黄金股份有限公司党委书记、总经理以后，坚持以党建为引领，加强战略管控，以完成生产经营指标为主线，加大改革创新力度，大力推动科技创新，加强探矿增储，强化安全环保管理，积极履行央企社会责任。特别是2018年年底中金黄金独立运营以来，赵占国加强顶层设计，使公司基本面得到较大改观，生产经营呈现强劲势头。2019年1—9月，营业收入较上年同期增长6.6%，实现利润总额6.78亿元，同比增长39.88%，为公司可持续发展开创了新局面。

党建统领全局　突出战略引领

在集团公司党委的坚强领导下，赵占国通过提高政治站位，通过创新理论武装更新全员观念，通过调研制约企业发展战略的瓶颈打通"最后一公里"，通过将生态文明建设等新理念新方略与企业发展紧密融合，把党建责任"百分制"考核融入班子绩效考核，实现高质量党建融合高质量发展。重点对照年度目标任务、行业优秀、世界一流企业的主要生产经营指标"找差距、抓落实"。以生产经营的成绩检验主题教育的成果。强化党风廉政建设，完善企业内部监督体系，重点考核基层企业"三重一大"决策质量，对违规造成重大损失或恶劣影响的，严肃追究领导班子及直接责任人责任。

赵占国先后组织赴紫金矿业、山东黄金、招金集团考察、调研，找差究短。通过优化战略目标和操作路径，进一步提高战略管控效能。编制三年滚动发展规划，推动转型升级、做强做优做大国有资本；加大战略规划执行督导力度，进一步提升归母净利润、确保实现国有资本保值增值。

创新思维方式　促进公司高质量发展

赵占国创新管理方式，经营层领导划片包干，为帮扶企业完成各项任务做好"一站式"服务，重点抓好盈利和亏损大户。优化激励工作机制，充分发掘企业挖潜增效潜能。赵占国本着"谋全局、看长远、抓当前"的总体思路，2019 年前三季度，累计投入资金 1.8 亿元，新增金金属量 20.4 吨。各企业围绕已知矿体两翼、周边和深部，持续开展重点地质勘查，取得了显著效果。2019 年下半年，公司组织有关专家，历时 2 个月，对分布在全国不同区域的 46 户矿山企业开展"资源潜力和产能论证"现场调研，针对不同企业采用不同措施，为企业后续经营发展明确了方向和目标。赵占国将成本领先战略上升到企业核心战略，纵深推进"全成本管控+科技进步""全成本管控+改革创新"，突出全生命周期管理，不断优化生产技术经济指标，严格控制各项成本费用，2019 年前三季度，累计实现降本增效 2.58 亿元。

公司注重投资者关系管理，有效传播并提升公司价值，做了大量相关工作，连续两年参加北京辖区上市公司年度投资者集体接待日活动，取得了较好的互动效果。公司连续 5 年获得上市公司信息披露工作 A 级评价，近年来频获最受投资者尊重的上市公司、"金圆桌奖"优秀董事会、"金智奖"中国上市公司最受尊敬董事会奖等荣誉称号。

优化资源配置　创新科技体制建设

公司启动经营层股权激励方案，制定清晰的发展规划和战略目标，搭建组织架构，形成了职责明确、分工合理、运行顺畅的工作机制；完善公司治理结构，严格按照规定披露信息，连续 5 年在上交所信息披露工作评价中被评为 A 级。坚持业绩导向，改革强化任职条件、考核评价和劳动用工制度，实现人员能上能下、能进能出；推进收入分配市场化改革，做到收入能增能减；将管理层级从 7 级压缩至 5 级，达到了国资委压缩管理层级的要求。"处僵治困"工作有序推进，截至 2019 年 10 月底，中金黄金 20 户"僵尸"及特困企业共完成 7476 人的分流安置，其中 18 户企业达到

国资委"主体以上完成"标准。实施市场化债转股,大力处理历史遗留问题,降低了资产负债率,为中金黄金大幅减负。

企业持续加大研发投入,强化科技成果转移转化,推进企业由适应性创新向战略性创新转变。制定了《关于进一步促进科技创新工作指导意见》,对省部级及以上研发平台和高新技术企业兑现奖励1250万元,高新技术企业两年间新增17户,分别实现税费减免1.7亿元和2.16亿元。建立了较为完善的科技创新体系,目前拥有国家高技术产业化示范工程2家,高新技术企业17家、CNAS认证实验室7家、院士专家工作站1个。2017年以来,累计新获得省部级及以上科技奖励31项、累计新拥有专利202项。配合新《环保税法》的实施,赵占国带领小组成员研究制定了《涉氰企业应对环境税法实施方案》,相关涉氰企业全部实现达标排放。公司组织制定了信息化分级建设目标,为各企业量身定制数字化建设方案。

完善安全环保管理体系　积极履行社会责任

中金黄金始终把安全环保作为第一责任、第一使命来抓,在2018年投入3.8亿元基础上,2019年前三季度又投入资金3.9亿元,提高了安全环保条件和标准。目前中金黄金管理的企业有25家荣获国家级绿色矿山称号。落实安全生产主体责任,推进企业安全管理体系自我完善与运行;完善安全生产应急管理制度体系,建立了2支国家应急救援队伍、2家国家应急救援培训演练基地及一大批三级资质救护队和企业专兼职救护队的应急救援管理体系,提高了中金黄金应急管理能力和救援决策水平。

完善社会责任管理体系,真正把履行社会责任的特色行为和创新能力作为培育责任竞争力的重要途径和手段,为中国矿业转型升级做出积极而富有成效的探索。打造"资源节约型、环境友好型、企地和谐型、员工幸福型、发展持续型""五型矿山",提升职工幸福指数,促进了地区就业、实现了企地和谐发展。企业运用专业优势,在能力范围内,解决了一大批可持续发展过程中面临的经济、社会和环境等方面的突出问题,营造了和谐的发展环境,促进了经济效益同步提升,树立了央企良好社会形象。

山东河西黄金集团有限公司董事长

赵景刚

赵景刚：男，1972年10月生人，山东烟台人，中共党员，中南财经政法大学毕业，工商管理硕士，中级经济师，采矿高级工程师。自2010年9月起，现任山东河西黄金集团有限公司（下称"河西集团"）董事长、党委副书记。招远市人大代表、招远市人大内务司法委员会委员。自参加工作以来，赵景刚以坚强的意志、敏锐的眼光、开拓创新的精神，为河西集团、为当地经济发展乃至国家黄金事业做出了杰出的贡献，得到各级领导的充分肯定和高度赞扬。赵景刚也连续获得招远市"十大杰出青年""优秀共产党员""优秀企业家""优秀人大代表"，以及"烟台市劳动模范""烟台市五一劳动奖章""烟台市乡村之星""烟台市有突出贡献的中青年专家""全国黄金行业劳动模范""山东省优秀企业家""山东省劳动模范"等荣誉。

黄金行业管理的领跑者

河西集团成立于 1970 年，招远市蚕庄镇镇属集体企业。经过近 50 年的发展，集团已拥有招远市河西金矿、招远市东兴黄金矿业有限公司、招远市河西育林有限责任公司、招远市诚德管理咨询有限公司、招远市河西果蔬食品有限公司和山东澳鑫牧业有限公司共 6 个子公司，拥有 4 个采矿权、5 个探矿权，是一家集开采、选矿、氰化、冶炼于一体，兼营有机果蔬种植，土地房产评估、测绘和畜牧业养殖的综合性企业，年生产、加工黄金 12 万余两。赵景刚自任董事长以来，坚持"以金为主，多元发展"的经营战略，带领全体员工锐意进取、开拓创新，推动了企业高速发展，企业黄金主业强大，非金产业兴旺，始终保持着朝气蓬勃、飞速发展的大好局面，年年名列烟台市综合财政贡献百强企业，在区域经济发展中始终保持着龙头地位，在黄金行业管理，特别是在专业管理中，始终处于领跑位置。

重视安全生产　创建绿色矿山

"滴水穿石，抓铁留痕"，是赵景刚的工作风格。河西集团的安全环保工作尤为突出，自 1999 年以来，企业实现连续安全生产 20 周年，树立了资源型企业安全生产长周期下，健康稳定发展的典范和本质安全型矿山建设的样板，创造了全国黄金行业安全生产的奇迹。在安全管理理念上，赵景刚坚持"安全责任重于泰山，严守红线不容逾越"的责任意识和"安全高于一切，先安全后生产，不安全不生产"的工作原则，秉承"绿水青山就是金山银山"的发展理念；他加强安全管理队伍建设，完善安全管理制度，构建了全方位的安全管理体系，确保了安全生产形势的持续稳定；在安全投入上，他要求每年保持超出国家规定 400 万元的安措费用投入，企业坚持"无人则安，人少则安"的理念，依靠科技进步，全面提高机械化和自动化水平，走集约化、现代化发展之路。2016年，企业被山东省安监局列为"机械化换人、自动化减人"省级试点单位；2018年，被评为烟台市双重预防体系标杆企业；2019年，被确定为烟台市安全生产应急管理示范点。在环保方面，重点实施完成了尾矿回水系统、污水处理系统、氰冶烟气回收、选矿布袋除尘、燃煤锅炉淘汰和多元素回收利用等环保项目，为国家环境保护工作做出了积极贡献。他认真落实山东省及烟台市关于绿色矿山建设的决策部署，将绿色矿山发展理念贯穿于矿产资源规划、勘查、开发利用、冶炼等全过程，带动传统矿业转型升级，全面提升矿山发展质量和效益，创建国家级绿色矿山，推动形成矿地和谐、人与自然和谐发展新格局。2019年，河西集团下属三个矿山被国家自然资源部遴选为国家级绿色矿山。

创新发展　提质增效

"见解独到，眼光敏锐"，赵景刚始终秉承"一切围绕项目转"的发展理念，多渠道谋求企业的长远发展，黄金主业保持了科学持续稳定增长的良好态势。他先后参与、拍板决策的瑞典ABB公司提升系统，自动化程度行业最高，达到国际先进水平，为亚洲矿山企业中第一家、全世界第二家应用该提升系统的企业，既保障了安全生产，又节能降耗。在黄金行业中率先引进地热空调技术，充分利用井下水制冷、制暖，取代传统烧煤取暖。平均每年1000万元以上的环保资金投入力度，对选、氰、冶生产工艺进行改造，淘汰落后产能，完善废气回收系统，淘汰燃煤锅炉，改造硫精矿大棚，开展多元素综合回收试验。2017年在"蚀变岩型金矿尾矿综合利用技术研究与应用"项目基础上主持决策了膏体浓密机项目，率先在黄金行业引进和应用，实现了无尾排放，项目在结构、高度和性能等方面均达到领先水平，对全国黄金矿山系统发展进步具有重要意义。

"敏而好学，孜孜不倦"，赵景刚始终秉承"科技立矿"原则，不断加大科技投入，完善创新体系，强化科技管理，推进科技攻关，加速技术开发和成果转化步伐，有效解决了企业生产经营中的技术难题和关键问题。

在他的参与和主持下,企业与多家大学、科研院所签订长期合作协议,企业先后获得国家科技进步三等奖1项,中国黄金协会科学技术一等奖1项,冶金部、国家经贸委科技进步三等奖各1项,山东省科技进步贰等奖1项、三等奖1项,山东省黄金科技进步奖3项。近几年来,河西集团每年的内部自主科研技改项目均在50余项,为企业发展提供了强劲的动力。

"不干则已,干则一流",在赵景刚的主持下,河西集团深入贯彻落实山东省新旧动能转换工作要求,全面提升企业资源质量、资产质量、安全质量、经营质量。2019年上半年,河西集团开展了以"提高生产效率,降低劳动强度,提升经济效益,改善职工生活,保障安全生产"为主题,以"创建国家级绿色矿山"为主线的"全面打造全国一流矿山"工作,投资预算3500余万元,设立系统建设类项目17项,科研技改类项目24项,各项目已陆续开始实施。

承担责任　回报社会

"创造财富,回馈社会",是赵景刚精心提炼的河西集团的企业使命,他深知自己肩负的重担和责任,时刻不忘作为一名企业家的责任和使命。在企业内部,他关心职工,安排部署相关部门为困难职工申请救助金,为职工子女发放爱心助学金,免费组织在职及退休老职工体检;在企业外部,他积极参加镇企共建和社会公益事业、组织修路架桥、援助镇村自来水工程、建设幼儿园等公益性活动,在创造财富的同时,不忘回馈社会,用实际行动践行了社会主义核心价值观,传递了社会正能量。

"不忘初心、牢记使命",赵景刚以自己的实际行动,影响并带领全体员工取得了辉煌的成就,为国家做出了突出的贡献,河西集团连续10年选矿回收率、资源利用率居全国地方金矿第一位,先后获得"烟台市文明单位""烟台市重合同守信用单位""全国黄金系统先进企业""'十一五'期间全国黄金行业先进集体""全国机械冶金建材系统工会工作先进集体""中华全国总工会模范职工小家""山东省工人先锋号""山东省精神文明单位"等荣誉。

北京市基础设施投资有限公司总经理

郝伟亚

　　郝伟亚：男，1969年生人，河北正定人，中共党员，工商管理硕士，高级经济师。曾就职于北京科技大学、海南海信期货公司、北京中兴信托投资公司、北京市境外融投资管理中心、北京市国有资产经营有限责任公司。历任北京市基础设施投资有限公司投融资管理部部门经理、总经理助理、副总经理；现任北京市基础设施投资有限公司（下称"京投公司"）总经理、党委副书记。

　　郝伟亚政治站位高，深入贯彻党的十九大精神，认真学习习近平新时代中国特色社会主义思想，牢固树立"四个意识"，始终坚持"四个自信"，贯彻落实中央和市委市政府工作要求，态度明确、行动坚决。在党的群众路线教育、"三严三实""两学一做""不忘初心、牢记使命"教育活动中，积极发挥模范带头作用，勇于开展批评和自我批评，不断提高政治站位和政治觉悟，不断加强自身作风建设。

坚定发展愿景 谱写企业辉煌

郝伟亚牢牢把握首都城市战略定位，认真贯彻落实市委、市政府的决策部署，将企业发展置于"三件大事""三大攻坚战"和北京"四个中心"功能建设的宏观背景下，构建了以轨道交通为主的基础设施投融资与运营管理，以及轨道交通装备制造与信息技术服务、土地与物业开发经营等相关资源经营与服务职能的"一体两翼"格局，在首都轨道交通高质量发展中做出突出贡献。

引领企业实现跨越式发展

郝伟亚建立"境内+境外、直接融资+间接融资、多种PPP模式"的总体融资格局，有效确保了轨道交通建设资金足额及时到位。在他的直接指导下，京投公司以"全面完成市委市政府赋予的城市及区域基础设施投融资建设任务"为使命，截至2019年6月，资产总额5843亿元，净资产2143亿元，累计实现净利润158.39亿元。

郝伟亚坚持将"改革创新"的理念转化融入到实际创新行动中，开创了国内轨道交通领域多项第一：首次实施境外融资，获得标普、穆迪和惠誉等三大信用评级机构授予的最高国际市场信用评级，发行了轨道交通领域第一支美元债券、港币债券和欧元债券；首次运作混合性PPP项目融资、首支市属国企"双品种"公司债、首支轨道交通企业绿色可续期公司债和保险债券计划；创造性地提出采用授权—建设—运营的ABO模式，京投公司按照授权履行北京市轨道交通业主职责，负责整合各类市场主体资源，发挥各类市场要素的积极作用。近年来京投公司累计落实政府项目资金9544亿元，为北京世界级轨道交通网建设提供坚强保障。

打造北京轨道交通网络　培育创新发展新动能

京投公司作为北京城市轨道交通的业主单位，先后取得了北京市轨道交通"2015版、2015调整版、2020版、二期规划调整"等四版建设规划，规划线路总里程近1000公里。在干部员工的共同努力下，北京市轨道交通运营线路已达23条，运营里程678公里，中心城范围内轨道交通占公共交通出行比例超过50.0%。京投公司建设全国最大的地下综合交通枢纽工程——北京城市副中心站，全力协调加快市郊铁路建设，开通运营S2线、城市副中心线、怀柔—密云线等市郊铁路，运营里程241公里。

京投公司代表北京市政府对国有铁路履行出资人义务，以股权管理方式参与投资项目的经营管理，支持北京区域内的国铁项目建设。目前承担京津城际、京沪高铁、京张城际、京沈客专、京石客专、京霸高铁等国有铁路建设所需资金，累计出资120多亿元。郝伟亚还牵头设立京津冀城际铁路投资有限公司，并出任第一任董事长，该公司在成立后的3年间，全力推进《京津冀城际铁路网规划》并获得国家发改委批复。

郝伟亚将创新作为管理理念的核心要义，提升到企业发展全局的高度。近年来，京投公司认真按照中央及北京市相关精神，拓展了城市综合管廊、高速公路、外地地铁PPP项目等战略性新业务，进一步稳固公司在基础设施行业内的核心地位。

新机场高速公路是新机场外围配套的"五纵两横"骨干交通网组成部分，京投公司接手高速公路项目后，实现了当年完成设计方案批复、当年立项批复、当年开工建设，创造了"京投速度"，在近年北京市高速公路建设领域尚属首例。新机场高速公路项目的建成，对保障新机场2019年10月如期投入运营、实现京津冀协同发展具有重要意义。

郝伟亚成立致力于打造集规划、建设、运营管理、投融资为一体的城市地下综合管廊发展平台——京投管廊公司。公司立足首都城市战略定位，持续推进随轨道交通3号线、7号线东延、8号线王府井站的地下综合管廊建设，世园会园区内外综合管廊、冬奥会外围配套综合管廊、北京新机场高速综合管廊陆续建成，为北京城市精细化管理做出了贡献。

郝伟亚带领京投公司积极落实北京"十三五"规划中"走出去"战略，带动北京轨道交通相关企业对外发力，牵头投资了乌鲁木齐轨道交通2号线一期PPP项目和绍兴地铁1号线PPP项目。为贯彻落实北京市"十三五"期间重点发展高端装备制造业、打造轨道交通百亿级产业链的目标，郝伟亚与班子成员共同努力，组建北京轨道交通技术装备集团，并立即组建技术研究院，推动平西府大修厂及保定造车基地项目落地。

郝伟亚领导京投公司大力发展以轨道交通相关产业为重点的股权投资，形成较为完整的产业链条。京投公司成为香港上市公司京投交通科技第一大股东，创立全国首支轨道交通产业投资基金–基石基金，设立基石融资租赁公司，还投资城建设计、市政路桥等公司。

郝伟亚多年来一直提倡和推广"轨道+土地"理念，积极推动轨道交通场站与周边城市设计一体化项目落地。累计实施车辆段上盖开发面积106公顷，直接分摊地铁拆迁成本23亿元，配建保障房34万平方米，增加政府土地收益约40亿元，培育上市公司京投发展跻身中国房地产百强企业。郝伟亚探索形成轨道交通邻接穿越、民用通信、自持物业、广告媒体等多元业务格局，可经营性自持物业面积超过10万平方米。

构建科学合理的公司治理机制

郝伟亚持续推进公司制度体系建设，构建定位明确、分工协作、沟通顺畅、运行高效的集团管控体系。注重依法经营，做到"企业日常规章制度、经营合同和重要决策的法律审核参与率达到100%"。持续加强风险防控建设，对重要子企业开展例行检查、项目后评价、专项审计等工作。此外，对各参控股企业进行分类管理，保证了公司投资业务的平稳、健康可持续发展。

郝伟亚大力倡导"家和文化"，秉承和发扬"为北京城市建设做出实实在在贡献"的企业价值追求和"坚实、质朴、开拓、承载"的基石精神，形成领导干部风清气正、部门协同互助、员工友爱相处的良好局面。郝伟亚把社会责任作为工作的出发点和落脚点，京投公司在轨道交通规划设计中，坚持生态绿色方式，将轨道交通建设可能对环境产生的影响降到最低，构建人与环境和谐可持续发展。

贵州海宇建设工程发展有限公司董事长

胡正森

胡正森：男，1966年12月生人，贵州兴义人，中共党员，工程硕士，高级工商管理硕士，金融博士（在读），高级工程师，一级建造师。1987年7月参加工作，历任中建四局安装公司技术员、施工队长、局团委书记、局三产部副总经理（主持工作）、安装公司二分公司总经理兼深圳分公司总经理、局总承包公司总经理兼党委书记、贵州分局局长等职。现任贵州海宇建设工程发展有限公司（下称"海宇建设"）董事长。贵州省企业联合会、贵州省企业家协会常务副会长，贵州省建筑业协会副会长，清华大学贵州校友常务会副会长，正和岛贵州岛邻机构主席，长江商学院贵州校友会秘书长。

曾荣获贵阳国家高新区十大优秀党员，中华人民共和国成立70周年贵州省十佳影响力企业家等荣誉。

凝心聚力　企业腾飞

胡正森擅读国家大政方针，看清大局形势，抓住大好机遇，破解大量难题，谋求大力发展，使企业一直保持高质量、高速度发展的态势。为海宇建设提出了"两跨三上（跨省、跨国，上市、产值上200亿元、资质上特级）、四化六型（科学化、集团化、多元化、国际化，良知型、正规型、担当型、创新型、学习型、领袖型）"的战略目标。

经营管理创佳绩

胡正森大力推动技术创新，为海宇建设获得多项专利成果：①清水墙抗裂结构专利。该专利为海宇建设在营业增收方面带来效益为：2016年节约人工成本314个工作日，降低材料成本3.2万元；2017年节约人工成本543个工作日，降低材料成本6.3万元；2018年节约人工成本853个工作日，降低材料成本9.2万元。②一种浇筑模结构专利。该专利为海宇建设在营业增收方面带来效益为：2016年节约人工成本220个工作日，降低材料成本9万元；2017年节约人工成本280个工作日，降低材料成本17.4万元；2018年节约人工成本340个工作日，降低材料成本38万元。③新型钢筋绑扎技术专利。该专利为海宇建设在营业增收方面带来效益为：2016年节约人工成本230个工作日；2017年节约人工成本730个工作日，缩短工期约23天；2018年节约人工成本1470个工作日，缩短工期约40天；合计降低人工成本约49万元。

胡正森从2012年就果敢地推行"坚持自营，杜绝挂户，宁可没有工程做，也不愿有一个挂户，宁可错过十个项目，也不愿做一个有风险的项目"的经营模式，海宇建设在管理水平与市场占有率上都得到了很大的提高。以"总部管控、副总分管、项目执行、授权管理、分级负责、上下联动、左右互动、坚持制度、目标考核、严格奖罚"为基本思路，以《项目目标管理责任书》为纽带，裁掉公司总部与项目部之间的中间环节（分公司、工程处之类的机构），达到机构扁平、管理快捷、执行高效。

海宇建设现有正式编制员工 2118 人，核心团队由 43 位高管组成，其中有 32 位高管来自央企；还拥有一大批包括中建、中铁、省建在内的众多建筑精英人才，以及毕业于清华、同济、重庆及英国伯明翰等著名高等学府的优秀管理人才，总设备功率 15000 千瓦，具有强大的综合生产能力。承建有织金碧桂园、全林集团息烽锦御天城项目、瓮安麒龙城市广场项目、贵阳泉天下·国际公馆项目、兴义市丰都街道办冬瓜林棚户改造工程、兴义市丰都街道办杨柳一组棚户区改造工程、贵州天下山水文化旅游开发项目、清镇中深高原明珠花园、六盘水世纪佳苑商住楼、六盘水帝都新城、毕节尚城国际等大批项目。

企业文化建设谱新篇

胡正森始终坚持党管方向、党管思想、党管文化、党管人才；积极发展和培养党员，打造新时代创新型基层党组织，2018 年 10 月党委升格为党总支，下设息烽、晴隆、兴义项目 3 个支部；党总支被评为 2018 年度十先全区先进党组织，胡正森被评为 2018 年度十优全区优秀共产党员。

人才是企业发展的第一原动力，胡正森注意维护员工权益，为企业成为行业标杆提供了人才保障。在助力就业方面，除了 2653 名正式编制员工外，所属项目部提供的工作岗位合计不下于 15 万个。海宇建设时刻把安全生产放在首位并落到实处，先后荣获了 30 多项省级安全文明样板工地，3 次安全生产先进集体及 2 次"安康杯"优胜企业。

2016 年，海宇建设投入 130 万余元打造了阳明大讲堂并自主开设致良知学习班。胡正森认为客户之间是交心而非交易，奉送给客户的不仅是产品、品质、品牌，更应该是真心、良心、诚心。2017 年 7 月 16 日，他在修文涌泉学院暨致良知论坛上作了"企业若致良知，必将无限生机"的主题分享。2017 年 11 月 24 日，分别在贵阳学院、贵州大学作了题为"致良知与企业家精神"的演讲。2018年5月11日,为贵州大学贵州校友会作了题为"经营民企之道"的分享。2018年10月25日,在中国贵阳第六届国际阳明文化节作了"企业致良知,生机更无限"的演讲。

2018年8月13日,胡正森作为全国60位优秀企业家之一应邀参加在北京人民大会堂召开的第二十四届世界哲学大会。2019年5月16日,作为中国商贸文化企业代表团团长参加了吉尔吉斯斯坦上海合作组织论坛,论坛期间不仅拓展了企业经营业务,还传播中华优秀传统文化,向吉国总理、副总理、总理顾问、投资署长、文化部部长及巴基斯坦总商会主席等赠送《文化自信与民族复兴》书籍、《教条示龙场诸生》竹简等。

企业社会责任倡和谐

胡正森创业之初就强调守法经营,海宇建设承接的任何一个项目,在生产过程中均注意保护当地文物、水流以及土地不被破坏;提高物料的利用率,产生的建筑垃圾分类回收,合理地利用建筑垃圾回填……安装除尘装置,修建洗车槽,尽量避免夜间施工,保护珍稀动植物。

海宇建设积极履行社会责任;响应扶贫号召,对口帮扶纳雍县猪场乡增力村贫困户;携手省红十字会、贵阳国家高新区赴纳雍县开展"公益助力足球梦·足球知识进校园"教育扶贫捐赠活动;结对贵阳市国家高新区组织部赴纳雍县黄泥冲村进行产业扶贫,赴贞丰县鲁贡镇暗老村进行捐赠扶贫;积极参加高新区组织部开展的朗诵比赛活动等。还积极响应贵州省精准扶贫战略,对口帮扶贫困群众,先后捐赠扶贫物资价值600多万元。海宇建设与贵州财经大学签订战略合作协议并接力大学生就业,向开阳县第二小学捐赠王阳明铜像(市值160万元),向南明区图云关小学女子足球队、贵安新区新艺小学、盘州市胜境街道黄坡口小学、息烽县木山小学等贫困学校累计捐款380万余元。

胡正森自1988年开始,经常慰问、帮助家乡五保户家庭、贫困学生及孤残儿童;组织开展农民工兄弟暑假亲子夏令营活动;开展春节慰问活动;参与"万心善行"公益项目活动,组织员工敬老孝亲活动。至今慰问及资助5000多户,慰问及资助金累计800多万元。

巨化集团有限公司党委书记、董事长

胡仲明

    胡仲明：男，1964年10月生人，浙江宁波人，中共党员，大学学历，正高级经济师。1985年7月参加工作，现任巨化集团有限公司（下称"巨化"）党委书记、董事长，兼任浙江巨化股份有限公司董事长、中国电子化工新材料产业联盟理事长、浙江石油和化学工业协会会长、浙江石油化工公司副董事长。

    5年多来，胡仲明坚持一张蓝图绘到底，一任接着一任干，团结带领巨化广大干部职工凝心聚力搞生产、聚精会神抓发展，有效化解风险、全面推进改革创新、开放发展，取得良好经营业绩，为区域经济、行业发展做出积极贡献，巨化持续位列中国化工企业50强。胡仲明被评为中国石油和化学工业改革开放40周年行业突出贡献人物。

擘画蓝图谋发展　改革创新显担当

胡仲明把"对党忠诚，勇于创新，治企有方，兴企有为，清正廉洁"的国企好干部要求作为自己干事创业的准则。始终把政治建设放在首位，注重政治理论学习，坚持读原著、学原文、悟原理。自觉用新思想、新观点、新论断、新要求武装头脑，指导实践，不断增强"四个意识"，坚定"四个自信"，做到"两个维护"。突出政治规矩和政治纪律，严格执行重大事项请示报告制度，严格遵守中央八项规定，切实承担起党风廉政建设领导责任。将"率先垂范、敬业爱岗、淡泊名利、无私奉献"作为职业道德观。在工作中做到"立言"与"立行"结合，坚持从实际出发，讲实话、出实招、办实事、求实效。在落实过程中注重工作方法，有奋斗精神和敢于担当的工作作风。把职工的利益放在心中，带头坚持"四不两直"，经常下基层调研，解难题促发展。生活中坚持正确的价值观，具有良好的生活习惯和健康的生活情趣，干干净净干事，清清白白做人。

积极谋划集团发展　经营业绩稳中向好

2014年到巨化工作后，胡仲明提出要坚持国际视野、改革思维、创新意识、问题导向，来系统谋划公司发展规划。他结合企业实际，明确了"改革创新、开放发展"为发展主线，确立了产业"一体两翼、多轮驱动"的定位，要求抓住"改革、创新、开放"三大关键，对重大产业、重大项目规划亲自牵头研讨，提出打造一个"实体基地化、产业四新化、运营智能化、开放国际化、生产绿色化"的新巨化，做强做优做大巨化的发展路径。在2019年集团第十三次党代会上，他提出"以一流党建引领一流企业创建"和"五个一流"发展目标，为巨化未来5年发展擘画蓝图。胡仲明善于在实践中运用党委会工作方法,每年通过对国内外形势分析、企业所处阶段环境的前瞻性思考,提出12字工作方针,确定全年推动企业发展的基调、方法和路径,使各项工作心有目标、行有方向、做有遵循。

在胡仲明的带领下,巨化坚持走改革创新、开放发展之路,实现了较好的经营业绩,5年来业绩稳步提高。巨化不忘初心、产业报国、坚守实业、深耕主业,打造出全球知名、产业链齐全、拥有一群单项冠军的先进氟化工制造基地。通过动能转换、转型升级,巨化打造了一系列全国乃至全球的龙头产业。巨化还积极培育新动能,推动新材料发展,在全国率先打造出完整的湿电子化学材料产业链,建成全球一流的高纯氯气和高纯氯化氢工厂,成为国内首家系列化电子化学品供应商,为"中国芯"提供国产化供应。

不断加大创新力度　稳步推进国企改革

近年来,巨化加大创新力度,累计投入研发经费16.8亿元,新型氟制冷剂核心技术、高端氟材料系列、高阻隔性PVDC膜材料系列、太阳能膜系列、航空航天新材料构件、氢能高压储罐装备等项目先后取得重大创新成果。目前,集团拥有授权专利447项,其中发明专利295项,拥有国家级研发机构2个,省级研发机构11个,国家级高新技术企业13家,高新技术产品占比达到50.0%。大力引进和培养行业领军人才,聘请首席科学家,成立产业研究院和金融研究院,建设青山湖科技城和海创园的人才基地,高端人才数量在省属企业名列前茅。

胡仲明担任巨化全面深化改革工作领导小组组长,他注重顶层设计和统筹把握,提出要奔着问题去改革、增量带存量去改革、鼓励基层探索兴改革。牵头实施十大改革专项,优化企业法人治理结构,实现党的领导与公司治理有机融合。完成集团公司制改革,集团总部机构改革平稳落地,组织模式逐步向区域化、平台化、专业化转变。

胡仲明高度重视开放发展,鼓励走出国门,积极寻求与跨国公司、行业领先者、技术引领者的合作,来实现空间大发展、基地大格局和开放大融合。

胡仲明提出，对巨化发展要有产业自信，对国有企业要有制度自信，对巨化精神要有文化自信。结合巨化60年发展经历，他要求彰显三大自信，传承巨化"不老、不倒、不背"优秀基因，全力打造"强巨化、优巨化、大巨化"，努力成为国有企业改革发展、创新创业的新典范。并集思广益，主导提出"自强、自信、聚力、聚合"的新时代巨化精神。

走"三生合一"发展道路 规划"美丽巨化"建设

巨化始终把生态文明作为发展的重要责任和保障，坚定地走生态文明、生产发展、生活改善"三生合一"发展道路，高起点规划"美丽巨化"建设。

牢固树立"安全环保永远在路上"的理念，打响安全生产翻身仗。5年多来，投入近10亿元建成30余套环保设施，完成百余项重点安全环保隐患治理项目，危险废物管理信息化实现全覆盖。引进杜邦先进安全管理模式，持续开展安全管理"五抓"工程，实施安全文化培育计划，推广"技术＋管理"诊断整改，安全环保本质水平得到全面提升。

推进生态文明建设。完成生态化循环经济改造，实施西片区改造提升，全面提高环境质量，消除安全环保隐患，改善职工作业条件。持续完善循环经济"生态圈"，产业链全面实现清洁生产和绿色发展，"提高亩均效益十法"的"循环利用法"案例在全省范围推广。

巨化倾心公益，努力用真诚回馈社会。公司自2003年起，积极参加"低收入农户奔小康工程"，与衢江区楼山后村、新疆乌什县等帮扶结对，与衢江区全旺镇开展"1+5"结对消薄，累计帮扶千万元，帮助修建学校、修整公路、扶贫助学、公共工程等建设。2015年开展"关爱困难儿童、留守儿童"行动，为衢江区黄坛口乡儿童带去温暖。此外，巨化每年组织4次集中献血活动；每年有上百人志愿为社区居民服务；连续6年被授予中国石油和化工·企业公民楷模榜"最具社会责任企业"称号。

天津市金桥焊材集团有限公司总经理

侯云昌

    侯云昌：男，1983年6月生人，辽宁大连人。中共党员，多伦多约克大学工商管理专业，现任天津市金桥焊材集团有限公司（下称"金桥焊材集团"）总经理。中国焊接协会副会长，中国焊接学会常务理事，天津市企业家协会理事，天津市慈善协会第五届理事会副会长，开发区工商联副主席。

    天津市人大代表，曾获中国工业榜样人物、中国工业影响力人物、中国机械工业质量品牌创建领军人物，天津开发区优秀共产党员，是天津市第一批杰出企业家、天津市五一劳动奖章获得者、滨海新区五四青年奖章获得者以及天津市五四青年奖章提名奖获得者。

承前启后铸金桥

金桥焊材集团拥有 3 家分公司、15 家子公司，9 个生产基地，以及永昌和金桥 2 家国家级高新技术企业，拥有专利 376 项，作为中国焊接材料的领军者参与制定了国家以及各行业标准数十项。可生产电焊条、药芯焊丝、实心焊丝、埋弧焊丝、氩弧焊丝、焊剂等十几个大类、400 多个品种的焊接材料。主要产品经 CCS、LR、BV、ABS、DNV GL、NK、KR、RS、RINA、BKI 认可，还取得 TüV、CE、DB 产品认证。不仅通过 ISO 9001 质量体系认证，还得到核电、锅炉、船舶等领域的第二方质量体系认证。金桥焊材集团年产销量占到国内焊材市场的 1/3 份额，连续 20 年居行业之首，是目前全球最大的综合性焊材制造企业。是 2018 年工业强基工程的承担单位，获批工信部制造业单项冠军产品，并获得中国机械工业百强、天津市企业百强、中国最具投资价值新星企业百强榜——天津 50 强、天津市重点培育的国际自主品牌、中国好技术等多项荣誉。

侯云昌具有强烈的事业心和进取精神，他传承集团创始人侯立尊先生思想，肩负"振兴民族工业，实现焊材强国"的使命，强化管理体制机制创新，加快转型升级步伐，全面推行自动化、信息化并为智能化生产做好规划；他顺应国家经济建设和发展需要，坚持绿色、可持续发展之路；他注重科研创新，产品多次应用到国家重点工程，填补国内空白，打破国外垄断。2018 年，金桥焊材集团实现了销售收入 80 亿元，出口创汇 1 亿美元，上缴税金 4.3 亿元。进入 2019 年，金桥焊材集团继续保持良好的发展态势，截至 11 月底，实现产销量 142.25 万吨，同比增长 9.0%；外销 12.41 万吨，同比增长 8.0%；营业收入 75 亿元，同比增长 5.0%；创汇 9008 万美元；缴纳各项税额 3.77 亿元。进一步稳固市场的同时，药芯焊丝取得较快增长,同比增长54.8%,预计全年产销量可突破150万吨。

坚持企业创新能力的提升

侯云昌坚持以创新驱动企业发展,积极总结技术创新工作经验,将以往完全自主创新的研发模式转变为以自主创新为主、联合创新为辅的技术创新新模式,结合焊材上下游行业优势资源和先进发展,促进企业焊接制造技术绿色、高端、高效、智能化发展,实现焊材强国的伟大目标。

加大研发投入。通过自主创新、协同创新等途径,满足行业和市场需求,发挥产品创新、工装工艺创新的引领作用,攻关高附加值和高技术难度的产品。在老品优化方面,紧随市场需求的变化,产品结构由焊条向焊丝转型,实现焊接材料向环保、高效、轻量化、高强等方向发展。在新品研发方面,围绕增材制造、特殊丝材以及粉末等方向进行研究并产业化,重点开发镍基、铝和铝合金、低温钢、高强钢等焊材,并在核电能源、深冷海工、轨道交通、航空航天等领域,建立新的产业增长点。

侯云昌秉承侯立尊先生提出的,培育"人力资本"的想法,长期以来重视科技人才队伍建设、营造良好的科研生态,进行高学历、高技术人才的培养和引进。本科和研究生以上学历在企业员工占比逐年提升。未来金桥焊材集团还将持续开展人才梯队建设,坚持实施人力资本培育工程,践行老总的人力资本观念,为企业进步和焊材事业的蓬勃发展打造良好环境。

发挥平台优势　借力资本市场

侯云昌将企业发展方向,定位于整合国际优势资源,大力研发高端、高质、高新产品,向新材料、新技术、新工艺领域进军,来满足国家重点工程以及国际市场的需求。2019年,金桥焊材集团与中国科学院院士、焊接工程专家——潘际銮院士携手成立了"院士专家工作站",揭牌仪式在清华大学举行;还与国际先进的乌克兰巴顿焊接研究院签约合作"金桥巴顿焊接产业技术研究院"项目。2019年11月,又成功举办了"第三届中国焊接产业创新联盟"大会。以平台为基础,充分整合优势资源,为加速我国焊材产业的发展发挥作用。

随着我国金融体系的逐步完善，侯云昌意识到，金桥焊材集团走向资本市场的时机已经成熟，未来几年将加快登陆资本市场，借助资本市场的力量提升资本实力，通过多元化的融资手段，扩大业务规模、提高市场知名度。他认为，坚持资本市场的发展是实现企业管理现代化的途径，企业上市从来不是我们的目标，而是为了更好的促进企业核心业务的发展，更好地服务于客户需求和行业发展，更快实现企业的焊材强国梦。

坚持推进智能制造之路

在侯云昌的企业规划中，金桥焊材集团将在智能制造领域加大投入，实现从自动化迈向信息化，并最终打造智能生产体系。先后在泰达签订了"金桥集团泰达中区智能工厂"项目；在东丽区签订了七经路的"永昌焊丝智能工厂"项目。公司研发"一体化高速镀铜实心焊丝生产线"，将原来的分段式生产改为连续自动化生产。该设备在减少人工作业的同时，生产线提速达5倍。为焊材行业的全面转型升级奠定基础。

随着自动化和信息化制造的渗入，公司将有效克服人工效率低、精度不稳定、浪费材料等缺陷，达到生产效率和安全生产双提升。同时，伴随着产品品质的提升、运营成本的下降，将为客户提供成本更低、质量更优的产品，实现经销商和终端客户最终受益。

完善绿色经营理念　大力发展慈善事业

金桥集团贯彻绿色可持续发展理念，努力构建低碳、清洁、环保的生产体系，被评为天津市绿色工厂、天津市节能先进单位和低碳发展示范企业。公司牢固树立"可持续发展"理念，践行国家发展对环境保护的政策要求，加快构建环境保护体系，打造国家级绿色工厂。

侯云昌始终牢记社会责任，积极参加社会公益事业。公司累计捐助善款超亿元，是天津市社会责任百强企业、天津慈善突出贡献企业。2019年，为传承侯立尊老总慈善情怀，企业成立了"天津市金桥慈善基金会"，并将每年4月设立为"慈善月"，从2019年起每年捐建一所希望小学。让善言善行成为金桥的气质，让扶危助困成为金桥的责任。

卫华集团有限公司总裁

俞有飞

俞有飞：男，1961年7月生人，江苏南京人，中共党员，博士研究生，高级经济师、国家一级建造师。现任卫华集团有限公司（下称"卫华集团"）总裁、卫华集团博士后科研工作站站长、中国企业联合会第五届维护企业和企业家合法权益工作委员会副主任、中国企业联合会智慧企业推进委员会副主任，河南省企业家联合会、企业家协会副会长，起重机装备轻量化设计国家地方联合工程研究中心主任、中国设备管理协会起重机械产业发展促进中心主任、中国科技核心期刊《起重运输机械》杂志编委会副主任、河南省起重机械装备工程技术研究中心主任、河南省起重装备轻量化设计工程研究中心主任、中国机械工业质量管理协会理事。中国生产力学会理事专家委员、中国智能制造百人会专家委员、中国特种设备事故应急与调查专家、全国党建研究会非公有制经济组织党建研究专业委员会特邀研究员、中国管理科学研究院学术委员会特约研究员、河南省起重机械数字化与智能技术院士工作站站长、河南省机械工业标准化技术协会理事长，河南省工信厅专家库成员，河南"战略学者"，同时担任华中科技大学、武汉理工大学、郑州大学兼职教授，河南工学院教学指导委员会校外专家委员会委员。全省优秀党务工作者，中共河南省第十次党代会代表，首批"中原千人计划"专家人才，享受国务院政府特殊津贴。

起重机行业的领军人

在俞有飞领导下，卫华集团主要经济、技术指标在全国同行业居于前列。集团年销售额从 2003 年 2.4 亿元发展到 2019 年 137.5 亿元，年平均增速达 35.0%；利税从 2003 年的几百万元发展到数亿元；产品从几个种类发展到 200 多个种类；资产从几十万元发展到 70 多亿元；产品从销售国内到出口英国、法国、以色列、俄罗斯等 130 多个国家。桥门式起重机产销量蝉联全国第一，是全国制造业单项冠军示范企业，处于亚洲第一、世界第二的行业地位，并连续 9 年进入中国机械工业百强、中国民营企业制造业 500 强，连续 5 年进入中国制造业企业 500 强。

俞有飞代表机械行业参加中央财经领导小组召开的经济形势分析会，提出的意见被采纳。参与制定了《中华人民共和国特种设备安全法》《TSG 07—2017 特种设备生产单位许可规则——起重机械专项条例》《特种设备生产和充装单位许可规则》《起重机械安全监察规定》4 部国家法律法规。

创建服务型党组织　注重企业文化和团队建设

俞有飞坚持以高质量党建推动企业发展高质量，提出了"服务企业发展、服务职工群众、服务人才开发、服务文化建设"的非公企业党组织建设模式。在他的带领下，卫华集团党委荣获全国创先争优先进基层党组织，卫华党建经验成为中组部向全国推广的非公党组织建设典型。

俞有飞总结凝练出富有时代特征的企业文化理念体系，全面导入实施《卫华品牌视觉识别手册》，组织建设多种企业文化宣传载体，卫华集团被评为中国民营企业文化建设优秀单位，俞有飞被评为中国民营企业文化建设突出贡献人物。集团现已拥有2名院士，6名外籍专家，11位博士后，15位博士，64位高级工程师、高级经济师，900多名高级技术工人。卫华被中华全国总工会授予全国模范职工之家称号，蝉联中国最佳雇主。

技术管理双创新　提升企业核心竞争力

俞有飞组建了以中国科学院杨叔子院士、中国工程院张铁岗院士为学术带头人的600余人的卫华科研团队，是行业内最大的研发团队，主持建立了国家地方联合工程研究中心、国家认定企业技术中心、国家认可技术检验测试中心等20个研发平台。

俞有飞在业内率先提出绿色化、智能化、定制化、网络化的起重技术研发方向，承担国家863计划1项、国家科技支撑计划4项，国家重点新产品1项、国家火炬计划2项，创起重机世界最大纪录1项。其主持的轻量化桥门式起重机推广应用技术研究，实现比传统起重机自重、高度、综合能耗均降低15.0%~30.0%，促进起重装备向绿色化发展；主持研发的防摇摆技术、精确定位技术达国际领先水平，实现起重机向"起重机器人"的升级；2019年12月27日，卫华起重机全程为"长征五号"的测试、组装、吊运的各项吊装工作提供服务。俞有飞领导下建立了国内第一个起重机专利数据库，已获得授权专利证书791项，其中发明专利93项，位于同行业之首；荣获省部级科技成果鉴定88项，其中国际领先1项、国际先进5项、国内领先80项、国内先进2项；获得省、部级科技进步奖项79项。卫华集团是全国首批国家技术创新示范企业之一、国家高新技术企业、国家火炬计划重点高新技术企业。俞有飞荣获中国科技创新先进个人、"十二五"机械工业科技创新领军人才、全国智能制造领军人物等荣誉。

俞有飞组织自主开发了起重设备远程服务系统、上位机技术、自动规划运行路线技术及工业大数据工程等，组织开发了起重机信息化综合管理平台、卫华集团移动App，自主开发NC系统、HR系统、PLM系统、MES系统、销售管理系统等。他带领团队建立了全行业最早和最先进的大数据中心，这是5G技术在全球起重机物联网的首次应用。卫华工业大数据应用项目荣获工信部授予的工业互联网试点示范、制造业与互联网融合发展试点示范、物联网集成创新与融合应用项目。卫华集团被工信部列为全国两化融合管理体系贯标试点企业，俞有飞获中国推进两化融合杰出CEO。

俞有飞坚持以战略引导企业发展，先后组织实施了四次企业战略制定工作。2015年，再次根据经济形势确定了以"向工程总承包商转型"的战略发展方向。其战略管理成果《以产业链延伸和产品升级为重点的民营装备制造企业战略转型》被全国企业管理现代化创新成果评定委员会评为第十七届国家级一等企业管理现代化创新成果奖一等奖。

2005年，俞有飞创新绩效管理工作，形成了能够支撑战略实施的"复合绩效管理"。2009年起，俞有飞在卫华集团全面导入卓越绩效管理模式，取得良好绩效。集团先后荣获全国机械工业质量奖、中国机械工业卓越绩效管理先进单位等荣誉。俞有飞获得全国机械工业优秀质量经营者金杯奖。2010年，俞有飞率先在行业内推行精益管理，卫华形成了全球起重机械行业第一条司机室、端梁、小车、大车的流水线生产模式，实现了起重机生产模式的重大变革。公司获得全国质量标杆，并多次在全国介绍经验。

俞有飞一直将企业管理标准化作为基础管理的重中之重，卫华集团参与制定国际标准、国家标准、行业标准、团体标准、地方标准101个。公司发布828项企业标准，标准化良好行为达到AAAA级。

社会责任意识强　积极履行公益事业

俞有飞坚持打造卫华诚信经营的品牌形象，卫华集团被国家税务总局列入"千户集团"。俞有飞始终遵循"绿色发展"的理念，环保设备资金投入1亿多元，卫华股份入选工信部绿色制造企业名单。

俞有飞设立"卫华救助基金"，建设卫华小学，开展"金秋助学"，在多所大学、中学设立助（奖）学金，向四川汶川、雅安地震灾区、开原龙卷风灾害等捐款，参与对口扶贫和"百企帮百村"活动，实现精准对接对口帮扶。卫华先后获中国扶贫基金会"扶贫明星"等荣誉。2019年，卫华集团登榜河南省第一批扶贫龙头企业，俞有飞荣获捐资助学爱心个人。

锦江国际（集团）有限公司党委书记、董事长

俞敏亮

俞敏亮：男，1957年12月生人，浙江绍兴人，中共党员，经济学硕士。1976年4月参加工作，先后担任上海东亚饭店总经理、上海华山饭店总经理、上海扬子江大酒店有限公司总经理、董事长；上海新亚集团联营公司总经理助理、副总经理，党委副书记、总经理，党委书记、总经理；锦江（集团）有限公司党委书记、董事长等职。2003年6月，原锦江、新亚两大集团重组成立锦江国际（集团）有限公司（下称"锦江"），任党委书记、董事长。

曾被评为上海市财贸系统优秀经理（厂长）、中国商业优秀企业经理、上海市优秀企业家。获得上海市第二届优秀青年标兵、上海市十大杰出青年提名奖等荣誉。历次市管国有企业任期考核，均为"优秀"。为上海市第十次、第十一次党代会代表，第十二、十三、十四届市人大代表；第十三届市政协委员。

把"锦江"做成世界知名酒店品牌

锦江国际集团组建于 2003 年 6 月，俞敏亮用 16 年时间走完了美国万豪酒店集团 30 年的发展历程。锦江在全球酒店集团 300 强中排名从 2003 年的第 47 位上升至第 2 位；布局从国内拓展至全球 120 个国家，锦江从区域性国内公司向跨国公司重大转型，实现了百年来中国酒店业民族品牌跻身全球前列的梦想。

锦江坚持发展第一要务，推动国有资产实现保值增值。2003—2018 年，总资产从 156 亿元增至 1061 亿元，同比增长 580%；净利润从 2.2 亿元增至 16.6 亿元，同比增长 655%。锦江近年来圆满完成上海世博会、亚信峰会、首届进口博览会等服务保障。锦江成为体现国家形象、上海形象的一张名片。

坚持战略引领 打造世界一流酒店集团

中国酒店业是改革开放的前沿，俞敏亮数十年潜心研究全球酒店产业发展规律，借鉴学习世界著名酒店集团的发展路径，探索出民族品牌发展的"锦江模式"。在推动锦江输出品牌、管理的同时，用少量国有资本撬动社会资本、国际资本，用境内高估值资产置换境外相对估值较低资产。2010 年，通过香港资本市场，成功收购美国州际酒店集团（纽交所主板上市公司）。2014—2018 年，锦江先后收购法国多家酒店集团，战略投资法国雅高集团，实现了酒店全球布局。同时，对标世界最高标准，打造众多高端品牌，快速拓展中端品牌。锦江品牌在全球市场的知名度显著提升。

俞敏亮在推进混合所有制企业实践中，于 2015 年创造性地提出"基因不变、后台整合、优势互补、共同发展"十六字方针，探索出一条全球公司治理的新路子。设立全球酒店管理委员会，对标国际先进，逐步形成"全球总部—区域公司—单一或多品牌团队"运营管理架构，加快高质量发展。对接"一带一路"建设，在沿线77个国家布局700多家酒店。

俞敏亮按照前置程序要求，在推进重大项目和重大工程时，坚持党委参与议事决策全过程；严格执行"三重一大"议事决策制度，凡是涉及国际购并、资产重组、资本运作、大额度资金使用等重大项目的决策和重要人事任免等重大事项，坚持集体领导、民主集中、个别酝酿、会议决定，严格按程序操作。

国有企业的出路是改革，关键是做强主业。2003年锦江重组以来，俞敏亮全力推动锦江"聚变—上市—转型"三个阶段改革，坚定不移做强做优核心主业，打造以酒店为核心的旅行服务产业链。2004年，整合三家上市公司，形成核心产业资本运营平台。2006年，锦江酒店集团在香港上市，2010年，完成"锦江酒店"与"锦江股份"重组。2011年，将"锦江投资""锦江旅游"注入"锦江酒店"，以"一拖三"模式实现核心资产整体上市。2016年，撤销相关建制，组建新的锦江酒店管理公司、锦江旅游控股公司，设立实业投资事业部，支持核心主业发展。2019年，制定实施"改革新15条"，努力把锦江建成与国际接轨的具有核心竞争力的全球酒店集团。近年来，锦江加快国际发展和创新转型，重大投资、重大项目多、资金投入大。俞敏亮注重统筹集团资产、资本、资金、资源运作，充分发挥上市公司和锦江资本平台功能，优化资本结构，盘活存量资产，集中资金管理，进一步放大国有资本功能和配置效率，为推进集团全球战略提供了有力支撑。

俞敏亮坚持"创新、协调、绿色、开放、共享"理念，2016年，锦江与战略投资者共同投资10亿元打造全球旅行产业共享平台；2017年，推动成立全球酒店创新中心；2018年，中外联合设计，推进孵化10家创新品牌样板酒店，于2019年相继开业，均呈现品牌效应、经营收益"双增长"的良好势头。俞敏亮高度重视"实体经济+移动互联网+平台"与品牌、管理、系统的结合，着力提升酒店产业核心竞争力；2019年，锦江投资上海城市形象推广中心研发和运营的"游上海"APP启动上线试运行。

采购平台创新"全球设计与中国制造"结合的盈利模式，打造围绕业主、供应商、客户以及酒店等利益共同体的采购服务共赢生态圈，提升酒店品牌整体盈利能力和核心竞争力。财务平台通过为各品牌酒店提供集中化、标准化、专业化的财务服务，提高效率效益，加强运营管控。目前，已完成搭建全球跨境资金池框架，实现上海自贸区与香港资金池联通。

俞敏亮坚持党管干部、党管人才原则，亲自推进全球人才战略。一是实施"两个百人"计划。收购美国州际酒店集团后，完成第一批百人赴美培训。收购法国卢浮酒店后，与"百人实务培训计划"相结合，选送优秀年轻人才赴法培训。二是培养"1000、250、100"人才。重点培养1000名专业技术人才、250名酒店总经理和储备总经理、100名领军人才。同时，加强人才交流，促进多元文化融合。三是探索激励约束机制。实施职业经理人选聘制度，激发企业发展的活力动力。

承担社会责任　为社会发展贡献力量

俞敏亮高度重视企业依法依规经营，按制度、按程序操作。近年来，锦江修订完善各项制度，不断提升集团风险管理能级。严抓安全生产"七个到位"（工作目标到位、组织系统到位、责任分工到位、工作制度到位、教育培训到位、租赁场所整治到位、应急预案到位），守好安全稳定底线。锦江连续9年被评为安全生产工作优胜单位。近3年，锦江先后出资1亿元，支持云南昆明扶贫工作和上海文化事业发展。俞敏亮牢记党的宗旨，关心和改善民生。他在上海国有企业中率先提出每年为一线员工增加工资，迄今已连续16年。在他的倡导下，锦江建立三级帮困体系和"5+2"帮困基金，实施退休员工商业补充医疗保险制度，不断把民生长效机制落到实处，凝心聚力，促进企业改革发展。

国家开发投资集团有限公司党组副书记、
董事、总经理

施洪祥

    施洪祥：男，1960年12月出生，江苏张家港人，中共党员，华东水利学院水工建筑专业，工学学士学位，高级工程师。历任水电部基建司、水电建设局干部，国家能源投资公司水电项目部工程师、综合处副处长，国家开发投资公司能源业务部水电处处长、电力事业部综合处处长、副主任，国家开发投资公司发展研究部副主任、战略发展部主任，国家开发投资公司金融投资部代总经理，国家开发投资公司副总经理、党组成员，国家开发投资公司副总经理、党组副书记，国家开发投资公司董事、总经理、党组副书记等职。现任国家开发投资集团有限公司（下称"国投"）党组副书记、董事、总经理。

    施洪祥在国投25年的发展和改革、管理与创新等方面进行了大量的探索和尝试，为国投建设成为中国特色的国有资本投资公司做出了卓越的贡献。作为主要参与人、他牵头负责完成的《大型国有投资控股公司的资本经营》课题，2004年荣获第十届中国企业管理现代化创新成果一等奖。曾获得国务院国资委党委授予的"优秀共产党员"称号。

国有资本投资公司管理创新的先行者

国投是首批国有资本投资公司改革试点，在国务院国资委经营业绩考核中，连续16年被评为A级，是仅有的8家连续16A的央企之一。作为国投的战略制定者、改革谋划者和金融业务领导者，施洪祥为国投建设成为一流资本投资公司做出了不可替代的贡献。

战略超前：大格局服务大战略

施洪祥坚持将国家战略与企业发展紧密结合在一起，让国投紧盯国家经济发展的趋势，紧跟国家战略转型的节奏，成为国家战略落地的重要基石。

在西部大开发、新疆跨越式发展等国家战略实施中，投资建设了一批重大项目。比如，在我国第三大水电基地四川雅砻江流域，首创"全流域梯级滚动开发"模式，实现了水电资源综合开发效益最大化。在新疆罗布泊投资建设了年产160万吨硫酸钾生产基地，使我国钾肥的对外依存度从75%下降到40%左右。

国投贯彻落实中央脱贫攻坚的战略部署，坚持社会公益性"输血式"扶贫和基金投资"造血式"产业扶贫相结合。国投牵头设立并管理3支总规模345亿元的扶贫基金。截至2020年10月底，累计投资决策项目160个、金额333亿元，带动社会资金2800亿元。

在多个国家区域战略中，国投都有相应的项目落地。国家2009年提出加快海西发展战略，国投在2007年就开始制定国投福建兴化湾规划；当国家提出发展雄安新区时，国投在第一时间表态支持，设立了第一批入驻企业，也助力雄安新区顺利开出基建项目第一标。

坚持改革：大魄力实现大跨越

国投的发展史就是一部持续改革、探索、创新的历史。2014年7月，被确定为首批国有资本投资公司改革试点以后，施洪祥带领团队认真学习贯彻习近平总书记关于国有企业改革的系列重要指示精神，全面落实国有企业改革"1+N"文件，形成了"四试一加强"的经验和做法。

试方向。国投调整业务结构，形成了基础产业、前瞻性战略性产业、金融及服务业、国际业务四大战略业务单元，在国民经济发展中发挥了投资导向、结构调整、创新引领的独特作用。例如，国投把股权基金作为培育战略性新兴产业、支持科技创新的有效途径。截至2020年10月底，管理各类股权基金32支，总规模1900亿元，主要投向智能制造、生物医药等新兴产业，39家被投企业在科创版上市，占20.4%。

试机制。国投按照"一企一策"的原则，将子公司划分为充分授权、部分授权、优化管理三类，依法落实子公司的市场经营主体地位。如国投电力在授权改革后，董事会自主决策海外项目，实现了海外投资零的突破。

试管理。国投按照管资本为主的要求和"小总部、大产业"的改革目标，将经营职能下沉至子公司，梳理强化总部核心职能，重点管好国有资本的投向、运作、回报和安全。总部改革后，处室由56个减少到32个，职能部门由14个减少为9个，管理效率有效提高。

试监督。国投按照"集中资源、提高效率、职能明确、责任落实、全面监督、统一归口"的原则，推行大监督体系改革，形成监督工作常态化和闭环管理机制。建立大监督体系后，未发生违规经营投资和重大国有资产流失事件。

强党建。国投全面贯彻落实中央全面从严治党的要求和习近平总书记在全国国有企业党的建设工作会议上的重要讲话精神，按照中央44号文件的要求，全面加强党的建设，将加强党的领导与完善公司治理有机统一，运用"互联网+"等手段量化细化党建工作考核指标；推进实施"国投卓越党建管理模式"，得到了中组部和国务院国资委党委的认可和肯定。

敢于创新：大毅力成就大贡献

2003年以来，涉足金融业务、控股金融牌照是国投在战略布局上的一条主线，信托无疑是当时的最佳选择。由于当时金融监管部门已不再审批发放新的信托牌照，经过比选，施洪祥认准了深陷困境的沈阳弘泰信托，针对其错综复杂的债务关系以及国投金融业务的发展战略，按照"控股、净壳、更名、迁址"四项收购原则，最终实现了控股金融牌照的夙愿。施洪祥成为国投收购重组信托公司后的第一任董事长。

2004年12月，在并购中融基金管理公司后，为引进国外先进经验，时任金融投资部总经理的施洪祥带队与瑞银集团开展合资谈判。2005年6月，基金公司完成转让，国投弘泰信托持股51%，瑞士银行持股49%，公司更名为国投瑞银，成为我国入世后第一家外方持股比例达到政策上限（49%）的合资基金管理公司，是当时中国加大金融市场对外开放的重要标志。施洪祥成为国投瑞银的第一任董事长。

缺少一张主流金融牌照，一直是施洪祥心中的一大遗憾。通过深入研究，国投认为控股证券是打造金融全牌照的关键。2012年下半年，投资者保护基金根据证监会要求拟转让所持全部安信证券股权，施洪祥立即组织人员研究；2013年12月，国投以95.59亿元成功控股收购安信证券58.004%的股权，成为安信证券的控股股东和实际控制人。

作为落实国有资本投资公司改革试点的重要举措，国投决定将所持有安信证券股份注入上市公司。由此，施洪祥带队启动了中纺投资重大资产重组项目，项目涉及多个交易标的、多个专业金融牌照、多个交易对象，工作难度巨大。最终于2015年3月，完成了安信证券整体注入并募集60.9亿元配套资金，股票市值超过1000亿元，成为国投历史上第一家市值超过千亿元的上市公司；同年7月，中纺投资更名为国投安信，施洪祥成为国投安信第一任董事长。国投安信后续2次累计融资160亿元，并将期货、信托、证券基金等业务注入上市公司，实现国投金融业务整体上市。

至此，国投基本完成了除银行外的金融全牌照战略布局，金融已成为国投的重要支柱业务。

西安西电开关电气有限公司党委书记、执行董事

班 建

班建：男，1963年11月生人，陕西西安人，中共党员，工学学士、工商管理硕士，高级工程师。历任西安高压开关厂技术员、十六车间副主任、主任、副总工程师、工艺处处长，西安电力整流器厂厂长，西安西电整流器有限责任公司董事长、总经理，西安西电电力系统有限公司董事长、总经理，西安西电电力系统有限公司董事长、执行董事，中国西电集团公司投资与资产管理部部长，中国西电电气股份有限公司投资与资产管理部部长，西安高压电器研究院有限责任公司执行董事、党委书记，中国西电电气股份有限公司开关事业部总经理，西安西电开关电气有限公司党委书记、董事长，西安西电高压开关有限责任公司党委书记、执行董事，中国西电电气股份有限公司开关事业部总经理等职。现任西安西电开关电气有限公司党委书记、执行董事，西安西电高压开关有限责任公司执行董事。

先后荣获中国机械工业科学奖、国家能源科技进步奖、全国机械工业优秀质量管理经营者奖、陕西省科学技术奖、中国机械工业优秀工程设计奖等。

创新强企业　　发展领路人

班建长期从事高压电气工程技术和企业管理工作，有着20多年丰富的企业管理经验。班建坚持以创新谋发展、以改革求突破的管理理念，全力以赴开拓新市场、布局新业务、探索新模式、发展新业态，着力增强企业创新能力，调整产业结构、优化资源配置、降低产品百元收入成本，突出质量第一、效益优先，逐步实现企业高质量、有效益、可持续、稳增长。在班建的带领下，企业各项经营指标稳中求进，创历史佳绩。

以坚定改革谋发展　　向创新管理要效益

2001年，西电集团下属的整流器公司连续几年亏损，面临破产。班建临危受命，被任命为公司总经理，通过运用现代系统工程的管理理论、方法和手段，提出并实施整合战略，充分利用现有资源，开展内部资源重组和对外兼并工作，该企业目前已成为中国西电上市公司成员之一。

2016年他进行产业结构调整，将西高院研发业务与检测业务进行拆分，成立独立运营的两家公司，以存续分立方式新设立西电电气研究院，西高院为存续公司。同时，以西高院调整重组为契机，建立以市场为导向的服务型企业运营模式；成立市场营销处及运营处，强化检测业务，对外提升客户服务能力对内进行试验资源协调统筹安排。

开关事业部运营之初，年产值77亿元，工业总产值60亿元。2018年班建到开关事业部后，坚持"提质增效固根基，改革创新激活力"管理理念，通过以价值营销为导向，集中优势资源，组建开关事业部营销中心，从推销产品向提供产品集成、提供系统整体解决方案转变；在技术创新上，以项目经理人管理为落脚点，以项目分红为抓手，激活技术人员干事创业的热情，多项改革已初见成效，开关事业部在2019年实现新增订货80亿元，同比增长2.0%，工业总产值71亿元，同比增长17.0%。

创新营销模式　强化科技管理　提升组织效能

班建坚持"为客户创造价值，成就客户""从客户痛点中来，向客户满意中去"的营销理念，公开竞聘区域总监及大客户总监，并实施总监负责制。通过建立"促活力、讲业绩、比贡献"的营销绩效考核办法，激发和释放营销队伍活力；紧紧抓住市场产品价格变动趋势，推动企业走出价格战的市场领域，发现利润区并走入利润区，正向激励并引导营销人员"比业绩、拼实力"。

在传统"两网"市场，国家电网市场集招占有率同比提高2.8个百分点，扭转了下滑态势；在南方电网集采中标252千伏GIS和550千伏HGIS共计4000万元，中标抽水蓄能550千伏GIS项目计5000万元，实现了南网市场突破；在国网特高压市场继续保持优势，中标雄安变电站扩建工程1100千伏GIS等项目。在网外市场高电压及新产品市场领域保持优势地位，中标黄河公司"一区两园项目"330千伏GIS，大唐新能源项目集中招标等项目。在海上风电项目冲破业绩"壁垒"，实现长乐外海A区海上升压站220千伏GIS项目中标。在外贸市场，中标埃及项目1.6亿余元，实现了对孟加拉国、越南两个新市场的突破，新加坡国家电网市场占有率持续提升，再次签订香港中华电力GIS设备5年框架合同。

班建围绕国家电网公司"三型两网"建设，以着力打造泛在物联网重点型企业为目标，持续推动自主创新和科技投入，使新产品开发符合市场需要。通过国产自主化产品替代，掌握核心技术，提升企业在国内外市场上的竞争力，为国之重器贡献应有的力量。

2019年企业顺利通过了国家知识产权优势示范企业复验，"新型550千伏单断口断路器及小型化GIS应用"获中国机械工业科学技术奖三等奖；合作开展的"复杂结构特种双金属构件制备技术及产品研制"等2个项目获陕西省科学技术一等奖。2019年在产品研发方面，新型氟碳环保气体的GIS母线、集约型ZF9D-252等13个新产品顺利通过国家相关部委、行业的鉴定，2个产品达到国际领先水平，11个产品达到国际先进水平，其中8个产品为国内首台套。170千安培发电机断路器研制、抽水蓄能电站用系列开关装置等国内"卡脖子"产品研制取得重大进展；模块化海上风电升压平台方案在长乐外海项目上得到了首次国内应用。填补了这一领域"中国制造"在国际上的空白。

在产品工艺技术创新方面，压接式GIL新工艺研究已应用于国产首个竖井500千伏GIL项目工程制造，厂内电性能试验一次合格率达到99.7%；GIS带电气室循环干燥技术、快速镀银、高玻化温度绝缘子国产化等多个工艺新技术、新方案的应用极大提升了我国自主创新能力。

加强党建　依法合规经营　履行央企社会责任

班建把加强党的建设作为推动发展的第一要务，全面落实党委党管党治主体责任。他深知先进的管理既是企业发展的基石，又是企业发展的动力。他全面推行多劳多得，工效挂钩的绩效办法；定期召开干部、骨干会议，组织大家自学与培训，还经常分期组织生产、技术、营销多方面知识培训，同时选派优秀干部员工到外地学习先进的技术和管理经验，或到当地先进企业进行观摩学习。

在顶层设计上，班建建立以"合规委员会"为核心的企业合规管理体系，并整合原法律与审计业务，成立合规风控处，初步形成一套符合实际、架构完整、基本制度健全的合规管理体系；积极开展民企清欠工作专项审查与重大风险防控工作，修订完善制度流程，合同审核向实质审核转化。稳步推进合同范本体系建设，覆盖公司主要业务，提升合同管理水平；开展重大项目法律支持，开展诉前催收、启动诉讼程序、全程监管、实时动态跟踪等法律手段促进应收账款回款4000万元；逐级落实安全生产责任制及安全管理"一岗双责"，建立了隐患排查治理长效机制。

班建在推动企业高质量发展的同时，扎实开展生态环境保护问题排查治理，确保排放达标。扎实做好精准扶贫工作，以产业扶贫为抓手，建立持续稳定的帮扶机制。适时开展阳光助学、阳光助困，多维度关心、关爱困难职工，采取多种方式帮助广大职工解决困难。

中恒建设集团有限公司董事局主席

聂吉利

聂吉利：男，1961年8月生人，江西南昌人，中共党员，江西财经大学MBA专业，南昌大学MBA、EMBA专业，清华大学EMBA专业，硕士研究生学历，高级工程师，一级建造师。

1986年南昌县房管部门改制，聂吉利领导13人的直属建筑队，担任队长，先后任南昌县第二建筑工程公司总经理，江西中恒建设集团公司总经理（2011年改制为民营企业）；中恒建设集团有限公司董事长等职。现任中恒建设集团有限公司（下称"中恒"）董事局主席。中国建筑业协会常务理事、中国建设项目管理委员会副会长、CCTV《发现之旅》建筑业代表人物、江西省建筑业协会副会长、江西省"样式雷"（清代200多年间主持皇家建筑设计的雷姓世家）建筑文化研究会副会长、南昌市市政建设行业协会会长、南昌市建筑业协会第三届会长、南昌大学江西校友会第二届执行会长。南昌大学MBA客座教授，全国优秀施工企业家。

构建优质新型的企业

聂吉利领导中恒从 20 世纪 80 年代开始，推动了行业质量管理不断提升，1994 年荣获江西省唯一住宅样板企业，1999 年率先在江西省贰级建筑企业中通过 ISO 9000 质量管理体系认证，2005 年荣获国家优质工程银奖；2010 年到 2018 年荣获 3 次鲁班奖（中国建筑质量最高奖），累计荣获全国、省市优良工程 1000 余项，名列江西省前茅。

质量为本　争创一流

2010 年年底，在聂吉利的主导下，中恒成功实现由集体制企业改制为股份制民营企业。2011 年，中恒年度新签合同额 58 亿元，完成产值 40 亿元；2012 年，中恒年度新签合同额 82 亿元，完成产值 45 亿元；2013 年，中恒年度新签合同额 92 亿元，完成产值 60 余亿元；2014 年新签合同额突破 100 亿元，完成产值 80 余亿元，2016 年合同额达到 160 亿元，产值超过 100 亿元，到 2018 年连续 3 年稳固"双百亿"目标。

中恒连续 10 年被南昌县人民政府授予南昌县纳税先进企业和纳税大户企业（仅次于第一名的主板上市企业江铃集团）；2013 年被南昌市市委、市人民政府授予打造核心增长极税收突出贡献奖。2014 年中恒荣升国家建筑工程施工总承包特级资质，建筑行业（建筑工程、人防工程）双甲级资质，成为江西省首家具有双甲级设计资质的建筑施工特级企业，首家民营特级企业。

研发为根　品牌为核

1990 年，聂吉利引领中恒以地基基础科研为方向，连续 20 余年进行科研投入，主编了江西省第一部国家建设行业标准《组合锤法地基处理技术规程》，填补了我国组合锤法地基处理技术标准的空白，推动了建设行业岩土工程技术研发与运用的创新。2012年9月，该规程被住建部正式批准为国家行业标准，2013年1月1日起在全国正式实施。2012年成立中恒地下空间科技公司，为建筑业节能减排的经济效益和低碳环保的社会效益树立典范，该公司于2018年入选江西省委省政府"映山红"三年行动上市计划。2017年11月组建中恒控股集团，下设建设集团、产业集团、吉泰控股、中恒大学等。

到目前为止，中恒共收获国家建设行业标准1项，收获地方标准3项；国家级工法5项；国家专利近60项；国际发明金奖1项，银奖2项；国家发明创业奖1项，江西省科技进步奖、发明奖2项，南昌市科技进步奖、发明奖4项，国家级BIM技术奖3项，各类QC成果奖超过30项。

为了响应国家"一带一路"的倡议，聂吉利领导中恒提出"一体两翼平台化，百年千亿国际化"的全球发展战略，构建产业生态。

"一体"是以建筑作为公司发展的基石与主体不动摇；"两翼"是大数据、资本；"平台化"是根据企业的理念，公司将致力于打造业务平台、技术平台、人才平台、资金平台等。平台化的相互关联，共同构筑中恒热爱中恒人的中恒，是千亿百年国际化的战略支撑，通过企业产品遍布全球，传承建筑文明，成为国际化的建筑企业。

公益为重　饮水思源

聂吉利将慈善公益升华为社会责任的担当。一是传承国粹太极拳，作为职工福利强身健体，并将太极精髓纳入企业管理；二是传承"样式雷"文化精神，将样式雷的核心理念，植入施工现场规范化、标准化、精细化管理；三是关爱农民工，建筑施工每年提供就业岗位30000余个，而且2007年8月14日出资率先创办了江西省第一所农民工业余学校。2012年，中恒作为江西省唯一代表，参加了住建部在南京主办的农民工业余学校经验交流；四是设立中恒520爱心基金，重点用于困难职工帮扶、大学生慈善公益起航计划；五是公益支持江西省慈善总会、江西省红土情基金会、南昌市青少年基金会、南昌县残联等慈善机构累计达 100 多万元；六是开展公益捐助，第七届全国城市运动会、九江市德安县车桥镇便民服务中心、香港明星足球队（南昌）慈善公益球赛等累计捐助达 300 万元，聂吉利主持的慈善公益范围覆盖了国粹文化、农民工、社会活动、慈善机构、大学生、困难家庭、乡村建设……2008 年汶川地震，聂吉利临危受命带领公司员工第一时间奔赴地震重灾区彭州，增援江西省承担的灾区过渡板房援建任务，仅用 36 天时间完成了 5000 余套，总面积达 8 万余平方米的过渡板房建设任务，为江西省援建速度赶超至全国前列做出了突出的贡献。

彭州援建结束后，聂吉利率先响应省委省政府号召，作为第一个建筑企业进驻小金县，承担首个灾后恢复重建示范建设项目——小金县旅游产业发展服务中心建设任务，用 118 天圆满完成了项目建设任务，被誉为"江西·小金速度"。累计承建 1/5 的示范建设工程，均被授予四川省最高质量荣誉奖——天府杯。期间还出资 100 万元参与捐建四川省小金县达维中心校一座，如今，这所学校已成为达维乡孩子们共同的学习家园。

鉴于 3 年援建的突出贡献，中恒被住建部授予全国抗震救灾先进集体；2011 年 11 月 14 日中恒被国家发展和改革委员会、人力资源和社会保障部、解放军总政治部授予汶川地震灾后恢复重建先进集体。

管理创新　组织优化

中恒在工程建设及工程设计方面，根据行业特点，创新项目股份制与事业合伙人机制，多级股权设置，股权浮动与贡献相关，大大提升项目制核心人员与知识型员工对企业归属感与积极性。

结合工程建筑行业非标化、多要素、长链条的特点，转变思维方式，通过数字化信息管理，建立流程管理系统，对点多面广、分散的项目制管理提供良好借鉴作用。并获得国家版权局颁发的计算机软件著作权。

中恒开放式流程引擎 BPM 平台创新建筑行业信息化开发模式，以流程为主线，平台化开发，大后台，小前端，应用灵活，适配性强。同时获得国家版权局颁发的计算机软件著作权。利用物联网与智能硬件，通过数据智能，控制管理过程风险。

中国电建地产集团有限公司党委书记、董事长

夏 进

夏进：男，1964年6月生人，湖北京山人，中共党员，华中工学院计算机硬件专业，大学本科学历，工学学士学位，高级政工师、工程师。1985年7月参加工作，历任中组部办公厅技术处干部、正科级、副处级秘书，干部二局二处正处级调研员、四处正处级调研员兼副处长、五处处长，中国水电集团公司总经理工作部副主任、副总经济师兼华中、华东代表处主任、房地产事业部副总经理，中国水电集团房地产有限公司董事长、临时党委书记、党委书记。现任中国电建地产集团有限公司党委书记、董事长。

他严格遵守党的政治纪律和政治规矩，工作中高度重视民主集中制原则，力推"两线工作法"，即：严守底线，追求高线。在重大决策事项、重要人事任免、重要项目安排和大额资金运作上严格遵守决策程序，确保决策的民主性和科学性。

强党建　严管理　促发展

夏进在工作中做到履职尽责，攻坚克难，与广大干部员工一道完成了公司的各项工作。2017年被评为全国电力行业优秀政治思想工作者；2018年度撰写的论文《以党的十九大精神引领电建地产高效发展》荣获优秀国企党建工作研究作品二等奖；2019年9月，中国电建地产集团有限公司被国资委评为中央企业先进集体；2019年12月，中国电建地产集团有限公司被评为中国房地产最佳雇主企业。

战略管控体系科学严谨　运营效率不断提升

公司制定了《电建地产2015—2020年战略发展规划》及配套实施的投资拓展、财务融资、品牌营销、设计研发、信息化建设、人力资源、精品品质及海外发展八大子战略。近几年来，公司与多家央企、地方国企、平台公司建立战略合作伙伴关系，为公司持续发展提供支持。公司2013年开始推进管理体系再造，建立了三级管控的组织架构和"计划+全面预算"的运营主线，公司完成了从传统国有企业向现代企业管理体系的变革。

公司首个产业地产项目——武汉小龟山国际金融公园已通过股份公司审批；同武汉市汉阳区人民政府、武汉地产集团就武汉市汉阳区"七村一场"地块正式签署"中国智创水谷"三方战略合作协议，在向产业地产的转型中迈出了坚实的步伐。海外地产取得突破，以马来西亚项目拓展为核心，稳健推进雪兰莪绿色产业园落地；积极推进1个香港投资项目落地，逐步实现"三核两驱"中海外地产业务的实质性突破。

信息化上线全面完成，公司各业务线条GRP子系统均按计划上线运行，以业务系统建设为主的两期GRP系统全面完成。"计划+全面预算"

运营管控主线得到权威机构认证，GRP系统喜获中国能源企业信息化管理创新奖、第四届建筑业企业信息化建设案例评选特优案例奖。公司网络及信息安全体系通过国家安全等级保护二级认证。

公司效益稳步增长　行业影响与日俱增

一是公司规模效益持续快速增长。截至2019年年底，实现营业收入2364797万元，利润总额137435万元，形成了精品住宅、商业地产、高端酒店和旅游地产等多业态的产品体系。

二是进行股权收购，补足公司资本运作、商业运营的战略短板。公司于2014年完成对南国置业的控股，为房地产公司当期经营业绩的全面完成发挥了重要支撑作用。公司还充分利用南国置业上市公司的资本平台功能，成功发行了35亿元的各类债务融资，并于2016年完成了南国置业自IPO以来的首次非公开发行工作，共募集资金15.34亿元人民币，为实现"业务经营"与"资本运作"双轮驱动奠定了良好的基础。

三是多城市获取土地。以"4+8+N"投资战略布局为指导，不断优化调整投资策略，新增土地储备建筑面积321.96万平方米，新增土地投资合同额297亿元，新增货值704.95亿元，为公司发展奠定良好基础。

四是多渠道融资。公司成功在香港发行首笔境外3亿美元4.5%票息的高等级无抵押债券，标志着公司成功进军国际资本市场。

五是多思路降本增效。公司通过股权挂牌出让成功解决了都江堰青云阶项目的滞销问题；通过创新工作思路方法，香江西项目成功入市并提前收回土地补偿款，小红门项目顺利收回第一笔回购资金；通过对接当地政府部门、采取定向安置等方式，实现了抚顺海赋外滩项目的有效去化。

创新党建工作　全面保障企业发展

一是把方向，确保党的政治核心作用充分发挥。搭建公司GRP平台，建立了覆盖总部和所有下属单位的开标、评标全过程视频监控系统。

二是管大局，确保党对经济工作领导作用的有效发挥，把加强党的领导和完善公司治理进一步统一。严格执行"三重一大"民主决策机制，加

强决策过程监督。全面推行"双向进入、交叉任职"的领导体制。

三是保落实，确保党建各项工作的决策部署。完善党建制度体系，形成了公司党委全面抓，区域党工委总体抓，项目党支部具体抓的局面。不断加强和改进基层党建，进一步发挥党员的先锋模范作用，为公司发展提供了坚强的政治思想组织保证。

四是充分发挥党委主体责任，实现重大信息及时公开，接受监督。不定期组织召开党风廉政建设和反腐倡廉工作专题会，深入开展党的群众路线教育实践活动，有效提升了公司全体党员领导干部的廉洁从业意识。

传承发展企业文化　践行央企社会责任

夏进积极践行央企责任，组织企业职工参与抢险救灾、扶贫捐助；建立"红色物业"，加强党建引领，服务业主群众。公司严抓安全生产工作，重点加强对安全文明标准化落地情况、安全生产投入使用管理情况、施工组织设计落实情况的督察；及时掌握干部职工的思想动态，切实维护好企业的和谐稳定。公司荣获2018年度股份公司安全生产先进企业。

企业建立了"青云""风云"和"凌云"三大人力资源品牌，构建了理念建设、制度设计、项目实施、支持保障四大支持系统；与多所高校及行业优秀培训机构建立了长期合作关系；为各层级员工设计了"Y"型职业生涯发展路径，有效提升了公司人才培养和发展的质量和效率。按照现代企业制度的要求，根据党管干部原则与董事会依法选聘经营管理者、经营管理者依法行使用人权相结合的原则，做好干部人事和人力资源工作。

夏进重视企业文化建设。对内，围绕"品质　责任　卓越"核心价值观，推动先进人物、先进事迹的宣传，宣扬企业正能量。开展多种文体活动，培育"电建地产文化"。对外，以品牌推广为突破口，树立公司良好形象。坚持"特别能吃苦、特别能战斗、特别能团结、特别能奉献、特别能忍耐"的"五个特别"精神，并根据房地产行业特点发展出以"品质、责任、卓越"为指导的核心价值观，以"致力于成为国内领先、国际知名的综合性房地产发展运营商"为目标的企业愿景，以"以品质关怀满足客户向往、以价值提升实现业主梦想"为原则的企业使命。

卓尔控股有限公司总经理

夏 禹

夏禹：男，1960年8月生人，湖北麻城人，中共党员，高级会计师、高级经济师、注册会计师。历任黄冈农感湖农场会计、财务科长、工业经济运营协调主任；湖北雪龙集团股份公司董事长、党委书记；黄冈市龙感湖审计局局长；湖北卓尔雪龙纺织有限公司董事长、总经理；卓尔宝沃勤武汉物流有限公司、中储卓尔（天门）棉花电子商务有限公司、武汉卓尔大新华物流有限公司、湖北卓尔棉业集团有限公司董事，卓尔城（天门）投资有限公司、武汉卓尔悦居酒店管理有限公司、武汉卓尔航空投资有限公司、湖北楚茶有限公司、远安鹿苑黄茶有限公司监事，湖北汉南港实业有限公司执行董事，卓尔（天门）棉花交易中心投资发展执行董事、总经理，监事会主席等职。现任卓尔控股有限公司（下称"卓尔"）总经理。

拼搏进取　卓尔不群

夏禹自 2002 年加入卓尔以来，经过不懈努力，率领企业成长为一家大型民营企业。目前卓尔是中国最大的商品交易平台与服务企业、中国纺织和文旅行业领先的民营企业、世界领先的轻型飞机制造企业、长江中上游最大的民营港口物流运营企业，连续 7 年入选中国企业 500 强。

发展实业　带领企业不断做大做强

夏禹始终怀抱实业报国的理想。2008 年，在北去汉正街 30 余里的地方，建起了总规划面积 800 万平方米的汉口北国际商品交易中心。相较老汉正街，全新规划的"汉口北"业态更新潮、配套更完备、功能更丰富、市场更开放。2011 年，"汉口北"被武汉市确定为汉正街批发市场整体外迁承接地。通过近 10 年不懈努力，卓尔建成中国最大的现代商贸物流中心——汉口北国际商品交易中心，成为"国家市场采购贸易方式试点"。在天津建设的总面积 300 万平方米的卓尔天津电商城，是华北和京津冀地区最大的商贸物流中心。

在纺织市场不景气、利润率不高的情况下，夏禹不断加大投资力度，坚持朝高端化、特色化产品方向发展。卓尔纺织产业在 2019 年达到 100 万锭规模，成为中部最大、中国排名居前的纺织企业集团。"雪龙"牌精梳 60 支纯棉纱获得纺织工业部金字奖章。

2017 年起，夏禹瞄准高端制造方向，先后在捷克、德国收购轻型、特技飞机公司，建成卓尔航空产业园和新一代航空器研究院，切入全球通航制造与运营市场。2019 年，卓尔投资上市公司华中数控成为第一大股东，华中数控"新一代智能数控系统"发布以来，已在航空航天、汽车、能源装备等重点领域批量应用，获发明专利、软件著作权多项，形成国家标准6项，入选"2019中国智能制造十大科技进展"。卓尔以旗下阳逻港、汉江新港为龙头，建成中国最大的民营内河港口物流服务体系和服务设施。

做产业互联网的探路者和引领者

2015年，互联网全面重构了中国的商业格局。夏禹意识到卓尔的转型目标，就是进军产业互联网，做中国做大的B2B电商平台。通过3年多的努力，创建了以批发电商"卓尔购"、国际贸易平台"CIC"、农产品电商"中农网"等平台为主导，以"卓集送""卓尔云仓"等为支撑的智能交易服务生态，成为了中国产业互联网的先锋企业，B2B交易和供应链服务的领军企业。

夏禹创建了中国最大的线下线上融合的B2B交易服务平台——卓尔智联，实现年交易规模5000亿元。卓尔还联合新加坡交易所等机构成立世界商品智能交易中心，是首个链接中国市场、服务全球贸易的商品B2B交易平台。

和谐劳动关系　　履行社会责任

卓尔严格遵守国家法律法规，与员工签订劳动合同、集体合同，为员工缴纳"五险一金"。出台《卓尔标准》，对员工的权益、福利明确标准。夏禹十分重视安全生产工作，截止到目前，卓尔无一例重大安全生产事故。卓尔控股工会获评2018"全国双爱双评先进企业工会"。

卓尔还每年投入500万元用于员工培训、深造。常年举办各类技术和管理培训，选拔骨干员工参加国内知名高校EMBA课程及海外管理培训；开设"卓尔大讲堂"，为党员和骨干员工讲授科学发展观、国学道德经、项目管理等课程。建设了5000平方米的卓尔职工服务中心，占地1000平方米的图书阅览室和各种体育设施。

卓尔先后被授予"全国就业与社会保障先进民营企业""湖北省级模范职工之家""湖北省最具责任民营企业""武汉市十佳和谐企业""守合同、重信用企业"等称号。

创业多年来，夏禹以扶危济困的情怀，热心公益慈善事业。先后在湖北黄冈、孝感、咸宁等多地及内蒙古自治区贫困地区投资逾百亿，带领卓尔实施"乡亲乡爱"精准扶贫行动，结对帮扶湖北省内黄冈、孝感、宜昌等50个贫困村，助力湖北深度贫困地区打赢脱贫攻坚战。获全国"万企帮万村"精准扶贫行动先进民营企业表彰。卓尔联合武汉数十家企业成立"长江保护基金会"；成立和投资了卓尔公益基金会、卓尔职业足球俱乐部、卓尔书店等三个公益平台，累计投入约25亿元。

2013年雅安地震，夏禹在获悉灾情的第一时间，决定捐款100万元。夏禹率卓尔20余位员工，携医疗物资挺进雅安重灾区宝山县，这是湖北第一支进入灾区的民间救援力量。2019年，卓尔作为主要发起者，支持桃花源生态环境基金会在神农架地区建立华中首个社会公益型保护地，捐赠450万用于项目实施，还联合其他公益组织承办了第六届全国自然教育论坛、第五届自然嘉年华（武汉站）等活动。自2017年起，卓尔公益基金会连续4年主导发起"守护青头潜鸭的家园"项目。

2020年新冠肺炎疫情暴发后，年近六旬的夏禹坚持战斗在抗"疫"战场上。1月23日，武汉封城后，卓尔控股第一时间向武汉捐款1000万元，并紧急部署全球采购防疫物资。卓尔公益基金会联合专业医院，先后在武汉、黄冈、随州、监利等地设立了7家应急医院。对武汉市第八医院、汉阳医院、大别山区域医疗中心等医院基础设施进行临时改造。卓尔公益基金会还设立1200万元的"卓尔应急医护人员关爱基金"，启动贫困新冠患者救助计划。卓尔控股还拿出总计15万平方米的自有物业，支持武汉国际会展中心、武汉客厅、汉口北三家方舱医院的建设和运行；成立了100多名志愿者组成的后勤保障组。在全国抗击新冠肺炎疫情表彰大会上卓尔控股被授予"全国抗击新冠肺炎疫情先进集体""全国先进基层党组织"荣誉称号。

新余钢铁集团有限公司党委书记、董事长

夏文勇

    夏文勇：男，1972年11月生人，江西吉水人，中共党员，在职研究生学历。曾任江西省新余钢铁集团有限责任公司党委常委，新余钢铁股份有限公司副总经理，新钢集团总经理、党委副书记等职。现任新余钢铁集团有限公司（下称"新钢集团"）党委书记、董事长。第十三届全国人大代表。

    他自任职以来，明确了"主业提质、节能减排、绿色发展、相关多元"的总体工作思路，提出了"让企业更有竞争力，让职工更有幸福感"的工作总原则，借助中央供给侧结构性改革的东风，新钢集团生产经营、环境面貌、职工精神状态有了全方位提升。

发挥党的政治优势　推动企业全面发展

夏文勇始终把党的政治建设摆在首位，坚定执行党的政治路线，严格遵守政治纪律和政治规矩。定期参加领导班子中心组学习、民主生活会和所在支部的"三会一课"。他广泛听取群众心声，营造良好的政治生态。他多次到生产一线进行实地调研，通过召开座谈会、走访职工等方式，发现问题，总结经验，为新钢集团后续工作安排提供了重要参考。

夏文勇明确了"主业提质、节能减排、绿色发展、相关多元"的工作总思路，提出了"让企业更有竞争力，让职工更有幸福感"的工作总原则，落实了"找准问题、措施得力、狠抓落实、有效高效"的工作方法，努力打造质量品牌、绿色品牌、诚信品牌、党建品牌。

提质增效　深化改革

夏文勇准确把握不同产品周期性价格变化，对各产线实行"有压有放"的生产经营策略，动态调整优化资源流向，确保效益最大化。加快新产品研发，成功生产高牌号电动车系列用硅钢等一批高性能产品，高品质用钢近年来广泛运用于国内重点工程、省内重点企业，高端产品的市场占有率和话语权显著提升。2017年新钢集团获国家高新技术企业称号。2017年以来，产品质量异议明显下降，用户满意度达到92.0%，属行业较好水平。2016年以来，新钢集团抓住了钢铁行业难得的市场机遇，企业由亏转盈，营业收入311.89亿元，实现利税14.89亿元；利润3.52亿元，同比减亏15.1亿元。2017年，产钢890万吨，营业收入520亿元，实现利税53亿元，利润39亿元。2018年，产钢936万吨，同比增长5.2%。营业收入605亿元，同比增长16.3%。实现利税89亿元，利润65亿元。2019年，产钢

947.2万吨，同比增长1.2%。营业收入650亿元，同比增长7.4%。实现利税50.97亿元，利润37亿元。连续多年经济效益居行业第一方阵。

重视环保　打造绿色企业

夏文勇明确提出"环保是事关企业生存的头等大事""抓环保就是抓生产、抓效益"，全力推进环保工作和绿色清洁工厂建设，强化环保设施运行管理，环保设施开动率达到99.5%以上，吨钢环保费用达150多元。大力推进环保项目建设，焦炉除尘、烧结机尾及成品电除尘改造等一大批环保项目投运。2017年以来，企业每年环保投入都占固定资产总投入的20.0%以上。二氧化硫、氮氧化物、氨氮等排放量和化学需氧量大幅下降，好于国家环保部门规定标准。投资10多亿元相继建成了煤气综合利用高效发电项目等一批节能减排项目。目前新钢集团自发电量占比达到52.0%，余热余压利用等循环经济发展提高到了一个新的水平。2017年，夏文勇又提出建设"室内窗明几净、室外鸟语花香、厂区天蓝地洁、周边水清草绿"环境新生态的构想，投资4000多万元，对1300个基层班组的"三室一间"更新改造。

在夏文勇的牵头下，新钢集团启动实施概算为100亿元，建设周期为2~3年的产业转型升级改造工程项目，重点依托综合料场智能环保易地改造，4.3米焦炉、电弧炉节能环保升级易地改造，中冶新材新能源汽车用高牌号电工钢，冶金含铁尘泥综合利用项目，氧化球团，4号、5号烧结机环保升级易地改造等"升改"工程七大项目推进节能减排、绿色发展。

非钢与主业并重　再造一个新钢

为改变企业"主业独大"的状况，夏文勇根据新钢集团紧邻新余市城区，确定"1+6"产业结构组合，将钢铁主业与非钢产业资源开发利用、钢材延伸加工、工程技术服务、工业生产服务、金融投资、贸易物流等六大板块结合，积极探索通过非钢产业拉动地方经济发展的产城共融新模式，决定用5年时间"再创业，非钢与主业并重，再造一个新钢"。

2017年开始，企业利用钢铁主业优势，积极发展钢铁延伸加工产业，优特钢带、煤气综合利用发电、汽车用高牌号电工钢等一批重点非钢产业项目陆续建成投产。成立国贸公司做大外部贸易业务，成立工程技术公司拓展工程服务市场，物流中心、汽运中心内部整合，对外合作组建联天钢构、俊宜矿业等企业，推动地企非钢产业优势互补，非钢产业占公司总营业收入比例大幅提高。

对物流运输、设备检修、后勤服务等内部资源进行优化整合，实现管理流程再造。通过大力度的改革举措，新钢股份净资产收益率由 –11.91% 提升至 16.28%；新钢集团资产负债率由 74.06% 降至 56.89%，比行业平均水平低 6.27 个百分点。

自 2016 年以来，职工收入每年保持两位数增长。特别是 2017 年以来职工公积金缴费基数在原来的基础上增长了 4 倍，2018 年还启动了企业年金保障机制建设。连续多年向股东派发红利，2019 年，改进免费工作餐配送方式，启动全员培训教育体系。

廉洁自律　从严治党

夏文勇严格遵守中央"八项规定"精神和党规党纪，坚持不以权谋私，不假公济私，廉洁自律；牢固树立抵制"四风"的思想防线，没有违反领导干部廉洁从政规定的情况。严格执行党的干部政策，坚决不搞"七个有之"，牢固树立正确选人用人导向，不任人唯亲，不拉帮结派，不搞团团伙伙。无亲属和朋友从事与新钢有利益往来的业务。

近 3 年来，夏文勇努力强化党对生产经营、改革发展等中心工作的领导，完善干部能上能下的评价体系。在全公司范围内推进党建入章工作，将党的领导全面融入企业治理体系之中，推进党建工作全覆盖，确保项目建设推进到哪里，党的建设就跟进到哪里，党的作用就发挥到哪里。推出"1234"基层党建工作法，提出"做精党支部、做强党小组"的思路，推进党建工作与生产经营、改革发展等主要工作双向融入、相互促进，全力打造全省基层党建工作品牌。

中国兵器北方信息控制研究院集团有限公司
党委书记、董事长

柴玮岩

柴玮岩：男，1962年4月生人，中共党员，毕业于西北工业大学，获工学博士学位，研究员级高级工程师。现任中国兵器北方信息控制研究院集团有限公司（下称"信息院"）党委书记、董事长，中国兵器工业集团北斗应用研究院董事长，中国兵器工业集团计算机应用技术研究所所长，5308厂法定代表人，兼任兵工财务有限责任公司董事，北方地产开发有限公司董事。享受国务院政府特殊津贴专家，获选国家新世纪百千万人才，先后获得国家科技进步奖一等奖、二等奖各1项，国防科技进步奖一等奖、二等奖等奖项10余项，2016年起连续3年在兵器工业集团领导人员综合考评中获得A级。

担当显精神　实干铸辉煌

柴玮岩是我国武器装备信息化领域和军工行业知名的专家型企业领导，曾担任原总装备部仿真专业专家组成员、装甲车辆专业专家组成员和多个国家重点工程、装备型号总设计师或行政总指挥，主持完成包括国家863项目、国防基础科研重大专项、装备预先研究等在内的多个科研项目，为我军装甲装备由机械化向信息化转型做出了突出贡献。

落实中央决策部署　履行强军首责

2014年，柴玮岩担任信息院主要领导以来，贯彻落实中央决策部署，自觉把自身和工作置于党和国家大局之中。柴玮岩作为某网络信息体系重大专项行政总指挥，组织团队率先提出了基于云计算、大数据、"互联网+"等技术、"云—端"新型体系架构的网络信息体系顶层设计和实施方案；带领员工以某陆战场网络信息体系专项为牵引，以演示验证、背景型号以及改进建设等一批重大核心项目群为载体，成体系构建了涵盖大数据、装备云、核心部件、平台软件、集成应用系统等网络化信息装备，为我军"能打仗、打胜仗"提供了有力的信息化装备支撑。柴玮岩推动北斗技术在战略性行业、区域经济和大众市场等深入应用，并将北斗产业推向"一带一路"国家重点工程和国民经济建设；承担完成国家北斗地基增强系统框架网建设，建设完成国内第一个高铁北斗高精度应用示范工程，总体承建国家北斗三号系统区域短报文通信民用应用服务平台及运营服务；建设完成第一个海外国家级地基增强系统民用数据中心。柴玮岩紧紧围绕部队实战急需，把战斗力标准落实到军品科研生产保障全过程，努力打造"好用、管用、耐用、实用"的精品装备。

5年间，信息院成体系、成建制完成上百个承研科研项目，各年度新品贡献率超过30.0%，军品生产计划完成率和军品合同履约率100%，营业收入由39.75亿元增至94.84亿元，增长138.59%；利润由5.59亿元增至9.5亿元，增长69.94%，企业经营规模和经济效益均达历史最好水平，由"经营型"向"保障型"转变。

柴玮岩深入把握我军信息化装备建设的模式、需求和任务变化，重构了以"固本 拓展 强基"为特色的战略布局。"固本"方面，致力于持续巩固在指挥控制、车辆综合电子、信息侦察感知等传统领域的技术优势；"拓展"方面，致力于发挥网络信息体系对各型平台的带动效应，努力实现向多军兵种的拓展和向新兴应用领域的市场延伸；"强基"方面，致力于基础技术、基础产品、基础设施和基础管理的多管齐下、强力推进，支撑各系统产品的应用需求和企业的盈利增长。柴玮岩采取了一系列强有力的措施：清退一批缺乏核心技术和创新能力的"出血点"，提升新兴领域和民品占比，打造新的经济增长点；重塑总部和板块、系统与核心部件间的管控和责任界面，落实主体责任，强化闭环管理；加速推进产业优化布局和结构调整，确保了市场竞争立于不败之地。

坚持创新驱动和人才强企　打造核心竞争力

柴玮岩在系统内率先提出"创新孵化项目、项目占领市场、市场获取效益、效益推动创新"的科技创新理念，构建了以"体系引领、自主为本、拥抱智能、强化软件、厚植数据、做实终端"为主线的装备信息化科研创新体系，并在推进实施网络信息体系等重大专项中，凭借一批关键技术、拳头产品的突破和掌握，引领和支撑了装备信息化的发展。企业获得国家科技进步奖1项，国防科技进步奖41项……兵器工业集团创新技能大赛一等奖2项、二等奖2项；申请专利580项，其中发明专利536项。他坚持面向世界科技前沿、国民经济主战场，打造开放式的创新生态，在系统内率先建立了涵盖项目争取、过程管理、成果转化、考核评价等20余个产、学、研协同创新机制，营造了良好的创新氛围。

柴玮岩以全价值链体系化精益管理、装备质量提升工程、ERP管理系统试点实施建设和党建创新工程等为牵引，重构了以"战略—计划—预算—统计—考核"为一体的总体运营管控体系，以科研经费核拨、划小核算单元等成本核算为基础的信息化管理体系，以及以"跨地域一体化党建管理"为特色的新时代党建工作体系等"三大管理体系"，在以优异成绩通过了各年度精益安全质量达标评价、武器装备科研生产许可、党建与党风廉政建设等审计审查、巡视迎检工作的同时，连年获评兵器工业集团先进基层党组织，并获国防科技工业管理创新成果一等奖1项、二等奖4项、三等奖5项，省部级党建创新成果12项。

柴玮岩积极贯彻新时代党的组织路线，坚持管人、管事、管思想、管作风相统一，动态构建跨专业、跨领域、跨板块、跨部门的开放融合式创新团队，企业形成了由国家双跨院士、中国兵器首席科学家、中国兵器科技技能带头人、信息院科技技能带头人等组成的技术、技能和管理人才梯队，以及20多个国防及省市级科技创新团队。企业1人获全国青年岗位能手，2人获中央企业先进职工……6人当选省、市党代表。

发挥带头示范作用　积极履行社会责任

柴玮岩带头争做诚信守法的经营人、履行责任的带头人和关爱员工的贴心人。企业多年未发生一起重大违规违纪行为、失信和劳资冲突事件，荣获兵器工业集团安全生产先进单位等荣誉。

柴玮岩组织员工参与江苏省"五方挂钩"、南京市"结对帮扶、城乡共建""万企帮万户"等工程，扎实推进黑龙江甘南、江西兴国县、江苏阜宁、山西忻州等定点扶贫工作，先后派出5名挂职干部，提供北斗农机车辆监控管理系统等技术帮助和累计252.5万元的资金扶持；开展节能减排降耗目标管理、环境保护和清洁安全生产等工作，企业荣获国家（省）级文明单位和市级"绿色企业"等荣誉。

公司建立了补充医疗养老保险、"六必访"、金秋奖学、困难职工帮扶等一系列有利于员工利益的制度。近年来，累计帮扶困难员工1546人次，费用229.7万元；金秋助学、奖学活动帮助155人，费用15.32万元。企业荣获省级模范职工之家、全国国防邮电模范职工之家等荣誉。

安徽口子酒业股份有限公司董事长、总经理

徐 进

徐进：男，1965年1月生人，安徽萧县人，中共党员，研究生学历，经济师。1986年8月参加工作，历任淮北市杜集区科员、副乡长；淮北市烈山区经委副主任、区长助理；安徽口子集团公司副总经理、总经理等职。现任安徽口子酒业股份有限公司（下称"口子酒业"）董事长、总经理。全国白酒标准化技术委员会兼香型白酒分技术委员会主任委员、安徽省工商业联合会（总商会）副主席。安徽省十一届人大代表、十二届全国人大代表。

先后荣获1985—2015年中国白酒历史杰出贡献人物、2012年度中国企业社会责任杰出企业家、安徽省轻工系统"十五"发展赶超功臣、安徽省光彩事业突出贡献奖、安徽省劳动模范等荣誉，曾获安徽省五一劳动奖章。

改革创新　求真务实

20多年来，徐进带领口子酒业不断创新进取，始终工作在生产、市场、管理一线，在企业生产经营中发挥了突出作用。他创造了"理智、敬业、规范、创新"的企业精神，在他的带领下，口子酒业发展规模不断壮大，综合实力不断提升。

创新体制机制　谋求良性发展

2000年起，徐进担任集团公司总经理。面对困难和挑战，他以高度的责任感励精图治，锐意改革，在销售系统、质量系统、生产系统、行政系统实施了一系列改革措施，企业治理结构日益完善，内控制度逐步健全，为企业健康发展释放了活力。

2002年，集团公司转制为股份有限公司，徐进担任董事长兼总经理，体制机制的创新，推动公司步入了良性发展的快车道。2008年5月，为进一步提升品牌形象和企业综合竞争力，徐进借鉴国际先进的管理模式、管理理念和管理方法，实现了生产的集约化和专业化。同时，成功引进美国高盛公司作为战略合作伙伴，为进入资本市场创造了条件。2015年6月29日，口子酒业登陆上海证券交易所A股市场。由此，正式成为全国第17家、安徽第4家白酒上市企业，也是国内第一家兼香型白酒上市企业，开启了兼香型白酒发展的新篇章。

创新生产工艺　提升产品品质

徐进扎扎实实聚焦主业，生产工艺上，他将传统的"大蒸大回"酿酒技艺与现代白酒技术相结合，最终形成了以"高温润料堆积法""三步循环储存工艺""超高温制曲工艺"为核心的"真藏实窖"工艺体系，形成了兼香型白酒的独特风格。2002年，口子窖酒被认定为原产地域保护产品，由他主持编制的《原产地域产品口子窖酒》标准被国家标准委员会批准为国家标准，并于2003年10月9日发布实施。2006年12月，由他主持研发的二十年型口子窖酒项目通过了省级鉴定，被评为省级新产品。

2010年3月，全国白酒技术标准委员会兼香型白酒分技术委员会在口子酒业挂牌成立，徐进任主任委员，口子窖酒成为中国兼香型白酒的典型代表。2012年，由他主持研制的三十年型口子窖酒项目通过了省级鉴定，荣获省级科学技术研究成果。2014年，由他领导的《兼香型白酒风味物质研究》获第二届中国白酒科学技术大会优秀科技成果奖。

多年来，徐进不断加大科技投入和资金投资，不断扩大生产规模。为保障企业持续健康发展，徐进"退城进区"项目建设。2010年濉溪经济开发区口子工业园建成投产，2012年实现万吨白酒生产能力，成为口子酒业大型优质白酒生产基地之一。2013年，筹建口子酒文化博览园，形成了良好的社会效应、品牌效应和文化效应。2016年11月，口子产业园正式开工建设；2018年9月，口子产业园酿酒、制曲项目正式投产。

口子产业园在自动化改造方面进行了大胆的尝试。引进智能机器人自动上甑系统，重点解决白酒酿造生产中的润粮蒸粮、装甑出甑、摊晾加曲等手工作业难题；引进全自动控制系统，强化了成品曲入库培养管理，提高了原料的利用率；在成品包装、洗瓶、罐装、喷码、打铆钉等关键环节实施自动化改造，建设自动化立体库系统，增强了企业综合竞争力。

创新营销策略　管理理念和人才机制

2005年，徐进主动转变，确立了"以消费者为核心，以持续满足市场需求为中心"的理念，深入推行标准化良好行为企业建设，创造了让消费者持续满意的综合服务体系。由其主创的《酿酒企业顾客持续满意管理》荣获第十届全国企业管理创新成果二等奖。

徐进高度重视企业信息化建设，全面推行OA办公系统，加强视频电话会议等平台建设，企业管理日趋规范，运行效率大幅提升，为企业健康持续打下了坚实基础。他提出"刚性价格、顺价销售，市场共建、利润共享"的大营销思路，创新营销模式，以酒店为突破口，大力支持有实力的经销商走出去，被业界誉为白酒营销的"盘中盘模式"。针对产品的市场定位与消费者定位，徐进将品牌主张深化为"真藏实窖、诚待天下"。消费者对口子窖品牌的理解度、参与度和忠诚度逐渐建立，奠定了口子窖中高端用酒的市场地位。

徐进推行公开竞聘、绩效考核等人事管理举措，激活选人用人机制；实行岗位技能工资制，向营销一线、生产一线人员倾斜；出台长期有效的奖励实施细则，对勇于创新、敢于开拓的各类优秀人才予以重奖。坚持内部培养为主、外部引进为辅，建立了"传、帮、带"的人才培养体系。企业建有省级企业技术中心、省级博士后工作站、大师工作室等产、学、研相结合的创新平台，为酿酒人才培养和技术创新提供了重要载体。

弘扬企业文化　　履行社会责任

多年来，徐进带领口子酒业从传统企业向现代企业跨越，成为淮北第一家上市的民营企业。据不完全统计，自1999年以来，口子酒业累计上缴税金112亿元，连续多年位居安徽民营企业纳税百强榜前列；以高于国家保护价格从淮北农户中收购小麦、大麦，有力支持了地方"三农"工作。

口子酒业每年面向淮北地区退伍军人、应届大学毕业生提供数百个就业岗位；先后资助淮北市"春蕾女童"、特殊教育事业、社会养老事业，扶助对口村镇，合作设立"口子酒业助学基金"，连续4年累计资助800万元用于贫困学子圆梦大学。2008年汶川地震中，口子酒业一次性捐款1000万元援助灾区。2011年，三十年型口子窖酒上市拍卖所得100余万元全额捐赠希望工程。

徐进始终致力于打造资源节约和环境友好型企业，积极执行国际先进的环境管理标准，全面推行ISO 14001国际环境管理标准体系建设，一次性通过国家权威机构认证；不断提高资源利用率，推动产品单耗由三级水平提高到超一级水平，实现了资源的节约和企业的可持续发展。

广州嘉德乐生化科技有限公司总经理

徐怀义

徐怀义：男，1964年生人，福建莆田人，上海理工大学精密机械专业，大学学历，中山大学工商管理专业，硕士学位。现任广州嘉德乐生化科技有限公司总经理。广东省企业创新发展协会会长、广东省福建商会副会长、广东省信用协会副会长、广东省高新技术企业协会理事、中山大学EMBA同学会副会长等职。

徐怀义在食品化工行业长期从事市场管理和企业经营工作，拥有扎实的理论基础和丰富的实践经验，对企业的发展战略有高瞻远瞩的规划和实施能力，能精确判断化工行业的发展方向，具备超前的技术创新能力和稳健的业务把控能力。

征途无悔追梦人

徐怀义坚持"以人为本"的经营理念,以感情留人、以事业留人、以待遇留人,尊重人才、善待人才。2018年,嘉德乐科技人才项目"功能性功能性添加剂绿色制造研究与产业化"引进澳大利亚科学院院士,获广东省科技厅立项。公司目前已经与华南理工大学、暨南大学、华南农业大学等多所高校展开了深层次研发合作,建立了长期稳固的战略合作伙伴关系;与在油脂相关领域处于世界领先地位的加拿大萨斯卡彻温大学签订了单甘酯技术开发合作协议。

近年来,徐怀义主持了多项研发项目,其中省部产学研"基于天然植物油的不饱和单甘酯高效制造与应用关键技术研究"获得广东省科技厅立项;"蒸馏单甘酯生产废弃物资源化高效循环利用项目"获得广州经济技术开发区发展和改革局立项;"三聚甘油脂肪酸酯绿色制造关键技术研究"获得广州市2015年产学研协同创新重大专项对外科技合作项目立项等。2013—2014年,蒸馏单硬脂酸甘油酯、硬脂酸季戊四醇酯新材料复合物先后获广东省高新技术产品称号;2015—2016年,"高纯度分子蒸馏单硬脂酸甘油酯及其复配物的研究与应用"获得广州市、广东省科学技术进步奖。

每个阶段都有一个梦想

学生时代的梦想:跳出小山村。梦想是美好的,但追梦的过程并不是一帆风顺的。因家庭的不利影响,初中毕业后徐怀义曾辍学,后来村里人的鼓励下重返校园。时逢恢复高考,怀揣梦想的徐怀义全力以赴,以优异的成绩考上了上海理工大学的精密机械专业,实现了他走出小山村的梦想。

工作后的梦想:拥有自己的工业园。毕业后的徐怀义被分配到了广州的一家国营仪器厂担任精密仪器技术员，是当时厂里仅有的两个大学生之一，但他不安于现状，又去了一家生产乳化剂的企业做德国设备国产化的研究，首次接触乳化剂行业，也为他后来专营这一行业奠定了基础。农垦局任命徐怀义为副总经理负责"妙奇"乳化剂的生产项目，由此他正式进入油脂化工行业。2000年徐怀义远赴张家港与当地企业家合作组建食品添加剂厂，并担任总经理。2005年徐怀义创办了自己的食品添加剂企业——广州嘉德乐生化科技有限公司，各项工作都亲自上阵，他说："我很享受创业的过程，关键是可以实现自己的梦想。"

为了实现自己的梦想，徐怀义成立了香港嘉德乐集团，旗下除了广州嘉德乐生化科技有限公司之外，还有广州市义和化工有限公司、广州煌垅生物科技有限公司和香港嘉德乐控股有限公司，同时集团还拥有占地600亩的武夷山御茗春秋原生态茶园及广州御茗春秋茶艺馆，徐怀义再一次实现了他拥有一个花园式工业园的梦想。

企业发展的梦想：生产安全健康的产品。嘉德乐在完成产能扩充后，徐怀义认识到建立完善的管理机制十分重要，嘉德乐采取制度化管理，通过绩效管理等制度的有效落实，实现奖优罚劣的价值主张；通过"学习型组织"的建立和完善，不断提升公司的管理水平。

徐怀义创造了一套"二八法则"，即：抓住企业的核心产品、核心客户和核心人才，而核心人才是企业的管理重点，通过投入80.0%的精力去发挥企业人才的潜能，来带动核心产品以及核心客户的发展，从而促进企业向着发展目标稳步前行。

除了注重管理外，对产品质量也严格把关，嘉德乐十分注重生产车间的清洁卫生，投料、出料和包装都实现全自动化。虽然国家对食品添加剂企业无车间清洁的标准和要求，但徐怀义仍投入大量人力、财力打造清洁生产车间，保证食品添加剂在生产过程中清洁无污染。目前正在搭建一个无菌车间，拟申请GMP认证。

放飞梦想　让天下人吃上安全健康食品

经过十多年的发展，嘉德乐已经成长为一家集研发、生产、销售于一体的大型油脂化工企业，专业生产分子蒸馏单甘酯、水溶性单甘酯、单双甘油酯、司盘系列、聚甘油酯等各类乳化剂产品，并生产乙烯基双硬脂酰胺 (EBS)、季戊四醇硬脂酸酯等塑料助剂；拥有45项发明专利及33项实用新型专利，企业的创新性在行业内处于领先地位。下一步的计划是将开展以市场为导向的产品研发，开发出适用于食品、药品、塑料及化妆品的添加剂，同时改进产品的生产配方、改进服务质量。目前全球能够生产蒸馏单硬脂酸甘油酯的国家屈指可数，但这却是嘉德乐的品牌产品，提纯有效成分达99.0%以上，符合食品添加剂国家标准。嘉德乐的客户已经遍布全国各地及全球十几个国家，包括蒙牛、伊犁、娃哈哈、银鹭、达利园、旺旺及美国嘉吉等知名企业。

在徐怀义带领下，嘉德乐拥有广东省博士后创新基地、广州市战略新兴产业示范基地、广东省工程技术研究中心、广州市单甘酯研发中心、广州市研发机构认定等；获得国家高新技术企业、国家知识产权优势企业认定、广州市重点帮扶高成长企业、广州市科技小巨人企业，同时也是广州市开发区重点培育上市企业、广州市清洁生产优秀企业、广东省优秀龙头食品企业、广东省诚信签约单位等称号。

企业家的责任感　分享共赢

徐怀义不仅为企业的发展和创新不遗余力，同时也希望能够联合其他企业家一起分享积极的理念和价值观，互助共赢。2011年徐怀义和另外4位企业家共同发起成立了广东省企业创新发展协会并当选理事长，并于2014年底高票数当选第二届广东省企业创新发展协会会长。由于工作出色，徐怀义先后被选为广东省企业创新发展协会理事长、广东省福建商会第一届理事会副会长、广东省教导型企业家协会理事长、中山大学逸仙MBA同学会副会长；徐怀义热心公益，常常参与慈善活动，被广州市扶贫开发领导小组授予"大爱使者"的称号。

哈尔滨中央红集团股份有限公司董事长

栾 芳

栾芳：女，1951年7月生人，山东招远人，中共党员，高级经济师。1968年3月参加工作，历任哈尔滨市奋斗副食品商店营业员、副经理、副书记兼副经理；哈尔滨市教化综合商店副经理；哈尔滨中央商城集团公司总经理等职。现任哈尔滨中央红集团股份有限公司（下称"中央红集团"）董事长，是哈尔滨中央红集团股份有限公司创始人。市人大常委会委员（不驻会）人选。

先后四次创业，创办了"有机生态农业""绿色食品加工业""新型社区商业零售业""新文化创意"四大产业。创建了一个"有文化信仰、有道德价值追求、有社会责任担当、被社会需要、受社会尊敬"的企业；一个"尊天道、致良知、奉天理、做善业"的企业；一个实现了"从田间地头到消费者餐桌""从社区超市到千家万户"的大健康食品与大健康文化相融合的大健康产业链集团。

她先后入选品牌中国十大管理女杰，获得"全国优秀女企业家""全国杰出创业女性""中国企业·管理领导力奖""有机中国年度贡献人物""中国有机30年先锋人物"等荣誉；被中国妇联推选为"全国女大学生创业导师"。

黑土地上的创业母亲

2005年,在商业零售业做得风生水起的时候,经济效益和社会效益都非常好的中央红集团却要战略转型投资有机生态农业。这是因为董事长栾芳在一次客户的特殊需求购买中,发现了食品安全消费的危机,发现了孩子们健康成长的危机。

栾芳确立在主营零售业务稳步发展的前提下,中央红集团战略向零售业的上下游延伸发展。向上,深入农村,发展有机生态农业,发展种植、养殖;向下,深入社区,发展社区阳光农园超市,物流宅配到家。确立了"为了孩子们的健康,做有机生态农业,产安全健康食品,诚信赢天下,功德惠子孙"的企业发展理念。遵照欧盟国际有机农业标准养育黑土地,自酿有机肥,让黑土地更具生机和活力,种植出哈尔信有机五常大米、哈尔信月子小米、龙江非转基因大豆等优质农产品;培育出吃当年新鲜粮健康饲料的"有机生态猪""林下鸡""生态蛋""生态禽三公(公鸡、公鸭、公鹅)"。2017年,首届中华母亲文化论坛在哈尔滨召开,与会专家会后参观了中央红有机生态农场,被农场员工虔诚为孩子们种植有机蔬菜的敬业精神感动,称其为"母亲蔬菜园"。

传承中华百年老字号 让黑土地的健康食材再现蓬勃生机

哈尔滨市有个近百年的民族工商业品牌"大羅新",它是1921年河北乐亭人武佰祥先生闯关东时在哈尔滨市创建的。当年哈尔滨市的第一块中秋月饼就是"大羅新",占有哈尔滨市80.0%的月饼市场,曾远销北京被称为"东来香",而这块金字招牌却被后人遗忘了。2000年,一次偶然的机会,栾芳发现了这个被遗忘的有着近百年历史的哈尔滨市民族工商业品牌。在她的倡导下，中央红集团董事会一致通过，组建复兴"大罗新"民族品牌的经营团队，重新注册"大罗新"商标，成立了大罗新食品有限公司，利用黑土地的有利食材资源加工有机健康产品。首先找回"大罗新"月饼老味道，通过积极查找历史文献资料，寻找健在的民间手工匠人，反复试制研发，终于复原了传统口味的"大罗新"月饼。2014年，为弘扬"百年老字号大罗新"创新再发展，栾芳亲临市场调研考察，在黑龙江五常市的经济开发区，建立了五常大罗新食品工业园，聚合了一批食品专家，专注于用黑龙江黑土地的有机健康食材加工孩子们、学生们可以放心吃的健康食品。

创建社区零售新模式　打造"阳光农园"健康消费生态圈

在黑土地上践行母亲梦，创业到满头白发的栾芳，对此依然激情满怀。面对供求失衡的零售商业环境，面对"网购"盛行给年轻人造成"宅"消费的习惯，栾芳组织人员对中央红集团零售门店千余名会员顾客进行问卷调查，得出结论是：人们渴望走进田园，渴望一隅舒适安静的读书空间，渴望拥有志趣相投的朋友圈。找到症结就要不遗余力地去改变现状，这是栾芳的行事风格。她召集企业会员管理部门人员分析现有会员消费习惯，从中央红集团现有300多家门店的会员顾客入手，开始培养人们的健康生活习惯，提出创办哈尔信会员乐活家族，以追求"爱生命、爱生活、爱生态"为幸福生活理念，由企业为会员搭建平台，组织俱乐部开展读书、品酒、厨艺等交流互动活动，让人们到中央红社区超市消费之余有了更多新的期待。在创业实践中，栾芳与中央红集团各业态的管理团队一起探讨，决定打造集"健康、优选、乐活"于一体的"阳光农园"超市。2017年，中央红集团与王府井百货强强联手，在哈尔滨群力新区，打造出国内首家以企业自有有机生态农业、绿色食品加工厂为支撑的前有社区卖场、后有社区有机农场的哈尔信阳光农园超市。栾芳希望通过这种创新社区零售模式的发展壮大，让越来越多的人在消费中养成身心健康的好习惯，从而提升幸福生活指数。她还将倡导健康生活理念的目光放长远，在北京创建了"哈信黑土"哈尔滨绿色食品体验超市、体验餐厅，销售黑土地上生产加

工的非转基因大豆素食等健康食品；并用黑龙江黑土地上生产的有机健康食材烹饪美食，让有机生态健康消费通过不同形式越传越广。

弘扬中华传统文化　重视教育与实践　用爱传递正能量

2015年，栾芳以弘扬中华传统文化为使命带领企业再次创业。在北京创办了"易闻思修"新文化创意产业，开办"易闻思修"书院、"五经堂"创业管理研究院，深入探讨中国传统文化在创业实践中的应用。随后，又在哈尔滨创办了"易闻思修"连锁书店，让书店走进社区超市，以文塑己、以书会友，将哲学与生活紧密联系在一起，并推出"儿童文化大讲堂""母亲文化大讲堂"等公益类读书活动。在她的倡议和引导下，中央红新文化创意以企业自有有机农场和绿色食品工业园为教育基地，开展"青少年食农教育"与"青少年食育教育"活动，让孩子们从书本的认知中，走进田园、车间的实践课堂，通过与农作物零距离接触、动手参与食物制作，加深对作物生态链、动物生态链等方面的文化知识的了解，从而对中华民族古老的农耕文明产生兴趣。

她领导创办的"天人合一"有中国哲学思想落地的有机生态农场，成为国家级示范农场；她引导农民勤劳致富，"打工不离村，创业不离家"的好做法，受到了国务院领导的肯定；她领导创办的绿色食品加工企业，传承了中华老字号；她领导创办的社区阳光农园超市，创新发展了商业零售的新服务模式；她领导创办的"儿童文化大讲堂""母亲文化大讲堂""青少年食农教育基地""青少年食育教育基地"，将社区家庭亲子教育与大健康文化教育融为一体。

她资助贫困大学生求学、为困难职工捐款，她带领企业承担社会责任，参与社会公益事业，与哈尔滨市妇联共同创办"哈尔滨妇女儿童基金会"，为女大学生创业搭建平台担任指导，她号召身边的女企业家与她一起为贫困儿童插上梦想的翅膀。她所引领的中央红集团连续多年入选"十佳爱心企业"称号，每年为黑龙江省近千户家庭送去温暖。

航天电工集团有限公司总经理

高义琼

    高义琼：男，1960年生人，湖北汉川人，中共党员，研究生学历，高级工程师。自1979年加入武汉电缆（航天电工集团前身），由一名普通工人、处长逐渐成长为总助、副总、常务副总。现任航天电工集团有限公司（下称"航天电工"）总经理兼党委副书记。武汉市企业联合会会长，中国电器工业协会电线电缆分会副理事长。武汉市人大代表。

    入选湖北荆楚功勋企业界60年60人、武汉十大科技创新突出贡献奖，先后荣获全国优秀设备工作者、武汉市优秀企业家、武汉市优秀共产党员、武汉市劳动模范、武汉市明星企业家、中国航天科技集团优秀共产党员、航天系统航天贡献奖等荣誉称号。

奋发有为　勇攀高峰

高义琼 2004 年担任主要领导以来，经过近 20 年发展，航天电工从单一导线品类产能不足万吨规模，逐步形成了年产 2 万吨铝合金导线、6 万吨铝包钢线、6 万吨以上钢芯铝绞线、2 万公里军品线缆、3 万公里中低压电缆、18 万公里特种电线电缆、30 万公里电气装备用电线的生产能力，从不足亿元销售规模发展至年销售规模接近 50 亿元。2018 年，航天电工实现营业收入 47.8 亿元，利润总额 1.44 亿元。2019 年，航天电工再次入选中国线缆行业综合实力 20 强、中国机械 500 强。

技术创新取得新突破　经营规模不断扩大

高义琼坚持每年不断加大研发投入，建立以公司两个省级企业技术中心为核心，全员参与为辅的科技技术创新体系，实现了电线电缆产业多元化，同时重点研究武器装备单元布线总成技术产业化，航天电工成为了输配电行业国内龙头企业、电线电缆行业前沿发展领头羊、军用电线电缆设计制造的骨干企业。累计研发新产品 200 余项，部分成果达到国内领先水平；获知识产权专利 85 项，通过中国电力企业联合会、湖北省科学技术厅鉴定的新产品 21 项，获得上级单位及地方政府的成果奖励的新产品 10 项，获省、市科技进步奖的新产品 6 项，获航天系统科技进步奖一等奖的产品 1 项，荣获航天系统科技进步奖二等奖的产品 2 项。新产品累计实现营业收入 30 多亿元。

高义琼把创名牌当作一项重点工作，航天电工的"中华牌""双峰牌"商标先后被国家工商总局认定为中国驰名商标，成为航天系统内及国内电线电缆行业唯一一家同时拥有两个中国驰名商标的单位。

航天电工通过多年快速健康发展，成为了航天系统民用产业的排头兵，是国内屈指可数的线缆国有企业和军品线缆生产企业，主要客户涵盖国家电网、南方电网、科研院所、国有大型企业集团等。航天电工产品先后用于航天系统内研发的火箭、卫星、导弹等产品型号里，成功对接并进入中航光电、中航工业、中国船舶等军工系统，年销售额已突破亿元。

航天电工铝包钢系列产品，在国内单一品类细分市场份额连续多年保持第一，已开发并承接印度、印度尼西亚、马来西亚、阿根廷等多个国外市场的直接出口新客户订单，新增安徽龙鑫、人民电缆等多家在国内具有一定影响力的间接出口新客户。

2013年高义琼亲自挂帅，率领航天电工成功入围武汉地铁合格供应商短名单，实现在轨道交通业绩零的突破，同时开发了中铁十一局、中铁电气化局等重要客户。产品在武汉地铁市场上保持了一年一条线路的中标频率，航天电工以此为契机成功打入广州、长沙、郑州、成都、西安、桂林等地轨道交通市场，轨道类线缆产品已实现华中地区重点城市轨道交通用线市场的全面覆盖，在华中地区轨道交通市场重点城市份额名列前茅，并逐步成为我国中西部地区重点城市轨道交通建设项目的重要合作伙伴。

2017年，高义琼力推成立了国际贸易事业部，开发国际大型总包商，现已成功为联合国在塞拉利昂的援建项目、乌干达国家电网项目、中国华电电站装备工程集团科特迪瓦变电站项目、思源电气非洲区框架供货项目等多个项目供货。3年来，航天电工国际化市场收入超过10亿元。

能力建设成效显著　公司发展形成新实力

2011年航天电工成功引进战略投资3.8亿元，整合航天九院在湖北地区线缆企业，以武汉电缆为平台组建航天电工，成为湖北地区最大的电缆生产基地。航天电工利用募集所得资金，迅速实施了武汉经济开发区和黄石黄金山开发区两个新生产基地的建设项目，新增产能17亿元。

2017年，航天电工集体决策再次开展两个新的生产基地建设项目，通过两个项目的建设整合相同类别产品，使航天电工产品工艺布局更趋于合理，降低制造成本，并有效调整产品结构，适当拓展电线电缆产品高端市

场，航天电工实现全面转型升级。

规划确立后，航天电工迅速组织开展了瑞奇建设项目（二期）、蔡甸产业园（一期）建设项目，仅用时一年半两个项目建成投产，创下航天系统内项目建设最快速度。航天电工组织结构最终演变成为4家子公司1家事业部的完美结构，下属各单位在生产装备、技术工艺、产品结构等方面在各自细分领域展现出头部优势，根据科学测算，至"十四五"末期，公司总体规模将突破到58亿元。

以人为本　担负企业社会责任

高义琼十分重视创建和谐企业工作，自成立以来，未发生重大劳资纠纷及争议。同时航天电工还坚持为职工及退休职工在中国人寿保险公司购买住院补充医疗保险及意外身故残疾保险，坚持每年组织全体员工进行健康体检，丰富员工业余生活等一系列关怀政策。

航天电工每年定期召开职代会，组织基层干部、员工参加民主测评会，开展群众满意度调查工作，定期开展领导接待日工作。经过长时期的工作开展，让广大员工在思想上、心理上、感情上对企业产生了认同感、公平感、安全感、价值感、工作使命感和成就感，同时更让广大员工在内心产生了自我约束力和强烈的责任感，调动员工自身的内部驱动力而形成自我激励，为企业健康发展奠定了坚实基础。

航天电工与武汉市黄陂区姚家集街淳河村结对实施"一对一"的扶帮行动，投入专款帮助村民整治自然村环境；航天电工每个新生产基投产后，都大量招收当地村民，受到了当地政府的感谢与支持。在汶川大地震、抗冰雪灾害、玉树地震等自然灾害的灾后重建工程中，优先保证抢险救灾产品的生产，最大限度支持灾后重建急需的电力供应，被国家电网公司授予抗冰救灾特别贡献奖。

高义琼还特别重视加强安全生产管理，定期召开安全专题会议，组织安全生产交叉检查工作。不定期组织消防安全演练，对新入职员工进行三级安全教育培训和考试合格……通过这些安全教育培训普及安全生产知识，不断提高员工的安全生产意识。

中国电信股份有限公司福建分公司
党委书记、总经理

高金兴

高金兴：男，1963年4月生人，福建长乐人，中共党员，北京邮电大学管理工程专业，大学学历，香港公开大学工商管理专业，硕士学位，高级经济师。历任福建省三明市邮电管理局副局长，福建省邮电管理局财务部主任，中国电信福建公司副总经理、财务总监，中国电信集团公司财务部总经理等职。现任中国电信股份有限公司福建分公司党委书记、总经理。福建省政协委员、教科卫体委员会副主任。

作为一名拥有30余年丰富的通信企业管理和创新实践经验的党员领导干部，高金兴时刻以国企领导干部"二十字"标准严格要求自己，模范遵守党内法规，严格落实中央八项规定精神和实施细则要求，力戒形式主义、官僚主义，注重调查研究、密切联系群众。

电信行业的排头兵

高金兴严格遵守党的政治纪律和政治规矩，主动把企业转型发展放到服务"数字福建"建设、服务经济社会发展的大局中去；全面贯彻落实中央重大决策部署和中国电信集团公司战略部署，积极落实网络强国战略。

深化转型升级　推动企业高质量发展

高金兴积极推动"网络强国"战略的进展，全面建成"全光网省"，移动4G网络覆盖所有行政村，并建成覆盖全省的新一代物联网络（NB-IoT）；扩容升级云计算基础设施，出口带宽占全行业出口总带宽的80.0%以上。福建分公司作为"数字福建"建设的主力军，为主承建了福建省政务内外网及云平台。

5年来，公司经营业绩稳步提升，移动用户到达1259万户，宽带用户达到940万户，天翼高清用户达到548万户，较2014年分别增长36.4%、43.7%、368.4%；2016年至今物联网用户达1332万户，光宽用户占比达98.0%，百兆宽带用户占比达81.2%，处于全国领先水平。业务结构持续优化，新兴业务收入突破60.0%，规模与效益同步增长。2019年，收入市场份额达34.16%，累计提升2.61个百分点，主营业务收入完成147.9亿元，较2014年增长7.42%，公众用户综合满意度行业第一。

2016年公司与福建省政府签订"十三五"数字福建建设暨加快发展互联网经济战略合作协议，2017年全面完成省公司与各区（市）政府签署"十三五"战略合作协议，2019年与福州市人民政府签订共同推动5G产业发展暨"三个福州"建设战略合作框架协议。与省农业农村厅共推信息进村入户；与省教育厅共推"互联网+教育"；与福建省广播影视集团开展天翼高清合作等。强化与产业链合作，终端产业合作伙伴超过110家，物联网产业合作伙伴超过330家，智慧家庭产业合作伙伴超过50家。

响应国家"一带一路"倡议，中国电信集团公司牵头推进菲律宾第三运营商项目，并于2019年7月8日获得菲律宾电信运营牌照；成建制派出50名网络技术、IT服务、运营管理等方面的优秀骨干，全方位参与菲律宾第三运营商项目建设及运营。

深化改革创新　增强发展活力

高金兴稳步推进以划小承包、专业化运营和倒三角支撑为核心的三维联动市场化改革，建立健全了全省统一的"1+N"划小承包体系，由"1"即分支局、政企、实体渠道等四级经营单元作为承包主体，再由"N"即相应的物理网格、政企销售单元、实体渠道销售单元进行二次承包，全省划分948个四级承包单元；深化倒三角支撑，打造面向一线的一站式的综合服务平台，2019年易问系统受理一线逆向派单24万件，倒三角支撑满意度达到99.58%。

高金兴领导建成全省规模最大的商用云计算资源池，通过云应用服务拉动超2万家企业客户上云；自主研发智慧停车平台、智能视频云平台、企业级PaaS云平台等智能应用能力平台。加强管理创新和科技创新，在第一届中央企业熠星创新创意大赛中成绩列中国电信集团省级公司排名第一；多个项目获中国通信行业管理创新奖、中国电信集团科技进步奖；加强知识产权管理，专利通过数量居中国电信集团前列。

高金兴完善选拔任用、知事识人、从严管理、素质培养、正向激励等干部管理"五大体系"，打造具备转型核心能力的专业人才队伍，加强5G、物联网、云计算、大数据等新兴业务技术人才培养，并向福建省科技厅、人社厅推荐了1名第十五届福建青年科技奖候选人，向福建省人社厅推荐了3个省技能大师工作室。关心关爱员工，充分发挥工会的作用，努力改善基层员工工作生活条件。高金兴加强企业各类先进典型培育选树和宣传，讲好企业发展故事，营造积极向上的企业文化范围。

建立健全管理体系　切实履行央企责任

中国电信福建公司确定党委书记、总经理为推进法治建设第一责任人、总法律顾问为直接责任人，其他公司领导在各自分管领域负责的法制建设责任体系。公司发挥国有企业党建优势，鼓励基层党组织与电信企业服务对象、合作伙伴等单位党组织，开展党员联学、品牌联创、资源联享、服务联动的"党建翼联"活动。

高金兴认真落实央企责任，公司先后被授予全国五一劳动奖状、全国通信行业用户满意企业、中央企业思想政治工作先进单位等荣誉。在此基础上，2018年又获评福建省文明行业创建先进单位等荣誉。5年来，高金兴积极争取中国电信集团总部各类资源投入福建450亿元，拉动相关产业投入约120亿元。企业近5年创造利润总额超过70亿元，为中央和地方财政上缴利税约50亿元。

高金兴积极开展党建扶贫、网络扶贫、通信业务扶贫、信息应用与产业扶贫、公益扶贫"五大行动"助力脱贫攻坚。50个党支部与扶贫村开展"党建翼联"，福建省内所有建档立卡贫困村（2204个）100%实现4G和光网全覆盖。对口帮扶的松溪县已脱贫"摘帽"，南平市松溪县岩后村、浦城县黄碧村、宁德福安东坑村已脱贫"出列"，提前完成扶贫任务。

中国电信福建公司参与建设IDC/ISP信息安全管理系统，将对运营商信息安全监管能力延伸开放给ISP企业，增强政府对ISP信息安全监管能力，成为全国首创。积极参与"HW-2019"专项行动，落实电话用户实名制。持续落实提速降费惠及大众，手机流量平均单价较2014年降幅超过90.0%，月户均流量迈入G时代；全面降低中小企业专线和宽带平均资费，宽带用户平均接入速率从2014年的7.8M提升至128.4M。

中国电信福建公司积极承担重大活动通信与网络信息安全保障任务和重大灾害抗灾保通信任务，出色完成厦门金砖国家领导人第九次会晤重要通信保障任务；圆满完成庆祝中华人民共和国成立70周年、党的十九大、杭州G20峰会、世界互联网大会、数字中国建设峰会等重大活动通信与网络信息安全保障，以及历次防汛救灾通信保障任务。

洛阳国宏投资集团有限公司党委副书记、总经理

郭义民

    郭义民：男，1964年10月生人，河南伊川人，中共党员，本科学历，高级经济师。现任洛阳国宏投资集团有限公司（下称"国宏集团"）党委副书记、总经理，洛阳栾川钼业集团股份有限公司（下称"洛阳钼业"）副董事长。国宏集团成立于2013年6月，是经洛阳市人民政府批准组建的工业领域的国有资本投资运营公司，主要从事产业投资、基金投资、股权管理、资本运营等业务。截至2018年年底，国宏集团注册资本20亿元，资产总额201.85亿元，净资产141.23亿元；拥有9户二级企业和49户三级全资、控股、参股企业，持有1户上市公司股权。

    在郭义民的主持和参与下，国宏集团申报的"引导和培育新兴产业的地方国有资本投资运营公司建设与管理"和洛阳钼业申报的"地方资源型企业战略性跨国并购与管理"分别荣获全国企业管理现代化创新成果二等奖。曾荣获洛阳市五一劳动奖章，入选洛阳市职业道德建设十佳职工。

促进传统产业升级　引导战略新兴产业发展

2014年8月，郭义民通过市场化选聘担任国宏集团总经理以来，在集团党委和董事会领导下，团结带领全体干部职工，攻坚克难、拼搏进取，国宏集团成功入围2019中国服务业企业500强；他与洛阳钼业董事会成员一道，推动洛阳钼业投入上百亿元完成海外矿产资源并购，使洛阳钼业从地方矿产资源企业一跃成为世界级矿业巨头，成功入围2019中国制造业企业500强。

郭义民对党忠诚，始终坚持政治学习不放松，始终坚持业务提高不放松，注重学以致用、以用促学，特别是注意理论联系实际，开创性地创建了让企业做强、做优、做大的十项经营管理方法，即"国宏十法"，有效地指导了国宏集团及所属企业的改革发展壮大。

激发国有经济活力　培育引导产业发展

郭义民在董事会领导下，把企业战略问题放在了企业发展的首要位置，紧紧围绕洛阳市委、市政府赋予国宏集团"洛阳市工业领域投融资运营主体"这一功能定位，明确了企业战略定位、目标和发展策略。以市场化运营为导向，发挥投融资、资本运营、资源集成、国资战略重组等综合功能，促进传统产业升级、引导战略新兴产业发展，将国宏集团打造成为驰名中原、享誉国内的国有资本投资运营公司。明确了近期目标和中远期目标，到2020年，实现营业收入100亿元；到2025年，实现营业收入200亿元。为推动发展战略和发展目标落地，确立了五大发展策略：业务重构策略、资本提效策略、管控优化策略、管理配套策略、项目带动策略。

郭义民把发展混合所有制经济作为企业改革发展的突破口，按照"选准行业，找好合作伙伴，规范操作"的原则，主动寻求与发展潜力大、成长性强、符合洛阳市产业布局的非国有企业开展合作，发展混合所有制经济。目前，国宏集团90.0%以上的营业收入和利润均由混合所有制企业贡献，激发了国有经济的活力，取得较好的经济效益和社会效益。国宏集团围绕洛阳市产业发展需要，明晰业务方向，完善投资管理制度，通过直接投资和基金投资引导洛阳市产业发展；聚焦洛阳市"五强六新五特"产业体系中涉及工业领域的石油化工、新材料、电子信息、先进装备制造、机器人及智能制造、新能源及新能源汽车、科技服务7个产业门类，通过上下游产业链延伸、相关产业融合发展等方式，谋划具有带动引领作用的60万吨/年工业三苯、1万台旅居车、高端医疗影像等重大项目，服务地方经济发展。

经营实力持续增强　改革不断深化

2014年，郭义民到任国宏集团时，国宏集团是一家刚组建1年的地方国有公司，注册资本1亿元，处于创业起步阶段，尚不具备经营运作能力。经过5年的发展，国宏集团经营实力和能力大大增强，截至2018年年底，注册资本20亿元，员工总数5834人（含控股企业），资产总额201.85亿元，净资产141.23亿元；拥有9户二级企业和49户三级全资、控股、参股企业，持有1户上市公司股权。2015—2018年，国宏集团营业收入年均增长率168%，利润总额年均增长率43.0%，经营业绩大幅增长，综合实力显著提升。

国宏集团改革发展实践，得到了国家、省、市层面的认可和肯定。2018年1月，国务院国有企业改革专项督查第五督查组对国宏集团改革发展工作给予肯定。2018年7月17日，河南省深化国有企业改革领导小组办公室《河南国资信息》（第20期）专题刊发国宏集团改革发展实践。2019年4月17日，河南省深化国有企业改革领导小组办公室将国宏集团列为河南省国有资本投资运营公司对标企业。

郭义民作为洛阳钼业副董事长，在洛阳钼业国际化扩张中发挥了重要作用。一是洛阳钼业把握住全球大宗商品价格下降的周期谷底，先后完成海外矿产资源并购。二是强化海内外资产协同整合，发展成为国际行业龙头。洛阳钼业从国内和国际矿业巨头聘请一流管理和技术专家，组建新的高管团队，加强海外资产管理、国内外板块间技术交流和管理分享。目前，海外板块已经成为洛阳钼业营业收入和利润的重要来源。

依法依规经营企业　勇担企业社会责任

国宏集团认真做好《公司法》《企业国有资产法》《企业国有资产监督管理暂行条例》《生产安全法》等相关法律法规和规章制度的宣传、贯彻和执行工作，始终保障国宏集团在国家法律法规的框架内依法合规运作。坚守安全和环保工作底线，牢固树立安全生产和环境保护的红线意识和底线思维，坚持"安全第一、预防为主、综合治理"的安全生产工作总方针，推行HSE管理理念，有效防范和遏制了各类安全生产和环保事故的发生。

国宏集团充分履行地方国有企业稳就业，吸纳人才促区域发展的责任，分层分类不同方式促进就业，立足全国范围引进中高端人才服务企业及经济，吸纳应届毕业生扎根洛阳发展，积极安置退役军人，灵活安置就业困难人员；严格遵守国家和地方法律法规，为员工足额缴纳社会保险、公积金等，保障员工法定节假日假期，提高员工归属感和认同感；在公司内部组织开展了树典型树榜样、"五好"家庭评选、迎新春团拜会等活动。

2016年以来，国宏集团选拔113名党员干部与栾川县鸭石村127户贫困户结对入户帮扶。先后筹集250余万元帮助该村发展香菇种植、珍稀苗木种植、家庭宾馆、藤编加工等产业；通过设立助学基金、送医下乡、安排外出务工等举措，使该村人均纯收入从帮扶之初的2800元提升至9363元，顺利通过河南省脱贫验收。国宏集团组织积极开展献爱心公益捐款、走进儿童福利院、敬老院，开展资助贫困大学生等慈善公益活动，以实际行动回馈社会。

益海嘉里（兖州）粮油工业有限公司总经理

郭经田

郭经田：男，1965年1月生人，山东夏津人，具有良好的个人能力。现任益海嘉里（兖州）粮油工业有限公司（下称"兖州粮油"）总经理、益海嘉里山东分公司总经理，益海嘉里集团公共事务山东区域总经理，同时，还担任中国侨商联合会副会长、山东省侨商协会常务副会长、山东省工商联执委、山东省粮食协会副主任、山东省精品旅游促进会常务理事、山东省企业联合会理事济宁市工商联副主席、济宁市侨商协会常务副会长、济宁慈善总会副会长、济宁市食品安全专家委员会委员、兖州区政协常委、中华志愿者协会扶贫助困专业志愿者委员会办公室副主任、中国粮食经济学会运输分会常务理事等。

发展企业　服务社会

兖州粮油是著名爱国华侨郭鹤年和他的侄子郭孔丰共同执掌的新加坡丰益国际集团在大陆投资的侨资企业。郭经田政治立场坚定，具有良好的思想品德、社会公德和职业道德。具有较高的科学管理能力和学习创新能力。他管理的兖州粮油进入集团管理前十位。

保障产品质量安全

郭经田始终坚持做诚信企业，生产健康安全食品。公司车间在整个生产过程中是全封闭的，高度自动化的生产线完全按照指令生产，所有流程在后台监控屏幕上清晰可见。公司以高分通过了面粉和食用油的美国烘焙协会（简称AIB）的食品安全审核。公司通过了ISO 9001质量管理体系和ISO 22000食品安全管理体系认证、国家"绿色食品"认证，2018年再次高分通过世界最高食品质量美国"AIB审核"认证，并通过了ISO 14001和OSHAS 18001体系认证，与康师傅、肯德基、麦当劳等国内外20多家知名企业建立了长期服务和战略伙伴关系。

兖州粮油积极发挥产业带动作用，打通产业上下游，形成了可持续发展的农业产业化链条，促进了当地的农业发展、农民增收。得益于当地政府的大力支持，现已经形成了以兖州粮油为主体的上下游农业产业化链条，取得了良好的经济和社会效益。同时，公司还是济宁市应急物资储备中心，是国家粮食宏观调控政策的载体，承担着国家临时储备、应急加工等任务，为区域经济发展、保障粮食安全发挥了重要作用。

经营管理成绩显著　企业劳动关系和谐

兖州粮油 2010 年被认定为山东省农业产业化重点龙头企业，荣获山东省优秀企业、影响山东责任企业、中华志愿者协会常务理事单位、全国放心粮油示范企业、山东农产品加工示范企业、山东省儒商大会省政府特邀企业、山东省侨联新侨创新创业联盟副理事长单位等多项荣誉。2019 年兖州工厂申报的国家级农业产业化重点龙头企业已经获得农业农村部正式公示。

兖州粮油在郭经田的带领下取得多项科技创新奖及国家知识产权局专利，"小麦胚芽提纯及食用化研究"科研项目获得山东省第一批技术创新项目奖项。他提出"订单农业"，以兖州粮油加工基地为中心，向前端延伸，被兖州区政府领导誉为"益海模式"。

郭经田为员工建立了完善的社会保障及福利体系，定期开展丰富多彩的文体活动和员工户外拓展；为员工提供班车、洗衣房、宿舍和食堂等配套设施或协助服务。同时，公司为一线员工配备耳塞、口罩等专业防噪音、防粉尘等用品，为全体员工每个月定期发放劳保用品。

郭经田连续 6 年代表山东益海嘉里集团参加山东省政府在香港开展的招商周活动。郭经田用世界 500 强企业品牌积极宣传山东省以及济宁市兖州区招商引资优惠政策，为当地招商引资及经济发展做出了突出贡献。他积极推进侨商工作，开拓国内外业务；作为兖州区政协常委，郭经田积极发挥政协委员的参政议政作用，2009 年 2 月所做的《关于加大农业投入，促进农业产业化》的提案，受到兖州区第十二届政协会议的充分肯定。另外，还先后发表多篇相关文章，对中国粮食行业的发展提出建议对策。2018 年 4 月郭经田因为在粮油行业做出的突出贡献，被评为第二十四届山东省优秀企业家。

关注环境保护　勇担社会责任

郭经田高度重视环境保护，公司是兖州区生态环保工作先进企业。公司 2016 年拆除 10 蒸吨导热油炉，投资 1556 万元对 25 吨/小时燃煤锅炉进行了超低排放改造,达到了烟尘 10 毫克/立方米、二氧化硫 50 毫克/立方米、氮氧化物 100 毫克/立方米的超低排放标准。

公司面粉加工生产过程,所有原料输送、面粉研磨及面粉包装工艺设备均采用密闭生产,原料接卸、制粉研磨等产尘点均配置脉冲布袋除尘器,除尘效率达到 99.5%。

郭经田致力于在粮油领域的科技创新,带动传统农业由初级加工向高附加值精深加工转变,由传统加工工艺向高技术转变,由资源消耗型向高效利用型转变,既节能环保,也能为农民带来实实在在的利益。

郭经田积极参与社会公益事业,被评为济宁市慈善企业家。益海嘉里(兖州)粮油工业有限公司积极参与集团开展的蔚县产业脱贫项目;依托二期小麦加工项目,在满足对优质小麦需求的基础上带动产业脱贫。在济宁市开展的"百企帮百村"精准扶贫行动中,公司充分发挥订单农业、吸纳就业等方面的优势,对基地的部分贫困户,建立长期扶贫机制,进行对口扶贫,被评为全市"百企帮百村"精准扶贫行动先进民营企业。

2010 年、2013 年企业向玉树、雅安地震灾区捐款 1.29 万元、1.58 万元;同年出资捐献 10 万元用于购买残障人士轮椅、拐杖、导盲杖、助听器、学习用品等爱心物品。郭经田 2015 年向兖州区慈善总会、2016 年向济宁市慈善总会、2017 年向曲阜市慈善总会、2018 年向曲阜尼山镇政府各捐赠价值 10 万元的面粉,定向用于这些地方的"情暖万家"精准扶贫项目。2018 年再次向兖州区慈善总会捐赠价值 2 万元的面粉用于帮扶活动;2018 年向曲阜市尼山镇大烟村捐赠 10 万元用于深水井的建设,向养老院和残疾人联合会捐赠面粉和轮椅、拐杖等。

2016 年 11 月,在济宁市慈善总会发起的"安全知识进校园"捐赠活动中,兖州粮油捐赠 9850 元用于购买安全知识书籍。争取益海嘉里集团金龙鱼慈善基金会无偿捐赠 477.5 万元建设济宁曲阜市尼山益海小学。2017 年再次争取益海嘉里集团金龙鱼慈善基金会捐资 1000 万元建设孔子博物馆。2018 年,向曲阜市尼山镇捐赠 10 万元面粉;捐资 400 万元建设济宁市兖州区大安敬老院。2019 年,捐资 500 万元建设费县助学中心。

吉林敖东药业集团股份有限公司总经理

郭淑芹

  郭淑芹，女，1963年12月生人，吉林敦化人，中共党员，大学学历，高级经济师、正高级会计师。现任吉林敖东药业集团股份有限公司（下称"敖东"）总经理，兼任敖东集团核心层企业延边公司的董事长兼总经理。吉林省正高级会计师评审委员会专家库成员。享受国务院政府特殊津贴，吉林省第十次党代会代表。

  先后荣获全国劳动模范、全国五一劳动奖章、全国三八红旗手、吉林省特等劳动模范，入选第四批吉林省高级专家、吉林省第二批拔尖创新人才、吉林省有突出贡献的中青年专业技术人才、吉林省杰出创新创业人才，中国医药行业最具社会责任企业家、第九届吉林省十大杰出青年企业家、吉林省全心全意依靠职工办好企业最佳经营管理者。

专注于人　专精于药

郭淑芹在敖东工作至今已35年，伴随着敖东历经农场制、工厂制、公司制三个阶段的发展，成长为一位出色的职业经理人。她以推动企业发展和延边建设为己任，在敖东发展过程中发挥了不可替代的骨干作用，为延边经济发展做出了积极贡献。

郭淑芹参与推进敖东股份制改造、上市、法人治理结构的规范，使公司成为吉林省首批现代企业试点企业，在投资广发证券、塔东铁矿、延边公路等企业的收购与重组上献计献策。同时在敖东从农场制向工业企业转型、公司化进程、金融资本同产业资本融合等体制机制创新中，她都起到了重要作用。

推行现代企业制度　实现体制机制创新

2001年，敖东集团剥离其核心资产，成立延边公司，延续敖东集团的医药生产经营职能。郭淑芹任敖东延边药业董事长兼总经理，承担改革和发展的重任。面对企业改制过程中存在的库存积压、销售不畅等诸多困难，郭淑芹顶着巨大的压力，按照产权清晰、权责明确、政企分开、管理科学的现代企业制度规范运作，使公司很快驶入良性发展的轨道。

在不断深化企业改革过程中，她大胆改革，推进企业创新管理。为了提高工作效率，她带领管理团队进行了三项制度改革。在人事制度改革上，推行了公开竞聘、择优上岗、量化考核、末位淘汰的办法，形成"不努力、不提高、不发展就等于自我淘汰""无功就是过"的意识，达到了不断优化管理队伍，提高管理者能力和素质的目的。在劳动用工制度上，推行全员劳动合同制，所有员工实行双向选择，明确岗位责任、权利、义务及待遇，形成激励和约束机制，使用工制度更加趋于符合市场竞争规律和价值规律。在分配制度上，打破传统的论资排辈升工资、人人有份的体制，实施以按劳分配为主体，向能力强、贡献大的倾斜的新分配制度。三项制度改革，瓦解了老的观念，取而代之的是有效的激励机制、市场竞争机制及新的劳动关系认识观和现代契约观，建立了适应发展、灵活高效的运营机制，真正实现了体制机制转变。

坚持科学技术创新　推动两化深度融合

郭淑芹作为企业带头人，始终坚持科技创新，推行质量至上。在公司大力推行"质量至上"的生产理念，注重产品质量意识教育，以新版GMP为标准，不断完善提高生产管理水平，做到药品生产全程控制。设立质量受权人、建立了总经理授权的质量垂直管理和公司、车间、班组三级生产质量管理两大体系，建立了"质量至上、精细管理、全程监控、科技支撑、人本战略"的"五步联动"管理模式，通过层层把关、逐级控制，保证公司产品质量安全。

她非常注重技术创新，通过认真生产实践，不断实施技术创新，公司在国内中药企业率先采用中药提取自动控制技术；率先应用中药提取近红外在线检测分析系统；率先引进国内首条口服液包装自动生产线；率先在中药企业引进全自动"口服液"制剂灯检设备，保证公司始终站在中药企业科技前沿，全面提升了传统中药口服液剂型的质量标准。

依托敖东国家级企业技术中心和博士后工作站的科研开发优势，她带领企业积极与国内外科研院校开展技术合作，先后研发了44个新产品，已有部分产品投入生产，较好地实现了科技创新成果的转化，并获得专利32项，其中发明专利5项，荣获省科技进步一等奖1项、国家级优秀QC成果奖19项，公司有7个品种被国家批准为中药保护品种。为了确保药材原料纯正，敖东高度重视基地建设，积极发挥敖东梅花鹿养殖基地、长白山药材种植基地、东北三省规模最大饮片加工基地的优势，有效保证了药材原料质量和中药炮制水平。公司先后荣获省环境友好企业、全国创新型试点企业、国家火炬计划重点高新技术企业荣誉称号。

她注重通过信息化管理手段提升管理水平，敖东延边药业先后投资1300多万元，建设了国家C级标准的信息中心机房，以及局域网网络、ERP信息管理系统、OA办公自动化系统，并率先在全国医药行业实现了GMP与ERP有机结合，使公司通过应用信息化高新技术，建立了一个全新的数字化企业，进一步提升了企业管理创新能力。公司被吉林省工信厅评为企业信息化示范单位，信息化和工业化贯标试点单位，被吉林省政府评为首届企业管理创新奖，为集团公司荣获国家企业管理创新奖起到了核心作用。

提升党性修养　履行社会责任

郭淑芹在党风廉政建设上，严格遵守国家、省、市有关党风廉政建设的有关规章、制度，提高自我约束力，坚持党性原则，正确对待权力，认真履行好职责，建立严格自律的领导班子。对待工作，她从来不为人情所扰，不为亲情所动，不为友情所左右。做到制度之内"不缺位"，制度之外"不越位"。在公司中打造"企业内部无公关"的特色企业文化，为每一名员工搭建公平、公正的发展平台。能自觉维护团结，顾全大局，从不追逐名利，做到了大事讲原则，小事讲风格，以大局为重，以工作为重。

作为一名党龄20余年的老党员，郭淑芹从小受家庭熏陶和组织培养，在发展企业的同时，不忘组织的培养，不忘自身的社会责任，始终以一名党员的身份严格要求自己，并力所能及地帮助他人。她出资为困难村屯打水井，为延边州"春蕾计划"捐款。在汶川地震、敦化重大洪水灾害后，捐款并上交特殊党费；对企业得大病的员工及社会贫困人员也给予了多次捐助。

郭淑芹任职以来，政治立场坚定，工作履职尽责，廉洁自律，在具体实践中能够发挥党员模范带头作用，积极带领公司践行"产权清晰、权责明确、政企分开、管理科学"的现代企业制度，使公司连续多年保持了稳定、快速、和谐发展，利税连创新高。敖东先后荣获国家火炬计划重点高新技术企业、国家创新型企业、国家级高新技术企业、全国模范劳动关系和谐企业、全国工业企业质量标杆企业、吉林省首批企业管理奖、吉林省质量奖等诸多荣誉称号。

兴业银行股份有限公司行长

陶以平

陶以平：男，1963年4月生人，福建福州人，中共党员，厦门大学计划统计专业，厦门大学工商管理专业，本科学历，硕士学位，高级经济师。1984年参加工作，历任中国银行福建省分行综合计划处干部、副科长、科长；中银集团港澳管理处办公室副经理、经理、高级经理；金城银行香港分行中国业务部高级经理；中国银行福建省分行办公室副主任、主任、资金计划处处长，福州市市中支行行长，党委委员、行长助理，党委委员、副行长（兼任厦门市分行党委书记、行长），党委书记、行长；中国银行山东省分行党委书记、行长等职。现任兴业银行股份有限公司行长。

36年来一直在金融系统从事金融实务与管理，见证了我国金融业波澜壮阔的历史进程，经历了从基层到高层、从境内到境外、从南方到北方、从国有银行到股份制银行等多个岗位、多个机构、多个地区、多个平台的历练，积累了丰富的金融经营管理经验和智慧。

创新发展兴大业

陶以平在职业生涯中始终坚持党的领导，严守党纪国法，认真贯彻落实党和国家方针政策、金融监管政策要求，精于战略，善于创新，乐于苦干，敢于担当，团结带领同事在每个岗位上都取得了突出成绩，获得同事、上级和社会各界诸多肯定。

顺势而为　带领兴业平稳发展

陶以平在金融业从扩张期进入"清算期"背景下就任兴业银行行长，提出"商行+投行"战略，深入践行"客户为本、商行为体、投行为用"战略思维，既确保了过去独特模式下取得的发展成果得到巩固，为可持续发展打下坚实基础，又较好落实了金融业服务实体经济、防控金融风险、深化金融改革"三大基本任务"，令市场刮目相看。

2015—2019年三季度，兴业银行集团总资产从52988.8亿元增至69821亿元。2019年前三季度营业收入从1123.54亿元增至1366.06亿元，净利润从412.21亿元增至549.1亿元。2015—2019年，兴业银行总资产稳居股份制银行前两位，净利润稳居股份制银行前两位，在英国《银行家》杂志"全球银行1000强"排名中，按一级资本从第36位升至第23位，按总资产排名从第42位升至第28位；在美国《财富》杂志"世界企业500强"榜单中，排名从第271位升至第213位。兴业银行被《第一财经日报》评选为2016年度股份制商业银行、第十二届21世纪亚洲金融年会评选为2017年度亚洲卓越商业银行、《金融时报》评选为2019年度最佳股份制银行。

陶以平着力推进业务结构调整优化，资产负债结构更加稳健均衡。在资产端，主动压缩非标资产，增加贷款和标准化资产。在负债端，大力拓展存款，有效降低对同业负债的依赖，提升负债稳定性，2015—2019年三季度，各项存款（银监口径）增加12400亿元；同业存款减少6130.07亿元，同业负债占比（监管指标）从39.74%降至21.63%。4年间，非金融企业债务融资工具承销规模始终保持同类型银行第1位，并在2018年、2019年跃居全市场第1位；综合理财能力连续9个季度被普益标准评为第一；资产托管始终位居市场第一梯队；零售财富年销售规模快速增长，形成新的大财富格局。4年间，企金、零售、同业三大业务条线税前利润占比更加合理，全行收入来源更加多元，结构更加均衡。2018年，穆迪将兴业银行长期存款评级从Baa3上调至Baa2；2019年，惠誉将兴业银行长期外币发行人违约评级从BB+上调至BBB-。

陶以平推出统一授信系统，强化全面风险管理，提高风险处置能力。4年间，不良贷款率从1.65%降至1.54%，关注率、逾期率稳步下降，拨备覆盖率基本稳定，资产质量和风险抵补能力维持同类型银行先进水平。始终坚持效益优先，积极开源节流，4年间，总资产收益率维持在0.9%以上，净资产收益率维持在14.0%以上，始终位居银行业较高水平，成本收入比保持行业较低水平。陶以平坚持"以客户为中心"进行组织架构调整，提升客户经营能力；坚定推进包含"五大主题、七项工程"在内的流程银行建设，历时3年，实现了"打造集团公共底层平台、促进信息互联互通、持续简化业务和工作流程"目标，长期未能解决的老大难问题得到明显改观。

善于创新　推动行业变革进步

2017年，陶以平在业内率先呼吁开展金融供给侧结构性改革，并以自身的实践推动行业进步。2019年，设立伦敦代表处，成为第十次中英经济财金对话成果之一。同时，深入推进综合化经营，2017年兴业资产管理有限公司设立，是目前国内唯一一家银行系统地方资产管理公司；2019年兴银理财有限责任公司开业，成为市场首批开业的银行理财子公司之一。

践行绿色发展理念，4年间，绿色金融融资余额与客户数年均复合增长率均约为30.0%,提前一年实现了融资余额突破10000亿元、客户数突破1万户"两个一万"目标,帮助近20家同业机构开展绿色金融,与多个省区签署绿色金融战略合作协议,签约金额5700亿元。2016年在总行成立养老金融中心专业机构,养老金融综合资产超过10000亿元。充分利用金融科技,制定"一朵金融服务云＋支付结算、财富管理、资产交易三大业务平台＋国际版"的银银平台新发展规划;完善并大力发展FICC业务,在国内同业中率先树起"FICC银行"大旗。

心怀大局　践行企业社会责任

陶以平始终认为,兴业银行要实现"一流银行、百年兴业"的远大理想,必须做一家讲责任、有担当的好银行。4年间,兴业银行曾荣获中国银行业协会颁发的社会责任大奖。全球最大指数公司明晟(MSCI)将兴业银行ESG（环境、社会及公司治理）评级由BBB级上调为A级。

陶以平亲自制定宣贯"员工行为十三条禁令",连续4年组织开展合规内控提升年、合规内控强化执行年、合规经营示范年、制度与治理年等活动,全面提升依法合规经营文化。大力推进员工劳动模式优化,全面强化素质能力培训,人均投入一度位居上市银行首位,被誉为"最佳雇主"。

要求全行遵循"客户—业务—效益"基本逻辑,强化"真诚服务,相伴成长"服务理念,2017年,在股份制银行中率先设立普惠金融事业部,加大普惠金融发展力度。2015—2019年三季度,全行小微企业（国标）客户增长40.0%、信贷融资余额增长13.0%,民营企业客户增长52.82%、信贷融资余额增长153.63%。银行主动为这些客户减免多种费用,有效缓解融资难、融资贵问题。

作为国内首家"赤道银行",将环境和社会风险管理严格嵌入业务流程,并在2019年成为联合国《负责任银行原则》首批签署银行。坚持构建产业扶贫、渠道扶贫、产品扶贫、定点扶贫、教育扶贫五大精准扶贫体系,完善捐资助学、抗灾救灾、扶贫济困三位一体公益慈善机制,截至2019年年底,金融精准扶贫贷款余额145.28亿元,金融精准扶贫贷款带动服务人数12.95万人,4年多来公益慈善捐赠近2亿元。

南京钢铁集团有限公司党委书记、董事长

黄一新

黄一新：男，1965年5月生人，江苏丹阳人，中共党员，研究生学历，硕士学位，研究员级高级工程师。历任南京钢铁联合有限公司总经理、总裁，南钢党委副书记，现任南京钢铁集团有限公司（下称"南钢"）党委书记、董事长，南钢集团、南京钢铁联合有限公司党委书记。苏商联席会长、江苏智能制造联盟理事长。南京市人大代表。

先后获得国家科技进步二等奖，中国钢铁行业劳动模范、全国用户满意杰出管理者、全国两化融合十大领军人物、江苏省五一创新能手、江苏省技术能手、南京市市长质量奖、全国供应链电子商务领军旗手等荣誉。

他从一名技术员一步步走上领导岗位，丰富的职业经历使其锤炼了德才兼备的能力素质。他积极践行五大发展理念，转变发展方式，深耕钢铁技术与经营，深谙钢企战略与管理，深通产业资本与金融资本的跨界融合，推进南钢实现可持续高质量发展；他具有卓越的经营管理才能，企业发展质量和效益不断提高，主要经济指标始终位居行业前列；他工作充满活力，勇于深化改革，坚持创新驱动，推动企业技术和管理创新，使企业不断焕发出新的生机与活力。

安全发展科技先行　筑梦企业人文为本

黄一新面对产能严重过剩的困境，提出并确立了"创建国际一流受尊重的企业智慧生命体"的企业愿景，制订了"一体三元五驱动"发展战略，以超常思维调整发展战略，全面加快结构调整和经济转型步伐，引领南钢走出了一条加快转型、创新驱动、健康可持续发展之路。目前，南钢已建成世界一流的中厚板精品基地和国内一流的特钢精品基地、复合材料基地、军民融合基地。特别是2018年，企业生产经营、转型发展、智能制造及产品力、品牌力等各方面均创造了南钢历史最优，产钢1005万吨，集团实现营业收入1182亿元，实现效益61亿元，圆了几代南钢人梦寐以求的"双千"梦想，实现了南钢60年发展历程的六个里程碑。南钢先后荣获全国文明单位、亚洲质量奖、全国质量奖、全国用户满意企业、中国最佳诚信企业、十大卓越品牌钢铁企业、国家级高新技术企业、钢铁行业竞争力极强（最高等级A+）企业、国家级绿色工厂、绿色发展标杆企业、智能制造示范基地、双创示范平台、钢铁行业改革开放40周年功勋企业等称号。

坚持高质量党建引领　科学谋划　推进企业高质量发展

作为混合所有制改革企业党委班子带头人，黄一新以企业家的战略眼光和远见卓识，积极贯彻国家五大发展理念，准确把握国际国内政治经济新态势，发挥民营与国有两个体制优势，科学谋划，大力推进企业结构调整、经济转型，增强企业发展活力。

一是做精做强钢铁主业。南钢因"钢铁报国"而生长，由"钢铁强国"而发展。既顺应经济发展的大势，又坚守品种质量效益型特色路径，抢抓市场机遇，加大品种开发力度。南钢10多个钢材品种连续多年保持全国技术领先和市场占有率第一，从世界重大工程的大型结构件，到汽车制造、电子产品中的细微零部件，都有南钢"双锤"产品的身影。南钢79个产品通过省级以上新产品鉴定，主持、参与制定、修订的国家标准、行业标准共28项，实现了从做产品到做品牌、从做品牌到做标准的跨越。

二是构建双主业发展新格局。在中国经济转向高质量发展的新时代，在高质量推进转型升级的同时，推进钢铁+新产业双主业齐头并进，大力发展新材料、新能源、新环保等产业技术。坚持数字新经济引领，围绕"一切业务数字化，一切数字业务化"，主导推进JIT+C2M平台建设，致力打造独具特色的南钢JIT+C2M新模式，示范引领钢铁业个性化定制模式，获得全国企业管理现代化创新成果二等奖和全国工业企业质量标杆称号，被工信部《钢铁工业调整升级规划（2016—2020年）》列为个性化、柔性化产品定制新模式。

三是实现从制造向服务转型。黄一新紧紧抓住信息化、智能化这一发展趋势，在进一步利用信息技术、互联网思维再造生产流程的过程中，坚持做"难事"和"慢事"，借助智能制造技术变革让钢铁更绿色、更智慧，助力南钢从传统制造到智慧制造的转变。聚焦"一带一路"和海外布局，大力开拓国际市场，全面打造南钢新时代核心竞争力。

实施创新驱动　　勇担社会责任

黄一新坚持把创新作为推动企业发展的第一动力，全面实施创新驱动战略，用创新驱动破解南钢发展难题，激发了企业创新活力。他大力倡导"让创新成为每位员工的工作习惯"理念，提升创新"高度"，加快创新"速度"，夯实创新"厚度"，挖掘创新"深度"，以基础研究、自主创新、协同创新助推企业智慧生命体建设，打造创新南钢、智慧南钢。

坚持践行"共同成长、贡献社会"的企业使命，积极履行社会责任，坚持价值创造、回报社会，展现了南钢人的家国情怀和企业公民的责任担当。一是践行低碳绿色可持续发展理念，实施产城融合环境友好战略。二是制订精准扶贫规划行动方案，推行企业担当、全员响应，主要领导对口、志愿者驻点、产业扶贫、电商扶贫、健康扶贫的帮扶方式。三是牢记为国民经济和国防事业作贡献的初心和使命，深入开展好前沿军民融合项目，坚定不移地走中国特色军民融合之路，为增强国家经济实力、国防实力、国家竞争力和民族凝聚力而砥砺奋进。

推进共创共享　建设幸福美好家园

黄一新坚持"以人民为中心"的思想，落实企业"以人为本，同心共进"核心价值观，倡导"创新创业、共同经营、利益共享、责任共担"的共创共享文化，打造和谐共生、合力共创、幸福共享的利益共同体、事业共同体与命运共同体，努力建设共同成长、感恩社会的企业文化新高地。

一是打造富有活力、吸引力的薪酬激励体系和培育成长机制。建立完善全员合伙人模式，积极实施利润分成、股权激励，倍增员工收入；建立多元化职业发展通道，建立员工岗位胜任力评价体系、干部招聘机制、"南钢龙系列"后备人才培养机制，为职工提供施展才干的平台，全面激发了各领域、各层面人才的积极性，确保了队伍的活力和有序传承。

二是坚持以人为本，关爱职工。坚持以问题为导向，自主研发"职工在线"网上平台及手机客户端；敞开员工心扉，定期开展董事长与一线职工零距离面对面交流活动，听取发展建议，解决职工关心的难点热点问题，提升职工获得感、幸福感和归属感。成立退休职工协会，完善"六位一体"保障体系，实行网格化服务，实现了南钢大家庭的温馨和谐。

三是以客户为导向，让企业发展红利惠及更多职工、股东、客户、相关方。从"用户满意"进化到"用户感动"，再到"极致体验"。从满足客户基本需求，到满足个性化、特殊化需求，再到让客户在南钢的经营活动中感觉到精神愉悦的极致体验，塑造"让顾客满意是每个员工的共同追求"的服务文化。建立相关方激励共享机制，打造全产业链共创共赢的智慧生态圈。致力于内聚外塑、社企共荣，把南钢建设成为传统产业绿色智慧发展的典范和美好生活的家园。

贵州南方石油（集团）股份有限公司
董事长、总裁

黄湘黔

黄湘黔：男，1960年生人，湖南人，中共党员，现任贵州南方石油（集团）股份有限公司董事长、总裁。他作为国有控股企业的负责人，多年来都把为社会做贡献当作义不容辞的责任，他认识到，企业发展必须不断创新，做大做强不是唯一目标，还要有做长做远的追求。他"不忘初心、牢记使命"，决心在"十四五"期间，按照党中央、国务院部署"产业扶贫"的要求，打造"乙醇汽油产业链"项目，在贵州十余个贫困县种植甘蔗，生产甘蔗乙醇，利用可持续发展的优势，确保数十万贫困农户脱贫不返贫。同时，充分发挥项目在"甘蔗种植加工""石油炼化""乙醇汽油调和""石化产品交易""乙醇汽油销售"等五大板块产生的经济效益，拉动全省各行业实现飞跃发展。

全力耕耘　造福社会

2019年9月，贵州南方石油（集团）股份有限公司同时入围2019贵州企业100强、2019贵州制造业企业100强，这充分体现了社会各界对一个企业30多年成长发展以及回报社会的最好评价。黄湘黔作为南方石油集团董事长，30多年的光阴对他而言，除了为社会创造财富，更宝贵的是阅历、经验，还有无数荣誉。

把为社会做贡献视为公有制企业的责任和使命

20世纪80年代，黄湘黔被任命为贵州南方石油公司总经理，从此致力于为全省的经济发展做贡献。在计划经济年代，贵州省唯一的一家省级石油公司无法完成全省的成品油供应计划，贵州省政府决定另外安排一家企业，作为对全省成品油供应的补充。黄湘黔毅然接下这个任务，并迅速在油品市场上站稳脚跟，及时帮助政府解决了汽柴煤油的供应问题。

长期以来，贵阳市居民的日常生活及冬季取暖都是靠煤炭，20世纪90年代初期，黄湘黔积极响应政府的号召，成功把液化石油气产业引入贵州省。1992年，贵州省政府批复同意南方石油公司每年用20万吨原油自行加工液化气，公司累计投入资金上千万元，把贵州南方石油气体公司办成了全省最大的液化气供应企业，受到社会各界好评。

黄湘黔把握中国加入WTO的机会，通过与中石油联营，在沿海地区成立分公司，从中东、西欧等国家进口原油，同时出口国内的土特产品。2012年，贵州省政府为完成外贸进出口任务，要求公司每年完成相应的指标。黄湘黔充分发挥多年来在进出口业务方面经验和优势，率领公司年年超额完成任务，南方石油集团被贵州省招商引资扩大开放工作领导小组和贵州省商务厅授予贵州省货物贸易进出口先进企业。

2012年,新一届贵州省委、省政府制定了实施工业强省的战略。此时的南方石油集团,在沿海各产油地区已经形成一定业务规模并拥有了高效、独到的成品油加工调和技术,在石化行业中具有一定的影响力,2012年营业额已经超过100亿元。作为集团公司属地管辖单位的贵阳市南明区政府,希望公司把工作重心移到贵州省内,以集团公司为总部,把各子公司、分公司在外省开展经营的各种数据纳入辖区内统计。黄湘黔欣然同意,从2012年开始,南方石油公司以每年上百亿产值、数千万税收的数据,充实了南明区的GDP总量,成为辖区内的重点工业企业和纳税大户,受到南明区委、区政府的赞扬和重视。

广泛的社会认可和荣誉

1994年黄湘黔提出组建成立股份制企业的设想,当年6月,贵州省体改委批复同意设立贵州南方石油集团股份有限公司。经过多年打拼,集团公司下属有石油工业有限公司、石油气体有限公司、房屋开发有限公司、烟台南油置业有限公司、玉屏笛阳酒店等企业,在上海、浦东、大连、广州、深圳、南宁等地设有分公司,拥有资产40多亿元。

多年来,黄湘黔一直把"合法经营,依法纳税"看作企业发展必须遵守的基本原则。2017年上缴税收9763万元、2018年上缴税收9643万元,得到地方政府和主管税务机关的称赞。公司先后被贵州省国家税务局和贵州省地方税务局授予贵州省A级纳税信用企业,被贵州省招商引资扩大开放工作领导小组和贵州省商务厅授予贵州省贸易进出口先进企业。在中华人民共和国成立70周年前夕,贵州南方石油集团股份有限公司被授予2019贵州省优秀企业荣誉称号。

黄湘黔认为,企业发展的同时应该具有更多的社会责任感,要敢于承担政治、法制、文化、环保等方面的责任。一直以来,他都高度重视对员工的思想教育工作,把对党和国家的绝对忠诚放在首位。黄湘黔要求企业严格执行《劳动法》,按时足额为员工缴纳各项社保、医保费用;在他的要求下,公司为员工提供完善的工作环境,并积极开展各种教育活动,鼓励员工学习、创新，营造优秀的企业文化。黄湘黔一再强调承担社会责任是企业应有的担当。他安排公司资助贵阳市公安局举办真情守望——2016贵阳我最喜爱的人民警察评选活动，他坚持资助不留名、不宣传，做默默无名的幕后英雄。

2018年，黄湘黔了解贵州省龙里县湾滩河镇在改善基础设施遇到的困难后，欣然安排企业出资帮助实施新农村文化建设。为此，南方石油集团被龙里县委、县政府评为助力脱贫攻坚先进企业。

远大宏伟的追求

近几年来，面对市场预期带来的不利影响，黄湘黔要求公司坚持稳中求进的总基调，努力寻找新的突破，力争打破发展瓶颈。他认为，做大做强不是企业唯一的追求，还要向做长做远的目标发展。

2017年9月，国家发改委、能源局、财政部等十五部委下发了《关于扩大生物燃料乙醇生产和推广使用车用乙醇汽油的实施方案》，认为我国当前已经具备扩大生物燃料乙醇生产和推广使用车用乙醇汽油的时机和条件。2018年8月22日国务院召开常务会议，再次确定促进生物燃料乙醇产业总体布局，再新增北京、天津、河北等15个省市推广使用乙醇汽油，乙醇汽油全面替代传统汽油势在必行。

早在2008年，贵州省政府就规划在省内建设500万吨炼油项目，黄湘黔曾经参与前期准备工作。随着中缅石油管道穿越贵州通向内地，黄湘黔敏锐地察觉到，在上有国家产业政策导向，下有石油产品原料运输保障的大好条件下，发展乙醇汽油产业对贵州来说是最好的时机，也是潜在的巨大商机。经过大量的市场调研和反复征求专家意见及充分认证，南方公司拟在国家"十四五"期间，在贵阳地区建设"乙醇汽油产业链"项目，带动贵州省的石油化工、精准扶贫、出口贸易等产业实现飞跃发展，在贵州省打造一个继烟草、白酒之后的新的经济增长点。根据测算，到2025年可实现营销总额3195亿元，工业产值2000亿元，创税393亿元，企业利润337亿元，回报率56.0%。

湖南华菱钢铁集团有限责任公司
党委书记、董事长

曹志强

曹志强：男，1975年7月生人，湖南双峰人，中共党员，北京科技大学冶金工程系钢铁冶金专业，在职研究生学历，工学博士学位，研究员级高级工程师。1997年8月参加工作，曾任湖南华菱湘潭钢铁有限公司执行董事、总经理。现任湖南华菱钢铁集团有限责任公司（下称"华菱集团"）党委书记、董事长。中国钢铁工业协会副会长，享受国务院政府特殊津贴，第十三届全国人大代表。被湖南省委评为担当作为优秀干部。

以产业报国为己任

曹志强以产业报国为己任，以推动企业高质量发展为自己的职业追求。华菱集团实现营业收入连续3年过千亿元，经营效益逐年递增，2019年利润位居全国钢铁企业第四、地方国有钢铁企业第一；资产负债率由85.0%下降到63.0%，钢铁主业人均劳动生产率由811吨提升到1200吨，跻身行业先进水平。华菱集团步入高质量发展良性轨道，成为湖南省属国企改革"领头羊"、实体经济发展"排头兵"。获得中国十大优秀钢铁企业、卓越钢铁企业品牌、钢铁行业改革开放40周年功勋企业等荣誉。

跨入全国钢铁行业"第一方阵"

华菱集团组建于1997年，旗下湘钢、涟钢、衡钢都有着60多年的发展历史。曹志强上任之初，华菱集团正处于负债高、效益差的艰难局面，他深刻领悟并准确把握党的十八大以来特别是党的十九大以来，党和国家对振兴发展实体经济、建立现代经济体系、推动经济高质量发展的重要性和紧迫性，把聚焦钢铁主业作为高质量发展的基础，保持"做精做强、区域领先"战略定力，致力于"学习创新、高端精品、绿色智能、协调发展、开放共享"的新华菱建设，补短板，强弱项，实现以"质"的提升带动"效"的增长。企业"三年（2017—2019年）振兴计划"目标在2018年提前实现，2019年开启"三年（2019—2021年）高质量发展规划"，实现良好开局，经营指标创历史最好水平。

曹志强心系华菱，更心系中国钢铁，作为全国人大代表、中国钢协副会长，他始终强化自身的责任担当和职业自律，在钢铁行业积极倡导产业上下游联盟的主张，在全国"两会"上向国家建言献策，并主动实践。例如，华菱实施钢铁上下游联盟国际化战略，"走出去"——入股 FMG，年均创效近 10 亿元；"请进来"——与安赛乐米塔尔合资的汽车板公司已成为国内外知名品牌汽车厂家供应商。2019 年，在国内汽车乘用车产量同比整体下滑 10.0% 的严峻形势下，汽车板销量 51 万吨，同比增幅 41.7%。他提议打造新时代煤钢焦高质量合作升级版，煤钢焦企业合作共赢的战略性伙伴关系不断牢固。华菱严格落实国家对钢铁产业发展的政策要求，在淘汰 150 万吨落后产能基础上，没有新增任何的规模投入，效益跃升至国内钢铁行业第四，中国企业 500 强排名由 181 位上升到 153 位。

成为湖南制造强省的"领跑者"

华菱集团作为湖南最大的国有企业，以供给侧结构性改革为主线，着手企业质量变革、效率变革、动力变革，全要素生产率持续提高，成为全省推进制造强省战略中的"示范者"和"领跑者"。

华菱集团坚持实施"高端＋差异化"战略，强调精益生产理念和发扬工匠精神，准确把握市场需求变化，构建产学研用高度融合的协同创新体系，持续推进产品升级换代，保障企业主导产品在性能、品规、包装、交货等各个方面满足客户需求，推进"华菱制造"迈向产业链、价值链中高端。深入落实"零缺点质量管理"为重点的精益生产体系，产品品质稳步提升。通过持续的质量变革，促进了生产运行质量与产品质量不断改进，形成了产品的独特竞争优势和对产业链的参与优势。

华菱集团将效率变革作为企业高质量发展的核心目标。利用新一代信息技术推动传统产业优化升级，互联网、大数据、人工智能和实体企业深度融合，智能制造和运行效率全面提升。近 3 年，华菱集团凭借效率提升，钢产量连续跨越几个台阶，湘钢、涟钢主业人均产钢达 1200 吨，进入行业先进水平。主要技术经济指标持续改善，吨钢综合能耗、自发电率、综合成材率等多个指标行业排名前列，企业核心竞争能力明显提升。

推动科技创新、深化内部改革是华菱集团实施动力变革的重点。近 3 年华菱集团投入近 200 亿元推动钢铁产品研发，自主研发 100 余项前瞻性生产技术，获得专利授权数 150 多项，开发新产品 100 多个。华菱集团以改革强动力，在湖南国企中创造了多个第一。通过制度创新，有效实现了层级精简、管理精细、经营精益，促进了正向激励和优胜劣汰，保证了企业发展充满生机活力。以钢铁产业链为主线，推动集群产业与钢铁主业的耦合协同发展，不断优化企业增长动力结构。

大力践行"富裕员工 回报社会"的企业使命责任

作为新时代成长起来的企业家，曹志强始终坚持压实自己的主体责任，带头示范抓党建抓作风。这些年，华菱集团贯彻加强党对国有企业领导要求，建立华菱党委中心组每月至少开展1次政治学习机制；全面推动集团公司及子公司完成"党建要求入公司章程"工作，确保党组织在公司治理结构中的领导地位。坚持把作风纪律建设作为出战斗力、生产力的重要保证，建立党风廉政建设定期报告制度，加强全过程、全方位监督，始终保持高压态势，防止干部越界踩线，企业保持风清气正的工作环境。

曹志强始终坚持全心全意依靠职工办企业的方针，作风民主，相信员工，尊重员工，赢得了广大员工的真心支持。将企业发展成果惠及员工，近3年集团公司人均年收入增长10.0%以上；建立困难职工帮扶机制，每年对困难员工的帮扶金高达1000万元以上；每年在公司内部组织开展全集团篮球赛、羽毛球赛等活动，进一步加强集团公司与各子公司之间、领导干部之间的沟通交流，培养了健康积极的生活情趣，逐步构建了员工与企业共同发展的和谐氛围。

曹志强着手抓好税收上缴、环境治理、精准扶贫等工作，认真履行企业家的社会责任。在发展经济的同时，近3年累计实现利税近400亿元。积极推进污染防治攻坚战，按照国家超低排放标准，近3年累计投入资金50多亿元，升级改造环保设施，美化亮化厂区环境。积极响应中央精准扶贫重大决策部署，华菱集团对口扶贫龙山县茅坪乡茶园坪村，曹志强多次前往扶贫点开展"一进二访、结对帮扶"等工作，两年间累计投入资金1000多万元，推进"七个一"扶贫计划。目前，按照精准扶贫工作要求，驻村帮扶的龙山县茶园坪村有望如期实现"户脱贫、村出列"目标。

广州金域医学检验集团股份有限公司
董事长兼首席执行官

梁耀铭

梁耀铭：男，1965年生人，广东肇庆人，中共党员，广州医学院，大学学历，现任广州金域医学检验集团股份有限公司（下称"金域医学"）董事长兼首席执行官。

20世纪90年代创立金域医学，开创了我国第三方医检行业先河，现已发展成为国内第三方医学检验行业规模大、实验室数量多、覆盖网络最广、认证认可最多、检验项目及技术平台最齐全的龙头企业。2017年9月8日，金域医学在上交所主板正式上市。

梁耀铭严格把控质量标准，遵循并实施美国病理学家协会（CAP）、ISO 9001、ISO 15189等国内外医学实验室最高标准质量管理体系，建成国内首家拥有CAP和ISO 15189双认可的第三方医学实验室，目前已累计获得36张国内外认证证书，位居行业第一。出具的检验报告可被全球50多个国家和地区认可，金域医学的质量体系标准，成为引领我国医学检验服务外包行业质量标准的风向标。目前，金域医学已设立37家医学实验室，服务全国2.2万家医疗机构，服务网络覆盖全国90.0%以上人口，可检测项目多达2700余项，年检测标本量超过6000万例，成为我国第三方医学检验行业的领跑者。

创新商业模式　开创第三方医检行业先河

梁耀铭带领创业团队积极探索医学检验外包服务，建立了中国最早的公共医学实验室，成为中国第三方医学检验服务发展模式的开创者。2018年集团实现营收45.25亿元，同比增长19.35%，利润同比增长22.73%，2019前三季度实现营收39.2亿元，同比增长18.17%，利润同比增长94.16%。

2020年新冠肺炎疫情发生以来，全国上下联防联控，"一测难求"的核酸筛查在整个疫情防控中起到关键作用。金域医学作为全国第三方医检机构龙头，梁耀铭始终坐镇第一线，积极主动应战，把做好疫情防控工作作为政治任务来抓。1月24日除夕，即向全集团发出总动员令，做好从备战、请战到参战的部署。疫情发生以来，他主动取消春节休假，带领团队全力以赴，每天工作近20个小时，为打赢这场疫情防控阻击战提供强有力的检测支持。

截至2020年3月29日，金域医学已积极承接包括武汉雷神山医院、湖北等关键区域的核酸病毒检测重任，并随广东医疗队支援湖北荆州。在包括湖北、广东、安徽等全国27个省区市抗击疫情，投入相关专业人员超过1800人，累计完成检测近200万例核酸检测任务。其中在武汉、雷神山医院、荆州等湖北一线专业人员137人，单日检测能力可根据需要达到7万例，得到各级党委政府、卫健委和疾控系统，以及社会各界的高度肯定和一致赞许。

紧盯行业前沿　助力国家医改

梁耀铭密切关注行业学科技术发展最新趋势，从产业可持续发展的战略高度，把握行业核心技术方向与研发运营管理。提出以客户为中心、以临床和疾病为导向的多技术平台整合理念，通过自主创新和对接国际一流技术，构建自身核心技术体系，逐步建立起具有金域特色的开放创新体系。梁耀铭牵头组织团队，依托自身积累多年的大数据和大样本，围绕着罕见病实验诊断关键技术在规划化应用中的关键问题，创新研发了罕见病系列筛查诊断技术，这一成果成功获得了广东省科技进步一等奖，攻克了单一检测技术无法确诊罕见病的难题。高度注重国际合作，与众多知名生物医药科技企业合作。在国内，金域是唯一获批国家地方联合工程实验室的第三方医学实验室，和全球无创产前技术（NIPT）奠基人卢煜明院士、钟南山院士、曾溢滔院士、侯凡凡院士等在无创产前筛查、病毒诊断、遗传病检测、肾病诊疗等领域开展合作。

梁耀铭致力于探索创新服务模式，促进优质医疗资源下沉，推动基本医疗卫生服务均等化，合理配置医疗资源方便群众就医，不断提升基层服务能力，助力国家医改。他带领金域医学最早在国内引进远程病理会诊模式，与美国匹兹堡大学医学中心（UPMC）、克利夫兰医学中心（CCF）共建国际远程数字化病理会诊平台。成立了由600多名国内外病理医生加盟组成的全国最大的病理医生团队，并启动了全国首个远程病理协作网。这张协作网能到达分级诊疗"最后一公里"的乡镇、县域、社区一级的基层医院，以分享经济的市场化模式解决当前病理稀缺的困境。为响应国家分级诊疗、医联体等政策，他带领公司积极探索多种符合基层医改的"金域模式"。

打造产业生态圈　产学研推动产业发展

梁耀铭重视生物医药产业圈的创新融合发展。他提出打造国内领先、国际一流的医学诊断信息整合服务提供商，努力加快大样本、大数据在医检技术创新、人工智能方面的应用。梁耀铭带领金域深挖医疗大数据价值，建立东方人种疾病的大数据平台；大力开展人工智能在病理诊断中的研究应用，携手华为等实现行业数字化、信息化发展。依托大样本、大数据优势，金域还积极开展人工智能研究及探索。金域医学先后发布了宫颈病变检测中心 10 余年积累的 4350 万例标本数据、6 万多例肾脏病理大样本数据、140 万例维生素 D 检测数据、38 万例农村妇女宫颈癌筛查数据、110 万遗传代谢病质谱检测大数据，以及 7 万例罕见病阳性病例大数据等。

梁耀铭高度重视产业人才培养与人才引进。一方面，携手广州医科大学共建金域检验学院，在国内医学检验教育领域第一个实施校企合作办学新模式，也是广东省高校医学检验类唯一教改试点学院。另一方面，在 2017 年牵头建立金域医学学术委员会，聘请钟南山院士出任学术委员会主席，携手 6 位院士，努力汇聚一批与金域医学发展相关领域的专家，从而把握医学诊断服务技术发展整体态势，为金域医学和第三方医检行业的学术发展战略引领方向，推动产业发展。

梁耀铭具有广阔的国际视野，带领金域医学"扎根内地、服务香港、辐射东南亚"。2011 年金域医学进入我国香港市场，2017 年在香港设立研发中心，成为国内第三方医学检测行业里首家在香港开设实验室及研发中心的机构。到目前为止，金域医学在香港服务 400 多家医疗机构，在"一带一路"沿线国家和地区，已经有来自马来西亚、伊朗的样本送到香港金域检测。随着粤港澳大湾区战略的提出，梁耀铭也提出要进一步汇聚全球医技创新智慧，助力大湾区 IVD 技术创新发展。

履行社会责任　树立良好企业形象

梁耀铭始终重视并保持与各利益相关方的有效沟通，积极履行社会责任工作。坚持倡导卓越的品质理念和追根究底的质量文化，实验室质量达到国际先进水平。建立了符合法律法规的企业管理架构，并不断完善诚信合规及风险管控相关的制度和流程。充分关注员工成长，不断优化员工福利制度，提供良好的工作与生活条件，致力于打造实现员工自我价值及员工与企业共同成长、发展的平台。带头坚持以清洁环保的方式进行生产运营管理，最大限度地减少生产运营过程对环境造成的负面影响。同时，通过自身带头，在集团内发起了如无偿献血和志愿者服务活动，形成了"点滴爱"的献血公益品牌。通过产业、社会和教育扶贫，助力新疆喀什、贵州毕节及近 40 多个国家贫困地区的扶贫攻坚工作，取得了积极的成效。

武汉金融控股（集团）有限公司
党委书记、董事长

谌赞雄

谌赞雄：男，1963年2月生人，湖北武汉人。中共党员，中南财经政法大学管理学，在职博士研究生学历，管理学博士学位，高级经济师。1982年1月参加工作，历任中国工商银行武汉市信托公司资金计划部经理、上海证券部总经理、武汉科技信托投资公司总经理，武汉市农村信用合作社联合社主任助理、副主任，武汉农村商业银行行长、董事、党委副书记，武汉金融控股集团总经理、副董事长、党委副书记等职。现任武汉金融控股（集团）有限公司（下称"武汉金融控股集团"）党委书记、董事长，兼任湖北金融租赁股份有限公司党委书记、董事长。市人大财政经济委员会副主任委员，湖北省企业联合会、企业家协会常务副会长。武汉市第十四届人大代表，武汉市第十四届人大常委会委员。

先后荣获武汉市杰出企业家、湖北省优秀企业家（金牛奖）、湖北省经济建设十大最佳杰出领军人物、武汉市有突出贡献中青年专家、武汉市卓越企业家、武汉市度最佳领导干部、中国企业管理榜最佳管理人物、杰出爱心劳模企业家、武汉市老劳模卓越贡献标兵等荣誉，武汉五一劳动奖章、入选武汉市黄鹤英才（企业家）计划。

党建引领方向　管理夯实基础　创新激发动力

谌赞雄是改革的坚定支持者和积极探索者，他认为政府融资平台难以协调好"政府主导"和"市场经营"的关系，必须加快转型才能实现基业长青。自 2012 年担任武汉金融控股集团主要领导以来，超前布局、精心谋划，带领集团干部员工在金融机构创设、金融业态壮大、质量效益提升、品牌形象塑造等方面取得了一系列成绩，推动集团实现跨越式发展，成为区域金融中心建设的主力军。

加快金融资源聚合整合融合　助力区域金融中心建设

谌赞雄从国有企业使命定位、弥补区域金融市场短板等方面出发，提出要适应金融综合化经营的世界潮流，以为实体经济提供多元金融需求为目标，完善金融供给链条。为发挥规模经济、范围经济，带领集团建立了协同创新运行机制，加强了金融与类金融、金融与实业、类金融与实业以及金融内部 4 个方面的协同创新，探索了"银行＋信托＋类金融""信托＋金租""金融＋贸易"等 5 个应用方向，构建"业务共融、信息共享、风险共担、合作共赢"的协作机制，形成"提高效率、减少环节、增加收益、防控风险"的创新协同发展局面，打造以交易所、银证保金融机构、智库机构聚集的供应链金融平台。

目前已经拥有银行、金融租赁、信托、财险、公募基金、期货、担保、产业基金、票据经纪、金融资产交易所、互联网金融、金融外包服务、小贷和典当等金融、类金融业态 20 余个，可对外提供全牌照、多功能、一揽子综合金融服务。

谌赞雄敢于涉深水、闯险滩、啃硬骨头，大力推动集团做大金融主业、做多金融业态、做强金融机构，集团进入高质量发展快车道。主要做法：一是调整资产结构，紧紧围绕"三去一降一补"，集团大力推进压缩管理层级，减少法人户数，整合退出低效无效资产；二是调整融资结构，不断拓展了包含银行贷款、保险直投、信托、金融租赁以及债项融资等融资方式，融资结构不断优化、成本不断降低；三是调整人才结构，通过轮岗交流、挂职锻炼、学习培训、派出深造等方式，提高存量干部队伍人才素质，通过待遇留人、感情留人、事业留人、制度留人等多种方式吸引懂金融、财务、并购、管理等的高端人才。

谌赞雄强调集团要在服务全国、服务"长江经济带"建设的新高度上拓展业务，再现昔日"汉派国资"辉煌。主要做法：一是推动集团业务向全国拓展；二是加大品牌宣传；三是打造全国知名的金融产品。

坚持现代金控发展理念　实现经济责任　社会责任有机统一

高质量的发展业绩，得益于集团战略及管理水平的领先，背后是谌赞雄坚持"企业发展与社会责任有机结合，严格管理与和谐文化有机结合，风险管理与业务拓展有机结合"等"三个有机结合"的综合金融管理理念，推动集团实现经济责任、社会责任有机统一，达到社会效益、企业效益和员工价值的深度融合。

身为国有金融企业主要负责人，谌赞雄始终坚持"金融企业要聚焦主业、回归本源，把更好服务实体经济作为金融工作的出发点和落脚点"，带领集团按照"五年三步走"实现"八个战略转型"的顶层设计，推动了集团旗下金融、类金融机构快速发展，为区域经济发展提供了坚实的金融支持。

谌赞雄坚持把科学管理作为提高效率、形成规范、促进履职的重要抓手，实现集团内部管理从自我管理向科学专业的集团管控转变。

金融控股集团在金融综合化的浪潮中产生，其风险管理有别于一般金融机构，也没有现成模式可以参考，谌赞雄冷静分析、沉着应对，始终带领集团执行"适中"的风险规模，既不片面追求速度规模盲目扩张，也不过度逃避风险一心求稳，探索出了一套金融控股集团综合金融风险管理的有效方法。

坚持党建引领　建立推动集团稳定高质量发展的长效机制

谌赞雄始终把抓好党建作为最大政绩，提出把打造"红色金控"作为集团党建工作的基本理念和价值追求，把"红色引领"贯穿改革发展全过程，形成"红色领航先锋、红色在线网络、红色金融队伍"等"八个红色因子"，积极构建极具特色的现代金融国企治理体系。具体做法有如下三点：一是把党的领导有机融入公司治理结构之中，确保集团改革发展始终沿着正确方向前进；二是积极推行"党建+"模式，使党建与经营工作相得益彰；三是创新开展党建"五化"管理（五化，即在线化、便利化、年轻化、情景化、信息化），切实提高新时代集团党建工作活力。

谌赞雄提出，新的发展时期，武汉金融控股集团要用严格管理和特色文化，进一步彰显价值引领、形成精神特质，提升竞争软实力。一是积极倡导奋斗精神，坚定"发挥金控优势，凝聚金融力量，提供金质服务"的责任理念，提倡"走正道、讲正气、树正风、说正话、办正事"的正向行为准则，培育"以奋斗者为本"的核心价值观；二是不断提高干部员工获得感、幸福感，积极支持群团工作，践行群众路线，组织健康体检、办理补充医疗保险、消防知识技能竞赛、集团职工运动会、户外健身活动、生日慰问、改善员工办公环境等，增强了员工的归属感，提高了员工的凝聚力和向心力；三是大力开展作风建设，梳理集团工作作风方面存在的不担当、不作为、办事拖拉等"十大问题"，积极加以整改。

谌赞雄认为人才是企业发展中最为活跃、最为关键的要素，人力资源是企业的第一要素资源，是企业生存与发展的基础。多年来，武汉金融控股集团不断建立健全"人才开发、评价发现、选拔任用、流动配置、激励保障"五大机制，为改革发展提供源源不断的人才动力。

在谌赞雄带领下，武汉金融控股集团在金融企业党建、金融业态布局、发展质量提升、品牌形象塑造等方面取得的了一系列成绩，实现规模与效益的同步较快增长，成为区域金融中心建设主力军，为区域经济高质量发展提供了有力的金融支撑。在全国经济大舞台上，充分彰显了武汉国企实力，有效助力武汉建设新一线城市和国家中心城市。

内蒙古食全食美股份有限公司
党委书记、董事长、总经理

彭继远

彭继远：男，1954年6月生人，河北献县人，中共党员，复转军人、大专学历，高级经济师。历任呼和浩特市蔬菜水产公司水产商店门市部售货员、主任、商店经理，公司副总经理兼西街菜市场、朝阳菜市场、水产商店经理，公司党委书记兼总经理等职。1994年组建内蒙古食全食美股份有限公司（下称"食全食美公司"），任党委书记、董事长、总经理。全国城市农贸中心联合会副会长、内蒙古农畜产品批发市场行业协会会长、中国蔬菜流通协会副会长。商务部农产品现代流通体系建设专家，内蒙古自治区、呼和浩特市两级人大代表。

先后荣获全国劳动模范、全国优秀经营管理者、劳动模范、内蒙古自治区优秀企业家、首届中国农产品供应链之星研究贡献奖、万名人大代表助力精准扶贫活动先进个人等荣誉；入选建设诚信内蒙古15大功臣，是全国五一劳动奖章获得者。

勇担责任　创新发展　全力推动传统商贸流通行业转型升级

从事农产品流通工作近40年，彭继远始终将保障市场供应、食品安全和价格稳定，引导消费新潮流、解决"三农"问题和扶危扶困作为"初心"和"使命"贯彻企业发展始终，凭着对农产品流通事业的深厚感情，凭着"十年磨一剑"的专注和脚踏实地的奋斗精神，凭着敏锐的商业嗅觉和市场洞察力，在农产品流通行业潜心专业研究、深入一线实践，形成了很深的专业造诣并上升到了理论水平，形成了自身独特的商业文化和经营管理体系，成为在农产品流通专业领域有独特造诣和建树的企业领导者和行业领军人物，为促进全国、内蒙古农畜产品流通行业的转型升级和健康有序发展做出了突出贡献。

积极探寻行业发展方向　带领企业"赢"市场

从呼和浩特市蔬菜水产公司水产商店的一名普通售货员成长为食全食美公司党委书记、董事长、总经理，为了做好内蒙古自治区、呼和浩特市地区农产品流通这项事业，彭继远带领其管理团队曾四次临危受命，挽救了两个濒临破产、规模较大的菜市场，成为食全食美公司系统盈利大户；率先在呼和浩特市商贸系统进行改革，稳步实现了呼和浩特市蔬菜水产公司这个庞大购销体系由计划经济向社会主义市场经济的转变；率先将连锁经营的先进营销管理模式引入呼和浩特市，让呼和浩特市人民第一次领略到自选商品的方便和自在；在呼和浩特市商贸系统率先将离退休人员一次性交到社保局，确保他们生活无忧，按照政府要求，顺利完成了企业转制，妥善安置了大量离退休和下岗职工。

2004年，企业转制过渡完成，食全食美公司将企业发展定位到能够创造大量就业岗位、保障呼和浩特市老百姓食品供应的劳动密集型第三产业上，短短两年时间，彭继远带领他的团队以特有的吃苦耐劳和创新精神建设和成功启动了内蒙古地区最大的美通农产品批发市场。彭继远大胆创新，创造性引入自营模式，建立了企业自主经营体系，并实施产业化经营，在批发环节建立了水果、蔬菜、肉食、水产品自营公司，引领批发市场健康有序发展；在生产加工环节上马了馒头、切面生产加工项目，创立了"派驰"品牌，打造食全食美自有品牌；在物流配送环节建立起了囊括八类商品的物流配送中心，开发并上线了生鲜配送网上订单系统，开启了网络订购配送新模式；在零售终端建立起了品质生活店、农贸市场、电商新零售三种终端零售模式，为老百姓提供安全、放心、价格合理的商品，逐步构建了全新的自营体系。

2019年食全食美公司年交易额实现103.04亿元，上缴税收5284万元，吸引和集聚2000多家商户入驻，直接解决就业1.3万人，间接解决就业5万人，取得了显著的经济效益和社会效益，成为国家、内蒙古自治区两级农业产业化重点龙头企业，全国供应链创新与应用试点企业，全国首批公益性农产品示范零售企业，首批自治区级商贸服务业集聚区，跻身全国农牧业产业化龙头企业500强，累计获得各种荣誉100多项。

紧跟时代步伐　全力推进产业转型升级

随着电子商务、农超对接、产地配送等新型农产品现代流通模式的迅猛发展，彭继远紧跟时代步伐，根据行业发展新趋势、市场发展新需求，大胆改革、实践和创新，紧紧抓住"一带一路"发展机遇，率先在终端农贸市场引入数字化、可追溯管理，充分利用线上和线下两个市场、两种资源优势，大力发展电子商务，建成运营了"食全食美生鲜商城"电子商务平台，形成了以社会集团、连锁店配送和以生鲜进家庭线上新零售模式配送为目标的两大配送体系，实现了"互联网＋配送"，初步构建起支撑农产品现代流通实体配送的网络体系，基本形成了线上、线下融合发展、共享共赢的产业新格局。

食全食美公司充分发挥国有企业转制保留下来的党、政、工、团健全完整的组织架构优势，紧紧围绕经济工作，多层次、多角度打造企业文化软实力。根据企业发展实际，重新规范和健全了行政、人事、党务、经营管理等各个领域的制度，基本形成了适应现代企业经营管理和运营的科学规范的制度框架体系；扎实推进了食全食美公司官方网站、企业内刊、企业文化展厅及党建四大文化宣传阵地建设，营造了浓厚的企业文化氛围，提升了企业形象和品牌实力，有力促进了企业转型升级和创新发展。

发挥专业优势　积极参与脱贫攻坚和社会公益事业

在潜心搞好企业发展、为社会创造价值的同时，彭继远无时无刻不在从专业视角关注农产品流通行业发展方向，通过出国考察、积极参加全国和国际性的大型农产品行业会议，不断汲取行业前沿智慧精华，参与农产品流通行业重大问题讨论，分享企业转型升级的创新发展思路，尽心尽力履行人大代表职责，积极为促进行业健康有序发展提出合理化建议，先后提交了14项议案，得到了政府和同行的高度认可；关注和关爱食全食美公司员工和商户困难群体，建立困难职工档案，设立企业"特困金"，积极开展企业困难职工、老干部、老党员帮扶慰问和困难职工子女助学等活动，有力促进了企业和谐发展。企业2018年4月被内蒙古自治区人力资源和社会保障厅、内蒙古自治区总工会、内蒙古自治区工商联评为全区模范和谐劳动关系单位；每年承担着中央储备肉和地方蔬菜储备任务，有效发挥了储备肉菜在保供稳价和处理突发事件上的保障作用；以加强产销对接、持续关爱救助困难群体、捐款救灾、扶贫济困、产业精准扶贫等多种形式，积极参与脱贫攻坚和社会公益事业，依托美通一级批发市场强大的辐射带动能力，积极为农民提供良好的营销平台，对进场交易的自产自销菜农免费提供交易场地，建成了内蒙古农畜产品会展中心，免费为农民提供展示、推广、销售平台，先后多次积极帮助呼和浩特市周边旗县区农民解决玉米、白萝卜、土豆等农产品"卖难"问题，深受农民好评。截至目前，食全食美公司累计捐款金额达249.1万元。

烟台金桥集团有限公司董事长

彭德洲

彭德洲：男，1960年7月生人，山东人，本科学历，高级工程师，2009年起担任烟台金桥集团有限公司（下称"金桥集团"）董事长，山东省民间商会副会长，烟台市慈善总会荣誉会长，市、区工商联副主席等职务，山东省第十二届政协常委、烟台市第十七届人大常委。先后获得全国关爱员工优秀民营企业家、山东省劳动模范、山东省个体私营经济践行科学发展观带头人，烟台市凝心聚力、富民兴烟先进个人、烟台光彩事业奖章、烟台开发区功勋人物、优秀政协委员、优秀人大代表等40余项荣誉，被山东省委、省政府授予山东省优秀企业家称号。

坚定为民情怀　拼搏成就未来

在20多年的发展历程中，彭德洲带领金桥集团定战略、寻突破、求创新、调结构、转方式，推动金桥集团实现了由小到大、由弱到强、由单一产业到多元发展的蜕变，公司现有员工500余名，年均营业收入10亿余元，集团资产总额达到了30亿元，实现了跨越式发展。

优化集团产业结构　经济效益和社会效益双丰收

1995年开始，彭德洲正式出任金桥集团的总经理，他提出了企业的生存和长期健康发展必须以国家改革开放的产业政策为导向的经营思路，制定了公司的长期发展战略规划；围绕"提高经济效益，促进公司发展"这一根本目标，积极协调处理各种内外关系，不断培植新的利润增长点。在2009年实现了企业集团化发展，确定了以房地产开发、建筑施工为主业，以物业管理、通信和智能化工程等配套产业为辅助，以金融服务、海洋生物、酒店管理为新兴产业的战略发展布局。

彭德洲对金桥集团提出了"优化产业结构，努力提高经济效益和社会效益"的发展构想，集团经营管理取得了巨大的成就，得到了省市两级政府的肯定和集团全体员工的拥护。

金桥集团现拥有建筑施工总承包一级资质以及相关各项专业承包资质，其中荣获"泰山杯"工程5项，省级优质工程、文明工程20余项……金桥建安公司多年来注重人才梯队建设及工程质量攻关，在项目建设中，陆续攻克一系列技术难点，成功申报省级工法。2003年，金桥建安率先通过ISO 9001质量管理体系认证，并于2010年实现"三标合一"，公司内部管理迈上了新台阶。近年来，公司不断提高经营管理水平，努力扩大建筑市场份额，年施工能力始终保持在50万平方米以上。企业多次获得省市政府的表彰，先后获得全国守合同重信用公示企业、山东省AAA特级信誉企业、山东省就业与社会保障先进民营企业等荣誉，真正实现了企业利益与社会效益的和谐共赢。

房地产开发拥有二级开发资质，总开发面积超过150万平方米，澎湖湾、澎湖山庄项目荣获国家"绿色建筑"称号。烟台金桥置业有限公司连续多年被授予烟台市优秀房地产开发企业、烟台市房地产开发AAA级信用企业等荣誉。物业公司以优质规范的服务赢得了业主和社会的广泛认可，入选烟台十大诚信金牌物业管家，获得烟台市物业服务优秀企业。

金桥投资荣任烟台小额贷款企业协会首届会长单位，获准发行烟台售价定向私募计划，以专业、精准、安全的服务，累计扶持小微企业1000余户。

蓬莱海洋公司于2015年12月在新三板成功挂牌，先后获得FDA、GMP、HALAL等各项体系认证。公司专注健康事业发展，产品70.0%以上出口，远销欧美、非洲、大洋洲、东南亚等多个国家和地区，通过了美国FDA现场审核认证，是行业内首家通过认证的企业。公司2015年承担了三项省市级科技研发项目。

打造企业文化　构建和谐关系

彭德洲十分重视企业党建工作，积极为党建工作解决活动场所和专门经费，围绕金桥集团的中心工作，以"组织创先进、党员争先锋、企业有发展、职工得实惠"为目标，出色完成了上级党组织部署的各项工作任务；积极推动企业党组织和广大党员切实发挥战斗堡垒作用和先锋模范作用。金桥集团党支部先后获得山东省民营企业齐鲁先锋党组织、烟台开发区先进基层党组织等荣誉。

企业文化是企业之魂，彭德洲花大力气打造金桥集团特色企业文化，坚持与广大员工携手同心，努力争做和谐企业的表率。金桥集团定期组织体检，提供工作餐补助、交通补贴、通信补贴、节日福利等；同时主动完善工资协商、劳动防护等制度，实现了"零纠纷、零争议"；设置健身房、

乒乓球室、台球室，每年组织外出旅游、运动会、技能比拼等丰富多彩的文体活动，免费为员工提供各类培训，专门为农民工营造良好的生活环境。

心怀感恩　爱心回报社会

彭德洲心系教育事业，2003年出资1万元，资助当地小学生完成学业；2010年9月，金桥集团捐资建设的金桥小学落成；每年的"六一"儿童节到华颖幼儿园、SOS儿童村等慰问，并给予资金上的资助，已成为固定形式。

金桥集团大力支持新农村建设，与两个村结成共建对子，帮助修缮办公活动场所，购置配套活动器材；整修了街道，建设了钢板经营网点房。

2008年5月，汶川特大地震发生后，彭德洲通过团中央向灾区捐赠70万元建设一所希望小学，又捐资20万元用于购买帐篷，金桥集团成为烟台市最早向灾区捐款的企业之一。2010年金桥集团捐款30万元用于贵州省毕节地区的"小水窖"工程，2015年组织"心系云南"大型物资捐赠活动，传递了"大爱金桥"的正能量，荣获履行社会责任优秀企业。截至目前，金桥集团捐助社会公益事业资金累计达1600多万元。

金桥集团还发挥企业用工多的优势，每年为社会提供近1000个就业岗位，优先照顾失地农民、下岗职工等就业困难群体；向周边农村提供较为简易的工程，带动多个村、多数人致富。金桥集团先后获得山东民营企业公益之星、山东慈善奖·最具爱心企业等荣誉。

20多年来，彭德洲在山东人大、政协、工商联担任要职，他始终把参政为民、关注民生、为民排忧作为履职为民的着力点，积极参政议政。在各级人大、政协、工商联组织任职期间，彭德洲针对社会经济发展中出现的新情况、新问题，坚持深入基层调研，倾听群众心声，为企业和社会发展积极建言献策。先后提交了《重视建筑节能，建设节约型社会》《关于我省养老问题的几点建议》《关于尽快解决农民工问题的提案》《关于烟台市西部建设的提案》《关于推广环保节能型材料的提案》等百余件提案，得到了相关部门的重视和采纳，多件提案被省、市评为优秀提案。

海南第一投资控股集团有限公司董事长

蒋会成

蒋会成：男，1968年7月生人，安徽合肥人，民革党员，硕士研究生。现任海南第一投资控股集团有限公司董事长。海南省第七届政协常委、海南省工商联（总商会）副主席、民革中央企业家联谊会副会长、民革海南省委会企业家联谊会会长、海南省安徽商会会长、长江商学院海南校友会会长、海南省肿瘤医院理事长、海南成美慈善基金会理事长、海南第一成美医疗产业集团有限公司董事长。历任全国工商联执委、中国国际贸促会委员、中华全国青年联合会第九届委员、海南省青联副主席、海口市总商会会长、海南省政协经济委员会副主任、海口市政协常委、海南省国际商会会长、海南省企业联合会执行会长、民革海南省第七届委员会常委、民革十三届中央经济委员会副主任、海南省医药卫生改革发展研究会名誉会长等职务，入选中国卫生全国十大新闻人物，并获得海南省劳动模范和全国总工会、全国工商联授予的全国关爱员工优秀民营企业家等荣誉。

勇立潮头　破浪前行创辉煌

蒋会成于 1988 年创立第一投资控股集团的前身——第一广告有限公司，为推动当地经济发展和社会进步做出了贡献。集团先后参与了博鳌亚洲论坛的建设，打造了海南第一百货商场、望海国际大酒店等省内商业龙头企业和以阳光·经典为标杆的地产项目。在 1998 年和 2000 年海南省国企改制中，集团被省主管部门和国企选择参与省内商贸系统最大的两家企业——海南省商业集团和海南省粮油进出口公司的企业改制和兼并工作，成为让政府、企业、员工三方满意并帮助民企实现快速发展的国企改制范本。2002 年集团整合旗下优质企业在上交所挂牌上市，是海南首家商业类上市公司，也是亚洲金融危机后海南第一家上市公司。

转型升级　开创新局面

2010 年，集团全面转型进军大健康产业，现已发展成为集医疗健康、养老产业、金融投资三大板块于一体的综合性集团，投资项目分布于海南、北京、安徽、香港、深圳等地以及俄罗斯。

集团按照三甲医院标准投资建设的海南省肿瘤医院，是海南省委、省政府 2015 年为民办实事十大项目之一，也是海南省"十二五"重点医疗规划和省市共建重点项目，填补了海南省肿瘤专科医院的空白；是海南省首个政府引入社会资本建设的非公有制事业单位医院，医院的建设获得建筑行业最高奖——鲁班奖。

海南省肿瘤医院拥有完善的肿瘤专业学科体系，集结了一批国内顶尖肿瘤学科带头人。恶性脑胶质瘤、壶腹周围癌治疗技术达到国际同行先进水平，3D 腹腔镜"保肛"根治肠癌技术、泌尿系上下尿路取石、乳腺麦默通手术、甲状腺消融微创手术等达到国内先进水平。2019年医院肿瘤专业获得海南省一类重点学科。

海南省肿瘤医院开业4年来得到了社会的广泛认可，取得了良好的社会效益和经济效益，已成为海南省医保和新农合、跨省异地就医结算、肿瘤大病救助、健康扶贫医疗兜底以及多家商业医疗保险的定点医疗机构。开展了63场次、148例次的MDT（多学科诊疗），受到省、市政府主管部门和医疗界的充分肯定，做法已在全省推广交流。医院还承担了海南全省肿瘤防治工作等公共医疗服务职能，与省肿瘤防治中心携手，在全省构建三级肿瘤防治体系；牵头在全省组建了80多个肿瘤专科医联体，开展双向转诊、技术帮扶和远程医疗，将优质医疗资源下沉，提升基层肿瘤防治能力。2018年全省规模最大、设备最先进的现代化内窥镜中心投入使用，并启动高危人群免费筛查。2019年7月，医院成为国家重大公共卫生服务项目"城市癌症早诊早治项目"全省唯一的癌症临床筛查定点医院。医院通过强强联合与国际、国内一流医疗机构建立了合作关系，搭建了人才培养和远程会诊平台，极大提升了海南省肿瘤防治水平。

集团投资建设的成美国际医学中心于2016年3月落成，是海南博鳌乐城国际医疗旅游先行区内第一家开工建设、第一家建成试运营、第一家落地国务院"国九条"政策的综合性医疗机构。2016年10月，医学中心完成了全国首例进口抗癌新药派姆单抗（PDT）的临床治疗，开启了国外批准上市药械同步进入中国的"海南模式"。2017年10月，医学中心改造为博鳌超级医院并于2018年3月建成试运营。

超级医院开业以来积极配合海南省委、省政府，在医疗卫生体制改革、医院经营管理创新、先进医疗技术临床应用和创新转化等方面做了许多有益探索。超级医院采取多元化投资、市场化运作和专业化管理，创新了办医模式，采取"1+X"集群办医模式（即一个共享医院+若干个临床医学中心），吸引了国内各临床学科排名前三的顶尖医疗专家团队以专科临床中心的形式进驻。超级医院积极引入国际前沿的医疗技术、药品和器械开展特许临床应用，取得了较好的社会效益。超级医院创造了20多项特许药械应用的全国首例，完成近300例应用案例及疑难手术。

在养老产业领域，集团紧紧围绕中央"健康中国"战略规划以及发展医养结合养老服务产业的政策导向，打造大健康产业闭环体系。集团旗下知名品牌"颐养公社"首创全景式、全方位、全保障的养生养老服务模式。同时集团同民政部门合作推进"城企联动"，携手落地省内首个"医养结合"公建民营试点项目。

在金融投资领域，集团构建多元化的非银行金融服务集群。集团与信达投资共同组建的旗舰基金管理平台首泰金信（北京）股权投资基金管理公司拥有开展私募证券投资、股权投资、创业投资等私募基金业务牌照，在管基金规模近1000亿元人民币，并入选2018年度"投中榜"四大榜单。

集团建立了完备的职工保障体系，是海南省最早成立党委、团委、工会和妇联组织的民营企业之一。集团先后获得100多项国家级和省级荣誉称号，涌现出4名省、部级劳动模范，并于2003年荣获全国五一劳动奖状，是海南省首家获此殊荣的民营企业。

热心公益　奉献爱心

蒋会成具有强烈的社会责任感，累计捐资过亿元，先后捐建了临高一百古柏希望小学、修州美亚希望小学，帮助定安白沙村小学修建基础设施；参与2010年海南特大水灾赈灾、"献爱心工程"以及为长江洪涝灾区和四川地震灾区捐款捐物、捐建防洪楼等；还积极参与红色文化的保护和传承，捐助修缮冯白驹将军故居等项目。2010年，蒋会成和集团捐资5000万元成立海南成美慈善基金会，共计开展160多个公益项目，惠及31个省市地区并走向国际，累计捐赠1.4亿元。成美慈善基金会是国内首家由地方性非公募转为地方性公募的5A级基金会，透明指数连续5年排名第一，获评慈善基金会"最透明口袋"；2018年获民政部颁发的中华慈善奖，为海南首家获得此项政府最高规格慈善奖项的慈善组织；2019年获得联合国经济及社会理事会授予的联合国特别咨商地位。

蒋会成还积极响应政府"精准扶贫"的号召，借助海南省安徽商会的平台，对儋州尖岭村开展"百企帮百村"结对帮扶，通过大量的工作帮助尖岭村实现整村脱贫。

中车株洲电力机车有限公司
党委副书记、董事、总经理

傅成骏

  傅成骏：男，1965年7月生人，福建长汀人，中共党员，大连铁道学院，大学学历，工商管理硕士，教授级高级工程师。1986年分到铁道部株洲电力机车厂，历任见习生、助工、工程师，铸造分厂技术室副主任、分厂副厂长、厂长、副总工程师，公司副总经济师兼公司办公室主任，公司副总经济师兼项目管理部经理，公司副总工程师兼项目管理部经理，公司副总经理、总工程师，公司副总经理，公司党委书记、副董事长等职。现任中车株洲电力机车有限公司（下称"株机公司"）党委副书记、董事、总经理，全面主持公司生产经营管理工作。

中车株机　驰骋四海

傅成骏自参加工作以来就把青春和理想都奉献给被誉为"中国电力机车摇篮"的株机公司。2012年担任主要领导后，为企业谋划并走出了一条科学的发展道路。他通过实施定岗定编、全员绩效、任职资格、岗位标准化等基础管理项目，推动株机公司管理再上新台阶，企业形象和员工素质焕然一新，百年企业焕发出了新活力。

精准布局　为企业经营管理固本强基

傅成骏带领株机公司实现了"3+X"的产业格局和"1+Y"的区域布局，"3+X"即在发展机车、城轨、城际动车组三大产业之外，确定了新产业发展的三大方向：以维保为代表的服务延伸产业，以超级电容为代表的产品链延伸产业，以有轨电车、超级大巴、磁悬浮为代表的系列整车产业。"1+Y"即以株机公司为总部，统领广州、洛阳、宁波、昆明及吉隆坡、伊斯坦布尔、维也纳、约翰内斯堡等地子公司的区域布局。株机公司设立了欧洲子公司、国际业务支持部、项目管理中心海外项目部、马来西亚区域总部，并在菲律宾、尼日利亚、印度尼西亚、墨西哥等地设立市场营销办公室，完成了德国福斯罗机车业务板块的收购。

2013年以来，傅成骏将管理理念与公司情况深度结合，从关键绩效指标、重点工作指标、责任指标以及执规指标等四个维度对组织绩效体系进行了重构，分别实现了"人、岗、事"三者之间的合理匹配。近5年，产品客户满意度由92.4%上升为98.8%，累计节约成本17.67亿元。截至2019年，株机公司亏损企业由2014年的11家减少至3家。同时，傅成骏深化全面预算管理，建立了横向到边、纵向到底的责任体系，进一步提高了企业资源配置效率，优化了企业资产结构。

不断超越　产品创新频现亮点

傅成骏领导建设了国家重点实验室、国家工程实验室、国家级工业设计中心三个"国字号"创新平台以及转向架工程技术研究中心、制动技术工程实验室、碰撞安全保护技术工程实验室等3个省级创新平台，公司成立了首个院士工作站。同时，先后与西南交大、华东交大、德国亚琛工业大学等9所国内外重点大学签订了战略合作协议，与福伊特、Derap、Cideon等研发机构开展了联合设计，并在德国、土耳其、南非设立研发中心。近5年来，公司参与制（修）订国际标准10项、国家标准35项、行业标准63项，申报国家发明专利876项，获授权536项，"轻轨车辆及其铰接式转向架"获2016年专利奖金奖。

傅成骏不断加大创新投入，每年科研项目投入达到企业营收的5.0%，5年来，共开发120余种新产品。电力机车：时速160公里六轴快速客运电力机车（HXD1D）、八轴快速客运电力机车（HXD1G）、30吨大轴重电力机车（FXD1B）等产品技术平台先后推出，达到世界领先水平；城轨车辆：搭建了不锈钢地铁车辆、高寒地铁车辆、储能式现代有轨电车等产品平台，中低速磁浮正式投入商业运营；动车组产品：研制出口马来西亚世界最高速系列化"米轨"动车组，马其顿动车组、捷克动车组实现中国动车出口欧洲，时速160公里动力集中型动车组成功研制并纳入"复兴号"序列，CJ6型城际动车组获得设计、制造许可并成功上线运营。"基于自主技术平台的系列化大功率交流传动电力机车研发及应用""新一代交流传动快速客运电力机车研究与应用"2个项目获得国家科学技术进步奖二等奖，7个项目获得铁道科学技术奖。

厚积薄发　国际化经营大放异彩

在傅成骏带领下，株机公司国铁机车市场占有率始终保持50.0%以上、非国铁机车市场100%的占有率，城轨市场订单也由2012年的330辆增至2019年的2800余辆，市场排名稳步提升。株机公司顺应国家"一带一路"大势，国际化经营成绩斐然。过去6年，累计签订南非电力机车、马来西亚动车组等30余个海外订单，尤其是2014年获签总额21亿美元的南非电力机车订单，刷新了中国轨道交通装备出口最大订单纪录；2018年获签20台柏林调车机车采购框架合同及首批4台调车机车订单。

傅成骏积极倡导"联合出海、组团出海"的理念，积极组织中国企业共同"走出去"，实现跨国经营。2016年，联合中车株洲所、中车株洲电机公司、联诚集团等产业链上下企业在南非建立了生产基地，并在当地培育了诸多配套产品生产商。同时，在土耳其、马来西亚等地，也建立了生产制造及维修维保基地，推动本地化经营。株机公司在马来西亚吉隆坡设立了国内首个海外"4S店"——中车株机吉隆坡维保公司。运作6年来，有效地确保了动车组及轻轨车辆在当地的良好运营，还成为当地轨道交通人才培养的"孵化器"。2019年，在巴西、匈牙利、墨西哥、菲律宾、奥地利等国家取得市场"零"突破。为马来西亚定制的动车组，单独设计了女士专用车厢和祈祷室，给乘客旅行带来极大便利。傅成骏还积极推动公司承担在海外经营的社会责任，让株机公司所到之地、中国企业所到之地都能切身感受到中国企业的责任担当。

感恩回报　积极履行社会责任

傅成骏积极对接国家扶贫攻坚战略，体现了国有企业的责任担当。2015年11月，成立了湖南中车株机公益基金会，截至目前已联合广大爱心企业、爱心人士共募集善款2500万元，为推动中国轨道交通装备行业公益文化建设做出了积极贡献。傅成骏帮助对口扶贫地区实现可持续能力与产业发展，并联合社会各界建立苗绣国家非遗扶贫就业工坊并签订了首批苗绣采购合同；同时还积极参与海外公益事业，2018年7月24日，吉隆坡中车维保有限公司荣获马来西亚中资企业协会热心公益奖。

傅成骏倡导"企业存在和发展的价值是为了员工福祉"，积极促进职工医院与全市最好公立医院深度融合，联合政府和周边企业对体育馆、大广场、影剧院和11个生活小区等进行提质改造，其中田心社区多次被评为湖南省文明社区，并获得全国文明社区示范点称号。

中国兵器工业集团有限公司党组书记、董事长

焦开河

焦开河：男，1960年2月生人，内蒙古托克托人。中共党员，东北工学院金属材料系铸造专业，大学学历；内蒙古工学院材料工艺系铸造专业，硕士研究生；北京理工大学车辆工程专业，研究生学历，博士学位，研究员级高级工程师。历任包头钢铁公司设计院助理工程师、内蒙古工学院铸造教研室教师，内蒙古第一机械制造厂一分厂工程师、技术室主任，内蒙古第一机械制造厂技术处副总冶金师，副处长，内蒙古第一机械制造厂副厂长，内蒙古第一机械制造（集团）公司董事、总经理，中国兵器工业集团公司副总经理、党组成员，中华全国总工会副主席、书记处书记、党组成员等职。现任中国兵器工业集团有限公司（下称"兵器工业集团"）党组书记、董事长。中国金融工会全国委员会主席，社会和法制委员会副主任。第十三届全国政协委员、第十届全国人大代表。

履行好强军首责　推动高质量发展
加快建设具有全球竞争力的世界一流企业

焦开河把贯彻落实党中央决策部署作为最高战略，改革发展和党的建设各项工作取得明显成效，为推动兵器工业高质量发展做出了重大贡献。

担当使命任务　以高质量党建引领高质量发展

焦开河结合兵器工业集团实际，提出要在工作中坚持"六个相统一"（即：加强党的领导与完善公司治理相统一、党管干部党管人才与市场化选人用人相统一、党组织设置与企业组织架构相统一、社会主义核心价值观与人民兵工精神相统一、党内监督与企业内控机制相统一、党建责任制考核与绩效考核相统一），做到"七个质量提高"（即：党的政治建设质量、党的思想建设质量、党的组织建设质量、党的作风建设质量、党的纪律建设质量、党风廉政建设质量、党的制度建设质量），处理好"五个关系"（即：统筹推进和分类指导的关系、内容和形式的关系、重点任务和基础工作的关系、继承和创新的关系、典型示范和整体提升的关系），团结带领广大干部职工坚定自觉在服务落实国家战略大局中找定位、强担当、做贡献。

兵器工业集团持续推动党的领导融入公司治理，大力弘扬"把一切献给党"的人民兵工精神，以高质量党建引领高质量发展。

面对我军武器装备现代化建设的新要求、世界新军事革命带来的新挑战，焦开河推动兵器工业集团从机械总体向信息总体、体系总体跨越提升，实现从"军品经营"向"装备保障"、从"自己想做什么"向"军队需要我们做什么"的观念转变，加强对装备科研、生产、交付、保障、质量等工作的集团化管控，构建强有力的专业化组织体系。为此专门成立重大专项办公室，确保重大技术攻关和重点装备科研生产按期完成。

笃行高质量发展　加快建设世界一流企业

焦开河组织制定集团公司高质量发展指标体系，从有效供给、科技创新、跨国经营、风险防控等9个方面明确衡量标准，带动整体发展。提出要把握好整体目标和个体目标、绝对标准和相对标准、定量分析和定性判断"三个关系"，推动实现质量更高、效益更好、结构更优的发展。

坚持以供给侧结构性改革为主线，积极构建民品先进制造业产业体系，维护国家产业链、供应链安全。确立了"打造若干具有国际竞争力的千百亿级支柱产业、加快培育一批战略性新兴产业、大力发展一批'专精特新'优势产业，构建先进产业体系"的总体目标，形成重型汽车、矿用车、重型机床、铁路装备、OLED微型显示器等一批行业领先企业和单项冠军产品，硝化棉、人造金刚石等产销量位居世界第一，矿用车、铁路车轴等产销量保持国内第一。

焦开河深入落实党中央关于北斗系统建设发展的重大决策，从国家层面牵头构建国家北斗应用体系和产业体系。建成了全球规模最大、全国化的北斗地基增强系统"全国一张网"，全球用户突破5亿；北斗三号短报文开通服务，为我国及亚太地区千万级用户实时提供短报文通信、位置报告、应急搜救等特色服务；体系化推动北斗在铁路、通信等国家战略行业推广应用，加快在智能网联汽车、无人机等大众领域的规模化应用，成功实施某国地基增强网等一批海外合作项目，促进了北斗在海外落地应用。

坚持把扩大对外开放合作、提升跨国经营能力放在更加突出的位置，巩固了我国军贸行业排头兵地位。加强海外能源资源、国际工程、民品出口、国际产能合作互动发展，着力推动"一带一路"重大项目走深走实。2019年，国际化经营收入占兵器工业集团经济总量的50%以上、利润总额占1/4强，国际化经营已经成为兵器工业高质量发展的战略支柱。

着力破解制约兵器工业高质量发展的长期结构性矛盾，引导困难企业脱困实现攻坚破局，2020年基本实现脱困目标。扎实推动国企改革"1+N"

政策落实落地，完成"三供一业"职能分离移交，国企改革"双百行动"、混合所有制改革试点按计划有序推进。深化科技创新体制机制改革，加快推动集团公司向科技创新型企业转型升级。

建立完善重大风险防控体系，坚决守住安全生产红线。始终把脱贫攻坚作为重大政治任务，定点帮扶工作全面完成，获得国务院扶贫开发小组定点扶贫成效评价"好"的最高等次。焦开河心系职工群众，对纳入全总和地方各级工会建档的困难职工精准帮扶、真情帮扶。牢固树立绿色发展理念，全面深入实施环境保护综合提升行动。

靠前指挥 在大战大考中发挥央企"顶梁柱"作用

面对突如其来新冠肺炎疫情，焦开河全力组织部署全集团的疫情防控、重点防疫物资保障供应工作。兵器工业集团相关医院、企业以"战时状态"火线支援湖北省武汉市战疫需求，为打赢武汉保卫战、湖北保卫战做出了重要贡献。相关兵工企业发挥技术优势、产业优势，紧急研发"20-I型红外发热人群快速筛选系统"，集中攻关人体测温用高精度MEMS红外温度传感器技术实现突破，大幅扩产防护口罩生产保障生产生活供应；以战时状态、实战标准开展口罩机、压条机研制生产，提前完成国务院国资委下达的"两机"专项任务。扎实做好境外项目和人员疫情防控，境外员工无一感染，境外项目无一停工，石油、矿产、国际工程等重点项目平稳运行。在科学有序做好疫情防控的前提下，积极推动各企事业单位复工复产，各级次科研生产单位经营形势迅速恢复、全面向好，兵器工业集团在大战大考中交出了一份合格的答卷。

广西柳工集团有限公司党委书记、董事长

曾光安

曾光安：男，1965年4月生人，湖南新化人，中共党员，在职研究生学历，管理学硕士，高级工程师。现任广西柳工集团有限公司（下称"柳工"）党委书记、董事长，广西壮族自治区第十次、第十一次党代会代表，广西壮族自治区第十二届、第十三届人大代表，第十三届全国人大代表。

先后荣获全国劳动模范、全国五一劳动奖章、全球工程机械产业杰出贡献奖、中国最具影响力产业领袖、第七届全国机械工业明星企业家、中国品牌影响力年度人物、最具国际化影响力产业领袖、丝路国际产能合作领军人物、机械工业管理大师等荣誉。

力行全球　奋进创新

作为柳工的党委书记，曾光安带领着全体员工深入学习贯彻习近平新时代中国特色社会主义思想和党的十九大精神，紧紧围绕广西机械工业"二次创业"战略部署，坚持和加强党的建设，坚决贯彻全面从严治党要求，夯实党建工作根基，发挥党组织政治优势，以党建领航促进柳工高质量发展。2019年，在曾光安的领导下，柳工党委组织开展了"不忘初心、牢记使命"主题教育、深入推进"党性塑造"三大工程，广泛组织"榜样的力量"等活动。其中，组织开展学习教育、领导班子成员讲专题党课、调查研究、征求意见建议、检视问题和提出整改措施等，主题教育成效显著，被广西壮族自治区党委列为6家开展主题教育的典型单位之一。在接受"不忘初心、牢记使命"主题教育中央第九巡回督导组的检查中，获得了上级领导的充分肯定。近年来，柳工打造了党建工作管理体系、海外党组织建设等特色品牌，被中共中央党校定点为国企党建调研基地。

旗帜领方向　在世界浪潮中坚定不移

作为全国人大代表，曾光安是2019年全国"两会"广西代表团首位走上"代表通道"接受记者集中采访的代表。在代表通道上，曾光安分享了柳工参与"一带一路"建设的经验，提出共建"一带一路"中国制造业需要领导者对市场有深刻的洞察，包括政治经济的形势，最重要的就是要有坚强的意志，保持坚强的战略决心。因此，在带领柳工参与"一带一路"建设过程中，曾光安积极主张以加强海外党建促进国际化进程，坚持党建与经营深度融合，进一步提升了国际化竞争力，推动了柳工的转型升级和高质量发展。2018年，柳工营业收入同比增长39.6%，利润总额同比增长

240%。其中，海外收入同比增长23%，"一带一路"区域的收入占海外总收入的65.0%，同比增长34.0%。2019年，柳工海外渠道新增经销商28家，网点新增102个，新增覆盖23个国家或地区。迄今，海外渠道共237家经销商、网点496个，其中"一带一路"沿线65个国家共拥有120家经销商、245个网点。

疾风知劲草 在改革洪流中勇立潮头

广泛的阅读使曾光安具有卓越的领导力和锐意创新的变革精神，他带领柳工人在工作中不断创新。2019年，曾光安以企业家的敏锐触角，不断依据内外部环境的变化和全球竞争态势制订适合柳工的战略管理，根据第四次工业革命的到来以及竞争、客户等变化，提出坚持以客户与市场为导向，紧抓国企深化改革、"一带一路"倡议等机遇，坚持实施"全面国际化、全面智能化、全面解决方案"三大战略，打出了工程机械行业一个又一个"漂亮仗"。

持续推进"全面国际化"战略，拓展海外业务市场。曾光安一直重视国际化发展，明确提出柳工国际化分"三步走"战略，实现了从海外市场营销到海外工厂建设与运营，再到海外并购整合的三级跨越阶段，已构建起全球业务战略布局，实现全球化运营。近年来，不断加大国际市场的投入和变革，2019年柳工新增加29家CE经销商、14家锐斯塔经销商、7家叉车经销商和1家起重机经销商。与此同时，柳工经销商在各区域新增了超过100家网点，为客户提供更为便捷的服务，为柳工深度国际化奠定了良好基础。目前，柳工在全球有20个制造工厂，其中在波兰、印度、巴西、阿根廷有4个海外制造基地；在中国、波兰、印度、美国、英国等建设5个全球研发创新基地；在全球建设10个营销服务子公司，拥有360多家经销商、2650多个服务网点，服务140多个国家，打造了中国工程机械行业在海外规模最大、覆盖面最广的国际营销网络。同时，曾光安非常重视人才队伍建设，通过全球市场招聘、建立国际化薪酬体系和职业经理人机制，集聚全球发展智慧。

积极打造"全面智能化"，以技术创新提升核心竞争力。曾光安始终把产品研发和技术创新作为柳工的核心驱动力,坚持以自主开发为主,多种合作开发辅助的创新发展模式,打造出有柳工"特色"的研发体系。2019年,柳工发布了融合新能源、智能化、自动化的工程机械全系列产品,其中柳工第六代F系列智能环保挖掘机,以及纯电动化的装载机和挖掘机,开启了一个全面的新能源"生态系统"。同时,作为目前中国首家掌握从机械设备、控制系统到通信集成全套5G远程挖掘控制技术的厂家,柳工研发了超过2000公里的全国首台商用5G智能遥控装载机,充分体现了柳工持续不断创新,为客户创造最大价值的理念。

始终坚持"全面解决方案",开发全系列产品线。曾光安坚持追求产品和服务的高质量,提出"全面解决方案"战略。柳工通过国内外新建工厂、投资并购,不但打造出比较全面的工程机械产品线,而且不断进入建筑机械、农业机械、机器人、通用机械等相关领域,目前柳工已成为能够为客户提供全面解决方案的供应商。

文化葆本色　在繁花似锦中不忘初心

从创业初期,柳工经营的目的就是通过事业为人们的生活和社会的发展作贡献,并将此作为柳工的经营理念。近年来,曾光安在原有文化的基础上进行全面梳理、继承和创新,建立起覆盖全员的企业文化体系。组建文化建设机构,在全球实施统一的视觉识别标识,传播一致的核心文化理念,发布企业文化系列手册。积极推动海外跨文化建设,并先后对7家海外子公司组织开展跨文化交流活动。与此同时,曾光安将社会责任理念和要求,融入柳工的战略规划和生产经营、业务发展等各项工作中,在支持地方经济发展、社区建设和环保、公益事业等方面也做了很多颇有成效的工作。如先后捐赠各种设备、派出十余名技术专家长期支持中国南极科考;面对汶川地震、南方雪灾、土耳其和智利地震、菲律宾热带风暴等自然灾害,柳工积极调配人员及时伸出援手。在国家精准扶贫的进程中,柳工承担起广西三江县5个贫困村、1万多名村民的脱贫任务,通过派出扶贫第一书记、产业扶贫、教育扶贫等方式,2019年,5个贫困村均达到脱贫摘帽条件。

宁德时代新能源科技股份有限公司董事长

曾毓群

  曾毓群：男，1968年生人，福建宁德人，民主人士。上海交通大学船舶工程专业，大学学历；华南理工大学电子与信息工程专业，硕士研究生学历；中科院物理研究所凝聚态物理专业，博士研究生学历，高级工程师。历任新科实业有限公司总监和新能源科技有限公司总裁等职，2011年创立宁德时代新能源科技股份有限公司（下称"宁德时代"）任董事长，是亚洲固态离子协会理事，中科院物理所清洁能源中心学术委员。第十三届全国政协委员。

  先后获国家科学技术进步奖二等奖、中国汽车工业科学技术奖特等奖、教育部技术发明奖二等奖等奖项；获全国五一劳动奖章、中国汽车产业杰出人物奖、中宣部致敬改革开放40周年——突出贡献奖等荣誉。

走在时代前列的宁德时代新能源

曾毓群专注于新能源汽车动力电池系统、储能系统领域。在他的带领下，宁德时代快速走向国际化，得到国内外众多知名车企客户的认可，是国内最早配套宝马等国际主流车企的供应商，也是国内唯一一家可与日韩国际巨头直接竞争的动力电池制造商。成立至今短短8年业绩快速增长，2017年开始出货量排名跃居全球领先。2018年6月，宁德时代在A股创业板发行上市（股票代码：300750）。

全面提升企业品质

近3年来，宁德时代累计投入超60亿元研发费用用于关键核心技术的创新与攻关，并在产品研发、工程设计、测试验证、工艺制造等领域形成全链条技术布局。宁德时代设立宁德、德国慕尼黑全球两大研发中心，一方面牵头组建电化学储能技术国家工程研究中心，推动全产业链协同创新，另一方面积极建设福建能源器件科学与技术创新实验室，在能源器件关键技术上攻关突破。此外，公司与清华大学、北京大学、厦门大学、中科院等一流高校、科研院所长期紧密合作，打造具有强劲创新驱动力和全球产业影响力的创新高地。

以锂离子电池为代表的动力电池是影响汽车工业向电动化、智能化转型的关键产品，曾毓群带领团队攻克了一批核心技术，实现了我国从动力电池技术跟跑到并跑，甚至领跑的重大转变。宁德时代坚持打造"以客户为中心"的服务理念，研究开发高能量密度、高可靠性、高安全性、长寿命的电池产品和解决方案，行业地位得以不断巩固和提升。

曾毓群十分重视企业的基础工作和制度建设，宁德时代成立不久就设立了知识产权管理部，截至 2018 年 12 月 31 日，宁德时代及其子公司共拥有 1656 项境内外授权专利，为国产动力电池技术发展提供充分保障。宁德时代深度参与锂电池相关国际标准法规的制定，作为核心单位代表中国参与制定联合国法规 GTR20《电动汽车安全全球技术法规》，得到国家和国际层面高度认可，该法规已于 2018 年 5 月开始实施。截至目前，宁德时代参与起草制定的国内外标准法规超百项，其中已发布标准 32 项。

曾毓群支持企业党建工作，早在宁德时代创立之初，就由 13 名党员率先成立了党支部。2019 年随着公司的组织结构改革，党委重组建立了 22 个党支部，创新性地设立了"荣誉书记"一职。宁德时代坚持海内外优秀人才选拔、校企联培、内部培养多措并举加强人才建设，同时，通过多项福利措施提高人才归属感。截至 2018 年 12 月，公司研发团队拥有博士学历者 112 名、硕士学历者 958 名，包括 2 名国家"千人计划"专家、8 名福建省"百人计划"专家及众多福建省引进高层次人才。

规模巨大　优势明显

几年时间，宁德时代快速成长为全球领先的动力电池系统提供商，客户遍及海内外。在成立的第二年，宁德时代就与德国宝马集团建立了战略合作。2015 年，宁德时代成为全国首家批量供应乘用车三元动力电池的企业；2017 年，宁德时代动力电池出货量排名跃居全球领先，并在 2018 年和 2019 年蝉联此殊荣，2018 年宁德时代在深交所挂牌上市。

在国内品牌客户方面，公司与众多行业内整车龙头企业保持长期战略合作；在国际品牌客户方面，在日韩电池巨头围剿下，以一敌多，与 10 余个国际品牌建立深度合作。2018 年 3 月，宁德时代与日韩电池企业竞标并最终获得了世界电动汽车平台中最大的项目——大众集团 MEB 电动车项目平台定点，成为目前大众集团在中国境内唯一、全球内优先采购、应用于 MEB 平台的动力电池企业。

根据 2019 年工信部公布的第 320 批《道路机动车辆生产企业及产品公告》，共有 342 个新能源汽车车型，其中宁德时代为 151 个车型（纯电动车型 148 个，插电混合动力车型 3 个）提供动力电池，占比达到

44.15%，远超排名第二、三动力电池厂商。2019年宁德时代装机量为31.71GWh，市场占有率提升到51.01%，较上年提高了近10个百分点。

宁德时代展开全球化发展的布局，2014年在德国成立子公司，2017年相继在法国、美国、加拿大成立子公司，2018年宁德时代日本子公司在横滨成立。

2019年3月，宁德时代成功通过了欧洲汽车行业信息安全最高级别认证（TISAX）；10月，位于德国图林根州的首个海外工厂正式动工，在欧洲形成本土化动力电池供应能力，提升了产品在全球范围的竞争力。

勇担企业社会责任

宁德时代在经营过程中秉承环境保护，资源节约的理念，并贯穿于经营全过程，为创造和谐美好的社会环境尽企业的责任。获得了ISO 9001及IATF 16949质量管理体系、环境管理体系（GB/T 24001）、职业安全健康管理体系（GB/T 28001）和能源管理体系（GB/T 23331）认证，取得安全专利18项，环保专利3项。

2015年，宁德时代开始引进清洁生产评价体系，每年以良好的环境绩效通过体系和国际顶尖品牌客户的审核。2016年，宁德时代导入能源管理体系，实现了高效低耗、绿色工厂的目标。宁德时代所有原料必须经过符合欧盟《电气、电子设备中限制使用某些有害物质指令》的要求，积极推进废弃锂电池的回收和再利用，确保整个产业链的安全环保和持续发展。

宁德时代产品国产材料和装备使用占比超过90.0%，同时充分发挥行业龙头带动作用，目前，宁德时代作为锂电新能源产业集群的核心企业，形成了技术领先的锂电新能源千亿产业集群。同时带动下游整车龙头企业上汽集团及其配套供应商到宁德设立生产基地，形成宁德第两个千亿规模新能源汽车产业集群。

曾毓群在青海省以及福建省重点扶贫县屏南县投资建设新能源汽车动力电池相关产业项目，助力当地实现长效脱贫。在宁德地区先后建立扶贫助学基金会、贫困革命老区茶园改造脱贫计划等公益扶贫项目，此外，还协调宁德当地的供应商和服务商支持贫困人员就业近千个就业岗位。

通威太阳能有限公司董事长

谢 毅

谢毅：男，1984年1月生人，四川西昌人，中共党员，英国帝国理工大学硕士研究生。曾任四川博览局副科长，通威集团总裁助理，通威太阳能（合肥）有限公司董事长等职。现任通威太阳能有限公司（下称"通威太阳能"）董事长。是成都市第十三次党代会代表、政协第十五届成都市委员会委员、政协成都市双流区第十一届委员会常委。

2012年，谢毅代表通威集团通过公开竞价，以8.7亿元的竞拍价、承接28亿元政府和银行债务，取得原赛维LDK太阳能高科技（合肥）有限公司100%股权，随后更名为通威太阳能（合肥）有限公司。2013年11月，他带领通威太阳能（合肥）有限公司从一家濒临破产的工厂，在一个月内启动第一个生产车间8条生产线，2014年重组后首年实现盈利，2015年成为国内电池环节盈利能力最强的公司，2016年顺利并入通威股份上市公司，成为全球晶硅电池产能规模最大、盈利能力最强、成本最低、品质最优、产能利用率最高、销售应收款最健康的"6个最"企业，并成为全球前3大光伏组件公司的最佳晶硅电池供应商。

聚焦光伏产业　树立行业榜样

在谢毅的带领下，通威太阳能目前是全球最大的晶硅电池生产企业，现拥有合肥、成都、眉山三个基地，在职员工 8000 余人。截至目前，通威太阳能取得了连续 63 个月持续盈利、连续 63 个月开工率 100%、连续 63 个月满产满销的佳绩，连续 4 年获得全球电池片最佳供应商、电池片免检，连续 5 年实现重大安全 0 事故、重大环保 0 事故，刷新光伏行业新纪录。

专注自主研发　屡创行业纪录

通威太阳能自主研发的高效组件经成都国家光伏产品质量监督检验中心检测认证，钝化发射极背接触单晶电池组件最高功率达到 421.9 瓦，组件转换效率达到 20.7%；异质结单晶电池组件最高功率达到 442 瓦，组件转换效率达到 21.7%，两次打破光伏组件功率和效率的世界纪录。通威太阳能着力打造了以行业内权威专家为主体的研发团队，并在原子层沉积背面钝化、选择性发射结工艺、多晶黑硅工艺、双面电池、多主栅技术、异质结技术、高功率组件等核心技术领域形成了具有自主知识产权的多项技术成果。

在技术研发方面，通威太阳能积极开展异质结高效电池量产研究，2019 年 6 月 20 日，公司一期研发项目第一片异质结电池片成功下线，转换效率达 23.0%，并在第四届光伏测试网异质结论坛上荣获了"2019 年度异质结电池产业化推动领军企业奖"。二期项目将在现有异质结产线基础上通过系列的提效、降本方案进一步优化产品性价比，新一代量产技术的率先导入将继续保持公司在行业的领先地位与竞争力。截至目前，通威太阳能累计获得有效授权专利 195 项，其中发明专利 17 项、实用新型 178

项，另外获得软件著作权31项。

5年来，通威太阳能共揽获了国家级"绿色工厂""工信部2018年两化融合管理体系贯标试点企业""全国五星级现场""全国实施卓越绩效模式先进企业""全国质量信得过班组""全国用户满意工程先进企业""第十六届全国质量奖鼓励奖""国家高新技术企业""安徽省企业技术中心""安徽省质量奖""四川省五星级现场"等国家、省、市级重要奖项共计170余项。

在客户端，通威太阳能受到了全球前五大组件厂商的一致好评，荣获晶科能源有限公司"质量优秀供应商"，协鑫集成科技有限公司"最佳品质供应商"，阿特斯阳光电力有限公司"优秀供应商""产品质量免检供应商"，天合光能有限公司"优秀供应商"，无锡尚德太阳能电力有限公司"优质供应商"，中南光电有限公司"杰出供应商"，锦州阳光能源有限公司"品质最佳供应商"，东方日升新能源股份有限公司"2018战略供应商"称号等。同时，通威太阳能也已获得了国内外多项认证，包括欧洲CE认证证书、北美CSA认证证书、德国T·V南德认证证书，以及中国CQC认证证书等。

合肥基地

合肥基地于2013年11月18日投产，位于安徽省合肥市高新区。一期拥有太阳能电池片产能2.4吉瓦，太阳能组件产能350兆瓦，拥有5个多晶电池生产车间、1个组件生产车间，共40条电池生产线，各项生产技术指标位居光伏行业前列。二期2.3吉瓦高效晶体硅太阳能电池项目于2019年1月8日建成，该项目全面采用背钝化技术，以高效单晶电池无人智能制造路线为主，建设智能化工厂、数字化车间，进一步提高公司盈利能力，提升市场竞争力，巩固公司在高效晶硅电池产业的领先地位。2019年1月8日，通威太阳能正式开工8吉瓦高效晶硅电池项目。

成都基地

成都基地位于四川省成都市双流区，现拥有太阳能电池片产能6.2吉瓦。一期1吉瓦高效晶硅电池生产线项目于2016年6月30日建成投产，建设周期仅用了 7 个月，被主流媒体盛赞创造了"通威速度""双流速度""成都速度"，也成为全球光伏行业快速建成、快速投产、快速达产、快速盈利的样板示范工程。二期 2 吉瓦高效晶硅电池产线项目于 2017 年 9 月 20 日建成投产，在产能规模和工程量翻番的情况下，建设周期也仅用 7 个月时间。二期产线全面升级为全自动无人生产制造，成为成都市"智能制造"样板工程，率先实现数字化车间、智能化工厂，实现清洁能源"成都造"，并积极打造国家智能制造示范基地。三期 3.2 吉瓦高效晶体硅太阳能电池项目于 2018 年 11 月 18 日建成投产，该项目全面采用背钝化技术，以高效单晶电池无人智能制造路线为主，建设智能化工厂、数字化车间，成为目前全球光伏行业工艺技术、生产设备以及自动化、智能化程度都领先的单体规模最大的高效晶硅太阳能电池项目。四期 3.8 吉瓦高效晶体硅太阳能电池项目于 2019 年 3 月 23 日启动建设，项目以无人化生产线为主，建设智能化工厂、数字化车间、物流仓储及相关配套设施。项目建成投产后，将成为全球首个 10 吉瓦电池基地，助推通威太阳能在年内形成 20 吉瓦电池产能规模，在未来 2~3 年内形成 30 吉瓦的电池产能规模。

眉山基地

眉山基地位于四川省眉山市甘眉工业园区。10 吉瓦高效晶硅电池项目于 2019 年 3 月 27 日启动建设，将新建约 50 条高效晶硅电池生产线及相关生产设施、配套设施，均由自动抓取的机械臂、智能运输机器人组成，打造全球智能化程度最高、量产转换效率最高、节能环保的绿色工厂。眉山基地是继成都基地后，又一次成为全球 10 吉瓦级的最大高效晶硅电池基地。该项目从双方开始接洽到敲定投资仅 36 天、正式签约仅 50 天、正式开工仅 110 天，创造了项目投资新的"通威速度""眉山速度""四川速度"。随着项目的正式启动，四川省"成眉乐光伏产业经济带"发展格局已基本成型。随着项目的建成投产，眉山将成为全球光伏产业高端制造的新高地，必将在全球光伏行业发展史上镌刻下清晰的"眉山坐标"。

国家电投集团黄河上游水电开发有限责任公司
党委书记、董事长

谢小平

谢小平：男，1959年11月生人，甘肃临夏人，中共党员，博士研究生，教授级高级工程师，享受国务院政府特殊津贴。现任国家电投集团黄河上游水电开发有限责任公司（下称"黄河公司"）党委书记、董事长。

谢小平坚持推进"光伏＋生态＋扶贫"新模式，带领黄河公司"建设一座电站，改善一片环境，带动一域经济，造福一方百姓"，把能源开发与精准扶贫、兴业富民相结合，在光伏电站内开展种植、养殖业，创造电池板清洗、割草等就业机会，带动黄河上游少数民族地区繁荣稳定发展。

建设黄河　开发能源

谢小平扎根青藏高原，以奉献绿色能源的执着信念，带领黄河公司保护和开发母亲河，打造光伏全产业链，建设千万千瓦级清洁能源基地，走出一条科学谋划、创新引领、多能互补、共享发展的清洁能源高质量发展之路，赢得了国内外能源行业同仁的广泛赞誉。

打造黄河上游水电基地

谢小平40多年来一直从事水电和新能源领域的工程技术研究与管理，负责建设了黄河上游9座大中型水电站，逐步打造了黄河上游水电基地。他主导设计、建设的公伯峡水电站，通过优化工程设计和施工方案，创造了国内单机容量300兆瓦的工期最短的纪录，发电工期比计划提前了一年；投资比工程设计概算节约7亿元；单元工程合格率、分部分项工程优良率、单位工程优良率全部达到100%；荣获中国电力优质工程奖、国家环境友好工程奖、中国建筑工程鲁班奖、国家优质工程金质奖、中国土木詹天佑奖、中华人民共和国成立60年百项经典建设工程等，几乎囊括了所有电力奖项。

谢小平注重科技创新，自主研究应用的拉西瓦水电站750千伏高等级出线电压、250米高差800千伏气体绝缘管道母线均为当时世界之最，公伯峡水电站全球首创水平旋流消能技术、混凝土挤压边墙技术。在他的带领下，黄河公司创造了当今我国水电建设史上多项新纪录，其中部分成果指标在一定程度上达到或超越国内乃至世界水电建设水平。截至2018年，黄河上游水电基地累计发电量6553亿千瓦时。谢小平深刻思考和总结，提出的水电建设管理"八条经验"，一直在水电建设领域沿用，为新能源项目高质量开发建设发挥了重要作用。

建设完整的光伏产业链　打造千万千瓦级清洁能源基地

为解决电力消纳和保持水电核定电价的重大难题，谢小平提出了水电铝联营、电子级多晶硅等产业延伸发展思路，公司成为国内唯一一家生产集成电路用电子级多晶硅企业，打破了国外长期垄断。同时，谢小平在西安规划建设了光伏电池及组件生产线，打造了完整的光伏产业体系，光伏制造产品不断升级发展，为后来引领和推动光伏发电技术、做强做优做大光伏发电产业奠定了坚实基础。

谢小平敏锐察觉到新能源快速发展的机遇，从 2009 年获得两个国家第一批光伏电站特许权招标项目开始，到 2010 年抢建西藏桑日 10 兆瓦光伏电站，再到 2011 年建成全球单体最大规模的格尔木一期 200 兆瓦光伏电站，拉开了基地式、规模化光伏电站建设的序幕。谢小平首创性提出"水光互补"的理念，建成全球最大的 85 万千瓦水光互补电站，较好地实现了水力发电与光伏发电快速补偿功能。水光互补关键技术研究成果处于国际领先水平并获得国家专利。在光伏发电迅速发展的同时，谢小平考虑到后续光伏产业发展的需要，经历 3 年的方案设计、设备选型等基础性研究工作，建成容量为 123 兆瓦 +20 兆瓦储能太阳能发电实证基地，开展光伏行业试验示范和市场应用推广，被赞誉为光伏发电行业的"题库"。

谢小平规划在风光资源丰富的青海省海南藏族自治州规划建设千万千瓦级新能源基地，将该规划逐步纳入青海省和国家能源发展规划，并积极推进落地实施。黄河公司在短短几年时间里，建成 38 座光伏电站，总装机 388 万千瓦，成为全球最大的光伏发电开发与运营商，赢得了"世界光伏看中国，中国光伏看黄河"的美誉。

光伏产业升级发展　新能源集约化运营

谢小平始终把创新摆在发展全局的核心位置，带领黄河公司坚定实施创新驱动战略，推动光伏产业升级发展；不断加大科技投入，近 3 年科技投入平均增长 86.0%；建立柔性引智与人才激励机制，创新驱动能力持续增强。黄河公司获得国家部委、地方政府、行业协会等各类奖项99项，专利548项，主持和参与国家、行业技术标准的编制和修订69项。谢小平还联合知名企业和高校及科研院所，建立了包括国家重点实验室分实验室在内的20个联合创新实验室，成立了由多名国内外专家参加的学术委员会，初步建成世界一流的光伏产业创新研发平台。

黄河公司成功举办清洁能源发展国际高峰论坛、智能光伏技术全球发布会，与相关单位开展联合攻关、设备研发，使黄河公司建设的每一座光伏电站始终处于国内国际领先水平；成功研发并建成国内首条N型IBC高效电池组件生产线，电池转换效率达到23.0%，通过国际权威认证（德国莱茵TüV IEC新标准认证）。电站建设中应用先进设计理念、组合高效光伏电池组件和匹配逆变器等先进技术，光伏电站系统效率达到84.4%，光伏发电技术持续全球领先。

助力地方社会经济稳定发展

谢小平着力把企业发展融入国家与地方经济发展大局，努力打造核心竞争力突出的一流清洁能源企业。近5年来，资产总额增长超过52.0%，电力装机增长近50.0%，营业收入翻番达到近300亿元。

谢小平在电站开发建设中坚持生态环境保护优先，走出一条清洁能源与生态保护协调推进的高质量发展之路。按照公司清洁能源年发电量约500亿千瓦时计算，可替代标煤1555万吨，减少二氧化碳排放4105万吨、二氧化硫排放13.2万吨，环保效益显著。

谢小平坚持发展成果共享理念，在黄河上游水电开发中累计投资1240亿元，累计上缴税费超过171亿元，近9年在青海省的年投资超过80亿元；近3年支持工业经济运行让利资金超过13亿元。援建青海玉树无电地区光伏电站建设，使玉树一市四县18.5万人告别无电历史。公司推进"光伏+生态+扶贫"新模式，带动农牧民脱贫致富。2016年以来，黄河公司在青海省投入专项资金2000多万元，实施精准扶贫和对口援助项目32个，惠及农牧区群众16万人，对口援助的尕布村已于2018年年初实现脱贫摘帽。公司荣获2017年度、2018年度省级定点扶贫先进单位。

宁夏电力投资集团有限公司党委书记、董事长

褚 伟

  褚伟：男，1970年1月生人，山东枣庄人，中共党员，热能动力专业研究生，工学硕士，教授级高级工程师。历任宁夏大坝电厂总工程师、原宁夏发电集团公司马莲台电厂厂长、原宁夏发电集团公司副总工程师兼计划经营部主任、宁夏电力投资集团公司副总经理、总经理等职。现任宁夏电力投资集团有限公司（下称"集团公司"）党委书记、董事长。

  先后荣获宁夏电力公司先进工作者和优秀科技工作者、原宁夏发电集团劳动模范和先进工作者、自治区"安康杯"竞赛优秀组织者、宁夏十佳优秀企业家等荣誉。

创新发展　奉献光和热

褚伟以新发展理念为引领，以安全环保为基础，以提质增效为中心，以改革创新为主线，以管理提升为抓手，以党的建设为保障，持续推进实体经营与资本运营双轮驱动，积极打造热电、供热、新能源、资产及股权管理、服务贸易五大板块，保增长、抓项目、强管理、推改革、促党建，企业综合实力不断增强，经济效益显著提升。截至2019年年底，集团公司资产总额104亿元，发电装机容量2240兆瓦，供热面积3300万平方米，占银川市供热面积1/3。当年完成发电量59.75亿千瓦时，新增供热面积280万平方米；实现总收入21.4亿元；实现利润5120万元；上缴税金4500万元。集团公司连续3年入选宁夏十佳企业，先后入选宁夏百强企业，荣获自治区五一劳动奖状、自治区文明单位、自治区工业稳增长突出贡献企业等荣誉。

推动全面从严治党　不断加强改革创新

褚伟充分发挥党组织"把方向、管大局、保落实"的领导作用，将党建工作要求写进公司章程，推动全面从严治党向基层延伸，培养了一支政治坚定、开拓创新、敬业奉献的干部职工队伍。

褚伟以新发展理念为引领，结合自治区"三大战略"和集团公司功能定位，明确了打造热电、供热、新能源、资产及股权管理、服务贸易五大业务板块的战略发展思路，努力实现集约管理、专业运营、协同发展。以建立战略型、决策型董事会为目标，提升了董事会科学决策、引领发展的能力。健全完善总经理办公会议事规则，确保经营层在董事会授权下独立自主开展生产经营活动。实现集团外派监事全覆盖，强化了对权属公司重大经营管理行为的全过程监督，这项工作走在自治区属企业前列。

剥离两家热电企业供热部分资产成立热力公司，实现了专业化运营和集约化管理；以吸收合并方式成立新能源发电公司，实现新能源发电产业规模化发展；将两家热电企业煤炭供应业务归口于长润实业公司专业化运营，降低了煤炭采购及运输成本；组织实施了四正生物公司整体改制，完成了长润实业公司吸收合并银川橡胶厂工作，进一步缩短了管理链条；完成金和化工公司和西洋恒力公司资产重组，化解内部债务4645万元。划转了西洋恒力公司，注销了富宁投资公司，不断瘦身健体。

全面推行聘任制和任期制，指导制定职工职业发展通道拓展办法，建立首席专家、职务职级并行等制度，多方式拓展职工发展空间；改革工资总额管理方式、控股公司高管年薪决定机制，优化控股公司综合考核和本部职工效能考核办法。大力开展集团公司科技创新竞赛，积极助力提质增效和转型发展。指导编制了集团公司"十三五"发展战略规划，先后制定完善了90余项管理制度，确保了相关业务依法合规、高效开展。加强法律事务管理，指导处理了银川热电公司房产纠纷案、热力公司热费清欠等案件，挽回损失共计3000多万元。

持续改进生产经营　高效开展资本运作

坚持实干兴企，经常深入控股公司调研，靠前指挥，及时协调解决企业存在的困难和问题，特别是根据企业生产经营特点和外部环境变化，制定了一系列科学经营的措施，全力打好提质增效攻坚战。褚伟紧紧扭住争取电量电价这个"牛鼻子"，指导下属发电企业做好市场营销工作，新能源公司机组利用小时位于同区域前列，西夏热电公司平均电价同比不断提升；牢牢抓住燃料管理这一关键环节，指导下属发电企业通过阳光采购优化来煤结构，通过精细化配煤掺烧，有效降低了发电煤耗；指导热力公司积极应对供热工作新局面，多措并举提高市场份额。2013—2019年，累计完成发电量268亿千瓦时；新增供热面积1950万平方米；实现总收入100亿元；上缴税金4.75亿元。

坚持绿色发展理念，积极实施项目带动战略。2013—2019年，累计完成固定资产投资 56.9 亿元。重点建设了太阳山新能源产业基地，实现了热电、新能源双翼齐飞，产业结构进一步优化，规模效应进一步显现。西夏热电公司成为自治区装机容量最大的热电联产企业。高标准设计和建设供热管网项目，近 22 万户企事业单位和居民享受到了优质的供热资源；积极推进宁夏电投清洁能源智慧供热项目，引进近 2 亿元社会资本参与热电企业供热技术改造等项目建设，全面激发传统产业发展活力。

褚伟根据市场经济及投资类企业发展规律，推动资本运营健康发展。一是深化银企合作，6 年来累计筹措资金 83 亿元，确保了集团公司项目建设与运营资金需求。取得国家专项建设基金 2.2 亿元，节省利息支出近亿元，有效降低了西夏热电二期项目建设成本。二是收购无锡尚德公司持有的太阳山光伏发电公司 31.5% 的股权，回购了宁夏交通投资公司 1.32 亿元股权投资；完成了宁夏银行 875 万股股份过户工作，提高了优质金融资产的持股比例。三是完成了新日恒力 5400 万股股份转让工作，确保了资产增值和资金安全。完成宁都创业投资公司、宁夏投资咨询公司和固原金泉公司等 5 家农业产业化企业股权清理处置工作，实现了主业聚焦。

履行社会责任　发挥国企作用

褚伟积极推进集团公司与国家开发银行的金融合作，充分发挥政府融资平台作用，2013—2019 年累计归还本息 76.2 亿元，促进了宁夏回族自治区一批关系国计民生的重点项目的顺利实施；积极服务自治区保增长战略，通过参与宁夏电力市场交易为工业企业让利。

褚伟大力发展循环经济和实施节能减排技术改造。2013—2019 年累计投入 2.9 亿元，下属热电企业全部实现达标排放，年可减少排放二氧化硫 3920 吨、氮氧化物 4000 吨。积极配合银川市政府燃煤锅炉"拆小并大"建设，2013 年以来累计投入资金 2.8 亿元，拆除燃煤锅炉 92 台，关停了运行近 20 年的银川热电厂，为自治区节能减排工作做出了重大贡献。

2013 年以来，集团公司扎实做好宁夏中卫市海原县 4 个贫困村帮扶工作，累计投入 176 万元帮扶资金，积极助力自治区打赢脱贫攻坚战；吸收合原富宁投资集团后，对其下属的困难企业实施了整合重组。

北京海纳川汽车部件股份有限公司
党委书记、董事长

蔡速平

蔡速平：男，1963年5月生人，江西人，中共党员，中欧国际工商学院工商管理硕士，南昌大学工商管理硕士，教授级高级工程师，享受国务院政府特殊津贴。历任中国航空工业昌河飞机制造厂工艺员、车间技术副主任、主任，昌河飞机工业公司工艺处处长、党支部书记；中日合资昌河铃木汽车公司中方总经理、党委副书记，昌河飞机工业集团副总经理，昌河航空工业公司副总经理，昌河汽车党委副书记、副董事长、总经理；中国航空汽车工业总公司总经理；北京汽车集团有限公司副总经理兼北京奔驰汽车有限公司党委书记、董事、中方总裁，兼任北京北汽鹏龙汽车服务贸易股份有限公司党委书记、董事长，兼任华夏出行有限公司董事长，兼任北京通用航空有限公司董事长。现任北京海纳川汽车部件有限公司（下称"海纳川"）党委书记、董事长，北京汽车集团有限公司党委常委、副总经理。中国劳动学会第八届理事会常务理事，中国汽车工业协会常务理事，中国人才交流协会汽车人力资源分会理事会副会长，北京工业国际智力交流协会理事会副会长。

高瞻远瞩　扎实推进　引领发展

蔡速平作为中国汽车工业崛起的参与者和企业主要负责人，在主政北京奔驰7年时间，领导企业成为了北汽集团主要利润贡献体之一、资本市场的重要助推器，实现了接手北京奔驰时做出的"王者回归"承诺，并打造出北京奔驰长期可持续发展能力，成为了中德经济合作的典范。

2017年年底，蔡速平开始任海纳川党委书记、董事长之职。面对严峻的市场形势，他加强战略布局，强化战略实施，推动海纳川公司逆势而上，实现了由量变到质变的跨越式发展。

实施"三年行动计划"　扎实推动企业战略目标落地

蔡速平将"十三五"顶层设计和转型重点任务，转化为可落地、可操作、可执行的战略目标，组织总部各部门、各成员企业分层分级制定"三年行动计划"，精确定位四大战略并强力推进：一是成为引领国际发展潮流的全球化汽车零部件集团，为全球客户提供最优服务；二是加快构建全球整车和零部件资源整合共享平台，创造新型共赢模式；三是构建长期可持续发展模式，成为创新驱动的最具成长性的零部件企业；四是向"三年行动计划"目标和"十四五"目标全力冲刺，不断提升自身发展能力。明确"双线并行战略"：一是继续巩固和加强合资合作，导入更符合未来发展趋势的产品。二是加大研发资金投入，开发自主产品。

推进"五大转型"战略　深化"十大体系"建设

推进产品转型，加快产品结构调整，加速布局并进入新能源零部件配套供应体系。着力提升自主研发能力，轻量化相关技术及产品亮相国内、国际车展并广受赞誉。

推进市场转型，积极推动供应体系从集团内向集团外、从国内向全球转变，向中高端市场方向转型。大力开拓以北美市场、欧洲市场和亚洲市场为主的全球市场，统筹成员企业，全力拓展高端市场份额。经过转型，订单数量和金额持续大幅攀升，企业市场化开拓能力显著提升。

推进合作伙伴转型，加大与全球顶尖汽车零部件企业集团合作步伐，共同参与中国及全球市场业务。积极建立与全球零部件企业高层沟通对话机制，成功举办海纳川公司全球合作伙伴论坛、全球市场与客户关系论坛、全球人才发展峰会，打造全球整车企业和零部件企业资源整合与共享两大平台，加快调整退出多家不符合发展趋势的企业。

推进人才团队转型，成立海纳川人才发展委员会，建立起专业化、职业化、国际化和年轻化的"四化"人才体系，积极引进和培养了一批新能源、智能网联专业技术人才及熟悉全球国际贸易的复合型人才。坚持党管干部原则，构建科学有效的领导干部培养、选拔、任用、管理体系和激励约束机制。

推进商业模式转型，海纳川逐步构建起独特的新型整零配套体系：一是不断强化与整车企业信息沟通和协调机制，提高服务效率和保供能力，为全球整车企业建立协同服务机制。二是构建全球大运营体系，打造系统化、集成化、模块化的供应配套能力，为全球整车客户提供最优质的服务。

不断加大公司治理结构调整，着力打造海纳川"十大体系"，包括战略管理体系、产品与技术创新体系、市场开发与共享体系、投资与评价体系、项目管理与执行体系、全球运营管理体系、财务支持与预算管控体系、人才发展与保障体系、监督保障与风险控制体系、政治保障与文化建设体系。通过推进十大体系建设，海纳川运营管理效率大幅提升，为可持续、高质量发展提供了重要支撑。

海纳川构建起以"前端业务、企业运营、职能保障、联合监督、党工助推"五大板块为核心的治理机制，不断深化各部门及职能板块间的战略协同。五大板块定位清晰，职能明确，相互促进，形成合力，推动海纳川在健康发展轨道上高效运行。

谋划"十四五"战略　布局新时期转型发展目标举措

海纳川充分发挥整车高端品牌高速发展机遇优势，加快与全球顶级零部件企业深化合作；充分发挥合作伙伴在全球整车企业供应链体系和市场网络优势，加快资源整合，实现共同发展；充分发挥海纳川公司当前快速发展优势，立足北汽，积极开拓全球化业务。

海纳川明确提出并实施"1、2、3、4"战略。"1"即一个中心，一切工作以市场和客户为中心。"2"即两个动力，一是搭建全球性汽车产业整车资源共享平台和零部件企业资源共享平台，将资源整合力转化成促进海纳川转型升级的驱动力；二是加大力度，提升海纳川公司技术研发能力并打造自主业务能力，将自主产品力，转化成促进海纳川公司转型升级的驱动力。"3"即三个业务方向，一是传统业务向高附加值和高技术含量方向提升；二是加快布局新能源汽车配套的电动化、轻量化业务；三是加快布局智能网联业务。同时，加快产品向集成化、模块化方向发展。"4"即四个同步：实现海纳川公司在产品、质量、成本和服务领域与全球整车企业同步，满足不同层级客户需求，全面融入全球市场。

抓实党建和企业文化　社会责任充分彰显

海纳川建立并推行党委会决议督办机制，围绕"三重一大"问题，形成有效的跟踪督办管理机制。强化全面从严治党要求，充分发挥党组织的战斗堡垒作用和党员的先锋模范作用。海纳川持续丰富红色之舟2.0党建品牌内涵，强化文化体系建设；重视干部队伍作风建设，各级领导干部善于"谋"，踏实"干"，谋求"快"，使海纳川干部队伍的战斗力有了大幅度提升。

2019年，海纳川圆满完成国庆70周年庆典群众参演政治任务，以及军车支持保障等任务。尤其是新冠病毒防疫期间，海纳川携手北汽集团捐资1700万元，并利用自身全球渠道优势，在海外积极采购物资，捐赠相关部门，为疫情防控做出了积极贡献！

昆明星耀集团实业有限公司董事长

颜 语

颜语：男，1960年生人，云南昭通人，清华大学MBA、瑞士维多利亚大学工商管理博士、沃顿商学院金融学博士。1991年开始创业，2000年组建成立昆明星耀集团实业有限公司（下称"星耀集团"），出任董事长。颜语在工作和生活中爱国、爱党，重视党建工作的开展，1999年率先成立党支部，2000年成立了中共昆明星耀集团实业有限公司机关支部委员会、中共昆明星耀集团实业有限公司委员会，是昆明第一家成立党委的民营企业。如今集团党委已经拥有多个党支部，100多名党员。颜语先后任首届云南省马术协会会长、云南省高尔夫协会副主席、云南省商会副会长、云南省光彩事业促进会副会长、昆明企业家协会会长、香港"紫荆花杯"杰出企业家协会常务副理事长等。

先后获昆明市十佳杰出青年、全国五一劳动奖章、中国最具社会责任感企业家、全国创业之星、中国公益事业突出贡献人物、中国优秀社会主义事业建设者、香港"紫荆花杯"杰出企业家、云南省劳动模范、十大风云滇商成就奖等多项荣誉。

凝心聚力　打造多元化　国际化产业集团

颜语自1991年开始从事家具制造行业，1993年创建了星耀集团的第一个企业——星耀装饰设计工程有限公司（下称"星耀装饰"），之后发展至今历经了多个发展阶段：1993—1997年艰苦创业，星耀装饰在北京、沈阳、青岛、昆明等地拓展并承接了多个装饰装修工程，并因此荣获"鲁班奖""泰山奖"等装饰领域的最高荣誉。1998—2003年集团化运作，星耀集团在昆明陆续开发建设了多个项目，特别是星耀集团出资10亿元打造的超级配套体育设施，是昆明乃至全国第一个民营企业投资的大型综合体育场馆，为配合举办全国第七届残疾人运动会而建，获得了政府和社会公众一致好评。2003—2008年实现品牌经营，星耀集团在商业、酒店、教育等领域实现了多业态发展。2008年荣获"中国房地产综合运营专业领先品牌"荣誉称号，并数年跻身于中国房地产百强品牌行列，成为区域行业中"一面奔跑的旗帜"。2008—2013年实现合作共赢，星耀集团与多个集团企业及国际化设计团队合作，陆续开发建设了数个超大体量城市综合体项目，特别是在教育产业、医疗产业、文化产业等大规模公共设施及配套的建设与运营中，带动并实现了城市新区的快速发展与成熟。2013年以来，星耀集团开始国际化发展，在新加坡、缅甸、柬埔寨、孟加拉国、印度尼西亚和菲律宾等国家及地区投资了多个项目，相继成立了多个国际化项目运营公司，逐步拓展金融投资、商业文旅、酒店经营、城市规划与运营、汽车等多业态的国际化、多元化进程。

创新转型　人才为先

在整个创业过程中，星耀集团曾遇到多次发展困难与危机，但在颜语的带领下，实现企业的一次又一次转型，不断创新，科学管理，实现企业不断发展，为社会就业、创造税收贡献了力量。

企业的发展离不开人才的培养，颜语非常注重人才的价值，深知企业发展过程中人才的重要性。不管是在过去多年的企业发展过程中，还是目前企业正在企业转型的关键时刻。在他的要求下，集团不断落实人才发展战略，吸纳各方面的专业人才，加强人才培训，满足企业发展的人才需求。注重企业文化建设，营造具有竞争力的企业氛围，留住人才。同时，也重视企业制度的创新与发展，日常工作中贯彻"简单高效"的企业作风，以制度规范企业，以制度管理人才，做到公平公正，实现企业发展、员工成长。

积极探索　追求卓越

星耀集团自1993年成立以来，在颜语的带领下，经过20多年的探索与实践，目前已拥有20多家下属公司和3000余名员工，总资产近200亿元，是一家以矿业投资为主业的国际化、多元化集团公司。产业涵盖矿业、盐化工、商业开发与管理、汽车制造、酒店、医院、物业管理、农业、地产开发、体育及配套运营等。

随着国内经济结构的不断调整，特别是新时代新背景下，星耀集团在颜语的长远发展眼光的指引下，积极探索企业发展道路。在如何摆脱以往发展以房地产为主方面，他以敏锐的眼光，过人的胆略，积极响应国家"一带一路"倡议，结合国家政策，对沿线国家和地区进行多次深入考察与论证，决定了集团今后的发展方向。过去6年以来，在他的带领下，星耀集团已经成功在缅甸、柬埔寨、玻利维亚、乌干达以及新加坡、马来西亚等国家实现项目投资与落地，足迹遍布亚洲、大洋洲、南美洲和非洲。如今，星耀集团以融通国际的视野、和谐共生的胸襟、厚德载物的责任和追求卓越的精神，跨出国门，走向国际，"星耀于宇、泽及于人"，在新的发展前进道路上，奏响新的篇章！

承担责任　回馈社会

星耀集团自成立以来合法经营，开拓创新，实现企业发展，创造税收，连续多年荣获"云南省文明单位""云南省先进单位""纳税光荣户""全国政府放心、用户满意先进单位"等政府颁发的上百项荣誉称号，并连续16年获评"昆明市守合同重信用企业"。提倡在发展过程中不断创新理念，改进技术，注重环境保护，实现自然与建筑和谐共生，相关开发项目在"构建和谐云南环保行"活动中获评"环境保护示范单位"。

颜语倡导企业发展来源于社会，就应当回馈社会。星耀集团在成长与发展过程中，始终坚持做具有高度社会责任感的企业。星耀集团已向全国青少年基金会、云南光彩事业、残疾人事业发展等捐款捐物7000余万元，社会公益设施投入近10亿元，为社会和谐发展贡献了自己的力量。同时星耀集团捐资在云南昭通地区建成6所星语光彩小学，使数万名师生受益，集团的这一善举，展现了星耀集团发展不忘回报社会的企业责任。2019年以来，星耀集团为2名患癌职工累计捐款18万元，同云南新兴职业学院签署帮扶协议，资助贫困学生每年8万多元。2020年，星耀集团计划拿出一定资金注册慈善基金会，专注于慈善事业，为推动我国慈善事业的发展贡献一份力量。

积极开展扶贫攻坚工作，发展不忘初心，产业助力脱贫。星耀集团成立农业公司，充分挖掘云南生态、有机及特色农业资源，增加就业带动贫困山区人民脱贫致富。产业扶持带动脱贫的效益明显提升，受到了当地政府的大力支持与赞扬。集团旗下怒江贡山神田生物开发有限公司，在云南省怒江州的贡山独龙族怒族自治县开发系列农特产品，通过对农特产品进行标准化的收购与精加工，实施特色农业产业项目带动扶贫。同时，为大力弘扬杨善洲精神，该公司还向杨善洲纪念林·林下中药材种植扶贫项目捐助资金，被云南省杨善洲绿化基金会授予"绿化云南功在千秋"荣誉称号。2019年1月，公司与昭通市政府达成合作意向，成立昭通彝良茂丰天麻产业开发有限公司，通过提高天麻种植标准和麻农组织文化程度，建立紧密型利益联结体，有效解决当地失业人群就业问题，带领农民脱贫致富，实现天麻产业持续发展。

中国航发西安航空发动机有限公司
党委书记、总经理

颜建兴

颜建兴：男，1962年12月生人，陕西泾阳人，中共党员，西安交通大学数学系应用数学专业，大学学历，理学学士学位。历任四三〇厂工研所技术员、人劳处调配员、人劳处处长，西航集团天鼎公司总经理兼党委书记，西航集团公司副总经理、党委副书记，西安航空动力股份有限公司党委副书记，中航工业涡轮院党委书记、副院长，中航空天发动机研究院有限公司分党组书记、副总经理，中国航发动力股份有限公司总经理、党委副书记，中国航发西安航空发动机有限公司党委副书记、监事等职。现任中国航发西安航空发动机有限公司（下称"西航"）党委书记、总经理，中国航发动力股份有限公司党委书记、副董事长。

战略聚焦　真抓实干　开创转型升级新局面

西航是我国大中型军民用航空发动机研制生产、大型舰船用燃气轮机动力装置生产修理、新型环保能源领域研发的重要基地，是国内领先、国际一流的高技术加工制造中心。我国第一台中型轰炸机发动机、第一台大型歼击轰炸机发动机、第一台大功率舰船用燃气轮机燃气发生器均在这里诞生。

面对行业深化改革、产业结构调整、军品任务攀升的新形势，颜建兴积极寻找西航发展突破口，带领广大干部职工为振兴我国航空发动机事业做出了重大贡献。

科学规划　实力强企

颜建兴坚决贯彻落实中国航发"创新驱动、质量制胜、人才强企"三大战略，带领西航全面聚焦主业，实现军用航空发动机、燃气轮机自主保障，扎实推进 AEOS 系统建设、"成本工程"等，建立健全"小核心、大协作、专业化、开放型"运营管理模式，全力满足国防装备建设需求。颜建兴领导全面构建了西航战略规划管理体系，建立了总规划、产业发展规划和职能发展规划三级战略规划体系，三级规划上下牵引、逐级支撑、有效落地。颜建兴明确了西航"十三五"期间的发展思路，确立了党建工作的核心地位，制定了西航"十三五"战略目标、指标、重点任务及保障措施，并积极开展规划中期评估及调整工作。

颜建兴逐步建立创新型技术研究机制，逐步形成了如叶片精密自适应加工、Ti2AlNb 材料真空钎焊等西航核心技术能力。对标国际先进水平，落实 AEOS 研发体系建设要求，形成以满足性能、寿命、可靠性要求为最高目标的航空发动机研发体系。借助国家数控重大专项、西航产学研等技术创新平台，加快关键、前沿技术研究以及影响西航未来发展的关键技术的突破，建立了分层、分类的技术研究模式。近年来，西航荣获省部级级以上科技奖33项；授权专利246件，其中发明专利163件；"基于知识产权战略的大型军工企业技术创新管理研究"获陕西省科技进步二等奖；连续3年荣获陕西省专利十强企业；2017年荣获国家知识产权优势企业；2018年荣获国家知识产权示范企业。

西航党委与各基层党组织逐级签订了党建工作责任书，下发党建工作责任清单，制定了《党委委员党建工作手册》；党委班子成员定期到党建联系点单位调研指导工作，按规定参加双重组织生活。建立"两学一做"六有标准和"三个三"工作机制，将"四讲四有"合格党员标准细化为24条具体的行为规范，打好学习教育常态化制度化基础。分层分类进行党员干部党性修养培训，建立起以"党委决策""保证监督""日常管理"为基本构架的党建管理制度体系。

颜建兴围绕5年党建工作目标，制定党建"铸心"工程实施方案，明确101项具体行动计划。不断创新工作载体和平台，分类推进"五心"子工程的落地实践，构建具有西航特色的"铸融一心"企业文化落地实践体系；持续开展"铸心"新长征党员突击队和"质量双放心"活动，助力中心工作，助推质量制胜战略落地。

锐意进取　成果凸显

颜建兴以确保飞行安全为核心调配资源，向客户提供外场技术服务，配合客户圆满完成了各类重大专项保障任务。近年来，西航持续推进产业结构调整，军品业务对西航经营指标的支撑作用日益显著。同时，西航经营理念由规模导向型向效益导向型转变，经营效益逐步改善。西航积极推进深化改革工作，投资清理、"三供一业"分离移交、企业办社会职能剥离等工作稳步推进。

西航成立了体系推进专项工作组，制定了《深化开展"小核心、大协作、专业化、开放型"科研生产体系推进方案》及工作计划；梳理发布了

《西航军品科研生产核心技术目录》《重点型号典型零部件产品 ABCD 分类目录》《关键设备设施开放共享及负面清单》，初步建立"小核心、大协作"能力数据管控平台。梳理形成 169 项《西航可用于军转民技术应用清单》，开展工业型燃机技术研发及市场化开发并申报国家创新发展示范项目，完成国家重大装置项目两型验证机设计制造任务；加大了与地方政府合作，加快推进"西安·西航航空航天产业园"建设；与地面设备、钛金科技等企业分别签订合作协议。加大了民企参与军品科研市场配套力度，稳步推进"开放型"的技术合作攻关模式，发布《西航对外开放技术研发清单》。

西航落实"三谁"质量责任机制，实施质量综合提升工程。近年来，西航产品质量水平稳定在高位，质量问题拉条挂账计划完成率 100%。变革质量考核机制，进一步强化生产主体质量责任，探索零组件加工"工检"过程质量控制模式，推进质量风险识别和管控应用。近 3 年来，有 5 个班组荣获"全国质量信得过班组"称号。

近年来西航以关键技术及生产岗位人员的补充为重点接收各类高校毕业生，以领军人才及专业技术带头人为牵引，推动人才队伍的转型升级；以职称评审及职业技能鉴定改革为手段，加强技术、技能人才梯队建设，以助推青年人才快速成长为目的，开展人才培养工程。推荐入选国务院政府特殊津贴专家 1 人、中国航发—丝路中控人才成长奖 2 人。建立员工基本履职与岗位业绩相结合的员工考评模式，深入推进薪酬分配市场化，建立健全薪酬分配与劳动力市场相适应的管理机制。

积极履行企业社会责任

颜建兴带领西航积极履行企业社会责任，深入推进精准扶贫、拥军优属、企地联系等工作；"金秋助学" 3 年累计发放 16.5 万元，帮助 33 名困难职工子弟圆了大学梦；"扶危帮困""困难帮扶"等工程，累计发放救助金 114 万余元，千余名职工受到资助。大力开展宜居工程，3 年共计新建职工住房 568 套，在建 574 套，有效缓解职工住房压力，使职工和家属的幸福指数不断提升。同时，在投资清理、处僵治困和企业办社会职能剥离工作中，妥善安置职工，确保了各项工作平稳有序进行。

广西柳州钢铁集团有限公司党委书记、董事长

潘世庆

潘世庆：男，1965年11月生人，广西北流人，中共党员，中南工业大学矿物工程系选矿专业，研究生学历，工学硕士学位，工程师，高级经济师。历任自治区经贸委企业处处长，自治区企业兼并破产和职工再就业工作领导小组办公室主任，自治区国资委企业改革改组发展处处长，自治区国资委副主任、党委委员。现任广西柳州钢铁集团有限公司（下称"柳钢"）党委书记、董事长。

先后入选广西十佳企业家，荣获柳州市劳动模范，广西五一劳动奖章等荣誉。

做钢铁行业高质量发展的忠诚践行者

2014年，面对柳钢内外交困的状况，临危受命的潘世庆提出了"调结构、拓市场、促改革、强管理、抓廉政"的总体工作思路，为柳钢后来的改革发展明确了基本方向。在他的主导下，一场大刀阔斧的管理体制机制改革在柳钢全面展开。

把关定向　勇立潮头御风行

柳钢成立了改革发展领导小组，完善企业法人治理结构，将企业决策权转交董事会集体决策；诊断与梳理柳钢49个单位1400项公司级管理制度，构建全面风险防控体系，将"事后补漏"转向"事前预防"。

2018年7月，广西钢铁集团正式纳入柳钢，防城港钢铁基地项目也在停摆数年之后由柳钢启动全面建设。10多个月后，防城港钢铁基地1号高炉在2019年12月成功试点火，拉开了全面投产达产的序幕。在此之前，柳钢还与十一冶集团实施了战略重组，助推广西冶金产业"二次创业"；同时也成功并购广西中金金属科技有限公司，致力于将其打造成一个在全国乃至全世界极具竞争力的不锈钢产业基地。

柳钢效益逐年增加，2016年，柳钢实现盈利4.1亿元，一举扭转2015年亏损的被动局面；2017年，实现利润46.8亿元，达到建厂以来最高水平；2018年，柳钢铁、钢产量分别突破1200万吨、1300万吨历史新关口，实现营业收入888亿元、利润103亿元，营收利润再创历史新纪录，同时也成为广西首家年度利润超百亿元的国有企业。2019年，柳钢再次逆势而上，全年实现营业收入1013亿元、利润50.6亿元，成为广西国资系统首家营收超千亿元的制造业企业。

管理突破　敢向虎山行

在潘世庆领导下，柳钢探索建立完善的干部竞聘和业绩考核体系，实行中层干部3~5年任期制。特别是2018年4月，柳钢对干部人事制度进行一次重大改革，拿出192个中层干部岗位面向企业内部700多名符合条件的首席专家、技术专家、正科级干部、主任工程师、技能专家开放公开竞聘，有效激活了广大干部干事创业的热情。

针对过去企业部门管理职能存在缺位、失位、越位、错位的问题，柳钢先是对31个单位、部室进行优化调整，并在此基础上，大胆创新实施"原料采购—铁前冶炼—高炉生产"的联动式考核机制，使系统运转更加高效。

潘世庆提出，要建立适合多元产业发展的管理体制。在他的主持下，柳钢明晰各级公司职责，下放权限，要求多元企业减少对柳钢的依赖，推动多元产业"勇敢地到市场中游泳"，促使多元产业逐步由"内生型"向"市场型"转变。

经过改制整合，柳钢多元企业由70多家缩减至30多家，发展质量却持续提升：2017年，柳钢多元产业实现营业收入208.98亿元、利润5.11亿元；2018年实现营收362.16亿元，利润7.1亿元；2019年，实现营业收入376.52亿元，利润9.04亿元。随着多元产业的迅猛发展，过往不合理发展局面被逐渐破解，多元产业实现由小变大、由弱变强，正逐步呈现出钢铁主业和多元产业"两翼齐飞"的新格局。

致力创新　遍栽梧桐引凤鸣

在潘世庆的大力推进下，柳钢主动迈开步子，在更广泛的领域与国内知名的科研院所展开深层次的合作。柳钢积极"引进来"，与清华大学、北京科技大学、浙江大学等联合开展"产、学、研、用"深度合作，催生了一大批校企合作优秀项目，并加快了创新动能转化。

"高炉喷煤评价体系研发及应用"，掌握了在目前原燃料条件下喷吹煤比180公斤/吨的核心技术，达到国内外同类高炉领先水平，获2018年冶金科学技术奖一等奖。"高等级冷轧汽车用钢的研制开发与产业化",产品应用于多个汽车品牌,还拓展应用到家电行业。

"引智",不仅收获项目的"硕果",更迎来平台的搭建和扩大。近年来,柳钢先后建设了国家级企业技术中心、国家博士后工作站、自治区级院士专家工作站等研发平台。目前,承担国家级、自治区级、柳州市级科技项目累计51项。2018年,柳钢技术中心获得"国家级"认定。潘世庆十分重视科技人员成长成才。近年来,柳钢相继出台一系列激励政策、制度,厚植了"创新土壤"。每一年,柳钢都会召开科技工作表彰会,拿出重金奖励科技成果和人员。2019年柳钢拿出544.57万元重奖科技工作者。

截至2019年,柳钢共获得省部级以上科技进步奖85项,其中国家科技进步奖2项,省部级科技进步奖83项。近5年来,柳钢共申请专利335件,其中发明专利155件;已获授权的专利159件,其中发明专利35件。

履行责任　不忘初心担使命

2014年以来,柳钢先后投资实施转炉煤气干法除尘改造项目、柳钢矿石物流站项目等环保项目。近10年来柳钢累计投资70多亿元,建成节能减排设施500多台套,每年环保设施运行费用超过15亿元。柳钢每年回收利用废水5.1亿吨,每年减少二氧化硫排放2.2万吨;年自发电量占企业总用电量的80.0%,达到全国先进水平。2015年在冶金工业规划研究院发布的《2015中国钢铁企业绿色评级结果》中,柳钢排名第12位,获评"绿色钢企"。2017年12月柳钢被新华网、中国环境科学学会评为2017中国最具影响力绿色企业品牌。

潘世庆十分关心柳钢的精准扶贫工作,尽管钢铁行业形势持续恶化,柳钢仍然先后投入资金、物资1000多万元,对融水香粉乡、安陲乡的7个贫困村和融安板桥乡古板村进行定点帮扶,对柳城县大埔镇六休村、洛崖社区开展"生态乡村"建设。仅在2017年末,柳钢共完成定点扶贫村扶贫建设项目28项,累计投入扶贫项目资金100万元。2019年投入帮扶资金99万元;推进柳钢·柳城"五位一体"整县推进贫困村集体经济发展模式;加强就业帮扶,降低门槛招录10名贫困村适龄青年入职柳钢等……

大亚湾核电运营管理有限责任公司
党委书记、总经理

潘银生

潘银生：男，1961年5月生人，山西文水人，中共党员，清华大学核反应堆工程专业，大学学历，华中科技大学工业工程专业，在职硕士研究生学历，研究员级高级工程师。享受国务院政府特殊津贴。1984年8月参加工作，历任中广核集团发展计划部总经理、首席信息官、安全总监，中广核电力监事会主席等职。现任大亚湾核电运营管理有限责任公司（下称"公司"）党委书记、总经理。是深圳市第六届人大代表。

20世纪80年代应中国大陆第一个大型商业核电项目建设之需，首批赴法国参加核电站生产运行技术培训，归国后长期奋战在我国核电生产建设第一线，具有十分丰富的核电技术及管理经验。先后荣获深圳市质量强市金质奖章，深圳市五一劳动奖章，中国质量协会、全国总工会杰出中国质量人等荣誉。

以六大"法"宝 创核电领域佳绩

潘银生践行高质量发展理念，持续提升行业话语权和影响力，在实践中总结形成了符合公司发展规律、引领公司良性发展的六大"法"宝：

"算法"引领 从安全与发展的"零和"博弈中破局

潘银生提出"为发展求安全、以安全促发展"的理念，开辟了核安全管理的新思路，引入国际先进的概率风险分析理论，科学防范化解核安全风险。潘银生创立聚焦本质核安全、结构合理且逻辑清晰的中式运行技术规范架构，实现安全与发展的共生共荣。应用概率安全分析方法，实现实时在线的量化安全风险分析，并将这种科学方法在日常的安全分析和系统运作中深入广泛的应用，实现安全风险可视可知可控。

"想法"高瞻远瞩 立足行业谋划公司发展

潘银生重构公司战略顶层规划，将大亚湾公司精准定位为专注核电安全运营的生产服务性企业，推动公司从"大亚湾基地6台核电机组运营管理者"向"核电运营中国方案提供者"的角色转换。

为了推动中国核电运营实现从"赶上时代"到"引领时代"的跨越，潘银生首倡并在大亚湾基地成功举办第一届中国核电厂运营高峰论坛；利用中法建交55周年的契机，以公司一己之力策划和筹办了中广核"黄金人"30周年暨中法核能企业合作发展论坛。近年来，公司也吸引了众多国际同行主动到访对标，使得"大亚湾之音"在世界核电运营舞台上广为传播。

"依法"治企 探索国有控股合资企业治理之道

大亚湾核电站被誉为"现代企业制度的有益尝试和与外资合作的成功

范例"，公司目前仍实行"党委书记和总经理一肩挑"。潘银生深刻认识到公司的中心任务为资产运用而非资本运作，他强调"支部建在连上、强在连上"，充分发挥政治核心作用；他推进公司治理体系的构建与有效规范运作，妥善处理各治理主体关系多一种选择。潘银生将"敬畏制度程序"确定为企业精神之一，企业运作不靠"一支笔"，而是"认制度不认人"。

"效法"先进　三人行必有我师

"一次把事情做好"是中广核的核心价值观，为质量最优、效益最好的最佳实现途径。制度流程浓缩事的规律，匠人匠心凝结人的修行，公司不断完善和深化这一卓越质量管理模式，迅速完成从学跑、跟跑到领跑的跨越，先后获得全国质量奖、中国质量奖提名奖等殊荣。

构建大亚湾 DYB UeM 管理模型，这个模型提炼电厂生产管理、核燃料管理、电厂活动管理、设备可靠性管理、配置管理及物项与服务管理的经验与良好实践，形成安全高效的标准运营业务管理方式和流程。

公司从创新和应用行业领先的技术、运营业绩持续领先，引领行业发展趋势和潮流等方面着力，构建包含12项定量指标、3项定性指标的"创世界一流"指标体系，实现公司从对标到创标的跨越，该方案也获得国家行业主管部门的高度赞赏。

敢于"变法"向体制机制改革要红利

潘银生主持成立集团成员公司中唯一的深化改革小组并亲自挂帅，充分激发组织与人员生机活力。在国内核电企业率先建立符合企业实际的"三能"管理机制和配套措施，规范管理序列与技术序列之间的转换，实现人员能上能下、能进能出。推行季度绩效考核，实现收入能多能少。

借鉴国家"军改"模式，在核电行业首次提出"项目主战、部门主建"的大型核电基地立体化矩阵管理模式，项目经理聚焦项目和业务，主攻重点项目，加强横向协同，解决中长期技术难题；部门经理做好组织建设、人员管理、能力培养。通过群堆生产指挥体系一体化，形成调度指挥"一盘棋"，集约化、标准化水平大幅提升。

以设备可靠性为重点，推进端到端的设备管护一体化运作，实施点检制并进行相应组织机构变革，提高管理效率。依据"军种—战区"思维，在设备管护领域扩展矩阵式运作方式，科组负责做好人员培养与能力建设，点检办承担辖区设备管理责任。

热衷"试法" 以模式创新实现动力转换

潘银生将创新重点聚焦于物联网、大数据、智能化，并将其应用贯穿于核电产业上下游。建成世界首个核电站核级专用无线 4G 网络，打造一张"有线"和"无线"无缝连接、安全可靠的信息高速网，实现专业语音集群、高清视频监控、远程设备数据采集、智能化控制设备、综合指挥调度等功能。以 4G 无线网络与 SAP 系统业务场景为基础，核心业务的移动化应用不断拓展，使用移动终端即可完成一系列关键工作。

企业建成全球核电行业首个作业管理中心，应用无线网络、大数据管理、移动化应用等技术，由专家远程指导现场作业；积极响应深圳招投标评定分离的制度创新，一次招标成功率达 80.0%，中标质量明显提升。公司面向国际市场进行资源配置，实现双方效益最大化，并积极培育国内供应商，达到降本增效的目的。

公司在与世界核运营者协会（WANO，核电界的奥运会）对标方面，2019 年有 80.0%WANO 指标进入卓越水平，创 4 台机组以上压水堆核电基地世界纪录。截至 2019 年年底，岭澳 1 号机组连续安全运行 4953 天，创造并保持全球同类核电机组连续安全运行时间最长纪录；岭澳 3 号机组成为世界首台 12 项 WANO 指标全部进入卓越水平的压水堆机组。在法国电力公司安全业绩挑战赛中，累计获 39 项次第 1 名，是全球获冠军数量最多的核电基地；国际 SHE 安健环标杆评审获 8.5 级评分，是目前国内评级水平最高的工业企业；中国质量协会卓越绩效评审达 542 分，为国内服务业最高分。在装机容量与电价未变的情况下，大亚湾近 4 年年均上网电量 454 亿千瓦时；与美国电力成本行业协会对标，单位容量运维成本保持国际第一；年均利润总额 74 亿元。

郑州圆方集团党委书记、总裁

薛 荣

薛荣：女，1958年5月生人，江苏徐州人，中共党员，现任郑州圆方集团（下称"圆方集团"）党委书记、总裁。党的十九大代表、郑州市委候补委员。圆方集团自1994年成立以来，在薛荣的带领下，一路坚定听党话、跟党走，坚持"围绕发展抓党建，抓好党建促发展"的工作理念，得到健康快速发展。她拍视频、搞论坛、语音播报、开设"非公企业党建学院"、花椒直播、抖音直播；她不忘初心讲党课，坚定信念感党恩，5年讲大党课876场，微党课2508场。参加党的十九大以后，她已进行362场十九大精神、习近平新时代中国特色社会主义思想的宣讲活动，受众近20万人次。

薛荣艰苦创业、自强不息，由一名下岗女工成为"保洁皇后"，成长为党委书记、党史专家，成为中国"微党课第一人"、全国著名的"网红书记"。先后荣获全国百名优秀党务工作者、改革开放40年"全国百名杰出民营企业家"、百名优秀中国特色社会主义事业建设者等荣誉。在2019年国庆70周年登上了"从严治党"彩车，接受国家领导人和全国人民的检阅。

用大爱诠释初心使命

"非公企业党建，凝聚向上力量"是薛荣的工作理念。她以习近平新时代中国特色社会主义思想为指引，坚持以党建引领创新创业，以创新驱动发展，不忘初心，牢记使命，为非公经济发展做出应有的贡献。在薛荣的领导下，圆方集团正向着"成为世界领先的综合服务集团"的愿景稳步迈进。

用创新和信仰经营圆方党建

在薛荣的倡导下，2002年圆方集团成立了党支部，2006年成立了党委，围绕发展抓党建，抓好党建促发展。现党委下设21个党支部，77个党小组，党员从18人发展到近600人，上千人写入党申请书。圆方集团开通了圆方党建网站，编排印发了《圆方党建风采》，编辑了《圆方文化》共215期；宣传非公党建，成立《薛书记有约》工作室，2013年1月1日正式开播录制《薛书记讲党史》，每半月1期，每期40分钟，现已累计录制了26期；2013年7月1日，撰写录制《薛书记今日播报传递正能量》微党课微信语音，每天1条，截至2019年12月31日，累计录制2444条；2017年10月薛荣参加完党的十九大以后，开始在全国各地宣讲党的十九大精神，截至2019年12月31日宣讲350场，5年累计讲党课816场。邀请党建专家和优秀党务工作者下基层巡回授课。还创新了很多民营企业党建工作法，受到了上级党组织的高度赞扬。

用执着和诚信经营圆方集团

1990年，从国有企业下岗的薛荣，开始了她艰难的创业之路，经历了

9次创业9次失败的艰苦磨砺，1994年5月，她带领16名下岗姐妹，成立了一家美洁公司。20多年来，凭着她拼搏进取不服输的韧劲，艰苦创业、奋发努力，逐步把小活儿干成了大事业。现拥有综合后勤服务、人力资源管理服务、专业母婴服务和高端医疗健康投资四大板块业务集群。近3年来，圆方公司的经营项目和经营领域快速拓展，服务质量和经营效益明显提升，人员规模和经营收入每年均以25.0%的速度递增。目前，圆方集团在河南、北京、上海、重庆等全国26个省（自治区、直辖市）成立了12家子公司，51家分公司，现员工队伍发展到了6万人。2019年圆方集团产值突破20亿元，2014年入选"中国物业管理企业百强"。薛荣带领圆方集团先后培训、安置下岗员工、农民工、大学生等20余万人次，为促就业、保稳定，促进经济社会的发展做出了积极贡献。

用坚持和爱心经营圆方慈善

圆方集团在成长和发展的过程中，得到了各级政府的大力支持，得到社会各界的热情帮助。薛荣带领圆方人怀着一颗感恩之心，在2003年成立了河南省第一家妇女儿童庇护中心，为1000多名妇女提供了帮扶，为300多名儿童提供了救助；2004年成立了爱心救助基金，并开通了救助热线，累计救助困难失学儿童和大学生上千名，帮扶孤寡老人、孤儿300多人，帮助困难职工上千人；2006年成立了聋人俱乐部，组建了桃花村农家乐聋人饭庄、桃花村红绣坊，累计安置了300多名聋哑人。

在国家遇到危难的时候，圆方人更是积极承担社会责任，第一时间捐款捐物。2008年汶川地震，薛荣带领残疾人艺术团和救灾物品先后在江油市、平武县、青川县部分地区慰问演出，行程达2600千米，翻越了20座大山，演出了9场，观众达2万多人。2013年4月，她再一次带领残疾人艺术团和圆方集团捐助的15.2万元奔赴雅安灾区。为了把帮扶助残工作做得更加有效，2009年她成立了圆方残障人促进会，选聘了专职人员，拨付了专项资金，帮助更多的孤寡老人和残疾人。

2013年，正式成立圆方社工服务中心，截至2019年，举办大型圆梦活动500多次，累计培训、帮助残疾朋友5万余人次。2012年3月，薛荣作为河南省非公企业党建的优秀代表,光荣地参加了全国非公党建工作会议,在会上做了经验介绍。她认为,作为一个先进党组织的负责人,眼睛不能只盯着自己的企业,应该在做好自身党建工作的同时,积极履行社会责任,大力开展帮扶帮建活动。2017年以来,她先后受邀赶赴北京、浙江、陕西等20多个省(自治区、直辖市),为党政机关、学校、企业、社会团体等多家单位讲党课,介绍党建工作经验。她响应中央精准扶贫号召,推出并实施"精准扶贫星空计划",奔赴淮滨、息县、新蔡等多个河南省国家级贫困县,通过讲党建、创业励志课开展观念扶贫,通过提供免费培训开展技术技能扶贫,达到了"就业一个人,幸福一个家,点亮一片星空"的扶贫效果。2016年以来,她带领雪绒花团队开展家政技能培训286期,培训妇女2万余人,安置就业3万余人。2017年援疆帮扶,她跟随妇联四进新疆。在妇联的指导帮助下,来自中原的雪绒花扎根新疆哈密。

重媒体　跟时代　薛书记成了"网红书记"

近年来,互联网科技的不断进步为党建工作带来了挑战,也带来了机遇。2013年7月1日,薛荣在微信上开通了微党课"薛书记今日播报传递正能量",无论出国在外还是生病在床,她一天都不敢耽搁,成为全国微党课第一人。2017年年初,围绕党建工作创新,薛荣再次放出"大招",2017年2月22日,年近60岁的薛荣,在花椒直播平台注册成为一名网络主播,在移动社交直播平台"花椒直播"讲党课,每晚7:30—9:00,"薛书记云党校"主要讲创业、讲时事、讲励志故事、讲党的知识、讲党建工作法,将党建理论以故事的形式娓娓道来,引发广泛关注,"圈粉"无数,平台累计观看学习超过4000万人次,收到838万多点赞,薛荣被粉丝们誉为"网红书记"。

薛荣广泛利用各种新媒体平台,在快手上讲励志故事、在喜马拉雅讲今日播报,还于2018年12月1日在短视频平台抖音上线了"于无声处听惊雷"薛书记讲党史栏目,每天60秒,仅一个月,累计观看人数超过1000万,每天一期,现已讲了464期。《新华每日电讯》《今日头条》《中国妇女报》《河南日报》等数十家新闻媒体跟进报道。

重庆建工投资控股有限责任公司
党委书记、董事长

魏福生

魏福生：男，1962年1月生人，四川蓬溪人，中共党员，重庆大学采矿工程系，研究生学历、硕士学位，正高级工程师。1983年参加工作，历任永荣矿务局副局长、安监局局长，重庆煤监局、市煤管局党组书记、局长，重庆市国资委党委委员、副主任（正厅局级）等职。现任重庆建工投资控股有限责任公司（下称"重庆建工"）党委书记、董事长。中国企业联合会、中国企业家协会第九届常务理事，重庆市企业联合会、重庆市企业家协会常务副会长，重庆市工业经济联合会常务副会长，重庆建筑业协会副会长。

先后荣获重庆市五一劳动奖章、重庆市优秀企业家等荣誉。

建工集团　勇往直前

魏福生始终把政治建设摆在首位，坚决做共产主义远大理想的坚定信仰者和忠实实践者。他从参加工作起，就一直战斗在重庆工业战线的最前沿，为重庆煤炭行业科学发展、安全发展，重庆国企深化改革转型发展，重庆建工成功上市向好发展做出了重要贡献，得到了各级领导和广大干部职工的高度评价。

高瞻远瞩　紧抓企业改革发展

魏福生为重庆建工确立了当前及今后一个时期凝心聚力建设全国一流综合性建筑企业集团的发展总体目标，提出了发展战略：一是坚持两个依靠（即：坚持依靠创新驱动发展，坚持依靠品质提升推动发展）；二是加强三项建设（即：加强企业党的建设，加强企业法人治理结构建设，加强人才队伍建设）；三是推进四项改革（即：推进集团管控模式的改革，推进集团商业模式的改革，推进产权结构改革，推进负债结构改革）；四是实现五项标准（即：创新实施业绩评价标准，完善选人用人标准，改进实施项目管理标准，创新实施科技创新标准，改进实施内部契约化标准）。

魏福生领导重庆建工从经营、管控、营销、盈利四个模式转变入手，推进供给侧结构性改革。通过实现建工股份上市增加企业权益资本、改进资产管理模式、优化融资结构、压缩融资规模等方式，企业资产负债率由2016年年初的92.31%下降到2019年年底的84.98%。持续推进拖欠工程款及债权催收管理，稳妥有序推进"三供一业"及企业办社会职能分离移交工作改革，进一步释放企业发展活力。

2017年2月21日，重庆建工在上海证券交易所上市，不仅成为2017

年全市首家国有上市企业，也标志着重庆建工发展进入了一个崭新的历史阶段，品牌影响力从区域性扩展到全国。

魏福生重视科技创新，建立各专业技术研发体系，与高校等科研机构合作，共同开展科研研发。推进重庆建工建筑产业化基地建设。重庆建工先后获得中国建设工程施工技术创新成果奖1项，重庆市科技进步奖5项；获得授权专利207项；主编行业标准2项，地方标准29部，参编5部；获得国家级工法5部、市级工法124部。

魏福生强调企业文化是企业的灵魂，一是塑造企业文化体系，"诚信、责任、创新、品质"，八个字承担着重庆建工的企业价值观，构成了重庆建工发展不可或缺的精神内核。二是下大力气打造夯实企业文化建设阵地，通过"一报一刊一网站"、建工陈列馆、OA办公系统、宣传专栏、基层项目文化墙等七大宣传文化阵地，着力把重庆建工集团影响向政府机构、重要客户、相关单位和全体员工覆盖。三是创新升级企业文化建设载体。重庆建工长期开展"成长·奉献"青年人才论坛、建工论坛、"运动·发展·和谐"为主题的职工运动会等具有建工特色的传统文化活动。四是强化文化建设工作推进机制。形成了以三级政工部门为核心，以党务、宣传、群团等政工人员为主体，与中央及重庆市内相关文化单位、各大主流媒体定向联系为框架的企业大文化建设工作格局。

实干兴企　公司发展成绩显著

魏福生以推进管控模式、营销模式、经营模式、盈利模式的转变为动力，以市场营销、成本控制、结算收款、安全质量、科技创新、党建和班子建设为抓手，努力建设集投资、开发、建设、管理、经营、服务于一体的全国一流综合性建筑企业集团。集团承接合同金额从2016年的557.55亿元增至2019年的736.69亿元，增长32.13%；实现营业收入从2016年的435.94亿元增至2019年的529.31亿元，增长21.42%；实现利润总额从2016年的5.01亿元增至2019年的7亿元，增长39.72%。净资产从2016年的52.24亿元增至2019年的112.58亿元，增长115.51%。重庆建工产业涉足建筑安装、市政、水利水电、轨道交通等基础设施建设、房地产开发、建筑材料、建筑机械制造、投融资及建筑产业现代化等多个领域。业务遍及全国大部分省（自治区、直辖市）和世界20多个国家及地区。

重庆建工先后荣获"鲁班奖""詹天佑奖"中国市政"金杯奖"等700多项国家级、省部级大奖，并荣获中共中央、国务院、中央军委授予的全国抗震救灾英雄集体，以及全国五一劳动奖状、全国文明单位、军民共建社会主义精神文明先进单位等1000多项省部级以上荣誉。

魏福生不断强化"品牌经营"理念，坚持统分结合的营销策略，充分发挥资源优化配置的优势，快速占领市场；要求完善投标评估机制，注重合同质量。以2019年为例，全年签订政府投资、国有及国有控股企业投资工程合同794份，合同金额572.64亿元，较上年同期增长18.73%。全年签订公开招标项目合同490份，合同金额554.02亿元，占合同总额的75.2%，较上年同期增长15.9%。全年通过邀标、议标及竞争性谈判等模式，签订项目合同647份，合同金额182.68亿元，占合同总额的24.8%。市外市场共签订合同213份，合同金额175.82亿元，占合同总额的23.9%。重庆建工紧紧跟随国家发展战略布局，参与"一带一路"沿线国家重大基础设施项目建设，进一步开拓境外发展空间。

勇于担当　积极履行社会责任

魏福生领导重庆建工积极履行社会责任，彰显国企担当精神。一是充分发挥大型国有建筑企业就业保障稳压器的作用，全力保障13万建筑大军和全市1.0%人口的就业稳定，有力维护了重庆市稳定和谐大局，得到了重庆市委市政府领导的高度赞扬。2019年重庆建工实现纳税总额13.45亿元。二是积极承担重庆市多项重点工程建设，同时致力于安全生产管理和环保节能减排工作。三是积极参与精准扶贫工作，累计投入资金6250万元，选派扶贫干部对口帮扶深度贫困山区，魏福生多次亲赴重庆市巫溪县、城口县等深度贫困乡等扶贫攻坚一线开展调研扶贫工作。注重职工权益保护，关心职工实际困难，积极开展了"两节"慰问、夏送清凉、冬送温暖、金秋助学等工作，着力与职工共同建设美好生活。

后　记

"袁宝华企业管理金奖"、全国优秀企业家评选表彰活动每两年举办一次，主要是通过表彰优秀企业家，弘扬中国企业家开拓进取、勇于创新的精神，促进企业家队伍健康成长，鼓励广大企业家以更大的智慧和勇气投身企业改革发展，为中国经济社会发展做出新的更大的贡献。

根据第十一届"袁宝华企业管理金奖"获得者和2019—2020年度优秀企业家先进事迹，我们编辑了本书。参与编辑工作的人员有：于吉、王建斌、王京洲、官永久、邵红亚、王菲菲、尚晓明、刘波、肖震东、尹青、胡媛媛、雷建、刘畅、王庆利、孟红梅。

本书的编辑出版工作得到了福建省企业与企业家联合会的大力支持，在此致以衷心感谢！由于时间仓促，书中出现疏漏和不尽人意之处在所难免，恳请各界人士提出宝贵意见和建议。同时，我们还要向出版本书的企业管理出版社表示感谢！

编　者

2020年10月